プリント形式のリアル過去問で本番の臨場感！

神奈川県

洗足学園中学校

2025年春 受験用

解答集

本書は，実物をなるべくそのままに，プリント形式で年度ごとに収録しています。
問題用紙を教科別に分けて使うことができるので，本番さながらの演習ができます。

■ 収録内容

・解答集（この冊子です）

書籍ＩＤ番号，この問題集の使い方，最新年度実物データ，リアル過去問の活用，
解答例と解説，ご使用にあたってのお願い・ご注意，お問い合わせ

・2024（令和６）年度 ～ 2021（令和３）年度　学力検査問題

JN132583

○は収録あり	年度	'24	'23	'22	'21		
■ 問題(第1回・第2回)		○	○	○	○		
■ 解答用紙		○	○	○	○		
■ 配点		○	○	○	○		

全教科に解説
があります

注)問題文等非掲載:2024年度第1回国語の1, 2022年度第2回社会の1,
2021年度第2回国語の1と社会の3

問題文などの非掲載につきまして

著作権上の都合により，本書に収録している過去入試問題の本文や図表の一部を掲載しておりません。ご不便をおかけし，誠に申し訳ございません。

本文の一部を掲載できなかったことによる国語の演習不足を補うため，論説文および小説文の演習問題のダウンロード付録があります。弊社ウェブサイトから書籍ＩＤ番号を入力してご利用ください。

なお，問題の量，形式，難易度などの傾向が，実際の入試問題と一致しない場合があります。

教英出版

■ 書籍ＩＤ番号

入試に役立つダウンロード付録や学校情報などを随時更新して掲載しています。
教英出版ウェブサイトの「ご購入者様のページ」画面で，書籍ＩＤ番号を入力してご利用ください。

書籍ＩＤ番号　107414

（有効期限：2025年9月30日まで）

【入試に役立つダウンロード付録】
「要点のまとめ(国語／算数)」
「課題作文演習」ほか

■ この問題集の使い方

年度ごとにプリント形式で収録しています。針を外して教科ごとに分けて使用します。①片側，②中央のどちらかでとじてありますので，下図を参考に，問題用紙と解答用紙に分けて準備をしましょう（解答用紙がない場合もあります)。

針を外すときは，けがをしないように十分注意してください。また，針を外すと紛失しやすくなりますので気をつけましょう。

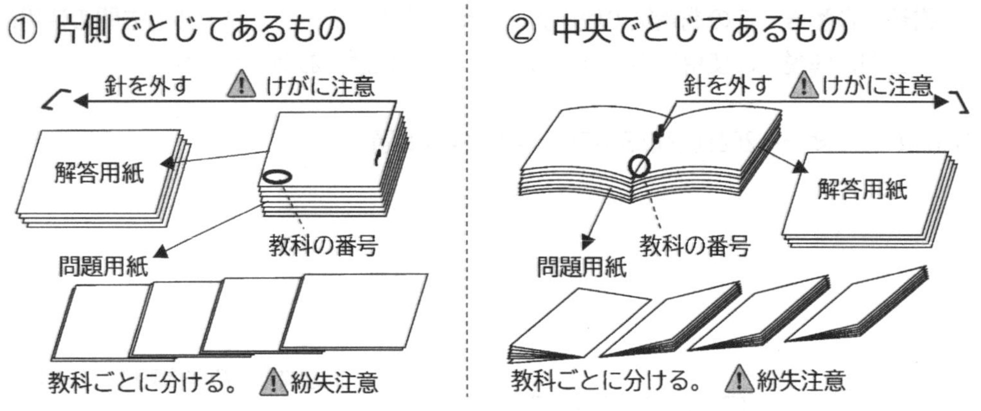

※教科数が上図と異なる場合があります。
解答用紙がない場合や，問題と一体になっている場合があります。
教科の番号は，教科ごとに分けるときの参考にしてください。

■ 最新年度 実物データ

実物をなるべくそのままに編集していますが，収録の都合上，実際の試験問題とは異なる場合があります。実物のサイズ，様式は右表で確認してください。

問題用紙	Ａ４冊子(二つ折り)
解答用紙	国算：Ａ３片面プリント 理社：Ｂ４片面プリント

リアル過去問の活用

~リアル過去問なら入試本番で力を発揮することができる~

本番を体験しよう！

問題用紙の形式（縦向き／横向き），問題の配置や余白など，実物に近い紙面構成なので本番の臨場感が味わえます。まずはパラパラとめくって眺めてみてください。「これが志望校の入試問題なんだ！」と思えば入試に向けて気持ちが高まることでしょう。

入試を知ろう！

同じ教科の過去数年分の問題紙面を並べて，見比べてみましょう。

① 問題の量

毎年同じ大問数か，年によって違うのか，また全体の問題量はどのくらいか知っておきましょう。どのくらいのスピードで解けば時間内に終わるのか，大問ひとつにかけられる時間を計算してみましょう。

② 出題分野

よく出題されている分野とそうでない分野を見つけましょう。同じような問題が過去にも出題されていることに気がつくはずです。

③ 出題順序

得意な分野が毎年同じ大問番号で出題されていると分かれば，本番で取りこぼさないように先回りして解答することができるでしょう。

④ 解答方法

記述式か選択式か（マークシートか），見ておきましょう。記述式なら，単位まで書く必要があるかどうか，文字数はどのくらいかなど，細かいところまでチェックしておきましょう。計算過程を書く必要があるかどうかも重要です。

⑤ 問題の難易度

必ず正解したい基本問題，条件や指示の読み間違いといったケアレスミスに気をつけたい問題，後回しにしたほうがいい問題などをチェックしておきましょう。

問題を解こう！

志望校の入試傾向をつかんだら，問題を何度も解いていきましょう。ほかにも問題文の独特な言いまわしや，その学校独自の答え方を発見できることもあるでしょう。オリンピックや環境問題など，話題になった出来事を毎年出題する学校だと分かれば，日頃のニュースの見かたも変わってきます。

こうして志望校の入試傾向を知り対策を立てることこそが，過去問を解く最大の理由なのです。

実力を知ろう！

過去問を解くにあたって，得点はそれほど重要ではありません。大切なのは，志望校の過去問演習を通して，苦手な教科，苦手な分野を知ることです。苦手な教科，分野が分かったら，教科書や参考書に戻って重点的に学習する時間をつくりましょう。今の自分の実力を知れば，入試本番までの勉強の道すじが見えてきます。

試験に慣れよう！

入試では時間配分も重要です。本番で時間が足りなくなってあわてないように，リアル過去問で実戦演習をして，時間配分や出題パターンに慣れておきましょう。教科ごとに気持ちを切り替える練習もしておきましょう。

心を整えよう！

入試は誰でも緊張するものです。入試前日になったら，演習をやり尽くしたリアル過去問の表紙を眺めてみましょう。問題の内容を見る必要はもうありません。どんな形式だったかな？受験番号や氏名はどこに書くのかな？…ほんの少し見ておくだけでも，志望校の入試に向けて心の準備が整うことでしょう。

そして入試本番では，見慣れた問題紙面が緊張した心を落ち着かせてくれるはずです。

※まれに入試形式を変更する学校もありますが，条件はほかの受験生も同じです。心を整えてあせらずに問題に取りかかりましょう。

2024 解答例 洗足学園中学校【第１回】

令和６年度

《国　語》

1　問一．私たち人間　問二．もう何も信じられないという何もかもが疑わしい時代に生きている人々が、資本主義が前提とする信用に必要な、未来を信じる気持ちを失いつつあるため、資本主義以前の信仰に戻ろうとする現象。

問三．すべてを計算可能とみなす考え方によって、子どもたちの新しいことを知りたいという欲望さえ計算の対象になってしまうため、大変なことを好んでやる気持ちが失われてしまうということ。　問四．ウ

問五．自然にも時間にも空間にもいない神が、時間と空間の中に生きる存在にとって不可欠であったように、そのものとしては存在しないが、計算に切りつめられず、生に手応えを与える確固としたもの。

問六．A．イ　B．エ　C．ア　D．ウ　問七．ア．敵　イ．台無　ウ．発展　エ．禁　オ．至高

問八．エ

2　問一．足の速さを見こまれ才能を伸ばす機会があったのに、中学一年生当時は速く走ることや記録を出すことに意味を見出せず、厳しい練習や人間関係に耐え切れなくなって陸上を辞めてしまったこと。　問二．エ

問三．香山…香山は、梨木に会って走りたいという気持ちがよみがえったことと、自分の実力を思い知ることができたことを梨木に感謝している。　梨木…梨木は、陸上にまったく興味がなかった自分に、走るのがこんなにも気持ちがいいということを教えてくれた香山に感謝している。　問四．ア　問五．普通で特徴のない自分に悩んでいた梨木は、香山から、突然体育館で自分を励まし二回も一緒にマラソン大会に出た梨木は普通でないと本心で言われ、これまでの悩みが解消された気持ちになった。　問六．A．ウ　B．カ

問七．㈠Ⅰ．言葉　Ⅱ．そつ　Ⅲ．ふ〔別解〕腑　㈡エ　㈢b．以／伝　c．大／小　d．牛／馬　問八．エ

《算　数》

1　(1)13　(2)$5\frac{2}{5}$

2　(1)4000　(2)(13, 65), (21, 63)　(3)8 : 9　(4)4 : 3

3　(1)1　(2)4 : 23　※(3)23分20秒後　※(4)0.25

4　(1)3 : 1 : 2　※(2)2時間5分　(3)12

5　(1)20　※(2)3時間5分　(3)10

※の式や文章・図などは解説を参照してください。

《理　科》

1 ⑴30　⑵実験１－２…2.6　実験１－３…2.1　⑶L_1とおもりＣの重さをかけたものが，L_2とおもりＤの重さをかけたものに等しい。　⑷30　⑸①Ｆ．40　Ｇ．80　Ｈ．30　②Ｆ．54　Ｇ．108　Ｈ．51　⑹う．60　え．25

2 ⑴ウ　⑵エ　⑶0.6　⑷あ．80　い．67　⑸180　⑹前…10.02　後…9.97

3 ⑴ア　⑵Ａ．オ　Ｂ．ウ　⑶エ　⑷オ　⑸①横隔膜　②ｄ．イ　ｅ．ア　③ア　⑹ウ

4 ⑴ａ．12　ｂ．30　ｃ．西　ｄ．15　ｅ．２　ｆ．２　⑵エ　⑶10　⑷高尾山は六甲山に比べ，日本の標準時子午線である東経135度線に対してより東側に位置しているため，南中時刻のずれが大きくなるから。　⑸①北極星　②イ　③イ　④ウ

《社　会》

1 問１．⑴フォッサマグナ　⑵D　問２．⑴B　⑵D　問３．⑴C　⑵D　⑶E　問４．⑴C　⑵糸魚川・静岡構造線に沿って谷地形が形成されており，その谷に向かって高温乾燥の南風が吹き降りてくる。

2 問１．B　問２．A　問３．新井白石　問４．通行料である関銭の徴収を禁止することによって，流通や交通を活発化させるため。　問５．C　問６．A　問７．C　問８．D　問９．D

3 問１．C　問２．習近平　問３．インド　問４．A　問５．南南　問６．K　問７．WHO　問８．D　問９．X．ワーク　Y．ライフ　Z．バランス　問10．F　問11．自分にとって関心のない情報を見る機会が失われることにより，他の意見の存在に気が付かない

洗足学園中学校【第2回】

《国　語》

1 問一．天皇は、江戸時代まで権威が形骸化していたが、帝から征夷大将軍に任命されれば徳川将軍が国の統治を任される形となるため、幕府の権力を維持する正統性の論理のために担がれていたということ。　問二．ウ
問三．エ　問四．それまでの日本語にない西洋由来の言葉を、漢字二字を組み合わせて何とか対応する日本語にし、造語であるその翻訳語を学校教育の中で教え、日本の通常語として行きわたらせること。
問五．日本では以前から中国の漢字を活用して記録を残したり、異人を他者として認知し把握したりしてきたため、西洋の文物についても、自分たちの間で西洋人の考えを理解共有しようとする意識が働いたから。
問六．A．ウ　B．エ　C．ア　D．イ　問七．ア．君臨　イ．根幹　ウ．改造　エ．公用　オ．新天地
問八．イ

2 問一．㈠半　㈡蛇足〔別解〕だそく　㈢眉〔別解〕まゆ　問二．月から見る地球はとても大きく、青々としてたとえようもなく美しい、ポジティブなイメージの星だが、実際はちがい、遠く離れてわからないから良い想像だけで夢見ることができるということ。　問三．a．イ　b．ア　問四．リリカさんの切り絵の素敵さに感動し、リリカさんに会って直接話ができれば本の参考になるかもしれないと篠宮さんに言われたことで、自分の名前で本が出ることをリアルに感じ、高揚している。　問五．剛志にも本の出版を喜んでほしいと思っていたが、体を心配するばかりで喜んでくれないため不満を感じ、アクセサリー作家の中で認められるのは本当にすごいことなのだと自慢してしまったこと。　問六．イ　問七．非現実的なページ　問八．㈠ウ　㈡B．エ　C．ウ　D．オ
問九．エ　問十．ア

《算　数》

1 (1)13　(2)$6\frac{2}{3}$

2 (1)240　(2)135　(3)16　(4)0.25

3 (1)76　(2)6　※(3)58　※(4)1時間36分

4 ※(1)288　(2)$\frac{20}{30}$　(3)239

5 (1)48　(2)1584　※(3)336

※の式や文章・図などは解説を参照してください。

《理　科》

1 (1)エ　(2)エ　(3)X．75　Y．50　Z．75　(4)10　(5)イ　(6)ウ　(7)エ

2 (1)イ，オ　(2)エ　(3)あ．5.0　い．10.2　う．1.2　(4)試薬Aよりも試薬Bとくっつきやすいというちがい
(5)1.8　(6)0.48　(7)646.8　(8)カルシウム…105　マグネシウム…35

3 (1)イ　(2)①免疫　②エ　(3)①ⅰ．キ　ⅱ．ウ　ⅲ．エ　ⅳ．オ　ⅴ．エ　ⅵ．キ（ⅱ～ⅳは順不同）　②エ

4 (1)河岸段丘　(2)ウ　(3)①イ　②三日月湖　(4)①二酸化炭素　②地上の氷が増えると海水量が減少するから。

《社　会》

1 問1．(1)D　(2)A　(3)D　(4)A　　問2．(1)A　(2)C　　問3．(1)B　(2)D　　問4．札幌／城下町としての歴史をもつ

2 問1．D　　問2．E　　問3．A　　問4．C　　問5．B　　問6．A　　問7．幕末に各国と結ばれた不平等条約の改正について，予備交渉をおこなうこと。　　問8．岩倉具視　　問9．F　　問10．A　　問11．D

3 問1．D　　問2．B，D　　問3．インバウンド　　問4．A　　問5．(1)C　(2)死票とは，落選者に投じられた票を指す。小選挙区制はひとつの選挙区から一名のみ当選する選挙制度であり，落選者が多くなるため。
問6．C　　問7．C

《2024 第1回 国語 解説》

1 著作権上の都合により文章を掲載《けいさい》しておりませんので、解説も掲載しておりません。ご不便をおかけし、誠に申し訳ございません。

2 **問一** 香山が「誰《だれ》にも陸上のこと言われなくなった」ときに気づいたこととは何かを読みとる。陸上の才能を期待されない自分になってしまった、そしてそれは、自分で招いた結果である。つまり、花開いたかもしれない才能を自分でつぶしてしまったということに気づいたのだ。「中学の体育の教師、新井～ジュニアオリンピックも夢じゃない』とか興奮してさ～陸上練習に参加させられた」とあり、その新井から「ブロック大会でも優勝狙《ねら》えるな」「次は県大会だぞ」などと期待されていたことからわかるとおり、足の速さを見こまれ、陸上の才能を伸《の》ばす機会があった。それなのに、「中一～意識も低いから、嫌《いや》で嫌で。地獄《じごく》だとしか思えなかった」「それ（期待されるのは貴重なことだということ）が十二歳《さい》の俺《おれ》にはさっぱりわからなくて～バスケ部の先輩《せんぱい》には～と言われるし、陸上部の先輩にもにらまれるし、新井は怖《こわ》いし。もう心身ともにボロボロ」「中学一年生の俺は、速く走ることや、記録を出すことに意味を見出してなかった」という当時の自分が、耐《た》えきれずに「捻挫《ねんざ》したって嘘《うそ》ついて、練習サボって～気づかれない程度に流して～調節して」「先生も～声かけてこなくなった」という状況《じょうきょう》をつくり、陸上を辞《や》めてしまったのである。これらの内容をまとめる。

問二 ――(2)の前で、香山が「もう一度チャンスがあったら走りたい～自分の力を試してみたい」「何年間必死で走っても、よくて県大会入賞ぐらい～それでも、真剣《しんけん》にやってみたい」「サークル～どこかしっくりいかなくて～俺、真剣にやりたいんだって、初めて気づいたよ。遅《おそ》すぎだろう」と言っていることから、エのような心情が読みとれる。アの「サークル活動の空気になじめなくなったのは、走ることを真剣にやってみたいと決意したから」、イの「陸上界の現実を梨木はわかっていないと～苦々しく感じながら」、ウの「急に走りたくなった自分の軽率《けいそつ》さが恥《は》ずかしく」などは適さない。

問三 香山が「体育館で梨木に会って、あのころの気持ちがよみがえって、こいつとだったら一緒《いっしょ》に走れそうって、思い立った」「走ってみて自分の実力を思い知った」「自分の走力がわかって、もう十分だなって。それなのに～続きがあった」と言っていること、梨木が「陸上にまったく興味がなかったぼくを、走らせたじゃないか。そして、走るのがこんなにも気持ちがいいことを教えてくれたじゃないか」と思っていることから、それぞれまとめる。「主体（誰がか）を明示して」という条件に注意しよう。

問四 「ぼく」（梨木）が香山に「平凡《へいぼん》なことがものすごくつまらなく感じて。だから、人の心が読めるって言われた時、ようやく何か特別なものを与《あた》えられたようで～飛びついてた」「誰だって人の心ぐらい読めることある～その程度のものに、自分の個性だってしがみついて、特別な力だと自分自身に言い聞かせてた」と話し、「『人の心が読める』～共に時間を重ねれば、誰でもできることだ～そんなごく当たり前のことを、自分の力だと信じないと進めないくらいに、ぼくは何も持っていなかった」と思っていることに、アが適する。イの「特別な能力～真剣に認めてこなかった家族に原因がある」、ウの「特別な力を信じて真剣に取り組もうとする強い意志を持つことはできずに」、エの「ごく普通《ふつう》の配慮《はいりょ》に対しては何もしてこなかった」などは適さない。

問五 「胸のつかえ」とは、心の中にある悩《なや》みのこと。ここでは、「ぼく」が「長所もない～なにもかも、とにかく普通～特徴《とくちょう》ゼロ。そんな自分をずっとどうにかしたかった」と言っていたとおり、普通すぎる自分に悩んでいたこと。その悩みが、香山から「少なくとも俺にとっては普通じゃない。だってさ、突然《とつぜん》体育館で～励《はげ》ましだしたかと思ったら、二回も一緒にマラソン大会出てるんだぜ。これのどこが普通？(普通じゃないだろ)」と言われ、そのときの香山の「他意が含《ふく》まれない(その言葉以外の意図がない、隠《かく》している本心などがない)笑顔」によって、取りはらわれたということ。この内容をまとめる。

問八　香山の話を聞いたあと、梨木が「香山の打ち明け話はかっこいい～淀《よど》んだまま香山の中に残っているのかもしれない。だけど～才能があったのだ。能力があるものは、挫折《ざせつ》すら輝《かがや》きがある」と思い、それに対して自分の話は「つまらないことしかないけどさ」と前置きしてから、「長所もない～なにもかも、とにかく普通～特徴ゼロ。そんな自分をずっとどうにかしたかった」という悩みを打ち明けた。それに対して香山は、「少なくとも俺にとっては普通じゃない」と言ってくれた。それによって、「胸のつかえ」がおりたとある(――(5)、問五の解説参照)。この内容に、エが適する。アの「本気で走るのが怖くなって周囲に気づかれない程度に流して走るようになった」、イの「周囲から認められたとき、三雲さん～中学三年生の頃《ころ》を思い出してみた」、ウの「やはり普通にすることで気づけることもある、と梨木を励ました」などは適さない。

―《2024　第１回　算数　解説》

1　(1)　与式 $=(2\frac{2}{3}-\frac{1}{2})\times(\frac{14}{5}+15+\frac{26}{25})\div\frac{314}{100}=(2\frac{4}{6}-\frac{3}{6})\times(\frac{70}{25}+\frac{375}{25}+\frac{26}{25})\times\frac{100}{314}=\frac{13}{6}\times\frac{471}{25}\times\frac{100}{314}=$ **13**

(2)　「＝」の左側を計算すると，$\frac{21}{25}\times(\frac{3}{4}-\frac{1}{28})\div\square\times 9+14\div(\frac{51}{50}-\frac{5}{6})=$
$\frac{21}{25}\times(\frac{21}{28}-\frac{1}{28})\div\square\times 9+14\div(\frac{153}{150}-\frac{125}{150})=\frac{21}{25}\times\frac{20}{28}\div\square\times 9+14\div\frac{28}{150}=\frac{3}{5}\div\square\times 9+75$
よって，$\frac{3}{5}\div\square\times 9+75=76$　　$\frac{3}{5}\div\square\times 9=76-75$　　$\frac{3}{5}\div\square=1\times\frac{1}{9}$　　$\square=\frac{3}{5}\div\frac{1}{9}=\frac{27}{5}=$ **$5\frac{2}{5}$**

2　(1)　３番目のお店で多く使った600円はこのときの所持金の $1-\frac{1}{4}=\frac{3}{4}$ だから，３番目のお店に持って行った所持金は，$600\div\frac{3}{4}=800$(円)である。
２番目のお店で多く使った400円と３番目のお店に持って行った800円を合わせると $400+800=1200$(円)になり，これは２番目のお店に持って行った所持金の $1-\frac{1}{3}=\frac{2}{3}$ だから，２番目のお店に持って行った所持金は，$1200\div\frac{2}{3}=1800$(円)である。
１番目のお店で多く使った200円と２番目のお店に持って行った1800円を合わせると $200+1800=2000$(円)になり，これは最初の所持金の $1-\frac{1}{2}=\frac{1}{2}$ だから，最初の所持金は，$2000\div\frac{1}{2}=$ **4000(円)**

(2)　作ることができる最小の奇数は13である。倍数のうち奇数を作るので13に奇数をかけるが，１をかけた数は同じ数なので作ることができない。$13\times 7=91$ 以上の数は作れない。したがって，小さい順に奇数を作り，３か５をかけた数を作ることができるかどうか考える。このように探すと，**(13，65)** と **(21，63)** が見つかる。
25に３をかけた時点で $25\times 3=75$ となり，これより大きい奇数は作れないので，もう調べる必要がなくなる。

(3)　**【解き方】容器Ａの下半分を満水にするのにかかった時間と上半分を満水にするのにかかった時間の比を求める。**
排水口を開けると，容器Ａの中の水は，$1-0.2=0.8$ より，毎分0.8Ｌの割合で増えた。したがって，容器Ａで，下半分と上半分に入れた水の割合の比が，$1:0.8=5:4$ である。これより，容器Ａの下半分を満水にするのにかかった時間と上半分を満水にするのにかかった時間の比は $4:5$ だから，それぞれにかかった時間を④，⑤とする。
容器Ｂを満水にするのにかかった時間は④＋⑤＝⑨である。もし，排水口を開けなければ，容器Ａは④×２＝⑧で満水になる。よって，容器Ａと容器Ｂは，満水にするのにかかる時間の比が⑧：⑨だから，容積の比が８：９であり，高さが等しいので，底面積の比も **８：９** である。

⑷　**【解き方】右のように作図できるから，三角形ＡＢＧと三角形ＣＤＦは同じ形であり，ＡＢ＝ＣＤなので，合同である。**

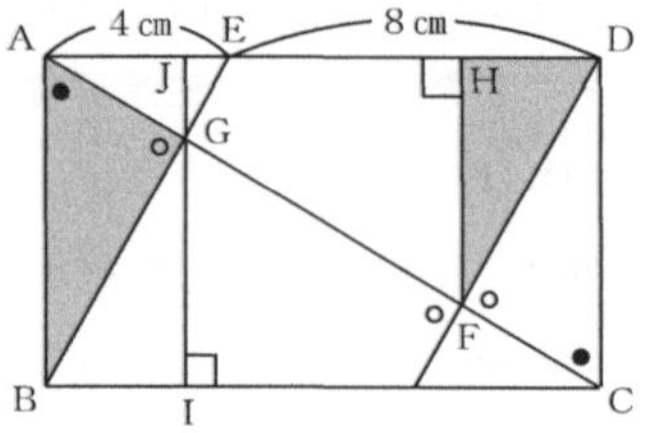

ＡＧ＝ＣＦなので，図形の対称性から，三角形ＦＤＨと三角形ＧＢＩは合同である。したがって，求める面積比は，ＡＢ：ＧＩ＝ＪＩ：ＧＩと等しい。三角形ＡＥＧと三角形ＣＢＧは同じ形で，対応する辺の比がＡＥ：ＣＢ＝４：(４＋８)＝１：３だから，ＧＪ：ＧＩ＝１：３

よって，求める比は，ＪＩ：ＧＩ＝(１＋３)：３＝**４：３**

3　⑴　**【解き方】割り引くことで失われた利益は，予定の 100－86＝14(%) である。**

１個あたりの利益を $50\times\frac{4}{10}=20$(円)と見込んだので，予定していた利益は，20×1500＝30000(円)である。
したがって，失われた利益は，$30000\times\frac{14}{100}=4200$(円)である。
割り引いて売った個数は $1500\times\frac{4}{10}=600$(個)だから，１個あたりの割り引いた値段は，4200÷600＝７(円)である。
定価は 50＋20＝70(円)だから，売れ残った分は，$\frac{7}{70}\times10=$ **１**(割引き)で売った。

⑵　**【解き方】直線ＣＢと直線ＧＱが交わる点をＩとし，直線ＩＰと直線ＡＤ，直線ＣＤが交わる点をそれぞれＪ，Ｋとすると，図Ⅰのようになる。立方体の切り口は図Ⅱの色をつけた部分である。**

図Ⅰ

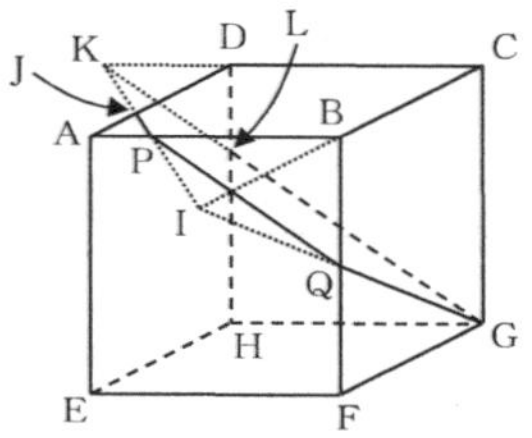

図Ⅱ

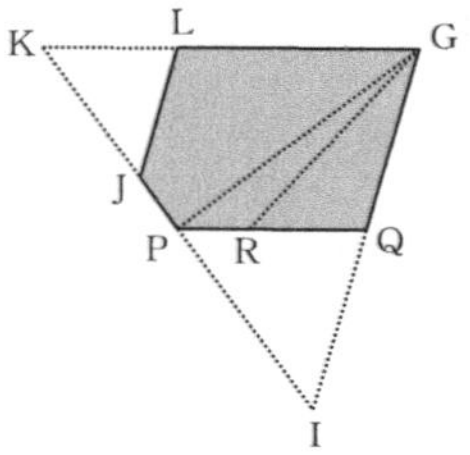

立方体の１辺の長さを４とする。
ＱがＢＦの真ん中の点だから，三角形ＧＦＱと三角形ＩＢＱは合同になるので，ＢＩ＝ＦＧ＝４
ＩＢ：ＩＣ＝４：８＝１：２だから，ＩＰ：ＩＫ＝ＩＱ：ＩＧ＝１：２
ＰＢ＝$4\times\frac{3}{4}=3$であり，三角形ＩＰＢと三角形ＩＫＣは同じ形だから，ＰＢ：ＫＣ＝ＩＰ：ＩＫ＝１：２より，
ＫＣ＝ＰＢ×２＝３×２＝６　　ＫＤ＝６－４＝２
したがって，ＫＪ：ＫＩとＫＬ：ＫＧは，ＫＤ：ＫＣ＝２：６＝１：３と等しい。
三角形ＩＧＫの面積を$\boxed{1}$とすると，三角形ＩＰＱの面積は，$\boxed{1}\times\frac{1}{2}\times\frac{1}{2}=\boxed{\frac{1}{4}}$，三角形ＫＪＬの面積は，
$\boxed{1}\times\frac{1}{3}\times\frac{1}{3}=\boxed{\frac{1}{9}}$なので，切り口の面積は，$\boxed{1}-\boxed{\frac{1}{4}}-\boxed{\frac{1}{9}}=\boxed{\frac{23}{36}}$　　三角形ＲＱＧの面積は，$\boxed{\frac{23}{36}}\times\frac{1}{3}=\boxed{\frac{23}{108}}$
三角形ＧＰＱの面積は三角形ＩＰＱの面積と等しく$\boxed{\frac{1}{4}}$だから，
ＰＱ：ＲＱ＝(三角形ＧＰＱの面積)：(三角形ＲＱＧの面積)＝$\boxed{\frac{1}{4}}$：$\boxed{\frac{23}{108}}$＝27：23
よって，ＰＲ：ＲＱ＝(27－23)：23＝**４：23**

⑶　**【解き方】ＡとＣがすれ違ったとき，ＡとＣが走った道のりの比は，６：(14－６)＝３：４だから，ＡとＣの速さの比は３：４である。**

ＡとＢとＣの速さの比は，５：４：$(5\times\frac{4}{3})$＝15：12：20 だから，ＢとＣの速さの比は 12：20＝３：５である。
ＢとＣがすれ違ったときＢとＣが進んだ道のりの比は３：５だったから，Ｂは全体の$\frac{3}{3+5}=\frac{3}{8}$を進むのに，
43 分 45 秒＝$\frac{175}{4}$分かかった。したがって，Ｂがスタートしてからゴールするまでの時間は，$\frac{175}{4}\div\frac{3}{8}=\frac{350}{3}$(分)
スタートしてからゴールするまでのＡとＢの時間の比は，５：４の逆比の４：５であり，この比の数の５が$\frac{350}{3}$分にあたるから，ＡとＢの時間の差は，$\frac{350}{3}\times\frac{1}{5}=\frac{70}{3}=23\frac{1}{3}$(分)→**23 分 20 秒**

⑷　**【解き方】ポンプ１台で１分ごとに$\boxed{1}$の水を排水するとする。ポンプ６台が 350 分で排水する量は，**

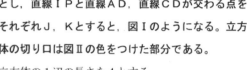

$\boxed{6}\times350=\boxed{2100}$，ポンプ５台が450分で排水する量は，$\boxed{5}\times450=\boxed{2250}$ だから，450−350=100(分)で $\boxed{2250}-\boxed{2100}=\boxed{150}$ の水が流れ込む。

水が流れ込む量は，１分ごとに $\boxed{150}\div100=\boxed{\frac{3}{2}}$ である。したがって，ポンプ５台で排水すると，貯水池の水は１分ごとに，$\boxed{5}-\boxed{\frac{3}{2}}=\boxed{\frac{7}{2}}$ 減る。これより，貯水池の全体の容積は，$\boxed{\frac{7}{2}}\times450=\boxed{1575}$

内壁にヒビが入ったときに５台のポンプで排水すると，ヒビの影響《えいきょう》を受けない半分の水を排水するのに $450\div2=225$(分)かかるから，ヒビの影響を受ける半分の水を排水するのに，$435-225=210$(分)かかる。

ヒビの影響を受けている間，$\boxed{1575}\times\frac{1}{2}=\boxed{\frac{1575}{2}}$ の水を減らすのに210分かかったから，１分ごとに減らした量は，$\boxed{\frac{1575}{2}}\div210=\boxed{\frac{15}{4}}$ である。よって，ヒビから出た水の量は１分ごとに $\boxed{\frac{15}{4}}-\boxed{\frac{7}{2}}=\boxed{\frac{1}{4}}$ だから，ポンプ１台が排水できる量の $\frac{1}{4}=$**0.25(倍)**である。

4 (1) **【解き方】①，②，③それぞれにおいて，作業を終える間際《まぎわ》にだれが何分ずつ作業したかを比べる。**

①A→B→C→A→B→C→……A→B→C→｜A→B　(終了)
②B→C→A→B→C→A→……B→C→A→｜B→C→A(終了)
③C→A→B→C→A→B→……C→A→B→｜C→A　(終了)

右図において，縦線を引いたところまでは①，②，③で終えた作業量と時間が等しい。①と②の最後を比べると，(Aの６分の作業量)=(Cの６分の作業量)+(Aの２分の作業量)だから，

(Aの４分の作業量)=(Cの６分の作業量)　　したがって，AとCの時間あたりの作業量の比は，６：４=３：２

②と③の最後を比べると，(Bの６分の作業量)+(Aの２分の作業量)=(Aの４分の作業量)だから，

(Aの２分の作業量)=(Bの６分の作業量)　　したがって，AとBの時間あたりの作業量の比は，６：２=３：１

よって，AとBとCの時間あたりの作業量の比は，**３：１：２**

(2) **【解き方】(1)より，おしゃべりをしながら６分作業したときのA，B，Cの作業量をそれぞれ，$\boxed{3}$，$\boxed{1}$，$\boxed{2}$ とする。６分の作業を１セットの作業とする。**

④より，AとB→BとC→CとAの作業で，３人がそれぞれ $6\times2=12$(分)ずつ作業をしたから，$6\times3=18$(分)ごとに，$(\boxed{3}+\boxed{1}+\boxed{2})\times\frac{12}{6}=\boxed{12}$ の作業をした。３時間８分=188分だから，188÷18=10余り８より，$\boxed{12}\times10=\boxed{120}$ の作業をしたところで，残り８分となった。８分で，AとBが１セットで $\boxed{3}+\boxed{1}=\boxed{4}$ の作業をし，残り２分でBとCが，$(\boxed{1}+\boxed{2})\times\frac{2}{6}=\boxed{1}$ の作業をした。ここで作業が終わったのだから，作業全体の量は，$\boxed{120}+\boxed{4}+\boxed{1}=\boxed{125}$ である。

AとBとCが３人同時に作業をすると，１セットで $\boxed{3}+\boxed{1}+\boxed{2}=\boxed{6}$ の作業をするから，$\boxed{125}\div\boxed{6}=20$ 余り $\boxed{5}$ より，$6\times20=120$(分)終えたところで $\boxed{5}$ 残っている。$\boxed{5}$ は $6\times\frac{\boxed{5}}{\boxed{6}}=5$(分)で終わるので，求める時間は，

120+5=125(分)→**２時間５分**

(3) **【解き方】Aがいなくなったあとに BとCがした作業量と時間を求め，つるかめ算を行う。(2)をふまえる。**

１時間48分=108分で，$\boxed{6}\times\frac{108}{6}=\boxed{108}$ の作業を終えたから，Aがいなくなった後，BとCで $\boxed{125}-\boxed{108}=\boxed{17}$ の作業をした。その時間は，(125+19)−108=36(分)である。

おしゃべりしていると作業量は $0.8=\frac{4}{5}$(倍)になるから，おしゃべりをやめると作業量は $\frac{5}{4}$ 倍になるので，Cが１人で１セット作業すると，$\boxed{2}\times\frac{5}{4}=\boxed{\frac{5}{2}}$ の作業をする。BとCが１セット作業をすると，$\boxed{1}+\boxed{2}=\boxed{3}$ の作業をする。36分間ずっとBとCが作業すると，作業量が，$\boxed{3}\times\frac{36}{6}-\boxed{17}=\boxed{1}$ 多くなる。

よって，Cが１人で作業していたのは，$\boxed{1}\div(\boxed{3}-\boxed{\frac{5}{2}})=2$(セット)だから，$6\times2=$**12(分間)**である。

5 (1)　**【解き方】ＡＢとＣＤの道のりが等しければ２人は同時に反対側の地点に着くので，よし子さんの方が５分おそかったということは，ＡＢよりＣＤの方が長いということである。ＡＢ＝ＣＥとなるＣＤ上の地点をＥとする。**

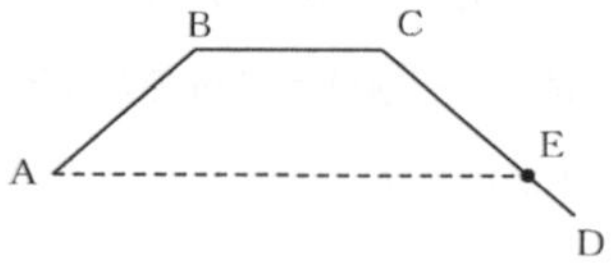

よし子さんの方が５分おそかったので，ＤＥを上るのにかかった時間と下るのにかかった時間の差が５分である。上りと下りの速さの比は，1.5：2＝3：4だから，同じ道のりにかかる時間の比はこの逆比の４：３である。したがって，ＤＥを上るのにかかった時間は，$5\times\frac{4}{4-3}=20$(分)，下るのにかかった時間は$20-5=15$(分)である。よし子さんがＥから出発したとすると，花子さんがＣに着くのとよし子さんがＢに着くのは同時になるので，花子さんがＣに着いてからよし子さんがＢに着くまでにかかった時間は，よし子さんがＤＥを上るのにかかった時間と等しく，**20分**である。

(2)　**【解き方】ＢＣの道のりを⑥，２人が出会った地点をＦとすると，ＦＣの道のりは$⑥\times(1-\frac{5}{6})$＝①だから，よし子さんがＣに着いたとき，花子さんはＢから，$⑥\times\frac{5}{6}$－①＝④の地点にいた。(1)より，よし子さんはこの④の道のりを進むのに20分かかった。**

花子さんもＢＣ上の④の道のりを進むのに20分かかったから，ＢＦを進むのに，$20\times\frac{⑤}{④}=25$(分)かかった。

したがって，ＡＢを上るのに，1時間45分－25分＝1時間20分＝80分かかった。

ＢＣを進むのに$25\times\frac{⑥}{⑤}=30$(分)かかり，ＣＥを下るのに$80\times\frac{3}{4}=60$(分)，ＥＤを下るのに15分かかったから，求める時間は，$80+30+60+15=185$(分)→**3時間5分**

(3)　**【解き方】雨の影響がなければ，反対側の地点に着くのは花子さんの方が５分おそくなったので，速さを上げることで短くできた時間は，よし子さんより花子さんの方が５分多かった。**

よし子さんは下りの速さを$\frac{5}{4}$倍にしたことで，ＣＥを下るのにかかる時間を$\frac{4}{5}$倍にできた。短くできた時間は$60+15=75$(分)の$1-\frac{4}{5}=\frac{1}{5}$(倍)だから，$75\times\frac{1}{5}=15$(分)である。

花子さんが短くできた時間の合計は，$15+5=20$(分)である。花子さんは，平らな道の速さを$\frac{6}{5}$倍にしたことで，ＢＣを進むのにかかる時間を$1-\frac{5}{6}=\frac{1}{6}$(倍)短くできたので，$30\times\frac{1}{6}=5$(分)短くできた。したがって，ＤＣを上るのにかかる時間を，$20-5=15$(分)短くできた。15分短くできたということは，速さが変わらなければ$15\div\frac{1}{6}=90$(分)かかった道のりを，速さを上げて上ったということである。速さを上げなければ，ＤＣを上るのに$75\times\frac{4}{3}=100$(分)かかったから，花子さんが速さを上げたのは，出発してから$100-90=10$(分後)である。

よって，雨が降り始めたのは出発してから**10分後**である。

《2024　第１回　理科　解説》

1 (1)　棒がまっすぐである(角Ａや角Ｂが０度の)とき，棒を回転させるはたらき〔おもりの重さ(ｇ)×支点からの距《きょ》離《り》(cm)〕が時計回りと反時計回りで等しくなると水平になる。よって，Ｃが棒を回転させるはたらきは，$15\times6=90$に等しいから，Ｃの重さは$90\div3=30$(ｇ)である。

(2)　実験１－２(角Ａが30度)のとき，図２より，支点の左側の棒の長さ(3cm)とL_1の長さの比は２：1.7とわかるから，L_1の長さは$3\times\frac{1.7}{2}=2.55$→2.6 cmである。同様に，実験１－３(角Ａが45度)のとき，$3:L_1=1.4:1$となるから，$L_1=3\times\frac{1}{1.4}=2.14\cdots$→2.1 cmである。

(3) (2)解説と同様に実験１－１～１－４のL_1とL_2の長さをそれぞれ求めると，表ｉのようになる。これより，L_1とL_2の長さの比は，ＣとＤの重さの逆比になることがわかる。

表ｉ

	Ｃの重さ(ｇ)	Ｄの重さ(ｇ)	L_1の長さ(cm)	L_2の長さ(cm)
実験１－１	30	15	3	6
実験１－２	10	5	2.6	5.1
実験１－３	20	10	2.1	4.3
実験１－４	10	10	3	3

よって，棒が静止しているとき，〔Ｃの重さ(ｇ)×L_1の長さ(cm)〕と〔Ｄの重さ(ｇ)×L_2の長さ(cm)〕は等しくなると考えられる。

(4) 実験１－５について，(2)解説より，L_1の長さは$3\times\frac{1}{2}=1.5$(cm)だから，(3)解説より，L_2の長さは$1.5\times\frac{51}{15}=5.1$(cm)とわかる。棒の長さと$L_2$の長さの比が６：5.1＝２：1.7となるから，図２より，角Ｂは30度である。

(5) 棒の曲げる角度が左右で等しい(図３で角Ａと角Ｂの大きさが等しい)とき，左右のおもりと支点の水平方向の距離の比は，支点の左右の棒の長さの比に等しい。また，(3)解説より，図４の上の棒の左右にかかる重さの比は６：３＝２：１，左下の棒の左右にかかる重さの比は３：６＝１：２とわかる。　①角Ｅが30度のとき，右下の棒の左右にかかる重さの比は4.5：4.5＝１：１となるから，Ｈは30ｇである。したがって，上の棒の右にかかる重さは30＋30＝60(ｇ)だから，左にかかる重さは$60\times\frac{2}{1}=120$(ｇ)である。よって，Ｆは$120\times\frac{1}{1+2}=40$(ｇ)，Ｇは120－40＝80(ｇ)である。　②角Ｅが60度のとき，右下の棒の左右にかかる重さの比は$4.5\times\frac{1.7}{2}:4.5\times\frac{1}{2}=1.7:1$となるから，Ｈは$30\times\frac{1.7}{1}=51$(ｇ)である。したがって，上の棒の右にかかる重さは30＋51＝81(ｇ)だから，左にかかる重さは$81\times\frac{2}{1}=162$(ｇ)である。よって，Ｆは$162\times\frac{1}{1+2}=54$(ｇ)，Ｇは162－54＝108(ｇ)である。

(6) う．(3)より，Ｋと支点の水平方向の距離は$\overset{\text{Jの重さ}}{10}\times\overset{\text{Jと支点の水平方向の距離}}{10}\div\overset{\text{Kの重さ}}{20}=5$(cm)とわかる。Ｋと支点の水平方向の距離と$L_3$の長さの比は５：10＝１：２となるから，図２より，角Ｉは60度とわかる。　え．Ｋと支点の水平方向の距離は$8\times\frac{1.7}{2}=6.8$(cm)だから，Ｋの重さは$\overset{\text{Jの重さ}}{17}\times\overset{\text{Jと支点の水平方向の距離}}{10}\div6.8=25$(ｇ)である。

2 (1) 洗剤《せんざい》の粒子《りゅうし》の水になじむ(油になじまない)部分が水側になる。

(2) ｂ．１滴《てき》あたりの体積は，水が$\frac{3}{60}=\frac{1}{20}$(cm³)，Ａが$\frac{3}{100}$cm³である。

(3) (2)解説より，$\frac{3}{100}\div\frac{1}{20}=0.6$(倍)

(4) あ．$60\times\frac{4}{3}=80$(滴)　い．２cm³は$100\times\frac{2}{3}=66.6\cdots$(滴)だから，はじめて２cm³を超えるのは67滴目である。

(5) 〔濃度《のうど》(%)＝$\frac{\text{溶けているものの重さ(g)}}{\text{水溶液の重さ(g)}}\times100$〕(溶《と》けている，水溶液《すいようえき》)より，食塩１ｇでつくる濃度10%の食塩水の重さは１÷0.1＝10(ｇ)だから，必要な水は10－１＝９(ｇ)→９cm³である。よって，$60\times\frac{9}{3}=180$(滴)の水が必要になる。

(6) １滴の水を加える前の濃度は$\frac{1}{9.98}\times100=10.020\cdots\rightarrow10.02$%である。水１滴は$\frac{1}{20}=0.05$(cm³)→0.05ｇだから，１滴の水を加えた後の食塩水の重さは9.98＋0.05＝10.03(ｇ)である。よって，その濃度は$\frac{1}{10.03}\times100=9.970\cdots\rightarrow9.97$%である。

3 (2) Ａは酸素，Ｂは二酸化炭素である。また，アは水に溶けるとアルカリ性を示すもの(アンモニアなど)，イは塩素やアンモニアなど，ウは二酸化炭素，エは水蒸気，オは酸素の性質である。

(3) 取り込《こ》まれた気体はウ→エ→カの順に通る。なお，アは食べ物を消化する臓器，イは魚類や両生類の子などの呼吸に関わるもの，オはこん虫などの呼吸に関わるものである。

(4) 肺(肺胞《はいほう》)で血液にＡが取り込まれるから，Ａを多く含《ふく》む血液は，肺→⑤や⑥(肺静脈)→左心房→左心室→③(大動脈)を通り，全身に送られる。なお，Ｂを多く含む血液は，全身→①や②(大静脈)→右心房→右心室→④(肺動脈)を通り，肺に送られＢを排出する。

(5)① ガラス管が気管，ゴム風船が肺，ペットボトルがろっ骨，ゴム膜《まく》が横隔膜《おうかくまく》と同じはたらきをしている。

② ゴム膜をひっぱる前はXとYが等しいが，ゴム膜をひっぱりはじめると，ペットボトル内の空気の体積が大きくなる(Yが小さくなる)。それによって，ゴム風船に外の空気が入る。　③ 図２はゴム膜をひっぱってゴム風船に空気が入った状態なので，呼吸をしているときに横隔膜が下がって肺に空気が入った状態(息を吸った状態)を表している。

4 ⑴ a．日本の標準時子午線の東経 135 度に近い六甲山では，正午に太陽は南の空の高いところにある。このとき，短針を太陽の方に向けると，短針は 12 時を指しているから，文字盤《ばん》の 12 時の方向が南になる。　b．短針は 12 時間で 360 度動くから，１時間では 360÷12＝30(度)動く。　c，d．太陽は，東の地平線からのぼり，南の空を通り，西の地平線にしずみ，24 時間後には元の位置にもどってくる(24 時間で 360 度動く)。よって，１時間後には西に 360÷24＝15(度)動く。　e．短針の回転の速さは太陽のおよそ 30÷15＝２(倍)である。　f．文字盤の 12 時を南の方向に向けたまま１時間たつと，短針は１時を指し，太陽がある方向は文字盤の 12 時と１時の真ん中になる。したがって，このときに短針(１時の方向)を太陽の方に向けると，南は文字盤の 12 時と１時の真ん中の方向になる。つまり，短針が動いた角度の$\frac{1}{2}$の角度の方向が南になる。

⑵ 春分の日の太陽の南中高度は，〔90 度－その場所の緯度《いど》〕で求められるから，90 度－34 度 46 分＝55 度 14 分である。

⑶ 正午の４時間前の８時に，太陽は南から東に 15×４＝60(度)の位置にあり，短針は文字盤の 12 時から反時計周りに 60×２＝120(度)の方向を指している。したがって，このとき短針を太陽の方に向けると，南は短針から時計回りに 120－60＝60(度)の方向(文字盤の 10 時の方向)になる。なお，⑴のｆ解説より，短針を太陽の方に向けたとき，南は短針と文字盤の 12 時の真ん中の方向になるとわかるから，図２のとき，南は文字盤の８時と 12 時の真ん中の 10 時の方向とわかる。

⑷ 正午ちょうどに太陽が南中するのは，標準時子午線の東経 135 度の地域のみである。そのため，東経 135 度から離《はな》れるほど，太陽が南中する時刻がずれるので，正午(短針が 12 時ちょうどを指しているとき)に短針を太陽の方に向けても文字盤の 12 時の方向が南からずれ，他の時刻で調べられる方位もずれる。

⑸① 北極星は地軸《ちじく》(北極点と南極点を結んだ直線)のほぼ延長線上にあるため，動いていないように見える。

② 星の高度は図ｉのXで示した角度である。図３より，イとウの和は 90 度であり，図ｉより，ウとXの和は 90 度だから，星の高度Xはイと等しい。　③ 北極星の高度はその場所の緯度に等しい。　④ アは冬至のころ，イは夏至のころ，ウは春分の日のころ，エは秋分の日のころのそれぞれ真夜中に南の方向に見える。オは北の空に見える星座である。

図ｉ

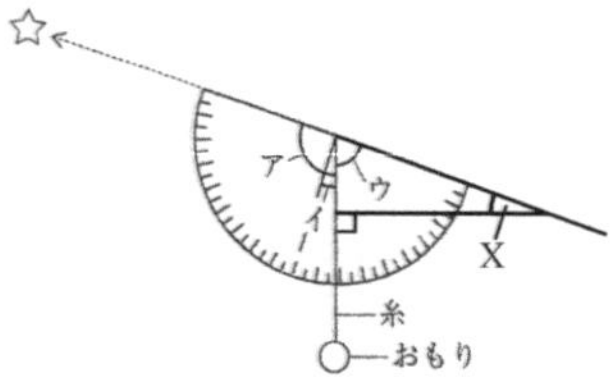

《2024　第１回　社会　解説》

1 問１⑴ フォッサマグナは，本州のほぼ中央に存在する大陥没帯であり，ラテン語で「大きな溝」という意味である。

⑵ 大井川ではなく天竜川。天竜川は，諏訪湖を水源とする唯一の河川である。

問２⑴ (ア)は新潟県である。人口が最も少ないAは島根県，製造品出荷額等が最も多いDは，鹿島臨海工業地域を有していて，重化学工業が発達している茨城県である。新潟県と鹿児島県を比べると，製造業がより盛んであるのは新潟県だから，残ったB・Cのうち，製造品出荷額等が多いBを新潟県と判断する。

⑵ 米の生産額が最も多い③は，米の生産額が全国１位である新潟県，生産農業所得が最も多い②は，他の農産物

と比べて生産単価が比較的高い果樹生産が盛んである青森県，残った①は岐阜県と判断する。

問3⑴　（イ）は長野県である。汽水とは，淡水と海水が混合した水のことをいう。諏訪湖は断層湖であり，中央高地にある諏訪盆地に位置しているため，湖面標高が高い。Aは田沢湖，Bは浜名湖，Dは琵琶湖。

⑵　長野県は，諏訪盆地周辺で情報通信機械や電子部品の生産が盛んである。したがって，情報通信機械や電子部品の割合が高い③は長野県である。残った①②のうち，輸送用機械の次に鉄鋼の割合が高い②は，太平洋ベルトに位置し，沿岸部で鉄鋼の生産が盛んな広島県，①は群馬県と判断する。

⑶　長野県は降雪量が多く，スキー場が多い。また，フォッサマグナ地域には火山列もみられるため，その地熱による温泉施設も多い。したがって，スキー場と温泉施設の施設数がともに多い②は長野県である。残った①③のうち，スキー場がある③は，日本海側の気候に属する県北部や，標高が高い山間部で降雪量が多い兵庫県，スキー場がない①は，標高が高い山地がなく，全域が太平洋側の気候に属していて冬の降水量が少ない千葉県と判断する。

問4⑴　［資料1］から，焼損した範囲は火元から北の方角に広がっているのが読み取れる。したがって，南の方角から風が吹いてきたと判断する。　**⑵**　［資料3］から，糸魚川・静岡構造線に沿って谷地形が形成されていて，その谷地形に沿って「蓮華おろし」という風が吹き降ろしていることが読み取れる。また，［資料4］から，12月22日は気温が高くなっていて，フェーン現象が生じていたと推測できる。湿った空気より乾燥した空気の温度変化の方が大きいため，湿った空気が山を越えて，乾燥した空気となって反対側に吹きつけるとき，山を越える前の温度より高くなることを，フェーン現象という。

2　**問1**　A．誤り。旧石器時代についての記述。C．誤り。埴輪ではなく土偶。埴輪は古墳時代につくられ，古墳の周りに並べられた。D．「主に青銅器製の農具」という部分が誤り。銅鐸などの青銅器は祭りの道具として使われた。

問2　最澄が建てた延暦寺から連想する。最澄没後，延暦寺という寺号が許された。また，下線部直前の「9世紀(＝801～900年)半ばころの噴火」からも確認できる。このころは，平安時代前半である。B．誤り。奈良時代に鎮護国家の思想にもとづいて東大寺などが建立された。湯島聖堂は江戸時代に建立された。C．誤り。平安時代末に平清盛は平氏の氏神である厳島神社を崇敬した。石山本願寺は浄土真宗の寺院である。D．誤り。平安時代中ごろに平等院は藤原道長の子である，藤原頼通によって創建された。

問3　下線部(ウ)が起こった時の将軍は，江戸幕府第5代将軍の徳川綱吉である。新井白石は第6代将軍家宣・第7代将軍家継に仕え，正徳の治と呼ばれる政治改革を行った。

問4　［資料］から，「関銭」は通行料であることが読み取れる。織田信長は，伝統的な政治や経済の秩序・権威に挑戦し，領国において関所を撤廃し，安土城下で楽市・楽座を行って商工業者に自由な営業活動を認めるなど，新しい政策を打ち出した。

問5　1575年に起こった長篠の戦いでは，織田・徳川の連合軍が鉄砲や馬防柵を有効に使って，武田勝頼の騎馬隊を破った。

問6　大伴家持は8世紀に活躍した。Bは10世紀，Cは13世紀，Dは18世紀に成立した。

問7　「幕府滅亡まで将軍不在のまま」という部分が誤り。源氏による将軍が3代で途絶えたあとは，藤原氏や皇族が将軍に就き，北条氏が執権として大きな権力をにぎっていた。

問8　［資料1］中に「東海道品川」とあることから判断する。位置関係は右図を参照(地図は現在のもの)。

問9　①正しい。②誤り。第一次石油危機は1973年に起こった。③誤り。阪神・淡路大震災は1995年に起こった。

3 問１　国際連合憲章は，サンフランシスコ会議において採択された。

問３　空欄直前に「２位」とあることから判断する。これまで中国が人口１位であったが，2023年にインドが世界１位になった。

問４　B．誤り。閣議は原則非公開である。C．誤り。最高裁判所長官は内閣が指名し，天皇が任命する。その他の裁判官は内閣が任命する。D．誤り。国会が憲法改正の発議をする。衆議院と参議院において，各議院の総議員の３分の２以上の賛成によって国会が憲法改正を発議し，国民投票において，有効投票の過半数の賛成を得た場合に，天皇が国民の名において憲法改正を公布する。

問５　南半球に発展途上国が多いことから，先進国と途上国の経済格差の問題を南北問題，発展途上国間の経済格差の問題を南南問題などと表現する。

問６　石炭の割合が最も高い④を中華人民共和国，原子力の割合が最も高い②をフランスと判断する。①は日本，③はロシア。

問７　世界保健機関の略称である。

問８　社会保障制度の四つの柱については右表を参照。

社会保険	社会福祉	公衆衛生	公的扶助
医療保険 年金保険 雇用保険 労災保険 介護保険など	児童福祉 母子福祉 身体障がい者福祉 高齢者福祉など	感染症予防 予防接種 廃棄物処理 下水道 公害対策など	生活保護 （生活・住宅・教育・医療などの扶助）
加入者や国・事業主が社会保険料を積み立て，必要なときに給付を受ける。	働くことが困難で社会的に弱い立場の人々に対して生活の保障や支援のサービスをする。	国民の健康増進をはかり，感染症などの予防をめざす。	収入が少なく，最低限度の生活を営めない人に，生活費などを給付する。

問９　ライフ・ワーク・バランスでも正解とする。

問10　直接請求の内容と要件は右表を参照。

	必要な署名数	請求先
条例の制定・改廃請求	有権者の 50分の１以上	首長
監査請求		監査委員
議会の解散請求	※有権者の ３分の１以上	選挙管理委員会
首長・議会の議員の解職請求		
副知事・副市長村長・選挙管理委員・公安委員・監査委員の解職請求		首長

※有権者数が40万人以下の場合

議会と首長・議会の議員については，住民投票を行い，その結果，有効投票の過半数の同意があれば解散または解職される。

問11　［資料］中に「個々の利用者にとって望むと望まざるとにかかわらず，見たい情報が優先的に表示され，利用者の観点に合わない情報からは遠ざけられる」「自身の考え方や価値観の『バブル(泡)』の中に孤立する」とあることから考える。

《2024　第2回　国語　解説》

1　**問一**　「宙吊《ちゅうづ》り」は、空中にぶらさがった状態。ここでは、実質的な力がない、形だけのものだったということ。このことについては、「江戸《えど》時代まで天皇は実際の統治には関与《かんよ》しておらず、権威《けんい》としては～まったく形骸化《けいがいか》(実質的な意味を失い、形式だけのものになること)していた」と書かれている。しかし、「徳川将軍を誰《だれ》が承認《しょうにん》するのか～と言ったら、形式的にでも帝《みかど》によって、征夷大将軍《せいいたいしょうぐん》～に任命される～それによって、この国の統治を任されるという形をとることが、幕府の正統性の論理でした」とあり、徳川の権力を持続的に維持《いじ》するために担《かつ》がれていたということが読みとれる。

問二　――⑵より前で「主権国家とは、一定の領土を持ち、その領土を一括《いっかつ》統治する法権力のもとにある国家です」「領土国家の基盤《きばん》は～国民～国は国民が支えている～国民主権」「主権国家は国際的な相互《そうご》承認関係の中でしか成り立ちません」と述べていることに、ウが適する。アの「国王の代表者である国民が持つというフィクションを構築する」、イの「市場を舞台《ぶたい》として展開される相互交渉《こうしょう》の過程を経て」、エの「国家と市民社会の間に挿入《そうにゅう》されるフィクションを前提とする」などは適さない。

問三　――⑶の後の段落で「社会～society の元の意味とか、他の言葉(「individual(個人)とか contract(契約)とか」)との関連よりも、『世の中』というイメージのほうが浸透《しんとう》～だから日本語で『社会』と言ったときに～正確に society の訳語か～と言ったら、『どうかなあ?』ということになる～ラテン語を共通のベースにしているといった条件がないので～避《さ》けがたい」と述べていることから、エのような理由が読みとれる。アの「学問として成り立たせるしかなかった」、イの「『individual』や『contract』といった関連語～の影響《えいきょう》により」、ウの「漢学や蘭学《らんがく》の素養のあった人たち～大学で教えるようになる～結びつけて考えることはできなかった」などは適さない。

問四　【文章Ⅱ】の最初の段落で、「日本はあらゆる形で翻訳語《ほんやくご》～それまでの日本語にない言葉を、漢字二字を組み合わせて何とか対応する日本語をつくる。その造語～学校教育～で教えることで日本の通常語のなかに入ってゆきます。こうして、西洋由来のあらゆることがらが日本語で普通《ふつう》に語れるようになった」と述べられている。

問五　――⑸の後で「日本～早くから中国から漢字が入っていました。その漢字を～自分たち流に活用して記録を残すことまでしていた～そのおかげで、西洋の言葉も翻案《ほんあん》転記できるようになっていた」「それからもう一つ。ポルトガル人が初めて日本に～どんな人たちが来たのかを克明《こくめい》に描《えが》き出す～他者を他者として認知し、把握《はあく》しようという姿勢があった」と具体的に述べている。そして「西洋人が何を考えているのか～共有するために、日本語で汲《く》み取り～分かち合おうとした」「他者として受け止めて～理解共有しようとする意識があった」とまとめている。

問八　イの「当時の日本が置かれていた医学事情が大きい」「背景には、江戸時代の医学事情の変化もあった」ということは、本文の内容から読みとれない。

2　**問二**　ここでの「深い」は、軽々しい考えではなく、よく考えていると思ったということ。タケトリ・オキナは、まず「月から見る地球～かなりの大きさ～青々として～たとえようのない美しさ」と一般的《いっぱんてき》な印象を語ったうえで、「たとえば月に文明を持たない生物がいて」と視点を移し、「ポジティブなイメージしか抱《いだ》かないような気がします」と順当なことを言った。しかしそれだけで終わらず、「遠く離《はな》れているから、わからないから、良い想像だけで夢見ることができるっていうところもあるのかもしれませんね」と、地球に生きる私たちが直面する現実との違《ちが》いを考えさせたり、他のことについても同じことが言えると思わせたりするようなコメントをしたのである。

問四　――⑵の直前に「この出版企画がリアルに感じられた」とある。自分の本を出せるということが現実味を帯びてきて、心をおどらせているということ。「そう言われて」このようになったのである。「そう言われて」は、篠《しの》宮《みや》さんから「（リリカさんと）少しでもお話しできたら、mina さんの本の参考になるかもしれないですし」と言われたこと。その前で「私」は、リリカさんの紙細工を見て「目を奪《うば》われた」「紙一枚で、こんなにも豊かな表現ができるのか」と感動し、「作品を直接見てみたい～この人に会ってみたい」と思っていた。――⑵の後に「mina の名前で、本が出る。出版社を出てからも～私を高揚《こうよう》させ続けた」とあるのも参照。「高揚」は気分が高まること。

問五　「みっともない」は、「すごいことなのよ、と口からこぼれ出た言葉に羞恥《しゅうち》の（はずかしいと思う）気持ちがまとわりつく。自分でこんなこと、言いたくなかった」と思ったこと。「私」は「普段《ふだん》～興味のない剛志《つよし》でも、本の出版となれば喜んでくれるだろう」と期待していたのに、剛志は「へえ」「いいかげん働きすぎじゃない」「根《こん》詰《つ》めすぎじゃないの」「体を壊《こわ》したら元も子もないだろ」という反応だった。それを不満に思い、自分で自分のことを「アクセサリー作家なんて星の数ほどいるの。その中から～本当にすごいことなのよ！」とほめてしまったが、謙虚《けんきょ》でなかった、「みっともない」と、情けなく思い、悲しくなっているのである。

問六　篠宮さんから「mina さん、才能があって、売れっ子で、旦那《だんな》さんがいて、いいなあ」とうらやましがられた「私」は、タケトリ・オキナが言っていた「遠く離れているから、わからないから、良い想像だけで夢見ることができる」ものにあたる。実際は、「もうだめかもしれない。私たち夫婦は。分かり合うことなど、できないのかもしれない」という状態である。しかし、「きれいなことしか想像しないですむ～それはそれでいいじゃないか」と思えてきたのである。「ただ美しい世界を」見せよう、つまり、売れっ子アクセサリー作家として前に進もう、その自分を前面におし出して進んでいこう、と思ったということ。この内容に、イが適する。アの「世の中を生きる上では不必要なことだから」、ウの「割り切り、順風満帆《じゅんぷうまんぱん》で理想的な夫婦関係を演じるだけだと強く決意」、エの「自分のアクセサリー作品が人々から愛されなくなったとしても」などは適さない。

問七　「篠宮さんの言う、［⑸］」とは、「ただ美しい世界」のこと。「ただ美しい世界」とは、「遠いから、知らないから、きれいなことしか想像しないですむ」というような、現実にはほど遠い、憧《あこが》れの世界である。篠宮さんが「読者にとって～自分にはとうてい及《およ》ばないと敬意を抱けるような非現実的なページも必要なんです。ただ憧れるっていう、その喜びが至福だったりするんですよ」と言っていたことから抜《ぬ》き出す。

問九　タケトリ・オキナは、「月から見る地球～青々として～たとえようのない美しさ」と「表の部分」を語ったうえで、「遠く離れているから～良い想像だけで夢見ることができるっていうところもあるのかもしれませんね」と「裏の部分」を思わせるコメントをした。「裏の部分」については、本文の最後で「実際には、この地球はどこもかしこも汚《よご》れて～戦いは止まず～病がはびこって、いつも誰かが傷ついて泣いている」と具体的に語られている。この両面を持つ地球に、「才能があって、売れっ子で、旦那さんがいて、いいなあ」と篠宮さんにうらやましがられた「表」の「私」と、実際は「もうだめかもしれない。私たち夫婦は。分かり合うことなど、できないのかもしれない」という「裏」の「私」に重ねることができる。よって、エが適する。アの「その後のプロセスがスムーズに運ばれていくことを予感させる」、イの「アクセサリー作りがあまりはかどっていないことが暗示される」、ウの「お互《たが》いに感情的になってしまう」などは適さない。

問十　本文 135～138 行目に「帰宅後～淡《あわ》い期待があった。普段私のアクセサリー作りに興味のない剛志でも～喜んでくれるだろう」とあることに、アが適する。イの「夫から～言ってほしかったから」は適さない。手の込《こ》んだ煮込《にこ》み料理は「自分への祝いのつもりで」作ったとある。ウの「夫剛志は～興味を示したので、畳《たた》みかけるように語り」は適さない。剛志が「へえ」としか言わないので「私は畳みかけた」。エの「せめて自分を讃《たた》えてくれさえすれば～と夫に伝えた」は適さない。それは心の中で思ったことであり、172 行目に「私も黙《だま》る」とある。

―《2024　第２回　算数　解説》―

$\boxed{1}$ (1)　与式$=40-3\div(\frac{1}{3}+\frac{3}{4}\times\frac{3}{5}-\frac{1}{5})\times\frac{21}{4}=40-3\div(\frac{20}{60}+\frac{27}{60}-\frac{12}{60})\times\frac{21}{4}=40-3\div\frac{7}{12}\times\frac{21}{4}=40-3\times\frac{12}{7}\times\frac{21}{4}=$
$40-27=$**13**

(2)　「＝」の左側を整理すると，$\{(12+\square)\div\frac{5}{3}-\frac{2}{5}\}\times(\frac{1}{4}+\frac{1}{9}\times\frac{7}{8})=\{(12+\square)\times\frac{3}{5}-\frac{2}{5}\}\times(\frac{18}{72}+\frac{7}{72})=$
$(12+\square)\times\frac{3}{5}\times\frac{25}{72}-\frac{2}{5}\times\frac{25}{72}=(12+\square)\times\frac{5}{24}-\frac{5}{36}$　　よって，$(12+\square)\times\frac{5}{24}-\frac{5}{36}=3\frac{3}{4}$
$(12+\square)\times\frac{5}{24}=3\frac{27}{36}+\frac{5}{36}$　　$(12+\square)\times\frac{5}{24}=3\frac{8}{9}$　　$12+\square=\frac{35}{9}\times\frac{24}{5}$　　$\square=\frac{56}{3}-12=18\frac{2}{3}-12=$ **$6\frac{2}{3}$**

$\boxed{2}$ (1)　**【解き方】容器Ａ，Ｂ，Ｃにおいて，はじめに入っていた水の量の比は 10：10：７…㋐，最後に入っていた水の量の比は５：６：７…㋑である。㋐と㋑の比の数をそろえる。**

㋐の比の数の和は 27，㋑の比の数の和は 18 だから，すべての水の量の合計を 27 と 18 の最小公倍数の$\textcircled{54}$とする。
容器Ａにはじめに入っていた水は$\textcircled{54}\times\frac{10}{27}=$⑳，最後に入っていた水は$\textcircled{54}\times\frac{5}{18}=$⑮だから，⑳－⑮＝⑤が 60Ｌにあたる。よって，容器Ａにはじめに入っていた水は，$60\times\frac{⑳}{⑤}=$**240(Ｌ)**

(2)　**【解き方】右図の太線の五角形の内角の和から求める。**

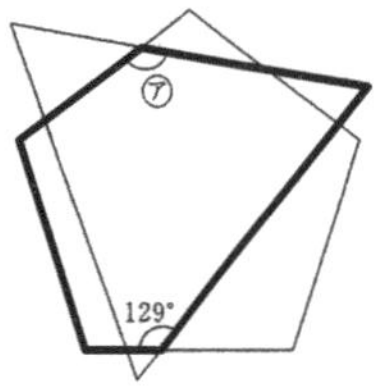

五角形の内角の和は，180°×(５－２)＝540° だから，１つの内角は，540°÷５＝108°
よって，㋐＝540°－108°×２－60°－129°＝**135°**

(3)　**【解き方】７人の班を５人の班に組み直すことで，班の数は 44－40＝４(班)増えたから，３×４＝12(人)の人が移動した。**

７人の班は全部で 12÷２＝６(班)あった。したがって，全部で 40 班できたとき，
３人の班と４人の班は，班の数の合計が 40－６＝34(班)，人数の合計が 160－７×６＝118(人)だった。
34 班全部が３人の班だったとすると，人数が実際より 118－３×34＝16(人)少なくなるから，４人の班の数は，
16÷(４－３)＝**16(班)**

(4)　**【解き方】20 個のデータの中央値は，20÷２＝10 より，大きさ順に並べたときの 10 番目と 11 番目の値《あたい》の平均である。**

小さい方から 10 番目と 11 番目の和が 27.5×２＝55 だから，10 番目は 25 点，11 番目は 30 点となる。
したがって，ア＝10－２－１－４＝３，イ＋ウ＋エ＝10－１－４＝５
また，35 点，40 点，45 点の人の点数の合計は，29×20－(10×２＋15×１＋20×４＋25×３＋30×４＋50×１)＝220(点)である。エ＝５だとすると，35 点，40 点，45 点の人の点数の合計が 45×５＝225(点)となり，実際より 225－220＝５(点)高くなる。５点下げるためにはエのうち１人をウにおきかえるしか方法がない。
よって，イ＝０，ウ＝１，エ＝４だから，求める値は，３×０＋１÷４＝**0.25**

$\boxed{3}$ (1)　**【解き方】電車Ｐの長さを$\boxed{1}$とすると，ＡＢ＋ＢＣ＋ＣＤ－$\boxed{1}$＝328＋1800＋696－$\boxed{1}$＝2824－$\boxed{1}$(m)…㋐にかかる時間と，ＢＣ＋ＣＤ＋$\boxed{1}$＝1800＋696＋$\boxed{1}$＝2496＋$\boxed{1}$(m)…㋑にかかる時間の差が 11 秒である。**

㋐と㋑の道のりの差は，2824－2496＝328(m)より$\boxed{1}$×２＝$\boxed{2}$だけ短いから，328－$\boxed{2}$(m)…㋒にかかる時間が 11 秒である。
また，ＰとＱがすれ違うときの条件から，Ｐの速さの２倍で，ＡＢ＋ＢＣ＋ＣＤ＋$\boxed{1}$×２＝2824＋$\boxed{2}$(m)…㋓進むのにかかる時間が１分 33 秒＝93 秒だから，Ｐの速さで同じ道のりを進むと，93×２＝186(秒)かかる。
㋒と㋓を足し合わせることで，328＋2824＝3152(m)進むのに 11＋186＝197(秒)かかるとわかる。
よって，電車Ｐの速さは，$\frac{3152}{197}=16$ より，秒速 16mだから，11 秒で 16×11＝176(m)進む。

㋒より，電車Ｐの長さは，(328－176)÷２＝**76**(m)

⑵　**【解き方】三角形ＡＦＥと三角形ＦＤＥの面積比からＡＦ：ＦＤを求める。**

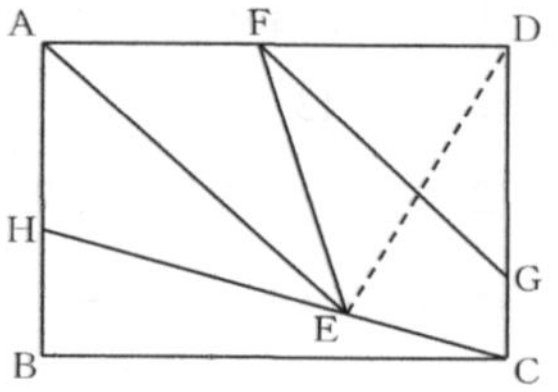

長方形ＡＢＣＤの面積を⑩とすると，５等分してできた三角形１つの面積は

⑩÷５＝②である。三角形ＡＢＣの面積は⑩÷２＝⑤だから，三角形ＡＥＣ

の面積は，⑤－②×２＝①

ＨＥ：ＥＣ＝(三角形ＡＨＥの面積)：(三角形ＡＥＣの面積)＝②：①＝２：１

(三角形ＤＣＥの面積)：(三角形ＤＣＨの面積)＝ＣＥ：ＣＨ＝１：(１＋２)＝１：３だから，

(三角形ＤＣＥの面積)＝(三角形ＤＣＨの面積)×$\frac{1}{3}$＝⑤×$\frac{1}{3}$＝$\textcircled{\frac{5}{3}}$

よって，(三角形ＦＤＥの面積)＝⑩－②×３－$\textcircled{\frac{5}{3}}$＝$\textcircled{\frac{7}{3}}$

ＡＦ：ＦＤ＝(三角形ＡＦＥの面積)：(三角形ＦＤＥの面積)＝②：$\textcircled{\frac{7}{3}}$＝６：７だから，ＡＦ＝13×$\frac{6}{6+7}$＝**6**(cm)

⑶　**【解き方】Ａさんは２日ごとに，Ｂさんは３日ごとに，Ｃさんは４日ごとに１日仕事を行うので，２と３と４の最小公倍数の12日ごとに，Ａさんは12÷２＝６(日)，Ｂさんは12÷３＝４(日)，Ｃさんは12÷４＝３(日)仕事を行う。**

最初の１日を除けば，12日間を７回くり返してすべての仕事が終わった。その間に仕事をした日数は，Ａさんが１＋６×７＝43(日)，Ｂさんが１＋４×７＝29(日)，Ｃさんが１＋３×７＝22(日)である。Ｂさんが29日でした仕事量は，Ａさんの29日分とＣさんの29日分を合わせた量だから，すべての仕事量は，Ａさんの仕事43＋29＝72(日分)と，Ｃさんの仕事22＋29＝51(日分)の合計である。すべての仕事量を$\boxed{1}$とすると，Ｃさんが１日にする仕事量は$\boxed{\frac{1}{87}}$だから，Ａさんが72日でした仕事量は，$\boxed{1}$－$\boxed{\frac{1}{87}}$×51＝$\boxed{\frac{12}{29}}$である。したがって，ＡさんとＣさんの１日の仕事量の比は，($\boxed{\frac{12}{29}}$×$\frac{1}{72}$)：$\boxed{\frac{1}{87}}$＝１：２　　よって，ＢさんとＣさんの１日の仕事量の比は，(１＋２)：２＝３：２だから，Ｂさんが１人で仕事をすると，87×$\frac{2}{3}$＝**58**(日)で終わる。

⑷　**【解き方】Ｂ町とＣ町の間の上りと下りの時間が等しいことから，上りと下りの速さが等しいので，静水時のボートの速さが求められる。**

ボートの速さが変わらなければ，上りと下りの速さの差は川の流れの速さの２倍だから，２×２＝４より，時速４kmである。静水時のボートの速さは，最初の速さと1.5倍にしたときの速さの比が１：1.5＝２：３であり，この比の数の３－２＝１が時速４kmにあたるので，静水時のボートの最初の速さは，４×$\frac{2}{1}$＝８より，時速８kmである。したがって，A町とB町の間で，上るときの速さは時速６km，下るときの速さは時速10kmである。

A町とB町の間の道のりは，６×$\frac{80}{60}$＝８(km)である。下るときは，12分で10×$\frac{12}{60}$＝２(km)進んでから，30分で２×$\frac{30}{60}$＝１(km)流されることをくり返す。２＋１＋２＋１＋２＝８(km)だから，求める時間は，

12×３＋30×２＝96(分)→**１時間36分**

4　⑴　**【解き方】455を素数の積で表すと，455＝５×７×13である。分母が455の分数の分子は１から455までの連続する整数だから，１から455までの整数のうち，５でも７でも13でも割り切れない数の個数を求める。**

まず，１から455までの整数のうち，５または７または13で割り切れる整数の個数を求める。５と７の公倍数は35(最小公倍数)の倍数，５と13の公倍数は65(最小公倍数)の倍数，７と13の公倍数は91(最小公倍数)の倍数，５と７と13の公倍数は455(最小公倍数)の倍数である。したがって，５または７または13で割り切れる整数の個数は，(５の倍数の個数)＋(７の倍数の個数)＋(13の倍数の個数)－(35の倍数の個数)－(65の倍数の個数)－(91の倍数の個数)＋(455の倍数の個数)，で求められる。

５の倍数は455÷５＝91(個)，７の倍数は455÷７＝65(個)，13の倍数は455÷13＝35(個)，35の倍数は455÷35＝

13(個)，65の倍数は455÷65＝7(個)，91の倍数は455÷91＝5(個)，455の倍数は455÷455＝1(個)だから，

5または7または13で割り切れる整数の個数は，91＋65＋35－13－7－5＋1＝167(個)

よって，5でも7でも13でも割り切れない数は，455－167＝**288**(個)であり，これが求める個数である。

(2) **【解き方】分母がnの分数のグループを「nグループ」とする。nグループにはn個の分数がふくまれる。例えば，3グループは$\frac{1}{3}$，$\frac{2}{3}$，$\frac{3}{3}$の3個の分数がふくまれる。aからbまで等間隔《とうかんかく》で並ぶx個の数の和は，$\frac{(a+b)\times x}{2}$で求められることを利用する。**

nグループまでの分数の個数は，$1+2+3+\cdots\cdots+n=\frac{(1+n)\times n}{2}$で求められる。この値が455に近くなるnの値を探したいので，$(1+n)\times n$が，つまり連続する整数の積が455×2＝910に近くなるところを探す。

30×31＝930が見つかるから，n＝30のときを考える。30グループまでの分数の個数は，$\frac{(1+30)\times 30}{2}=465$だから，30グループの最後の分数は465番目である。よって，455番目の分数は，$\frac{30}{30}$の465－455＝10(個前)だから，

$\frac{30-10}{30}=\mathbf{\frac{20}{30}}$

(3) **【解き方】(2)をふまえ，各グループの分数の和の規則性を考える。まず29グループまでの分数の和を求める。**

1グループの分数の和は1，2グループの分数の和は$\frac{1}{2}+\frac{2}{2}=1\frac{1}{2}$，3グループの分数の和は$\frac{1}{3}+\frac{2}{3}+\frac{3}{3}=2$，

4グループの分数の和は$\frac{1}{4}+\frac{2}{4}+\frac{3}{4}+\frac{4}{4}=2\frac{1}{2}$，……となる。したがって，各グループの分数の和は$\frac{1}{2}$ずつ大きくなる。29グループの分数の和は，$1+\frac{1}{2}\times(29-1)=15$だから，29グループまでの分数の和は，

$(1+15)\times 29\times\frac{1}{2}=232$　　30グループの分数のうち，$\frac{1}{30}$から$\frac{20}{30}$までの分数の和は，$\frac{(1+20)\times 20}{2}\times\frac{1}{30}=7$

よって，求める和は，232＋7＝**239**

5 (1) **【解き方】正六角形は，右図のように合同な12個の直角三角形に分けることができる。**

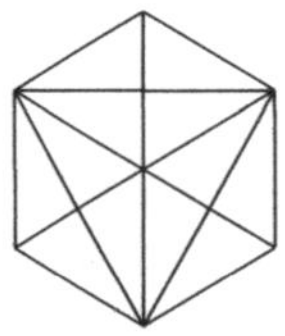

五角形BCDEFの面積は，2160÷54＝40(㎠)

五角形BCDEFの面積は右図の直角三角形10個分だから，底面積の$\frac{10}{12}=\frac{5}{6}$にあたる。

よって，底面積は，$40\div\frac{5}{6}=\mathbf{48}$(㎠)

(2) **【解き方】水面が四角形CDKHとなったときの水の体積は，立体CDKHIJ(図Ⅰの色つきの立体)の体積と等しい。**

図Ⅰ

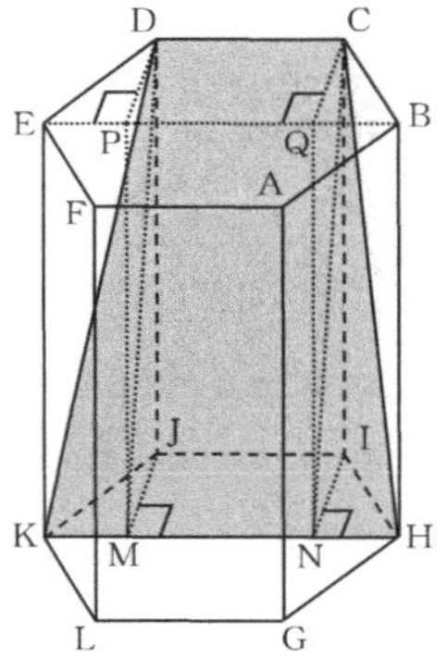

M，NはそれぞれJ，IからKHに引いた垂直な直線とKHが交わる点である。

P，QはそれぞれD，CからEBに引いた垂直な直線とEBが交わる点である。

立体CDKHIJを，三角柱DMJ－CNIと，2つの三角すいD－JKM，C－IHNに分けて考える。

三角柱DMJ－CNIの体積は，直方体DPQC－JMNIの体積の半分である。

底面GHIJKLは図Ⅱのように12個の合同な直角三角形に分けられるので，

四角形JMNIの面積は，$48\times\frac{4}{12}=16$(㎠)

したがって，三角柱DMJ－CNIの体積は，$16\times 54\times\frac{1}{2}=432$(㎤)

図Ⅱ

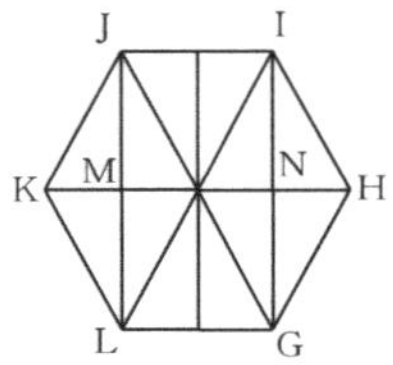

三角形JKMの面積は，$48\times\frac{1}{12}=4$(㎠)だから，三角すいD－JKMの体積は，

4×54÷3＝72(㎤)　　三角すいC－IHNの体積も同じである。

よって，立体CDKHIJの体積は，432＋72×2＝576(㎤)だから，

捨てる水の体積は，2160－576＝**1584**(㎤)

(3) **【解き方】水面が3点D，H，Lを通ったときの水の体積は，3点D，H，Lを通る平面で正六角柱を切断したときの，Jをふくむ方の立体の体積に等しい。**

直線ＦＥと直線ＣＤが交わる点をＲ，直線ＢＣと直線ＥＤが交わる点をＳとする。三角形ＤＲＥと三角形ＤＳＣは，底面の正六角形を６等分してできる正三角形と合同である。Ｄを通りＬＨと平行な直線と，ＥＲ，ＣＳが交わる点をそれぞれＴ，Ｕとする。切断面は直線ＴＵを通り，Ｔ，ＵはそれぞれＥＲ，ＣＳの真ん中の点である。したがって，Ｊをふくむ方の立体は，右図の立体ＪＤＶＫＬＨＩＷである。これを，三角すいＤ－ＪＬＨと，立体ＤＶＫＬと，立体ＤＷＨＩに分けて考える。

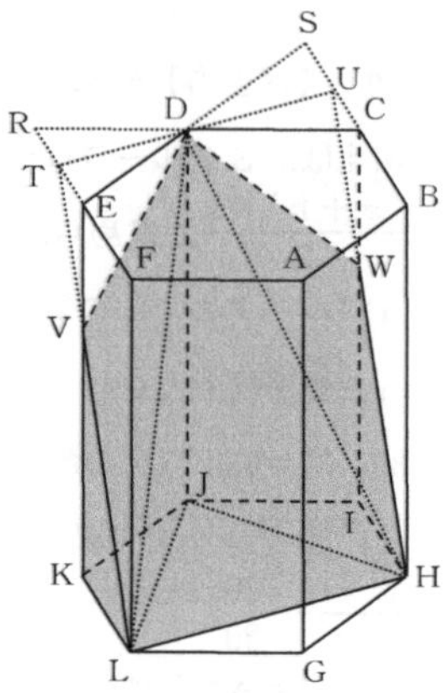

三角形ＪＬＨの面積は底面積の$\frac{1}{2}$だから，$48\times\frac{1}{2}=24$(㎠)

三角すいＤ－ＪＬＨの体積は，$24\times54\div3=432$(㎤)

立体ＤＶＫＬの体積は，三角柱を，底面と垂直な３本の辺を通るように切断してできる立体の体積が，(底面積)×(底面と垂直な辺の長さの平均)で求められることを利用する。三角形ＴＥＶと三角形ＬＫＶは同じ形だから，

ＥＶ：ＫＶ＝ＥＴ：ＫＬ＝１：２　　ＫＶ＝ＫＥ×$\frac{2}{1+2}=54\times\frac{2}{3}=36$(㎝)

立体ＤＶＫＬの体積は，(三角形ＪＫＬの面積)×$\frac{\text{DJ}+\text{VK}+0}{3}=(48\times\frac{1}{6})\times\frac{54+36+0}{3}=13$(㎤)＝240(㎤)

立体ＤＷＨＩの体積も同じである。

よって，立体ＪＤＶＫＬＨＩＷの体積は，$432+240\times2=912$(㎤)だから，加える水の体積は，912－576＝**336**(㎤)

《2024　第２回　理科　解説》

1 (1) 実験１では，おもりの重さが重く，高さが高いほどくぎは深くささるので，おもりの重さが100ｇで高さが50㎝のエである。

(2) 実験２では，おもりの重さが重く，おもりの速さが速いほどくぎは深くささるので，おもりの重さが100ｇで速さが秒速10ｍのエである。

(3) Ｘ．ＢはＡと比べて高さが$\frac{3}{4}$倍だから，位置エネルギーは$100\times\frac{3}{4}=75$(Ｊ)となる。　Ｙ．ＣはＡと比べて高さが$\frac{1}{2}$倍だから，位置エネルギーは$100\times\frac{1}{2}=50$(Ｊ)となる。　Ｚ．ＤはＡと比べて高さが$\frac{1}{4}$倍だから，位置エネルギーは$100\times\frac{1}{4}=25$(Ｊ)となる。直前の先生の言葉より，位置エネルギーと運動エネルギーを足したものは常に一定になることがわかるので，Ａでの位置エネルギー(100Ｊ)と運動エネルギー(０Ｊ)を足したものが100Ｊであることから，Ｄでの位置エネルギーと運動エネルギーを足したものも100Ｊである。よって，Ｄでの運動エネルギーは100－25＝75(Ｊ)となる。

(4) 地面に到着《とうちゃく》する点での位置エネルギーは０Ｊだから，運動エネルギーは100Ｊである。(3)Ｘより，Ｂでの位置エネルギーは75Ｊだから，運動エネルギーは100－75＝25(Ｊ)である。よって，地面に到着する点での運動エネルギーはＢでの運動エネルギーの100÷25＝４(倍)だから，学習メモより，速さは２倍の５×２＝(秒速)10(ｍ)となる。

(5) 学習メモより，位置エネルギーは高さに比例するので，アのようなグラフになる。また，位置エネルギーと運動エネルギーを足したものは一定だから，カのようなグラフになる。よって，運動エネルギーは地面からの高さが０のときに最大で，地面からの高さが大きくなるにつれて一定の割合で小さくなるイのようなグラフになる。

(6) ア，イ，ウのレールで，ＦからＧまでのおもりの移動距離《きょり》はそれぞれ等しいので，この区間でのおもりの平均の速さが速いほど，はやくＧへ到着する。おもりが低いところを通る長さが長いほど，おもりの位置エネルギーが小さくなり(運動エネルギーが大きくなり)，おもりの平均の速さが速くなるので，Ｇへ到着するのがはやい順にウ，ア，イとなる。

(7) 物体が低いところにあるほど，物体の運動エネルギーが大きくなる(物体が高いところにあるほど，物体の運動エネルギーが小さくなる)。よって，位置エネルギーのグラフはレールの形状と同じになり，位置エネルギーと運動エネルギーの和は一定だから，運動エネルギーのグラフはレールを上下反対にした形(エ)になる。

2 (1) ア×…学習メモ１の２つ目の・より，カルシウムが多く含《ふく》まれる水が鍾乳石《しょうにゅうせき》や鍾乳洞《しょうにゅうどう》を形成することがあるとわかる。 イ○…学習メモ１のグラフより，地下水の方が表流水よりも硬度《こうど》が高く，カルシウムやマグネシウムの濃度《のうど》が高いことがわかる。 ウ×…「非常な硬水」の硬度は180mg/L以上だから，学習メモ１のグラフより，わずかではあるがそのような水源があるとわかる。 エ×…学習メモ１の３つ目の・より，ヨーロッパの水は日本の水と比べて硬度が高い(硬水の割合が大きい)ことがわかる。 オ○…園子さんの１回目の発言と学習メモ１の４つ目の・より，園子さんが行った温泉はせっけんの泡《あわ》立ちが悪い硬水で，硬度が高かったことがわかる。

(2) 石灰岩に塩酸を加えると二酸化炭素が発生する。

(3) (あ)表１より，Ｂの量はカルシウムの量に比例することがわかるので，$1.5\times\frac{2.0}{0.6}=5.0$(mL)となる。

(い)表１より，沈殿《ちんでん》の重さはカルシウムの量に比例することがわかるので，$2.04\times\frac{3.0}{0.6}=10.2$(mg)となる。

(う)表２より，マグネシウムの量はＢの量に比例することがわかるので，$0.3\times\frac{5.0}{1.25}=1.2$(mg)となる。

(4) 学習メモ２より，Ａをアルカリ性の硬水に入れると赤色になるのは，水溶液《すいようえき》中のカルシウムやマグネシウムとくっつくからだと考えられる。そこへＢを加えると水溶液が青色になるのは，ＢがＡとくっついていたカルシウムやマグネシウムとくっついて無色になり，くっつくものがなくなったＡがアルカリ性の水溶液と反応するからだと考えられる。つまり，カルシウムやマグネシウムはＡよりもＢとくっつきやすいと考えられる。

(5) 温泉水Ｃにはカルシウムとマグネシウムが入っている。マグネシウムとＢが反応しても沈殿は生じないことから，沈殿の重さに着目する。沈殿の重さ6.12mgは，すべてカルシウムとＢの反応によって生じたものだから，表１より，反応したカルシウムは$0.6\times\frac{6.12}{2.04}=1.8$(mg)となる。

(6) カルシウム1.8mgと反応したＢは$1.5\times\frac{1.8}{0.6}=4.5$(mL)だから，マグネシウムと反応したＢは$6.5-4.5=2.0$(mL)である。表２より，反応したマグネシウムは$0.3\times\frac{2.0}{1.25}=0.48$(mg)となる。

(7) １Ｌ＝1000mLのＣに含まれるカルシウムは$1.8\times\frac{1000}{10}=180$(mg)，マグネシウムは$0.48\times\frac{1000}{10}=48$(mg)だから，園子さんと先生の会話の式を使って，硬度は$180\times2.5+48\times4.1=646.8$(mg/L)となる。

(8) カルシウム：マグネシウム＝３：１より，カルシウム３mg，マグネシウム１mgが含まれる１Ｌの水溶液を考える。この水溶液の硬度は$(3\times2.5)+(1\times4.1)=11.6$(mg/L)となるので，硬度を406mg/Lにするには，この$406\div11.6=35$(倍)の量のカルシウムとマグネシウムが必要である。よって，カルシウムは$3\times35=105$(mg)，マグネシウムは35mgである。

3 (1) 鳥インフルエンザのウイルスは，秋から冬にかけて日本で冬を越《こ》す渡《わた》り鳥によって日本に運び込《こ》まれていると考えられている。

(3)① ｉ．実験１では，図Ｉのようにabaとbabが交互《こうご》にくり返される。 ii～iv．実験２では，図IIのようにaabとabaとbaaの３種類ができる。 ｖ．図Ｉ，IIに共通するabaがアミノ酸Ｌを指定している。 vi．図Ｉより，babがアミノ酸Ｍを指定している。

図Ｉ

a b a | b a b | a b a | b a b

a | b a b | a b a | b a b | a b

a b | a b a | b a b | a b a | b

図II

a a b | a a b | a a b | a a b

a | a b a | a b a | a b a | a b

a a | b a a | b a a | b a a | b

② 環境《かんきょう》ＤＮＡを調べることで存在が確認できるウイルスもあるので，ＤＮＡをもっているウイルスもあると考えられる。

4 (2) 土地が隆起《りゅうき》したり，海水面が下降したりして，土地と海水面との高低差が大きくなったとき，川の流れが速くなる。

(3)① 川の流れが曲がっているところの内側(Ａ側)では，水の流れがゆるやかで，土砂がたまって川原ができやすい。一方，川の流れが曲がっているところの外側(Ｂ側)では水の流れが速く，川底や川岸がけずられてがけができやすい。このようなＡ側とＢ側の変化が続くことによって，曲がりが大きくなっていく。

(4)① 二酸化炭素は主に石油や石炭などの化石燃料を燃やすことで大きく増加している。　② 地球温暖化などの影響《えいきょう》で，地上の氷がとけて海に流れ込むと，海水量が増加し海面水位が上昇《じょうしょう》する。反対に地上の氷が増えると，海水量が減少し，海面水位が下降する。

《2024　第２回　社会　解説》

1 問１(1) ［地図１］は北海道，［地図２］は福岡県，［地図３］は宮城県，［地図４］は広島県である。十和田湖は青森県と秋田県にまたがる。九州山地は，大分県，熊本県，宮崎県，鹿児島県にまたがる。北上川は岩手県から宮城県にかけて南北に流れる。　(2) 畜産の産出額が圧倒的に多く，米や野菜の産出額も多いＤは，農業産出額が全国１位である北海道，米や畜産の産出額が比較的多いＣは，東北地方にある宮城県である。福岡県はいちごなどの野菜の生産が盛んであるから，残ったＡ・Ｂのうち，野菜の産出額が多いＡを福岡県と判断する。　(3) ホタテの成育には冷たい海水が適しているので，青森県や北海道で盛んに養殖されている。カキは広島県と宮城県で盛んに養殖されている。2011年の東日本大震災では，かきの養殖施設がすべて流され壊滅的被害を受けたが，広島県と広島県のかき養殖業者が復興の手助けをしたことで，再び全国２位のシェアにもどることができた。真珠は長崎県の対馬・五島列島・九十九島，愛媛県の宇和海沿岸，三重県志摩半島の英虞湾などで盛んに養殖されている。　(4) 福岡県は北九州市，広島県は福山市において鉄鋼業が盛んであるため，ＡとＢのどちらかである。福岡県と広島県のうち，福岡県が属する北九州工業地帯では，食料品工業も発達していることから，Ｂを福岡県と判断する。Ａは広島県，Ｃは宮城県，Ｄは北海道。

問２(1) (ア)は札幌市，(イ)は福岡市，(ウ)は仙台市，(エ)は広島市である。Ｘ年からＹ年にかけて，どちらの都市においても在留外国人の人口が増加しているため，Ｘ年は2010年，Ｙ年は2020年と判断する。また，東京23区を除いた市町村別の人口において，札幌市は全国４位，福岡市は全国５位であるため，総人口が多い①は札幌市と判断する。　(2) 札幌市は北海道の気候，広島市は瀬戸内の気候に属する。冬の冷え込みが厳しく，梅雨がない②を札幌市と判断する。札幌市では，冬の降雪量が多いため，日照時間は短くなると考えられるから，冬の日照時間が短い③を札幌市と判断する。

問３(1) 東京国際空港との路線において，通常は定期便が運航されておらず，旅客数が最も少ないＤは，東京都へ移動するのに空路より鉄道の方が便利な場所にあると考えられる。したがって，４道県の中で最も東京都に近い宮城県にある仙台空港である。同様に考えると，大阪国際空港との路線において，定期便が運航されていないＣは，広島県にある広島空港である。残ったＡ・Ｂのうち，大阪国際空港との路線における旅客数が少ないＢを，北海道に比べて大阪府に近い福岡県にある福岡空港と判断する。福岡県の博多駅から大阪府の新大阪駅へは，新幹線で乗り継ぎなしで行くことができる。　(2) 国内海上貨物量において移出量・移入量がともに最も多いＡは，本州の消費地から遠く，陸送が不便な北海道にある苫小牧港である。国外海上貨物量において，輸出量が多いＣは，アジア各国に近く，アジアへの輸出の拠点となっている博多港である。広島県は自動車の輸出が盛んであるから，残ったB・Dのうち，Dを広島港と判断する。

問４　それぞれの地図に，「仙台城跡」「広島城跡」「福岡城跡」が確認できる。北海道は藩として藩主が支配していた地域ではなく，1869 年に北海道とされて開拓使によって計画的に開発されていったため，札幌市の中心部の街路は碁盤の目のように規則正しく区画されている。

2　**問１**　(ア)文章中の「教育機関や研究機関」「区名の文字が持つ意味の通り」より区名に「文」をもつ文京区と判断する。(ウ)江戸幕府第15代将軍は徳川慶喜である。家康は初代，家茂は第14代の将軍。(エ)５代将軍は徳川綱吉である。家光は第３代，吉宗は第８代の将軍。

問２　Z．源義朝は平治の乱で平清盛に敗北した。保元の乱は後白河天皇と崇徳上皇の争いであり，平清盛と源義朝がついた後白河天皇が勝利した。応仁の乱は，守護大名の山名氏と細川氏を中心として室町時代に起きた戦い。

問３　(オ)近江は滋賀県，三河は愛知県東部，河内は大阪府東部の旧国名。(ク)東京大学は国立であり，津田塾大学の前身である女子英学塾は，津田梅子が設立した。(コ)尊王攘夷の考え方は，天皇を尊ぶ尊王論と，外国人を追い払おうとする攘夷論が結びついたものである。

問４　系図については右図を参照。

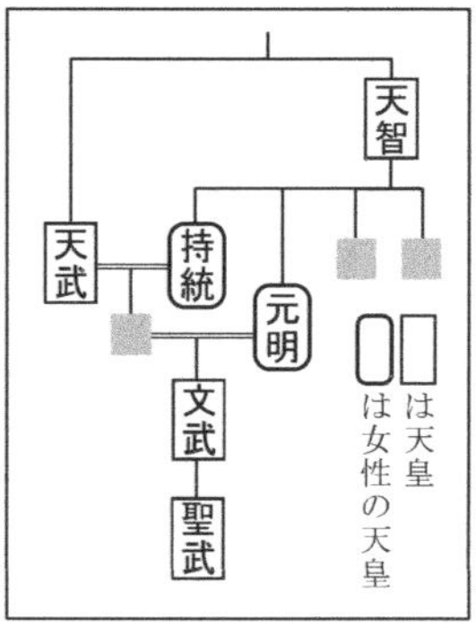

問５　自由民権運動は，1874年に板垣退助らが民撰議院設立建白書を提出したことから始まった。日清戦争は1895年に終わった。

問６　第一次世界大戦は1914年～1918年に起こった。Aのシベリア出兵は1918年の出来事である。Bの日独伊三国同盟は1940年，Cの日ソ中立条約は1941年，Dの日ソ中立条約の破棄による宣戦布告は1945年であり，いずれも第二次世界大戦期(1939～1945年)の出来事。

問７　明治政府が派遣した使節団は岩倉使節団である。不平等条約の改正の交渉を目的として，岩倉使節団(岩倉具視・伊藤博文・大久保利通・木戸孝允ら)は多くの留学生とともに出発したが，改正交渉は失敗に終わり，欧米の視察に切り替えた。

問９　(ス)坂本龍馬は土佐藩(高知県)，西郷隆盛は薩摩藩(鹿児島県)出身である。

問10　文章中に「1950年代に首相を務めた」とあることから考える。鳩山一郎は，1956年に日ソ共同宣言に調印し，国際連合加盟を実現させた。B，C，Dは1990年代の出来事。

問11　室町幕府第３代将軍の足利義満によって，南朝が北朝に吸収されるかたちで，1392年に南北朝の合体が実現した。

3　**問１**　ＩＭＦではなくＵＮＨＣＲ(国連難民高等弁務官事務所)である。ＩＭＦは国際通貨基金の略称。

問２　文章中に，Ｇ７は「フランス，米国，英国，ドイツ，日本，イタリア，カナダ(議長国順)の７か国および欧州連合(ＥＵ)が参加する枠組み」とある。Aは韓国，Cはウクライナの大統領であり，韓国は招待国，ウクライナはゲスト国としてＧ７広島サミットに参加した。

問３　訪日客による旅行消費額は，2023 年に過去最高を記録した。

問４　傷のない野菜や果物を積極的に購入すると，傷があっても食べられる野菜や果物が売れ残ってしまい，廃棄が増える可能性がある。

問５(1)　リンカン大統領による演説は，主に人民主権について述べられている。人民主権と同様の意味である国民主権について述べられているCを選ぶ。A・B・Dは平和主義に関する記述。　**(2)**　小選挙区制は，１つの選挙区から１名を選出するため，当選者以外に投じられた票はすべて死票となる。例えば，Ａ，Ｂ，Ｃの３人が立候補した選挙で，有効投票が 100 票で，Ａが 34 票，ＢとＣがそれぞれ 33 票を獲得してＡが当選した場合，Ａに投じられた票より，死票の方が多くなることになる。

問６　日本国憲法第 27 条に「すべて国民は，勤労の権利を有し，義務を負ふ」と規定されている。Ａは義務，Ｂ・Ｄ・Ｅは権利である。教育を受けることは「権利」であり，子どもに教育を受けさせることは「義務」であることは覚えておきたい。

問７　ＡＢ．誤り。参議院議員の任期は６年であり，３年ごとにその半数が改選される。参議院は，衆議院とは違い解散がないため，参議院議員通常選挙は３年ごとに行われる。Ｄ．誤り。参議院議員通常選挙実施後に最初に開かれる国会は，臨時国会である。

2023 解答例
令和５年度

洗足学園中学校【第１回】

《国　語》

1　問一．取引における最適行動　問二．自分の利益を第一に考えて行動することは、近代以前には一般的な価値観ではなかったから。　問三．エ　問四．資源や食料の問題、環境破壊など多くの問題が噴出した原因は、経済成長は生活の豊かさをもたらすという価値観に基づく行動にあるから。　問五．自由貿易と産業による豊かさを奨励する一方で、財産の追求は深刻な道徳的影響をもたらし、徳の追求とは両立し難いため、徳の道を選ぶ必要があるということ。　問六．A．イ　B．エ　C．ア　D．ウ　問七．(ア)指標　(イ)非難　(ウ)広域　(エ)従属　(オ)過程　問八．ウ

2　問一．１．肩〔別解〕かた　２．胸　３．鼻　４．満面　５．あご　問二．㈠野乃のにおいがすることがあり、そういうときに小さな声で野乃に呼びかけるという話。　㈡経験した人にしかわからない話なので、わからないならあきらめようと考えたから。　問三．かの鳴くような声　問四．野乃は実在したが、おそらくスゥは実在しないという違いはあるが、実際には見えなくても大切な存在であるという点は同じだということ。
問五．ア　問六．本当に「おねえちゃん」と呼ばれることへの期待と、野乃の存在を軽んじることへの後ろめたさを感じている。　問七．A．ウ　B．カ　C．ク　問八．エ

《算　数》

1　(1)７　(2)0.56

2　(1)７　(2)２：７　(3)65　(4)11

3　(1)10　(2)40　※(3)350　※(4)109，126

4　(1)160　(2)３：５　※(3)11：13

5　(1)36　※(2)29.5　(3)6.5

※の考え方を表す式や文章・図は解説を参照してください。

《理　科》

1　(1)0.5　(2)3.2　(3)０　(4)1.6　(5)４　(6)20　(7)６　(8)9.6

2　(1)あ．240　い．75　う．60　(2)0.6　(3)４：１　(4)416　(5)120　(6)66.7　(7)37.5
(8)液体Ａをできるだけ多くに分けて，固体Ｂを溶かして取り除く操作を繰り返す。

3　(1)オ　(2)①イ　②２枚の貝がらを開くはたらき。　(3)①０　②４　③１　(4)①ア，ウ，エ　②ア
(5)①イ　②ア，エ，オ

4　(1)シ　(2)イ，ウ　(3)①エ　②ア　③水はけが良いため，川の水が地下にしみこんで流れているから。　④イ
(4)ウ　(5)線状降水帯　(6)液状化

《社　会》

1 問1．⑴A，F　⑵B　　問2．⑴E　⑵短時間で国府津から沼津に抜けるためにトンネルが建設され，東海道本線のルートが変更になったが，その結果としてわさび生産に必要な湧水が枯れてしまったから。　　問3．C

問4．⑴C　⑵モーダルシフト　　問5．⑴B　⑵F

2 問1．G　　問2．C　　問3．蝦夷　　問4．元寇は防衛戦であり，幕府は新たな領地を得ておらず，奉公した御家人に対して，御恩として土地を十分に与えることができなかったから。　　問5．D　　問6．B

問7．C　　問8．徳川吉宗　　問9．B　　問10．E

3 問1．⑴B　⑵人口の多い都県で定数を増やし，人口の少ない県で定数を減らすことで，有権者人口と議員定数の不均衡を是正するため。　　問2．⑴C　⑵NATO　　問3．B　　問4．F　　問5．A，B

問6．緊急集会　　問7．A，C　　問8．公明党

洗足学園中学校【第2回】

《国　語》

1 問一．ルールを正当化する手続きに従って定められた『正しさ』の国による差異は、通常、理解不能なほどに多様なものではないから。　問二．ルールを正当化する手続きの正しさ　問三．イ　問四．A．ウ　B．イ　C．エ　D．ア　問五．権力者が、法律を一方的に定めて、それを暴力で強制すること。　問六．議会で定められた法律が、代表されていない立場の人たちや合意していないままに従わされる人たちを苦しめている状きょうのこと。　問七．他人と合意を作っていくべきことについて、「人それぞれ」などといって済ませずに、十分に話し合い、お互いに納得のできる合意点を作り上げて、より正しい正しさを実現するよう努力すること。
問八．(ア)唱　(イ)推測　(ウ)背筋　(エ)告発　(オ)助長　問九．ウ

2 問一．㈠菜種が門倉家で気に入られていることに嫉妬し、「門倉の娘」と言われているのを黙って点数稼ぎをしていてずるいと言っている。　㈡一条家でなにもしないで迷惑をかけたりケンカをしたりしている千鈴が、家族からやさしくされていることをずるいと思っている。　㈢桜木家で優しくしてもらいながらえらそうな口をきく姫乃に対する不満といかりを、姫乃が菜種にずるいと言ったのは「門倉の娘」と言われた菜種に嫉妬しているからだとぶちまけて、言い負かした。　問二．一．ウ　二．エ　三．カ　四．ア　五．キ　問三．ウ　問四．エ
問五．A．ク　B．オ　C．ウ　D．ア　問六．イ　問七．エ

《算　数》

1 (1) $1\frac{11}{20}$　(2) $\frac{5}{7}$

2 (1)5400　(2)72　(3)72　(4)64

3 (1)7　(2)299　※(3)1530　※(4)1

4 ※(1)31　(2)91　(3)38

5 (1)11　(2)5.5　※(3) $1\frac{17}{35}$

※の考え方を表す式や文章・図は解説を参照してください。

《理　科》

1 (1)ウ　(2)ウ，キ　(3)a．3　b．3　c．2　(4)オ　(5)イ
(6)①a．120　b．イ　②鏡の長さ…85　床から…80

2 (1)ウ　(2)アルミニウム…4　鉄…2　(3)0.14　(4)右図　(5)0.43　(6)71.80
(7)3.02　(8)熱が伝わりやすい性質。

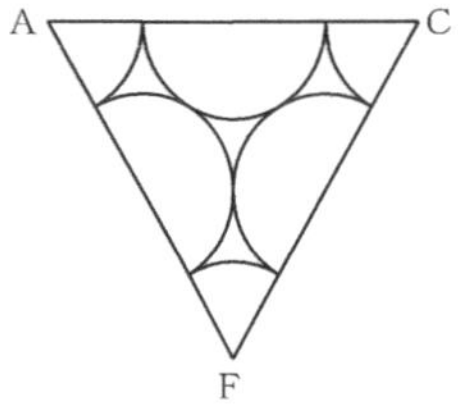

3 (1)ウ　(2)オ　(3)この色素は水よりエタノールに溶けやすいから。
(4)①a．オ　b．ウ　c．カ　②ウ　(5)エ

4 (1)①※学校当局により全員正解　②金星…ウ　火星…オ　(2)①13.3　②35　(3)エ　(4)イ　(5)イ　(6)ア
(7)ウ　(8)リュウグウ

《社　会》

1 問1．B　問2．B　問3．A　問4．(1)自然災害伝承碑／過去に起こった自然災害の教訓から的確な防災行動をとれるようにするために作られた。　(2)C　問5．D　問6．F　問7．A　問8．D

2 問1．A　問2．A　問3．F　問4．B　問5．E　問6．D　問7．種子島　問8．水野忠邦は，株仲間によって商品の流通が独占され，物価が上昇する原因になっていると考えていたから。
問9．与謝野晶子　問10．C

3 問1．B，D　問2．C　問3．公共の福祉　問4．G　問5．A，C　問6．こども家庭庁
問7．ＩＬＯ　問8．分野…経済　政策…育児休業制度を充実させる。／保育園を増設する。などから1つ
分野…政治　政策…女性の国会議員や首長を増やす。　問9．C　問10．D

洗足学園中学校【第１回】

《2023　第１回　国語　解説》

1　**問一**　続く部分に、スーパーで買い物をするときに一般的《いっぱんてき》に行う行動が書かれている。それらをまとめて表現したものが「お得を目指すこうした行動様式」であり、「取引における最適行動」である。

問二　２段落目にあるように、ホモ・エコノミクスは「自分の利益を第一に考えて行動」し、スーパーで買い物をするときには「お得を目指」して行動する。こうした行動様式は、現在ではごく普通《ふつう》で一般的なものだが、「近代以前にはそれほど目立った人間像ではなかった」とある。

問三　前の段落にあるように、17～18 世紀まで「ヨーロッパのモラルはキリスト教道徳に従って」きた。そして、キリスト教道徳は、金儲《もう》けを「非常に嫌《きら》っていた」。その後、金儲けには「積極的な新しい道徳があると主張され」、かつて存在した「金儲けへの道徳的抵抗《ていこう》感」はなくなっていった。こうした歴史が、「いまでは忘れ去られたこうした歴史」が指すものである。よって、エが適する。

問四　直前に「人間が追い求めてきた富と豊かさ、そしてそれを追求する自己利益の主体＝ホモ・エコノミクスが」とある。ホモ・エコノミクスが結びついている「根本的に誤った価値観」とは、３つ前の段落にある「科学技術やイノベーションと結びついた経済成長は生活の豊かさをもたらし、豊かさは平等と自由を生む」という価値観である。ところが、この 20 世紀の価値観に基づいて行動する中で「先送りにされていた問題」が、21 世紀に「一気に噴出《ふんしゅつ》する」。それが、――⑷の２つ前の段落で挙げられている、資源や食料をめぐる問題や環境《かんきょう》問題である。つまり、このような問題が噴出する原因は、「経済成長は生活の豊かさをもたらし、豊かさは平等と自由を生む」という価値観」に基づくホモ・エコノミクスの行動にある。そのため、――⑷で「根本的に誤った価値観と結びついているのではないか」と述べているのである。

問五　スミスの考えは、文章Ⅱの特に最後の段落でまとめられている。「富」については、最後の段落に「『国富論』で自由貿易と産業による豊かさを奨励《しょうれい》した」とある。一方で、「財産の追求」が重視されることについては、103～105 行目で、金持ちの方が「いい感じがするからみんなが寄り集まってくる」という現象は、「深刻な道徳的影《えい》響《きょう》を与《あた》える」と述べている。最後の段落には、「財産の追求と徳の追求とは両立し難い」「本来両者は別のもの」とあり、スミスは「少数のまともな人間として徳の道を選ぶことを読者に呼びかけている」とある。

問八　ウの前半の「現代の深刻化する環境問題の解決にあたっては、もはや富と徳のあり方を根本から見直すことが不可欠である」の部分は、【文章Ⅰ】の最後の４段落（「二〇世紀は、もはや～二一世紀に再来している」）に書かれている内容と一致《いっち》する。また、問五の解説にあるように、スミスは、「国富論」で「財産の追求」を奨励する一方で、「道徳感情論」で徳の追求の必要性を説いている。これが、「二一世紀に再来している」「富と徳の問い」を考える上で、ヒントになる。よって、ウが適する。

2　**問二㈠**　直後に「この話っていうのは、いろいろな場所で野乃《のの》のにおいがするっていう話ね」とある。また、「この話」は、25 行目の「この話」と同じ内容を指す。よって、15～24 行目の内容をまとめればよい。　㈡　次の段落に「経験しなくちゃわからない気持ちってたくさんあるでしょ？」「わからないならしょうがないよねって、ちょっとだけあきらめればいい」とある。こうした結論にたどり着いたので、「この話を誰《だれ》にもしなくなった」のである。

問四　直後の４行に、野乃とスゥの決定的な違《ちが》いが書かれている。一方で、野乃とスゥは他の人には見えないという共通点があり、「わたし」や比企《ひき》さんにそれぞれ大切にされているという点も同じである。

問五　この後に、母は「おそばが嫌《きら》いな」ことや、「とにかく、おそばが不気味だった」ことが書かれている。しかし、母が妊娠《にんしん》したと聞いた後は、「妊娠すると食事の好みが変わるって、誰かがいっていた気がする」と思い、食の好みが変わったのだろうと納得している。よって、アが適する。

問六　「わたし」は、「新しい家族ができる」ことを喜んでいて、「今度は本当に、『お姉ちゃん』って呼ばれるんだね」と思った。そうした期待や喜びがある一方で、「今度は本当に」という自分の思いに気づき、これまで確かにその存在を感じ、心の中に生きていた野乃のことを軽んじることにつながることへの不安や後ろめたさも芽生えている。

問八　「わたし」は、「たしかに比企さんはね、少し変わっている子である」と認めながらも、比企さんをいじめることについて、「みんながわざわざそんなふうにいうのは、どうしてだろう〜比企さんを放っとけばいいのに」と考えている。つまり、比企さんがいじめられるのは理不尽《りふじん》だと思い、まりもや籾山《もみやま》の言動を批判している。よって、エが適する。

《2023　第１回　算数　解説》

1　(1)　与式＝{48×13－３×(24＋２)}÷39－７＝{16×(13×３)－３×(13×２)}÷39－７＝

(16×39－２×39)÷39－７＝(16－２)－７＝**7**

(2)　与式より，$2.4+1.2\times\frac{14}{3}-□\div\frac{7}{10}=1\times3.6\div\frac{1}{2}$　　$2.4+5.6-□\times\frac{10}{7}=7.2$　　$□\times\frac{10}{7}=8-7.2$

$□=0.8\div\frac{10}{7}=0.8\times0.7=$**0.56**

2　(1)　**【解き方】かけ算の積の一の位はかけ合わせた２つの数の一の位で決まる。**

2023の一の位は３だから，３，３×３＝９，９×３＝27，７×３＝21，１×３＝３，…のように，３をかけるごとに一の位は，３，９，７，１の４つの数をくり返す。2023÷４＝505余り３より，求める一の位の数は，４つの数の505回のくり返しの後，３つ目の数だから**7**である。

(2)　**【解き方】形が同じで大きさが異なる三角形の辺の比はそれぞれ等しいことを利用する。**

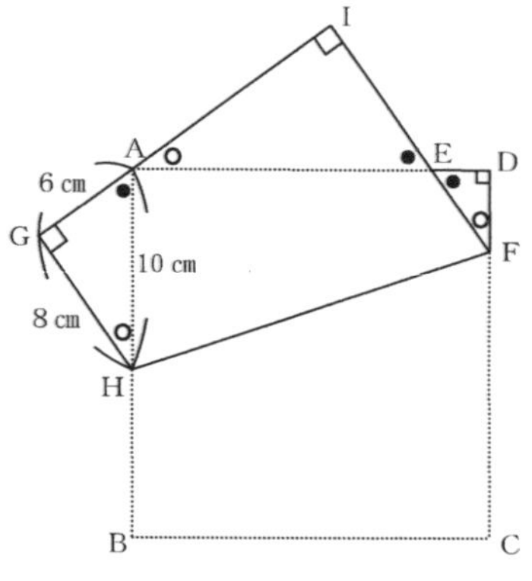

右図の角ＡＧＨは90°であり，角ＧＨＡの大きさを○，角ＨＡＧの大きさを●とすると，○＋●＝90°である。よって，角の大きさは右図のように表せる。よって，三角形ＡＧＨ，三角形ＥＩＡ，三角形ＥＤＦはそれぞれ形が同じで大きさが異なる三角形であり，３つの辺の比は６：８：10＝３：４：５である。

また，折り紙の１辺の長さはＡＨ＋ＨＢ＝ＡＨ＋ＧＨ＝18㎝だから，

ＩＡ＝18－６＝12(㎝)より，ＡＥ＝$12\times\frac{5}{4}$＝15(㎝)

よって，ＥＤ＝18－15＝３(㎝)より，ＤＦ＝$3\times\frac{4}{3}$＝４(㎝)，ＦＣ＝18－４＝14(㎝)である。

したがって，ＤＦ：ＦＣ＝４：14＝**2：7**

(3)　**【解き方】アメは10個以上買うと金額が１割引きになるので，20個買ったときの金額は，割引なしで20×(１－0.1)＝18(個)買ったときの金額に等しい。アメ１個の金額を①，チョコレート１個の金額を$\boxed{1}$と表す。**

アメ18個とチョコレート３個買うと915円だから，⑱＋$\boxed{3}$＝915より，⑥＋$\boxed{1}$＝305となる。

また，アメを７個とチョコレートを２個買うと410円だから，⑦＋$\boxed{2}$＝410となる。２つの式を比べると，アメとチョコレートの個数の差はそれぞれ１個ずつだから，①＋$\boxed{1}$＝410－305より，①＋$\boxed{1}$＝105となる。この式と

⑥＋$\boxed{1}$＝305を比べると，チョコレートの数は1個で等しいから，⑥－①＝⑤が305－105＝200(円)となるので，①＝40(円)となる。したがって，$\boxed{1}$＝105－40＝**65**(円)である。

⑷　**【解き方】現在の姉の年齢《ねんれい》を□として考える。5年後には5人の年齢が5歳ずつ大きくなるため，年齢の合計は110＋5×5＝135(歳)となっている。**

5年後の姉2人の年齢と妹の年齢の合計は，2×□＋□－3＋5×3＝3×□＋12(歳)である。5年後には子どもたちの年齢の合計と父母の年齢の比は1：2になるから，子どもたちの年齢を$\frac{1+2}{1}$＝3(倍)すれば全員の年齢の合計になる。よって，(3×□＋12)×3＝135　　3×□＋12＝45　　□＝33÷3＝**11**(歳)である。

$\boxed{3}$ ⑴　**【解き方】はじめの濃度《のうど》は10%だから，食塩の量と水の量の比が10：(100－10)＝1：9となればよい。**

こぼした量は1.8×1000×0.05＝90(g)だから，こぼした量の水を加えたあとの食塩水にふくまれる水の量ははじめと比べて90－90×0.9＝9(g)増えたことになるから，1800×0.9＋9＝1629(g)になった。よって，食塩を加えてはじめの濃度と同じにした食塩水にふくまれる食塩の量は1629×$\frac{1}{9}$＝181(g)となればよい。こぼしたときに減った食塩の量は，はじめと比べて増えた水の量に等しいから，9gである。こぼす前の食塩水にふくまれる食塩の量は1800×0.1＝180(g)だから，求める食塩の量は181－(180－9)＝**10**(g)である。

⑵　**【解き方】奇数番目では黒，偶数番目では白のカードが多くなる。20番目は偶数だから，白のカードが多くなるので，偶数番目でのカードの枚数の差を考える。**

1番目は黒が1枚あり，2番目は白が5枚だから黒より5－1＝4(枚)多い。

3番目は黒が1＋9＝10(枚)あり，4番目は白が5＋13＝18(枚)だから黒より18－10＝8(枚)多い。

よって，偶数番目に白のカードは黒のカードよりも4枚ずつ枚数が多くなっていく。20÷10＝10より，20番目は10回目の偶数番目だから，求める枚数の差は4×10＝**40**(枚)である。

⑶　**【解き方】1日目に仕入れたノートの冊数を100⃝として，3日間のノートの冊数を整理して表す。**

1日目は仕入れた冊数の8割が売れたから，100⃝×0.8＝80⃝が売れ，100⃝－80⃝＝⑳が残った。

2日目は⑳の4割を新たに仕入れたから，2日目のノートの冊数は⑳×(1＋0.4)＝㉘となり，このうちの75%が売れたから，㉘×$\frac{75}{100}$＝㉑が売れ，㉘－㉑＝⑦が残った。

よって，1日目と2日目に売れたノートの冊数は80⃝＋㉑＝101⃝であり，このときの利益が12625円だから，仕入れ値の2割の利益を見込んだとき，つまり仕入れ値の1＋0.2＝1.2(倍)で売ったときのノート①冊分の利益は12625÷101＝125(円)である。3日目は仕入れ値の1.2×(1－0.1)＝1.2×0.9＝1.08(倍)で売ったから，募金金額は125×$\frac{⑦}{①}$×$\frac{1.08-1}{1.2-1}$＝**350**(円)である。

⑷　**【解き方】AとBが2人で仕事をするとき，ちょうど27日で終わるとしたときのBの1日の仕事量と，ちょうど28日で終わるとしたときのBの仕事量をそれぞれ求めて考える。**

AとBが2人で仕事をし，ちょうど27日で終わるとしたとき，仕事量の合計を36と27の最小公倍数の108とする。このとき，Aの1日の仕事量は108÷36＝3だから，Bの1日の仕事量は(108－3×27)÷27＝1となる。よって，B1人で仕事を終わらせるには108÷1＝108(日)かかる。

AとBが2人で仕事をし，ちょうど28日で終わるとしたとき，仕事量の合計を36と28の最小公倍数の252とする。このとき，Aの1日の仕事量は252÷36＝7だから，Bの1日の仕事量は(252－7×28)÷28＝2となる。よって，B1人で仕事を終わらせるには252÷2＝126(日)かかる。

実際には，2人で仕事をしたとき27日では仕事が残ってしまうので，B1人で仕事をしたとき，108日では終わらない。したがって，求める日数は**109**日以上**126**日以下である。

4 (1)　**【解き方】130分前後のグラフの傾き方の変化よりも190分前後のグラフの傾き方の変化の方が大きいことから，AがBより先に頂上に到着《とうちゃく》して休けいを終えて出発し，その後，Bが頂上に到着するとわかる。グラフの傾き方が変わったところで何が起こったのかを具体的にすると，右グラフのようになる。**

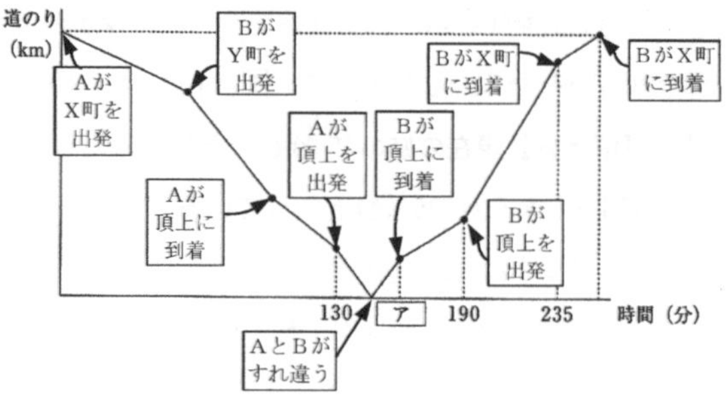

グラフより，AがX町を出発して190分後にBが頂上を出発したことがわかる。よって，ア＝190－30＝**160**

(2)　**【解き方】同じ道のりを進むときの速さの比は，かかる時間の比の逆比になることを利用する。**

AがX町を出発してから頂上に到着するまでの時間は130－30＝100(分)である。Bが山の頂上を出発してからX町に到着するまでの時間は235－190＝45(分)である。下り道は上り道の$\frac{3}{4}$倍の速さで歩くから，Bが同じ道を上るのにかかる時間は$45\times\frac{4}{3}=60$(分)である。よって，AとBの上り道を進むのにかかる時間の比は100：60＝5：3だから，速さの比はこの逆比の**3：5**である。

(3)　**【解き方】(2)の解説をふまえると，X町から頂上までの道のりと頂上からY町までの道のりの比は60：(160－60)＝3：5である。また，Aが出発して130分後のBのいる地点をW地点としたとき，頂上からZ地点と，Z地点からW地点の比を求めて考える。**

Aは出発してから130分後に，道のり全体の$\frac{3}{3+5}=\frac{3}{8}$を進んだ。このときBはY町から頂上の道のりの$\frac{130-60}{160-60}=\frac{7}{10}$，つまり道のり全体の$\frac{5}{8}\times\frac{7}{10}=\frac{7}{16}$を進んだので，AとBは130分で道のり全体の$\frac{3}{8}+\frac{7}{16}=\frac{13}{16}$を進んだことになる。ここからZ地点までAは下り道，Bは上り道なので，2人の進む道のりの比は$(3\times\frac{4}{3})$：5＝4：5となる。よって，頂上からZ地点までの道のりは全体の道のりの$\frac{16-13}{16}\times\frac{4}{4+5}=\frac{1}{12}$，Z地点からW地点までの道のりは全体の道のりの$\frac{16-13}{16}\times\frac{5}{4+5}=\frac{5}{48}$だから，求める道のりの比は$(\frac{3}{8}+\frac{1}{12})$：$(\frac{7}{16}+\frac{5}{48})$＝**11：13**である。

5 (1)　**【解き方】立体㋐は図1の太線部の四角柱である。**

図1の太線部の四角柱は底面が台形であり，同じ形で大きさの異なる三角形の辺の比は等しいことを利用すると，

台形の上底は$9\times\frac{1}{1+2+3}=1.5$(cm)

下底は$9\times\frac{1+2}{1+2+3}=4.5$(cm)である。

よって，求める体積は

(1.5＋4.5)×2÷2×6＝**36**(cm³)である。

図1

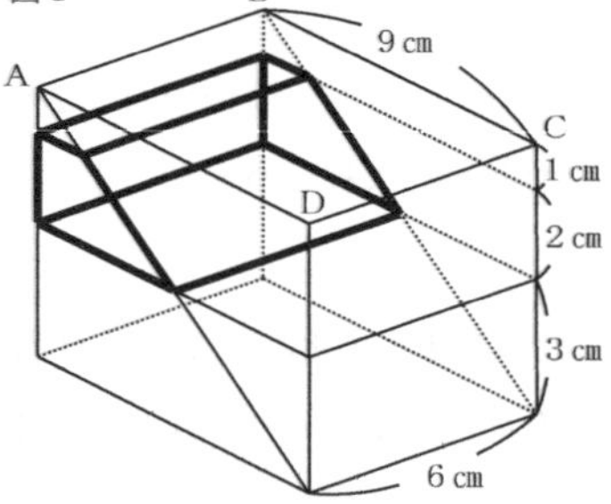

図2

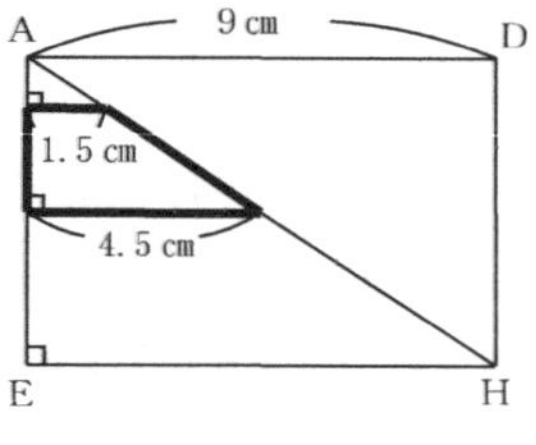

(2)　**【解き方】立体㋑は図3の太線部のようになる。また，形が同じで大きさが異なる立体の体積の比は，それぞれの辺の比をａ：ｂとしたとき，(ａ×ａ×ａ)：(ｂ×ｂ×ｂ)となることを利用する。**

図3

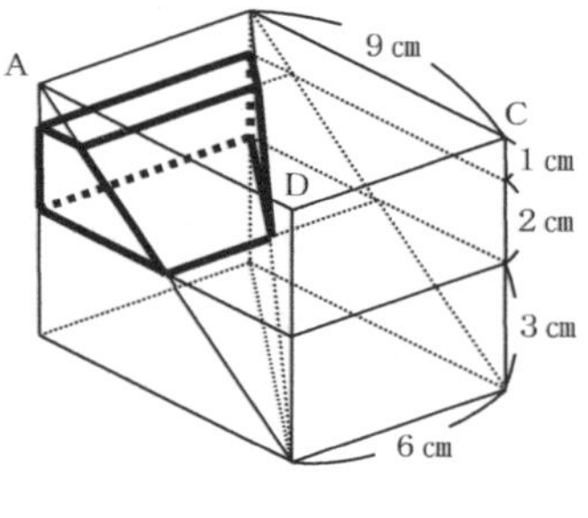

図4

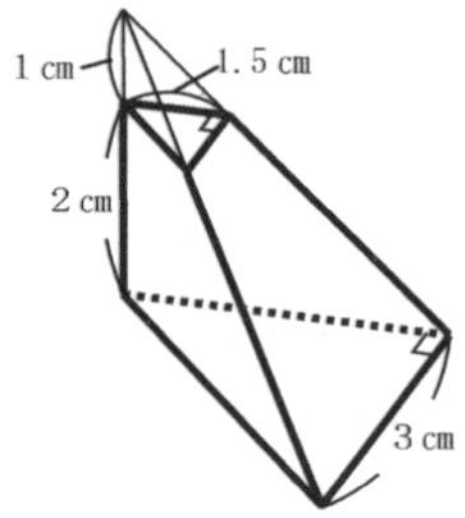

立体[え]を切断したとき，立体[お]ではない方の立体は図４の太線部の立体であり，Ｂを頂点とする高さが１＋２＝３(cm)の三角すいから，Ｂを頂点とする高さが１cmの三角すいを切り取った立体であり，この２つの三角すいは形が同じで大きさが異なる。２つの三角すいの辺の長さの比は１：３だから，体積の比は(１×１×１)：(３×３×３)＝１：27 となるので，図４の太線で囲まれた立体の体積は$(3\times\frac{1}{3})\times1.5\div2\times\frac{1}{3}\times(27-1)=6.5$(cm³)となるから，求める体積は 36－6.5＝**29.5**(cm³)である。

⑶　**【解き方】立体を切断するときは，同一平面上にある２点はそのまま結び，同一平面上にない２点は切り口の面と平行になるように直線を引く。立体[か]は図５の太線部のようになる。**

図５

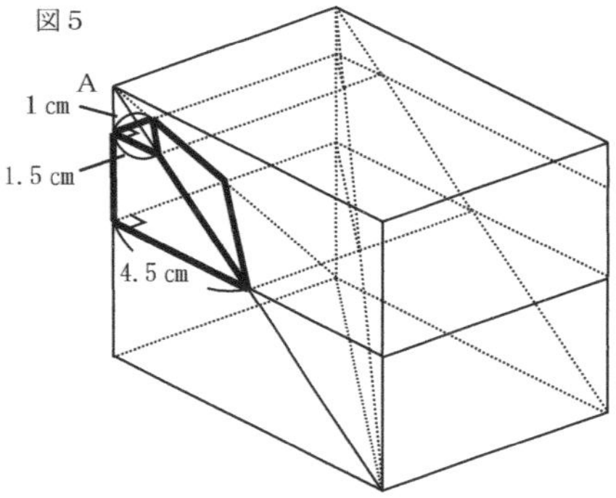

立体[か]の上面と底面は形が同じで大きさが異なる直角三角形であり，辺の長さの比は 1.5：4.5＝１：３である。また，上面の直角三角形の直角を作る２辺の長さは１cm，1.5 cmであり，立体[か]は図４の太線の立体と合同だとわかる。したがって，求める体積は**6.5 cm³**である。

《2023　第１回　理科　解説》

[1]　⑴　１回目の音から21回目の音まで20回の間かくがあるので，１回の間かくは10÷20＝0.5(秒)である。

⑵　図１より，Ｐに到達《とうたつ》したのは0.8秒後である。また，0.1秒ごとの移動距離《きょり》が0.75m，1.40－0.75＝0.65(m)，1.95－1.40＝0.55(m)…と，0.10mずつ減少していくので，0.6秒後の点は2.75mよりも0.25m高い3.00m，0.7秒後の点は3.00mよりも0.15m高い3.15m，Ｐは3.15mよりも0.05m高い3.20mである。

⑶　ボールが最高点に到達した瞬間《しゅんかん》，ボールは止まるから，速さは毎秒０mである。

⑷　ボールが胸の位置からＰに到達するまでの時間は0.8秒であり，上がっているときと落ちているときのＰ以外の点はすべて重なったとあるから，Ｐからボールを受けとるまでにかかった時間も0.8秒である。よって，0.8×２＝1.6(秒)が正答となる。

⑸　⑴より，タイマーの音は0.5秒ごとに鳴る。ボールを投げ上げた瞬間に１回聞き，その後，ボールを受け止めるまでの1.6秒間で1.6÷0.5＝3.2→３回聞くことになるので，合計で４回である。

⑹　音の鳴りはじめをちょうど９回聞くことができるときを考える。⑸より，ボールを投げ上げた瞬間の１回を引いた８回の音の鳴りはじめを聞くことができるのは，ボールを受け止めるまでの時間が0.5×８＝４(秒)のときである。ここで，ボールが最高点から胸の位置に落ちてくるまでの２秒間について考えると，⑵解説より，最高点からの距離が，0.1秒後には0.05m，0.2秒後には0.2m，0.3秒後には0.45m…となっている。□秒後のボールの位置が最高点から(□×□×５)mとなっていることに着目すると，２秒後の位置は最高点から２×２×５＝20(m)となる。この関係を見つけられなくても，0.1秒ごとの移動距離が0.10mずつ増加していくことに着目して足し算をしていけば求めることができる。

⑺　タイマーの音の１回の間かくである0.5秒間で３m走ったので，３÷0.5＝(毎秒)６(m)である。

⑻　図２のボールを投げてから0.1秒後の胸の位置からの高さは図１と同じだから，図２のボールの最高点は図１と同じであり，図１のときと同じように高さが変化するから，胸の位置でボールを受け止めるまでの時間も図１のときと同じ1.6秒である。よって，園子さんが走った距離は６×1.6＝9.6(m)である。

[2]　⑴　あ．300－60＝240　い，う．Ｘの結果より，(水に残った固体Ｂの重さ)：(液体Ａにとけた固体Ｂの重さ)＝

20：80＝１：４になる（Ｙでも同様の関係が成り立つ）。よって，「う」は15×４＝60，「い」は15＋60＝75となる。

⑵　100mLの水に60mgのＢが残っているから，濃度《のうど》は60÷100＝0.6（mg/mL）である。

⑶　Ｂをとかしている Ａと水の量はどちらも100mLだから，それぞれの液体中のＢの重さの比がそのまま濃度の比となる。よって，80：20＝４：１である。

⑷　⑶より，とけているＢの濃度の比は，Ａ：水＝４：１であり，Ａと水の量の比は，200：100＝２：１だから，とけているＢの重さの比は，Ａ：水＝（４×２）：（１×１）＝８：１である。よって，とかしたＢの重さが468mgであれば，ＡにとけているＢの重さは$468\times\frac{8}{8+1}=416$（mg）である。

⑸　Ａと水の量の比が１：１だから，とけているＢの重さの比は４：１になる。よって，水に残ったＢの重さは$600\times\frac{1}{4+1}=120$（mg）である。

⑹　⑷と同様に考える。はじめにＡを加えたとき，Ａと水の量の比は，100：200＝１：２で，とけているＢの重さの比は，Ａ：水＝（４×１）：（１×２）＝２：１だから，水に残ったＢの重さは$600\times\frac{1}{2+1}=200$（mg）である。ここからＡとＡにとけたＢを取り除いた後，同様の操作をするので，水に残ったＢの重さは200mgのさらに$\frac{1}{3}$になるから，$200\times\frac{1}{3}=66.66\cdots\rightarrow66.7$mgである。

⑺　⑹と同様に考える。はじめにＡを加えたとき，Ａと水の量の比は，50：200＝１：４で，とけているＢの重さの比は，Ａ：水＝（４×１）：（１×４）＝１：１だから，水に残ったＢの重さは$600\times\frac{1}{1+1}=300$（mg）である。この操作をあと３回繰《く》り返すので，最終的に水に残ったＢの重さは$300\times\frac{1}{2}\times\frac{1}{2}\times\frac{1}{2}=37.5$（mg）である。

⑻　⑸～⑺では，利用したＡの量はすべて200mLで等しいが，⑸よりも⑹，⑹よりも⑺と，Ａを取り除く操作を多くするほど水に残ったＢの重さが小さくなることがわかる。

3　⑴　シジミも砂抜きをすることから，アサリと同様に砂を吸いこんでいる，つまり砂がある場所で生息していることがわかる。また，アサリの砂抜きに使う食塩水が約３％で，これは海水の塩分濃度とほぼ等しいため，約１％の食塩水を砂抜きに使うシジミは，海水よりも塩分濃度が低い場所で生息していると考えられる。

⑵　貝柱は筋肉でできていて，自ら縮むことで貝がらを閉める。筋肉は自ら伸《の》びることはないので，貝柱には貝がらを開くはたらきがない。貝がらを開くはたらきはじん帯にあり，貝柱を切ると貝がらを閉めることができなくなるので，じん帯のはたらきによって貝がらが開いたままになる。

⑶　①はあてはまるものはない。②はＡ～Ｄの４つがあてはまる。③はＡだけがあてはまる。

⑷②　プランクトンも呼吸を行うので，プランクトンが大量発生すると呼吸によって大量の酸素が消費され，そこにすんでいる魚などの呼吸に必要な酸素が不足する。

⑸①　実験１の結果から，ホシムクドリは太陽と反対方向に頭を向け続けると考えられる。よって，実験２で，太陽光の方向を時計回りに約90度回転させると，ホシムクドリが頭を向け続ける方向も時計回りに約90度回転して北東になると考えられる。　②　イとウとカは渡《わた》りを行わない留鳥である。

4　⑴　扇状地《せんじょうち》や三角州は，川の流れの速さが遅《おそ》くなり，堆積《たいせき》作用が大きくなる場所にできる地形である。扇状地は川が山地から平地に流れ出るところ，三角州は河口付近にできる。

⑶①　川を流れてくる間に川底や他の石とぶつかるなどして割れたり角がとれたりするので，下流にある粒《つぶ》ほど大きさが小さく丸みを帯びている。　②　扇状地には比較的《ひかくてき》大きな粒が堆積する。大きな粒が堆積するときには粒と粒のすき間が大きくなるため，水はけの良い土地になる。水はけが良い土地は水をはることができないため，稲作には適さない。　③　陸上に存在する液体の水のほとんどは地下水である。

⑸　線状降水帯を形成する雨雲は積乱雲である。

《2023　第１回　社会　解説》

1 問１(1)　Ａ，Ｆ　　Ａ．地図２の旧新橋停車場跡が「しんばし」駅の位置である。Ｆ．「臨港パーク」のつくられた場所は，横浜港の一部を埋め立てた場所である。　(2)　Ｂ　　ある化石燃料は石炭だから，①がオーストラリア，②がインドネシアである。また，(い)は天然ガスの説明である。

問２(1)　Ｅ　「小田原とほからず」とあるので，(あ)は国府津駅である。「前後は山北小山駅」などから，国府津駅から御殿場線のほうに進んだことがわかる。また，「はるかにみえし」「雪の冠雲の帯」などからはるか遠くにそびえたつ富士(い)の様子がうかがえる。次に，一五で御殿場を通っていることから(う)は沼津である。我入道は沼津にある地名の一つである。　(2)　2027年開業を目指して着工したリニア中央新幹線は，静岡県が大井川上流の水量低下と生態系への影響を考慮した環境影響評価を求めて県内の着工を許可せず，2027年の開業は事実上不可能となっていることと，わさびの栽培には清流が必要なことを関連付けて考える。

問３　Ｃ　　金沢市は冬に降水量が多い日本海側の気候，浜松市は夏に降水量が多い太平洋側の気候，松本市は１年を通して降水量が少なく冬に冷え込む内陸の気候だから，①は浜松市，②は金沢市，③は松本市である。

問４(1)　Ｃ　　年間旅客営業キロ数が最も長いＡはＪＲ東日本である。東京－名古屋－大阪を結ぶ東海道新幹線が通るＪＲ東海は旅客数が多いと判断できるので，年間旅客営業キロ数が少ないわりに旅客運輸収入が多いＢがＪＲ東海である。残ったＣとＤのうち，年間旅客営業キロ数が少なく旅客運輸収入も少ないＤはＪＲ四国だから，残ったＣがＪＲ北海道である。　(2)　モーダルシフト　　トラックなどの自動車輸送を，環境負荷の少ない鉄道輸送や船舶輸送に切り替える取り組みをモーダルシフトという。

問５(1)　Ｂ　　各県の特徴を考える。愛知県は，日本最大の工業地帯である中京工業地帯の中心地だから，製造品出荷額等は突出して多い。鹿児島県は畜産，特に肉牛と豚の生産がさかんだから，農業産出額は多い。徳島県は，他の３県に比べて，製造品出荷額等も農業産出額も少ない。以上のことから，Ａは徳島県，Ｂは兵庫県，Ｃは愛知県，Ｄは鹿児島県である。　(2)　Ｆ　　日本海側の京丹後市が最も人口流出が多く，高齢化も進んでいると判断する。また，明石市は，神戸市や大阪市までの通勤・通学が比較的便利であることから，人口が増加傾向にあり，高齢者の割合も低いと判断する。

2 問１　Ｇ　　「漢委奴国王」と刻まれた金印は，江戸時代に福岡県の志賀島で発見されている。

問２　Ｃ　　行政法が令，刑罰のきまりが律である。

問３　蝦夷　　「えみし」と読む。征夷大将軍に就いた坂上田村麻呂が，蝦夷の首長の一人であるアテルイに勝利し，東北地方を平定していったことが知られている。

問４　御恩＝幕府(将軍)が，功労のあった御家人に対して，新たな土地の地頭や守護に任命したり，御家人が古くから所有する土地の保護をしたりすること。奉公＝御家人が，幕府(将軍)のために，命をかけて戦ったり，守ったりすること。

問５　Ｄ　　日本国王源道義は，将軍職を辞した足利義満のことである。足利義満は，明の皇帝から，倭寇の取り締まりを条件に，朝貢形式での日明貿易を許された。その際，倭寇と正式な貿易船を区別するために，勘合と呼ばれた合い札を使用したため，日明貿易は勘合貿易とも呼ぶ。

問６　Ｂ　　あ にはスペイン，い にはポルトガル，う にはオランダ，え にはアメリカ，お にはイギリスがあてはまる。Ａ．誤り。サン＝フェリペ号事件に関わったのは織田信長ではなく豊臣秀吉であり，その結果，日本二十六聖人が処刑された。Ｃ．誤り。オランダ商館は，平戸から出島に移された。Ｄ．誤り。アメリカとの間には，和親条約も修好通商条約も結ばれた。Ｅ．誤り。ラクスマンやレザノフは，イギリスではなくロシアの使者である。

問7　C　　A．誤り。白村江の戦いは，天武天皇ではなく中大兄皇子(天智天皇)が行った。B．誤り。朝鮮出兵で断絶した朝鮮との国交は，対馬の宗氏の交渉で再開し，将軍の代替わりごとに朝鮮通信使が派遣された。D．誤り。日韓基本条約は，佐藤栄作内閣において 1965 年に締結されたものであり，朝鮮戦争は日韓基本条約締結より以前の 1950 年に始まった。

問8　徳川吉宗　　洋書の輸入の緩和は，徳川吉宗が享保の改革で行った内容の一つである。享保の改革では，キリスト教に関係のない洋書の輸入の緩和や，公事方御定書の制定，目安箱の設置，上米の制の制定，大岡越前守の登用などが行われた。

問9　B　　大日本帝国憲法が発布されたのは 1889 年であり，初めて帝国議会が召集されたのは 1890 年だから，大日本帝国憲法の制定に国会が関与した事実はない。

問10　E　　①誤り。第一次世界大戦は，イギリス・フランス・ロシアを中心とした連合国(協商国)側と，ドイツ・オーストリアを中心とした同盟国側の戦いだから，「イギリスやドイツ，オーストリア側」が誤り。
②正しい。柳条湖事件をきっかけに始まった満州事変に対して，国際連盟は，「満州国の否認，日本軍の満州国からの撤退」を決議し，日本に勧告した。③正しい。

3　**問1**(1)　B　　①正しい。衆議院の優越事項の一つである。②正しい。予算先議権も衆議院の優越事項の一つである。③誤り。衆議院議員の女性の割合は約1割程度である。　(2)　一票の格差について触れられていればよい。
一票の格差…選挙区によって，議員一名あたりの有権者数に差があること。

問2(1)　C　　Aはフィンランド，Bはベラルーシ，Dはジョージア。　(2)　NATO　　アメリカを中心とした資本主義諸国は北大西洋条約機構(NATO)，ソ連(現ロシア)を中心とした社会主義諸国はワルシャワ条約機構という軍事同盟をつくって対立した。

問3　B　　定足数は，総議員の3分の1だから，定数 465 の衆議院は $465\times\frac{1}{3}=155$，定数 248 の参議院は $248\times\frac{1}{3}=82.6\cdots$ より，83 となる。

問4　F　　衆議院が解散されると，40 日以内に衆議院議員総選挙が行われ，総選挙から 30 日以内に特別会が召集され，新たな内閣総理大臣の指名が行われる。

問5　A，B　　A．誤り。一票の格差を是正するために，選挙区のうち，徳島県と高知県，鳥取県と島根県を合区としたため，全国で 45 選挙区となっている。B．誤り。参議院議員通常選挙の比例代表選挙では，政党名または個人名が記入され，各政党の獲得議席数は，政党名と個人名の得票数に応じて配分されるが，当選者は個人名の得票数が多い順に決まる。

問6　緊急集会　　衆議院の解散時に審議が必要となった場合には，参議院で緊急集会が開かれ，審議が行われる。審議された議案は，次の国会の開会後 10 日以内に衆議院の承認を得る必要がある。

問7　A，C　　信教の自由は精神活動の自由に分類される。Bは身体の自由，Dは経済活動の自由。

問8　公明党　　2023 年4月現在の与党は，自由民主党と公明党の連立政権である。

《2023　第２回　国語　解説》

1　**問一**　――⑴に続けて「自分の国で犯罪になることを行き先の国でもしないようにすれば十分～自分がよかれと思ってやったことがその国では犯罪になるなどということはまずありません」と述べていることにも着目する。そのような姿勢で十分だと言える理由は、直前の２段落で説明されている。「多くの社会ではルールを正当化する手続きが定められています。この手続きに従って定められたことは『正しい』のだとされます。そして、その手続きはそれぞれの社会や国ごとに定められており～しかし、そうした差異も、理解不能なほどに多様なものではないのが通常です～多くの国の法律の内容はそれほどかけ離《はな》れたものにはなっておらず～理解不可能なほど奇妙《きみょう》な法律体系になっていることはないと思っても、それほど誤りではありません」と述べていることからまとめる。

問二　［⑵］に続けて、筆者が「考えなければならない」とする内容が、具体例を用いて書かれている。「だからといって、『それらは正しかったのだ』と即断《そくだん》してよいものでしょうか」「しかし、考えてみましょう～合意していたのでしょうか～当事者が関わらないところで勝手に決めたルールを強制することは、それ自体として不正です」とあるように、それを決めた過程が正当だったのかを考える必要があるということ。よって、このことをまとめた表現、41行目の「ルールを正当化する手続きの正しさ」をぬき出す。

問三　――⑶に続けて「当事者が関わらないところで勝手に決めたルールを強制することは、それ自体として不正です」と述べていること、直後の２段落で「女性を劣位《れつい》に扱《あつか》う戦前の日本の民法や選挙法～女性のいないところで勝手に決められたのです」「代議制民主主義～法律に従う立場の人たちの代表者が法律を制定している～その点で～一定の正当性がある」と具体例を用いて説明している内容から、イのようなことが言える。アの「文化の特徴《とくちょう》を取り上げて～すべてを認めているかによって」、ウの「自分自身の行動や生活態度によって」、エの「代表者たちの意志に基づくか、権力者による強制であるかによって」などは適さない。

問五　――⑷の直前の「そうした」が指す内容を読みとる。それは、直前の段落で述べた「かつて法律は、権力者が一方的に定めてそれに従うことを暴力で強制するものでした」という不当なあり方のことである。

問六　――⑸のある文から、――⑸によって「苦しめられている人」がいることがわかる。つまり、代議制民主主義の手続きによって「法律」として定められたものの、それによって苦しめられている人にとっては「暴力」といえるような不条理さが含《ふく》まれているということ。そのような状況《じょうきょう》になり得るということを、直前の段落で「代議制民主主義の手続き～しかしやはり、代表されていない立場の人たちも多数います。それどころか、議会においてさえ～強行採決によって可決される～そのようにして定められた法律を無造作に『正しい』と見なすことは、合意していないままに従わされる人たちへの暴力を～肯定《こうてい》することになります」と述べている。

問七　まず、――⑹の直前で「他人と合意を作っていかなければならないことについて、『人それぞれ』などといって十分に話し合う努力をしないでいると、社会は分断されてしまいます」と述べていることをおさえる。その合意形成の正しいあり方について、直前の段落の後半で「まずは相手の言い分をよく聞き、それがもっともだと思えば従い、おかしいと思えば指摘《してき》し、相手の再度の言い分を聞く。それを繰《く》り返すことで、お互《たが》いに納得《なっとく》のできる合意点を作り上げていく。これが、正しさを作っていくための正しい手続き～そうした手続きによって、より正しい正しさを実現するよう努力していくことが大切です」と述べていることを含めてまとめる。

問九　本文後半で「そうして気づいてしまったときには～『正しさ』を問い返し、『より正しい正しさ』を実現するように努力していくべきでしょう」「一方的に決めたルールを暴力によって強制するよりは、話し合ってお互いに納得して決めていく方が正しいですし、これまで正しいと思われていたことに対して、その不正を告発する人たちの声が聞き入れられ、改正されたときには、より正しいものになっているでしょう」と述べ、その方法として「まずは相手の言い分をよく聞き、それがもっともだと思えば従い、おかしいと思えば指摘し〜お互いに納得のできる合意点を作り上げていく。これが〜正しい手続き」だと述べ、そのようにして「より正しい正しさを実現するよう努力していくことが大切です」と述べていることから、ウのようなことが言える。アの「より正しいことを求めていく努力を断念させる方向へ導かれてしまう」、イの「自分が納得できないものであれば、従わなくてよい」、エの「何が正しいかは誰《だれ》にも決められない〜真理をふまえたもので、十分説得力がある」などは適さない。

2 **問一**㈠　姫乃《ひめの》は、菜種《なたね》が『門倉《かどくら》の娘《むすめ》』と言われていることを知って、「姫乃の声に、非難《ひなん》めいた響《ひび》きがまざる」とあるとおり、不満な様子である。菜種に「菜種って、ずるい〜自分のことは黙《だま》ってて、周りには、めいっぱい点数稼《かせ》ぎ。そんなに、パパとママに気に入られたいの？」と言っている。あとで千鈴《ちすず》から言われているとおり、これは菜種に嫉妬《しっと》しているからだと考えられる。　㈡　菜種から「わたしも、千鈴ちゃんって、ずるいと思う」と言われて、千鈴が「なんで？〜わたし、一条《いちじょう》家でなんにもしてない」と言うと、菜種は「そこが、ずるいんだってば」「千鈴ちゃんは、なにもできない。岳とユージに迷惑《めいわく》かけて、春馬とケンカして。それなのに〜やさしくしてもらって〜仲よくして〜音楽を教えてもらって〜なんなのって思う」と言っている。　㈢　124 行目からの千鈴の言動に着目する。特に、「あの人たちなんて言い方、しないでよ〜うちのみんなが優《やさ》しくしてくれるからって、えらそうにしないで」と言ったことに、強い不満と憤《いきどお》りが表れている。姫乃から「嫉妬しないでよ」と言われると、「『嫉妬してるのは、姫乃でしょ！〜嫉妬の矛先《ほこさき》を相手に向けて、ずるいって攻撃《こうげき》してるだけだよね』〜勢《いきお》いのついた千鈴の口は、止まらない。『ま、しょうがないよね〜菜種は、あれだけ〜できるんだもん。姫乃のパパとママが、菜種のほうを好きになっちゃうかもって思ったら、嫉妬もしちゃうよね』」と言った。姫乃を「ただ言い負かすためだけ」に、「しまった」と後悔《こうかい》するようなこと、本当は「そんなことあるわけない」と思っていることを言ってしまったのである。「どのような思いを」、「どのように」言ったかがはっきりわかるように書く。

問三　千鈴は「わたしは、ふつうにしていただけだ〜真似《まね》したくてもできないのだから……、なにもできないけど、しかたなく、一条家の人たちといっしょの時間を過ごしていた。ただ、それだけだ。なんなのって言いたいのは、わたしのほうだ」と思っているので、ウが適する。アの「ずるいと言われても気にせずやってきた」、イの「楽しいとは感じておらず」、エの「懸命《けんめい》に努力してきたことを褒《ほ》めてもらいたいのに」などは適さない。

問四　菜種から「あの人たちは〜左右されるような人たちじゃない〜姫乃ちゃんのことが一番好きだよ」と言われ、——(4)の直後に「最初は驚《おどろ》いて〜いったん安心したような顔〜不安そうな目で〜おそるおそる聞いた。『〜うちの子になりたくなった？』」とあることから、エのような心情が読みとれる。アの「『勝った』と思い安心する」、イの「菜種は一条家で暮らすことが本当に嫌になったために」、ウの「嫉妬しているのだと言われて驚く〜これからは菜種には逆らえないと不安になった」などは適さない。

問六　94〜95 行目の「蟬時雨《せみしぐれ》の中の一匹《びき》が〜鳴き終わり、別の一匹が〜鳴き始める」という描写《びょうしゃ》には、菜種が「わたしも、千鈴ちゃんって、ずるいと思う」と言うとは思っていなかったという、意外な展開になったこと、場の空気が変化したことが重ねられていると考えられる。よって、イの「菜種の発した言葉に心から納得する千鈴の様子」はふさわしくない。

問七　エ(Dさん)の「千鈴、姫乃、菜種、それぞれの視点から、三者三様の描《えが》き方をした」が誤り。本文は、Bさんが言っているとおり、千鈴の視点から語られている。

《2023　第２回　算数　解説》

1 (1)　与式＝$1\frac{1}{4}+(\frac{7}{5}\times\frac{5}{6}-\frac{4}{5})\times\frac{9}{11}=1\frac{1}{4}+(\frac{7}{6}-\frac{4}{5})\times\frac{9}{11}=1\frac{1}{4}+(\frac{35}{30}-\frac{24}{30})\times\frac{9}{11}=1\frac{1}{4}+\frac{11}{30}\times\frac{9}{11}=1\frac{1}{4}+\frac{3}{10}=$
$1\frac{5}{20}+\frac{6}{20}=\mathbf{1\frac{11}{20}}$

(2)　与式より，$(2\frac{4}{6}+3\frac{1}{6})\div\square-\frac{9}{2}=\frac{7}{6}\div\frac{7}{22}$　　$5\frac{5}{6}\div\square-\frac{9}{2}=\frac{7}{6}\times\frac{22}{7}$　　$\frac{35}{6}\div\square=\frac{11}{3}+\frac{9}{2}$
$\frac{35}{6}\div\square=\frac{22}{6}+\frac{27}{6}$　　$\square=\frac{35}{6}\div\frac{49}{6}$　　$\square=\frac{35}{6}\times\frac{6}{49}=\mathbf{\frac{5}{7}}$

2 (1)　**【解き方】分速 90m では分速 75m で行くときと比べて，12 分で 75×12＝900(m)進む道のりに差がつく。**
分速 90m で行くのと分速 75m で行くのでは，１分間に 90－75＝15(m)差がつくから，分速 90m で行くのにかかる時間は 900÷15＝60(分)である。したがって，求める道のりは 90×60＝**5400**(m)である。

(2)　**【解き方】隣《とな》り合う部分は違《ちが》う色でぬるから，３色または４色使ってぬる必要がある。**
３色でぬる場合，Ｂ，Ｃ，Ｄが違う色でぬり，ＡはＣまたはＤと同じ色でぬればよい。
よって，Ｂの色の決め方は４色から１色選ぶから４通り，Ｃはその４通りに対して３通り，Ｄはその３通りに対して２通りあり，Ａはさらに２通りの決め方があるから，４×３×２×２＝48(通り)
４色でぬる場合，Ａ，Ｂ，Ｃ，Ｄをすべて違う色でぬればよい。
よって，４×３×２×１＝24(通り)
したがって，色のぬり方は全部で 48＋24＝**72**(通り)ある。

(3)　**【解き方】面積図で考える。**

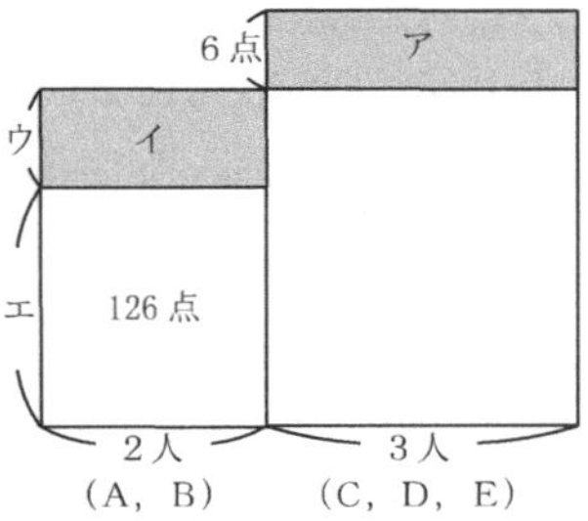

長方形の横を人数，縦を点数とした面積図は右図のようになる。
アの点数は６×３＝18(点)であり，ア＝イとなるのでイも 18 点である。
よって，Ａ，Ｂの平均点と５人の平均点の差ウは 18÷２＝９(点)となる。
また，Ａ，Ｂの平均点エは 126÷２＝63(点)だから，求める点数はウ＋エ＝９＋63＝**72**(点)である。

(4)　**【解き方】右の表を用いて考える。**

		イヌ		合計
		○	×	
ネコ	○	ア	ウ	
	×	イ	110	
合計				300

※飼っているを○，飼っていないを×と表す。

イヌを飼っている人の$\frac{1}{7}$はネコも飼っているから，ア：イ＝１：(７－１)＝１：６である。よって，ア＝①とすると，イ＝⑥となる。
また，ネコを飼っている人の$\frac{9}{41}$はイヌも飼っているから，ア：ウ＝９：(41－９)＝９：32 である。よって，ア＝[9]とすると，ウ＝[32]となる。
したがって，①＝[9]より，⑥＝[54]であり，ア＋イ＋ウ＝300－110＝190 より，[9]＋[32]＋[54]＝190　　[95]＝190
[1]＝２となる。よって，求める人数はウ＝[32]＝32×２＝**64**(人)

3 (1)　**【解き方】9600 を素因数分解して積の形で表し，その積になるための最も少ないサイコロを投げた回数を先に考える。**
9600＝２×２×２×２×２×２×２×３×５×５であり，サイコロの目の数は最大６だから，サイコロを投げた回数が最も少なくなるのは，9600 をできるだけ６に近い整数の積として表せる目の出方をしたときである。
よって，9600＝(２×３)×５×５×(２×２)×(２×２)×(２×２)＝６×５×５×４×４×４より，６が１回，５が２回，４が３回出たときがサイコロを投げた回数が最も少なく，６回である。また，６＋５×２＋４×３＝28 となるから，和が 29 となるためにはさらにもう１回サイコロを投げ，１の目が出ればよい。したがって，求める回数は６＋１＝**7** (回)である。

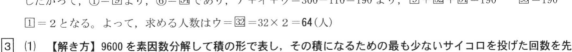

⑵　**【解き方】一番大きい折り紙と一番小さい折り紙の面積について，まん中の折り紙と重なっている部分の面積をａcm²として，線分図で表す。**

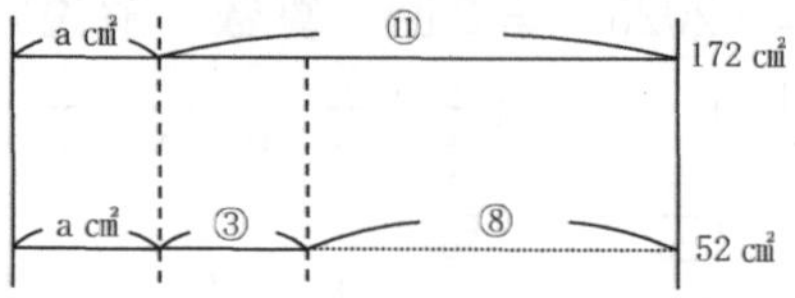

一番大きい折り紙と一番小さい折り紙の重なっていない部分の面積比は11：３だから，それぞれ⑪，③とすると，線分図は右のようにかくことができる。このとき，２枚の折り紙の面積の差について，⑧＝172－52＝120より，①＝15(cm²)となる。よって，ａ＝52－15×$\frac{③}{①}$＝７(cm²)だから，求める面積は172＋89＋52－７×２＝**299**(cm²)である。

⑶　**【解き方】兄からもらったお金の２倍の金額が720円となるから，逆算してもらった金額をそれぞれ求める。**

兄からもらった金額は720÷２＝360(円)である。母からもらった金額は２冊目の本を買う前の$\frac{1}{2}$だから，(360＋720)÷２＝540(円)である。父からもらった金額は１冊目の本を買う前の$\frac{1}{2}$だから，(540＋720)÷２＝630(円)である。よって，もらった金額の合計は630＋540＋360＝**1530**(円)である。

⑷　**【解き方】一番左のコインから１，２，３，…，2022，2023と番号をつけて考える。**

１往復目に左端《ひだりはし》から右端までひっくり返すコインは１，９，17，…であり，８で割って１余る番号のコインだから，最も大きな番号は，(2023－１)÷８＝252余り６より，１＋８×252＝2017である。次に右端までは６進んで折り返して２進むから2021をひっくり返す。2021のコインから８で割って５余る番号のコインを左端までひっくり返すから，2021÷８＝252余り５より，最も小さな番号は５である。次に左端まで４進んで折り返して４進むから５をひっくり返す。よって，２往復目は５から８で割って５余る番号のコインを2021までひっくり返し，折り返して８で割って１余る番号のコインを１までひっくり返す，つまり１往復目の逆の操作をするので，２往復した時点ですべてのコインが表になる。ここまでで片道で253枚のコインをひっくり返すので，２往復では253×４＝1012(枚)のコインをひっくり返したことになる。

同様に考えると，３往復目は９から８で割って１余る番号をひっくり返していき，４往復した時点で１のコインだけが裏になっている。３往復目と４往復目にひっくり返したコインの枚数は，１往復目と２往復目と比べて，３往復目の最初のコインが１枚減ったので1012－１＝1011(枚)であり，４往復終わった時点で1012＋1011＝2023(枚)のコインをひっくり返したことになる。よって，求めるコインの枚数は１枚である。

4　**【解き方】船が川を上るときと下るときの速さをそれぞれ$\boxed{7}$，$\boxed{9}$とすると，川の流れの速さは($\boxed{9}$－$\boxed{7}$)÷２＝$\boxed{1}$，歩く速さは$\boxed{1}$×$\frac{1}{2}$＝$\boxed{\frac{1}{2}}$と表せる。**

⑴　**【解き方】グループ②が船に乗った地点をＤ地点とし，Ｄ地点からＣ地点まで船で移動してかかる時間を考える。**

グループ②が56分歩いて進んだ距離《きょり》は$\boxed{\frac{1}{2}}$×56＝$\boxed{28}$であり，グループ①が船で$\boxed{28}$の距離を進むのにかかる時間は$\boxed{28}$÷$\boxed{7}$＝４(分)である。よって，船はＤ地点から上流に向かってＣ地点でグループ①を降《お》ろし，Ｄ地点に引き返すのにかかる時間(往復にかかる時間)は乗り降りの４分を除《のぞ》くと56－４－４＝48(分)となる。したがって，船が川を上る速さと下る速さの比は７：９であり，同じ道のりを進むのにかかる時間の比は速さの比と逆比になるので，９：７となる。よって，船がＣ地点に着くのはＡ地点を出発して，４＋48×$\frac{9}{9+7}$＝**31**(分後)である。

⑵　**【解き方】計算で求めてもよいが，グループ①と②，船の動きの様子を右のように，グラフに表して記号をおき，四角形ＯＥＦＧと四角形ＩＨＧＦに注目すると，より考えやすい。**

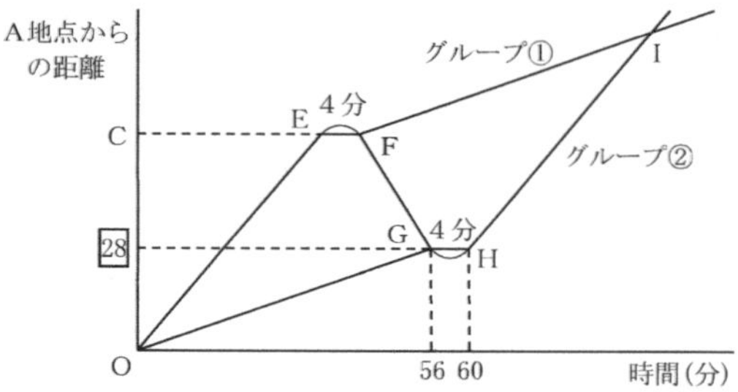

グループ①を乗せた船がＢ地点に向かうときの速さとグループ②を乗せた船がＢ地点に向かうときの速さは等しいから，グラフの傾き方も同じになるので，直線ＯＥと直線ＨＩは平行である。また，グループ②が歩く速さとグループ①が歩く速さは等しいから，同様に，直線ＯＧと直線ＦＩは平行である。よって，四角形ＯＥＦＧと四角形ＩＨＧＦは合同であるとわかる。

⑴の解説をふまえる。グラフのＦＩ＝ＯＧだから，Ｃ地点を徒歩で出発したグループ①がＣ地点からＢ地点に向かい，グループ②に追いつかれるまでの時間（グラフのＦからＩまでの時間）は，グループ②がＡ地点を出発して，グループ①をＣ地点でおろして引き返してきた船と出会うまでの時間（グラフのＯからＧまでの時間）と等しい。したがって，求める時間は，（ＯからＥまでの時間）＋（ＥからＦまでの時間）＋（ＦからＩまでの時間）＝31＋４＋56＝**91**（分後）である。

⑶　**【解き方】２つのグループがＢ地点に到着《とうちゃく》するときの時間の差から，グループ②がＢ地点に到着するのにかかる時間を求める。その後，Ｄ地点からＡ地点までの距離を四角数字で表して考える。**

２つのグループが出会ってからＢ地点に到着するまでに進むグループ①とグループ②の速さの比は$\boxed{\frac{1}{2}}$：$\boxed{7}$＝１：14 だから，かかる時間の比はこの逆比の 14：１となる。比の数の差である 14－１＝13 が 39 分にあたるから，比の数１は 39÷13＝３（分）にあたる。つまり，グループ②はグループ①を追いついてからＡ地点に到着するまでの時間は３分だから，グループ②がＢ地点に到着するのはＡ地点を出発してから 91＋３＝94（分）である。

よって，Ｄ地点からＡ地点までの距離は$\boxed{7}$×（94－60）＝$\boxed{238}$となるので，Ｂ地点からＡ地点までの距離は$\boxed{28}$＋$\boxed{238}$＝$\boxed{266}$となる。したがって，船が途中《とちゅう》で止まることなくＡ地点からＢ地点まで進むには$\boxed{266}$÷$\boxed{7}$＝**38**（分）かかる。

5　⑴　**【解き方】真上から見た図に右のようにアからキまでの記号をつけ，それぞれの位置に何個の立方体を積む必要があるかを考える。**

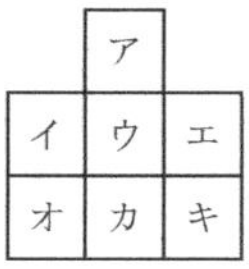

左（右）から見た図より，アは３個であり，イ，ウ，エとオ，カ，キのそれぞれで少なくとも１つは立方体を２個積む必要がある。

正面から見た図より，イ，オと，エ，キのそれぞれで少なくとも１つは立方体を２個積む必要がある。

よって，イ，キに２個ずつ，ウ，エ，オ，カに１個ずつまたはエ，オに２個ずつ，イ，ウ，カ，キに１個ずつ立方体を積めばよいので，求める個数は１×４＋２×２＋３×１＝**11**（個）である。

⑵　**【解き方】切断された立体を右から見たとき，右図の①から⑤の５つに分けて考える。**

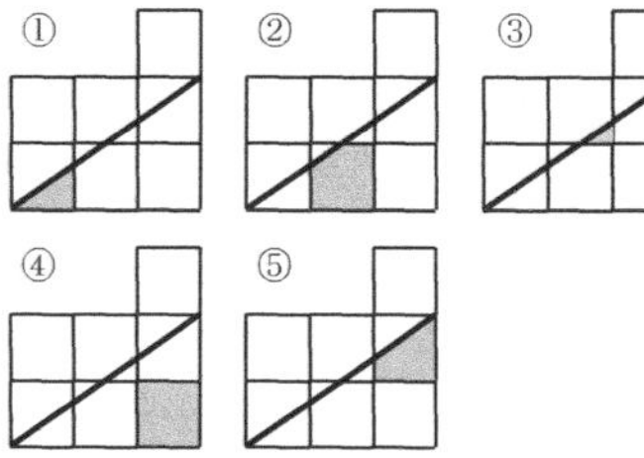

①は底面が直角三角形，高さが１cmの三角柱である。底面の直角を作る２辺の比は３：２だから，体積は$(1\times\frac{2}{3}\times\frac{1}{2})\times 1=\frac{1}{3}$(cm³)であり，３つ並んでいるので体積の合計は$\frac{1}{3}\times 3=1$(cm³)

②は１辺１cmの立方体から，底面の直角を作る２辺の長さが$1-\frac{2}{3}=\frac{1}{3}$(cm)，$1\frac{1}{2}-1=\frac{1}{2}$(cm)の直角三角形であり，高さが１cmの三角柱の体積を引いた体積だから，$1\times 1\times 1-(\frac{1}{3}\times\frac{1}{2}\times\frac{1}{2})\times 1=1-\frac{1}{12}=\frac{11}{12}$(cm³)であり，３つ並んでいるので体積の合計は$\frac{11}{12}\times 3=\frac{11}{4}$(cm³)

③は底面の直角を作る２辺の長さが$\frac{1}{3}$cm，$\frac{1}{2}$cmの直角三角形であり，高さが１cmの三角柱の体積だから，$(\frac{1}{3}\times\frac{1}{2}\times\frac{1}{2})\times 1=\frac{1}{12}$(cm³)であり，個数は１個である。

④は１辺の長さが１cmの立方体の体積だから，１cm³であり，個数は１個である。

⑤は底面の上底と下底の長さがそれぞれ$\frac{1}{3}$cm，１cm，高さが１cmの台形であり，高さが１cmの四角柱の体積だから，

$\{(\frac{1}{3}+1)\times1\div2\}\times1=\frac{2}{3}$(cm³)であり，個数は１個である。

以上より，求める体積は$1+\frac{11}{4}+\frac{1}{12}+1+\frac{2}{3}=\frac{11}{2}=5.5$(cm³)

(3)　**【解き方】立体の体積は$\frac{11}{2}$cm³だから，半分にすると$\frac{11}{4}$cm³である。(1)のエに２個，キに１個の立方体が積んであったとすると，エとキの部分の体積は(2)の切断によって$(\frac{1}{12}+\frac{11}{12})+\frac{1}{3}=\frac{4}{3}$(cm³)になった。よって，ア，ウ，カの部分の体積のうち，エとキのある側が$\frac{11}{4}-\frac{4}{3}=\frac{17}{12}$(cm³)となるように，下の面(床)とＡＢに垂直になる切断面を考えればよい。**

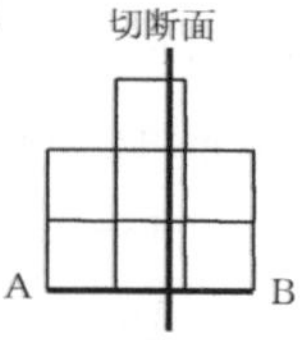

ア，ウ，カの部分の体積は$(\frac{2}{3}+1)+\frac{11}{12}+\frac{1}{3}=\frac{35}{12}$(cm³)である。よって，一方の点(上の【解き方】のように積んである場合はA)から$1+1\times\frac{17}{12}\div\frac{35}{12}=1\frac{17}{35}$(cm)のところで切断すればよい。ＡＢ間は３cmであり，$1\frac{17}{35}\times2<3$となるから，これは短い方の辺の長さとなる。したがって，求める長さは$1\frac{17}{35}$(cm)である。

《2023　第２回　理科　解説》

1　(1)　鏡に映る像は図１と左右が反対に見えるので，ウが正答となる。

(2)　Ａに直接映る像が一番手前に見え，その奥にＢに映る園子さんの後ろ姿が見え，さらにその奥にＡに映る像がＢで反射して見える。このように，Ａに映る像とＢに映る像が交互《こうご》に見える。Ａに映るロゴは何回反射しても(1)と同じ向きに見える。また，Ｂに映る像は園子さんの後ろ姿である(ロゴは見えない)。

(3)　２つの鏡を垂直に置くと，図ｉのように像は全部で３つ(①～③)できる。観察する位置と像を直線で結んだとき，その直線が鏡を通るときには鏡に映る像として見える。例えば，図ｉで，①とａを結ぶ直線はＸを通るので，Ｘとの交点で帽子《ぼうし》から出た光が反射したと考えればよい。同様に考えると，②はＸとＹで１回ずつ反射し，③はＹで１回反射することで，ａの位置から見ることができる。つまり，ａでは鏡に３個の帽子が見えるということである。ｂとｃの位置から見た場合でも同様に考えればよいので，ｂの位置からは３個，ｃの位置から①と②の２個の帽子が見える。

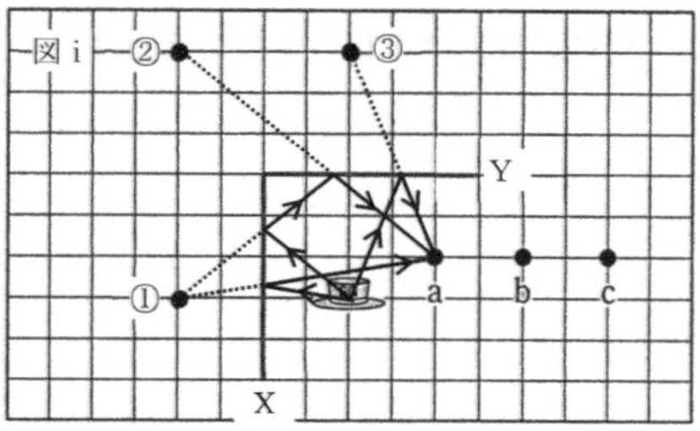

(4)　鏡の一番上の部分は床から60＋80＝140(cm)の高さにあり，これは園子さんの目の高さと同じである。このとき園子さんは，鏡との距離《きょり》を変えたとしても，鏡を通して140cmより高い位置にあるものを見ることができない。

(5)　光が鏡で反射するとき，図ⅱのように入射角と反射角は等しくなり，ａｄ＝ｃｄとなる。ａを帽子の一番上の部分，ｃを園子さんの目と考えると，鏡の一番上の部分ｂがｄと同じ高さになれば園子さんは帽子の一番上の部分を見ることができる。ａｃ＝20cmだから，ｃｄ＝10cmであり，ｂが目の高さよりも10cm高くなるように，図５の状態から上に10cm動かせばよい。

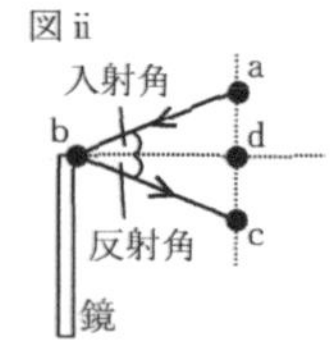

(6)①　図ⅱの位置関係を利用する。お父さんの目の位置は鏡の一番上の部分よりも高い位置にあるから，ａをお父さんの目，ｂを鏡の一番上の部分とした場合，鏡を通して見ることができる一番高い部分はｃである。ａの高さは160cm，ｂ(ｄ)の高さは140cmだから，ａｄ＝160－140＝20(cm)であり，ｃｄも20cmになるので，ｃの高さは床から140－20＝120(cm)である。よって，お父さんが見ることができるのは，床から120cmの高さより足側である。

②　(5)解説と同様にして考えると，お父さんが頭の一番上の部分を見るには，鏡の一番上の部分が，頭の一番上の部分(170cm)と目(160cm)のちょうど真ん中の165cmの高さにあればよい。目から足の一番下の部分を見るときについても同様に考えればよいので，鏡の一番下の部分が，目(160cm)と足の一番下の部分(０cm)のちょうど真ん中の

80cmの高さにあればよい。このときの鏡の長さは165－80＝85(cm)である。お父さんの身長は170cmだから，鏡で自分の全身を見るには，身長の半分の長さの鏡が必要だと考えればよい。

[2] (2)　アルミニウム…図３より，球を半分にしたものが６個，球を$\frac{1}{8}$にしたものが８個あるから，球の数は$\frac{1}{2}\times 6+\frac{1}{8}\times 8=4$(個)である。　鉄…図４より，球が１個，球を$\frac{1}{8}$にしたものが８個あるから，球の数は$1+\frac{1}{8}\times 8=2$(個)である。

(3)　図７のａｃとｃｇの長さの関係より，図５のＢＥの長さはＡＢ(１辺)の長さの1.4倍だとわかるので，ＡＢが0.4nmであればＢＥは0.4×1.4＝0.56(nm)である。ＢＥは球の半径４個分の長さだから，球の半径は0.56÷４＝0.14(nm)である。

(4)　正三角形の３つの辺の長さはそれぞれ球の半径４個分の長さであり，３つの頂点にそれぞれ中心角が60度の扇《おうぎ》形が見られる。

(5)　図７の長さの関係を図６にあてはめて考える。C′G′の長さを１とすると，A′G′の長さは1.7であり，A′G′は球の半径４個分の長さだから，球の半径は1.7÷４＝0.425である。よって，0.425÷１＝0.425→0.43倍である。

(6)　(3)より，立方体の１辺の長さが0.4nmのとき，球の半径は0.14nmだから，立方体の体積は(0.4×0.4×0.4)，１個の球の体積は$\frac{4}{3}\times 0.14\times 0.14\times 0.14\times 3.14=\frac{4\times 0.14\times 0.14\times 0.14\times 3.14}{3}$となる。１つの立方体の中に存在する球の数が４個だから，$\frac{4\times 0.14\times 0.14\times 0.14\times 3.14\times 4}{3}\div(0.4\times 0.4\times 0.4)\times 100=\frac{4\times 0.14\times 0.14\times 0.14\times 3.14\times 4}{3\times 0.4\times 0.4\times 0.4}\times 100=71.801\cdots\rightarrow 71.80$%である。

(7)　アルミニウムと鉄の立方体の１辺の長さの比は10：７だから，体積比は(10×10×10)：(７×７×７)＝1000：343である。また，１つの原子の重さの比は，アルミニウム：鉄＝27：56で，１つの立方体の中に存在する原子の数の比は，アルミニウム：鉄＝４：２＝２：１だから，１つの立方体の中に存在する原子の重さの比は，アルミニウム：鉄＝(２×27)：(１×56)＝27：28である。密度は$\frac{\text{重さ}}{\text{体積}}$で求められるので，アルミニウムの密度は$\frac{27}{1000}$，鉄の密度は$\frac{28}{343}$と表せる。よって，鉄の密度はアルミニウムの密度の$\frac{28}{343}\div\frac{27}{1000}=3.023\cdots\rightarrow 3.02$倍である。

(8)　手の熱がスプーンを伝わってアイスクリームをとかし，すくいやすくなる。

[3] (1)　ミントと同じように葉脈が網目《あみめ》状になっているのは双子葉《そうしよう》類のウである。なお，アとイとエは単子葉類で，葉脈は平行になっている。

(2)　植物の葉の緑色の部分に光があたると，水と二酸化炭素からデンプンと酸素をつくりだす光合成が行われる。

(4)①　Ｘは白血球，Ｙは血小板，Ｚは赤血球である。　②　心臓は筋肉でできていて，血液を循環《じゅんかん》させるポンプのはたらきをしている。心臓が収縮すると，血液が勢いよく押し出され，血液の流れる速さが速くなる。

(5)　体の一部からその部分とは異なるつくりが作られたと考えればよい。

[4] (1)②　金星…半年(0.5年)後，地球は約180度公転し，金星は約$360\times\frac{0.5}{0.6}=300$(度)公転する。このとき，金星は地球から見て太陽の左側にあるので，夕方の西の空で観察できる。このような金星をよいの明星という。なお，図１のときのように，地球から見て太陽の右側にある金星は，明け方の東の空で観察できる明けの明星である。

火星…半年後，地球は約180度公転し，火星は約$360\times\frac{0.5}{2}=90$(度)公転する。このとき，太陽，地球，火星の順にほぼ一直線上に並ぶので，ほぼ一晩中見ることができる(真夜中には南の空で観察できる)。

(2)①　35×0.38＝13.3(ｇ)　②　上皿てんびんではかる値を質量という。質量は物体そのものの量であり，火星や月などの引力が異なる場所ではかっても，地球ではかったときと同じ値になる。

(3)　夏至のときには，地球から見てさそり座が太陽と反対方向にあるから，エが正答となる。なお，公転の向きから，ウが秋分，イが冬至，アが春分である。

(4)　南の空を通る星座を同じ時刻に観察すると，地球の公転によって１か月で東から西へ約30度ずつずれていくように見える。

(5)(6)　図ⅲ参照。７月１日に見えた火星の方向を，８月１日の地球に平行移動し，８月１日に見えた火星の方向と比べると，南を向いた状態で火星は左手側から右手側，つまり東から西へ動いたように見える。10月１日と11月１日についても同様に考えると，南を向いた状態で火星は右手側から左手側，つまり西から東へ動いたように見える。

図ⅲ

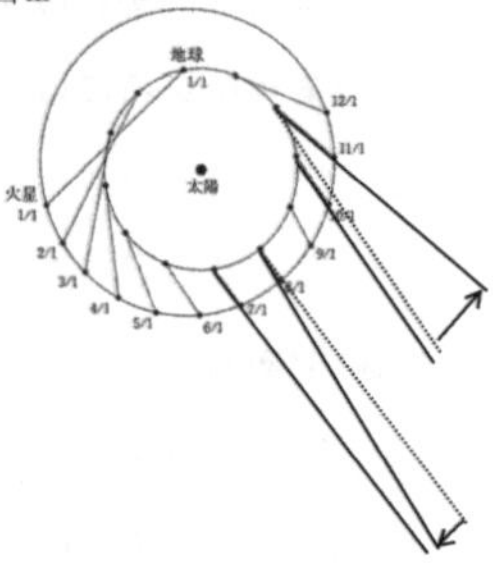

(7)　アは１つの大陸が分裂《ぶんれつ》して移動したことで現在の各大陸ができたとする考え。イは地球が球形ではなく，平面で円盤《えんばん》状だとする考え。ウは地球やその他の惑星《わくせい》が太陽のまわりを公転しているとする考え。エは地球がその他の天体の公転の中心であるとする考え。

《2023　第２回　社会　解説》

1　問１　Ｂ　　文章Ⅰは利根川，文章Ⅱは筑後川，文章Ⅲは吉野川である。流域面積が日本一の利根川は①とわかる。福岡県を流れる筑後川と四国を流れる吉野川を比較した場合，流域内人口は筑後川の方が多いと考えて，②を吉野川，③を筑後川と判断する。

問２　Ｂ　　銚子港は日本一の水揚げ量だから，出荷量の多いＢを選ぶ。まいわし・さば類・ぶり類など沖合漁業や沿岸漁業の対象魚が上位にあることからも確認できる。Ａは釧路港，Ｃは焼津港，Ｄは境港。

問３　Ａ　　キャベツは愛知県と群馬県で生産がさかんであり，きゅうりは宮崎県での促成栽培がさかんである。また，近郊農業でさかんに生産されるねぎは，東京周辺の関東地方での生産がさかんである。

問４(1)　自然災害伝承碑　　自然災害伝承碑は，災害の教訓を後世に伝えるための石碑やモニュメントである。災害発生時に必要な「命を守る行動」につなげることを目的とする。　(2)　Ｃ　　①誤り。地図２の渡良瀬第一貯水地の部分と地図１を合わせると，地図１には湖はない。②正しい。地図２の行政区割りの鎖《さ》線と地図１の河川の位置が一致することを確認する。

問５　Ｄ　　ワシントン条約は，絶滅の恐れのある野生動植物の種の国際取引に関する条約である。筑後川は，福岡県・佐賀県などを通って，有明海に注ぐ河川である。ロームは土壌《どじょう》区分の一つであり，関東平野に広がる関東ロームで知られる。

問６　Ｆ　　地図２は河川の周辺や平野全体に色がついていることから洪水，地図３は沿岸部で色が濃いことから高潮，地図４は山間部の色が濃いことから土砂災害と判断する。

問７　Ａ　　（ク）県は，徳島県である。四国４県の海面漁業漁獲量は，愛媛県＞高知県＞香川県＞徳島県，製造品出荷額等は，愛媛県＞香川県＞徳島県＞高知県の順番だから，Ａは徳島県，Ｂは香川県，Ｃは高知県，Ｄは愛媛県である。

問８　Ｄ　　花笠まつりは山形県，祇園祭は京都府，ねぶた祭は青森県の祭りである。

2　問１　Ａ　　Ｂ．誤り。大森貝塚は縄文時代の遺跡である。Ｃ．誤り。三内丸山遺跡は縄文時代の遺跡である。Ｄ．誤り。吉野ケ里遺跡は弥生時代の遺跡である。

問２　Ａ　　所得倍増計画は，1960 年に池田勇人内閣のもとで発表された。Ｂは沖縄返還協定(1971 年)，Ｃは環境基本法(1993 年)，Ｄは教育基本法(1947 年)。

問３　Ｆ　　③冠位十二階の制定→②大化の改新(乙巳の変)→①壬申の乱

問４　Ｂ　①正しい。地頭は，農民から税を徴収し，それを荘園領主におさめる役割を担っていた。②正しい。地頭の悪行の数々が書かれている。③誤り。これは紀伊国(現在の和歌山県)の地頭を訴えたもので，尾張(現在の愛知県)の地頭を訴えたものではない。

問５　Ｅ　［あ］は白河上皇，［い］はザビエル，［う］は織田信長である。Ａ．誤り。保元の乱は，崇徳上皇と後白河天皇の対立から起きた。Ｂ．誤り。平等院鳳凰堂を建てたのは藤原頼通。Ｃ．誤り。ザビエルは鹿児島県の坊津に上陸し，九州を中心に布教した。Ｄ．誤り。ザビエルは天正遣欧少年使節と関係はない。Ｆ．誤り。宣教師を国外追放するバテレン追放令を出したのは豊臣秀吉であり，禁教令は江戸幕府が出した。

問６　Ｄ　朝鮮との貿易では，朝鮮から綿布や木綿を輸入し，銅を輸出した。琉球王国は，東南アジアと東アジアを結ぶ中継貿易でさかえた。日本からは刀剣などが輸出され，琉球からは中国の陶磁器や東南アジアの香辛料などが輸入された。

問７　種子島　戦国の世であった日本では，鉄砲はすぐに各地の大名に伝えられ，堺や国友の刀鍛冶職人によって，生産が行われた。

問８　水野忠邦が行ったこと，株仲間が同業者の組合であり，商品の流通を独占していたことなどを文章にする。

問９　与謝野晶子　日露戦争に反対した人物として，歌人の与謝野晶子，キリスト教の立場から反対した内村鑑三，社会主義者の立場から反対した幸徳秋水を覚えておきたい。

問 10　Ｃ　日露戦争で，南樺太を手に入れたことから考える。Ａは日露通好条約締結後，Ｂは樺太・千島交換条約締結後，Ｄはサンフランシスコ平和条約締結後である。

［3］ **問１**　Ｂ，Ｄ　Ｂ．誤り。文化部の平日の実際の活動時間は１～２時間が最も多い。Ｄ．誤り。生徒が好ましいと考える活動時間は，平日の実際の活動時間とほぼ同じである。

問２　Ｃ　裁判員裁判は，重大な刑事事件の第一審だけで行われている。

問３　公共の福祉　公共の福祉とは，社会全体の共通の利益を意味する。国民の基本的人権，特に自由権は，公共の福祉によって制限を受ける場合がある。

問４　Ｇ　①誤り。天皇の国事行為は，内閣の助言と承認が必要である。②誤り。憲法改正は，国会が各議院の総議員の３分の２以上の賛成をもって，国会が発議をする。③正しい。

問５　Ａ，Ｃ　Ａ．誤り。国際連合は，第二次世界大戦後の 1945 年 10 月に設立された。Ｃ．誤り。安全保障理事会の常任理事国(アメリカ・イギリス・フランス・ロシア・中国)は非改選である。

問６　こども家庭庁　こども家庭庁は，「こどもまんなか」をスローガンに，2023 年４月に内閣府の外局として設立された。

問７　ＩＬＯ　国際労働機関の略称である。

問８　経済と政治の分野を選び，女性に不利になっている状況を考える。解答例以外に，経済面では，「一企業における女性の管理職や役員の割合を増やす」なども考えられる。

問９　Ｃ　①誤り。条約の締結後に国会の承認を受けることも可能である。②正しい。

問10　Ｄ　オゾン層の破壊は，二酸化炭素ではなくフロンなどによって引き起こされる。

2022 解答例 令和４年度 ★洗足学園中学校【第１回】

《国　語》

1 問一．機械学習型のＡＩは、ヒトが正解を知っていることについて判断の補助をし、汎用型人工知能は、ヒトが正解を知らないことについて判断自体を行うという違い。　問二．死なずに進歩し続けるＡＩが、死んで一世代ごとにリセットされる人間には理解できない存在になり、人間がＡＩに従属する関係になる可能性があるから。
問三．エ　問四．有限　問五．優れたＡＩに頼りすぎると、ヒトが人であるために必要な「考える」能力が低下するので、人らしい生き方をうばわないように、ＡＩが自分の能力を制限するということ。　問六．Ａ．ウ　Ｂ．ア　Ｃ．エ　Ｄ．イ　問七．(ア)検証　(イ)局面　(ウ)私情　(エ)老化　(オ)過程　問八．イ

2 問一．エ　問二．しおりは好きなもののためなら怖くて少し迷っても自分の意志を貫けるのだと知り、疎遠になった今、しおりの方から歩み寄ってくれることはないだろうと感じたから。　問三．一．ウ　二．ア　三．エ　四．オ　五．イ　問四．朱里から非難されるのは怖いが、決意がゆらがないようにこらえ、不安を感じながら事態の展開を待つ気持ち。　問五．自分や葉子とは全然タイプがちがう瀬川さんのことを、葉子が親しげにしおりと呼び捨てにしたことにおどろき、その意図や関係性がわからず、不満に思ったから。　問六．ア
問七．Ａ．ウ　Ｂ．ア　Ｃ．イ　Ｄ．エ　問八．ウ

《算　数》

1 (1)$66\frac{7}{9}$　(2)$\frac{29}{32}$

2 (1)75　(2)1000　(3)6440　(4)ア 6　イ 1

3 (1)ＤＣＡＢ　(2)182.5　※(3)Ａ．４　Ｂ．５　Ｃ．７　※(4)12

4 (1)30　※(2)50　(3)10

5 (1)２：７　※(2)21：16　(3)$38\frac{22}{31}$

※の式や文章・図などは解説を参照してください。

《理　科》

1 (1)イ　(2)①赤色の光のみを反射する。　②オ　(3)①28.26　②ア，イ，ア，イ　③２番目…ア　７番目…イ　④３　(4)①ア，カ　②エ

2 (1)イ　(2)Ｐ．Ｙ：5.06　Ｑ．Ｘ：10.12　(3)11.7　(4)28.8　(5)オ　(6)イ

3 (1)子葉　(2)①エ　②溶液の中の二酸化炭素が使われ，液性が変化するから。　③イ，オ　(3)イ　(4)イ　(5)ア　(6)①ウ，エ　②イ

4 (1)①ア　②ウ　(2)③エ　④オ　(3)初期び動　(4)ア　(5)①11，4.75　②12　③ア

《社　会》

1　問1．(1)A　(2)F　　問2．B　　問3．X．郡山　Y．利根　　問4．(1)D　(2)ボーキサイト　　問5．B
問6．Ⅱの方が透過性が高いため，下流への土砂の運搬を妨げない。

2　問1．A　　問2．A　　問3．E　　問4．C　　問5．B　　問6．D　　問7．(1)応仁の乱において，西軍の総大将だった山名持豊が，この地に陣を構えた（下線部は宗全でもよい）　(2)C　　問8．A　　問9．自由民主

3　問1．(1)C　(2)C　　問2．B　　問3．(1)D　(2)B，C，D　　問4．避難指示　　問5．ピクトグラム
問6．B　　問7．三権分立　　問8．国や地方の行政機関や議員に，要望を伝える。／規定の署名を集めて，直接請求をおこなう。／パブリックコメントで意見を表明する。などから2つ

2022 解答例 令和4年度 ★洗足学園中学校【第2回】

《国　語》

1 問一．人と異なった人生経験をしてきた人は、面白い視点を持ち、興味深い発想をすることができるから。
問二．子どもの学ぶ機会を保障するために学校に行くことを推奨し、そこで社会に出る前の子どもが学ぶというもの。　問三．ア　問四．専門化されたひとつの事柄を、より広い視野で俯瞰的に捉え、他の分野や一般社会と結びつけるためのもの。　問五．ア　問六．A．エ　B．ウ　C．ア　D．イ
問七．(ア)次元　(イ)営利　(ウ)細分化　(エ)生態系　(オ)応　問八．エ

2 問一．一．ウ　二．オ　三．イ　四．ア　五．エ　問二．差別に立ちむかう女性　問三．ファッションやヘアスタイルについて、社会で作られた性別による差をなくしていこうと呼びかけるポスター。　問四．坊主になった時にお姉ちゃんがすごく怒ったことを気にしていたが、本当はとてもうれしかったのだとわかり、安心したということ。　問五．ウ　問六．お姉ちゃんを応援したくて坊主にしていることが、お姉ちゃんの望むことではないうえに、両親を動揺させたから。　問七．A．ウ　B．ア　C．イ　D．エ　問八．ア

《算　数》

1 (1)$148\frac{1}{3}$　(2)$16\frac{9}{10}$

2 (1)14.4　(2)13：27　(3)68　(4)3.57

3 (1)7　(2)628　※(3)120，240，360，720　※(4)240

4 (1)5　(2)11，30　※(3)15，28

5 (1)6　※(2)139，144　(3)145

※の式や文章・図などは解説を参照してください。

《理　科》

1 (1)38　(2)①ア　②ウ　(3)ふ力　(4)イ　(5)ア　(6)60　(7)①0.875　②4.75

2 (1)14　(2)4.2　(3)※学校当局により全員正解　(4)オ　(5)X．302.7　Y．66.6　Z．21.4　(6)得られた結晶をできるだけとかさないようにするため。

3 (1)ア，ウ　(2)ぜん動　(3)エ　(4)①カ　②に空気が入る　(5)ア，エ　(6)イ

4 (1)わく星　(2)ウ　(3)金星の大気の多くは温室効果のある二酸化炭素だから。　(4)イ
(5)①ウ　②A，B，C　(6)88　(7)①水星…キ　金星…ア　②水星…エ　金星…ウ

《社　会》

[1] 問１．⑴40　⑵Ｄ　問２．⑴Ｈ　⑵Ｂ　問３．Ｃ　問４．⑴Ｄ　⑵Ｘ．リデュース　Ｙ．リユース　Ｚ．リサイクル　問５．Ａ　問６．Ｂ　問７．（７の例文）農産物の輸送距離が短くなり，エネルギー消費量が減るから。　（15の例文）地域の農業を振興し，農地を保全することにより，生態系を守ることができるから。

[2] 問１．Ｃ　問２．Ｄ　問３．白河　問４．源頼朝が守護や地頭を任命する権利を朝廷より与えられた。　問５．Ｃ　問６．公武合体　問７．Ｄ　問８．Ｃ　問９．Ｂ　問10．Ｂ

[3] 問１．総務省　問２．Ａ　問３．Ｂ　問４．ブラック・ライヴズ・マター　問５．Ｆ　問６．⑴侵すことのできない永久の権利　⑵Ａ，Ｄ　問７．Ｅ　問８．Ｄ　問９．政治の担い手が権力を濫用することを防ぎ，国民の基本的人権を守る（ため。）

←解答例は前のページにありますので，そちらをご覧ください。

《2022 第１回 国語 解説》

1 **問一** 機械学習型のＡＩについては５～11 行目、汎用《はんよう》型人工知能については 12～19 行目で説明されている。この二つの段落の内容で対照的なのは、「『正解を知っている』医師が判断すればいい」と「ヒトが『正解を知っている』わけではない」、つまり、ヒトが正解を知っているかどうか、という点である。ヒトが正解を知っているものならば、ＡＩはその判断を補助する働きをしていることになるが、ヒトが正解を知らないことについては、その判断自体をＡＩが行うことになる。この違《ちが》いをまとめる。

問二 寿命《じゅみょう》があっていずれ死ぬ「ヒト」と、死なないＡＩが共存する際の問題点を読みとる。まず、――(2)の直後の段落で、ヒトが「たくさん勉強しても、死んでゼロになります。そのため～教育に時間をかけ、次世代を育てます。一世代ごとにリセットされる」のに対し、「死なないＡＩにはそれもなく、無限にバージョンアップを繰《く》り返します」ということが述べられている。それによってどのようなことが起きるかを述べた 57～73 行目に着目する。「死なないＡＩは～人間と違って世代を超《こ》えて、進歩していきます。一方、限られた私たち（ヒト）の寿命と能力では～ＡＩの仕組みを理解することも難しくなるかもしれません」と述べ、「（ＡＩが）どんどん私たち（ヒト）が理解できない存在になっていく可能性があります」「ＡＩに対して、人間が従属的な関係になってしまう可能性があります」と、問題になりうる点を指摘している。

問三 ――(3)の直前の「そんな孫の世代」の、「そんな」が指す内容を読みとると、どういう世代だから「ＡＩの危険性よりも信頼《しんらい》感のほうが大きくなる」のかがわかる。直前の段落で取り上げられた「コンピュータが～賢《かしこ》くなっていくのを体感～ＡＩの危険性～直感的に心配になる」という「『生みの親』世代」とはちがって、「ヒト～の能力をはるかに凌駕《りょうが》したコンピュータが生まれながらにして存在する」世代なのである。よって、エが適する。

問四 「生き物」の「命」は、死なないＡＩに対してどうであるのか。37～38 行目の「死なないＡＩ～無限にバージョンアップ」を参照。それに対して「生き物」はいずれ必ず死ぬ、つまり、命に限りがあるということ。

問五 ――(5)は、「優《すぐ》れたＡＩ」の「答え」について言ったもの。まず、どのような課題に対する「答え」なのかを読みとる。それは、96～97 行目の「ヒトがＡＩに頼《たよ》りすぎずに、人らしく試行錯誤《さくご》を繰り返して楽しく生きていくにはどうすればいいのでしょうか？」に対する「答え」である。つまり、ヒトが人らしく生きられるように、ＡＩは自分で自分の能力を制限するかもしれないというのである。では、ヒトが人らしく生きるとは、どういうことか。これについて 99～100 行目で「ヒトが人である理由をしっかりと理解することが、その解決策になる」と述べていることに着目する。「ヒトが人である理由」については、16～17 行目に「ヒトが人である理由、つまり『考える』ということ」とある。これらの内容をまとめる。

問八 ア．「ＡＩは自ら考えるために作られた～ＡＩ自身で考えられなくなる『主体の逆転』」という説明が誤り。本文でいう「主体の逆転」とは、「ヒトのために作ったはずのＡＩに、人が従属してしまう」（18～19 行目）という意味である。　イ．筆者は「決して『ヒトの手助け』以上にＡＩを頼ってはいけない～ＡＩはツール（道具）で、それを使う主体はリアルなヒトであるべき」という考えのもと、「いつも正しい答えが得られるという状況《じょうきょう》は、ヒトの考える能力を低下させます。ヒトは試行錯誤、つまり間違えることから学ぶことを成長と捉《とら》え、それを『楽しんで』きたのです」（25～28 行目）と述べている。この内容に適する。　ウ．「二世代前の技術であるため～『生みの親世代』と呼んでいる」という説明が誤り。このようなことは述べていない。　エ．「自らの意思よりもその宗教の考え方に左右されてしまい」が誤り。本文では「宗教のいいところは、個人が自らの価値観で評価できること～信じるかどうかの判断は、自分で決められます」(89～90行目)と述べている。

2 **問一**　「怖《こわ》くなった」ということが言えない「かわりに、しおりに問いかける」とあることに着目する。「かわりに」聞いたことに、自分が「怖くなった」理由がかくされていると考えられる。「しおりは迷ったりしなかった？～美術部って、なんか雰囲気《ふんいき》独特だしさ、運動部に入りたがる子のほうが多い……じゃん」と言っていることから、美術部に入ると独特な雰囲気の少数派になってしまう、つまり「日向《ひなた》」ではなくなることが「怖くなった」のだと読みとれる。よって、エが適する。葉子《ようこ》が、美術部のしおりに呼び捨てで話しかけたときの朱里《あかり》の態度を参照。「ぴりぴりと肌《はだ》に突《つ》き刺《さ》さ」るような「困惑《こんわく》と非難のまなざし」をあからさまに向けてきたのである。違うタイプ、違うグループの人とつきあうと、このような反応をされるのである。

問二　「初めて」そう感じたので、この直前のしおりの言動によるものと考えられる。「しおりは迷ったりしなかった？　美術部に入ること」という葉子の質問に、しおりは「……少しだけ(迷った)」「でも、やっぱり、好きだから。それ以外、ないなって」と答えた。この反応を受けて、葉子は「しおりは、怖くても、好きなものには手を伸《の》ばせるのだ。だけど～私には、手を伸ばそうとしなかった」と気づいたのである。そのような、周りに流されない強さや勇気をもつしおりならば、葉子と仲良くしたい気持ちがあれば近づこうとするはずだが、そうせずに疎遠《そえん》のままだということは、しおりにその意思がないということを意味する。本文の最初に「本当は～分かってはいた～私は『日陰《ひかげ》』のほうが心地《ここち》いい～静けさが好き～絵を見たり、描《か》いたりしていたい」とあるとおり、本来の葉子は、しおりと気が合うタイプである。朱里たちのグループにいるのが楽しいのも事実だが、「透明《とうめい》な壁《かべ》」を感じてもいる。だからこそ、しおりと「離《はな》れてしまったことを、こんなに後悔《こうかい》した」のだろうし、「本当にこのままでいいの？　私自身は」と思い、このあと、しおりと友達でいたい気持ちを優先する言動にふみ出すのである。

問四　「しおり～こんな感じの青でいいかな」という葉子の発言のあと、だれも何も言わず「凍《こお》りついたような沈黙《ちんもく》」が続くあいだ、葉子がどのような心情だったのかを読みとる。「あからさまに向けられた困惑と非難のまなざし～怖くない、なんて言ったら、百パーセント、嘘《うそ》になる～だけどもう、怖がるのはやめる～ぐらつく心をぴしっと叱《しか》って～ぐっとこらえる」とあり、朱里かしおりが何か言って、事態が動くのを「ただ、祈《いの》るように、息をつめて待つ」という気持ちである。これらの内容をまとめる。

問五　「なんなの、さっきのアレ」「なんで瀬川さんのこと、急に呼び捨てにしてんの？」「びっくりなんだけど」という気持ちで、「不審《ふしん》そうな顔」になったのである。「何言っちゃってんの――？　あからさまに向けられた困惑と非難のまなざしがぴりぴりと肌に突き刺さって」と葉子が感じたとおり、「日向」ではない人と葉子が親しげに話していたことに、朱里は納得がいかないのである。

問六　朱里を怖がるのをやめて、しおりのことを「友達」だと「意を決して」言ったのである。その気持ちが「顔が熱い」に表れているが、一方で、108～109 行目に「覚悟《かくご》はしていたはずだったのだけど、やっぱり～足がすくんだ」とあることからもわかるように、朱里と対立することをおそれているのである。よって、アが適する。

問八　ア.「数学の宿題を忘れてしまった」のは葉子であり、しおりの「これからは～一緒《いっしょ》にいよう」という決意も本文中に書かれていない。　イ. 本文中に「朱里たちのことは、ちゃんと好きだ～楽しいし～あこがれもする」とあるので、「好きになれないため少しずつ距離《きょり》を置きたい」は誤り。　ウ. 本文中に「しおりは何度かまばたきをして～ゆっくりとうなずいた。いつかの、つぼみがほころぶような笑顔《えがお》で」「『～ありがとう、葉子』　ささやくような、まだかすかにためらいのにじんだ声。けれど～私の名前を呼び返してくれた」とあることから読みとれる。エ.「朱里は、しおりに対して劣等《れっとう》感を抱《いだ》いており～うらやましく思っている」という内容は本文にない。

《2022　第１回　算数　解説》

1　(1)　与式＝$46-16\times\frac{1}{24}\times\frac{1}{3}+27-6=46-\frac{2}{9}+21=67-\frac{2}{9}=66\frac{7}{9}$

(2)　与式＝$\frac{7}{8}-\frac{1}{40}\div(\frac{12}{5}-\frac{8}{5})+\frac{1}{6}\div\frac{8}{3}=\frac{7}{8}-\frac{1}{40}\div\frac{4}{5}+\frac{1}{6}\times\frac{3}{8}=\frac{7}{8}-\frac{1}{40}\times\frac{5}{4}+\frac{1}{16}=\frac{7}{8}-\frac{1}{32}+\frac{1}{16}=\frac{28}{32}-\frac{1}{32}+\frac{2}{32}=\frac{29}{32}$

2　(1)　地図上で20㎝の道のりの実際の道のりは，20×25000＝500000(㎝)

1㎞＝1000ｍ＝(1000×100)㎝＝100000㎝だから，500000㎝＝５㎞

求める時間は，５÷４＝1.25(時間)，つまり，1.25×60＝75(分)

(2)　まとめると，お金をわたすことで，Ａの金額《きんがく》が500－450＝50(円)減り，Ｂの金額が500－300＝200(円)増え，Ｃの金額が450－300＝150(円)減ったことがわかる。はじめのＡの金額は900円なので，お金をわたした後の３人の金額はそれぞれ900－50＝850(円)となるから，はじめのＣの金額は，850＋150＝1000(円)

(3)　**【解き方】貼り合わせたときののりしろの長さに注目する。**

15㎝×18㎝の長方形の紙を小さい長方形，40㎝×200㎝の長方形の紙を大きい長方形とすると，40÷15＝２余り10，200÷18＝11余り２より，小さい長方形は縦に３枚，横に12枚貼り合わせる。

小さい長方形の縦の長さの３倍は15×３＝45(㎝)なので，たてののりしろの合計は，45－40＝５(㎝)

小さい長方形の横の長さの12倍は18×12＝216(㎝)なので，横ののりしろの合計は，216－200＝16(㎝)

よって，紙が重なっていない部分を合わせると，縦が40－５＝35(㎝)，横が200－16＝184(㎝)の長方形になる。

したがって，求める面積は，35×184＝6440(㎠)

(4)　**【解き方】ＡとＢは，右図の太線内で重なる。よって，ＡとＢが重ならないのは，Ａの上の辺が太線内に入る前にＢの左の辺が太線内から出るか，Ａの下の辺が太線内から出た後にＢの右の辺が太線に入るかのどちらかである。**

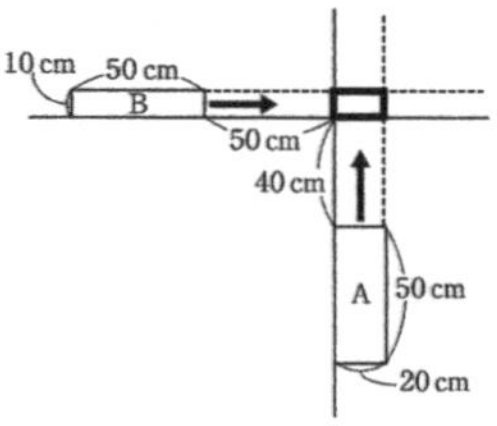

Ａの上の辺が太線内に入るのは，出発から40÷２＝20(秒後)である。

Ｂの左の辺が太線内から出るのは，出発からＢが50＋50＋20＝120(㎝)より長く進んだときである。よって，出発から20秒後にＢが120㎝より長く進めばよいので，毎秒(120÷20)㎝＝毎秒ア<u>6</u>㎝より速ければよい。

Ａの下の辺が太線内から出るのは，出発から50＋40＋10＝100(㎝)より長く進んだときだから，100÷２＝50(秒)より長く進んだときである。Ｂの右の辺が太線内に入るのは，出発してから50㎝進んだときである。

よって，出発から50秒後に，Ｂが50㎝よりも進んでいなければよいので，毎秒(50÷50)㎝＝毎秒イ<u>1</u>㎝より遅ければよい。

3　(1)　Ａのすぐ後ろは赤色の帽子《ぼうし》で，Ｃより前の人は全員白色の帽子だから，ＣはＡより前にいる。

Ｃの前とＡの後ろにはＢかＤがいて，ＤはＢより前にいるので，４人の並んでいる順はＤ，Ｃ，Ａ，Ｂとなる。

(2)　**【解き方】図ⅰのように作図すると，一番長い辺が10㎝となるような三角形アができる。さらに，八角形の10㎝ではない辺の真ん中の点で四角形を作っていることから，図ⅱのように三角形アを作図すると，四角形ウが８つできる。**

図ⅰ

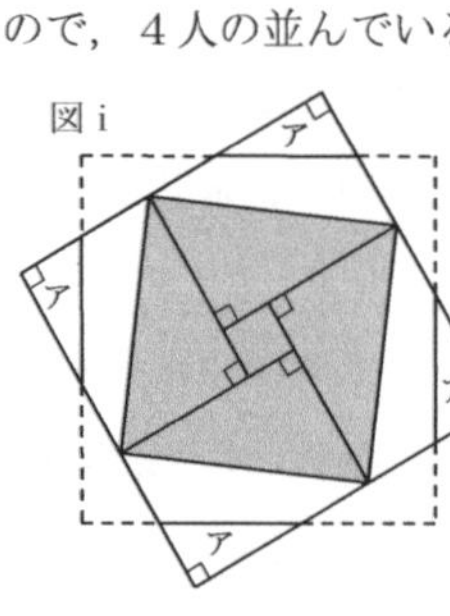

図ⅱ

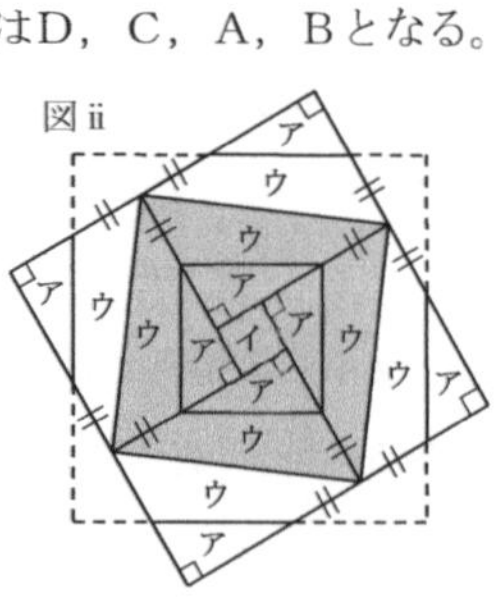

三角形アが４つと四角形イが１つで，１辺が10㎝の正方形ができ，その面積の和は10×10＝100(㎠)となる。

よって，四角形ウが８つの面積の和は，265－100＝165(㎠)，四角形ウが４つの面積の和は，165÷２＝82.5(㎠)

求める四角形の面積は，三角形アが４つ，四角形イが１つ，四角形ウが４つ分なので，100＋82.5＝182.5(㎠)

⑶　**【解き方】AとB，AとC，BとC，が１日に作る品物の個数の合計をそれぞれ考える。**

AとBは，55日目までは商品を500個作れてないので，500÷55＝９余り５より，１日に９個より多く作っていない。また，56日目までには商品を500個作れているので，500÷56＝８余り52より，１日に８個より多く作っている。よって，AとBが１日に作る品物の個数の合計は，９個である。

同様に考えると，500÷45＝11余り５，500÷46＝10余り40より，AとCが１日に作る品物の個数の合計は11個，500÷41＝12余り８，500÷42＝11余り38より，BとCが１日に作る品物の個数の合計は12個である。

したがって，３人が１日に作る品物の個数の合計は，(９＋11＋12)÷２＝16(個)だから，１日に作る品物の個数は，Aが16－12＝４(個)，Bが16－11＝５(個)，Cが16－９＝７(個)となる。

⑷　**【解き方】30年前の祖母と母の年齢の比は３：１なので，祖母の年齢を③歳，母の年齢を①歳として，現在の３人の年齢を考える。**

現在の祖母と母の年齢はそれぞれ，(③＋30)歳，(①＋30)歳と表せる。

３年後の母の年齢は①＋30＋３＝①＋33(歳)で，娘の年齢は母の年齢の$\frac{1}{3}$倍なので，(①＋33)×$\frac{1}{3}$＝$\textcircled{\frac{1}{3}}$＋11(歳)

よって，現在の娘の年齢は$\textcircled{\frac{1}{3}}$＋11－３＝$\textcircled{\frac{1}{3}}$＋８(歳)だから，３人の年齢の合計である③＋30＋①＋30＋$\textcircled{\frac{1}{3}}$＋８＝$\textcircled{\frac{13}{3}}$＋68(歳)が120歳にあたる。$\textcircled{\frac{13}{3}}$が120－68＝52(歳)にあたるので，①は52÷$\frac{13}{3}$＝12(歳)にあたる。

したがって，現在の娘の年齢は，12×$\frac{1}{3}$＋８＝12(歳)

4　⑴　**【解き方】Xが４の倍数となるのは，Xの下２けたの数が４の倍数になるときである。**

Xの十の位の数は１か３か５，一の位の数は０～９のいずれかだから，４の倍数となるような下２けたの数は，12，16，32，36，52，56の６通りある。その６通りに対して，百の位の数の出し方が１～５の５通りあるので，全部で６×５＝30(通り)ある。

⑵　**【解き方】Xが３の倍数となるのは，Xの各位の数の和が３の倍数になるときである。**

Xの十の数に注目すると，３の倍数(３)，３の倍数より１大きい数(１)，３の倍数より２大きい数(５)が１つずつあることがわかる。よって，例えば，Xの百と一の位の数の和が１＋１＝２のとき，Xが３の倍数になるような十の位の数は１に決まる。このように，百と一の位の数の出し方が決まると，十の位の数の出し方が１つに定まるから，百と一の位の数の出し方だけ考えればよい。百の位の数は５通り，一の位の数は10通りの出し方があるので，求める出し方は，５×10＝50(通り)

⑶　**【解き方】Xが12の倍数となるのは，Xが４の倍数と３の倍数となるときなので，下２けたが４の倍数で，各位の数の和が３の倍数になるときである。**

Xの下２けたは12，16，32，36，52，56の６通りだから，考えられる取り出し方は，312，216，516，132，432，336，252，552，156，456の10通りある。

5　⑴　**【解き方】メインエンジンを修理してメインエンジンのみで向かった場合，予定より35分遅れて到着したので，修理の時間を除くと，35－25＝10(分間)だけ予定より多くメインエンジンでボートを動かしたことになる。よって，静水時に10分間メインエンジンのみで動かしたボートの進む距離《きょり》と，35分間川の流れの速さで下流に流された距離は等しいことがわかる。**

速さの比は，同じ距離を進むのにかかる時間の比の逆比に等しいから，川の流れとメインエンジンのみで動かしたボートの速さの比は，35：10＝７：２の逆比の２：７となる。

⑵　**【解き方】⑴より，静水時のメインエンジンのみで動かしたボートの速さを⑦，川の流れの速さを②とし**

て，静水時のサブエンジンのみで動かしたボートの速さを求める。

(上りの速さ)＝(静水時の速さ)－(川の流れの速さ)，(静水時の速さ)＝(上りの速さ)＋(川の流れの速さ)である。

メインエンジンの上りの速さは，⑦－②＝⑤

メインエンジンでＡを出発し，故障時にすぐサブエンジンに切り替えると，予定より25分遅れる。

また，最初からサブエンジンでＡを出発すると，予定より40分遅れるので，サブエンジンでＡから故障した場所まで移動すると，予定より40－25＝15(分)遅れる。よって，Ａから故障した場所まで，メインエンジンで行くと30分，サブエンジンで行くと30＋15＝45(分)かかるから，メインエンジンとサブエンジンの上りの速さの比は，30：45＝２：３の逆比の３：２となる。

したがって，サブエンジンの上りの速さは，(メインエンジンの上りの速さ)×$\frac{2}{3}$＝⑤×$\frac{2}{3}$＝$\textcircled{\frac{10}{3}}$，静水時のサブエンジンの速さは，(サブエンジンの上りの速さ)＋(川の流れの速さ)＝$\textcircled{\frac{10}{3}}$＋②＝$\textcircled{\frac{16}{3}}$だから，求める比は，⑦：$\textcircled{\frac{16}{3}}$＝21：16

⑶　**【解き方】⑵をふまえる。メインエンジンとサブエンジンを両方使用したときの上りの速さは，(静水時のメインエンジンの速さ)＋(静水時のサブエンジンの速さ)－(川の流れの速さ)＝⑦＋$\textcircled{\frac{16}{3}}$－②＝$\textcircled{\frac{31}{3}}$**

よって，メインエンジンの上りの速さと，両方使用したときの上りの速さの比は，⑤：$\textcircled{\frac{31}{3}}$＝15：31で，同じ距離を進むのにかかる時間の比は，31：15となる。メインエンジンのみでＡからＢまで進むのにかかる時間を考える。

Ａから故障した場所までとＡからＢまでの距離の比は，Ａから故障した地点までサブエンジンで進むときのメインエンジンで進んだ場合より多くかかった時間と，ＡからＢまでサブエンジンで進むときのメインエンジンで進んだ場合より多くかかった時間の比に等しく，(40－25)：40＝15：40＝３：８となる。

よって，メインエンジンのみで，Ａから故障した場所まで進む時間とＡからＢまで進む時間の比は，距離の比に等しく３：８となるから，メインエンジンのみでＡからＢまで進むと，30×$\frac{8}{3}$＝80(分)かかる。

したがって，求める時間は，80×$\frac{15}{31}$＝$\frac{1200}{31}$＝38$\frac{22}{31}$(分)

《2022　第１回　理科　解説》

1　⑴　赤色，青色，緑色を光の三原色という。この３つの光が重なったところは白色に見える。

⑵①　青色と赤色の光を重ねた赤紫《むらさき》色の光を赤い紙に当てると赤く見えたことから，青色の光は反射しない(吸収される)と考えられる。同様に，緑色と青色の光を重ねた空色の光を当てても暗いままであったことから，緑色の光は反射しない(吸収される)と考えられる。　②　赤色と緑色の光の両方を反射するから，赤色と緑色が重なった白色か黄色のどちらかである。これらのうち，青色の光を反射しないのは黄色である。

⑶①　懐中《かいちゅう》電灯から白いスクリーンまでの距離《きょり》は，穴をあけた厚紙までの距離の２倍だから，白いスクリーンにできた赤い部分の直径は，厚紙の穴の直径(３㎜)の２倍の６㎜になる。よって，半径はその半分の３㎜だから，面積は３×３×3.14＝28.26(㎟)である。　②　上下の穴を通った同じ色の光の中心は厚紙上で６㎝はなれていて，同じ穴を通った異なる色の光の中心は厚紙上で３㎝はなれている。①解説より，すべての光の直径は６㎜だから，光が重なる部分はなく，図Ⅰより，上から順に赤色，青色，赤色，青色となる。　③　②と同様に，光の中心の道すじに着目すると，図Ⅱのようになる。一番上の穴を通った青色の光と真ん中の穴を通った緑色の光の中心は同じ点に当たるから，重なって空色になる。

図Ⅰ

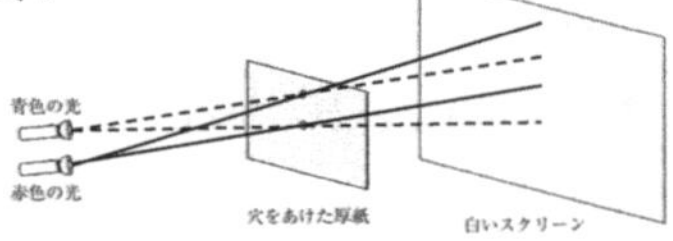

同様に考えて，真ん中の穴を通った青色の光と一番下の穴を通った緑色の光の中心は同じ点に当たるから，重なって空色になる。よって，上から順に緑色，赤色，空色，赤色，空色，赤色，青色となる。

図Ⅱ

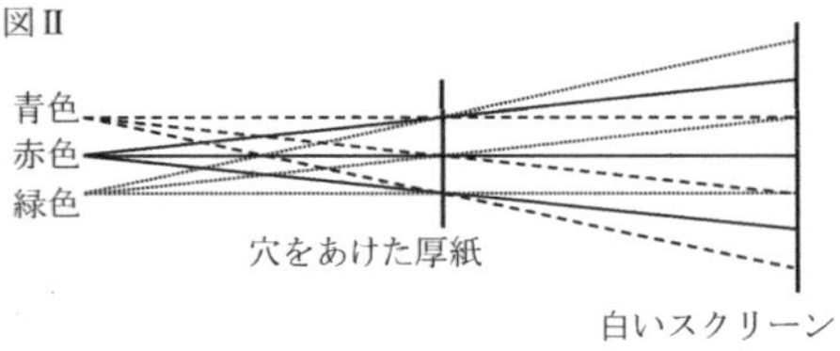

④　赤色の光だけを反射するので，赤色の光が当たった３か所が明るくなる。

(4)①　青色と赤色の光が重なってできる赤紫色は赤色に見え，青色と緑色の光が重なってできる空色は緑色に見える。　②　エ○…ヒトには見えず，ハチドリには見える色で模様がえがかれている可能性がある。

2 (1)　イ○…うすい水溶液《すいようえき》から濃《こ》い水溶液へ水が移動するから，ここでは水からＡへ水が移動する。よって，Ａ側の液面が高くなり，水側の液面が低くなる。

(2)　表１に，液体500mLにとけているブドウ糖の重さの差をかき加えると，表ⅰのようになる。表ⅰより，ブドウ糖の重さの差が36mgのとき，おもりの差は10.12ｇであり，ブドウ糖の重さの差が36mgの1.5倍の54mgになると，おもりの差も10.12ｇの1.5倍の15.18ｇになるとわかる。また，(1)と合わせて考えると，濃い方のおもりを重くすればよいとわかる。よって，ＰはＹ側のおもりの方が$10.12\times\frac{18}{36}=5.06$(ｇ)重く，ＱはＸ側のおもりの方が10.12ｇ重くなる。

表ⅰ

X	水	水	B	B	E
Y	A	B	C	D	C
ブドウ糖の重さの差(mg)	36	54	18	36	36
おもりの差(g)	Y：10.12	Y：15.18	P	Y：10.12	Q

(3)　Ａを基準にして，砂糖や食塩の重さをブドウ糖の重さにおきかえて考える。表２のＡとＦの結果より，砂糖68.4mgはブドウ糖36mgにおきかえられる。表１のＢとＤの結果と，表２のＡとＧの結果を合わせると，ＧにはＡより36mg多い72mgのブドウ糖がとけていると考えられるから，食塩11.7mgはブドウ糖72mgにおきかえられる。表２のＡとＩで，Ｉにとけている砂糖と食塩をブドウ糖におきかえると，Ａよりも$36\times\frac{12.65}{10.12}=45$(mg)多い$36+45=81$(mg)である。Ｉにとけている砂糖17.1mgはブドウ糖$36\times\frac{17.1}{68.4}=9$(mg)におきかえられるから，残りの$81-9=72$(mg)のブドウ糖におきかえられる(Ｉにとけている)食塩は11.7mgだとわかる。

(4)　生理食塩水500mL→500ｇには，$500\times0.00936=4.68$(ｇ)→4680mgの食塩がとけている。食塩11.7mgはブドウ糖72mgにおきかえられるから，$72\times\frac{4680}{11.7}=28800$(mg)→28.8ｇのブドウ糖をとかせばよい。

(5)　オ○…海水から水を作るには，Ｙ側からＸ側に水を移動させなければならない。よって，液面の高さが同じになった状態から，さらにＹ側の液面を強くおす必要がある。

(6)　イ○…砂糖をかけた外側が濃い水溶液になり，ホウレンソウの中にうすい水溶液があると考えればよい。よって，ホウレンソウの中から水が出てくる。

3 (2)①　ＢＴＢ溶液は酸性で黄色，中性で緑色，アルカリ性で青色を示す。うすい塩酸は酸性，うすい水酸化ナトリウム水溶液はアルカリ性で，酸性の水溶液とアルカリ性の水溶液がまざると，たがいの性質を打ち消し合う中和という反応が起きる。したがって，水溶液の性質は，酸性(黄色)→中性(緑色)→アルカリ性(青色)の順に変化する。

②　はく息に多くふくまれる二酸化炭素は，水に溶《と》けると酸性を示す。Ｉでは，オオカナダモの光合成によって二酸化炭素が使われ，酸性が弱まっていく。　③　ⅠとⅡだけでは，日光がオオカナダモに当たったことによりＢＴＢ溶液の色が変化したのか，それとも日光がＢＴＢ溶液に当たったことによりＢＴＢ溶液の色が変化したのか，(あるいはその両方なのか)判断できない。オオカナダモを入れずに日光を当てたⅢではＢＴＢ溶液の色が変化しなかったため，この結果を合わせることで，ＢＴＢ溶液の色の変化がオオカナダモの光合成によるものだと考えることができる。

(4)　光合成はおもに葉の緑色の部分で行われる。緑色に見えるのは緑色の光が反射しているためであり，青色や赤色の光は吸収され，光合成に使われる。

⑸　光合成は30℃前後でもっともさかんに行われる。

⑹①　めしべの先の柱頭に，おしべのやくから出た花粉がつく(受粉する)と，種子ができる。AにBをかけ合わせたいので，Aの花の中で受粉してしまわないように，花が開く前におしべを取りのぞく必要がある。その後，Aのめしべに Bの花粉をつければよい。　②　赤色のトマトの株の花にできる実の色は，何色のトマトとかけ合わせたとしても必ず赤色になる。赤色と黄色をかけ合わせてできた赤色のトマトの中にある種子を育てると，オレンジ色のトマトができる。

4　⑴　振動《しんどう》の伝わる速さは，気体がもっともおそく，固体がもっとも速い。

⑵　音の速さは，空気中で秒速約340m，水中で秒速約1500m，鉄で秒速約5950mである。

⑶　初期微動《びどう》の後に起こる大きなゆれを主要動という。

⑷　イ×…図１より，A～Dの震源《しんげん》からの距離は９×２＝18(km)で等しい。　ウ×…地震の規模を表すマグニチュードは１つの地震につき１つの値が決められる。　エ×…地震のゆれの大きさと風向きには関係がない。

⑸①　Qを伝わる速さが毎秒６kmで，震源からCまでの18km(すべてQ)を18÷６＝３(秒)で伝わるので，地震発生時刻は，Cでゆれが始まった３秒前の８時11分2.00秒である。よって，ゆれは震源からAまでの18km(すべてP)を2.25秒で伝わったから，Pを伝わる速さは18÷2.25＝(毎秒)８(km)とわかる。震源からDまでの間には，Pが６km，Qが12kmあるから，Dでゆれがはじまった時刻は地震発生時刻の(６÷８)＋(12÷６)＝2.75(秒後)の８時11分4.75秒である。　②　震源からBにゆれが伝わる時間は2.5秒であり，震源からの18kmがすべてQのCと比べて0.5秒短い。Q１kmをP１kmにおきかえると，伝わる時間は$\frac{1}{6}-\frac{1}{8}=\frac{1}{24}$(秒)短くなるから，震源からBまでの間にPは$0.5\div\frac{1}{24}=12$(km)あるとわかる。　③　図２の震源からBと震源からDまでのようすに着目する。ゆれがBとDに伝わるとき，どちらの場合もまずPを通るから，アかエのどちらかである。また，震源からBまでではPの方が長く，震源からDまででではQの方が長いから，アが適当である。

《2022　第１回　社会　解説》

1　問１　(ア)は石狩川，(カ)は信濃川，(ク)は筑後川。　⑴　A．(ア)，(カ)，(ク)の河口は緯度の差が大きいので冬の気温で区別できる。南にあるほど冬が暖かくなるので，①は(ア)，②は(カ)，③は(ク)になる。

⑵　F．①は筑紫平野なので(ク)，②は越後平野なので(カ)，③は石狩平野なので(ア)と判断する。

問２　Bが誤り。扇状地では，水はけがよいので三日月湖は見られない。三日月湖は，扇状地と三角州の間で見られる地形である。

問３ X　郡山市付近を流れる阿武隈川は，郡山市より低いところにあったため水を引いてくることができなかった。そこで，猪苗代湖と郡山市の間の山にトンネルを掘って安積疏水をつくり，猪苗代湖の水を郡山市の田に引いた。

Y　関東地方を流れる利根川は日本最大の流域面積である。

問４⑴　Dが誤り。日本は季節風の影響を受けやすく，１年を通して降水量が多い地域は少ないので，どのダムでも安定した電力を生み出せるとは言えない。　⑵　現在の日本は，ボーキサイトからの生産をしないで，海外からアルミニウムを輸入するか，国内にあるアルミニウムを再生利用し，それを加工している。

問５　②のみ誤りだからBを選ぶ。霞堤は，河川の水を遊水池などに逃がし，河川の流量が減ったらその水をすみやかに河川にもどすことで洪水を防いでいる。

問６　Ⅱのダムでは，土砂がすき間を通り抜けて，大きな岩や流木だけが網目に引っかかって止まる。

2 **問１**　Ａが誤り。奈良時代に墾田永年私財法を制定したのは聖武天皇である。菅原道真は平安時代に遣唐使停止を提案した貴族である。

問２　Ａが正しい。　(イ)延暦は782～806年，天平は729～749年，承平は931～938年。　(ウ)早良親王の祟りから逃れるために，桓武天皇は794年に平安京へ遷都した。

問３　Ｅが正しい。　(エ)徳島県の旧国名は阿波国，大阪府の旧国名は摂津国・和泉国・河内国であった。(オ)三筆は９世紀頃に活躍した空海・嵯峨天皇・橘逸勢《たちばなのはやなり》である。坂上田村麻呂は征夷大将軍に任命されて蝦夷を平定した。阿倍仲麻呂は奈良時代の遣唐使である。

問４　Ｃが正しい。８代将軍徳川吉宗の享保の改革で，参勤交代の期間を短縮する代わりに，幕府に米を納めさせる上げ米の制を制定した。Ａの永仁の徳政令，Ｂの御恩は鎌倉時代。Ｄは老中水野忠邦の天保の改革。

問５　Ｂが誤り。ローマに天正遣欧使節を派遣したのは，大友宗麟・大村純忠・有馬晴信(キリシタン大名)である。

問６　両方とも誤りだからＤを選ぶ。　①『奥の細道』は松尾芭蕉によって書かれた紀行文である。　②国学を大成した本居宣長の『古事記伝』についての記述である。

問７(1)　室町幕府８代将軍足利義政の跡継ぎ争いに，細川勝元と山名持豊(宗全)の幕府内での勢力争いがからみあって応仁の乱が始まった。東軍は細川勝元，西軍は山名持豊を総大将とした。　(2)　Ｃが正しい。東京都文京区弥生町遺跡で初めて発見された土器である。　Ａ．縄文時代前半は地球の気候が最も暖かかった時期だったため，氷河が溶け出して海面の高さが現在よりも高くなっていた(縄文海進)。　Ｂ．「埴輪」ではなく「土偶」である。埴輪は古墳時代の出土品である。　Ｄ．弥生時代に鉄器は武器や農具として使用されていた。

問８　Ａが正しい。1972年に日中共同声明が発表され，後に日中平和友好条約が結ばれた。　Ｂ．「柳条湖」ではなく「盧溝橋」である。盧溝橋事件をきっかけに日中戦争が始まった。　Ｃ．ノモンハン事件では日本がソ連軍に大敗した。　Ｄ．柳条湖事件をきっかけとして始まった満州事変は，日中戦争開戦以前の出来事である。

問９　自由民主党結成(1955年)～細川内閣成立(1993年)まで，第１党を自由民主党，第２党を(日本)社会党とする55年体制が成立していた。

3 **問１**(1)　①のみ誤りだからＣを選ぶ。2001年採択のミレニアム開発目標(ＭＤＧｓ)の後継として，2015年の国連サミットで「持続可能な開発目標(ＳＤＧｓ)」が採択された。　(2)　(あ)は先進工業国周辺に多いことから，Ｃと判断する。酸性雨は，工場の排煙や自動車の排出ガスに含まれている硫黄酸化物や窒素酸化物が大気中で化学変化してできる。(い)は砂漠化，(う)は熱帯林の減少，(え)はオゾン層の破壊。

問２　Ｂが正しい。(増加率)＝(増加後の量－増加前の量)÷(増加前の量)×100 で求める。2013-2020年度の増加率は，中国が35.9%，フィリピンが27.4%，ベトナムが267.6%，韓国・北朝鮮が－4.2%，ブラジルが5.4%，ネパールが318.4%。　Ａ．2013-2020年度の増加数が最も多いのはベトナムである。　Ｃ．2016-2020年度の増加数が3000人以上増えているのは中国・ベトナム・ネパールの３か国である。　Ｄ．2016-2020年度に1.5倍以上に増えているのはベトナム・ネパールの２か国である。

問３(1)　Ｄが誤り。裁判員は20歳以上の国民の中からくじで選ばれるが，衆議院議員の被選挙権年齢は満25歳以上である。　(2)　Ｂ・Ｃ・Ｄが正しい。環境権は日本国憲法に規定されていないものの近年になって主張されるようになった「新しい人権」に含まれる。

問４　2021年の災害対策基本法改正では，警戒レベル４にあたる「避難勧告」と「避難指示」が一本化され、「避難勧告」が廃止された。

問５　ピクトグラムは，日本語のわからない人でもひと目見て何を表現しているのかわかるため，年齢や国の違いを越えた情報手段として活用されている。

問6　Bが誤り。オンブズマン(オンブズパーソン)制度は，高い見識をもつ第三者が，行政に対する住民の苦情を受けつけ，原因を究明し是正勧告をする制度である。

問7　モンテスキューは『法の精神』で，立法権・行政権・司法権を分立させる三権分立を主張した。

問8　議会の解散や条例の廃止において，住民は直接請求権が認められている。また，パブリックコメントは行政機関が意見を公募することである。

《2022　第２回　国語　解説》

1 **問一**　111～113 行目で「私が先に『活動が重要』だといったのは、そういうことです。積極的に活動した経験をもった人こそが、これからの社会で望まれ、大きな活躍《かつやく》が期待できる人でしょう」と、――⑴をふまえて、同様のことを述べている。積極的な「活動」とは、同じ段落にある「人と異なった人生経験をするということ」と同様のもの。「人と異なった人生経験」をした人が「これからの社会で望まれ、大きな活躍が期待できる」、つまり「頼《たよ》りになる」のはなぜか。それは、そのような人にこそできることがあるからである。具体的には、102～103 行目で「人と異なった人生経験をしてきた人こそが、面白《おもしろ》い視点を持ちえるし、興味深い発想をする」と述べている。

問二　――⑵の直後の段落から、「かつて」の「学び」がどのようなものであったかが読みとれる。「子どもの頃《ころ》に人は学んで、学び終えてから社会で働くという形ばかりがすべて」であったこと、「かつて子ども時代は～学校に行くように推奨《すいしょう》されました。それは～学ぶ機会を奪《うば》われていたから～それゆえ、子どもを学校のなかで庇護《ひご》して(保護して)、十分に成長してから社会に出すという形がとられていました」と述べていることからまとめる。

問三　33～42 行目で「大学は～他の社会との結びつきが強くなりました。国内外の研究機関との連携《れんけい》が強まっているのはもちろん～高校と大学とが協同して教育を行う高大連携も増えてきました」と述べていることに、アが適する。イの「ボランティアを通して企業《きぎょう》と関わり」は誤り。本文では「企業とも～インターンなどキャリア教育を通しての協力関係も強まっています」と述べている。ウの「日本から留学する必要性がなくなりつつある」ということは本文で述べていないので、誤り。エの「学部や専門の域を超《こ》えた研究が増えたため～連携するようになっている」という関係性(原因と結果のつながり)は本文に書かれていないので、誤り。

問四　「教養」とはどのようなものであるかが述べられた部分に着目し、まとめる。55～57 行目に「教養とは～細分化されすぎている専門性を、より広い視野に立って、鳥瞰《ちょうかん》的・俯瞰《ふかん》的に捉《とら》えるための知的態度のことなのです」、77～83 行目に「ひとつの事柄《ことがら》をさまざまな視点から検討し、他の分野や一般《いっぱん》社会と関係づけて考える力が必要とされます。それが教養と呼ばれるものです～教養とは、専門教育を他の分野や一般社会と結びつけるためのもの、専門家を他の分野や一般社会の人々に結びつけるためのものです」、84～85 行目に「人々と結びつけ、互《たが》いの知識を結びつけていく人間交流の知が教養と呼ばれるようになったのです」とある。

問五　直前に「たとえば」とあるので、その前に述べられたことの具体例として取り上げられているとわかる。それは、「現代社会では、職業は専門化～どうしても自分の分野や組織のことばかりを意識的・無意識的に優先してしまいがち」ということである。この問題を、「遺伝子組み換《か》え食品の例」で、「技術者や農業者の利益を推進するだけでは一方的すぎます。多くの人の不満や不安を無視しています」と取り上げ、だから「さまざまな分野～さまざまな方面に意識が向けられなければなりません。多様な分野と地域の人々を結び合わせるつなぎ役が必要なのです」ということを言っている。そして、この例をふまえて、「ひとつの事柄をさまざまな視点から検討し、他の分野や一般社会と関係づけて考える力が必要とされます。それが教養と呼ばれるものです」(77～79 行目)ということを述べている。この内容に、アが適する。ウは、問題点のみを取り上げていて、だからどうするべきだという筆者の言いたいことが書かれていないので、適さない。イの「関係するすべての人の希望を受け入れる必要がある」ということは言っていないので、誤り。エは、この例を通して言いたいことではないので、誤り。

問八　ア．本文中で「これから人間同士は、土地や宗教、職業といったものへの帰属によってだけではなく、積極的に関わる活動によって結びついていくことになっていきます」「どこかに単に帰属するだけでは、これからはしっかりとした人間関係を形成するには不十分になっていくのです」と述べていることに合わない。　イ.「もはや価値を見出すことはできないとされている」とまでは言っていない。　ウ.「たくさんの知識を身につけることへの姿勢が重要になる」が誤り。本文中では「大切なのは、自分で探究する課題を見つけ、さまざまな分野の情報と知識を結びつけながら、自分の課題の解決を目指すような態度を身につけることです」と述べている。　エ. 107～113 行目で「人と異なった人生経験～大冒険《ぼうけん》をする必要はありません。身の回りの～手の届く範囲《はんい》のことであっても～自分なりに問題意識をもって何かに取り組めば～貴重な人生経験となる～積極的に活動した経験をもった人こそが、これからの社会で望まれ、大きな活躍が期待できる人でしょう」と述べていることに適する。

2 **問二**　坊主《ぼうず》になったお姉ちゃんの「髪《かみ》が頭の形に～地肌《じはだ》はもうすっかり隠《かく》れていた」という後ろ姿《すがた》を見て、「古い映画《えいが》～女性という理由だけで、拷問《ごうもん》のようなしごき～それでも、自分の手で坊主になって～いどみ続ける」という女性の姿と重なったとある。そのような姿を表現しているのは、11～12 行目の「差別に立ちむかう女性」。

問三　直前に「そっか」とあるので、その前でお姉ちゃんが言ったことをもとに理解したのだとわかる。「ジェンダー」という語を使ってはいけないことに注意する。「ジェンダー」は「社会で作られた性別～で、役割《やくわり》に男女差をつける」こと。「その性差《せいさ》をなくしていこうというのが、ジェンダーフリー」であり、「ファッションとか、ヘアスタイルはジェンダーレスっていう」こと。これらの内容を用いてまとめる。

問四　それまであった「胸《むね》のかたまり」が、お姉ちゃんの気持ちがわかって、「溶《と》けていく気がした」のである。この直前でお姉ちゃんが言ったのは、「詩音《しおん》が坊主になったとき～すごく怒《おこ》ったでしょ。でもね～ほんとはとってもうれしかった」「姉妹《しまい》ってありがたいって思ったよ」ということ。お姉ちゃんから怒られたことが心の中に重くのしかかっていたが、下線部のような気持ちがわかって、安心したということ。

問五　胸が「シクッとした」は、胸が痛んだということ。その理由は、「そういわれると」が指す内容である。それは、直前でお姉ちゃんが言った「パパとママのことを考えるとつらいの。一人でもショックなのに、二人となるとね」ということ。この内容に、ウが適する。アは、「詩音だけでなく、高校生の姉までも」という順番が誤り。お姉ちゃんのほうが先に坊主にしたのである。イは、「パパとママのことを考えると」と関係のない内容なので、誤り。エの「両親は誰《だれ》かに強制されたと誤解した」という内容は、本文にない。

問六　詩音が――(6)のように感じたのは、「わたしは、お姉ちゃんのすることを支持《しじ》したい。でもお姉ちゃんは、詩音にそんなことを期待していない」(80～81 行目)ということがわかったから。「そんなこと」は、「お姉ちゃんのすることを支持」すること、すなわち、お姉ちゃんを応援《おうえん》したくて詩音が坊主にしていること。それが、ここでの「自分(詩音)のしていること」である。お姉ちゃんは、詩音の気持ちをうれしく思いながらも、「坊主はもうやめるんだよ」「わたしのことはいいから、詩音は～自分がほんとにしたいこと～したくないことを、きちんと考えて、行動にうつしてほしいな」と言った。詩音が坊主でいることをお姉ちゃんは望んでいない、つまり、役に立っていないということになる。「なんの役にも」という強調的な表現には、お姉ちゃんの役に立っていないどころか、「パパとママ」に大きなショックをあたえてしまったことに対する心苦しさもふくまれると考えられる。

問八　ア. 45～47 行目の「わたしは、たんに校則《こうそく》を変えたくて坊主にしたの～でも、結局ジェンダーにこだわったことになるのかな」というお姉ちゃんの発言に合う。　イ.「ジェンダーレスとはもとの性とはちがう行動や髪形をすることだ」という説明は誤り。　ウ.「詩音が坊主になったのは～映画のヒロインにあこがれたためでもあった」は誤り。　エ.「すぐに怒ったことをわび、礼を言った」は誤り。この場面で詩音から「お姉ちゃんが坊主にしたのも、そのジェンダーをなくそうって思ったから？」と聞かれて、「ほんとはとってもうれしかった」ことや「詩音が学校でどんな思いをするか、見当がつくから怒った」のだということを伝えている。

《2022　第２回　算数　解説》

1 (1)　与式$=144-8\times\frac{1}{12}\times 2+34\times\frac{1}{6}=144-\frac{4}{3}+\frac{17}{3}=144+\frac{13}{3}=144+4\frac{1}{3}=148\frac{1}{3}$

(2)　与式$=\frac{169}{10}\times\{(2\frac{2}{13}-2\frac{1}{10})\times\frac{10}{7}+1\}-\frac{13}{10}=\frac{169}{10}\times\{(2\frac{20}{130}-2\frac{13}{130})\times\frac{10}{7}+1\}-\frac{13}{10}=\frac{169}{10}\times(\frac{7}{130}\times\frac{10}{7}+1)-\frac{13}{10}=$
$\frac{169}{10}\times(\frac{1}{13}+1)-\frac{13}{10}=\frac{169}{10}\times\frac{14}{13}-\frac{13}{10}=\frac{182}{10}-\frac{13}{10}=\frac{169}{10}=16\frac{9}{10}$

2 (1)　**【解き方】往復の距離《きょり》を，18 と 16 の最小公倍数である 144 ㎞として，行きと往復にかかる時間→帰りにかかる時間→帰りの速さ，の順で求める。**

片道は 144÷２＝72(㎞)だから，行きにかかる時間は 72÷18＝４(時間)，往復にかかる時間は 144÷16＝９(時間)
よって，帰りにかかる時間は９－４＝５(時間)だから，帰りの速さは，時速(72÷５)㎞＝時速 14.4 ㎞
なお，往復の平均の速さは(往復の道のり)÷(往復にかかった時間)だから，単純に数字だけの平均，つまり，{(行きの速さ)＋(帰りの速さ)}÷２＝(往復の速さの平均)ではないので，16×２－18＝14 で時速 14 ㎞とするのはよくある間違い。気をつけよう。

(2)　**【解き方】新しい液の量を，３＋５＝８と１＋３＝４と３＋２＝５の最小公倍数である㊵として，新しい液に入っている水とアルコールの量をそれぞれ求める。**

㊵のうち，Ａの液は㊵$\times\frac{3}{3+2}$＝㉔，Ｂの液は㊵－㉔＝⑯だけある。Ａの液㉔のうち，水は㉔$\times\frac{3}{3+5}$＝⑨，アルコールは㉔－⑨＝⑮だけあり，Ｂの液⑯のうち，水は⑯$\times\frac{1}{1+3}$＝④，アルコールは⑯－④＝⑫だけある。
よって，求める比は，(⑨＋④)：(⑮＋⑫)＝13：27

(3)　**【解き方】ＡからＢまでのＮ個の数が等間隔《とうかんかく》に並ぶとき，その数の和は$\frac{(A+B)\times N}{2}$で求められる。**

９人目，８人目，７人目，…，１人目がとった画びょうの数は，10 人目がとった数よりも４個，４×２＝８(個)，４×３＝12(個)，…４×９＝36(個)だけ多い。
よって，10 人目がとった画びょうの数をＡ個とすると，10 人目までがとった画びょうの数は，
$A+(A+4)+(A+8)+(A+12)+\cdots+(A+36)=A\times10+\frac{(4+36)\times9}{2}=A\times10+180$(個)
これが 500 個にあたるから，Ａ×10 は 500－180＝320(個)，Ａは 320÷10＝32(個)にあたる。
したがって，１人目がとった画びょうの数は，32＋36＝68(個)

(4)　**【解き方】水面の高さがコインの高さの和よりも低い場合は，(水面の高さ)＝(水の体積)÷(水が入っている部分の底面積)で求められる。**

水の体積は，17×21×２＝714(㎤)
コインの半径は２÷２＝１(㎝)で，４個積み上げた状態のものを 200÷４＝50(個)並べるから，
水が入っている部分の底面積は，(容器の底面積)－(コインの底面積)×50＝17×21－(１×１×3.14)×50＝200(㎠)
よって，水面の高さは，714÷200＝3.57(㎝)　　コインの高さの和は１×４＝４(㎝)なので，水面の高さがコインの高さの和よりも低く，この答えは適する。

3 (1)　手順②について，Ａの重さの和はアｇ，Ｂの重さの和は，２個目の分銅をのせたときは３×２＝６(ｇ)，３個目の分銅をのせたときは３×３＝９(ｇ)だから，６＜ア＜９だとわかる。
手順④について，Ａの重さの和は(ア＋８)ｇであり，６＋８＜ア＋８＜９＋８より，14＜ア＋８＜17 となる。
Ｂの重さの和は３の倍数であり，14ｇより重く 17ｇより軽いから，15ｇだとわかる。
よって，ア＋８＝15 だから，ア＝15－８＝７

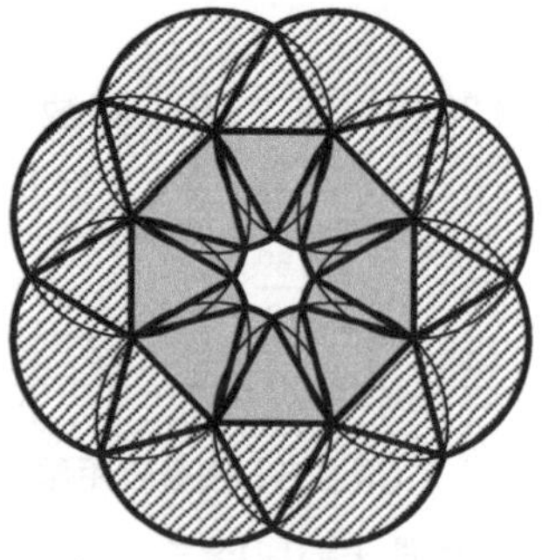

(2)　**【解き方】右図の太線のように図をわけると，斜線部分も色のついた部分も１辺の長さが 10 cmの正三角形が８個できるから，斜線部分のおうぎ形８個の面積と，色のついた部分の８個のおうぎ形の面積の差を求めればよい。**
斜線部分と色のついた部分のおうぎ形の半径はともに 10 cmである。
正八角形の１つの内角の大きさは 180°×(８－２)÷８＝135° だから，
斜線部分のおうぎ形の中心角は 360°－135°－60°×２＝105°，
色付き部分のおうぎ形の中心角は 135°－60°×２＝15° である。
よって，求める差は，$10\times10\times3.14\times\frac{105^\circ}{360^\circ}\times8-10\times10\times3.14\times\frac{15^\circ}{360^\circ}\times8=10\times10\times3.14\times8\times(\frac{105^\circ}{360^\circ}-\frac{15^\circ}{360^\circ})=200\times3.14=628$(cm²)

(3)　**【解き方】24，144，Aの３つの数の最大公約数は 24 だから，Aは 24 の倍数である。144＝24×６，720＝24×30＝24×６×５であり，３つの数の最小公倍数は 720 だから，Aは５の倍数である。**
A＝24×５×□と表せ，□には６の約数が入ればよいので，考えられるAは，24×５×１＝120，24×５×２＝240，24×５×３＝360，24×５×６＝720 である。

(4)　**【解き方】電車Bが橋をわたりきるまでに，進んだ道のりは，橋と電車Bの長さの和に等しい(図ⅰ参照)。また，電車AとBが出会ってからすれ違うまでに，電車Aの最後尾と電車Bの最後尾が進んだ道のりの和は，２台の電車の長さの和に等しい(図ⅱ参照)。**
このことを利用して，電車Bの速さ→電車Bの長さ，の順に求める。

図ⅰ

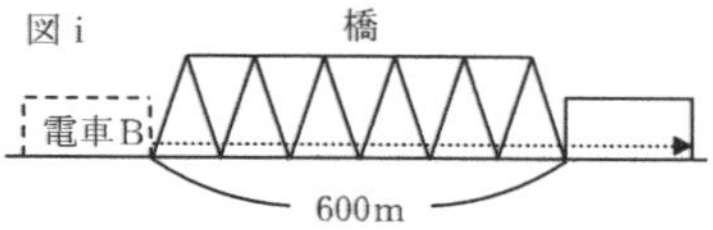

図ⅱ

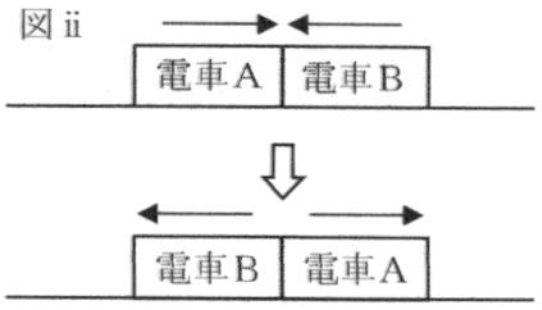

図ⅰについて，Bは 28 秒間で 600m＋(電車Bの長さ)だけ進む。
図ⅱについて，Aの速さは時速 60 km＝秒速$\frac{60\times1000}{60\times60}$m＝秒速$\frac{50}{3}$mだから，
Aは９秒間で$\frac{50}{3}\times9=150$(m)，Bは９秒間で(電車Aの長さ)＋(電車Bの長さ)－(電車Aが９秒間で進んだ道のり)＝180m＋(電車Bの長さ)－150m＝30m＋(電車Bの長さ)だけ進む。
よって，Bは 28－９＝19(秒間)で 600－30＝570(m)進むから，Bの速さは秒速(570÷19)m＝秒速 30m
したがって，Bは９秒間で 30×９＝270(m)進むから，Bの長さは，270－30＝240(m)

4　(1)　**【解き方】グラフと問題文の情報から，右図の①でQがBに着き，②でPがBに着き，③でPがCに着く。**

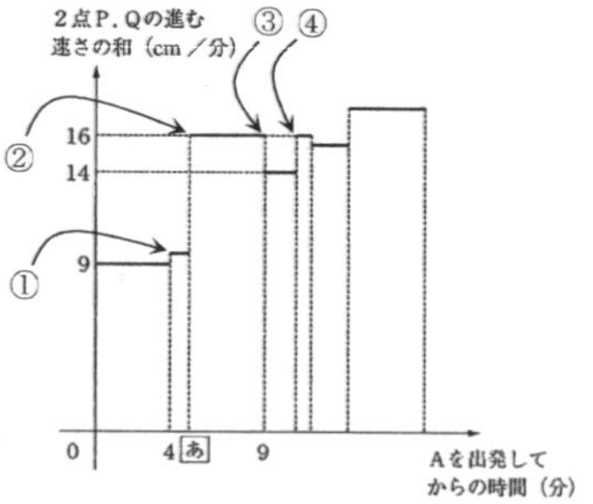

①より，QはAB間の 20 cmを４分で進むので，AB間のQの速さは分速(20÷４)cm＝分速５cm，Pの速さは分速(９－５)cm＝分速４cm
②より，PはAB間の 20 cmを 20÷４＝５(分)で進むので，あてはまる数は５である。

(2)　(1)の図をふまえる。②と③より，PはBC間の 40 cmを９－５＝４(分)で進むので，BC間のPの速さは分速(40÷４)＝分速 10 cm，Qの速さは分速(16－10)cm＝分速６cm
よって，③と④より，CD間のPの速さは分速(14－６)cm＝分速８cmだから，PがCD間の 20 cmを進むのにかかる時間は 20÷８＝2.5(分)，つまり，２分 30 秒となるので，求める時間は，９分＋２分 30 秒＝11 分 30 秒後

(3)　**【解き方】QがDに着いた時間→DA間のPとQの速さ→DA間でPQ間の距離《きょり》が５cmとなる時間，の順で求める。**
Qは分速６cmでBC間を $40\div6=\frac{20}{3}=6\frac{2}{3}$(分)で進むので，Cに着くのは $4+6\frac{2}{3}=10\frac{2}{3}$(分後)，つまり，

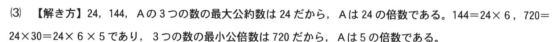

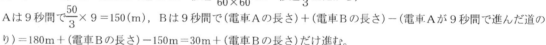

10分($\frac{2}{3}$×60)秒後＝10分40秒後である。そして，Qは分速(16－8)cm＝分速8cmでCD間を20÷8＝$\frac{5}{2}$＝$2\frac{1}{2}$(分)で進むので，Dに着くのは$10\frac{2}{3}$＋$2\frac{1}{2}$＝$13\frac{1}{6}$(分後)，つまり，13分10秒後である。

PはDA間を17分10秒－11分30秒＝5分40秒，つまり，$5\frac{2}{3}$分で進むから，このときの速さは，分速(40÷$5\frac{2}{3}$)m＝分速$\frac{120}{17}$mである。QはDA間を17分10秒－13分10秒＝4分で進むから，このときの速さは，分速(40÷4)m＝分速10mである。よって，求める時間は，17分10秒後の5÷(10－$\frac{120}{17}$)×60＝102(秒)，つまり1分42秒前だから，17分10秒後－1分42秒＝15分28秒後である。なお，それぞれの辺を進む速さと頂点に着く時間をまとめたものが，下表である。

		B		C		D		A
P	4m/分	5分後	10m/分	9分後	8m/分	11分30秒後	$\frac{120}{17}$m/分	17分10秒後
Q	5m/分	4分後	6m/分	10分40秒後	8m/分	13分10秒後	10m/分	17分10秒後

5 (1) 図1は1脚で5人座れるので，240÷5＝48(脚)必要になる。

図2は2脚で9人座れるので，240÷9＝26余り6より，26×2＝52(脚)用意すると6人余るから，全部で52＋2＝54(脚)必要になる。よって，求める差は，54－48＝6(脚)

(2) **【解き方】図2は奇数列と偶数《ぐうすう》列で座る人数が異なるので，図2の長いすの数が奇数と偶数の場合で分けて考える。**

5人座る長いすを●，4人座る長いすを○とする。

図2の長いすが奇数のとき，図2はⓐ●○…●○ⓑ●○ⓒ●○○，図1はⓓ●●…●ⓔ●○となる。

図1と比べて3脚多い下線部ⓒの部分には5＋4＋4＝13(人)が座る。

ⓑとⓔに座る人数は同じだから，図2のⓒに座る13人がⓐの4人座る長いすに1人ずつ座ると，図1のⓓとなる。

よって，ⓓの長いすは2×13＝26(脚)だから，図1の長いすは26＋2＝28(脚)ある。

したがって，生徒の人数は，5×(28－1)＋4＝139(人)

図2の長いすが偶数のとき，図2はⓕ●○…●○ⓖ●○●ⓗ○●○，図1はⓘ●●…●ⓙ●●○となる。

図1と比べて3脚多い下線部ⓗの部分には4＋5＋4＝13(人)が座る。

ⓖとⓙに座る人数は同じだから，図2のⓗに座る13人がⓕの4人座る長いすに1人ずつ座ると，図1のⓘとなる。

よって，ⓘの長いすは2×13＝26(脚)だから，図1の長いすは26＋3＝29(脚)ある。

したがって，生徒の人数は，5×(29－1)＋4＝144(人)

(3) **【解き方】考えられる生徒数として最も少ないものを求めるので，図2のときの最後列の長いすに座る生徒の数を1人として，(2)のように場合分けをして考える。**

5人座る長いすを●，4人座る長いすを○，1人座る長いすを△とする。

図2の長いすが奇数のとき，図2はⒶ●○…○Ⓑ●Ⓒ○●○△，図1はⒹ●●…●●●Ⓔ●となる。

下線部Ⓒには4＋5＋4＋1＝14(人)が座り，ⒷとⒺは同じ人数が座るので，14人がⒶの4人座る長いすに1人ずつ座ると，Ⓓとなる。よって，図1の長いすは全部で2×14＋1＝29(脚)で，生徒の人数は5×29＝145(人)

図2の長いすが偶数のとき，図2はⒻ●○…○Ⓗ●○●△，図1はⒾ●●…●●●●となる。

下線部Ⓗの5＋4＋5＋1＝15(人)がⒻの4人座る長いすに1人ずつ座ると，Ⓘとなる。

よって，図1の長いすは全部で2×15＝30(脚)で，生徒の人数は5×30＝150(人)

したがって，最も少ない人数は145人である。

《2022　第2回　理科　解説》

1　⑴　海の面積は変わらないから，体積が１％増えると海面は海の高さ(深さ)の１％分上昇《じょうしょう》する。したがって，3800×0.01＝38(m)である。

⑵①　ア○…水は氷よりも光を吸収しやすいため，海面に海氷が少なくなると，海水が太陽の光を吸収しやすくなる。　②　水が氷になるとき体積が大きくなる。氷が水にういているとき，水面から出ている部分が氷に変化することで体積が大きくなった分であり，氷がとけて水になると，水中にあった部分と同じ体積の水になる。

⑷　浮力《ふりょく》の大きさは，物体がおしのけた液体の重さと等しい。食塩水１㎤あたりの重さは，水１㎤あたりの重さより重いから，物体が同じ大きさの浮力を受ける(同じ重さの液体をおしのける)とき，食塩水の方がおしのける体積が小さくなり，液面から出ている部分の体積が大きくなる。

⑸　月面上では，物体にはたらく重力も水にはたらく重力も同じ割合で小さくなるので，物体がうくためにおしのける水の体積は地球上で実験を行うときと変わらない。

⑹　ＡとＣの重さは，それぞれが図１でおしのけている水の重さと等しいから，ＡとＣの重さの比は，水中部分の高さの比と等しい。よって，Ａ：Ｃ＝(10－４)：(10－６)＝３：２である。図２で棒がつり合うとき，ＡとＣの支点からの距離《きょり》の比は，ＡとＣの重さの逆比(２：３)に等しくなるから，支点はＡから$150\times\frac{2}{2+3}$＝60(㎝)の位置にすればよい。

⑺①　Ａとくりぬいた立方体の体積の比は(10×10×10)：(５×５×５)＝８：１だから，Ａと残りの部分の体積の比は８：(８－１)＝８：７である。体積の比と重さの比は等しいから，残りの部分の重さはＡの７÷８＝0.875(倍)である。　②　重さが0.875倍になると，ういたときにおしのけている水の重さ(体積)も0.875倍になる。したがって，水中部分の高さが(10－４)×0.875＝5.25(㎝)になるから，水面から10－5.25＝4.75(㎝)出ている状態で静止する。

2　⑴　海水の塩分の濃度が3.5％だから，塩化ナトリウムは400×0.035＝14(ｇ)必要になる。

⑵　海水2000ｇ中の塩分2000×0.035＝70(ｇ)のうち，６％が硫酸マグネシウムだから，70×0.06＝4.2(ｇ)である。

⑷　オ○…③でろ過した固体を加熱して水分を蒸発させたものが食塩(塩化ナトリウム)である。③でろ過した後のろ液には，温度が高いときの溶解度が塩化ナトリウムよりも大きい塩化マグネシウムや硫酸マグネシウムなどがとけていると考えられる。よって，③でろ過をせずに煮詰め続けた場合に得られる固体には，塩化ナトリウムの他に塩化マグネシウムや硫酸マグネシウムなどもふくまれるため，苦い味になると考えられる。

⑸　Ｘ．①の飽和水溶液にはホウ酸14.9ｇがとけていて，②で10℃まで冷やすと14.9－3.7＝11.2(ｇ)が固体として出てくる。10℃の水100ｇにホウ酸は3.7ｇまでとけるから，出てきた11.2ｇをすべてとかすには，水を$100\times\frac{11.2}{3.7}$＝302.70…→302.7(ｇ)加えればよい。　Ｙ，Ｚ．硝酸カリウムは，60℃の水100ｇには110.0ｇまで，10℃の水100ｇには22.0ｇまでとけるから，②で固体として出てきた硝酸カリウム110.0－22.0＝88(ｇ)のうち，③では$22.0\times\frac{302.7}{100}$＝66.594→66.6(ｇ)が水にとけ，④では88－66.6＝21.4(ｇ)が取り出せる。

⑹　洗う水にとける量をできるだけ少なくするために，とける量が少ない冷たい水を用いる。

3　⑴　イ×…食べ物が小さくなることで，表面積は大きくなる。　エ×…だ液にはでんぷんを分解するアミラーゼがふくまれる。　オ×…だ液の主成分は水分である。

⑶　食べ物を飲みこむとき，図１のＸとＹがくっつき，Ｚが気管をふさぐので，息を吸うこともはくこともできない。

⑷　ｂ～ｃ．息を吸うときのろっ骨と横かくまくの動きについて説明したものである。胸こうの容積が大きくなる

と，胸こう内の圧力が小さくなり，肺がふくらむことで，肺に空気が流れこんでくる。

⑸　イ×…酸素は赤血球によって運ばれる。赤血球には，酸素が多いところでは酸素と結びつき，酸素が少ないところでは酸素をはなすヘモグロビンがふくまれている。　ウ×…二酸化炭素やその他の不要物，養分などは，液体の成分である血しょうによって運ばれる。

⑹　肺で気体をやりとりした血液は，肺静脈を通って心臓にもどり，心臓から全身へ送り出される。

4 ⑴　太陽系に８つの惑星《わくせい》がある。太陽に近いものから順に，水星，金星，地球，火星，木星，土星，天王星，海王星である。

⑵　地球と太陽の平均距離は約１億5000万kmだから，水星と太陽の平均距離は約１億5000万×0.39＝5850万である。

⑶　水星には大気がほとんどないため，熱をたくわえておくことができない。このため，太陽の光が当たっているところでは400℃をこえるが，太陽の光が当たらないところでは－200℃近くになる。

⑷　火星などの惑星は，太陽の光を反射することでかがやいて見える。

⑸①　ウ○…金星は地球よりも太陽に近いところを公転していて，太陽，地球，金星という順にならぶことないため，真夜中に観測することができない。　②　夕方の西の空に観測できる金星をよいの明星という。図１で，地球から見て太陽の左側にあるＡ，Ｂ，Ｃがよいの明星である。なお，地球から見て太陽の右側にあるＤ，Ｅ，Ｆは，明け方の東の空に観測できる明けの明星である。

⑹　地球の公転周期は365日だから，水星の公転周期は365×0.24＝87.6→約88日である。

⑺①　⑹より，水星の公転周期は87.6日，表１より，水星の自転周期は58.5日だから，87.6：58.5より，もっとも近い比は３：２である。同様に考えると，金星の公転周期は365×0.62＝226.3(日)，自転周期は243日だから，もっとも近い比は１：１である。　②　水星…図ⅠのＡの日の出の位置ａにいる人に着目する。３：２＝１：$\frac{2}{3}$より，水星が１周自転する間に同じ向きに$\frac{2}{3}$周公転してＣにきた後，さらに0.5周自転する間に$\frac{1}{3}$周公転してＡにもどってくる。このとき，ａにいた人はｂの日の入りの位置にくるから，１周公転すると，日の出から日の入りまでの半日が経過したことになる。日の入りから日の出までの半日にも同じ時間がかかるから，水星の１日は公転周期の２倍，つまり87.6×２＝175.2(日)である。　金星…図Ⅱ参照。金星の公転周期と自転周期の比は１：１だから，Ｘの日の出の位置xにいた人は，金星が90度公転してＹにくると，日の入りの位置yにくる。よって，さらに90度公転してＺにくると，日の出の位置zにくるので，金星の１日の長さは公転周期の半分，つまり226.3÷２＝113.15(日)である。

図Ⅰ
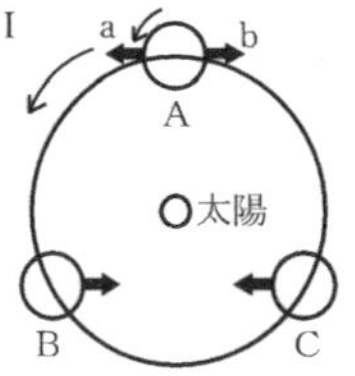

図Ⅱ
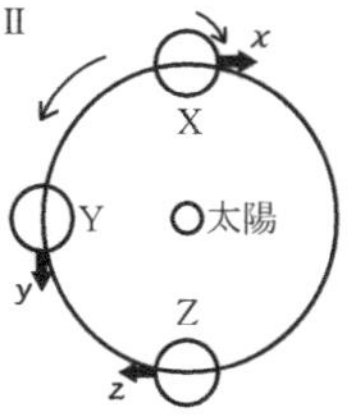

《2022　第２回　社会　解説》

1 **問１⑴**　日本の食料自給率は，カロリーベースで 38%前後，生産額ベースで 68%前後である。　**⑵**　Ｄ．①は自給率が低いので，第一次産業就業者率の低い神奈川県と判断する。②は生産額ベース自給率が高いので，畜産や促成栽培の盛んな宮崎県と判断する。輸入飼料を使った畜産物は，カロリーベースでは国内生産として計算されない。③はカロリーベース自給率が高いので，米の生産の盛んな秋田県と判断する。

問２⑴　①は天然ガス，②は石炭，③は石油，Ｘは液化天然ガス，Ｙは石油，Ｚは石炭なので，Ｈが正しい。

⑵　Ｂを選ぶ。地熱発電は火山活動によって生み出された地熱によって発生する蒸気を利用するので，発電所が九州地方(特に大分県)や東北地方に多い。Ａは風力，Ｃは太陽光，Ｄは水力。

問３　Ｃを選ぶ。ＬＲＴは低床式車両(ＬＲＶ)を使った路面電車である。Ａは販売時点情報管理，Ｂは電子料金収受システム，Dは鉄道情報システムの略称である。

問4(1)　Dが誤り。ハイブリッドカーはモーターとガソリンを組み合わせて走る自動車である。水素を燃焼させて電気を取り出す燃料電池車もある。　(2)　近年では，不要なものを買わない「リフューズ」を加えて4R，修理して長く使い続ける「リペア」まで加えて，5Rと呼ぶこともある。

問6　B．2024年には，フランスのパリで夏季オリンピックが開催される予定である。

問7　地産地消は，地元の人々がその地域で生産した農産品を消費することである。農産物の輸送距離が少なくなることで，トラックなどから排出される二酸化炭素の量を抑えることができる。二酸化炭素の排出を抑えることは，地球温暖化の防止にもつながる。

2　問1　Cの三内丸山遺跡(青森県)を選ぶ。Aは旧石器時代の岩宿遺跡(群馬県)，Bは縄文時代の大森貝塚(東京都)，Dは弥生時代の吉野ヶ里遺跡(佐賀県)。

問2　Dを選ぶ。[資料1]は身体的特徴が記載されていることから，庸・調などを課すための計帳と判断する。[資料2]は，租を課すために6年ごとに作成された戸籍である。なお，6歳以上の男女に支給される口分田の面積は，男子が2段，女子がその3分の2であった。

問3　③の天皇がわずか7歳で，1086年に即位していることから，②が白河天皇と導ける。確実に自分の子に皇位を受け継がせるために，子の幼少期に皇位をゆずり，上皇となって政治をする院政が白河天皇(上皇)によって初めて行われた。院政は，白河上皇→鳥羽上皇→後白河上皇と続いた。

問4　源頼朝は弟である義経をとらえることを理由に，軍事・警察の役割を持つ守護を国ごとに，年貢の取り立てなどを行う地頭を荘園や公領ごとに設置した。

問5　Cを選ぶ。新井白石は，徳川家宣と家継に仕えた儒学者で，長崎貿易を制限して金・銀の海外流出を防ごうとしたり，朝鮮通信使の待遇を簡略化して倹約につとめたりもした(正徳の治)。Aは田沼意次，Bは徳川家斉，Dは松平定信(寛政の改革)。

問6　江戸時代末期，公家(朝廷)と武家(江戸幕府)の合体により，権威を回復させようとした。

問7　両方とも誤りだからDを選ぶ。　①足利義教の父は「足利義満」，後醍醐天皇と対立したのは「足利尊氏」。なお，吉野へ逃れたのは後醍醐天皇である。　②国人・地侍らが中心となって守護を追い出し，以後8年間にわたって自治を行ったのが山城の国一揆であり，応仁の乱後に起きたから，6代将軍である義教とは時代が異なる。応仁の乱は8代将軍である義政の治世に起きた乱である。

問8　C．②版籍奉還(1869年)→①廃藩置県(1871年)→③地租改正(1873年)。中央集権の国家を目指して版籍奉還が行われたが，目立った効果が上がらなかったため，廃藩置県を実施し，政府から派遣された役人がそれぞれの県を治めることとなった。

問9　B．①の義和団事件は日露戦争，②の盧溝橋事件は日中戦争，③の甲午農民戦争は日清戦争のきっかけになった。

問10　Bが正しい(右表参照)。

選挙法改正年 (主なもののみ抜粋)	直接国税の要件	性別による制限	年齢による制限
1889年	15円以上	男子のみ	満25歳以上
1900年	10円以上	男子のみ	満25歳以上
1925年	なし	男子のみ	満25歳以上
1945年	なし	なし	満20歳以上
2015年	なし	なし	満18歳以上

3　問1　総務省は，地方自治制度・行政組織や通信事業に関する業務を担当している。

問2　Aが正しい。憲法改正では，国会で各議院の総議員の3分の2以上の賛成を得た後に，国会が国民の審議を求めて憲法改正の発議を行う。国民投票で有効投票の過半数の賛成を得られた場合，天皇が国民の名で改正された憲法を公布する。

問３　Ｂが誤り。自衛隊の最高指揮監督権を持つのは内閣総理大臣である。文民統制（シビリアンコントロール）によって，日本では文民（職業軍人でない者）以外が内閣総理大臣になることはできない。

問４　2020年に黒人男性が白人警察官に銃で撃たれて死亡し，人種差別を訴えるデモに発展した。

問５　①と③のみ誤りだからＦを選ぶ。　①有権者数は，20代が51000人，60代が78000人なので，20代の有権者数は60代の有権者数の半数以上である。　③最も投票率が高いのは70代の有権者である。

問６⑵　Ａ・Ｄが正しい。Ｂは生存権（社会権）である。Ｃは，公共の福祉によって自由権が制限されている。なお，財産権の不可侵が自由権にあたる。

問７　①のみ誤りだからＥを選ぶ。部分的核実験禁止条約（ＰＴＢＴ）では，地下を除く大気圏内・宇宙空間および水中における爆発をともなう核実験を全面的に禁止した。

問８　Ｄが誤り。最高裁判所長官は，内閣が指名し，天皇が任命する。

問９　日本国憲法が「基本的人権の尊重」を基本原理にしていることに着目する。法によって政治権力を制限することを「法の支配」，憲法に基づいて人権を守り保障していくといった考え方を「立憲主義」と言う。

2021 解答例
令和３年度

★洗足学園中学校【第１回】

《国　語》

1 問一．ア　問二．新しい情報を手に入れようとする行為が科学であり、知識を広げるには推測が必要だから。
問三．A．イ　B．ウ　C．ア　問四．Aは結論の情報が根拠の情報の中に含まれているからで、Bは結論の情報が根拠の情報の中に含まれていないからである。　問五．たくさんの観察や実験の結果によって何度も支持されてきた仮説。　問六．A．イ　B．ウ　C．ア　D．エ　問七．(ア)関係　(イ)歴史　(ウ)成功
(エ)収　(オ)法則　問八．エ

2 問一．ぞくぞくするような快感　問二．幼かったために兄の心配りに気付くことができず、うぬぼれて調子に乗り、自分の限界も考えずに兄を追い越そうとしたこと。　問三．一．オ　二．ア　三．エ　四．ウ　五．イ
問四．長い時間を生きてきた巨大な自然に畏怖や畏敬を、それに対する人間の弱々しさに不安や恐怖をいだく心情。
問五．うぬぼれて兄に勝ちたいと思ったが、けがに的確に対処する兄を見て、尊敬とあこがれをいだいたから。
問六．A．エ　B．ア　C．ウ　D．イ　問七．イ　問八．ア

《算　数》

1 (1)202.1　(2)$\frac{39}{40}$

2 (1)40　(2)45　(3)16　(4)$\frac{5}{14}$

3 (1)12　(2)8.25　※(3)930　※(4)2916

4 (1)5：1　※(2)10，50　(3)11，50

5 (1)5番目の数…$\frac{1}{2}$　差…$\frac{1}{20}$　(2)31　※(3)$\frac{5}{12}$

※の式や文章・図などは解説を参照してください。

《理　科》

1 (1)0.02　(2)0.7　(3)1　(4)ウ　(5)ア　(6)エ　(7)おもりが床についたから。　(8)エ

2 (1)イ，エ，オ，カ　(2)244　(3)B，C　(4)酸性…イ，エ，オ　中性…ウ　(5)13.6　(6)二酸化炭素
(7)100　(8)①6.16　②16　③2.52　④10.51

3 (1)あ．ペプシン　い．すい液　う．アミノ酸　(2)え．葉緑素　お．はいしゅ　(3)ウ
(4)か．③　き・く．F，I　(5)酸性　(6)オスの木とメスの木の両方が必要だったのが，１つの木で実らせることができるという利点。

4 (1)①蒸発〔別解〕気化　②エ　(2)64　(3)11.1　(4)76.4　(5)1.1　(6)イ，ウ　(7)ウ　(8)38.5

《社　会》

1 問１．B，C　問２．4　問３．D　問４．A　問５．A　問６．X．液化天然ガス　Y．鉄鉱石
問７．B　問８．地熱発電で発生する熱水を利用して温水をつくり，パイプ内に通すことで，冬でも温室内を一定以上の温度に保っている。　問９．D

2 問１．A　問２．保元の乱　問３．上皇方に味方した貴族の領地を没収し，幕府方に味方した御家人をその土地の新たな地頭に任命した。　問４．D　問５．松平定信　問６．D　問７．D　問８．B　問９．C

3 問１．D　問２．F　問３．(1)最高法規　(2)A　(3)国民が選挙で代表者を選び，代表者が国民に代わって政治を行う制度。　問４．閣議　問５．A　問６．A，B，E，F　問７．(あ)82　(い)C

★洗足学園中学校【第２回】

《国　語》

1 問一．なんらかの対象に関係する「なにを」に関わる側面と、その対象をどのように経験しているかに関係する「いかに」に関わる側面。　問二．経験が危機に陥った人は新たな知覚世界で経験を再構築しなければならないという事情。　問三．少なくとも～立している　問四．エ　問五．対象が生み出す雰囲気や環境のなかに自分も含まれているという感覚をともなっていないから。　問六．A．イ　B．ア　C．エ　D．ウ
問七．(ア)困難　(イ)念頭　(ウ)実現　(エ)形成　(オ)快活　問八．ウ

2 問一．勉強でかなわない兄と肩を並べるには、プロの棋士になる以外に方法はないと思っていたから。
問二．将棋と勉強の両立を宣言したが、どちらもうまくいかず、プロの棋士になれないのではと不安を感じている。
問三．内心で白旗　問四．エ　問五．一．オ　二．ア　三．エ　四．イ　五．ウ　問六．ウ
問七．兄と肩を並べるためにプロになろうと、将棋を自分の価値を証明する手段にしていたが、プロになれなくても自分は将棋が好きだと心の底から思えるようになった。　問八．イ

《算　数》

1 ⑴30　⑵$\frac{5}{24}$

2 ⑴18　⑵$\frac{12}{29}$　⑶２　⑷147

3 ⑴12　⑵136　※⑶５　※⑷63，20

4 ⑴9.42　⑵197.82　※⑶113.04

5 ⑴195　⑵528　※⑶808

※の式や文章・図などは解説を参照してください。

《理　科》

1 ⑴ア　⑵エ　⑶あ　⑷①しょう点　②イ　⑸記号…イ　理由…緑の光より屈折しづらく，網膜の奥に像ができるから。　⑹①ア　②ウ

2 ⑴5730　⑵0.375　⑶イ　⑷しょくばい　⑸ウ　⑹180　⑺84.0　⑻0.067

3 ⑴ウ　⑵横かくまく　⑶肺ほう　⑷空気とふれる表面積を大きくすることができるから。　⑸イ　⑹ウ
⑺58　⑻ウ　⑼ア

4 ⑴イ　⑵B　⑶ウ　⑷お　⑸５億7900万　⑹ウ

《社　会》

1 問１．⑴２　⑵X．信濃　Y．阿賀野　Z．越後　問２．⑴A　⑵D　問３．⑴A　⑵B，E　問４．B
問５．⑴B　⑵蛇行していた河道を直線状に改修したことで，荒川が浮間地区と埼玉県の間を流れるようになったから。

2 問１．C　問２．聖武　問３．D　問４．太閤検地　問５．日清　問６．A　問７．E　問８．C
問９．⑴B　⑵1872年は672年の1200年後で，干支は60年を１つの周期としているから，1200÷60＝20より，1872年と672年は同じ干支になる。

3 問１．B　問２．ジェンダー　問３．行政権は，法律に基づいて政治を行う権限であり，司法権は，法律を運用して争いごとを解決したり，犯罪者を裁いたりする権限である。　問４．H　問５．A，C　問６．A
問７．C　問８．C　問９．D

←解答例は前のページにありますので，そちらをご覧ください。

―《2021　第１回　国語　解説》―

1 問一　科学の「決して一〇〇パーセント正しい結果は得られない」、車の運転の「決して一〇〇パーセントの安全が得られない」という点が、「一〇〇パーセントが存在しないという点で同一」である。車の運転の例は、「真理に決して到達することができないなら、科学なんかやる意味がないのでは」という考えに対する、筆者の「私はそうは思わない」という反論を、わかりやすく説明するために取り上げられている。よって、アが適する。イとエの「ほぼ一〇〇パーセント正しい結果や安全が得られる」、ウの「最初から無駄《むだ》である」は誤り。

問二　「演繹《えんえき》」は、「イカは足が一〇本である」「コウイカはイカである」という二つの根拠《こんきょ》から「コウイカの足は一〇本である」という結論を導き出すものである。よって、科学は～である、推測は～である、だから「科学では推測が重要だ」という論理となる。45 行目の「科学は、新しい情報を手に入れようとする行為《こうい》」、64 行目の「推測を行えば知識は広がっていく」を用いてまとめる。

問三　本文では、「イカは足が一〇本である」の「逆」は「足が一〇本ならイカである」、「裏」は「イカでないなら足が一〇本でない」、「対偶《たいぐう》」は「足が一〇本でないならイカでない」と述べている。これと同様に考える。「池に落ちたなら、服が濡《ぬ》れているはずだ」の「逆」（A）は「服が濡れているなら、池に落ちたはずだ」（イ）、「裏」（B）は「池に落ちていないなら、服が濡れていないはずだ」（ウ）、「対偶」（C）は「服が濡れていないなら、池に落ちていないはずだ」（ア）となる。

問四　「演繹」の結論が一〇〇パーセント正しいのは、「二つの根拠が成り立っていれば、必ず結論が導かれるから」である（41～42 行目）。そのことを、47～48 行目で「結論（の情報）は、根拠（の情報）の中に含《ふく》まれている」と述べている。これとは対照的に「結論は根拠の中に含まれていない」のが「推測」である（63～64 行目）。

問五　――⑹の直前の「とても良い仮説」のこと。それを具体的に説明している「たくさんの観察や実験の結果によって、何度も何度も支持されてきた仮説」をまとめる。

問八　本文最初の２段落で「『科学的』という言葉～には『客観的で揺《ゆ》るがない』～とかいうイメージがつきまとう。しかし、科学では、決して一〇〇パーセント正しい結果は得られない～決して真理には到達《とうたつ》することはない」、22～24 行目で「科学の結果は完璧《かんぺき》には正しくないけれど、かなり正しい～科学はそれなりに成功を収めてきたのである」と述べていることに、エが適する。科学では、推測によって立てた仮説が、検証され、観察や実験の結果によって支持されることをくり返して、理論や法則となるのであって、アの「おそらくはこれだろう～ひとまず答えとしている」というあり方ではない。イの「主観的に支持する～主観的な価値」、ウの「より良い仮説をとりあえず真理と呼んでいる」は誤り。

2 問一　「優越《ゆうえつ》感」とは、自分が他人よりすぐれているという感情。ここでは、お兄ちゃんより「僕《ぼく》」のほうがすぐれている、お兄ちゃんを超《こ》えた、と思う気持ち。よって、お兄ちゃんを抜《ぬ》かして前を走っているときに感じた「ぞくぞくするような快感」（26 行目）。

問二　29 行目に「失態は、その直後に訪れた」とあるので、失敗（岩を踏《ふ》み外して地面に落ち、頭をぶつけたこと）の原因は、その前に書かれている。それは、「賢明《けんめい》なお兄ちゃんは、僕の限界を見定めながら、スピードを抑《おさ》えていた」のに、「幼い僕はそういうことがわからなかった。勝手にうぬぼれた。お兄ちゃんを超えた気になった～下るスピードを一気に上げ、お兄ちゃんを追い越《こ》して先に進んだ」ことである。つまり、幼かった「僕」には、お兄ちゃんが配慮《はいりょ》してくれていること(「僕」のために慎重《しんちょう》な足取りで斜面《しゃめん》を下りていたこと)がわからず、自分のほうが速く下りられると調子に乗り、お兄ちゃんを追い越そうと思ったことが、事故につながったのである。

問四　――(5)の３～４行前の「感じているものを表現できるような語彙《ごい》は、幼い僕にはなかった」を参照。うまく表現できない気持ちが「怖《こわ》いね」にこめられているのである。よって、「僕」が「感じているもの」をまとめる。93 行目からの３段落の、「僕」の心情を説明した部分に着目。「僕は、突然《とつぜん》不安に襲《おそ》われた～あまりにも巨大《きょだい》な自然の中だった～お兄ちゃんでさえも、ちっぽけで弱々しい存在でしかなかった。ましてや僕なんて小さな虫みたいなもんだ～お兄ちゃんが抱《いだ》いていた恐怖《きょうふ》を、僕もまた抱いた～大木～たくさんの時を生きてきたことがわかった～僕はそれがとてもすごいことのように思え～畏怖《いふ》や畏敬《いけい》といった感情に近かった」より、巨大な自然に対する人間の弱々しさに不安を感じていること、悠久《ゆうきゅう》の自然に対する畏怖や畏敬の念をいだいていることをまとめる。

問五　「お兄ちゃんを追い越してやろうと思った」は、問二で読み取ったように、お兄ちゃんが「僕」のために慎重に下りてくれていることがわからず、自分のほうが速く下りられると調子に乗る気持ちである。そして、岩を踏《ふ》み外し、頭をぶつけてけがをした。けがをした「僕」を背負って急いでキャンプ場に向かう、お気に入りのＴシャツを裂《さ》いて止血するなど、お兄ちゃんは的確な処置をしてくれた。「あのときのお兄ちゃんの機転を思い出すと、僕は今でも感心する～大人でも、なかなかあんなふうには行動できないだろう」と回想していることからも、尊敬の念が読み取れる。そのときの「お兄ちゃんの視線は～覚悟《かくご》というものを持っていた」とあり、責任感があること、落ち着いて最善をつくしていることがわかる。そのような立派な態度を見て、「前を走るお兄ちゃんの背中がとても大切なものに思えた～自分ひとりでは決してたどり着けないところまで、この背中はつれて行ってくれる。お兄ちゃんのあとについて行こう～どこまでも、追いかけよう。それが僕の目標だ」と、あこがれたのである。

問七　問五で読み取ったように、お兄ちゃんは、けがをした「僕」のために的確な行動をしている。十三歳《さい》だったお兄ちゃんは、頭から血を流す弟を前にして、不安やあせりもあっただろう。しかし、そのような気持ちは見せずに、どうすべきかを判断し、実行しているので、たよりがいのある「勇敢《ゆうかん》な少年」だと言える。そのようなお兄ちゃんについて、「お兄ちゃんが抱いていた恐怖を、僕もまた抱いた。お兄ちゃんの体は小さく震《ふる》えていた」という一面もえがかれているので、イが適する。

問八　イの「今の『僕』が目標とする兄の姿へ未だ及《およ》んでいないことを暗示している」、ウの「恐怖が増すと自然の姿も大きくなる」、エの「普段《ふだん》とは大きく異なる兄の姿～『僕』と兄の結びつきが著《いちじる》しく変化する」といった内容は本文に書かれていない。よって、アが適する。

《2021　第１回　算数　解説》

1　(1)　与式$=4.3\times10\times5-4.3\times15+4.3\times0.1\times120=4.3\times(50-15+12)=4.3\times47=202.1$

(2)　与式$=\{(2\frac{5}{6}-1\frac{3}{4})\div9\frac{3}{4}+\frac{1}{4}\}\times2\frac{7}{10}=\{(2\frac{10}{12}-1\frac{9}{12})\div\frac{39}{4}+\frac{1}{4}\}\times\frac{27}{10}=(1\frac{1}{12}\times\frac{4}{39}+\frac{1}{4})\times\frac{27}{10}=$
$(\frac{13}{12}\times\frac{4}{39}+\frac{1}{4})\times\frac{27}{10}=(\frac{1}{9}+\frac{1}{4})\times\frac{27}{10}=\frac{13}{36}\times\frac{27}{10}=\frac{39}{40}$

2　(1)　**【解き方】作る正方形の１辺の長さは，15 と 24 の最小公倍数になる。**

$15=3\times5$，$24=2\times2\times2\times3$ より，15 と 24 の最小公倍数は，$2\times2\times2\times3\times5=120$ だから，作る正方形の１辺の長さは 120 ㎝になる。長方形の紙は，縦に $120\div15=8$(枚)，横に $120\div24=5$(枚)並ぶから，必要な長方形の紙の枚数は，$8\times5=40$(枚)

(2)　**【解き方】Ｂ：Ｃ＝４：３で，ＢとＣの差が６であることから，Ｃを求めていく。**

Ｂ：Ｃ＝４：３より，Ｂ＝④，Ｃ＝③とおくと，差が６になることから，④－③＝①が６にあたる。
$C=6\times\frac{③}{①}=18$ だから，Ａ：Ｃ＝５：２より，$A=C\times\frac{5}{2}=18\times\frac{5}{2}=45$

⑶　**【解き方】花子さんが買ったノートの消費税抜きの金額は，3168÷（１＋0.10）＝2880（円）である。消費税抜きの金額で考える。**

園子さんは，花子さんと同じ冊数のノートを２割引きで買うと，2880×0.2＝576（円）安く買えるので，576円で，定価の２割引きのノートを４冊買ったことになる。したがって，定価の２割引きのノート１冊の値段は，576÷４＝144（円）である。ノート１冊の定価は，144÷（１－0.2）＝180（円）だから，花子さんが買ったノートの冊数は，2880÷180＝16（冊）

⑷　**【解き方】右図で，三角形ＡＥＤの面積は，正方形の面積の半分だから，三角形ＡＥＤと三角形ＡＥＧの面積比を求めるために，ＥＤ：ＥＧを求める。**

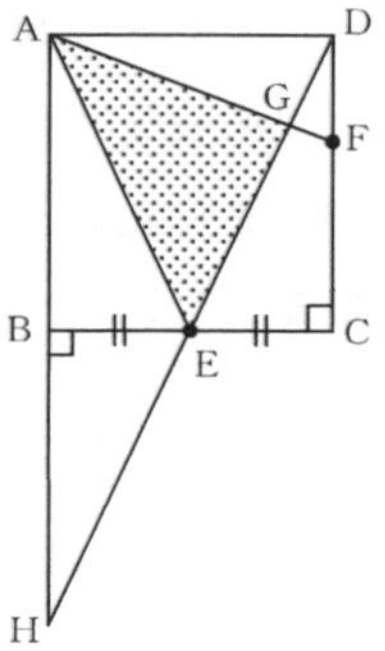

右図において，三角形ＢＨＥと三角形ＣＤＥは合同だから，ＢＨ＝ＣＤである。

ＡＨとＤＣは平行だから，三角形ＡＨＧと三角形ＦＤＧは同じ形の三角形である。

ＦＤ：ＤＣ＝１：（１＋２）＝１：３で，ＡＢ＝ＣＤ＝ＢＨだから，

ＨＧ：ＤＧ＝ＡＨ：ＦＤ＝（３＋３）：１＝６：１

ＨＤ：ＤＧ＝（６＋１）：１＝７：１

ＥＨ＝ＥＤだから，ＥＤ：ＤＧ＝$(7\times\frac{1}{2})$：１＝７：２

よって，三角形ＡＥＤの面積と三角形ＡＥＧの面積比は，ＥＤ：ＥＧ＝７：（７－２）＝７：５だから，三角形ＡＥＧの面積は，三角形ＡＥＤの面積の$\frac{5}{7}$倍，正方形ＡＢＣＤの面積の，$\frac{1}{2}\times\frac{5}{7}=\frac{5}{14}$（倍）になる。

3　⑴　**【解き方】ボタンＡについて，出力結果は入力された数に比例するから，（出力結果）＝（入力された数）×（決まった数）より，（決まった数）＝２÷８＝$\frac{1}{4}$である。ボタンＢについて，出力結果は入力された数に反比例するから，（入力された数）×（出力結果）＝（決まった数）より，（決まった数）＝12×３＝36である。**

ある数Ｘを入力してボタンＡを押すと，Ｘ×$\frac{1}{4}$が出力される。Ｘ×$\frac{1}{4}$を入力してボタンＢを押すと，Ｘは，（Ｘ×$\frac{1}{4}$）×Ｘ＝36を満たす数になる。つまり，Ｘ×Ｘ＝36×４＝144だから，144＝12×12より，Ｘ＝12

⑵　**【解き方】容器Ａの１杯分の水で，容器Ｂの水面を1.5㎝上げたから，容器Ａの１＋３＝４（杯）の水なら，水面は，1.5×４＝６（㎝）上がる。そこで，おもりＣ１個の体積が，容器Ｂの水面を何㎝上げるか考える。**

おもりＣの体積は，６×６×3.14×４＝144×3.14（㎤）で，容器Ｂの底面積は８×８×3.14＝64×3.14（㎠）だから，おもりＣを容器Ｂの水中に沈めると，水面は，（144×3.14）÷（64×3.14）＝2.25（㎝）上がる。

よって，容器Ｂの水面の高さは，６＋2.25＝8.25（㎝）になる。

⑶　**【解き方】右図のように分けると，最も外側のボールの個数は３等分できる。３等分されたボールの個数が奇数個のときは黒のボール，３等分されたボールの個数が偶数個のときは白のボールが，最も外側にある。**

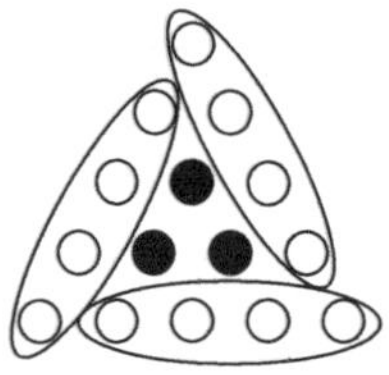

最も外側のボールの個数を３等分すると，１つが174÷３＝58（個）と偶数個になる。したがって，最も外側には白のボールがある。３等分されたボールの個数に注目すると，１個，４個，７個，…と３個ずつ増えていくから，ｎ番目のボールの個数は，１＋（ｎ－１）×３になる。１＋（ｎ－１）×３＝58より，ｎ＝20になる。白のボールは偶数番目に並ぶから，20番目の図形で，白のボールは，内側から数えていくと，20÷２＝10（回）現れる。

ａからｂまで等間隔《とうかんかく》にｎ個が並ぶ数の和は，（ａ＋ｂ）×ｎ÷２で求められるから，　12から174まで等間隔に並

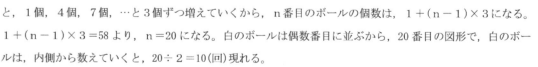

ぶ10個の数の和は，(12＋174)×10÷２＝930(個)

(4)　【解き方】恵子さんと花子さんが初めて出会った地点をＰ，２回目に出会った地点をＱとして図をかくと，右図のようになる。

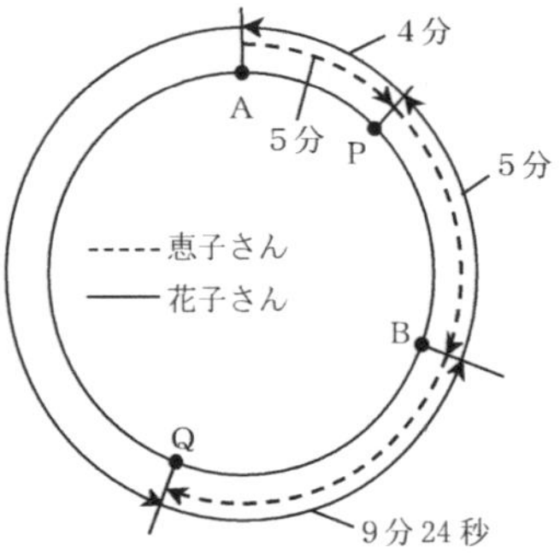

恵子さんはＡ地点からＰ地点までを５分で進み，花子さんはＰ地点からＡ地点までを４分で進んだから，恵子さんと花子さんの歩く速さの比は，同じ道のりを進んだときにかかった時間の逆比に等しく４：５である。

つまり，花子さんの歩く速さは，分速$(72\times\frac{5}{4})$m＝分速90mである。

花子さんは，Ｑ地点からＢ地点を通ってＰ地点まで進むのに，

９分24秒＋５分＝14分24秒かかる。恵子さんと花子さんが同じ道のりを歩くときにかかる時間の比は５：４で，14分24秒＝$14\frac{24}{60}$分＝$\frac{72}{5}$分だから，恵子さんはＰ地点からＢ地点を通ってＱ地点まで歩くのに，$\frac{72}{5}\times\frac{5}{4}$＝18(分)かかる。つまり，２人がＰ地点で出会ってからＱ地点で出会うまでに18分かかるから，この散歩道の１周は，(72＋90)×18＝2916(m)

4　**(1)　【解き方】妹が出発してからの時間(分)を横軸，家からの道のりを縦軸にしてグラフをかくと，右図のようになる。**

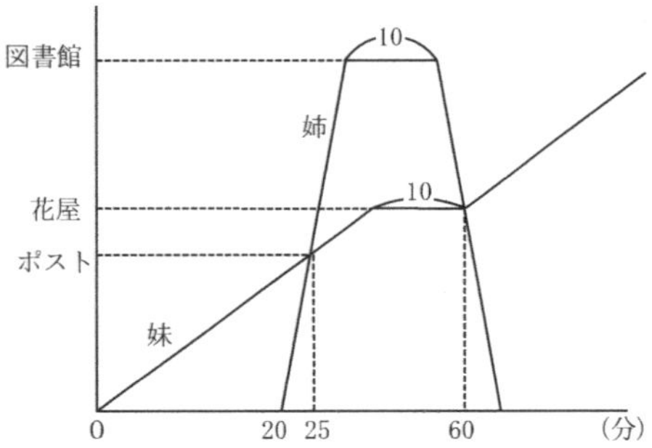

家からポストまでを，妹は25分，姉は25－20＝５(分)で進んだ。同じ道のりを進んだとき，かかる時間と速さは反比例するから，姉と妹が家からポストまで進んだとき，かかる時間の比が５：25＝１：５ならば，速さの比は，５：１になる。

(2)　【解き方】妹は，家から花屋まで60－10＝50(分)かかっているから，姉が家から花屋までかかる時間を求めることができる。

姉と妹が同じ道のりを進むときにかかる時間の比は１：５だから，姉は家から花屋までを$50\times\frac{1}{5}$＝10(分)で進む。

姉は，家を出発して図書館に行き，図書館を出発してから花屋に着くまでに，60－20－10＝30(分間)自転車に乗っていたから，花屋と図書館の間を自転車で往復するのに，30－10＝20(分)かかる。よって，図書館から花屋までは20÷２＝10(分)かかるから，姉が図書館を出発したのは，11時－10分＝10時50分

(3)　【解き方】(2)をふまえれば，図書館から花屋までを姉が10分で進むならば，妹は何分で進むか考える。

姉は図書館から花屋までを進むのに10分かかるから，妹は花屋から図書館までを10×５＝50(分)で歩く。

よって，妹が図書館に着くのは，11時＋50分＝11時50分

5　**(1)　【解き方】分母が５の既約分数は，$\frac{1}{5}$，$\frac{2}{5}$，$\frac{3}{5}$，$\frac{4}{5}$で，これらを「分母４のグループ」に入れると，$\frac{1}{5}$，$\frac{1}{4}$，$\frac{1}{3}$，$\frac{2}{5}$，$\frac{1}{2}$，$\frac{3}{5}$，$\frac{2}{3}$，$\frac{3}{4}$，$\frac{4}{5}$になる。**

５番目の数は$\frac{1}{2}$である。また，差が最も小さくなるのは，通分したときの分母が最も大きくなるときだから，「分母５のグループ」の中で隣り合う分数の分母の数の積が最も大きい組を探すと，$\frac{1}{5}$と$\frac{1}{4}$，$\frac{3}{4}$と$\frac{4}{5}$がある。

よって，最も小さい差は，$\frac{1}{20}$

(2)　【解き方】分母が６の既約分数の個数から分母が10の既約分数の個数までを順々に求めていく。

「分母５のグループ」は９個の分数がある。６と約分できない６以下の数は１と５の２個あるから，分母が６の既約分数の個数は２個。７と約分できない７以下の数は１～６までの６個あるから，分母が７の既約分数の個数は６個。８と約分できない８以下の数は１，３，５，７の４個あるから，分母が８の既約分数の個数は４個。

９と約分できない９以下の数は１，２，４，５，７，８の６個あるから，分母が９の既約分数の個数は６個。

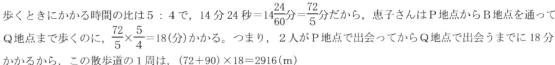

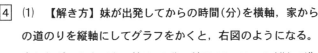

10と約分できない10以下の数は1，３，７，９の４個あるから，分母が10の既約分数の個数は４個。

よって，分母10のグループの分数は，全部で，９＋２＋６＋４＋６＋４＝31(個)

(3)　**【解き方】求める分数を$\frac{n}{m}$とすると，$\frac{n}{m}-\frac{2}{5}$の分子は1，$\frac{3}{7}-\frac{n}{m}$の分子も１になる。**

$\frac{n}{m}-\frac{2}{5}$を通分したときの分子は，n×５－m×２になるから，n×５－m×２＝１…㋐

$\frac{3}{7}-\frac{n}{m}$を通分したときの分子は，m×３－７×nになるから，m×３－７×n＝１…㋑

㋐＝㋑より，n×５－m×２＝m×３－７×n　　n×(５＋７)＝m×(３＋２)より，n×12＝m×５

mとnは互《たが》いに素(公約数が１のみ)だから，n×12が５の倍数になるためには，n＝５

m×５が12の倍数になるためには，m＝12　　よって，求める分数は，$\frac{5}{12}$

《2021　第１回　理科　解説》

1　(1)　１秒間に 50 回打点する記録タイマーでは，１回点を打ってから次の点を打つまでにかかる時間は１÷50＝0.02(秒)となる。

(2)　１秒間に 50 回打点する記録タイマーでは，５打点にかかる時間が 0.1 秒になるので，0.1×７＝0.7(秒)となる。

(3)　切ったテープの長さは10㎝→0.1mだから，0.1÷0.1＝(秒速) 1 (m)となる。

(4)　ウ○…台車が一定の速さで運動している。

(5)　ア○…速さが一定の場合，移動距離(速さ×時間)は一定の割合で増加する。

(6)　エ○…図５の記録テープの打点の間かくに着目する。打点の間かくが一定の割合で広くなり(速さが一定の割合で速くなり)，その後は打点の間かくが一定になっている(速さが一定になっている)。

(7)　(6)で選んだエでは，Ｐより後の台車の速さが一定になっている。これは，おもりが床について，おもりが糸(台車)を引く力がなくなったからである。

(8)　エ○…糸をはさみで切ると，おもりが糸を引く力が台車にはたらかなくなるので，(6)でおもりが床についた後と同じように，台車の速さが一定になる。

2　(1)　ア×…水酸化ナトリウム水溶液は鉄と反応しない。　イ○…水酸化ナトリウム水溶液にアルミニウムを入れると水素が発生する。　ウ×…二酸化マンガンを入れると酸素が発生するのは過酸化水素水である。　エ○…ＢＴＢ溶液は酸性で黄色，中性で緑色，アルカリ性で青色を示す。水酸化ナトリウム水溶液はアルカリ性だから青くなる。オ○…アルカリ性の水溶液は赤色リトマス紙を青色に変える。　カ○…水酸化ナトリウム水溶液は電気を通す。

(2)　１L(1000mL)あたりの水酸化ナトリウム水溶液の重さは1.22×1000＝1220(g)だから，含まれる水酸化ナトリウムの重さはその20％の1220×0.2＝244(g)である。

(3)　Ｂ，Ｃ○…うすい塩酸にうすい水酸化ナトリウム水溶液を加えていくと，たがいの性質を打ち消し合う中和が起こり，食塩と水ができる。表１より，残った固体の重さがＡからＢとＢからＣでは5.85ｇずつ増え，Ｃ以降は４ｇずつ増えていることがわかる。これは，Ｃで塩酸と水酸化ナトリウム水溶液がちょうど中和し，それ以降は水酸化ナトリウム水溶液(20ｇあたり水酸化ナトリウムが４ｇ含まれている)がそのまま残っていたからだと考えられる。したがって，ＢとＣは食塩のみである。

(4)　(3)解説より，7.3％の塩酸 100ｇと 20％の水酸化ナトリウム水溶液 40ｇがちょうど中和することがわかる。つまり，塩化水素 100×0.073＝7.3(g)と水酸化ナトリウム 40×0.2＝8(g)がちょうど反応することがわかる。したがって，アでは水酸化ナトリウム水溶液が残ってアルカリ性，イでは塩酸が残って酸性，ウでは 100×0.146＝14.6(g)の塩化水素と 64×0.25＝16(g)の水酸化ナトリウムがちょうど反応するので中性，エでは 80×0.15＝12(g)の塩化水素と 120×0.1＝12(g)の水酸化ナトリウムによって塩酸が残って酸性，オでは 160×0.1＝16(g)の塩化水素と 200×0.073＝14.6(g)の水酸化ナトリウムによって塩酸が残って酸性である。

(5) 14.6%の塩酸 100gには 100×0.146＝14.6(g)の塩化水素が溶けている。表1のCより，ここでは塩化水素7.3gと水酸化ナトリウム8gがちょうど反応して食塩が 11.7gできるので，水に溶けている物質の重さはこの食塩の重さと残っている塩化水素 14.6−7.3＝7.3(g)である。〔濃度(%)＝$\frac{\text{溶けているものの重さ(g)}}{\text{水溶液の重さ(g)}}$×100〕より，$\frac{11.7+7.3}{100+40}$×100＝13.57…→13.6%となる。

(6) 石灰石に塩酸を加えると二酸化炭素が発生する。

(7) 表2より，塩酸が20g増えるごとに，溶け残った炭酸カルシウムの重さは4gずつ減っていることがわかる。したがって，溶け残った炭酸カルシウムが0gになるのは，14.6%の塩酸を100g加えたときである。

(8)① 炭酸カルシウム 30gとちょうど反応する 14.6%塩酸は 100×$\frac{30}{20}$＝150(g)である。したがって，7.3%塩酸140g→14.6%塩酸 70gと反応させると塩酸がすべて反応して炭酸カルシウムが残る。14.6%塩酸 70gすべて反応したときに発生する気体は，1.76×$\frac{70}{20}$＝6.16(g)となる。　② 14.6%塩酸20gと炭酸カルシウム4gがちょうど反応するので，4×$\frac{70}{20}$＝14(g)の炭酸カルシウムが反応し，30−14＝16(g)の炭酸カルシウムが残る。

③ この反応では塩化水素(140×0.073＝10.22g)と炭酸カルシウム(14g)の反応で，二酸化炭素(6.16g)と物質K(4.44×$\frac{70}{20}$＝15.54g)と水ができる。反応の前後で反応に関わる物質の重さの合計は変わらないので，(10.22＋14)−(6.16＋15.54)＝2.52(g)となる。　④ 水の重さは，塩酸中の 140−10.22＝129.78(g)と③で求めた2.52gの合計の 132.3gである。また，物質Kの重さは 15.54gだから，$\frac{15.54}{132.3+15.54}$×100＝10.511…→10.51%となる。

3 (3) ウ○…温度が高いほどゼリーはよく溶けたので，温度が高いために溶けてしまった可能性もある。

(4) 実験2では，GからIを湯せんしている。これは問題6ページの酵素の性質③を利用したものである。25℃の室内に置いたFとIを比べると，ゼリーがタンパク質分解酵素によってよく溶けた(単純に周囲の温度が高いから溶けたわけではない)ことがわかる。

(5) 胃液(主成分は塩酸)は強い酸性を示す。

4 (1)① 水が蒸発するときに周囲の熱をうばって温度が下がる。蒸散によって植物のからだの温度を下げることができるのもこのためである。　② エ○…表1より，乾球温度計と湿球温度計の示度の差が大きいほど，湿度は低くなっていることがわかる。

(2) 乾球温度計の示度が 20℃，湿球温度計の示度が 16℃だから，示度の差は 20−16＝4(℃)である。表1より，64%だとわかる。

(3) 表2より，20℃での飽和水蒸気量は 17.3g/m^{3}である。(2)より湿度は 64%だから，17.3×0.64＝11.072→11.1gとなる。

(4) 〔湿度(%)＝$\frac{\text{水蒸気量(g/m}^3\text{)}}{\text{飽和水蒸気量(g/m}^3\text{)}}$×100〕を使って求める。表2より，17℃での飽和水蒸気量は 14.5g/m^{3}である。$\frac{11.072}{14.5}$×100＝76.35…→76.4%となる。

(5) 表2より，9℃気温が下がった 11℃での飽和水蒸気量は 10.0g/m^{3}である。したがって，1m^{3}あたり 11.072−10.0＝1.072→1.1gの水滴が生じる。

⑹　イ，ウ○…気温が下がって飽和水蒸気量が小さくなり，含みきれなくなった水蒸気が水滴になって出てくる現象を選ぶ。

⑺　ウ○…鉄，アルミニウム，銅のうち，最も熱を伝えやすいのは銅である。

⑻　気温が28℃だから乾球温度は28℃，湿度が77％だから，表１より，湿球温度は28－３＝25(℃)である。したがって，(0.2×黒球温度)の値が 28－0.7×25－0.1×28＝7.7 を超えるとき，つまり，黒球温度が 7.7÷0.2＝38.5(℃)を超えるときである。

《2021　第１回　社会　解説》

1　［地図１］は兵庫県，［地図２］は静岡県，［地図３］は熊本県，［地図４］は秋田県。

問１　Ｂ・Ｃ．静岡県は太平洋，熊本県は東シナ海に面している。

問２　政令指定都市は，静岡県の静岡市と浜松市，兵庫県の神戸市，熊本市の４つである。

問３　冬の日照時間が短いＤを選ぶ。日本海側の秋田市は，北西季節風の影響を受けるため雪雲でおおわれ，冬の日照時間が少ないので気温が低くなる。Ａは静岡市，Ｂは神戸市，Ｃは熊本市。

問４　熊本県は，有権者に占める第一次産業従事者の割合と農業産出額が高く，特に野菜と畜産の割合が高いＡと判断する。熊本県にある阿蘇山のカルデラ内部では，農業や牧畜が営まれている。Ｂは秋田県，Ｃは静岡県，Ｄは兵庫県。

問５　Ａが正しい。輪島塗は石川県，信楽焼は滋賀県，置賜つむぎは山形県の伝統的工芸品である。

問６　日本は，オーストラリアからの輸入量が多いことから，液化天然ガスと鉄鉱石と判断する。輸入量において，ロシアの上位のＸを液化天然ガス，ブラジルの上位のＹを鉄鉱石と判断する。

問７　(ア)は天竜川，(イ)は大井川，(ウ)は富士川であり，③のみ誤りと判断してＢを選ぶ。富士川は日本三大急流のひとつだが，富士市では製紙・パルプ業が盛んであり，楽器やオートバイの生産が盛んなのは浜松市である。

問８　資料より，湯気が立ち上がっていることから地熱発電所だとわかる。さらに，温室内に引かれたパイプから温水を流して暖房に利用していることを導く。

問９　Ｄ．秋田県には北緯40度線が通っている。兵庫県明石市を通る東経135度線よりも東に位置していることから，東経140度線が通っていることを導く。

2　**問１**　Ａが正しい。法隆寺は聖徳太子によって建てられた。ＢとＤは奈良時代，Ｃは平安時代。

問２　保元の乱は，後白河天皇と崇徳上皇の対立に藤原氏一族や源氏平氏の争いが結びついて起こった。院政とは，天皇が位をゆずり上皇となった後も政治の実権をにぎることである。

問３　［資料］より，承久の乱後，西国に新たな地頭が多く置かれたことを読み取る。承久の乱後，鎌倉幕府は西国の武士や朝廷の監視を目的に京都に六波羅探題を置き，西国の地頭に関東の御家人を任命した。恩賞地を与えられた多数の御家人が西国に移住した結果，幕府の支配は九州～関東に及んだ。

問４　②と③が誤りだからＤを選ぶ。　②防人歌は『万葉集』に収録されている。
③「平清盛」ではなく「藤原道長」が，摂関政治全盛期に詠んだ和歌である。

問５　「1789年」の出来事だから，寛政の改革をおこなった松平定信と判断する(右図参照)。

政治	人物
享保の改革 (1716～1745年)	徳川吉宗
寛政の改革 (1787～1793年)	松平定信
天保の改革 (1841～1843年)	水野忠邦

問６　Ｄが正しい。大老井伊直弼は，1858年に朝廷の許可を得ないまま日米修好

通商条約を結び，尊王攘夷派の吉田松陰や橋本左内らを安政の大獄で処刑したため，多くの武士の反感を買い，水戸藩の浪士らによって桜田門外で暗殺された。　Ａ．鎌倉に攻めこんだのは足利尊氏・新田義貞らであった。　Ｂ．「足利義政」ではなく「足利義昭」である。　Ｃ．禁中並公家諸法度は，天皇や公家を統制するため，徳川家康と徳川秀忠によって制定された。

問７　民撰議院設立建白書の提出(1874 年)→国会開設の詔の発布(1881 年)→内閣制度の発足(1885 年)→第 1 回衆議院議員総選挙(1890 年)だから，大日本帝国憲法の発布(1889 年)はＤと判断する。

問８　大正天皇の崩御後だから，昭和時代のＢが正しい。二・二六事件は 1936 年に陸軍の青年将校らによって大臣が殺傷された事件である。他は大正時代の出来事である。

問９　Ｃが誤り。ひめゆり学徒隊は沖縄県の女子学生によって組織された看護部隊である。

3　**問１**　Ｄのブラジルを選ぶ。ＢＲＩＣＳはブラジル・ロシア・インド・中国・南アフリカ共和国で，2000 年代に急激に工業化が進んだ国々である。Ａはサウジアラビア，Ｂはインドネシア，Ｃはカナダ。

問２　①と③が誤りだからＦを選ぶ。　①消費税率は 10％(食料品などは８％)で変わっていない。2021 年４月より総額表示の義務付けが導入された。　③所得税は，税金を納める人と実際に負担する人が同じ直接税である。

問３(1)　日本国憲法が最高法規であるという規定に基づき，違憲審査権が行使されて裁判所によって法律の条文などが違憲と判断されると，その条文は効力を失う。　**(2)**　Ａが正しい。弾劾裁判所の裁判官は，衆参両議院から７名ずつ選ばれる。　**(3)**　国民が衆議院議員と参議院議員を選挙で選び，その国会議員が政治を行っている。また，間接民主制は議会制民主主義や代議制とも呼ばれる。

問４　閣議は，内閣総理大臣と国務大臣で構成され，決定は全員一致を原則としている。

問５　両方とも正しいからＡを選ぶ。安全保障理事会は，常任理事国(非改選)のアメリカ・中国・イギリス・フランス・ロシアと，10 の非常任理事国(任期２年)で構成される。決議には，常任理事国の５国と非常任理事国の４国の賛成が必要となる。

問６　ＡとＢとＥとＦが正しい。衆議院議員総選挙において，小選挙区制では候補者名を，比例代表制では政党名を記入する。参議院議員通常選挙において，選挙区制では候補者名を，比例代表制では候補者名か政党名を記入する。

問７　ボルダルールにおける得点は，Ａ候補が 13×３＝39(点)，Ｂ候補が(11×３)＋(16×２)＋(13×１)＝78(点)，Ｃ候補が(９×３)＋(24×２)＋(７×１)＝82(点)，Ｄ候補が(７×３)＋(20×１)＝41(点)となる。よって，最も多くの得点を獲得したのはＣ候補である。

《2021　第２回　国語　解説》

1　著作権に関係する弊社《へいしゃ》の都合により本文を非掲載《ひけいさい》としておりますので、解説を省略させていただきます。ご不便をおかけし申し訳ございませんが、ご了承《りょうしょう》ください。

2　**問一**　――⑴の直前の「勉強ではとても兄にかなわなかった。父も母も、それはしかたがないと思っているようなのが悔《くや》しかった」という気持ちからである。この思いをより具体的に述べている「プロの棋士《きし》になる以外に～兄と肩《かた》を並べる方法はない。棋士になれば、兄に対して引け目を感じなくて済む」(14～16 行目)を用いてまとめる。

問二　「絶対に棋士になってやる」と思いながらも、現実は「思いきった将棋が指せなくなっていた～ほとんど勝てない～さらに険しい道のりになる」とあり、「金剛《こんごう》さんも、江幡《えばた》さんも～プロになるのを断念していた」のと同様に、自分もプロの棋士になれないのではないかという不安を感じているのだと考えられる。また、――⑵の直後の「授業中も～将棋のことを考えている。反対に、将棋を指しているときには、学校の勉強をおろそかにしていることが気になってしまう」も参照。「将棋と勉強を両立させてみせる」(36 行目)とあるように、どちらもがんばるつもりでいたが、どちらもうまくいっていないのである。そのように行きづまり、なやんでいる心情をまとめる。

問三　「虚勢《きょせい》を張る」とは、自分の弱いところをかくすために、外見だけは力のあるふりをすること。弱い自分を見せないようにしている様子がえがかれた一文なので、「内心で白旗をあげながらも、祐也《ゆうや》は両親と兄にむかい、来年こそは奨励会《しょうれいかい》試験に合格してみせると意気込《いきご》みを語った」(27～28 行目)。「白旗をあげる」は、降伏《こうふく》の意思(負けたことを認める)を示す表現。「おれは、とてもあんなふうにはなれない」と思い、落ちこんでいるのに、家族にはそれをかくして強がってみせたのである。

問四　祐也は、「かつてなくみじめな敗戦だった」３局目の後、４局目でも「銀をタダで取られるミス」をしてしまい、「頭を抱《かか》え」ている。そのように苦しい状態のときに、父から「もう休もう。ずいぶん、苦しかったろう」と、祐也の気持ちに寄りそった優しい言葉をかけられたのである。その父に「歩みよった」ので、エの「思わず父の優しさにすがろうとしている」が適する。アの「弱音を～言えずに葛藤《かっとう》している」、イの「立つ瀬《せ》がなく、謝《あやま》ろうとしている」、ウの「何とか期待に応えられるようにしたいと思っている」は適さない。

問六　――⑹と同様に強い眠気《ねむけ》におそわれたことが書かれている、122～123 行目を参照。「浴槽《よくそう》につかっているあいだも、夕飯のあいだも、祐也は何度も眠りかけた。２年と２ヵ月、研修会で戦ってきた緊張《きんちょう》がとけて、ただただ眠たかった」とあり、下線部が理由なので、ウが適する。その緊張感は、「おととしの 10 月に研修会に入ってから、きみはあきらかにおかしかった」と父が言っていることからもわかる。「身も世もなく泣きじゃくるうちに、ずっと頭をおおっていたモヤが晴れていくのがわかった」とあり、父が「ひとの成長のペースは千差万別なのだから、あわてる必要はない」「世間の誰《だれ》もが感心したり、褒《ほ》めそやしたりする能力だけが人間の可能性ではないのだ」「自分なりの将棋の楽しみかたを見つけるんだ」と言ってくれたのを聞いて、ほっとしたのだ。アの「反抗《はんこう》期の祐也にとっては退屈《たいくつ》だったから」、イの「心の中では棋士になる夢を捨てておらず」、エの「将棋を指す生活に終《しゅう》止符《しふ》を打てることにほっとした」は適さない。

問七　問一で読み取ったとおり、本文の最初では、兄と肩を並べるためにプロの棋士になろうと思っていた。つまり、「勉強ではとても兄にかなわなかった」自分の価値を、将棋で証明しようとしていたということ。81 行目では「将棋自体が嫌《きら》いになりそうで、それがなによりこわかった」と思っていたが、父の言葉を受けて、少し将棋を休むことに決め、安心し、その後「もう、棋士にはなれないんだ」と悲しみがおしよせた後で、「おれは将棋が好きだ。プロにはなれなかったけど、それでも将棋が好きだ」と「うそ偽《いつわ》りのない思い」を語っている。つまり、何かのためにするのではなく、自分が好きだからするのだと思えるようになったということ。

問八　父が、89～90 行目で「２週間後の研修会を最後にして、少し将棋を休むといい。いまのままだと、きみは取り返しのつかないことになる」と言っていること、107～115 行目で「ひとの成長のペースは千差万別なのだから、あわてる必要はない～世間の誰もが感心したり、褒めそやしたりする能力だけが人間の可能性ではないのだ～高校は、偏差値《へんさち》よりも、将棋部があるかどうかで選ぶといい～自分なりの将棋の楽しみかたを見つけるんだ」と言っていることに、イが適する。アの「将棋のプロになることより普通の中学生としての生活をすることを願っており」、ウの「(将棋を休めばよいと)言い出さず」、エの「自分こそが～と思っており、厳しい口調で」は適さない。

《2021　第２回　算数　解説》

1　(1)　与式＝18＋24×19÷(46－８)＝18＋24×19÷38＝18＋12＝30

(2)　与式＝$\{\frac{11}{3}\div(3\frac{1}{8}-1\frac{3}{4})\times\frac{11}{16}+\frac{11}{16}\}\div\frac{121}{10}=\{\frac{11}{3}\div(\frac{25}{8}-\frac{14}{8})\times\frac{11}{16}+\frac{11}{16}\}\times\frac{10}{121}=(\frac{11}{3}\times\frac{8}{11}\times\frac{11}{16}+\frac{11}{16})\times\frac{10}{121}=$
$(\frac{11}{6}+\frac{11}{16})\times\frac{10}{121}=(\frac{88}{48}+\frac{33}{48})\times\frac{10}{121}=\frac{121}{48}\times\frac{10}{121}=\frac{5}{24}$

2　(1)　**【解き方】(５年後の監督とコーチの年齢の和)→(５年後の部員の年齢の和)→(部員の人数)の順に求める。**

５年後の田中監督と佐藤コーチの年齢の和は，86＋２×５＝96(歳)である。５年後の部員の年齢の合計は，96×３＋２＝290(歳)になるから，部員の人数は，(290－200)÷５＝18(人)

(2)　**【解き方】約分すると$\frac{1}{2}$になる数は，分子と分母の比が１：２になる。約分すると$\frac{1}{3}$になる数は，分子と分母の比が１：３になる。**

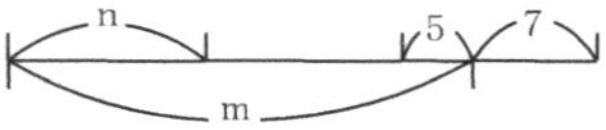

求める分数の分子をｎ，分母をｍとすると，ｍ－５はｎ×２になる。また，ｍ＋７はｎ×３になる。よって，ｎ×３－ｎ×２＝ｎが５＋７＝12 になるから，ｍ－５＝12×２より，ｍ＝24＋５＝29　　求める分数は，$\frac{12}{29}$

(3)　**【解き方】食塩水の問題は，うでの長さを濃度《のうど》，おもりを食塩水の重さとしたてんびん図で考えて，うでの長さの比とおもりの重さの比がたがいに逆比になることを利用する。**

図１

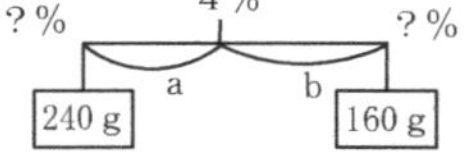

図２

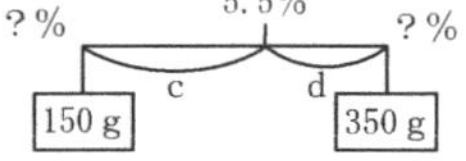

右図１において，ａ：ｂは 240：160＝３：２の逆比に等しく２：３になる。
右図２において，ｃ：ｄは 150：350＝３：７の逆比に等しく７：３になる。
ａ＋ｂとｃ＋ｄは同じ値になるから，比の数の和をそろえるために，ａ＝４，ｂ＝６とする。ｃ－ａ＝７－４＝３が 5.5－４＝1.5(%)にあたるから，ａ＝1.5×$\frac{4}{3}$＝２より，Ａの食塩水の濃度は，４－２＝２(%)

(4)　**【解き方】(一枚の二等辺三角形の面積)→(重なる部分１か所の面積)→(重なる部分の数)→(図形の面積)の順に求めていく。右図で，三角形ＡＢＣは一枚の紙，色をつけた部分は重なる部分を示している。**

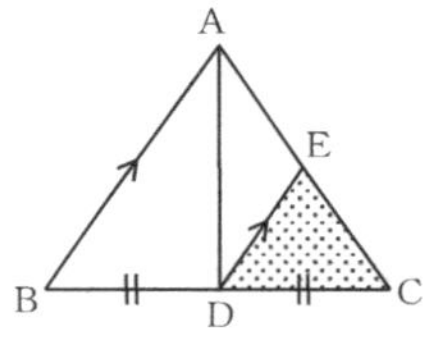

右図の三角形ＡＢＣの面積は，６×４÷２＝12(㎠)である。角ＡＢＣ＝角ＥＤＣだから，同位角が等しくなるので，ＡＢとＥＤは平行である。ＢＣ＝６㎝，ＣＤ＝３㎝だから，ＢＣ：ＤＣ＝２：１である。三角形ＡＢＣと三角形ＥＤＣは同じ形の三角形で，対応する辺の比が２：１だから，面積比は，(２×２)：(１×１)＝４：１になるので，三角形ＥＤＣの面積は，12×$\frac{1}{4}$＝３(㎠)になる。
16 枚の紙をはり合わせると，重なりは 16－１＝15(か所)できるから，全体の面積は，12×16－３×15＝147(㎠)

3　(1)　**【解き方】(普通電車と急行電車がＡＢ間を進む時間の比)→(ＡＢ間の距離)→(普通電車と急行電車が出あう**

までの時間)の順に求めていく。

同じ道のりを進むとき，かかる時間の比は速さの比の逆比に等しくなるので，普通電車と急行電車がＡＢ間を進むときにかかる時間の比は，80：120＝２：３の逆比に等しく３：２になる。急行電車は10分早く着いたから，比の数の差の３－２＝１が10分にあたる。したがって，普通電車がＡＢ間を進むのにかかる時間は，10×３＝30(分)であり，ＡＢ間の距離は，$80\times\frac{30}{60}$＝40(㎞)である。普通電車と急行電車は反対向きに進んでいるから，２つの電車が１時間に進む道のりは80＋120＝200(㎞)になるので，普通電車と急行電車が出あうのは，電車が駅を出発してから，40÷200＝0.2(時間後)，つまり，0.2×60＝12(分後)

⑵　**【解き方】周期の問題として考える。**

一の位が１である数は，１から並べていくと10回に１回現れるから，2021÷10＝202余り１より，202＋１＝203(個)ある。この203個の数を小さい方から並べていくと，１，11，21，31，41，51，61，…となり，３個に１個の割合で３の倍数が現れる。203÷３＝67余り２より，203個の整数の中に３の倍数は67個あるから，１から2021までの整数のうち，３で割り切れない整数で，一の位が１であるものは，203－67＝136(個)

⑶　**【解き方】黒ペンは１本120×(１－0.2)＝96(円)で買い，代金の合計の一の位が０であることから，黒ペンは５の倍数本買ったとわかる。そこで，買った黒ペンの本数を５本，10本，15本の場合を考える。**

黒ペンを５本買ったとき，青ペンと赤ペンを合わせて20－５＝15(本)買い，2040－96×５＝1560(円)になる場合を考える。赤ペンを15÷３＝５(セット)買うと，300×５＝1500(円)になり，実際の合計より，1560－1500＝60(円)安くなる。赤ペン１セットを青ペン３本にかえると，代金の合計は110×３－300＝30(円)安くなるから，青ペンは60÷30×３＝６(本)，赤ペンは15－６＝９(本)，黒ペンは５本。

黒ペンを10本買ったときと15本買ったときを考えても，代金と本数が合う組み合わせはない。

よって，黒のペンは５本買った。

⑷　**【解き方】管Ａから入る水の量と管Ｂから入る水の量の比を考える。**

42÷12＝３余り６，６÷５＝１余り１より，水を入れ始めてからの42分間では，管Ａは５×(３＋１)＝20(分)，管Ｂは42－20＝22(分)使っている。42分で水そうの$\frac{1}{3}$までの水が入ったから，管Ａを20×３＝60(分)，管Ｂを22×３＝66(分)使うと満水になる。…①

また，125÷12＝10余り５，５÷５＝１より，管Ａを５×(10＋１)＝55(分)，管Ｂを125－55＝70(分)使っても満水になる。…②　①と②より，管Ａから60－55＝５(分間)に入れる水の量と管Ｂから70－66＝４(分間)に入れる水の量は等しいので，管Ａから60分間に入れる水の量を管Ｂで入れると，$60\times\frac{4}{5}$＝48(分)かかる。よって，管Ｂだけで水そうを満水にするのに，48＋66＝114(分)かかる。管Ａから１分間に入る水の量と管Ｂから１分間に入る水の量の比は４：５だから，管Ａと管Ｂの両方を同時に使うと管Ｂだけを使うときの$\frac{4+5}{5}=\frac{9}{5}$(倍)の水を入れることができるので，同じ量の水を入れるのにかかる時間は$\frac{5}{9}$倍になる。よって，管Ａと管Ｂの両方を同時に使うと，$114\times\frac{5}{9}=\frac{190}{3}=63\frac{1}{3}$(分)かかる。$\frac{1}{3}$分＝($\frac{1}{3}\times60$)秒＝20秒より，求める時間は，63分20秒

4　⑴　**【解き方】図形Ａは３つの曲線でできている。１つの曲線は，半径が３㎝で中心角が60°のおうぎ形の曲線部分である。**

正三角形の１つの内角の大きさは60°だから，図形Ａの曲線の１つ１つは，半径が３㎝で中心角が60°のおうぎ形の曲線部分になっているので，３つ分で半径が３㎝の半円の曲線部分に等しくなる。

よって，求める長さは，３×２×3.14÷２＝9.42(㎝)

⑵　**【解き方】図形Aは，1つの頂点と，その頂点と向かい合う曲線上の点を結ぶと必ず3㎝になるので，右図でPS＝QT＝RU＝3㎝になる。**

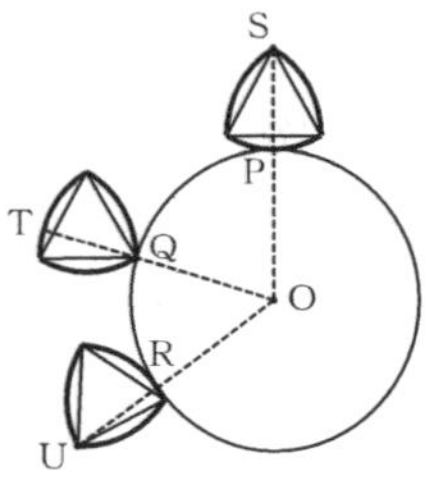

半径9㎝の円の中心をOとすると，右図でOS＝OT＝OU＝9＋3＝12(㎝)になるから，図形Aが通過した部分のうち，点Oから最も遠いところを通る点の集まりは，半径が12㎝の円になる。

よって，図形Aが通過した部分の面積は，半径が12㎝の円の面積から半径が9㎝の円の面積を引いて，

12×12×3.14－9×9×3.14＝(144－81)×3.14＝63×3.14＝197.82(㎠)

⑶　**【解き方】図形Aが，図形Bの曲線上を動くときと，図形Bの頂点を動くときで，描く曲線が異なることに注意する。**

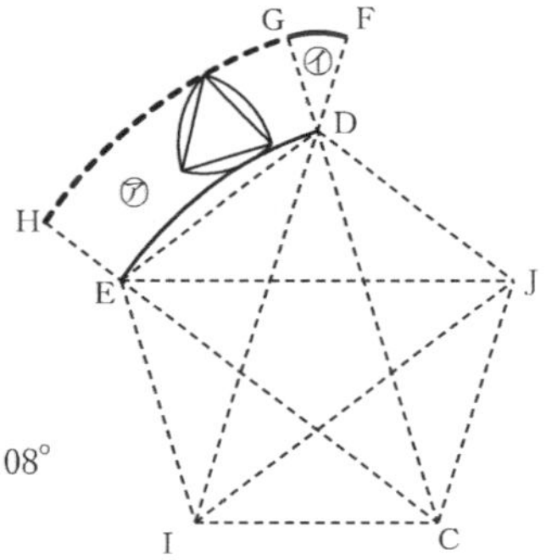

⑵をふまえると，右図の曲線GFは半径が3㎝のおうぎ形の曲線部分，

曲線GHは半径がCGのおうぎ形の曲線部分になる。

まずCDの長さを求める。図形Bの周の長さは，3×3.14×3＝9×3.14(㎝)

曲線DEの長さは，9×3.14÷5＝1.8×3.14(㎝)

正五角形の内角の和は180°×(5－2)＝540°だから，1つの角は540°÷5＝108°

右図の二等辺三角形JCDにおいて，角JCD＝(180°－108°)÷2＝36°

角ICE＝角JCD＝36°だから，角DCE＝108°－36°×2＝36°

CD×2×3.14×$\frac{36^\circ}{360^\circ}$＝1.8×3.14より，CD＝9(㎝)

よって，曲線GHは，半径が9＋3＝12(㎝)，中心角が36°のおうぎ形の曲線部分になるから，㋐の面積は，

12×12×3.14×$\frac{36^\circ}{360^\circ}$－9×9×3.14×$\frac{36^\circ}{360^\circ}$＝197.82×$\frac{1}{10}$＝19.782(㎠)

おうぎ形DFGの中心角は36°だから，㋑の面積は，3×3×3.14×$\frac{36^\circ}{360^\circ}$＝2.826(㎠)

図形Aが通過した部分は㋐と㋑の面積の5倍だから，求める面積は，

(19.782＋2.826)×5＝22.608×5＝113.04(㎠)

5　⑴　**【解き方】(B)の303が書かれたカードが何番目かを求める。**

1けたの整数で4も9も使わないものは9－2＝7(個)ある。2けたの整数の十の位も7個あり，一の位は，0から9のうち4と9を除いた8個あるから，2けたの整数で4も9も使わないものは，7×8＝56(個)ある。

3けたの整数のうち，百の位が1である数は，100を忘れないように数えると，7＋56＋1＝64(個)あるから，百の位が2である数も64個ある。303までの数のうち，百の位が3であるものは4個あるから，303は7＋56＋64＋64＋4＝195(番目)の数になる。よって，カードの(A)に書かれた整数は195である。

⑵　**【解き方】⑴と同じように求めていく。**

1けたの整数で4も6も9も使わないものは6個ある。2けたの整数は，6×7＝42(個)

百の位が1である3けたの整数は，6＋42＋1＝49(個)ある。

216－6－42＝168，168÷49＝3余り21より，216番目は，百の位が5である3けたの整数の21番目になる。

500から数えたとき，一の位が0，1，2，3，5，7，8は7個あるから，21番目はこの一の位を21÷7＝3回まわった最後の8になる。よって，216番目は528である。

⑶　**【解き方】条件から，(A)は3□0，(B)は5○5，(C)は8△8の形で表される数とわかる。**

(C)＝8△8と表される△にあてはまる数を求めるために，まず(C)で800と書かれたカードの(A)の欄に書かれた数を調べる。(2)より，(C)で788と書かれたカードは6＋42＋49×5＝293(番目)の数で，(C)で800から808まで書かれたカードは7枚あるから，(C)で808と書かれたカードの(A)の欄には，293＋7＝300が書かれていることになり，(A)と(C)は条件に合う。

次に(A)で300と書かれたカードの(B)の欄に書いてある整数を調べる。

(B)の欄では，2けたまでに7＋56＝63(個)，百の位の1つの数について64個があるから，

63＋64×3＋45＝300より，(B)の欄の百の位が5である数の中の45番目の数が(A)の欄に300が書かれたカードになる。500〜558までは5×8＝40(個)あるから，560，561，562，563，565は45番目となり，これも条件に合う。よって，(C)の欄に書かれたカードは，808である。

《2021　第2回　理科　解説》

1 (1) ア○…園子さんから見て上側に見える光を選ぶ。

(2) エ○…図1で光が園子さんに届くときの角度に着目すると，図2のエが正答となる。

(3) あ○…図2より，赤い光の方が境界面でおれ曲がる角度が小さいことがわかる。

(4)② イ○…虹《にじ》を見たときに上側に見える光ほど，おれ曲がる角度が小さいと考えられるので，凸《とつ》レンズから遠い方から順に赤，黄，緑，青となる。

(5) 赤い光は黄色い光よりもおれ曲がる角度が小さく，緑の光は黄色い光よりもおれ曲がる角度が大きいことから考える。

(6)① ア○…青い光は赤い光よりもおれ曲がる角度が大きい。　② ウ○…空気がないと光がおれ曲がらずに直進するので，太陽以外の部分は黒く見える。

2 (1) Aの半減期が5730年だから，5730年後である。

(2) 17190÷5730＝3より，$3\times\frac{1}{2}\times\frac{1}{2}\times\frac{1}{2}=0.375$(g)となる。

(3) イ○…時間が経過するほど減少する重さが小さくなっていくので，イである。

(5) ウ○…時間が経過するほど酸素の体積の増加量が小さくなっていくので，ウである。

(6) 発生した酸素の体積と減少した過酸化水素水の量は比例の関係にある。1時間で発生した酸素の体積は112.0mLで，このとき過酸化水素水がすべてなくなったので，表1より，発生した酸素の体積が半分の56.0mLのときである。したがって，180秒である。

(7) 180秒で過酸化水素水の体積が半分になったので，360秒では，過酸化水素水の体積が$\frac{1}{2}\times\frac{1}{2}=\frac{1}{4}$になると考えられる。したがって，酸素は1時間で発生した量の$1-\frac{1}{4}=\frac{3}{4}$が発生するので，$112.0\times\frac{3}{4}=84.0$(mL)となる。

(8) 240＋180＝420(秒)より，420秒で発生する酸素の体積は，240秒で発生した酸素の体積(67.6mL)と，240秒以降で発生する酸素の半分の量である(112.0−67.6)÷2＝22.2(mL)で，まだ発生していない酸素は22.2mLである。したがって，過酸化水素水10gのうち，$10\times\frac{22.2}{112.0}=\frac{111}{56}$(g)が残っており，過酸化水素は$\frac{111}{56}\times0.034=0.0673\cdots\rightarrow$0.067gとなる。

3 (5) イ○…ペットボトル内の気圧の変化が起こって，風船に空気が入るようにするには，ペットボトルの口のストロー以外の部分をふさぐ必要がある。

(6)　ウ○…外部から空気が入らない状態で空間を広げると，気圧が下がる。風船に空気が入ってふくらむのは，風船の周りの気圧が下がるからである。

(7)　グラフより，酸素分圧 100mmHg のときの酸素と結合しているヘモグロビンの割合は 98%，酸素分圧 30mmHg のときの酸素と結合しているヘモグロビンの割合は 40%だから，98－40＝58(%)となる。

(8)　ウ○…二酸化炭素濃度が高いと，同じ酸素分圧でも酸素と結合しているヘモグロビンの割合が低くなる。

(9)　ア○…血液との間で気体の交かんを行う必要があるが，液体の血液が入ってこないような材質がよい。

4　(1)　イ○…星座早見盤では，観察したい方角を下にして持ち真上にかざして見るので，南北に対する東西の方角が反対になっている。

図 I

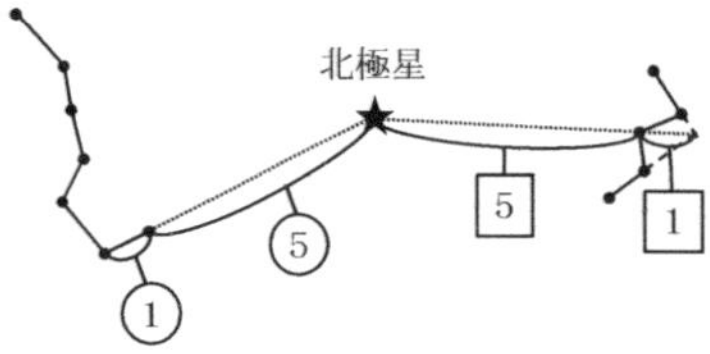

(2)　B○…図 I のように，北斗七星やカシオペヤ座から北極星の位置がわかる。

(3)　ウ○…北の空の星は，天の北極の近くにある北極星を中心に 24 時間で 360 度(4時間で 60 度)反時計回りに回転し，ほぼもとの位置に戻る。

(4)　お○…近くにある星ほど，年周視差が大きくなる。

(5)　3月と9月で計測した時に見える方向が 30 度ずれているので， z は 30÷2＝15(度)である。表1より，底辺を1としたときの斜辺は 3.86 であり，底辺にあたる地球から太陽までの距離は1億 5000 万kmであることから，斜辺にあたる地球とXの距離は1億 5000 万×3.86＝5億 7900 万(km)となる。

(6)　ウ○…約 7000 光年離れた星の爆発が約 1000 年前に確認されたので，約 1000＋7000＝8000(年)である。

《2021　第2回　社会　解説》

1　問1(1)　「神奈川県」「石川県」「香川県」に「川」がつく。　(2) X　日本最長の信濃川は，上流部の長野県では千曲川と呼ばれる。　Z　越後平野は日本最大の稲作地帯である。

問2(1)　A．静岡市は政令指定都市の中で人口が最も少ない。　(2)　山梨県は，甲府盆地の扇状地でぶどうやももの栽培が盛んだからDを選ぶ。Aは和歌山県，Bは青森県，Cは長野県。

問3(1)　アジアは，2019 年の自動車の生産台数が圧倒的に多いAと判断する。近年は労働力が豊富で賃金の安い中国や東南アジアに工場を移し，そこで生産された製品を日本に輸入することが増えてきている。Bはヨーロッパ，Cは北アメリカ，Dはアフリカ。　(2)　BとEが誤り。　B．「円安」ではなく「円高」である。　E．産業の空洞化が進むと，国内の技術水準は低下する。

問4　Bが誤り。世界最大級のブナの原生林は白神山地(青森県・秋田県)にある。知床の面するオホーツク海に存在する豊かな自然や希少動物の存在が評価されて世界自然遺産に登録された。

問5(1)　Bが誤り。新荒川大橋は 1931 年の地形図にすでにあるから，1960 年代に建設されていない。また，岩渕町は現在の東京都北区に位置する。　(2)　1919 年の地形図では，浮間が荒川の北側に位置していたので埼玉県に属していたと読み取れる。しかし，1931 年以降の地形図では，荒川の流路が直線上になり，浮間が荒川の南側に位置するようになったと読み取れる。以上のことから，荒川が東京都と埼玉県の境目となったことが導ける。

2　問1　Cが誤り。寛政異学の禁の発令は，老中松平定信の寛政の改革で行われた。

問2　[史料]の「天平」「病も流行している」「国ごとに七重塔をつくり」「仏の加護」から，聖武天皇を導く。奈良時代の聖武天皇の治世のころ，全国的な伝染病の流行やききんが起きて災いが続いたので，聖武天皇は仏教の力で国家を守るため，国ごとに国分寺を，都には総国分寺として東大寺を建て，大仏を造らせた。

問３　②と③が誤りだからＤを選ぶ。　②後鳥羽上皇と良好な関係にあった鎌倉幕府３代将軍源実朝が暗殺されると，幕府と朝廷の関係が崩壊して，後鳥羽上皇が鎌倉幕府打倒をかかげて挙兵した(承久の乱)。　③比叡山延暦寺は天台宗の総本山である。織田信長が弾圧した仏教勢力には，一向宗の石山本願寺などもある。

問４　太閤検地では予想される収穫量を米の体積である石高で表したため，年貢を確実に集めることができるようになった。また，耕作者が検地帳に記されたため，荘園領主である貴族や寺社はもっていた土地の権利を失った。

問５　甲午農民戦争(東学党の乱)をしずめるため朝鮮政府が清に救援を求めると，日本も対抗して朝鮮に軍隊を派遣したことがきっかけとなり，日清戦争がはじまった。

問６　Ａが正しい。菅原道真が唐の衰退と航海の危険を理由に遣唐使の派遣の停止を宇多天皇に進言し，遣唐使の派遣は停止された。　Ｂ．保元の乱と平治の乱で平清盛が勝利したことをきっかけに，平氏は台頭した。

Ｃ．「犬上御田鍬」ではなく「坂上田村麻呂」である。犬上御田鍬は飛鳥時代の最後の遣隋使で，最初の遣唐使となった人物である。　Ｄ．「保元の乱」ではなく「平治の乱」である。

問７　Ｅ．③二十一箇条の要求(1915年)→①治安維持法の制定(1925年)→②盧溝橋事件(1937年)

問８　Ｃを選ぶ。「丙午の年に生まれた女性は気性が激しく，夫の命を縮める」という迷信から，出生数が減少した 1966 年と判断できる。石油危機は 1973 年，日ソ共同宣言と日本の国際連合への加盟は 1956 年，安保闘争は 1960 年，朝鮮戦争の開始は 1950 年。

問９(1)　Ｂが正しい。　Ｘ．十干は「戊」の４年後の「壬」，十二支は「辰」の４年後の「申」である。　Ｙ．672 年の壬申の乱は，天智天皇の死後，天智天皇の子である大友皇子と天智天皇の弟である大海人皇子の間で起こった跡継ぎ争いである。大海人皇子が勝利し，天武天皇として即位した。　**(2)**　「60 歳になると還暦のお祝いをするのは，この十干と十二支の組み合わせが，60 年で一周するから」とあることから，２つの年の間が 60 の倍数であれば同じ干支になると導ける。

3　**問１**　Ｂを選ぶ。衆議院議員定数は 465，参議院議員定数は 245(2020 年時点)，都道府県知事は 47，政令指定都市市長は 20。よって，女性の占める割合は，衆議院議員が 46÷465×100＝9.89…(％)，参議院議員が 56÷245×100＝22.85…(％)，都道府県知事が２÷47×100＝4.25…(％)，２÷20×100＝10(％)となり，参議院議員が最も高い。

問３　立法権は国会，行政権は内閣，司法権は裁判所が持つ権限であり，権力の集中やらん用を防いでいる。

問４　全て誤りだから，Ｈを選ぶ。　①「イギリス」ではなく「スウェーデン」の首都のストックホルムで開催された。　②イギリスは国連安全保障理事会の常任理事国である。　③イギリスは，2020 年２月にＥＵを離脱した。

問５　Ａ・Ｃ．2020 年７月 22 日時点は安倍晋三政権であり，自由民主党・公明党による連立政権であった。

問６　Ａが正しい。ＵＮＥＳＣＯは国連教育科学文化機関，ＷＦＰは世界食糧計画，ＷＨＯは世界保健機関の略称である。

問７　Ｃ．2018 年の改正民法成立では，成人年齢が 20 歳から 18 歳に引き下げられた。

問８　Ｃ．2020 年度の一般会計歳出において，最高額の③は社会保障関係費である。残ったうち，増加し続けている①を国債費と判断すれば，②は公共事業関係費と導ける。少子高齢化が進行しているため，社会保険料を納める働く世代が減少する一方，年金や医療保険給付を受ける高齢者が増えている。そのため，社会保障関係費と国債の返済費用である国債費が増加している。

■ ご使用にあたってのお願い・ご注意

（1）問題文等の非掲載

著作権上の都合により，問題文や図表などの一部を掲載できない場合があります。

誠に申し訳ございませんが，ご了承くださいますようお願いいたします。

（2）過去問における時事性

過去問題集は，学習指導要領の改訂や社会状況の変化，新たな発見などにより，現在とは異なる表記や解説になっている場合があります。過去問の特性上，出題当時のままで出版していますので，あらかじめご了承ください。

（3）配点

学校等から配点が公表されている場合は，記載しています。公表されていない場合は，記載していません。

独自の予想配点は，出題者の意図と異なる場合があり，お客様が学習するうえで誤った判断をしてしまう恐れがあるため記載していません。

（4）無断複製等の禁止

購入された個人のお客様が，ご家庭でご自身またはご家族の学習のためにコピーをすることは可能ですが，それ以外の目的でコピー，スキャン，転載（ブログ，ＳＮＳなどでの公開を含みます）などをすることは法律により禁止されています。学校や学習塾などで，児童生徒のためにコピーをして使用することも法律により禁止されています。

ご不明な点や，違法な疑いのある行為を確認された場合は，弊社までご連絡ください。

（5）けがに注意

この問題集は針を外して使用します。針を外すときは，けがをしないように注意してください。また，表紙カバーや問題用紙の端で手指を傷つけないように十分注意してください。

（6）正誤

制作には万全を期しておりますが，万が一誤りなどがございましたら，弊社までご連絡ください。

なお，誤りが判明した場合は，弊社ウェブサイトの「ご購入者様のページ」に掲載しておりますので，そちらもご確認ください。

■ お問い合わせ

解答例，解説，印刷，製本など，問題集発行におけるすべての責任は弊社にあります。

ご不明な点がございましたら，弊社ウェブサイトの「お問い合わせ」フォームよりご連絡ください。迅速に対応いたしますが，営業日の都合で回答に数日を要する場合があります。

ご入力いただいたメールアドレス宛に自動返信メールをお送りしています。自動返信メールが届かない場合は，「よくある質問」の「メールの問い合わせに対し返信がありません。」の項目をご確認ください。

また弊社営業日（平日）は，午前９時から午後５時まで，電話でのお問い合わせも受け付けています。

2025 春

株式会社教英出版

〒422-8054　静岡県静岡市駿河区南安倍３丁目 12-28

TEL　054-288-2131　　FAX　054-288-2133

URL　https://kyoei-syuppan.net/

MAIL　siteform@kyoei-syuppan.net

教英出版　2025年春受験用　中学入試問題集

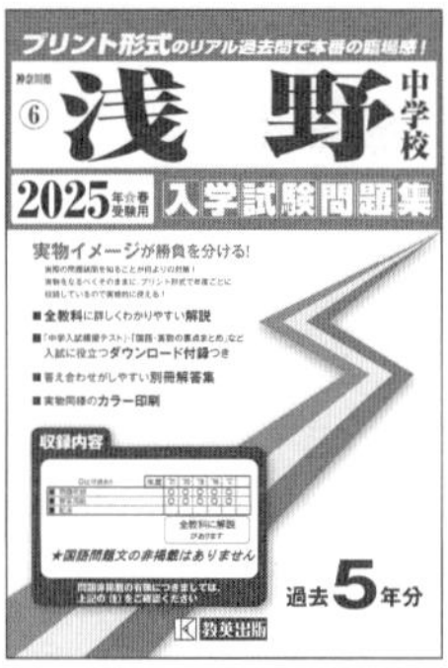

学校別問題集

✿はカラー問題対応

北海道

①[市立]札幌開成中等教育学校
②藤女子中学校
③北嶺中学校
④北星学園女子中学校
⑤札幌大谷中学校
⑥札幌光星中学校
⑦立命館慶祥中学校
⑧函館ラ・サール中学校

青森県

①[県立]三本木高等学校附属中学校

岩手県

①[県立]一関第一高等学校附属中学校

宮城県

①[県立]宮城県古川黎明中学校
②[県立]宮城県仙台二華中学校
③[市立]仙台青陵中等教育学校
④東北学院中学校
⑤仙台白百合学園中学校
⑥聖ウルスラ学院英智中学校
⑦宮城学院中学校
⑧秀光中学校
⑨古川学園中学校

秋田県

①[県立]
大館国際情報学院中学校
秋田南高等学校中等部
横手清陵学院中学校

山形県

①[県立]
東桜学館中学校
致道館中学校

福島県

①[県立]
会津学鳳中学校
ふたば未来学園中学校

茨城県

①[県立]
日立第一高等学校附属中学校
太田第一高等学校附属中学校
水戸第一高等学校附属中学校
鉾田第一高等学校附属中学校
鹿島高等学校附属中学校
土浦第一高等学校附属中学校
竜ヶ崎第一高等学校附属中学校
下館第一高等学校附属中学校
下妻第一高等学校附属中学校
水海道第一高等学校附属中学校
勝田中等教育学校
並木中等教育学校
古河中等教育学校

栃木県

①[県立]
宇都宮東高等学校附属中学校
佐野高等学校附属中学校
矢板東高等学校附属中学校

群馬県

①
[県立]中央中等教育学校
[市立]四ツ葉学園中等教育学校
[市立]太田中学校

埼玉県

①[県立]伊奈学園中学校
②[市立]浦和中学校
③[市立]大宮国際中等教育学校
④[市立]川口市立高等学校附属中学校

千葉県

①[県立]
千葉中学校
東葛飾中学校
②[市立]稲毛国際中等教育学校

東京都

①[国立]筑波大学附属駒場中学校
②[都立]白鷗高等学校附属中学校
③[都立]桜修館中等教育学校
④[都立]小石川中等教育学校
⑤[都立]両国高等学校附属中学校
⑥[都立]立川国際中等教育学校
⑦[都立]武蔵高等学校附属中学校
⑧[都立]大泉高等学校附属中学校
⑨[都立]富士高等学校附属中学校
⑩[都立]三鷹中等教育学校
⑪[都立]南多摩中等教育学校
⑫[区立]九段中等教育学校
⑬開成中学校
⑭麻布中学校
⑮桜蔭中学校
⑯女子学院中学校
✿⑰豊島岡女子学園中学校
⑱東京都市大学等々力中学校
⑲世田谷学園中学校
✿⑳広尾学園中学校(第2回)
✿㉑広尾学園中学校(医進・サイエンス回)
㉒渋谷教育学園渋谷中学校(第1回)
㉓渋谷教育学園渋谷中学校(第2回)
㉔東京農業大学第一高等学校中等部(2月1日 午後)
㉕東京農業大学第一高等学校中等部(2月2日 午後)

神奈川県

①[県立] 相模原中等教育学校
　　　 平塚中等教育学校
②[市立]南高等学校附属中学校
③[市立]横浜サイエンスフロンティア高等学校附属中学校
④[市立]川崎高等学校附属中学校
✿⑤聖光学院中学校
✿⑥浅野中学校
⑦洗足学園中学校
⑧法政大学第二中学校
⑨逗子開成中学校（1次）
⑩逗子開成中学校（2·3次）
⑪神奈川大学附属中学校(第1回)
⑫神奈川大学附属中学校(第2·3回)
⑬栄光学園中学校
⑭フェリス女学院中学校

新潟県

①[県立] 村上中等教育学校
　　　 柏崎翔洋中等教育学校
　　　 燕中等教育学校
　　　 津南中等教育学校
　　　 直江津中等教育学校
　　　 佐渡中等教育学校
②[市立]高志中等教育学校
③新潟第一中学校
④新潟明訓中学校

石川県

①[県立]金沢錦丘中学校
②星稜中学校

福井県

①[県立]高志中学校

山梨県

①山梨英和中学校
②山梨学院中学校
③駿台甲府中学校

長野県

①[県立] 屋代高等学校附属中学校
　　　 諏訪清陵高等学校附属中学校
②[市立]長野中学校

岐阜県

①岐阜東中学校
②鶯谷中学校
③岐阜聖徳学園大学附属中学校

静岡県

①[国立]静岡大学教育学部附属中学校
　　　（静岡·島田·浜松）
② [県立]清水南高等学校中等部
　 [県立]浜松西高等学校中等部
　 [市立]沼津高等学校中等部
③不二聖心女子学院中学校
④日本大学三島中学校
⑤加藤学園暁秀中学校
⑥星陵中学校
⑦東海大学付属静岡翔洋高等学校中等部
⑧静岡サレジオ中学校
⑨静岡英和女学院中学校
⑩静岡雙葉中学校
⑪静岡聖光学院中学校
⑫静岡学園中学校
⑬静岡大成中学校
⑭城南静岡中学校
⑮静岡北中学校
⑯ 常葉大学附属常葉中学校
　 常葉大学附属橘中学校
　 常葉大学附属菊川中学校
⑰藤枝明誠中学校
⑱浜松開誠館中学校
⑲静岡県西遠女子学園中学校
⑳浜松日体中学校
㉑浜松学芸中学校

愛知県

①[国立]愛知教育大学附属名古屋中学校
②愛知淑徳中学校
③ 名古屋経済大学市邨中学校
　 名古屋経済大学高蔵中学校
④金城学院中学校
⑤椙山女学園中学校
⑥東海中学校
⑦南山中学校男子部
⑧南山中学校女子部
⑨聖霊中学校
⑩滝中学校
⑪名古屋中学校
⑫大成中学校
⑬愛知中学校
⑭星城中学校
⑮名古屋葵大学中学校
　（名古屋女子大学中学校）
⑯愛知工業大学名電中学校
⑰海陽中等教育学校(特別給費生)
⑱海陽中等教育学校（Ⅰ·Ⅱ）
⑲中部大学春日丘中学校
新刊⑳名古屋国際中学校

三重県

①[国立]三重大学教育学部附属中学校
②暁中学校
③海星中学校
④四日市メリノール学院中学校
⑤高田中学校
⑥セントヨゼフ女子学園中学校
⑦三重中学校
⑧皇學館中学校
⑨鈴鹿中等教育学校
⑩津田学園中学校

滋賀県

①[国立]滋賀大学教育学部附属中学校
②[県立] 河瀬中学校
　　　 守山中学校
　　　 水口東中学校

京都府

①[国立]京都教育大学附属桃山中学校
②[府立]洛北高等学校附属中学校
③[府立]園部高等学校附属中学校
④[府立]福知山高等学校附属中学校
⑤[府立]南陽高等学校附属中学校
⑥[市立]西京高等学校附属中学校
⑦同志社中学校
⑧洛星中学校
⑨洛南高等学校附属中学校
⑩立命館中学校
⑪同志社国際中学校
⑫同志社女子中学校(前期日程)
⑬同志社女子中学校(後期日程)

大阪府

①[国立]大阪教育大学附属天王寺中学校
②[国立]大阪教育大学附属平野中学校
③[国立]大阪教育大学附属池田中学校

④[府立]富田林中学校
⑤[府立]咲くやこの花中学校
⑥[府立]水都国際中学校
⑦清風中学校
⑧高槻中学校（A日程）
⑨高槻中学校（B日程）
⑩明星中学校
⑪大阪女学院中学校
⑫大谷中学校
⑬四天王寺中学校
⑭帝塚山学院中学校
⑮大阪国際中学校
⑯大阪桐蔭中学校
⑰開明中学校
⑱関西大学第一中学校
⑲近畿大学附属中学校
⑳金蘭千里中学校
㉑金光八尾中学校
㉒清風南海中学校
㉓帝塚山学院泉ヶ丘中学校
㉔同志社香里中学校
㉕初芝立命館中学校
㉖関西大学中等部
㉗大阪星光学院中学校

兵庫県

①[国立]神戸大学附属中等教育学校
②[県立]兵庫県立大学附属中学校
③雲雀丘学園中学校
④関西学院中学部
⑤神戸女学院中学部
⑥甲陽学院中学校
⑦甲南中学校
⑧甲南女子中学校
⑨灘中学校
⑩親和中学校
⑪神戸海星女子学院中学校
⑫滝川中学校
⑬啓明学院中学校
⑭三田学園中学校
⑮淳心学院中学校
⑯仁川学院中学校
⑰六甲学院中学校
⑱須磨学園中学校（第1回入試）
⑲須磨学園中学校（第2回入試）
⑳須磨学園中学校（第3回入試）
㉑白陵中学校
㉒夙川中学校

奈良県

①[国立]奈良女子大学附属中等教育学校
②[国立]奈良教育大学附属中学校
③[県立] 国際中学校
　　　　青翔中学校
④[市立]一条高等学校附属中学校
⑤帝塚山中学校
⑥東大寺学園中学校
⑦奈良学園中学校
⑧西大和学園中学校

和歌山県

①[県立] 古佐田丘中学校
　　　　向陽中学校
　　　　桐蔭中学校
　　　　日高高等学校附属中学校
　　　　田辺中学校
②智辯学園和歌山中学校
③近畿大学附属和歌山中学校
④開智中学校

岡山県

①[県立]岡山操山中学校
②[県立]倉敷天城中学校
③[県立]岡山大安寺中等教育学校
④[県立]津山中学校
⑤岡山中学校
⑥清心中学校
⑦岡山白陵中学校
⑧金光学園中学校
⑨就実中学校
⑩岡山理科大学附属中学校
⑪山陽学園中学校

広島県

①[国立]広島大学附属中学校
②[国立]広島大学附属福山中学校
③[県立]広島中学校
④[県立]三次中学校
⑤[県立]広島叡智学園中学校
⑥[市立]広島中等教育学校
⑦[市立]福山中学校
⑧広島学院中学校
⑨広島女学院中学校
⑩修道中学校
⑪崇徳中学校
⑫比治山女子中学校
⑬福山暁の星女子中学校
⑭安田女子中学校
⑮広島なぎさ中学校
⑯広島城北中学校
⑰近畿大学附属広島中学校福山校
⑱盈進中学校
⑲如水館中学校
⑳ノートルダム清心中学校
㉑銀河学院中学校
㉒近畿大学附属広島中学校東広島校
㉓AICJ中学校
㉔広島国際学院中学校
㉕広島修道大学ひろしま協創中学校

山口県

①[県立] 下関中等教育学校
　　　　高森みどり中学校
②野田学園中学校

徳島県

①[県立] 富岡東中学校
　　　　川島中学校
　　　　城ノ内中等教育学校
②徳島文理中学校

香川県

①大手前丸亀中学校
②香川誠陵中学校

愛媛県

①[県立] 今治東中等教育学校
　　　　松山西中等教育学校
②愛光中学校
③済美平成中等教育学校
④新田青雲中等教育学校

高知県

①[県立] 安芸中学校
　　　　高知国際中学校
　　　　中村中学校

福岡県

①［国立］福岡教育大学附属中学校（福岡·小倉·久留米）

②［県立］
- 育徳館中学校
- 門司学園中学校
- 宗像中学校
- 嘉穂高等学校附属中学校
- 輝翔館中等教育学校

③西南学院中学校
④上智福岡中学校
⑤福岡女学院中学校
⑥福岡雙葉中学校
⑦照曜館中学校
⑧筑紫女学園中学校
⑨敬愛中学校
⑩久留米大学附設中学校
⑪飯塚日新館中学校
⑫明治学園中学校
⑬小倉日新館中学校
⑭久留米信愛中学校
⑮中村学園女子中学校
⑯福岡大学附属大濠中学校
⑰筑陽学園中学校
⑱九州国際大学付属中学校
⑲博多女子中学校
⑳東福岡自彊館中学校
㉑八女学院中学校

佐賀県

①［県立］
- 香楠中学校
- 致遠館中学校
- 唐津東中学校
- 武雄青陵中学校

②弘学館中学校
③東明館中学校
④佐賀清和中学校
⑤成穎中学校
⑥早稲田佐賀中学校

長崎県

①［県立］
- 長崎東中学校
- 佐世保北中学校
- 諫早高等学校附属中学校

②青雲中学校
③長崎南山中学校
④長崎日本大学中学校
⑤海星中学校

熊本県

①［県立］
- 玉名高等学校附属中学校
- 宇土中学校
- 八代中学校

②真和中学校
③九州学院中学校
④ルーテル学院中学校
⑤熊本信愛女学院中学校
⑥熊本マリスト学園中学校
⑦熊本学園大学付属中学校

大分県

①［県立］大分豊府中学校
②岩田中学校

宮崎県

①［県立］五ヶ瀬中等教育学校
②［県立］
- 宮崎西高等学校附属中学校
- 都城泉ヶ丘高等学校附属中学校

③宮崎日本大学中学校
④日向学院中学校
⑤宮崎第一中学校

鹿児島県

①［県立］楠隼中学校
②［市立］鹿児島玉龍中学校
③鹿児島修学館中学校
④ラ・サール中学校
⑤志學館中等部

沖縄県

①［県立］
- 与勝緑が丘中学校
- 開邦中学校
- 球陽中学校
- 名護高等学校附属桜中学校

もっと過去問シリーズ

北海道

北嶺中学校
7年分（算数・理科・社会）

静岡県

静岡大学教育学部附属中学校
（静岡·島田·浜松）
10年分（算数）

愛知県

愛知淑徳中学校
7年分（算数・理科・社会）
東海中学校
7年分（算数・理科・社会）
南山中学校男子部
7年分（算数・理科・社会）
南山中学校女子部
7年分（算数・理科・社会）
滝中学校
7年分（算数・理科・社会）
名古屋中学校
7年分（算数・理科・社会）

岡山県

岡山白陵中学校
7年分（算数・理科）

広島県

広島大学附属中学校
7年分（算数・理科・社会）
広島大学附属福山中学校
7年分（算数・理科・社会）
広島学院中学校
7年分（算数・理科・社会）
広島女学院中学校
7年分（算数・理科・社会）
修道中学校
7年分（算数・理科・社会）
ノートルダム清心中学校
7年分（算数・理科・社会）

愛媛県

愛光中学校
7年分（算数・理科・社会）

福岡県

福岡教育大学附属中学校
（福岡·小倉·久留米）
7年分（算数・理科・社会）
西南学院中学校
7年分（算数・理科・社会）
久留米大学附設中学校
7年分（算数・理科・社会）
福岡大学附属大濠中学校
7年分（算数・理科・社会）

佐賀県

早稲田佐賀中学校
7年分（算数・理科・社会）

長崎県

青雲中学校
7年分（算数・理科・社会）

鹿児島県

ラ·サール中学校
7年分（算数・理科・社会）

※もっと過去問シリーズは
国語の収録はありません。

教英出版

〒422-8054
静岡県静岡市駿河区南安倍3丁目12−28
TEL 054-288-2131
FAX 054-288-2133
詳しくは教英出版で検索
教英出版　検索
URL https://kyoei-syuppan.net/

二〇二四年度　入学試験問題

国語

第一回

【注意】

・試験時間は五〇分です。（八時五〇分～九時四〇分）
・問題は一ページから九ページまでです。
・解答はすべて解答用紙に記入してください。
・字数制限のない問題について、一行分の解答らんに二行以上解答してはいけません。
・記号・句読点がある場合は字数に含《ふく》みます。
・解答用紙に受験番号、氏名を記入してください。

洗足学園中学校

1 次の文章は、フランスの十歳《さい》〜十五歳の子どもたちに向けたある哲学《てつがく》者の講演記録で、「現代社会における宗教や、何かを信じることについて、哲学はどのような立場をとっているのか、また道徳心や道徳は今どこにあるのか」という聴衆《ちょうしゅう》の子どもからの質疑に応答してこの哲学者が語ったものです。これを読んで後の問いに答えなさい。

お詫び

著作権上の都合により、文章は掲載しておりません。
ご不便をおかけし、誠に申し訳ございません。

教英出版

お詫び

著作権上の都合により、文章は掲載しておりません。
ご不便をおかけし、誠に申し訳ございません。

教英出版

お詫び
著作権上の都合により、文章は掲載しておりません。
ご不便をおかけし、誠に申し訳ございません。
教英出版

お詫び
著作権上の都合により、文章は掲載しておりません。
ご不便をおかけし、誠に申し訳ございません。
教英出版

（ベルナール・スティグレール『向上心について――人間の大きくなりたいという欲望』メランベルジェ眞紀　訳）

★新プラトン主義……三世紀ごろプロティノスという哲学者がプラトンの教説を受け継《つ》ぎ、創始したと言われる思想。
★無神論……神の存在を否定する考え方。
★教条主義……権威《けんい》者の述べたことをうのみにし、それに基づいて判断、行動する態度。
★啓示……人間の理解を越えたことがらについて教え示すこと。
★旧約聖書……キリスト出現以前の神の古い約束を告げた聖書。ユダヤ教の聖典。キリスト教の経典。
★福音書……キリストの教訓や一生を記した新約聖書の冒頭《ぼうとう》の四巻のこと。
★コーラン……イスラム教の聖典。
★昇華……心理学の用語。満たされない欲求や葛藤《かっとう》を、社会的に認められている価値ある行動に変えて自己実現を図ろうとすること。

★マックス・ウェーバー……ドイツの哲学者、社会学者、経済学者（一八六四〜一九二〇）。
★合理化……ここでは、すべてを計算可能とみなす、という意味。
★まします……古語。「いらっしゃる」という意味。
★いと……古語。頂点に達する様子。とても、非常に、という意味。

問一　［(1)］に入れる言葉を五字以内で書きなさい。

問二　――(2)「宗教への回帰（そう呼ばれているのが正しいかどうかはともかく）という現象が起こっている」とありますが、本文によれば、これはどういう「現象」ですか。三行以内で説明しなさい。

問三　――(3)「この合理化によって、あらゆる信じる気持ちが破壊《はかい》されてしまい」とありますが、これはどういうことですか。本文の内容に沿って、三行以内で説明しなさい。

問四　――(4)「本当に信じられるのは計算できないことだけなのです。」とありますが、この表現が意図している内容の説明として正しいものを、次のア〜エの中から一つ選び、記号で答えなさい。

ア　人は合理化によって世の中を知りたいと思うようになるが、何を信じるかの対象はもともと計算できないものだけなのだということ。
イ　人は希望を失わずに生きるために、現代の計算可能な世界に落ちつくことができず、あらゆる信じる気持ちを失ったのだということ。
ウ　人は世界の成り立ちやしくみを理解する上で、計算可能な次元での説明では納得できず、だからこそ信仰《しんこう》が生まれるのだということ。
エ　人は物事を信じる気持ちを失ってしまったので、常に疑うという気持ちを強くして新たに世界を創《つく》り直す必要があるのだということ。

問五　――(5)「神が死んでしまった現代において信じる対象になりうるのは、やはり〔神がかつてそうであったように〕別の次元を構成しているものだ」とありますが、ここでいう「別の次元を構成しているもの」とはどういうものですか。本文の内容に沿って、三行以内で説明しなさい。

問六　［A］〜［D］の中に入れる語として正しいものを次の中からそれぞれ一つ選び、記号で答えなさい。（ただし記号はそれぞれ一回ずつ使用します。）

ア　言いかえれば　　イ　ところが
ウ　ですから　　エ　たとえば

問七　――ア〜オのカタカナを漢字に直しなさい。

問八　本文の内容に合うものを次のア〜エの中から一つ選び、記号で答えなさい。

ア　信仰のあり方は、昔も今も本質的には変わらないが、「神は死んだ」というニーチェの時代から現代に至るまで、信じるという行為《こうい》自体は危険なものである。
イ　むずかしいことを求めてもっと上を目指そうとする欲望は、人間本来の姿であるが、その時こそ神の存在について現代に示す機会なのだと知るべきである。
ウ　何もかもが疑わしい現代だからこそ世界をすべて計算可能なものと見なす「合理化への信仰」が芽生えてきたのであり、われわれはその点を再考すべきだ。
エ　合理化が進み、世界をすべて計算可能なものにしてしまった現代の社会であるがゆえに、私たちは新たに信じるということの意味を問い直してゆくべきだ。

2 次の文章は、瀬尾まいこ『掬《すく》えば手には』の一節です。**これまでの主なあらすじ**を読んだ後、本文を読んで後の問いに答えなさい。

これまでの主なあらすじ

主人公の梨木匠はごく普通《ふつう》の大学生で、人の心が読めることを取り柄《え》にし、その能力を必死で信じているが、他には個性と言えるようなものを持っていないことに悩《なや》んでいる。大学サークルには所属していなかったが、ある時、友人の河野さんから、スポーツサークルのバスケットボールの試合に負けて怒《おこ》っている香山の機嫌《きげん》を取ってきてほしいと頼《たの》まれる。これがきっかけで、ある時香山の方からマラソン大会に一緒《いっしょ》に出ようと熱烈《ねつれつ》に誘《さそ》われる。高校時代の香山は卓球部《たっきゅうぶ》だった。このマラソン大会の結果は、梨木は百人中四十九位。香山は十一位だったが、何か納得《なっとく》のいかない表情をする。そして梨木に小学校の高学年のころよく走っていたことを言いかけてやめる。梨木はマラソン大会に参加して久しぶりに爽快感《そうかいかん》を味わうことができた。その後、今度は梨木の方から香山を別のマラソン大会に誘う。走るのが楽しくなったのと、香山の話の続きを聞きたかったからである。結果は、梨木は五十人中二十五位、香山は十一位だった。梨木は「お互《たが》い順位以外は満足だろう」と笑った。

「梨木の走り、マジでよかったぜ」

「ありがとう。香山もなって、すれ違《ちが》った時しか見てないけど」

参加賞のスポーツ飲料とタオルを受け取ると、ぼくたちは川沿いに座《すわ》り込《こ》んだ。走り終えた人たちがストレッチをしたり、寝転《ねころ》がったりしている。

「小学校のころの香山って、走り速かったんだよな」

ぼくがスポーツ飲料を一口飲んでそう言うと、

「何、突然《とつぜん》？」

と、汗《あせ》をぬぐっていた香山はぼくのほうに顔を向けた。

会話にはタイミングがある。特にまじめな話だと、適した場所や状況《じょうきょう》、相手の気持ちの盛り上がり。いろんな要素が必要だ。だけど、タイミングなんて待っていたら、知ることができないものがたくさんある。ぼくはかまわず話を続けた。

「前、話しかけてただろう。小学校の時走ってたって」

「ああ、こないだのマラソン大会の後？」

香山もあの日、話しきれてないことがどこかで気になっていたのだろう。すぐにそう言い当てた。

「そう。途中《とちゅう》になっちゃってたからさ。小学校の時、香山どんなふうに走ってたの？」

「えっと、俺《おれ》さ、めちゃくちゃ速かったんだ」

香山はスポーツ飲料を飲み干すと、「自分で言うのもなんだけどな」と笑ってから話し出した。

「一年の時から卒業まで運動会でも負けたことなかったし、いつもクラスで一番速かったんだ。高学年のころはよく走ってて、学校では段トツだった」

「それ、かなりかっこいいじゃん」

「だろ。それで、中学一年の体育の授業で１００メートルの記録とったら、１２秒２３でさ」

陸上部でもなかったぼくには、それがどれくらいすごい記録かはいまいちピンと来なかった。

「あ、これ、相当速いんだからな。まあ、その時は俺自身もピンと来てなかったんだけど」

香山はそう笑った。

「中学の体育の教師、新井って名前だったんだけど、そいつが『練習もしてないのに、一年生で１２秒台走れるなんて、ジュニアオリンピックも夢じゃない』とか興奮してさ。なんかわからないうちに、翌日から陸上練習に参加させられたんだ。俺、バスケ部だったのにだよ。部活が終わって[A]の体で一時間近く陸上の練習させられてさ」

「うわ、たいへんそう」

「中一なんてまだ子どもだし、意識も低いから、嫌《いや》で嫌で。地獄《じごく》だとしか思えなかった」

「でも、部活終わりに練習つけてもらえるってことはよっぽど才能あったんだな」

ハードなのはわかるけど、うらやましかった。中学一年生。ぼくが、運動も音楽も勉強もどれだけ努力したって、そこそこにしかなりそうにないことに気づいたころだ。

「まあな。今まで何もしてなかった分、練習したらすぐ結果に結びついて、その夏に出た大会では１１秒５５で一位とったんだ。俺がこれで解放されるとほっとしてる横で、新井は『この調子ならブロック大会でも優勝狙《ねら》えるな』と[a]としてた。その時、俺、絶望したんだ。え？　これで終わりじゃないの？　まだ練習が続くのかって」

「期待されるのって、貴重なことだけどな」

「それが十二歳《さい》の俺にはさっぱりわからなくてさ。しかも、バスケ部の先《せん》輩《ぱい》には『陸上ばっかでこっち手抜《ぬ》くなよ』と言われるし、陸上部の先輩にもにらまれるし、新井は怖《こわ》いし。もう心身ともにボロボロ」

「それは想像できるな。突然来た一年に追い抜かされたら先輩はたまんないもんな」

「だろう。とにかく次の大会までは耐《た》えようってがんばったんだ。そこでも優勝を果たして、これで解放されるって喜んだら、次は県大会だぞと言われて。そこで、これはやばいって思った。このままだと俺、走り続けることになるって」

　そこまで話すと、香山は足を伸《の》ばして座りなおした。ぼくもなんとなく同じ姿勢をとる。

「先生が怖くて従ってただけで、俺は走るのが好きなわけじゃないと思ったんだ。スポーツは好きだ。でも、それはバスケや野球が好きなだけで、こつこつ練習して記録を上げていく陸上が好きなんじゃないって。中学一年生の俺は、速く走ることや、記録を出すことに意味を見出してなかったんだ」

「もしかして辞《や》めちゃったの？」

　ぼくはそう聞いた。

「そう。どうしてこんなしんどい思いをしないといけないのだろうって疑問でさ。新井に辞めたいって必死で訴《うった》えた」

「辞めさせてくれないだろう。そんなの」

「ああ、だから捻挫《ねんざ》したって嘘《うそ》ついて、練習サボって。二学期からは体育の授業でも気づかれない程度に流して走るようになった。１１秒台だったのを１２秒台後半で走るように調節してさ。そのうち、先生も諦《あきら》めたのか見損《みそこ》なったのか声かけてこなくなった。今思うとすごいばかだけど」

「もったいないような気もするけど、でも、まあ、そういうのもありのような」

　もったいない。そう言い切ってしまうと、今の香山を否定するようで、ぼくは[Ⅰ]を濁《にご》した。

「まあな。新井は二年生になっても時々声をかけてくれたけど、三年になると誰《だれ》にも陸上のこと言われなくなったな。そこで初めて、(1)とんでもないことをしてしまったのかもって思うようになった」

「だけど、本気で走ればまだ速かったんだろう？　もう一度走ろうって思わなかったの？」

「本気で走るのが怖かったんだ。全力で走ったところで、もう前みたいに走れなくなってることを知るのが怖かった。ずっと練習せずに体を甘《あま》やかしてて、いい記録が出るわけないって、三年生になった俺はわかってたし」

　香山はそう言うと、

「ま、そもそも、こんな根性《こんじょう》だから、そのまま陸上やってたとしても、二年三年と重ねるうちに、たいしたことなくなってただろうけどさ」

と笑った。

　スポーツで上位をキープしている人は、身体能力だけじゃなく、精神的にも強い。逃げ出そうとしていた香山がそのまま続けていたとしても、どこかで躓《つまづ》いていた可能性は高い。だけど、もしも。もしも真剣《しんけん》にやっていたとしたら、どうなっただろう。自分が歩んでいたかもしれない道を想像したくなる気持ちはわかる。何もわからず判断していた無知だった自分を、悔《く》やみたくもなるだろう。

「もし、中学一年生の時に戻《もど》れたらどうする？」

「そりゃ、もう一度チャンスがあったら走りたいよ。辞めずに続けて、自分の力を試してみたい」

　香山は迷いなく答えた。

「そのままやってたら、香山、陸上選手になってたかな」

「それは無理だな。何年間必死で走っても、よくて県大会入賞ぐらいだろうと思うよ。それでも、真剣にやってみたいと思う」

「すごいな」

「すごくないよ。それに気づいたの、大学に入ってからだもん。サークル活動して、『楽しもう』がモットーの空気にどこかしっくりいかなくて。あ、そっか、俺、真剣にやりたいんだって、初めて気づいたよ。遅《おそ》すぎだろう」

　(2)香山は声に出して笑った。十時を過ぎ、日が少し高くなって風は和《やわ》らいでいる。

「どうだろう。走ったのなんて、こないだのマラソン大会が久しぶりだからな。体育館で梨木に会って、あのころの気持ちがよみがえって、こいつとだったら一緒に走れそうって、思い立ったんだよな」

あの時は河野さんに頼《たの》まれて、適当に香山の機嫌がよくなりそうな言葉を並べただけだ。ぼくは「熱心に運動してたわけでもないくせに、なんだかんだ言っちゃったな」と肩《かた》をすくめた。

「走ってみて自分の実力を思い知ったよ。想像していた以上にたいしたことないって[B]きた」

それであのレース後の香山はどこか浮《う》かなかったのか。ぼくは「そんなことないだろうけど」とつぶやいた。

(3)「でもさ、梨木と走ってよかった。あのレースで終わりだと思ってた。自分の走力がわかって、もう十分だなって。それなのに、こんなふうに続きがあったなんてさ」

「だったらよかった」

走ることを手放してしまった香山は、何か大事なものを失ったのだろうか。光が射《さ》す道からそれてしまったのだろうか。それはわからない。けれど、陸上にまったく興味がなかったぼくを、走らせたじゃないか。そして、走るのがこんなにも気持ちがいいことを教えてくれたじゃないか。それを伝えたいと思ったけれど、どう話せばいいかわからなかった。

「梨木は？」

迷っていると、香山に言われた。

「え？」

「梨木の話も聞かせてよ」

「ぼくの話？」

「そう。いろいろあっただろ。単純明快に暗いところゼロで十代をやり過ごしているやつなんていないもんな」

香山はそう言った。

香山の打ち明け話はかっこいい。走ることを放棄《ほうき》したことは、淀《よど》んだまま香山の中に残っているのかもしれない。だけど、速く走れるという才能があったのだ。能力があるものは、挫折《ざせつ》すら輝《かがや》きがある。

「つまらないことしかないけどさ」

ぼくはそう言い訳をしてから、言葉を続けた。

「何それ？　すごい話じゃん」

香山は目を見開いた。香山はいつもまっすぐにぼくの話に乗りこんでくれる。

「すごくないよ。不登校だった女の子がいて、その子が教室に入ってきた時なんだけど」

ぼくは名前を上げずに、★三雲さんが席に着きにくそうにしていた時フォローしたこと、それで、周りからエスパーだとはやし立てられたこと、高校生になってからの吉沢のことなどを話した。

「そっか。それで、梨木、体育館で俺に声かけてくれたんだ。速く走れるよりよっぽどすごい」

香山は真顔で感心してくれた。

「ただの偶然《ぐうぜん》。それを一人で特別な力だって信じこもうと必死で」

「そうなの？」

「そう。ぼくは、本当にごく普通の平均ど真ん中のやつでさ。ほら、今日も二十五位だっただろう」

「何でも[Ⅱ]なくこなせるって、いいじゃん」

そう言う香山に、ぼくは首を横に振《ふ》った。

「長所もないんだよ。運動も勉強もなにもかも、とにかく普通でさ。特徴《とくちょう》ゼロ。そんな自分をずっとどうにかしたかったんだ」

「できないんじゃなくて、それなりにできるんだろう。それってそんなに悩まないといけないことか？」

香山は[Ⅲ]に落ちない顔をする。

「そう言われたらそうかもしれないけど、でも、ぼくの家は親も姉もみんな何かができて、そのせいか、平凡《へいぼん》なことがものすごくつまらなく感じて。だから、人の心が読めるって言われた時、ようやく何か特別なものを与《あた》えられたようで、それに飛びついてた」

中学や高校の時のぼくは、走るのを辞めた時の香山と同じように無知で、自分の能力を信じこめる力があった。

「だけど、多少は他人のことがわかるんだろう？　俺に声かけてくれた時も、あたってたよ」

「誰だって人の心ぐらい読めることあるよ。もちろん、当たりはずれもあるだろうけどさ。その程度のものに、自分の個性だってしがみついて、特別な力だと自分自身に言い聞かせてた。ぼくは人の心がわかる。人とは違う部分があるって」

「人の心が読める」そんなの、共に時間を重ねれば、誰でもできることだ。完全に正しく他人をわかることは不可能だ。けれど、一緒にいれば相手が何を考えているのか、どんな気持ちでいるのか、気づけることだってある。そんなごく当たり前のことを、自分の力だと信じないと進めないくらいに、ぼくは何も持っていなかった。

「普通って何がだめなの？」

香山は眉《まゆ》をひそめた。

そう言えるのは、香山が自分だけのものを持っているからだ。人より速い走力も、それを放棄した後悔《こうかい》も、真剣さを捨てられない今の自分も、香山だけのものだ。

「もしさ、普通がありきたりでつまらないって意味なら、梨木は普通じゃないから」

「そうかな」

「そう。普通とか平凡とかよくわかんないけど、少なくとも俺にとっては普通じゃない。だってさ、突然体育館で俺のこと励《はげ》ましだしたかと思ったら、二回も一緒にマラソン大会出てるんだぜ。これのどこが普通？」

香山はそう笑った。(5)香山の他意が含《ふく》まれない笑顔は、見ているだけで胸のつかえを取ってくれる。

「しかも、お互い勝手にエントリーされてるしな」

ぼくも笑った。

（瀬尾まいこ『掬えば手には』）

★三雲さん…小学校時代から中学三年まで不登校だった生徒で、梨木とは小学校からの同級生。中学三年の十月、初めての教室で緊張《きんちょう》している三雲さんに、梨木は夏服で登校したことを気にしているのだろうと思って、自分なんか学ランの中はTシャツのままであると言ってその場を和《なご》ませ、三雲さんは緊張がほぐれた。この三雲さんが現在の河野さん。通信制の高校に通い、高校二年生の時、河野姓《せい》に変わる。梨木との連絡《れんらく》は数回程度だったが、大学進学を決める時、どうしても梨木と同じ大学に通いたいと

問一　――(1)「とんでもないことをしてしまった」とありますが、「香山」にとっては、どういうことが「とんでもないこと」にあたりますか。文末を「…こと。」という形にして三行以内で説明しなさい。

問二　――(2)「香山は声に出して笑った。」とありますが、このときの「香山」の心情を説明したものとして最もふさわしいものを次のア～エの中から一つ選び、記号で答えなさい。

ア　楽しむことを中心とするサークル活動の空気になじめなくなったのは、走ることを真剣《しんけん》にやってみたいと決意したからであるが、いまさらそれに気づいても遅《おそ》いと、自分の情けなさを笑っている。

イ　辞《や》めずに続けていれば陸上選手になれたかという質問から、必死に練習を重ねても思うような記録は出せない陸上界の現実を梨木はわかっていないと、心の中で苦々しく感じながらも笑っている。

ウ　本気で走ろうと思ったことは、この間のマラソン大会まではなかったので、梨木に会ってから急に走りたくなった自分の軽率《けいそつ》さが恥《は》ずかしく、同時に、夢を諦《あきら》めない自分を励《はげ》まそうと笑っている。

エ　楽しむだけのサークル活動を物足りなく感じ、辞めてしまった陸上を今度こそ真剣にやって自分の力を試してみたいと思うものの、今さらそのことに気づいても遅いと自分の愚《おろ》かさを笑っている。

問三　――(3)「『でもさ、梨木と走ってよかった。』」とありますが、ここで「香山」と「梨木」は、お互いに感謝しています。それぞれの心情を、主体（誰《だれ》が）を明示して二行以内で説明しなさい。文末は「…心情。」としなくてよい。

問四

もって』」とありますが、ここで「梨木」が「香山」に語った内容をまとめたものとして最もふさわしいものを次の中から一つ選びなさい。

ア 人の心が読めることは、共に時間を重ねれば誰《だれ》にでもある程度はできることなのに、普通《ふつう》で何の特徴《とくちょう》もないことに悩《なや》んでいた梨木は、そんな当たり前のことを特別な力だと信じ込《こ》ませなければ進めないくらいに、何も持っていないと思い込んでいた。

イ 不登校だった三雲さんを助けた時、周りからエスパーだとはやし立てられたことがきっかけで、自分には人の心を読む力があると信じ込んできた梨木は、特別な能力を持ちながらも、それらを真剣に認めてこなかった家族に原因があると思っていた。

ウ 人の心を完全に読むことはできないが、当たり外れはあるもののある程度はできるようになっていた梨木だったが、香山にとっての陸上のように、特別な力を信じて真剣《しんけん》に取り組もうとする強い意志を持つことはできずに終わったことに悩んでいた。

エ 運動も勉強も普通で特徴がないことに悩んでいた梨木は、人の心が読めるという自分の特別な力を頼《たよ》るあまり、相手が何を考えているのか、どんな気持ちでいるのかという、ごく普通の配慮《はいりょ》に対しては何もしてこなかったことを後悔《こうかい》していた。

問五 ――(5)「香山の他意が含《ふく》まれない笑顔は、見ているだけで胸のつかえを取ってくれる」とありますが、ここでの「梨木」の心情を三行以内で説明しなさい。文末は「…心情。」としなくてよい。

問六 [A]・[B]に入れる語として最もふさわしいものを次のア～カの中から一つ選び、記号で答えなさい。（ただし記号はそれぞれ一回ずつ使用します。）

ア ペコペコ　**イ** きっぱり　**ウ** フラフラ
エ げっそり　**オ** ズルズル　**カ** がっくり

問七 (一)

Ⅰ [Ⅰ]に入る漢字二字を書き、「はっきり言わないでおいた」（「[Ⅰ]を濁《にご》した」）という意味の表現を完成させなさい。

Ⅱ [Ⅱ]にひらがな二字を書き、「手抜《ぬ》かりや無駄《むだ》がなくこなせる」（「[Ⅱ]なくこなせる」）という意味の表現を完成させなさい。

Ⅲ [Ⅲ]にひらがな一字（漢字でもよい）を書き、「なるほどと思えない」（「[Ⅲ]に落ちない」）という意味の表現を完成させなさい。

(二) [a]には、「誇《ほこ》らしげに、得意そうにふるまう様子」という意味の四字熟語が入ります。正しい四字熟語を、次のア～オの中から一つ選び、記号で答えなさい。

ア 我田引水　**イ** 馬耳東風　**ウ** 美辞麗句《れいく》
エ 意気《いき》揚々《ようよう》　**オ** 唯一《ゆいいつ》無二

(三) 次のb～dの意味説明にあたる四字熟語を、それぞれの空欄《くうらん》に正しい漢字を書き、完成させなさい。一つの四字熟語内の[　]には同じ漢字は入りません。

b 言葉に出さなくても気持ちが通じ合っていること。
＝（「[　]心[　]心」）

c 細かいところは違《ちが》っているが、大体は同じであること。
＝（「[　]同[　]異」）

d 大いに飲み食いすること。
＝（「[　]飲[　]食」）

問八　本文の内容に合うものを、次のア～エの中から一つ選び、記号で答えなさい。

ア　香山は、足の速かった中学一年生の時、体育教師に目をかけられて厳しい陸上の練習をさせられ、耐《た》えきれずに辞めてしまって以後は、本気で走るのが怖《こわ》くなって周囲に気づかれない程度に流して走るようになった。

イ　梨木は、他人の心を読むという自分の能力が周囲から認められたとき、三雲さんが初の登校で席に着きにくそうにしていた中学三年生の頃《ころ》を思い出してみたが、それもただの偶然《ぐうぜん》かも知れないと考えるようになった。

ウ　香山は、以前梨木が体育館で自分を励ましてくれて、それをきっかけにこれまで二回もマラソンを走れたことがとても特別なことに思えてきたので、やはり普通にすることで気づけることもある、と梨木を励ました。

エ　梨木は、香山の持っている陸上に関する経験のすべてが香山本人の特別なものであり、やはり自分には特徴がないと悩んでいたが、香山からはむしろ梨木こそ特別な存在だと言われ、悩みが解消されたように感じた。

2024年度　入学試験問題

算　　数

第 1 回

【注　意】

・試験時間は 50 分です。(10 : 00 ～ 10 : 50)
・問題は1ページから9ページまでです。
・解答はすべて解答用紙に記入してください。
・解答用紙に受験番号、氏名を記入してください。
・円周率は3.14として計算してください。

洗足学園中学校

1 次の問いに答えなさい。

（1）次の計算をしなさい。

$$\left(2\frac{2}{3} - 0.5\right) \times \left(2.8 + 3 \times 5 + 1\frac{1}{25}\right) \div 3.14$$

（2）$\square$ にあてはまる数を答えなさい。

$$0.84 \times \left(0.75 - \frac{1}{28}\right) \div \square \times 9 + 14 \div \left(1.02 - \frac{5}{6}\right) = 76$$

2　次の問いに答えなさい。

（1）Aさんが買い物をしました。最初の店では所持金の$\frac{1}{2}$より200円多く使い，2番目の店では残った所持金の$\frac{1}{3}$よりも400円多く使いました。3番目の店で残った所持金の$\frac{1}{4}$よりも600円多く使ったところ，所持金をすべて使いきりました。Aさんは，はじめに何円持っていましたか。

（2）1，2，3，4，5，6，7が1つずつ書いてある7枚のカードから4枚を選び，2枚ずつ並べて2桁《けた》の奇《き》数を2つ作ります。大きい方の数が小さい方の数の倍数になるとき，考えることができる奇数の組をすべて求めなさい。なお，答えは（13，25）のように書きなさい。

（3）高さが同じで底面積が異なる直方体の形をした2つの容器A，Bがあります。この2つの容器に空の状態から毎分1Lの割合で同時に水を入れ，容器Aの高さの半分まで水を入れたところで，容器Aについている毎分200mLの水を排《はい》出する排水口を開けました。その後，容器AとBが同時に満水になりました。このとき，容器AとBの底面積の比をもっとも簡単な整数で答えなさい。

（4）四角形ＡＢＣＤは長方形です。直線ＢＥと直線ＦＤが平行のとき，三角形ＡＢＧと三角形ＦＤＨの面積の比をもっとも簡単な整数で答えなさい。

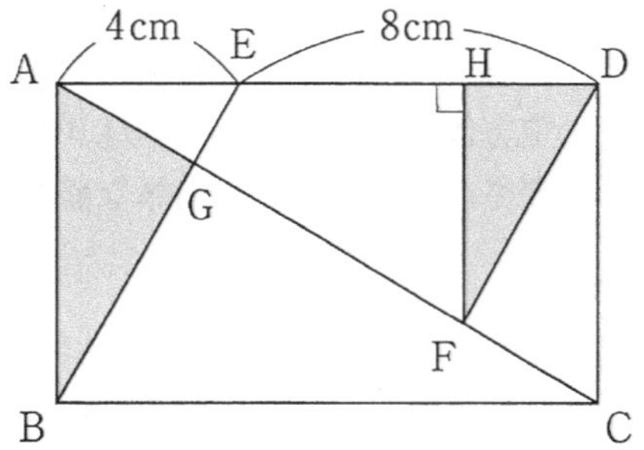

3 次の問いに答えなさい。

（１）原価が50円の消しゴム1500個を仕入れ，４割の利益を見込《こ》んで定価をつけました。ところが４割が売れ残ったので定価を割り引いて残りをすべて売り切ったところ，予定の86％の利益をあげることができました。売れ残った消しゴムを定価の何割引きで売りましたか。

（２）立方体ＡＢＣＤＥＦＧＨがあります。辺ＡＢ上にＡＰ：ＰＢ＝１：３となる点Ｐを，辺ＢＦ上にＢＱ：ＱＦ＝１：１となる点Ｑをとります。また，点Ｐと点Ｑを結んだ直線上に点Ｒをとります。三角形ＲＱＧの面積は，３点Ｐ，Ｑ，Ｇを通る平面で立方体を切ったときの切り口の面積の$\frac{1}{3}$倍になりました。このとき，ＰＲとＲＱの長さの比をもっとも簡単な整数で答えなさい。

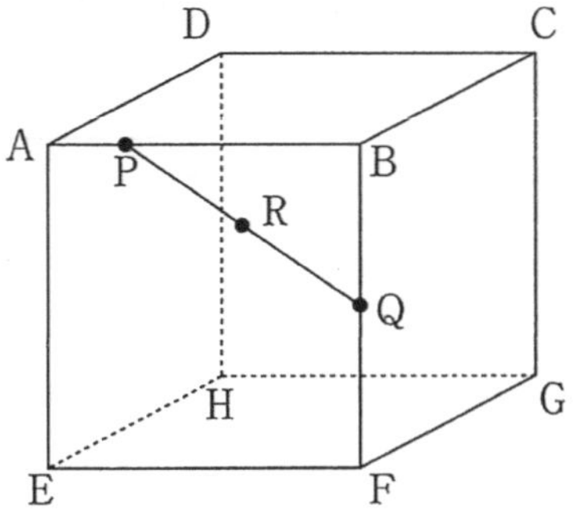

（3）A，B，Cの3人がスタートから7km走ったところで折り返し，同じ道を戻《もど》ってゴールする14kmのマラソン大会に参加しました。3人は同時にスタートし，ゴールまでそれぞれ一定の速さで走りました。AとBの速さの比は5：4です。Aは6km走ったところでCとすれ違《ちが》い，Bはスタートから43分45秒後にCとすれ違いました。このとき，Bがゴールしたのは Aがゴールしてから何分何秒後ですか。なお，この問題は解答までの考え方を表す式や文章・図などを書きなさい。

（4）常に一定の量の水が流れ込んでいる貯水池があります。この貯水池が満水の状態から空になるまで排《はい》水するのに，6台のポンプでは350分，5台のポンプでは450分かかります。ところが，貯水池の内壁《へき》にヒビが入り，貯水池の水の量が5割を超《こ》えると，常に一定の水がもれるようになりました。この状態で5台のポンプを使って満水から空になるまで排水したところ，435分かかりました。このとき，内壁のヒビからもれる水の量は，ポンプ1台あたりの排出量の何倍ですか。ただし，ポンプ1台が排出できる水の量はすべて同じであるものとします。なお，この問題は解答までの考え方を表す式や文章・図などを書きなさい。

4　Ａ，Ｂ，Ｃの３人は，夏休みに文化祭の来場者に渡《わた》すしおりを作ることにしました。しおりを作る速さはそれぞれ一定ですが，誰かと一緒《しょ》に作業するとおしゃべりをしてしまうため，それぞれの作業の速さが0.8倍になってしまいます。予定枚数を作るにあたり，以下のことが分かっています。

①Ａ→Ｂ→Ｃ→Ａ→Ｂ→Ｃ→…の順にそれぞれ１人で６分ずつ作業すると，最後はＢが６分作業したところで予定枚数を作り終える。

②Ｂ→Ｃ→Ａ→Ｂ→Ｃ→Ａ→…の順にそれぞれ１人で６分ずつ作業すると，①よりも２分多くかかる。

③Ｃ→Ａ→Ｂ→Ｃ→Ａ→Ｂ→…の順にそれぞれ１人で６分ずつ作業すると，①よりも２分少なくてすむ。

④ＡとＢ→ＢとＣ→ＣとＡ→ＡとＢ→ＢとＣ→ＣとＡ→…の順にそれぞれ２人で６分ずつ作業すると，３時間８分で予定枚数を作り終える。

このとき，次の問いに答えなさい。

（１）Ａ，Ｂ，Ｃがそれぞれ１人で，６分間作業したときに作ることができるしおりの枚数の比をもっとも簡単な整数で答えなさい。

（2）A，B，Cがはじめから3人で作業すると何時間何分で予定枚数を作り終えますか。なお，この問題は解答までの考え方を表す式や文章・図などを書きなさい。

（3）A，B，Cの3人で作業をはじめましたが，1時間48分が経過した後，Aは旅行に行くため以後の作業に加われなくなり，また，Bは少し休憩《けい》をしてから作業に戻《もど》りました。予定枚数を作り終えるのにすべて3人で作業するときよりも19分多くかかったとすると，Cが1人で作業していた時間は何分間ですか。

5 AからBまでは上り坂，BからCまでは平らな道，CからDまでは下り坂となっている登山コースがあります。花子さんはA地点から，よし子さんはD地点から同時に出発したところ，1時間45分後に花子さんが平らな道を$\frac{5}{6}$だけ進んだところで2人は出会いました。また，花子さんがD地点に着いた5分後によし子さんがA地点に着きました。2人はどちらも上り坂を時速1.5km，平らな道を時速3km，下り坂を時速2kmで進みます。このとき，次の問いに答えなさい。

（1）よし子さんがB地点に着いたのは，花子さんがC地点に着いてから何分後ですか。

（2）花子さんがA地点を出発してからD地点に着くまでに何時間何分かかりましたか。
なお，この問題は解答までの考え方を表す式や文章・図などを書きなさい。

（3）2人はしばらく休んだ後，再び同時に出発し，来た道を戻《もど》りました。しかし，途《と》中で雨が降り始めたため，すぐに花子さんは残りの上り坂と平らな道を進む速さだけ$\frac{6}{5}$倍にしました。また，よし子さんは下り坂を進む速さだけ$\frac{5}{4}$倍にしたところ，花子さんがA地点に着くと同時によし子さんがD地点に着きました。雨が降り始めたのは2人が再び出発してから何分後ですか。

2024年度　入学試験問題

理　　科

第 1 回

【注　意】

試験時間は社会とあわせて60分間です。(11:10 ～ 12:10)

理科と社会両方の教科の問題を時間内に解いてください。

問題は1ページから14ページまでです。

解答はすべて解答用紙に記入してください。

解答用紙に受験番号、氏名を記入してください。

洗足学園中学校

1 　園子さんは、図１のようなモービルのつりあいに興味を持ち、実験をしました。実験で使用する棒や糸の重さや太さは無視できるものとし、棒や円盤《えんばん》はおもりをつるしても、変形したり角度が変化したりしないものとします。また、必要であれば、図２の三角形の対応する辺の長さの比を使用しなさい。小数第２位以下がある場合は、四捨五入して小数第１位まで答えなさい。

図１

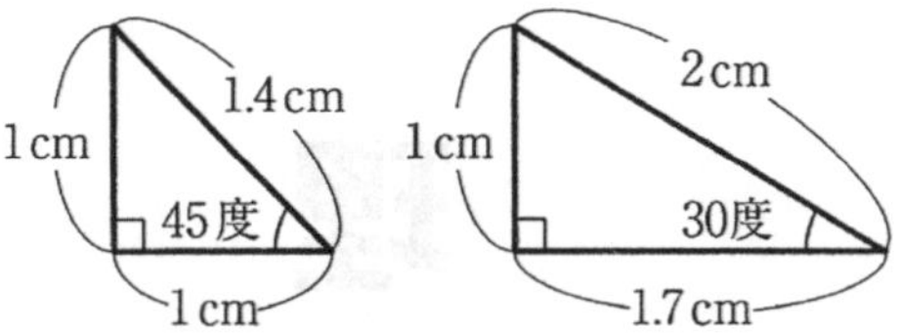

図２

【実験１】

図３のように、はしから３cmのところでいろいろな角度に曲げて固定できる９cmの棒の両端《りょうたん》に、様々な重さのおもりをつるした。棒が静止したときの角Ａ、角Ｂの大きさ、おもりＣ、Ｄの重さを記録し、その結果を表１にまとめた。図のL_1、L_2は、支点を通る水平面におもりＣ、Ｄをつるしている糸の延長線がぶつかる点と、支点との距離《きょり》を表している。L_1やL_2を『おもりと支点の水平方向の距離』とする。

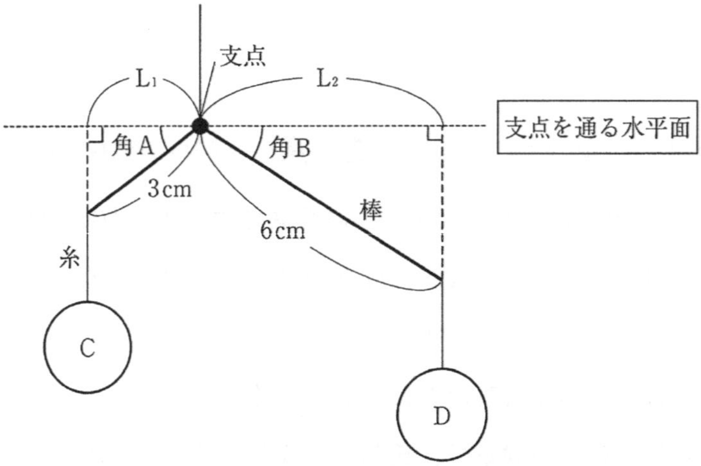

図３

表1

	角Aの大きさ〔度〕	角Bの大きさ〔度〕	おもりCの重さ〔g〕	おもりDの重さ〔g〕
実験1－1	0	0	（ あ ）	15
実験1－2	30	30	10	5
実験1－3	45	45	20	10
実験1－4	0	60	10	10
実験1－5	60	（ い ）	51	15

（1）　表1の（ あ ）に当てはまる数値を答えなさい。

（2）　実験1－2および実験1－3のL_1の長さはそれぞれ何cmですか。

（3）　【実験1】の結果から園子さんは、棒が静止しているとき、『おもりと支点の水平方向の距離』と『おもりの重さ』に関係があると気づきました。どのような関係があるか、「L_1」、「L_2」、「重さ」を用いて文章で答えなさい。

（4）　表1の（ い ）に当てはまる数値を答えなさい。

園子さんは【実験1】の結果をもとに、図4のようなモービルをつくりました。棒は【実験1】で使用した棒を2本と、真ん中でいろいろな角度に曲げて固定できる9cmの棒を1本使用しました。

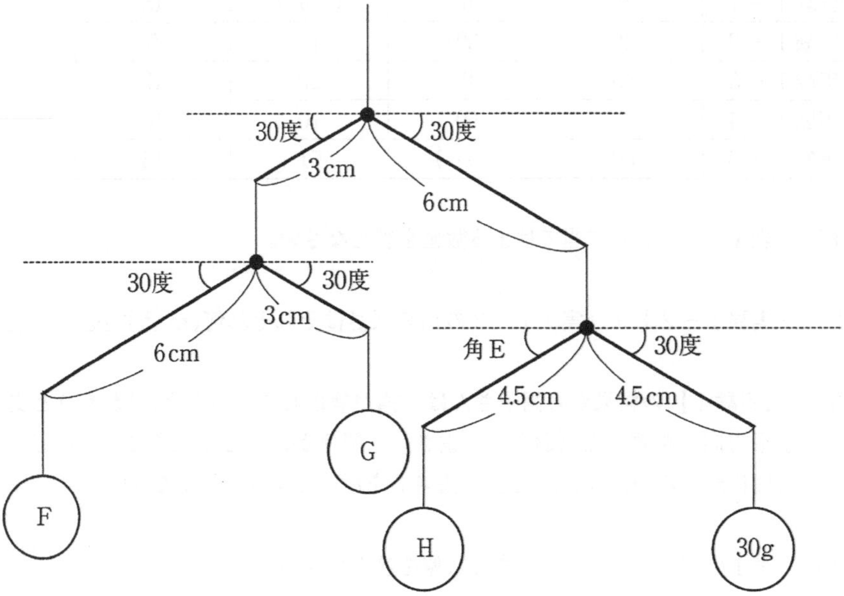

図4

（5） 図4の角Eが次の①、②の角度で静止しているとき、F～Hはそれぞれ何gですか。

① 30度　　② 60度

園子さんは図５のように、壁《かべ》に中心を固定してなめらかに回転できるようにした円盤を用いて同様の実験ができると考えました。円盤の半径を10cmとします。

【実験２】

おもりＪを円盤のふちにつるし、おもりＪが動かないように、もう１つのおもりＫを円盤の中心から長さL_3の位置につるした。このときの角Ｉの大きさ、おもりＪ、Ｋの重さ、L_3の長さをはかり、その結果を表２にまとめた。

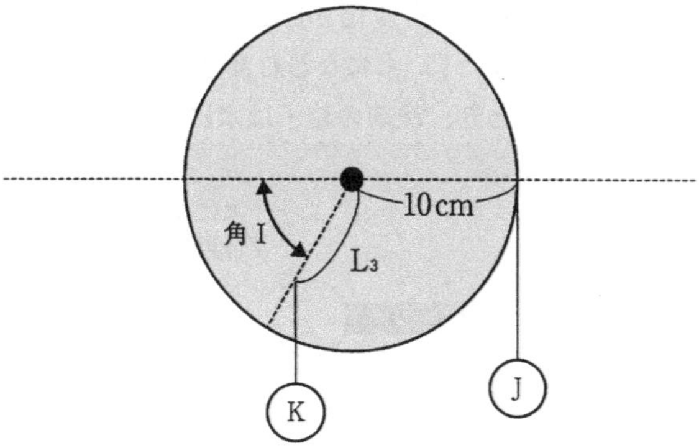

図５

表２

	角Ｉの大きさ〔度〕	おもりＪの重さ〔g〕	おもりＫの重さ〔g〕	L_3の長さ〔cm〕
実験２－１	（ う ）	10	20	10
実験２－２	30	17	（ え ）	8

（６）　表２の（ う ）、（ え ）に当てはまる数値を答えなさい。

2　園子さんはコップに水を入れていくと液面がコップの上面をこえてもこぼれないことに気づきました。これは表面張力という力が働いているからです。園子さんは表面張力について調べてみることにしました。

［学習メモ１］

・液体ができるだけまとまって、空気と触《ふ》れている表面積を小さくしようとする働きのことを表面張力という。
・洗剤《せんざい》は液体の表面張力の大きさを変化させる働きがある。
・洗剤の粒子《りゅうし》は図１に示すように、水になじむ部分と水になじまない部分を持つ。水に洗剤を十分溶《と》かしたとき、洗剤の粒子は水になじまない部分ができるだけ水に触れないように集まる。

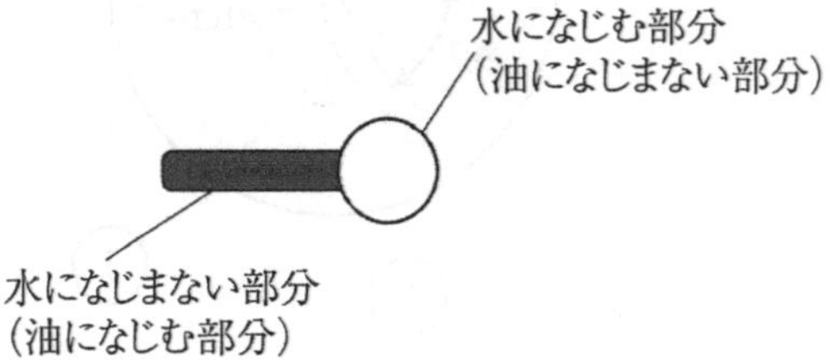

図１　洗剤の粒子のモデル

園子さんは水と、洗剤を溶かした水（液体Ａとする）とではスポイトから落としたときの１滴《てき》の体積が違《ちが》うことに気づきました。水は60滴で、液体Ａは100滴でどちらもちょうど３ cm^3 になりました。このことを［学習メモ２］にまとめました。同じスポイトを使って、液体Ａ、液体Ｂが１～４ cm^3 ちょうど、または初めて超《こ》えるまでに何滴必要だったかを調べたところ、次のような結果になりました。

表１

体積〔cm^3〕	1	2	3	4
水〔滴〕	20	40	60	（ あ ）
液体Ａ〔滴〕	34	（ い ）	100	134

［学習メモ２］

スポイトから液体を落とそうとするとき、スポイトからはみ出した液体は表面張力でしばらくはスポイトの先端《せんたん》にとどまる（図２）。とどまっている液体の体積が大きくなると、はみ出した液体の重さを表面張力が支えられなくなり、液体が１滴落ちる。液体の表面張力の大きさが［ａ］ほど、１滴の体積が小さくなる。洗剤は液体の表面張力の大きさを［ｂ］すると考えられる。

図2

（1） 洗剤を十分に溶かした水に油を少したらしてかき混ぜたときの様子を表しているモデルとして最も適当なものを次より１つ選び、記号で答えなさい。

ア

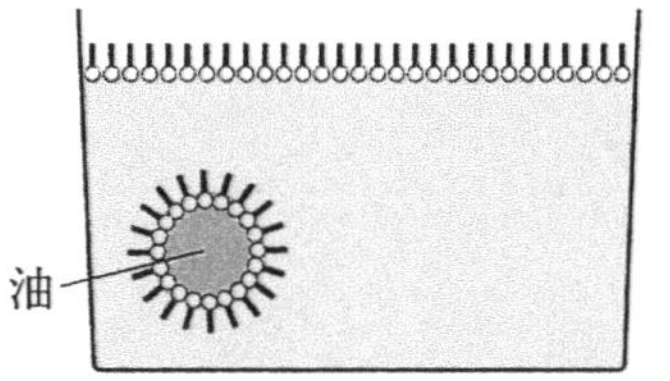

イ

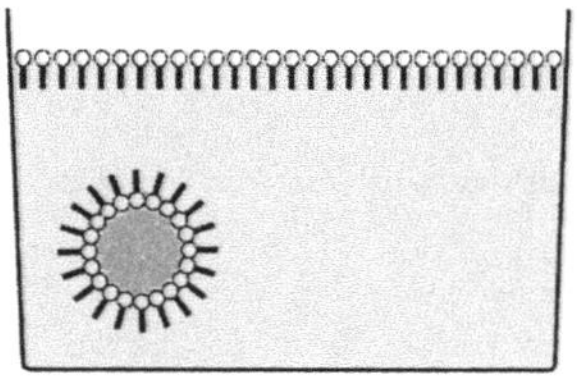

ウ

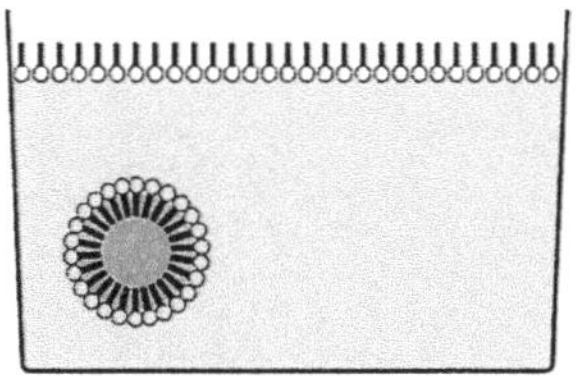

エ

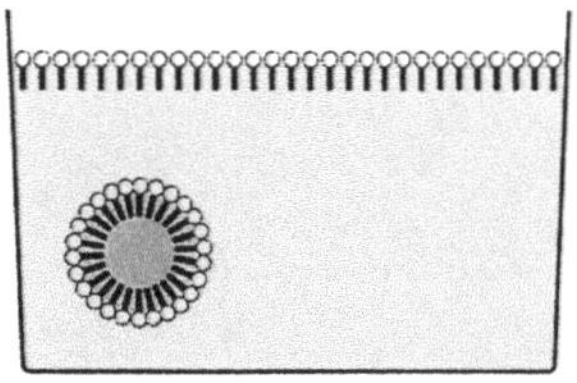

（2） ［学習メモ２］の a 、 b に当てはまる語句の組み合わせとして適当なものを次より１つ選び、記号で答えなさい。

	a	b
ア	大きい	大きく
イ	大きい	小さく
ウ	小さい	大きく
エ	小さい	小さく

（3） 液体Ａの１滴の体積は、水の１滴の体積の何倍ですか。小数第３位以下がある場合は、四捨五入して小数第２位まで答えなさい。

（4） 表1の（ あ ）、（ い ）に当てはまる数値を整数で答えなさい。

１ｇの食塩でこのスポイトを使ってできるだけ濃度《のうど》が10％に近い食塩水を作ろうとしています。１滴ずつ水を入れていたところ、途中《とちゅう》でスポイトを強く押《お》してしまい、加えていた水の量が分からなくなりました。重さを測ったところ、食塩水は9.98ｇになっていました。園子さんはあと１滴加えるべきか悩んでいます。水の密度を１ｇ/cm^3とします。

（５）　10％の食塩水をつくるには食塩１ｇに対して何滴の水が必要ですか。整数で答えなさい。

（６）　この食塩水9.98ｇに１滴の水を加える前と後の濃度はそれぞれ何％ですか。小数第３位以下がある場合は、四捨五入して小数第２位まで答えなさい。

3　園子さんとお姉さんが呼吸について話しています。

園子さん　「私たちって1分間に約20回呼吸しているんだって。」

お姉さん　「呼吸の回数を数えるのは難しいよね。a数えることに集中していたら、息を止めていたみたいで、苦しくなったことがあるよ。」

園子さん　「授業でb呼吸のしくみがわかる装置を見たよ。肺はたくさんの小さい袋《ふくろ》からできているのね。」

お姉さん　「その袋があるおかげで表面積が大きくなるから、効率よく気体の交換《こうかん》が行えるのよね。」

園子さん　「他にもc表面積と関わりがあるものってたくさんありそうだね。」

（1）　下線部aに関連して、正しいものを次より1つ選び、記号で答えなさい。

ア．ふだんは無意識のうちに呼吸をくり返しており、自分の意思でも調節することができる。

イ．ふだんは自分の意思で呼吸をくり返しており、他のことに集中すると呼吸はとまってしまう。

ウ．ふだんは無意識のうちに呼吸をくり返しており、自分の意思では調節することはできない。

エ．ふだんは自分の意思で呼吸をくり返しており、無意識では呼吸を調節することはできない。

（2）　ヒトが呼吸するのは、空気中の気体Aを取り込《こ》み、気体Bを排出《はいしゅつ》するためです。気体Aと気体Bの性質を正しく説明しているものを、次より1つずつ選び、それぞれ記号で答えなさい。

ア．水に溶かし、赤色リトマス紙につけると青色に変わる。

イ．鼻をさすようなにおいがする。

ウ．石灰水に通すと白くにごる。

エ．温度を下げると、水になる。

オ．ものを燃やすのを助けるはたらきがある。

（3）　次のア～カより、ヒトの呼吸に関わるものをすべて選び、取り込まれた気体が通る順に並べたときに、２番目になるのはどれか。次より１つ選び、記号で答えなさい。

ア．胃　　イ．えら　　ウ．気管
エ．気管支　　オ．気門　　カ．肺胞《はいほう》

（4）　下図は正面から見たヒトの心臓の断面です。心臓につながっている血管のうち、気体Aが多く含《ふく》まれている血液が流れている管の組み合わせとして適当なものを次より１つ選び、記号で答えなさい。

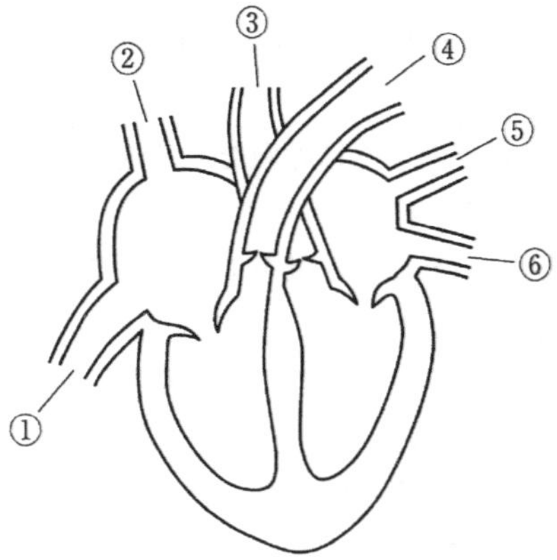

ア．①，②　　イ．③，④　　ウ．①，⑥
エ．①，②，④　　オ．③，⑤，⑥　　カ．②，③，④，⑤

（5）　園子さんは、下線部ｂを作り、次の実験を行いました。

【実験】

図１のような底を切ったペットボトルを用意し、切った部分にしっかりとゴム膜《まく》を付け、ゴム風船を取り付けたガラス管をゴム栓《せん》とともに固定した。ゴム風船のようすを観察した結果を次の表に示した。

操作１　図１の状態から図２のようにゴム膜を手でひっぱった。
操作２　操作１のあと、ひっぱる力を弱めて、ゴム膜を図１の状態に戻《もど》した。

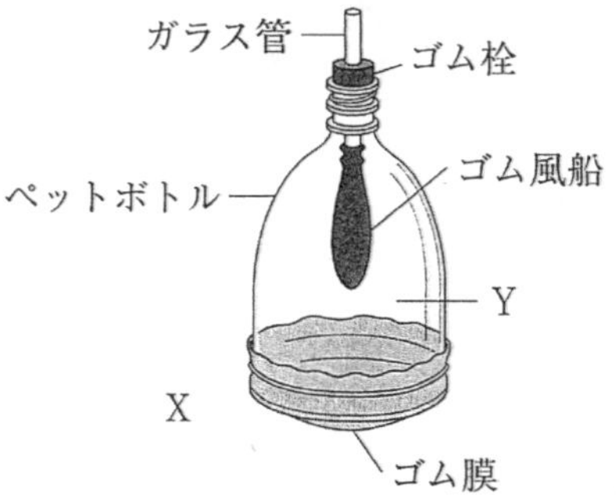

図1

図2

		ゴム風船のようす
操作１	前	しぼんでいる。
	後	ふくらんだ。
操作２	前	操作１後と同じ大きさのまま。
	後	しぼんだ。

① ヒトのからだにおいて、この装置のゴム膜と同じはたらきをする部分の名《めい》称《しょう》を答えなさい。

② ペットボトルの外側の気圧をX、ペットボトルの内側で、ゴム風船の外側の気圧をYとして、操作１、２の前後に、X、Yの部分の気圧の大きさを比べた。次のｄ、ｅのとき、X、Yの関係を正しく示しているものをア～ウより１つずつ選び、それぞれ記号で答えなさい。ただし、同じ記号を答えてもよいものとします。

ｄ：操作１でゴム膜をひっぱる前
ｅ：操作１でゴム膜をひっぱりはじめ、ゴム風船がふくらみつつある間

ア．X＞Y　　イ．X＝Y　　ウ．X＜Y

③ 図3のC、Dは、呼吸をしているときの胸の内部の様子を表している。図1、2は、図3のC、Dのいずれかの状態にあたるものである。図2の状態を正しく説明したものを、次より1つ選び、記号で答えなさい。

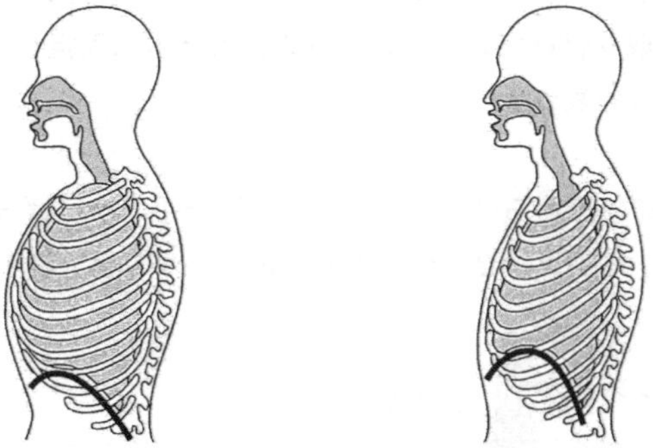

C　　　　D

図3

ア．図2はCにあたるもので、息を吸った状態を表している。
イ．図2はDにあたるもので、息を吸った状態を表している。
ウ．図2はCにあたるもので、息をはいた状態を表している。
エ．図2はDにあたるもので、息をはいた状態を表している。

（6）　下線部cに関連して、ベルクマンの法則が知られています。この法則は、同種や近い種の恒温《こうおん》動物では高緯度《こういど》に生息しているものほど、体が大きく、体重が重くなる傾向《けいこう》がある、というものです。たとえばニホンジカのなかまのオスの体重を比べると、エゾシカは70～140kg、ホンシュウジカは50～80kg、ヤクシカは25～50kgです。この現象を説明したものとして適当なものを次より1つ選び、記号で答えなさい。

ア．体重1kgあたりの体表面積が小さくなると、天敵にみつかりにくくなり、生き残りやすいから。
イ．体重1kgあたりの体表面積が大きくなると、行動範囲《はんい》が広くなり、生き残りやすいから。
ウ．体重1kgあたりの体表面積が小さくなると、体の熱が逃《に》げにくくなるから。
エ．体重1kgあたりの体表面積が大きくなると、体の熱が逃げにくくなるから。

4　春分の日に、園子さんはお父さんと旅行で兵庫県の六甲《ろっこう》山（北緯《ほくい》34度46分、東経135度15分、標高931m）に出かけました。図1は10時10分にみたお父さんのうで時計の文字盤です。

図1

お父さん　「父さんのうで時計を使って、方位を調べてみようか。」

園子さん　「その時計でそんなことができるの？」

お父さん　「太陽が見えればおよその方位が分かるよ。まず、うで時計の文字盤を水平にして、短針が太陽の方を向くように持ってごらん。今はちょうど正午だから、文字盤の［ a ］時の方向が南になるね。」

園子さん　「短針を太陽の方向に合わせれば、いつでも文字盤の［ a ］時の方向が南になるのかな。」

お父さん　「それはどうだろう。時計の短針の動く速さと太陽の動く速さを比べてみようか。」

園子さん　「今から1時間後に、短針は今の位置から時計回りに［ b ］度動き、太陽は［ c ］へ［ d ］度動くよね。つまり、短針の回転の速さは太陽のおよそ［ e ］倍だね。ということは短針が正午の位置から動いた角度の［ f ］分の1の角度の方向が南になるのね。」

（1）　文中の［ a ］～［ f ］に当てはまる数値や語句を入れなさい。数値は整数で、また、［ c ］には東・西・南・北のいずれかの方位を答えなさい。

（2）　下線部について、この時の太陽の高度として最も近いものを、次より1つ選び、記号で答えなさい。

ア．23度　　イ．35度　　ウ．45度　　エ．55度
オ．67度　　カ．79度　　キ．113度

（3）　翌朝、園子さんがうで時計を見ると図2のようになっていました。前日と同様に考えると、南は文字盤の何時の方向ですか、整数で答えなさい。

図2

（4）　この方法は、場所によって誤差が生じます。高《たか》尾《お》山（北《ほく》緯《い》35度37分、東経139度14分、標高599m）で用いたときは六甲山のときよりも誤差は大きくなります。この理由を説明しなさい。ただし、うで時計を水平にする、短針を太陽の方向に合わせるなどの動作による誤差は無視できるものとします。

（5）　園子さんは、夜の太陽が見えない時間帯に方位を調べる方法も考えてみました。

① 夜空には方位を確認するのに便利な、一晩中見える方向がほぼ変化しない星があります。その名称を答えなさい。

② 星の高度をはかる際、分度器、おもり、糸を組み合わせた図3のような装置を使います。星の高度を示しているものとして適当なものを図3のア～ウより1つ選び、記号で答えなさい。

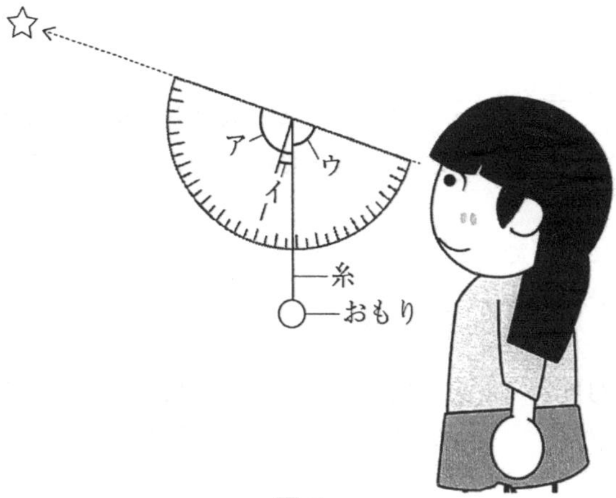

図3

③ 六甲山で①の星を観察したとすると、星の高度として最も近いものを、次より１つ選び、記号で答えなさい。

ア．23度　イ．35度　ウ．45度　エ．55度
オ．67度　カ．79度　キ．113度

④ 春分の日の真夜中、南の方向に見える星座として適当なものを、次より１つ選び、記号で答えなさい。

ア．ふたご座　イ．いて座　ウ．おとめ座　エ．うお座
オ．おおぐま座

2024年度　入学試験問題

社　　会

第１回

【注　意】

試験時間は理科とあわせて60分間です。（11:10～12:10）

社会と理科両方の教科の問題を時間内に解いてください。

問題は１ページから17ページまでです。

解答はすべて解答用紙に記入してください。

解答用紙に受験番号、氏名を記入してください。

洗足学園中学校

1 次の［地図１］中のＸ～Ｚは、日本における主要な地《ち》溝帯《こうたい》・断層線を示したものです。また［地図２］は、［地図１］中のＹとその周辺を示したものです。これらを見て、あとの問いに答えなさい。

［地図１］

［地図２］

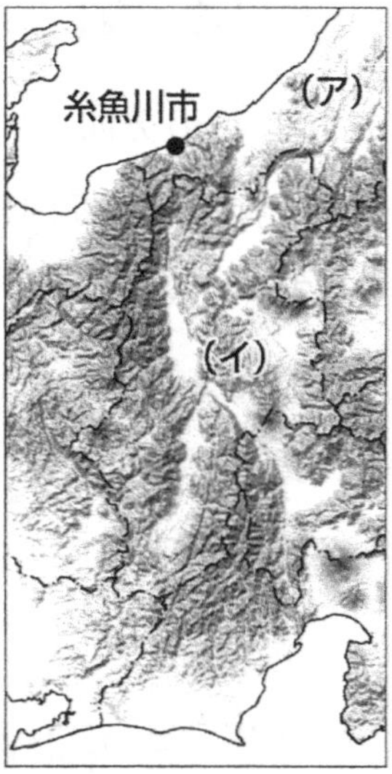

（地理院地図より作成）

問1　**[地図1]** 中の**X**〜**Z**について、次の(1)・(2)にそれぞれ答えなさい。

(1)　**[地図1]** 中に示した**X**は、日本列島を東北日本と西南日本に地質学的な観点から二分する境目とされる地溝帯《ちこうたい》です。この地溝帯《ちこうたい》の名称《めいしょう》を、カタカナで答えなさい。

(2)　**[地図1]** 中に示した**Y**は、**X**の西辺となる断層線です。また、**Z**は西南日本を北側と南側に分ける断層線です。**Y**と**Z**について述べた文として誤っているものを、次の**A**〜**D**の中からひとつ選んでアルファベットで答えなさい。

A　**Y**は糸魚川市と静岡市を結ぶ断層線であり、この西側には標高3000ｍ級の飛騨山脈・木曽山脈・赤石山脈が連なっている。

B　**Y**の東側には日高山脈や奥羽山脈などが南北方向に、**Y**の西側には中国山地や四国山地などが東西方向に並んでいる。

C　**Z**の北側には中国山地や筑紫山地などの比較《ひかく》的低くてなだらかな山地が多いのに対し、南側には紀伊山地や九州山地などの比較《ひかく》的高くて険しい山地が多い。

D　**Y**と**Z**は諏訪湖付近で交わっており、諏訪湖からは大井川が流れ出ている。

問2　**[地図2]** 中の **(ア)** で示された県について、次の(1)・(2)にそれぞれ答えなさい。

(1)　下記 **[資料]** **A**〜**D**は、**(ア)**・茨城県・島根県・鹿児島県のいずれかにおける人口（2020年）・耕地面積（2021年）・製造品出荷《しゅっか》額等（2019年）を示したものです。**(ア)** を示したものを、次の **[資料]** **A**〜**D**の中からひとつ選んでアルファベットで答えなさい。

[資料]

	人口（千人）	耕地面積（ha）	製造品出荷《しゅっか》額等（億円）
A	671	36,200	12,488
B	2,201	168,200	50,113
C	1,588	112,900	20,247
D	2,867	162,300	126,383

（矢野恒太記念会『日本国勢図会』より作成）

(2) 下記 **[資料]** は、**(ア)**・岐阜県・青森県について、米の生産額（2019年）と生産農業所得（2019年）を示したものです。**[資料]** 中の①～③と都道府県の組み合わせとして正しいものを、次の**A**～**F**の中からひとつ選んでアルファベットで答えなさい。

(注) 生産農業所得とは、農業産出額から経費などを差し引き、補助金などを加えた数値である。

[資料]

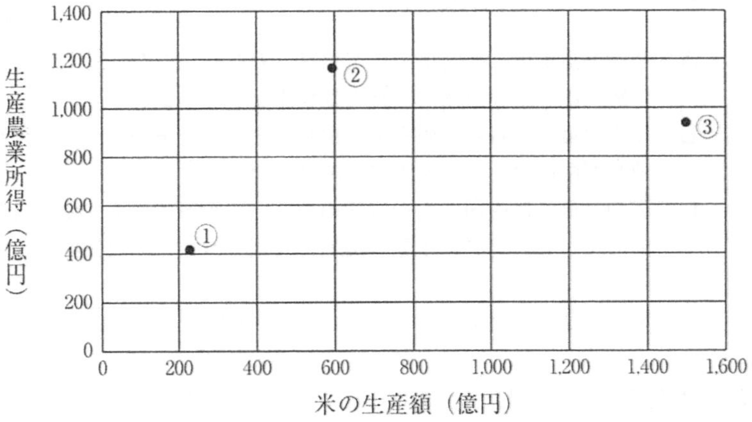

（矢野恒太記念会『データでみる県勢』より作成）

A	①－**(ア)**	②－岐阜県	③－青森県
B	①－**(ア)**	②－青森県	③－岐阜県
C	①－岐阜県	②－**(ア)**	③－青森県
D	①－岐阜県	②－青森県	③－**(ア)**
E	①－青森県	②－**(ア)**	③－岐阜県
F	①－青森県	②－岐阜県	③－**(ア)**

問３ **[地図２]** 中の **(イ)** で示された県について、次の(1)～(3)にそれぞれ答えなさい。

(1) **(イ)** に位置する諏訪湖について、下記 **[資料]** **A**～**D**は、諏訪湖・琵琶湖・田沢湖・浜名湖のいずれかにおける湖の種類・淡水もしくは汽水・湖面標高を示したものです。諏訪湖を示したものを、次の **[資料]** **A**～**D**の中からひとつ選んでアルファベットで答えなさい。

[資料]

	種類	淡水／汽水	湖面標高（m）
A	カルデラ湖	淡水	249
B	海跡湖《かいせき》	汽水	0
C	断層湖	淡水	759
D	断層湖	淡水	85

（国立天文台『理科年表』より作成）

(2) 下記 **[資料]** は、**(イ)**・群馬県・広島県について、工業製品出《しゅっ》荷《か》額の内訳(2019年) を示したものです。**[資料]** ①〜③と都道府県の組み合わせとして正しいものを、次の**A**〜**F**の中からひとつ選んでアルファベットで答えなさい。

[資料]

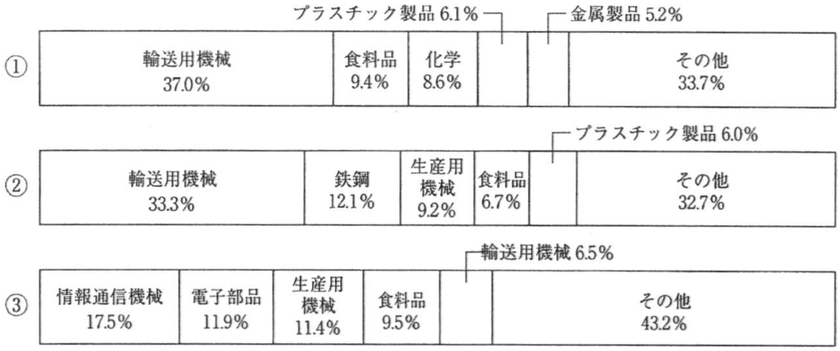

(矢野恒太記念会『データでみる県勢』より作成)

A ①−**(イ)**　②−群馬県　③−広島県
B ①−**(イ)**　②−広島県　③−群馬県
C ①−群馬県　②−**(イ)**　③−広島県
D ①−群馬県　②−広島県　③−**(イ)**
E ①−広島県　②−**(イ)**　③−群馬県
F ①−広島県　②−群馬県　③−**(イ)**

(3) 下記 **[資料]** は、**(イ)**・兵庫県・千葉県について、スキー場・ゴルフ場・温泉施設《しせつ》の施設《しせつ》数 (2019年) を示したものです。**[資料]** ①〜③と都道府県の組み合わせとして正しいものを、次の**A**〜**F**の中からひとつ選んでアルファベットで答えなさい。

[資料]

	スキー場	ゴルフ場	温泉施設《しせつ》
①	−	161	91
②	67	70	205
③	12	152	81

(矢野恒太記念会『データでみる県勢』より作成)

A ①−**(イ)**　②−兵庫県　③−千葉県
B ①−**(イ)**　②−千葉県　③−兵庫県
C ①−兵庫県　②−**(イ)**　③−千葉県
D ①−兵庫県　②−千葉県　③−**(イ)**
E ①−千葉県　②−**(イ)**　③−兵庫県
F ①−千葉県　②−兵庫県　③−**(イ)**

問４　**［地図２］**中で示された糸魚川市では、2016年12月22日に大規模な火災が発生しました。これについて、次の(1)・(2)にそれぞれ答えなさい。

(1)　下記**［資料１］**は、この火災によって焼損《しょうそん》した範囲《はんい》を示したものです。また**［資料２］**は、この日の気象データを示したものです。**［資料２］**中の空《くう》欄《らん》**（あ）**にあてはまる方角を、次の**Ａ**～**Ｄ**の中からひとつ選んでアルファベットで答えなさい。

［資料１］

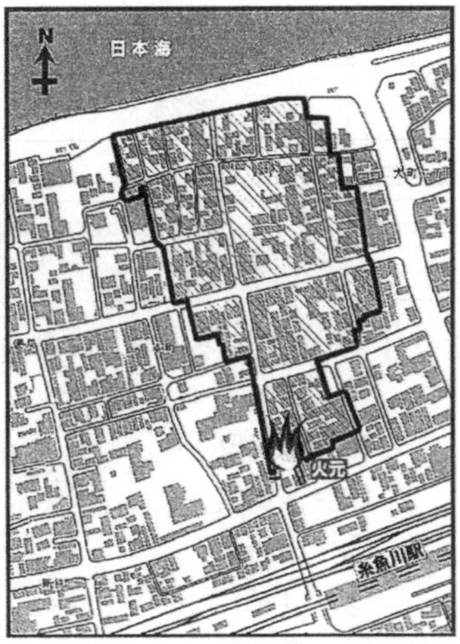

（「日経ビジネス」より作成）

（注）［資料１］の太線で囲んだ部分が、2016年12月22日に糸魚川市で発生した火災で焼損《しょうそん》したエリアである。

［資料２］

時	降水量(mm)	気温(℃)	風速・風向	
			平均風速(m/s)	風向
1	0.0	8.2	1.2	西北西
2	0.0	10.7	0.9	西南西
3	0.0	15.2	6.8	(あ)
4	0.0	15.1	8.7	(あ)
5	0.0	15.0	5.7	(あ)
6	0.0	15.6	9.9	(あ)
7	0.0	15.7	12.0	(あ)
8	0.0	15.7	11.2	(あ)
9	0.0	16.8	13.4	(あ)
10	0.0	17.6	13.8	(あ)
11	0.0	18.9	12.6	(あ)
12	0.0	19.4	13.3	(あ)
13	0.0	20.0	12.0	(あ)
14	0.0	19.7	10.7	(あ)
15	0.0	18.8	8.8	(あ)
16	0.0	19.9	9.7	(あ)
17	0.0	19.7	11.1	(あ)
18	0.0	19.4	12.2	(あ)
19	0.0	20.5	12.7	(あ)
20	0.0	18.0	8.2	(あ)
21	2.5	15.3	2.2	南南西
22	3.0	15.2	1.2	(あ)
23	0.0	14.3	0.7	東北東
24	0.5	13.5	6.3	西

（気象庁データより作成）

Ａ　北　　**Ｂ**　東　　**Ｃ**　南　　**Ｄ**　西

(2) 下記［資料3］は、糸魚川市のホームページに掲載《けいさい》された、火災が大規模になった要因をまとめたものです。また［資料4］は、糸魚川市における2016年12月19日から25日にかけての気象データを示したものです。糸魚川市において火災が発生した際に、日本海上に低気圧が存在する場合、同市においては火災が大規模になりやすいと言われています。火災が大規模になりやすい、自然環境的な要因について、文章で説明しなさい。

［資料3］ジオ（地質学）的要因と大火の関係

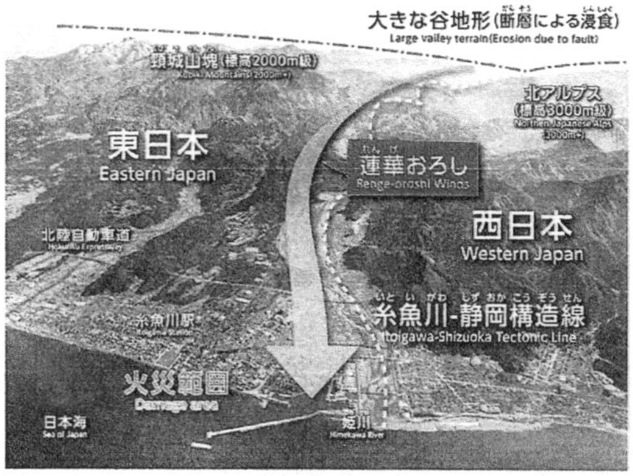

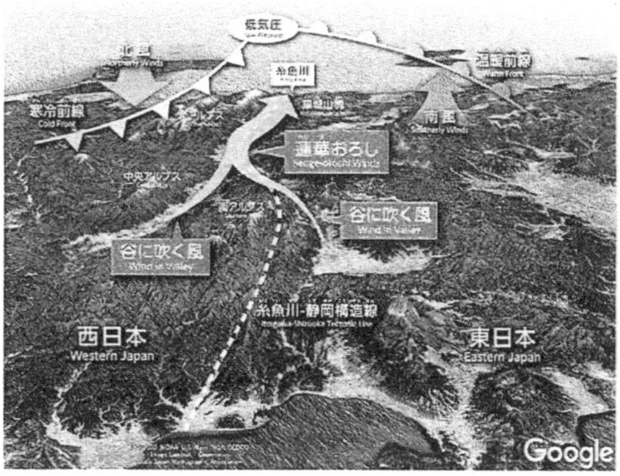

（注）姫川《ひめかわ》沿いを通って糸魚川市に吹《ふ》く風は、当地では「蓮華《れんげ》おろし」とよばれている。

（糸魚川市ホームページより）

［資料4］

日	降水量			気温				風速・風向			
								最大		最大瞬間	
	合計 (mm)	最大1時間 (mm)	最大10分間 (mm)	平均 (℃)	最高 (℃)	最低 (℃)	平均風速 (m/s)	風速 (m/s)	風向	風速 (m/s)	風向
19	0.0	0.0	0.0	9.7	15.3	4.4	1.5	5.2	（あ）	8.2	（あ）
20	0.5	0.5	0.5	9.2	11.6	6.6	1.5	4.8	（あ）	8.8	（あ）
21	0.0	0.0	0.0	10.5	15.3	5.6	1.8	5.6	（あ）	8.4	（あ）
22	6.0	4.5	1.0	16.6	20.5	5.6	8.5	14.2	（あ）	24.2	（あ）
23	14.5	5.0	1.5	9.4	13.6	5.8	5.5	8.2	西南西	16.0	西
24	3.0	1.5	1.0	4.6	7.3	2.3	3.7	7.6	北西	13.5	西北西
25	0.0	0.0	0.0	5.3	8.9	1.8	2.7	5.6	北西	9.1	西北西

（気象庁データより作成）

（注）［資料4］中の（あ）と、［資料2］中の（あ）は、同じ方角を示している。

2 次の文章を読んで、あとの問いに答えなさい。

日本一の高さで知られる富士山は、2013年に「富士山－信仰《しんこう》の対象と芸術の源泉」として世界文化遺産に登録され、2023年には世界遺産登録10周年を迎《むか》えました。

現在の富士山の姿がほぼできあがったのは、(ア) 縄文時代から弥生時代にかけてのころと考えられています。溶岩《ようがん》などの火山噴出物《ふんしゅつぶつ》が何重にも重なって、現在の姿になりました。記録に残っている、噴火《ふんか》と考えられる火山活動は十数回にのぼり、特に８世紀末から９世紀初めに起きた噴火《ふんか》と、９世紀半ばころの噴火《ふんか》は、それぞれ (イ) 延《えん》暦《りゃく》の噴火《ふんか》、貞観《じょうがん》の噴火《ふんか》とよばれ、大きな被害《ひがい》を出したそうです。その後も複数の噴《ふん》火《か》があったとされますが、特に1707年の噴火《ふんか》は (ウ) 宝永《ほうえい》の噴火《ふんか》とよばれ、甚大《じんだい》な被害《ひがい》が生じたとされます。

「信仰《しんこう》の対象」としての富士山について、遠くから拝む「遙拝《ようはい》」と、山に登る「登《と》拝《はい》」という、ふたつの信仰《しんこう》の形があります。

諸説ありますが、富士山の噴火《ふんか》を鎮《しず》めるため、山麓《さんろく》に浅間《あさま》大神を祀《まつ》ったのが富士山本宮浅間大社《ほんぐうせんげんたいしゃ》の始まりと言われています。平安時代末期のころからは、修行を目的として山に登る「登拝《とはい》」の記録が残っており、登山者の増加とともに登山道が形成されていったようです。(エ) 室町時代後半になると庶民《しょみん》も富士山に「登拝《とはい》」するようになり、富士登山が次第に大衆化されていきました。また、庶民《しょみん》だけでなく、(オ) 武田信玄・徳川家康・豊臣秀吉らも信仰《しんこう》の対象としたようです。

「芸術の源泉」としての富士山は、さまざまな創作活動の題材とされてきました。古くは、編纂《へんさん》者のひとりとして大伴家持が有力視されている『　（カ）　』に、富士山を詠《よ》んだ作品がみられます。また、『常陸国風土記』にも筑波《つくば》山と富士山についての逸話《いつわ》が収録されています。諸説ありますが、絵画において、富士山を描《えが》いた現存最古の作品と考えられているのが、1069年に成立した「聖徳太子絵伝」です。いわゆる聖徳太子が、霊峰《れいほう》である富士山を飛《と》び越《こ》えたという伝説を題材に描《えが》かれたと考えられています。太子信仰《しんこう》の広まりにともない、その後、「聖徳太子絵伝」がいくつか制作されますが、それらの作品のなかで描《えが》かれている富士山には、私たちの想《おも》い描《えが》く富士山の形ではないものが散見されます。おそらく実際に富士山を見た経験のない人物が想像にて描《えが》いたものと考えられます。その後の (キ) 鎌倉幕府の成立にともない、京都・鎌倉間の往来が以前より活発になったことにより富士山を実際に目にする人が増えたと推測され、現代人の想《おも》い描《えが》く「富士山」の形にて描《えが》かれることが定着していったと思われます。江戸時代における「富士山」を描《えが》いた代表作として、葛飾北斎による (ク)「富嶽三十六景」が挙げられます。これらの浮世絵版画が海外の画家に影響《えいきょう》を与《あた》えるとともに、「富士山」は日本の象徴《しょうちょう》として広く知られるようになりました。

また、(ケ) 戦後から現代にいたるまで、いくつかの紙幣《しへい》には富士山が描《えが》かれてきました。2024年に発行予定の千円の新紙幣《しへい》にも、「富嶽三十六景」の「神奈川沖浪裏《おきなみうら》」が使用されます。新たに発行される千円札から、富士山の歴史に思いを馳《は》せる、良い機会になるかもしれません。

問1　下線部（ア）における人々の生活について述べた文として正しいものを、次のA～Dの中からひとつ選んでアルファベットで答えなさい。

A　ナウマンゾウなどの大型動物を、打製石器を用いて捕《とら》えていた。
B　動物の骨や角を加工してつくった骨角器を用いて、漁がおこなわれた。
C　女性をかたどった埴輪を用いて、祈《いの》りを捧《ささ》げていた。
D　主に青銅器製の農具を用いて、稲作がおこなわれた。

問2　下線部（イ）に関連して、このころの信仰《しんこう》について述べた文として正しいものを、次のA～Dの中からひとつ選んでアルファベットで答えなさい。

A　最澄によって、天台宗が開かれた。
B　鎮護国家の思想にもとづいて、湯島聖堂が建立《こんりゅう》された。
C　平清盛は、石山本願寺を崇敬《すうけい》した。
D　藤原道長によって、平等院が創建《そうけん》された。

問3　下線部（ウ）に関連して、下記**［資料1］**は、この噴火《ふんか》が起こった時の将軍による政策をまとめたものです。この将軍の「次代の将軍を補佐した人物」は、**［資料1］**の政策を一部改め、さらに**［資料2］**でまとめられた政策を進めた人物でもあります。前述の「次代の将軍を補佐した人物」を、漢字4字で答えなさい。

［資料1］

・宝永《ほうえい》の噴火《ふんか》の復興のために、大名に対して復興金を納めるように命じた。
・財政難に対応するために、金の含有率を減らした貨幣《かへい》を発行した。
・いわゆる「生類憐みの令」を出した。

［資料2］

・貨幣《かへい》の質を元に戻した。
・「生類憐みの令」を廃止した。
・長崎での貿易を制限した。

問4　下線部（エ）に関連して、庶民《しょみん》たちが富士山に「登拝《とはい》」するためには、各地に設置された関所を通る必要がありました。下記 **[資料]** は、中世における「関所」や、織田信長による「関所」に関する政策についてまとめたものです。これを参考にして、織田信長が「関所」に関する政策を実施《じっし》した主な理由を、**[資料]** 中の「関銭《せきせん》」が何を示しているかを明らかにして、文章で説明しなさい。

[資料]

- ある史料によると、淀川《よどがわ》河口から京都までの川筋には300か所以上の「関所」があった、と記録されている。
- その他の史料にも、各地に設置された「関所」についての記録が残っている。
- 「関所」を通過する際、庶民《しょみん》や商人は「関銭《せきせん》」を支払《しはら》った。
- 商人たちは、自身が売る商品の価格に、「関銭《せきせん》」の支払《しはら》い分を上乗せして販売《はんばい》することがあった。
- 織田信長は、自身の領国における「関所」を撤廃《てっぱい》し、「関銭《せきせん》」の徴収《ちょうしゅう》を禁止した。

問5　下線部（オ）について述べた文として誤っているものを、次のA～Dの中からひとつ選んでアルファベットで答えなさい。

A　「信玄」は、出家後の法名《ほうみょう》である。
B　徳川家康は、織田信長と同盟を結ぶとともに、徳川領に侵攻《しんこう》してきた武田信玄と戦った。
C　織田・徳川の連合軍により、武田信玄は長篠の戦いにおいて敗れた。
D　豊臣秀吉の命令により、徳川家康は、東海地方の領地から、北条氏滅亡《めつぼう》後の関東地方へ領地を移された。

問6　空欄《くうらん》［（カ）］にあてはまる歌集を、次のA～Dの中からひとつ選んでアルファベットで答えなさい。

A　万葉集　　B　古今和歌集　　C　新古今和歌集　　D　古事記伝

問7　下線部（キ）に関連して述べた文として誤っているものを、次のA～Dの中からひとつ選んでアルファベットで答えなさい。

A　源頼朝は、守護・地頭を任命する権利を獲得した。
B　源頼朝は、奥州藤原氏を滅《ほろ》ぼした。
C　源氏の将軍が三代で途《と》絶《だ》えたのち、幕府滅亡《めつぼう》まで将軍不在のまま幕府が運営された。
D　鎌倉幕府滅亡《めつぼう》後に新たに幕府を開いた足利氏は、清和源氏の一族である。

2

問一

8点

問二

3点

問三

香山

梨木

4点×2

問四

3点

問五

8点

問六

A

B

2点×2

問七

(一)

I

II

III

2点×3

(二)

2点

(三)

b

c

d

2点×3

問八

2点

／50

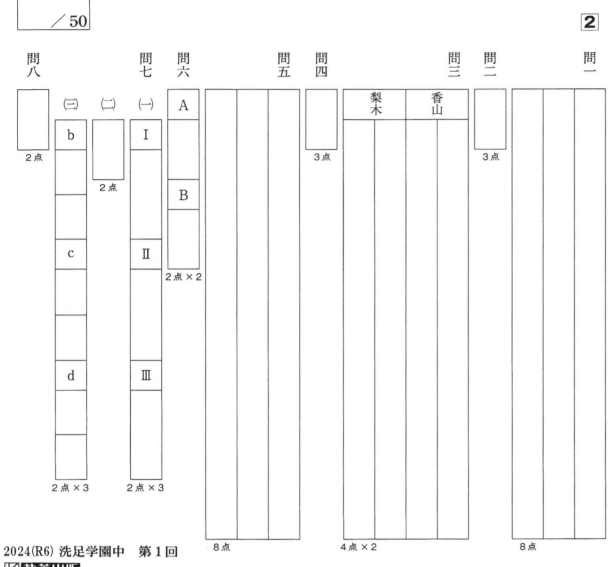

分　　　秒後　8点

倍　8点

4 (1) ：　： 5点

(2)

時間　　分　8点

(3) 分間　7点

5 (1) 分後　5点

(2)

時間　　分　8点

(3) 分後　7点

2024(R6) 洗足学園中　第１回
K 教英出版

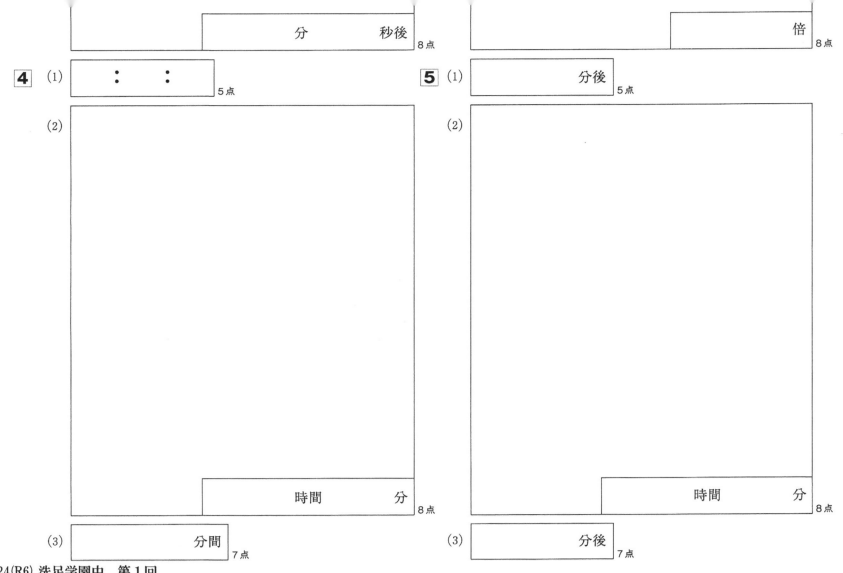

(5) ① 2点　② d 2点　e 2点　③ 2点

(6) 2点

小計　／18

4 (1) a 1点　b 1点　c 1点

d 1点　e 1点　f 1点

(2) 2点　(3) 2点

(4) 4点

(5) ① 1点　② 1点　③ 2点　④ 1点

小計　／19

受験番号　　氏名　　／75

2024(R6) 洗足学園中　第1回
教英出版

小計	／25

3

問1		2点	問2		2点	問3		2点
問4		2点	問5	問題	3点	問6		2点
問7		3点	問8		2点			

問9	X		Y		Z		すべて正解で2点	問10		2点

問11

3点

小計	／25

受験番号					氏名		合計	／75

社会　2024年度　入学試験解答用紙　第1回

洗足学園中学校

1

問1 (1) 2点 (2) 2点

問2 (1) 3点 (2) 3点

問3 (1) 3点 (2) 3点 (3) 3点

問4 (1) 2点

問4 (2) 4点

小計 ／25

2

問1 2点　問2 2点　問3 3点

問4 4点

【解答

理 科

2024年度　入学試験解答用紙　第1回

洗足学園中学校

1

(1) ［　　　　］ 1点　(2) 実験1－2 ［　　　　cm］ 1点　実験1－3 ［　　　　cm］ 1点

(3) ［　　　　］ 4点

(4) ［　　　　］ 2点

(5) ① F ［　　　　g］ 1点　G ［　　　　g］ 1点　H ［　　　　g］ 1点

② F ［　　　　g］ 1点　G ［　　　　g］ 1点　H ［　　　　g］ 1点

(6) う ［　　　　］ 2点　え ［　　　　］ 3点

小計 ／20

2

(1) ［　　　　］ 2点　(2) ［　　　　］ 2点　(3) ［　　　　倍］ 2点

(4) あ ［　　　　］ 2点　い ［　　　　］ 2点　(5) ［　　　　滴］ 2点

(6) 前 ［　　　　%］ 3点　後 ［　　　　%］ 3点

小計 ／18

【解答

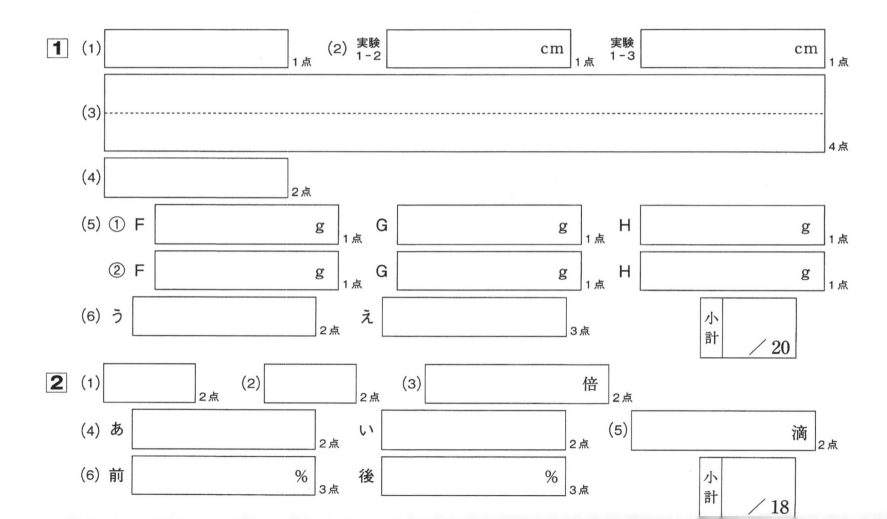

算数

2024年度　入学試験解答用紙　第1回

洗足学園中学校

受験番号					氏名		／100

1　(1)　5点　(2)　5点

2　(1)　円　5点　(2)　5点　(3)　:　5点　(4)　:　5点

3　(1)　割引き　7点　(2)　:　7点

(3)

(4)

【解答

国語

／100

二〇二四年度　入学試験解答用紙　第一回

洗足学園中学校

受験番号

氏　　名

1

問一　2点

問二　8点

問三　8点

問四　3点

問五　8点

問六　A　B　C　D　2点×4

問七　ア　イ　ウ　エ　オ　2点×5

問八　3点

／50

【解答

問8　下線部（**ク**）に関連して、下記［**資料1**］は、「富嶽三十六景」の一部であり、下記［**資料2**］中の**A**～**D**で示された五街道のいずれかとその周辺の風景を題材にして描《えが》かれたものです。［**資料1**］の題材となった街道として最も**ふさわしい**ものを、［**資料2**］中の**A**～**D**の中からひとつ選んでアルファベットで答えなさい。

［資料1］

［資料2］

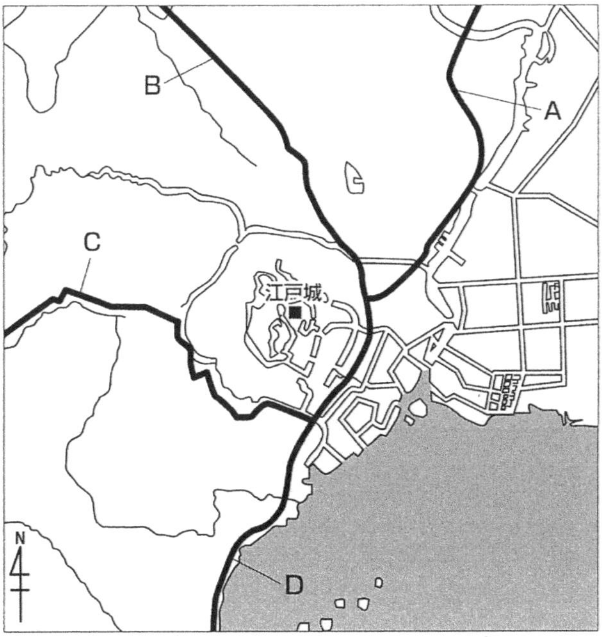

問９　下線部（ケ）に関連して、下記［資料］は、富士山が描《えが》かれた、戦後に発行された紙幣《しへい》Ｘ～Ｚについてまとめたものです。この［資料］について述べた文①～③の内容の正誤の組み合わせとして正しいものを、次のＡ～Ｈの中からひとつ選んでアルファベットで答えなさい。

［資料］

	発行年	発行停止年	種類	表《おもて》の肖像画
Ｘ	1951年	1971年	五百円札	岩倉具視
Ｙ	1984年	2007年	五千円札	新渡戸稲造
Ｚ	2004年	－	千円札	野口英世

①　Ｘが発行されている期間に、自由民主党が結成された。
②　Ｙが発行されている期間に、第一次石油危機が起こった。
③　Ｚが発行されている期間に、阪神・淡路大震災が起こった。

Ａ　①－正　②－正　③－正
Ｂ　①－正　②－正　③－誤
Ｃ　①－正　②－誤　③－正
Ｄ　①－正　②－誤　③－誤
Ｅ　①－誤　②－正　③－正
Ｆ　①－誤　②－正　③－誤
Ｇ　①－誤　②－誤　③－正
Ｈ　①－誤　②－誤　③－誤

問題は次のページに続きます。

3 次の文章は、2023年１月25日の毎日小学生新聞に掲載《けいさい》された、「世界の人口80億人　地球はどうなる？」という記事です。これを読んで、あとの問いに答えなさい。なお、小見出しは省略し、一部ふりがなを省略した部分があります。

世界各地で日々、たくさんの人が生まれ、亡くなっています。正確な人口を知るのは簡単でなく、(ア) 国連の専門部署が各国のデータをもとに推計しています。最新の推計によると、世界の人口は2022年11月15日に80億人に達したとみられます。1950年の25億人から87年に２倍の50億人となり、98年には60億人に。その後も12年ごとに10億人ずつ増えました。

人口が最も多いのは (イ) 中国です。中国政府は17日、2022年末の人口は14億1175万人だったと発表しました。国連の推計より人口減少が進み、２位の **（ウ）** が中国を抜《ぬ》いた可能性があります。(エ) 日本政府も22年12月に１億2484万人と発表しました。人口が急増するエチオピアに抜《ぬ》かれて12位になっている可能性があります。（中略）

近年増加が著しいのは (オ) 開発途上国です。所得が低い国々では、乳幼児の死亡率が高い一方、子どもが労働力を担《にな》う大事な存在です。このため、子どもをたくさん産む人が多く、衛生状態や食糧《しょくりょう》事情が改善すると、人口が急激に増える「人口爆発《ばくはつ》」につながります。

人口が増えると、食料や水、交通機関や機械を動かす (カ) エネルギー、家や仕事がより多く必要になります。若い世代が多く、経済成長をもたらす力になる可能性があります。しかし、人口増加に見合う食料や水、家や仕事のない国が多く、貧困や格差が広がると社会が不安定になります。

また、エネルギーを安い石炭や石油などの化石燃料に頼《たよ》ると温室効果ガスが増えるほか、資源や土地の開発による環境破壊《はかい》も心配です。国連は、(キ) 保健医療《いりょう》や教育の普及《ふきゅう》、仕事の確保などの支援《しえん》が必要だとし、貧しい国々ほど温暖化の影響《えいきょう》が大きいと訴《うった》えます。

日本の人口は、2008年から減少に転じています。国の役所・総務省のデータによると、特に働き手として社会を担《にな》う中心の「生産年齢《ねんれい》人口」（15～64歳《さい》）は1995年をピークに減っています。(ク) 高齢者の割合が増え、「少子高齢化」や「出生率の低下」が大問題になっています。次の世代を担《にな》う子どもが減り、生産年齢《ねんれい》人口が減り続ければ、労働力不足や消費者の減少で日本経済が縮小することも心配です。

明治維新後、近代化とともに日本の人口は爆発《ばくはつ》的に増えました。1872年の3480万人から、1923年に5812万人、2008年は１億2808万人と、今の発展途上国に似た増え方です。しかし出生数（１年間に生まれた子どもの数）は、第２次ベビーブーム（1971～74年）の200万人超《ちょう》から、2021年には81万人に減り、22年には77万人前後になる見通しです。(ケ) 1980年代以降、女性の社会進出が進んで「早く結婚《けっこん》すべきだ」といった以前の考え方が変わったことや、ライフスタイルが多様化し、男女ともに結婚《けっこん》や妊娠《にんしん》を望まない人が増えたことが背景にあります。

国立社会保障・人口問題研究所は、2115年の日本の人口を約5055万人と推計しています。約200年間に人口が２倍以上に増えてから元に戻《もど》る増減ぶりで、社会は大きな影響《えいきょう》を受けます。

特に (コ) 地方は都市部より影響《えいきょう》が大きく、過疎化が進んで町が維持《いじ》できなくなるところも増えるでしょう。病院や福祉施設《しせつ》を使う高齢者が増えると自治体の出費が増え、一方で働く世代が減れば税収が落ちます。医師や看護師、介護《かいご》士などの人材不足も心配です。

産業への影響《えいきょう》も大きく、単純な仕事はロボットや(サ)AI(人工知能)に任せるなど「業務の効率化」が進んでいます。さらに外国人労働者を増やし、高齢者にもっと働いてもらう対策も検討されていますが、人口減少を食い止める方法はまだありません。韓国や中国でも同じ問題に直面し、特に中国は1979年から2016年まで続いた、1夫婦で子どもは1人に限る「一人っ子政策」の影響《えいきょう》で急激に少子高齢化が進んでいます。
(中略)

人口問題の原因や影響《えいきょう》は、国によってさまざまです。日本のような少子高齢化が進む国々では、社会保障や年金などの公的サービス制度を見直し、高齢者も若い世代も安心して暮らせる対策をする必要があります。逆に、急激に人口が増える国々では、貧困や飢餓《きが》、仕事の確保や環境破壊《はかい》への対策を急ぐ必要があります。

人口問題は、地球を守るため人類が達成すべき17の「持続可能な開発目標(SDGs)」のほとんどと深い関係があります。世界が深くつながっている今、人口問題を真剣《しんけん》に考えて行動することは、未来へのチャンスにつながります。

問1 下線部(ア)に関連して、国際連合憲章は、1945年に50か国の代表が出席した会議において採択《さいたく》されました。この会議が開かれた都市を、次のA～Dの中からひとつ選んでアルファベットで答えなさい。

A ニューヨーク　　B ロンドン
C サンフランシスコ　　D ジュネーブ

問2 下線部(イ)について、2013年に中華人民共和国の国家主席に就任した人物を、姓名《せいめい》ともに漢字3字で答えなさい。

問3 空欄《くうらん》［ (ウ) ］にあてはまる国を答えなさい。

問4 下線部(エ)に関連して述べた文として正しいものを、次のA～Dの中からひとつ選んでアルファベットで答えなさい。

A 内閣総理大臣は、国務大臣を任命して内閣を組織する。
B 内閣総理大臣が主催《しゅさい》する閣議は、原則公開で開かれる。
C 内閣は、最高裁判所長官を任命し、その他の裁判官を指名する。
D 内閣は、憲法改正の発議をすることができる。

問5 下線部(オ)の中には、工業化が進んだ国や産油国など豊かになった国がある一方で、経済発展が進まず貧困から抜《ぬ》け出せない国があります。このような発展途上国間の経済格差とそこから生じる問題を、解答欄《らん》にあわせて漢字2字で答えなさい。

問6　下線部（**カ**）に関連して、下記［**資料**］①～④は、中華人民共和国・日本・フランス・ロシアの一次エネルギー供給構成（2017年）を示したものです。中華人民共和国とフランスを示した組み合わせとして正しいものを、次の**A**～**L**の中からひとつ選んでアルファベットで答えなさい。

［**資料**］

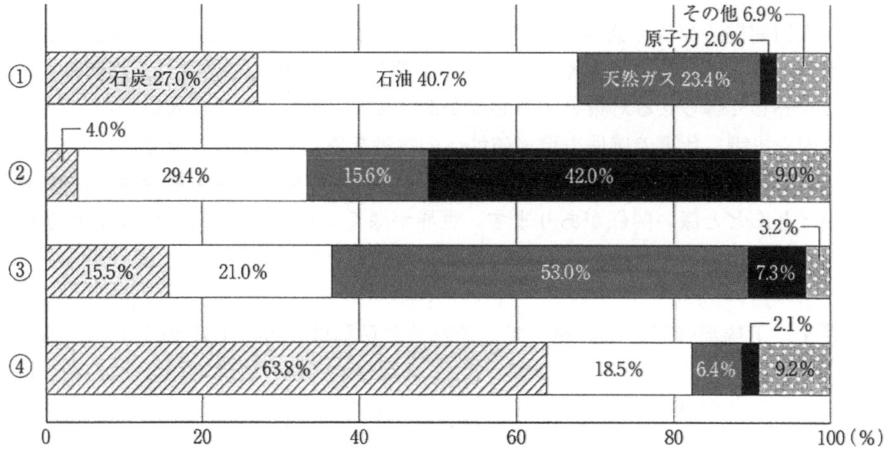

（矢野恒太記念会『世界国勢図会』より作成）

A	中華人民共和国－①	フランス－②
B	中華人民共和国－①	フランス－③
C	中華人民共和国－①	フランス－④
D	中華人民共和国－②	フランス－①
E	中華人民共和国－②	フランス－③
F	中華人民共和国－②	フランス－④
G	中華人民共和国－③	フランス－①
H	中華人民共和国－③	フランス－②
I	中華人民共和国－③	フランス－④
J	中華人民共和国－④	フランス－①
K	中華人民共和国－④	フランス－②
L	中華人民共和国－④	フランス－③

問7　下線部（**キ**）に関連して、すべての人々の健康を増進し保護するために他の国々と協力することを目的として設立された、国際連合の専門機関の略称《りゃくしょう》を、アルファベットで答えなさい。

問8　下線部（**ク**）に関連して、老齢《ろうれい》年金の給付は日本でおこなわれている社会保障制度のひとつです。日本の社会保障制度を分類した場合、老齢《ろうれい》年金の給付をおこなうことは、どの分類にあたりますか。最もふさわしいものを、次の**A**～**D**の中からひとつ選んでアルファベットで答えなさい。

A　公衆衛生　　　　B　公的扶助《ふじょ》
C　社会福祉　　　　D　社会保険

問9　下線部（**ケ**）に関連して、仕事以外の生活も充実《じゅうじつ》させ、誰《だれ》もが仕事、家庭生活、地域生活など、自分の希望通りに生きることができる多様な社会を目指す上で重要と考えられている「仕事と生活の調和」は、「[X]・[Y]・[Z]」と一般《いっぱん》的に言われています。空欄《くうらん》[X]～[Z]にあてはまる語句を、それぞれカタカナで答えなさい。

問10　下線部（**コ**）に関連して、過疎化が進んでいる「ある地方都市」があるとします。この「ある地方都市」において町おこしの動きが高まりました。下記**［資料］**中の空欄《くうらん》[X]～[Z]にあてはまる語句・数字の組み合わせとして正しいものを、次の**A**～**H**の中からひとつ選んでアルファベットで答えなさい。

［資料］

> 「ある地方都市」は有権者数が150,000人の地方都市である。市の人口を増やすため、「ある地方都市」独自の決まりとして、魅力《みりょく》的な町づくりに関する[X]を制定して欲しいと求める人々が直接請求をおこなうことになった。[X]の制定を求める直接請求の場合、「ある地方都市」で必要となる有権者[Y]人以上の署名を集めて、[Z]に請求することが必要となる。

A	X－法律	Y－3,000	Z－選挙管理委員会
B	X－法律	Y－3,000	Z－首長
C	X－法律	Y－5,000	Z－選挙管理委員会
D	X－法律	Y－5,000	Z－首長
E	X－条例	Y－3,000	Z－選挙管理委員会
F	X－条例	Y－3,000	Z－首長
G	X－条例	Y－5,000	Z－選挙管理委員会
H	X－条例	Y－5,000	Z－首長

問11　下線部（**サ**）に関連して述べた下記［**資料**］中の空欄《くうらん》[X]にあてはまる内容としてふさわしい文章を答えなさい。

［資料］

AIの高度な発展は、私たち人間の生活を便利にする一方で、様々な危険性も指摘《してき》されています。そのひとつに“フィルターバブル”問題があります。これはAIがネット利用者個人の検索履歴《りれき》やクリック履歴《りれき》を分析《ぶんせき》し学習することで、個々の利用者にとって望むと望まざるとにかかわらず、見たい情報が優先的に表示され、利用者の観点に合わない情報からは遠ざけられることで、自身の考え方や価値観の「バブル（泡）」の中に孤立《こりつ》するという情報環境を指します。インターネットなどを利用する利用者にとって、少ないエネルギーで自分の好みの情報が手に入るという利点がある一方で、[X]可能性があるという危険性もあります。

2024(R6) 洗足学園中　第１回
K 教英出版

二〇二四年度　入学試験問題

国語

第二回

【注意】

・試験時間は五〇分です。（八時五〇分～九時四〇分）
・問題は一ページから十ページまでです。
・解答はすべて解答用紙に記入してください。
・字数制限のない問題については、一行分の解答らんに二行以上解答してはいけません。
・記号・句読点がある場合は字数に含《ふく》みます。
・解答用紙に受験番号、氏名を記入してください。

洗足学園中学校

2024(R6) 洗足学園中　第２回
K 教英出版

1 次の【文章Ⅰ】【文章Ⅱ】は、どちらも西谷修『私たちはどんな世界を生きているか』（二〇二〇年）の一節で、「明治一五〇年の日本の国の形成と変容」というテーマの、主に日本の近代化の過程について論じたものです。これを読んで後の問いに答えなさい。

【文章Ⅰ】

まず、明治期の変化の根本は、国際化だということですね。開国と言いますが、それ以後、日本で起こることは世界と繋《つな》がるようになったということです。

それを西洋的な国家間秩序《ちつじょ》からすると、日本を世界秩序の中の一主体というか、プレーヤーにするということです。

そのために日本は、幕藩《ばくはん》体制のような形ではなく、一国としてまとまる中央集権国家を作らざるを得なかった。そのときに、何が国を一本化する軸《じく》になるかと言うと、天皇しかなかったということですね。

他の可能性もあったかもしれません。フランス革命に学べば、百姓一揆《ひゃくしょういっき》や★草莽《そうもう》自立のやり方で、そのまま共和制国家を作る道がないわけではなかった。けれども、それまでの武士中心の身分制社会だとか、どういう力の結集が幕府を解消できるかとか、現実の条件の中で、いろいろな利害確《かく》執《しつ》をまとめて、一元的な国の★よりしろになりうるものが、結局、(1)それまで宙吊《ちゅうづ》りの権威《けんい》にされていた天皇しかなかったということです。

一つの政治権力というのは、単に力（暴力）だけではできなくて、力がつくる状況《じょうきょう》を安定させ、あるいはそれを秩序として支えるのは、まずは正統性の論理です。統治を★レジティメイトする、根拠《こんきょ》づける、そして人びとを納得させるものは何か？　ということです。

だからこのときも、日本で一元権力をつくるために担《かつ》がれたのが天皇家だったということです。

権力が持続的に維持《いじ》されるためには、正統性が必要です。その正統性は、たいていその社会に通用する物語に支えられていて、ヨーロッパだと長い間、その役割をキリスト教あるいはローマ教会が果たしてきました。江戸《えど》時代まで天皇は実際の統治には関与《かんよ》しておらず、権威としては京都の簾《すだれ》内でまったく形骸化《けいがいか》していたけれども、それでも徳川将軍を誰《だれ》が承認《しょうにん》するのか、誰が将軍の権力の裏打ちになるのかと言ったら、形式的にでも帝《みかど》によって、征夷《せいい》大将軍（蝦夷征伐《えみしせいばつ》の武人）に任命されるという形をとってきたわけです。それによって、この国の統治を任されるという形をとることが、幕府の正統性の論理でした。

だから幕府を倒《たお》すという暴力（戦）の正当化も、皇室に政治権力を戻《もど》す（大政奉還《ほうかん》）という大義で、天皇を中心とする国ができることになった。「錦《にしき》の御旗《みはた》」と言いますね。「官軍」です。それが実は、国際状況の、国際関係の中で要請《ようせい》された西洋型国家になるということに対する、日本のある意味では逆説的な対応だったわけです。国際情勢への対応というのは、まずは中央集権国家になるということ。そしてその集権国家が、西洋型の主権国家であって、同時に国民国家だということです。

主権国家とは、一定の領土を持ち、その領土を一括《いっかつ》統治する法権力のもとにある国家です。その権力は、国内で最高の権力であって、それを支えるのは、領民がひとつの権力の下に同じ法制度に従って統治されるような国法制度です。

主権は王権がモデルになっていますが、その頃《ころ》ヨーロッパではキリスト教の神が正統性の根拠でした。けれども、領土国家の基盤《きばん》は実はそこに住んでいる人間ですから、その民は単なる領民ではなくて、国民になります。王権でさえ、国民の持つ力を基盤に立っているということです。

そうなると、国は国民が支えているということで、国民主権という考えが出てきます。国民が主権者だと言ったときには、無数の人びとが関わるわけだから、法的なフィクションになりますけれど、理念的には国家の原理は国民にあることになる。

すると、たとえ国王のいる国であっても、その国王は国民の代表であって、統治権力の正統性の元は国民にあると論理化される。それが近代国家です。そしてそういう論理に現実的な力を持たせていったのが、商工業の発達のような経済的活動であって、それが社会や地域の富を生み出す基盤になって、政治権力さえそれに支えられるようになる。

もちろんそこに、★ホッブズ以来の★社会契約《けいやく》論的な考え方が、国民主権を根拠づけるものとして準備されていました。経済活動は、いわゆる市場を場として展開されるから、それぞれの個人の活動を自由にしないと活発になりません。だから、個人の自由を尊重するとか、[A]その自由を国が支えるといった捉《とら》え方、考え方になっていくわけです。

そして国家主権というときにも、王制下で内と外に対して無制約な生殺《せいさつ》与奪《よだつ》の権限を振《ふ》るます。

というのも、まさに近代日本がそうしてできたように、主権国家は国際的な相互《そうご》承認関係の中でしか成り立ちませんから。

国民が国家のベースになると、国王がいても代表民主制のような制度を導入せざるを得なくなる。そして国事の決定に何らかの形で国民が参加する体制になります。正統性の観点から見れば、それが民主制ということです。

★ヘーゲルの哲学《てつがく》はそれを代弁しています。★主人と奴隷《どれい》の弁証法のように、王がアクンリンしているように見えながら、実は王は何も生産できないから、奴隷に依存《いぞん》せざるを得ない。［B］実質的には奴隷が主なのだといった論理で、国家と市民社会を繋ぎました。

(2)近代国家の特徴《とくちょう》とは、基本的には国民がベース、そしてその国民は原則的に対等だということです。そして、そういう条件を抱《かか》えて、それぞれの国は対外的には主権の相互承認秩序に従い、ひとつの国として振る舞《ま》います。そして外に出て異邦《いほう》に出会うと、まず自分たちのルールで契約主体になれと要求する。まずは交渉《こうしょう》ができて、その交渉結果をお互《たが》いが法として守る。そういう秩序の主体であれということです。

［C］当時の日本の場合、西洋諸国はどこと交渉すればいいのかわからない。幕府と交渉しろというが、どうもまとまっていなくて長州藩や薩摩《さつま》藩は別の態度をとる。それでは、信用が置けないから、対等の交渉相手とは認められない、ということで、日本に不平等条約を押《お》しつけてくる。

なにが不平等かと言うと、通商するにしても関税をこちらでは決められない。［D］西洋人の行動に対して日本には裁判権がない。居留地を与《あた》えたらそこは日本の法が適用されない。治外法権というものですね。その条件を呑《の》まないと、植民地にして「文明化」するしかない、ということになります。それで日本は——というより幕府ですが、薩長にしても攘夷《じょうい》を主張してもできないから、まあ同じことでしょう——不平等条約を受け入れざるを得なかった。それが当時の西洋諸国のやり方です。

（西谷修『私たちはどんな世界を生きているか』）

こと。「草深いところ」という意味で、幕藩体制が動揺《どうよう》する頃に、政治的主張をする民間知識人や脱藩浪士《だっぱんろうし》たちが自らを称《しょう》して言った。

★よりしろ……神霊《しんれい》が寄り憑《つ》く対象物のこと。

★レジティメイトする……合法化・正当化する、道理に合ったものにする、という意味。

★ホッブズ……イギリスの哲学者（一五八八～一六七九）。

★社会契約論的な考え方……人間は自己保存のための自然権を持っているが、万人がそれを行使する（万人の万人に対する闘争《とうそう》）と、争いが絶えなくなり危険だから、自然権を放棄《ほうき》し主権者に委《ゆだ》ねるとともに政治機構を作り、社会を安定させるという考え方。ここでは、人々の自由は国家に預け、国家が人々の自由を保障する、といった意味。

★ヘーゲル……ドイツの哲学者（一七七〇～一八三一）。

★主人と奴隷の弁証法……ヘーゲル哲学において最も多く論じられた主題の一つ。「主人」の生活は「奴隷」の労働に依存しているから、やがて「奴隷」は自立を果たし、「主人」は自立を喪失《そうしつ》する。そのように両者の関係は入れ替《か》わる。こうした過程を通じて人間の諸関係は形成され、改変されていくという論理のこと。

【文章Ⅱ】

日本はあらゆる形で翻訳《ほんやく》語をつくりました。それまでの日本語にない言葉を、漢字二字を組み合わせて何とか対応する日本語をつくる。その造語は、初めは人びとに馴染《なじ》まないけれど、学校教育が始まったので、そこで教えることで日本の通常語のなかに入ってゆきます。こうして、西洋由来のあらゆることがらが日本語で普通に語れるようになったのです。

たとえば「社会」という言葉。それまで日本には society なんていう観念はなかった。けれども、訳者たちがいろいろ考えて、「人が集まっているということだよな。でも集まるといっても、ヨーロッパには教会があるだろう。そうか、日本には社《やしろ》があるじゃないか。ならば、人が集まっているというのは『会』でどうだ」とか言ってつくります。それをやったのは漢学や蘭学《らんがく》の素養があった人たちで、★西周《にしあまね》はその代表です（これについては、★つとに有名な★柳父章《やなぶあきら》という人の『翻訳語成立事情』という本があります）。

でも西洋語の society には individual（個人）とか contract（契約）とかの関連語があります。(3)だから「社会」と言われても、そのまま society を写せるわけではない。なんじゃ、それは、と言われて説明するときには、「まあ世の中ってことかな」とか言わざるを得ないから、そうか、とりあえず、というのでたいていは「世の中」という理解をベースに、「社会」というのが考えられるようになる。

それで、社会という言葉も、society の元の意味とか、他の言葉との関連よりも、「世の中」というイメージのほうが浸透《しんとう》していく。だから日本語で「社会」と言ったときに、今では正確に society の訳語か、一対一で対応するのかと言ったら、「どうかなあ？」ということになるわけです。翻訳とは言っても、西洋諸語同士のようにラテン語を共通のベースにしているといった条件がないので、これは避《さ》けがたいことです。

ただ、ともかく西洋概念《がいねん》を全部日本語で置き換《か》えられるようにおびただしい訳語をつくった。そのために西洋の知の イコンカンだった哲学や科学も、全部日本語でできるようになる。明治の初め頃は、大学の教師のほとんどは、お雇《やと》い外国人です。法学はドイツ語やフランス語で行われるものを学生は必死に理解しようとした。その学生たちは留学して、一生懸命《いっしょうけんめい》勉強して、西洋の言葉と知識を持ち帰ってきて教師になる。そうなる頃には、日本語で教育を行えるようになります。夏目漱石《なつめそうせき》もそうして教師になりますが、そのために今度は外国人教師が失職するのですね。

哲学で言うと、明治四四（一九一一）年に★西田幾多郎《にしだきたろう》が『善の研究』を出します。これは日本語で哲学した最初の本で、まさに同時代の西洋哲学の核心《かくしん》にもふれています。それが、四〇年間かけて日本語の大 ウカイゾウをやってきた成果の現れだといってもいいでしょう。日本語の大カイゾウにはもうひとつ「国語」形成というのがありますが、そのあたりは★イ・ヨンスクさんたちの業績（『「国語」という思想』他）を参照してみてください。ともかく(4)西洋の文物がすべて日本語の中に取り込《こ》まれて、誰もが「国語」のうちで全★智識《ちしき》にあたることができるようになった。これは他に類のない日本近代の特徴です。

(5)ではなぜ、他のところではできなかったのに、日本では翻訳ができたのか。

たとえばアフリカでは西洋各国語の浸透は広範《こうはん》で、多くの地域で エコウヨウ語になっています。地図で見ても、英語圏《けん》やフランス語圏に分かれていますね。それは、もともとこの地域が基本的に無文字社会だったからです。何かの蓄積《ちくせき》が書き物として残っていない。歴史化されていないということです。集団の記憶《きおく》を担《にな》う役割の人たちはいますが、その人たちが死に絶えれば蓄積はなくなります。文字を書いて残しておくと、後の人はそれを足場にしていろいろな制度のベースがつくれます。

書かない文明にも、ダンスのように書くこととは別の刻み方があったりしますが、どうしても書く文明の蓄積に潰《つぶ》されるところがある。事実上、書いたものを頼《たよ》りに強い信仰《しんこう》体系ができて、自分たちの正しさを信じられるところは圧倒的《あっとうてき》に強くて、アメリカ（という名前をつけて消された世界）も、アフリカもそれで潰され、浸透されてしまいます。

日本の場合は、早くから中国から漢字が入っていました。その漢字を通して中国を知ると同時に、それを自分たち流に活用して記録を残すことまでしていたのです。だから、そのおかげで、西洋の言葉も翻案《ほんあん》転記できるようになっていた。すでに江戸時代の初めから、蘭学がせまい範囲《はんい》だけれども重要な学問になっていて、『解体新書』という医書も訳されていました。そのための道具として、漢学使用の蓄積があったのです。

それからもう一つ。★ポルトガル人が初めて日本に来たとき、日本には南《なん》蛮《ばん》図屏風《びょうぶ》のように、どんな人たちが来たのかを克明《こくめい》に描《えが》き出す作業がありました。つまり、向こうから「異人」が来たとき、単に見られ観察される対象になるのではなく、他者を他者として認知し、把握《はあく》しようという姿勢があったわけです。

たとえばアメリカ大陸の先住民たちを見てみると、海の向こうから白い神が来て、自分たちは滅《ほろ》びるといった伝承はあったようだけれども、コロンブスたちがどんな船でどんなふうに来たかを描いたものはありません。逆に、西洋人たちは、上陸やその オシンテンチ、先住民のことを、自分たちのイメージに合わせて――たとえばギリシア・ローマの神話風に――描いたりしています。

日本の場合は克明に描き出す力があった。古くから中国経験があり、東アジア関係があったからでしょう。それで西洋人が何を考えているのかを自分たちの間で共有するために、日本語で汲《く》み取り、吸収し、分かち合おうとした。

実際、幕末の頃にもっとも流布《るふ》したのが『万国公法《ばんこくこうほう》』という、アメリカの国際法の教科書です。このことも、この膨大《ぼうだい》な翻訳作業が何であったかを、端的《たんてき》に示しているといえるでしょう。他者として受け止めて、自分たちで国際ルールから理解共有しようとする意識があったということです。

（西谷修『私たちはどんな世界を生きているか』）

★西周……日本の啓蒙《けいもう》思想家（一八二九〜一八九七）。
★つとに……早くから、以前から。
★柳父章……翻訳語研究者・比較《ひかく》文化論研究者（一九二八〜二〇一八）。
★西田幾多郎……日本の哲学者（一八七〇〜一九四五）。
★イ・ヨンスク……社会言語学者（一九五六〜）。
★智識……「知識」と同じ。
★ポルトガル人が初めて日本に来たとき……一五四三年、ポルトガル人を乗せた中国船が種子島に漂着《ひょうちゃく》したことを指す。鉄砲《てっぽう》（火縄《ひなわ》銃《じゅう》）の技術が伝わった。

問一 ――(1)「それまで宙吊りの権威にされていた天皇」とありますが「天皇」が「それまで宙吊りの権威にされていた」とはどういうことですか。三行以内で説明しなさい。

問二 ――(2)「近代国家の特徴《とくちょう》とは、基本的には国民がベース、そしてその国民は原則的に対等だということです。そして、そういう条件を抱《かか》えて、それぞれの国は対外的には主権の相互《そうご》承認《しょうにん》秩序《ちつじょ》に従い、ひとつの国として振《ふ》る舞《ま》います。」とありますが、このことを言い換《か》えた説明として最もふさわしいものを、次のア〜エの中から一つ選び、記号で答えなさい。

ア 領土国家の基盤《きばん》はそこに住んでいる人間であると見なす。国家の現実的な力は国王の代表者である国民が持つというフィクションを構築する。また、国家間同士の関係は、相互に定められたルールに基づいて契約《けいやく》を結ぶ。

イ 国家のベースは国民にある。従ってその国家に国王がいても国事の決定には何らかの形で国民が参加をする。この主権国家は、対外的には市場を舞台《ぶたい》として展開される相互交渉《こうしょう》の過程を経て国家間秩序の中に編成される。

ウ 国家とは主権国家のことである。それは一定の領土とその領土を一括《いっかつ》統治する同じ一つの法権力の下にある国家のことで、主権者はその領民である国民となる。そして主権国家は、国際的な相互承認関係の中で成り立つ。

エ 国民国家は国家と市民社会の間に挿入《そうにゅう》されるフィクションを前提とする。その上で対等な立場の個人がそれぞれのルールに基づいた契約主体となる。このように、相互交渉の結果、多国間で国際的な承認が得られていく。

問三 ——(3)「だから『社会』と言われても、そのままsocietyを写せるわけではない。」とありますが、その理由を説明したものとして最もふさわしいものを、次のア～エの中から一つ選び、記号で答えなさい。

ア 「society」や「individual」や「contract」を日本語に置き換えることは、どうしても無理があるため、それまで日本に流通していた概念《がいねん》をうまく当てはめ、学問として成り立たせるしかなかったから。

イ 西洋語の「society」を一対一で日本語に翻訳《ほんやく》する場合、「individual」や「contract」といった関連語があり、それらの影響《えいきょう》により、「世の中」という理解をベースにして人々の間で考えられていくから。

ウ 漢学や蘭学《らんがく》の素養のあった人たちは、西洋の知識と言葉を持ち、大学で教えるようになるものの、「society」を「individual」や「contract」などの関連語と結びつけて考えることはできなかったから。

エ 日本の翻訳語は、ラテン語という共通のベースがないために、「society」の元の意味にまで遡《さかのぼ》ったり、「individual」や「contract」といった他の関連語と合わせて考えたりすることには限界があるから。

問四 ——(4)「西洋の文物がすべて日本語の中に取り込《こ》まれて、誰《だれ》もが『国語』のうちで全智識《ちしき》にあたることができるようになった。」とありますが、そうしたことはどのようなことによって「できるようになった」のですか。文末を「…こと。」にして、三行以内で説明しなさい。

問五 ——(5)「ではなぜ、他のところではできなかったのに、日本では翻訳ができたのか。」とありますが、筆者はこれに対してどのように答えていますか。文末を「…から。」という形にして三行以内で説明しなさい。

問六 [A]～[D]に入れる語としてふさわしいものを、次のア～エの中からそれぞれ一つ選びなさい。（ただし記号はそれぞれ一回ずつ使用します。）

ア ところが　　イ それに　　ウ あるいは　　エ だから

問七 ——ア～オのカタカナを漢字に直しなさい。

問八 国語の授業で、【文章Ⅰ】と【文章Ⅱ】を合わせて読み、意見を述べ合う活動がありました。先生の説明を聞いた後、発言したAさん～Dさんのうち、本文の筆者の考えを正しく理解していないと思われる一人は誰ですか。次のア～エの中から一つ選び、記号で答えなさい。

先生　本文の筆者は、西洋の思想や制度が本質的にどういうものかを丁寧《ていねい》に説明しつつ、その上で日本の近代化の中心がどういう所にあったのかをわかりやすく述べています。特に筆者は、【文章Ⅰ】では西洋の政治制度の思想的な側面と、明治期の日本の政治的状況《じょうきょう》を述べ、【文章Ⅱ】では日本が近代化を果たした大きな要因は何だったのかを述べています。皆《みな》さんは、どういう感想を持ちましたか。

ア Aさん　明治期の日本が西洋的な国家間秩序の中に関係づけられたという考え方は、例えば「日清戦争」「日露《にちろ》戦争」などの「戦争」という語に見られると思いました。「応仁の乱」や「関ヶ原の戦い」のような「乱」や「戦《いくさ》・合戦」のイメージとは明らかに異なります。

イ Bさん　『解体新書』を例に、日本がすでに西洋の言葉も翻案《ほんあん》転記できるようになっていたという見方は、当時の日本が置かれていた医学事情が大きいと思いました。日本が急激に近代化し、やがて戦争に敗れていく背景には、江戸《えど》時代の医学事情の変化もあったのでしょう。

ウ Cさん　ポルトガル人が初めて日本に来た時、日本人は彼《かれ》らのことを克明《こくめい》に描《えが》き出す力があったという捉《とら》え方に大変興味を持ちました。例えば、彼らの持っていた見慣れぬ火器に興味を持ち、製法を学び、自分たちで鉄砲《てっぽう》を作れるようになっていったことがそれにあたります。

エ Dさん　幕末の頃《ころ》に最も流布《るふ》したのが『万国《ばんこく》公法』というアメリカの国際法の教科書だったという筆者の指摘《してき》は、他者との関係性を理解しようとする日本の姿勢を語っていると思いました。日本はこのおよそ千年前に、中国（唐《とう》）に学び、関係性を理解しようとしていましたから。

2 次の文章は、青山美智子『月の立つ林で』の一節です。これまでの主なあらすじを読んだ後、本文を読んで後の問いに答えなさい。

これまでの主なあらすじ

北島（旧姓《きゅうせい》南沢）睦子《むつこ》は食品メーカーに勤めていたが、三年前に二十五歳《さい》で同僚《どうりょう》（剛志《つよし》）と結婚《けっこん》して会社を辞める。もともとアクセサリー作りが趣味《しゅみ》の睦子は、作ったものを友人にプレゼントしたり、フリーマーケットで販売《はんばい》したりするのが好きだった。やがて睦子は週に三日ほどのパートタイムの仕事をしながら、ゆとりができたときには、ハンドメイド通販《つうはん》サイト「ラスタ」に「ｍｉｎａ」というブランド名で出店するようになる。三ヵ月ほど経ったとき、急に注文が殺到《さっとう》し始め、大きな会場を使ったハンドメイドのイベントや展示販売にも声がかかるほどになった。睦子の作品は勢いに乗っていた。

数日後、インスタグラムのＤＭを通して問い合わせがあった。

私の作品を気に入ってくださった出版社から、ワイヤー・アクセの作り方を本にしませんかというオファーだった。まさか。[Ⅰ]信[Ⅰ]疑ですぐには喜べなかった。

そのあとメールアドレスを交換《こうかん》し、やりとりをした。メールをくれた編集者は篠宮《しのみや》さんという女性だった。彼女《かのじょ》の企画《きかく》書は実によく練り込《こ》まれていて、私の作品のどんなところに惹《ひ》かれたか、読者さんに何を伝えたいかが熱く語られていた。

そしてもしよろしければ、一度お会いしてお打ち合わせしたいとのリクエストがあった。

私は企画書を三度ほど熟読したあと、ぜひお会いしたいですと返信を打った。するとそのまた返信がすぐに来て、スケジュールの打診《だしん》をされた。仕事が早い。熱意を感じて好感が持てた。

日程が決まると、篠宮さんの文面がだいぶくだけてきた。メールの最後に「[Ⅱ]ですが、編集部のスタッフの持ち回りで、ポッドキャストの番組を配信しています。もしよろしければお聴《き》きください」と追伸《ついしん》が書かれている。

アプリを入れたりしなくてもパソコンから「グーグル・ポッドキャスト」でネット視聴《しちょう》できると補足説明があり、ＵＲＬが載《の》っていた。

クリックすると、『編集女子のありがトーク』というタイトルが現れた。「エピソード」として配信の一覧が並んでおり、それぞれに三十分程度でしゃべっているようだった。

ポッドキャストの存在は知っていたけど、実際に耳にするのは初めてだった。篠宮さんであろう編集女子の楽し気なトークを興味深く聴いたあと、他にはどんな番組があるのだろうと、私は「番組を探す」のバーをクリックした。

トップに「話題」があり、その下には、多種多様なジャンルがカテゴリー分けされている。社会、文化、教養、アート、ビジネス、テクノロジー、フィットネス……。配信は誰《だれ》でも無料でできるらしい。あらゆる方面で、こんなにも話したがっている人がいるのだ。

その中で比較的《ひかくてき》関心がある「サイエンス」のカテゴリーを開いた。天文、気象、植物、生物。講座っぽいもの、漫画《まんが》チックなもの、あきらかにふざけているもの、配信のカラーはさまざまだ。[A]眺《なが》めていて、ふとひとつのタイトルに目が留まった。

『ツキない話』。配信者はタケトリ・オキナとある。

ネイビーブルーの無地に真っ白な手書きの文字というジャケットのシンプルさが、逆に印象的だった。タイトルと配信者名の組み合わせにもなんとなく惹かれて一番上の配信をクリックすると、穏《おだ》やかな男性の声が流れてきた。

「竹林からお送りしております、タケトリ・オキナです。かぐや姫《ひめ》は元気かな」

なるほど、竹取物語を下地にしているのだ。私は耳を傾《かたむ》けた。軽い雑談のあと、タケトリ・オキナはしみじみと語り出した。

「最近よく、思うんです。僕《ぼく》たちがいつも月を見ているのと同じように、月にいたら地球を見ているんだろうなって」

うっとりするように、彼《かれ》は言う。

「アポロ8号が撮影《さつえい》した★『地球の出』の画像を見たことがある人も多いと思います。月の地平線の向こうに地球が浮《う》かび上がっている、あれです。月から見る地球は、地球から見る月の四倍で、かなりの大きさで見ることができるんです。ご存じの通り、地球って青々としていますよね。それはもう、たとえようのない美しさで。たとえば月に文明を持たない生物がいて、地球がどんなところかわからなくて、ただこの青い星を眺めているだけだったら何を思うでしょう？　地球とはいったい、どんな美しい世界なんだろうって、ただポジティブなイメージしか抱《いだ》かないような気がします。平和で、見目麗《みめうるわ》しい女神がいて、何もかもが満たされている楽園のような」

そこでタケトリ・オキナは深く息をついた。

「遠く離《はな》れているから、わからないから、良い想像だけで夢見ることができるっていうところもあるのかもしれませんね。もちろん、わかっていても、やっぱり『地球の出』って見てみたいなと思うけど。外から自分の星を俯瞰《ふかん》したらまた違《ちが》うことを感じるのかもしれないし」

(1)なかなか、言うことが深い。月に関する豆知識も面白いし、彼の着眼点も興味深かった。「エピソード」として一覧になっている配信リストを見ると、タケトリ・オキナは毎朝七時、十分間の配信を続けているようだった。もう二百ほどになっている配信を私は少しずつたどり、その声を聴きながらパソコンであまり得意ではない事務作業をした。

細かい字をたどっているせいで、目が乾《かわ》いてきている。最近、ドライアイに悩《なや》まされていた。苦手な目薬を買ってみたが、どうもしみる。なるべくソフトなものを選んだつもりだけど、私にはちょっと刺激《しげき》が強いらしい。それでも潤《うるお》いを与《あた》えなければと点眼をし、私はぎゅっと、目を閉じた。

翌週、出版社を訪れた。

編集者の篠宮さんは巻き髪《がみ》の可愛《かわい》らしい女性で、二十四歳だといった。メールの文面に輪をかけて、快活でアクティブだった。

「minaさんって、本名がミナってお名前なんですか」

名刺交換《めいしこうかん》をしたあと、彼女はa屈託《くったく》なくそう言った。

「いえ、旧姓の南沢から取ってるんです。結婚したら北島になりました」

「あら、じゃあ、南から北へ」

篠宮さんは何やらウケて笑っている。私も、そうなんですと笑った。篠宮さんはさらに食いついてくる。

「ご結婚されてどれくらいなんですか」

「三年です」

そう答えると、篠宮さんは大げさなくらいに「いいなあ」と言ってのけぞった。

「それぐらいがいちばんいいじゃないですか。夫婦として安定してきたっぜん出会いがなくて。minaさん、才能があって、売れっ子で、旦那《だんな》さんがいて、いいなあ」

それが本心かは、正直わからない。リップ・サービスみたいなものかもしれなかった。私はb取り繕《つくろ》った笑顔で話題を変えた。

「このたびは、お声がけいただきありがとうございます」

篠宮さんは「いえいえ、こちらこそ」と手をぱたぱたと振《ふ》る。

「minaさんのワイヤー・アクセ、愛があるんですよねえ。私、すごく好きです」

篠宮さんが持ちかけてくれた本の企画はムックと呼ばれる雑誌のような形態の書籍《しょせき》で、この出版社ではハンドメイドシリーズとして人気らしかった。

これまで発行されたいくつかの既刊《きかん》がテーブルに並んでいる。刺繍《ししゅう》、ビーズ、とんぼ玉、羊毛フェルト。モノづくりを愛する人のための本たちだ。それぞれに、人気作家が初心者でもトライできそうなノウハウをレクチャーしている。

しかしその後半部分は作品集となっていて、それは本人にしか生み出せないであろうと思われる高度なものばかりだった。私が驚《おどろ》いていると、篠宮さんは言った。

「読者にとって、これなら自分にもできるんじゃないかと思えるページと同じぐらい、自分にはとうてい及《およ》ばないと敬意を抱けるような非現実的なページも必要なんです。ただ憧《あこが》れるっていう、その喜びが至福だったりするんですよ」

そして彼女はさらに、手前にあった一冊を私のほうに向けた。

「たとえばこのリリカさんって、私が担当したんですけど」

切り絵の表紙だ。

手に取って開くと美しい紙細工がたくさん現れて、私は目を奪《うば》われた。花、動物、建物、街。本を開くと飛び出してくる仕掛《しか》けのアートも載っている。

紙一枚で、こんなにも豊かな表現ができるのか。繊細《せんさい》であったりダイナミックであったり、ワイヤー・アクセにも通ずる無限の可能性が広がっていた。

「……素敵」

で賞も取ってらっしゃるんですよ。ああ、来週、都内で展示会があるんですけど、ご一緒《いっしょ》しませんか」

「ええ、ぜひ！」

私はいつになく前のめりになった。作品を直接見てみたいと思ったのだ。そしてできることなら、この人に会ってみたいと。

「それじゃ、リリカさんが在廊《ざいろう》されているお時間をうかがっておきますよ。少しでもお話しできたら、ｍｉｎａさんの本の参考になるかもしれないですし」

篠宮さんはそう言って、手帳にあれこれと書き込んでいる。

……ｍｉｎａさんの本の参考に。

そう言われてあらためて、この出版企画がリアルに感じられた。(2)私は急に開けてきた新しい世界に胸をときめかせながら、リリカさんの切り絵アートをじっくりと眺めた。

ｍｉｎａの名前で、本が出る。

出版社を出てからも、それは私を高揚《こうよう》させ続けた。作品が売れることとはまた違う喜びだった。

帰宅後、私は食卓《しょくたく》に小さな花を飾《かざ》り、久しぶりに手の込んだ煮込《にこ》み料理を作った。自分への祝いのつもりで。

そして、もうひとつ、淡《あわ》い期待があった。普段《ふだん》私のアクセサリー作りに興味のない剛志でも、本の出版となれば喜んでくれるだろう。

剛志は定時で帰ってきた。私が「おかえり」と言うと、コートを脱《ぬ》ぎながら笑った。

「ごきげんだね」

私は鍋《なべ》をかきまわしながら、ゆっくりと告げる。

「あのね、出版社から連絡《れんらく》があって」

「出版社？」

うん、と私はうなずき、鍋の蓋《ふた》を閉じて剛志に向き直る。

「私の本を出しましょうって、オファーがあったの」

「へえ」

剛志は短く答えると、ちょっとだけ目を見開いた。

さすがに少し驚いている様子だったけど、彼からそれ以上のコメントはない。私は畳《たた》みかけた。

もらえるみたいだし、できれば春に出したいって言うから、急がないと」

剛志はネクタイに手をかけながら、［Ⅲ］をひそめた。

「大丈夫《だいじょうぶ》なの？　いいかげん働きすぎじゃない」

そう言われて、上がりっぱなしだったテンションが一気に下がった。羽根のようにふわふわと舞《ま》い上がっていた心が、萎《な》えて重く沈《しず》んでいく。

「……なにそれ」

私はシンクの縁《ふち》に置いた手をぎゅっとにぎった。

「おめでとうぐらい、なんで言えないの？」

自分でもびっくりするような低い声が出ていた。

剛志は私をなだめるかのように片手を上げる。

「いや、それはそう思うけど。根詰《つ》めすぎじゃないの」

「だって、せっかくこんないい話がきたのに。今がんばらなきゃ、忘れられていっちゃうじゃない」

「だからって、体を壊《こわ》したら元も子もないだろ」

「たいした趣味も持たないあなたにはわからないだろうけど、アクセサリー作家なんて星の数ほどいるの。その中からこんなふうに認めてもらえて求められるって、本当にすごいことなのよ！」

すごいことなのよ、と口からこぼれ出た言葉に羞恥《しゅうち》の気持ちがまとわりつく。自分でこんなこと、言いたくなかった。剛志が讃《たた》えてくれさえすれば、みんなのおかげだと謙虚《けんきょ》になることができるのに。

剛志は黙《だま》ってしまった。私も黙る。

「……シチュー、作ったから適当に食べて。私、今日もこれからアトリエに行くわ」

私はキッチンを出た。

もうだめかもしれない。私たち夫婦は。

分かり合うことなど、できないのかもしれない。

剛志といると、(3)こんなみっともない自分が顔を出してしまう。悲しかった。

才能があって売れっ子で旦那さんがいて、いいなあ、と私をうらやましがった篠宮さんのことを思い出す。

月から見える地球は、さぞかし美しいだろう。タケトリ・オキナの言うように、月に生物がいたら、あの青い星はどんな素晴らしい世界なんだろうと憧れるに違いない。

でも実際には、この地球はどこもかしこも汚《よご》れて破壊《はかい》されている。意味のない戦いは止まず、わけのわからない病がはびこって、いつも誰かが傷ついて泣いている。

遠いから、知らないから、きれいなことしか想像しないですむのだ。

それはそれでいいじゃないか、という気がした。だとしたら(4)私はその夢を人々にささげよう。ただ美しい世界を。篠宮さんの言う、［ (5) ］を。

そのためにも、私にはあえて孤独《こどく》が必要なのだ。

そう思いながら私は家を出て、アトリエに向かった。

（青山美智子『月の立つ林で』）

★『地球の出』……………アポロ8号ミッション中の一九六八年、宇宙飛行士ウィリアム・アンダースが撮影した地球の写真のこと。「史上最も影響力のあった環境写真」として知られている。

問一　(一)［ Ⅰ ］に入れる漢字一字を書きなさい。

(二)［ Ⅱ ］には、「あってもしかたがないものや、よけいなつけ足し。」という意味の言葉が入ります。漢字二字、またはひらがな三字で書きなさい。

(三)［ Ⅲ ］には、体の部分を表す言葉が入り、「いやそうな顔をした。」（＝「［ Ⅲ ］をひそめた」）という意味の慣用句になります。漢字一字、またはひらがな二字で書きなさい。

問二　――(1)「なかなか、言うことが深い。」とありますが、「タケトリ・オキナ」はどういうことを言ったのですか。三行以内で説明しなさい。

問三　――a「屈託《くったく》なく」・b「取り繕《つくろ》った」の意味としてふさわしいものを、それぞれア～エの中から一つ選び、記号で答えなさい。

a「屈託なく」

ア　わだかまりがとけることもなく

イ　何かを気にしたりすることなく

ウ　もどかしくてはがゆい心もなく

エ　思いや考え方を変えることなく

b「取り繕った」

ア　その時だけなんとかうまくごまかした

イ　努力してわざとそのように形づくった

ウ　きらわれないように配慮《はいりょ》の行き届いた

エ　相手の気持ちをよい方向にみちびいた

問四　――(2)「私は急に開けてきた新しい世界に胸をときめかせながら」とありますが、このときの「私」の心情を三行以内で説明しなさい。

問五　――(3)「こんなみっともない自分」とありますが、この場面では、どういうことが「みっともない」のですか。三行以内で説明しなさい。

問六　――(4)「私はその夢を人々にささげよう。」とありますが、ここでの「私」の心情の説明として最もふさわしいものを次のア～エの中から一つ選び、記号で答えなさい。

ア　かりに才能や夫がいる生活があったとしても、世の中を生きる上では不必要なことだから、全てを人々と共有しようと強く決意する気持ち。

イ　たとえ夫婦生活がうまくいかなくなったとしても、人々に喜びを与《あた》えるアクセサリー作家として高みを目指していこうと強く決意する気持ち。

ウ　もしも剛志《つよし》と分かり合えることがあるならば、今までの生活を割り切り、順風満帆《じゅんぷうまんぱん》で理想的な夫婦関係を演じるだけだと強く決意する気持ち。

エ　万一、自分のアクセサリー作品が人々から愛されなくなったとしても、夢を与え続ける作家として生涯《しょうがい》を送っていこうと強く決意する気持ち。

問七 [I]に入れる八字の表現を本文から抜き出して答えなさい

問八 (一) [A]に入れる語として最もふさわしいものを次のア～オの中から一つ選び、記号で答えなさい。

ア するすると　イ ずるずると　ウ ゆるゆると
エ のろのろと　オ きらきらと

(二) 次の表現の[B]～[D]に入れる語として最もふさわしいものを、《語群》の中から一つずつ選び、それぞれ記号で答えなさい。
(ただし記号はそれぞれ一回ずつ使用します。)

・彼《かれ》はいつも威張《いば》っているのに、自分より偉《えら》い人の前では[B]頭を下げている。
・彼女《かのじょ》は不満に思うことがあるらしく、いつまでも[C]と文句を言っていた。
・悲しい小説を読んで、涙《なみだ》が[D]と落ちてきて本がすっかり濡《ぬ》れてしまった。

《語群》
ア ぶらぶら　イ すらすら　ウ ぐずぐず　エ ぺこぺこ
オ はらはら　カ むかむか　キ よろよろ　ク さらさら

問九 本文の表現の特徴や効果を説明したものとして最もふさわしいものを次のア～エの中から一つ選び、記号で答えなさい。

ア インスタグラムのDMから始まった編集者篠宮《しのみや》さんとのやりとりの描写《びょうしゃ》は、メールの最後に付けられたポッドキャストの番組によって、その後のプロセスがスムーズに運ばれていくことを予感させるものとなっている。

イ 細かい字をたどっているせいで目の乾《かわ》きに悩《なや》まされる「私」が、やや強い刺激《しげき》のある目薬を買い、点眼して潤《うるお》いを与えようとする箇所《かしょ》からは、アクセサリー作りがあまりはかどっていないことが暗示される。

ウ 夫剛志と口論になる場面では、「羽根のようにふわふわと舞《ま》い上がっていた心」、「重く沈《しず》んでいく」という比喩《ひゆ》が用いられており、それによってせっぱ詰《つ》まってお互いに感情的になってしまう状《じょう》況《きょう》が鮮明《せんめい》になっている。

エ 物語内に挿入《そうにゅう》される「タケトリ・オキナ」の語りは、美しい地球の表の部分と裏の部分を考えさせるもので、華々《はなばな》しい世界に憧《あこが》れつつ、身近なところでは辛《つら》い思いをしている「私」の生き方を象《しょう》徴《ちょう》している。

問十 本文の内容に合うものを次のア～エの中から一つ選び、記号で答えなさい。

ア 篠宮さんとのやりとりの後、帰宅した「私」は、本の出版の話をすれば夫剛志も自分の仕事に興味を持ってくれるかもしれないと期待していた。

イ 帰宅した後「私」は、久しぶりに手の込《こ》んだ煮込《にこ》み料理を作ったが、それは夫からせめて「おめでとう」の一言を言ってほしかったからである。

ウ 「私」が本の出版の話をしたとき、夫剛志は少し驚《おどろ》いて興味を示したので、畳《たた》みかけるように語り、急がなければならない事情を強く訴《うった》えた。

エ 夫に傲慢《ごうまん》な態度をとってしまった「私」は反省するとともに、せめて自分を讃《たた》えてくれさえすれば、謙虚《けんきょ》になることができるのにと夫に伝えた。

2024年度　入学試験問題

算　　　数

第２回

【注　意】

・試験時間は 50 分です。（10 ： 00 ～ 10 ： 50）
・問題は１ページから９ページまでです。
・解答はすべて解答用紙に記入してください。
・解答用紙に受験番号、氏名を記入してください。
・円周率は3.14として計算してください。

洗足学園中学校

1　次の問いに答えなさい。

（1）次の計算をしなさい。

$$40-3\div\left(\frac{1}{3}+\frac{3}{4}\times 0.6-0.2\right)\times 5\frac{1}{4}$$

（2）$\square$ にあてはまる数を答えなさい。

$$\left\{\left(12+\square\right)\div 1\frac{2}{3}-0.4\right\}\times\left\{0.25+\frac{1}{9}\times\left(1-\frac{1}{8}\right)\right\}=3.75$$

2　次の問いに答えなさい。

（１）容器Ａ，Ｂには同じ体積の水が入っています。また，容器Ａに入っている水の７割の量の水が容器Ｃに入っています。まず，容器Ａから60Lを容器Ｂに移しました。次に，容器Ｂに入っている水の一部を容器Ｃに移したところ，容器Ａ，Ｂ，Ｃに入っている水の量の比は５：６：７になりました。容器Ａにはじめに入っていた水の量は何Lですか。

（２）右の図のように正三角形と正五角形が重なっています。㋐の大きさは何度ですか。

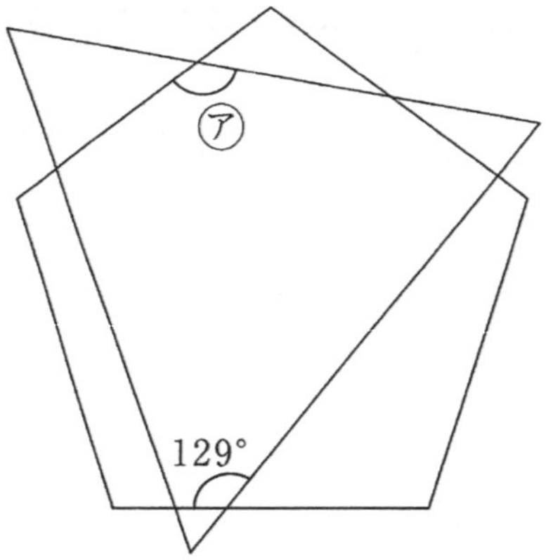

（3）160人を余る人がいないように3人，4人，7人のいずれかの人数の班に分けたところ，全部で40班できました。すべての7人の班から2人ずつ選びだし，その人たちを集めて新たに3人の班に分けたところ余る人はなく，3人，4人，5人の班は全部で44班になりました。4人の班は何班ありますか。

（4）下の表は，クラスの生徒20人が50点満点のテストを受けたときの点数の結果を表したものです。中央値が27.5，平均値が29であったとき，

ア × イ + ウ ÷ エ を計算しなさい。

点数（点）	0	5	10	15	20	25	30	35	40	45	50	合計
度数（人）	0	0	2	1	4	ア	4	イ	ウ	エ	1	20

3 次の問いに答えなさい。

（１）一定の速度で走る電車Ｐがあります。図のように，長さ328mの橋と，橋のＢ地点から1800m先に長さ696mのトンネルのＣ地点があります。電車Ｐが橋のＡ地点を通過し終わってからトンネルのＤ地点に差しかかるまでにかかる時間より，電車Ｐが橋のＢ地点を出始めるときからトンネルのＤ地点を通過し終わるまでにかかる時間の方が11秒短くなります。また，電車Ｐと同じ速度で走る同じ長さの電車Ｑがあります。電車ＰがＡ地点に，電車ＱがＤ地点に同時に差しかかってからすれ違《ちが》い終わるまでに１分33秒かかります。このとき，電車の長さは何mですか。

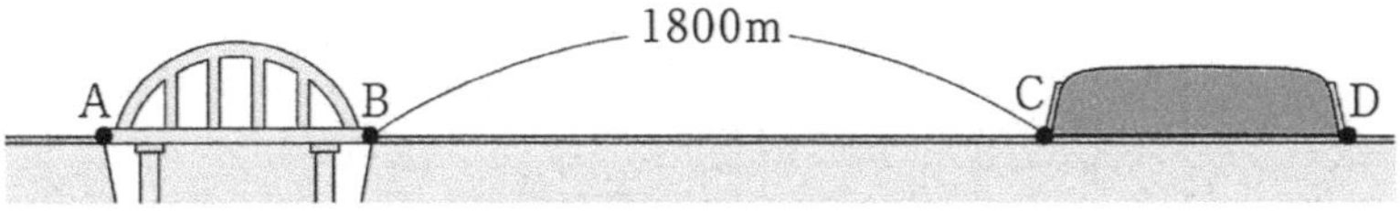

（２）右の図のように，長方形ＡＢＣＤを直線で面積の等しい５つの図形に分けました。ＢＣの長さが13cmのとき，ＡＦの長さは何cmですか。

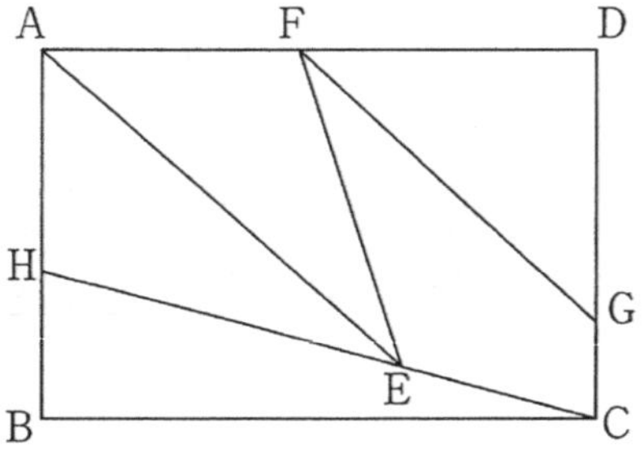

（3）Aさん，Bさん，Cさんがある仕事を行います。Aさんは1日おきに，Bさんは2日おきに，Cさんは3日おきに働きます。最初の日に3人同時に働いた後，3人が同時に働く日が8回目の日にちょうど仕事が終わりました。この仕事はCさんが休まずに1人で働くとちょうど87日で終わります。また，Bさん1人が1日に行う仕事量は，AさんとCさんの2人が1日に行う仕事量に等しいです。この仕事をBさんが休まずに1人で働くとちょうど何日で終わりますか。なお，この問題は解答までの考え方を表す式や文章・図などを書きなさい。

（4）川に沿《そ》って下流から上流に向かって，順にA町，B町，C町があります。静水時に進む速さが一定のエンジン付きボートでA町を出発してC町に向かいました。上りはA町からB町まで80分かかります。B町を過ぎると同時に，ボートの速さを静水時の1.5倍にしました。下りは，静水時でのボートの速さを元に戻《もど》してC町を出発してA町に向かいました。B町を過ぎると同時に，エンジンを12分動かし30分止めることを繰《く》り返しました。このとき，上りも下りもB町とC町の間にかかる時間は同じでした。川の流れの速さが時速2kmであるとき，下りでB町からA町にかかった時間は何時間何分ですか。なお，この問題は解答までの考え方を表す式や文章・図などを書きなさい。

4　1を超《こ》えない分数を，分母が1であるものから順に，分子も小さい順になるように並べると，以下のようになります。

$$\frac{1}{1},\ \frac{1}{2},\ \frac{2}{2},\ \frac{1}{3},\ \frac{2}{3},\ \frac{3}{3},\ \frac{1}{4},\ \frac{2}{4},\ \frac{3}{4},\ \frac{4}{4},\ \frac{1}{5},\ \cdots\cdots$$

このとき，次の問いに答えなさい。

（1）分母が455であるような既《き》約分数（それ以上約分できない分数）は何個ありますか。なお，この問題は解答までの考え方を表す式や文章・図などを書きなさい。

（2）はじめから455番目の分数を答えなさい。

（3）はじめから455番目までの分数の和はいくつですか。

5　下の図のような底面が正六角形で高さが54cmの正六角柱の密閉された容器があります。この容器に水が2160cm^3が入っています。いま，この容器を辺ＢＣ，ＦＥが水平な床《ゆか》に対して垂直になるように手で支えると，水面が長方形ＢＦＬＨとなりました。このとき，次の問いに答えなさい。

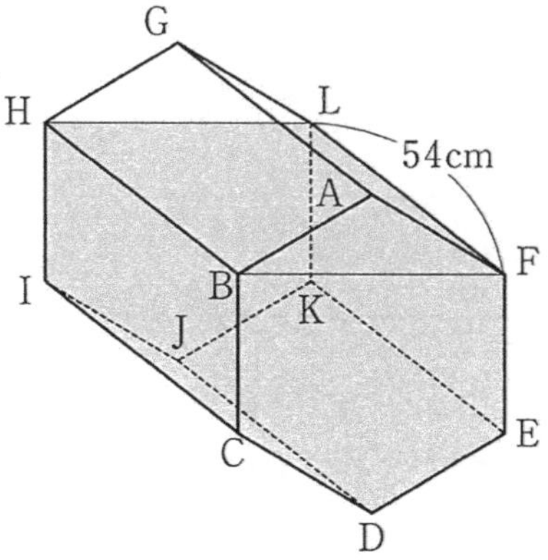

（1）底面の正六角形の面積は何cm^2ですか。

（２）水平な床に辺ＩＪがくっつくように容器を傾《かたむ》けて，水面を四角形ＣＤＫＨにするためには，水を何cm^{3}捨てればよいですか。

（３）水平な床から点Ｊが離《はな》れないように容器を傾けて，水面が３点Ｄ，Ｈ，Ｌを通る平面になるようにするためには，（２）の状態から水を何cm^{3}加えればよいですか。なお，この問題は解答までの考え方を表す式や文章・図などを書きなさい。

2024年度　入学試験問題

理　　科

第２回

【注　意】

試験時間は社会とあわせて60分間です。（11:10～12:10）

理科と社会両方の教科の問題を時間内に解いてください。

問題は１ページから14ページまでです。

解答はすべて解答用紙に記入してください。

解答用紙に受験番号、氏名を記入してください。

洗足学園中学校

1　次の問いに答えなさい。空気抵抗《ていこう》や摩擦《まさつ》の影響《えいきょう》はないものとします。

Ⅰ．くぎの先端《せんたん》をかたさの一様な板にさしたものを用意し、そのくぎにおもり（金属製の球）をぶつけて、くぎが板にささる深さを比べる実験を行いました。ただし、板の厚さはくぎの長さよりも長いものとします。

【実験１】
図１のように、くぎの先端を１cmさした板を床《ゆか》に固定し、様々な高さでおもりから静かに手をはなし、くぎにぶつけた。

【実験２】
図２のように、くぎの先端を１cmさした板をレールの先に固定し、おもりをレール上に置き、様々な速さですべらせてくぎにぶつけた。

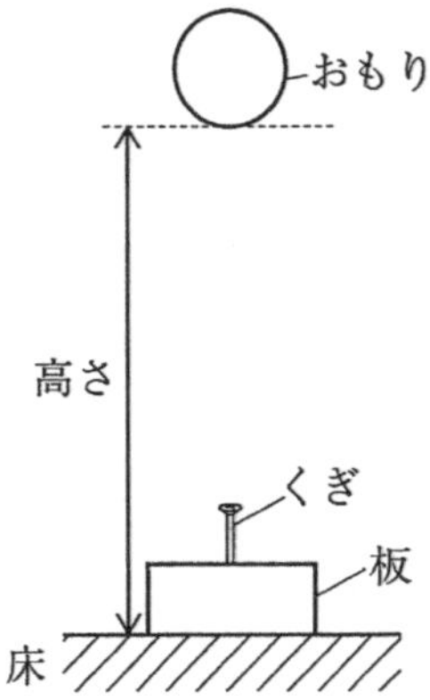

図１

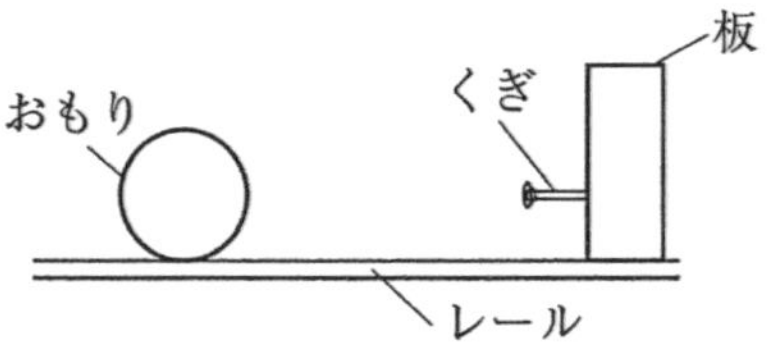

図２

（１）【実験１】において、くぎが最も深くささる組み合わせを次より１つ選び、記号で答えなさい。

	おもりの重さ〔g〕	高さ〔cm〕
ア	50	10
イ	50	50
ウ	100	10
エ	100	50

（２）【実験２】において、くぎが最も深くささる組み合わせを次より１つ選び、記号で答えなさい。

	おもりの重さ〔g〕	速さ
ア	50	秒速５m
イ	50	秒速10m
ウ	100	秒速５m
エ	100	秒速10m

Ⅱ．高いところにある物体や動いている物体は、他の物体に力をくわえて動かすことができます。他の物体に力をくわえて動かすことができるものはエネルギー（単位はジュール〔J〕）をもっています。高い所にある物体や動いている物体のもつエネルギーについて以下のことがわかっています。

[学習メモ]

- 高い所にある物体がもつエネルギーは位置エネルギーと呼ばれている。
- 物体の地面からの高さが２倍、３倍になると、その物体がもつ位置エネルギーは２倍、３倍になる。
- 動いている物体がもつエネルギーは運動エネルギーと呼ばれている。
- 物体の速さが２倍、３倍になると、その物体がもつ運動エネルギーは４倍、９倍になる。

図３のように、A点で静かに手をはなし、空中をまっすぐに落下するおもりのもつエネルギーについて園子さんと先生が話しています。A点から地面までを等間隔《かんかく》に区切った点をB～D点とします。

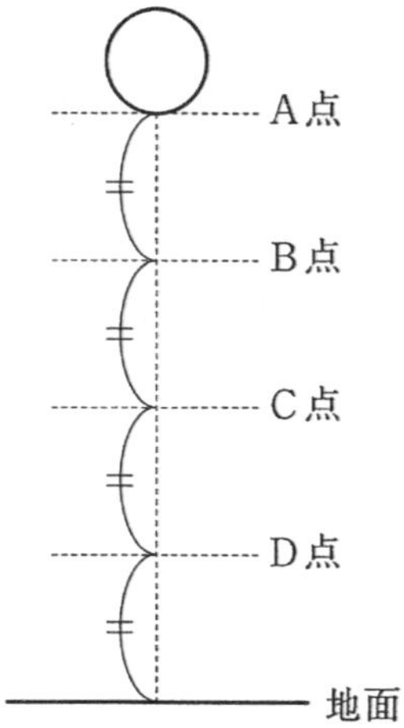

図３

園子さん　「A点ではおもりの速さは秒速0mでした。つまりA点での運動エネルギーは0Jになります。このおもりが落下していくときにエネルギーがどのように変化していくのでしょうか。」

先生　「B点での位置エネルギーは、A点の位置エネルギーに比べて減少します。例えば、A点での位置エネルギーが100Jであったとすると、B点での位置エネルギーは X J、C点の位置エネルギーは Y Jになりますね。」

園子さん　「減少した分のエネルギーはどうなるのでしょうか。」

先生　「減少した分のエネルギーは運動エネルギーとなります。今回のように空気抵抗の影響がない場合、各点での位置エネルギーと運動エネルギーを足したものは常に一定になります。」

園子さん　「なるほど。ということはD点での運動エネルギーは Z Jになりますね。」

先生　「そうです。下にいくほど運動エネルギーは大きくなり速さが速くなりますね。この運動エネルギーと位置エネルギーの関係は摩擦のないレール上を物体がすべるときも成り立ちます。」

（3）　会話文中の X ～ Z に当てはまる数値を答えなさい。小数第1位以下がある場合は、四捨五入して整数で答えなさい。

（4）　図3のB点での速さが秒速5mでした。地面に到着《とうちゃく》するときのおもりの速さは秒速何mですか。小数第1位以下がある場合は、四捨五入して整数で答えなさい。

（5）　縦軸《たてじく》に運動エネルギー、横軸《よこじく》に地面からの高さをとったグラフはどのようになりますか。次より1つ選び、記号で答えなさい。

ア
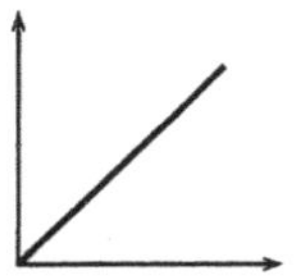

イ
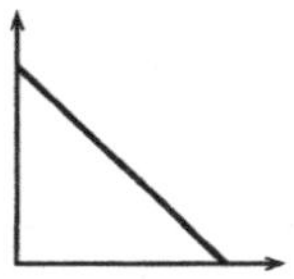

ウ

エ

オ
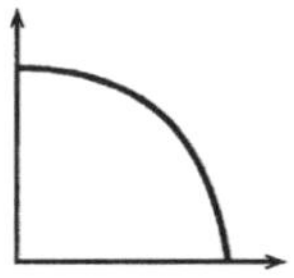

カ
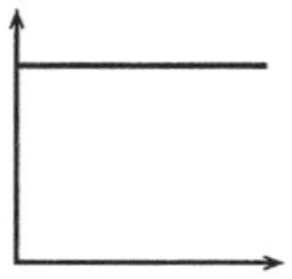

（6）　次のア～ウのように同じ長さで摩擦のないレールを３本用意しました。Ｅ点からＦ点までは全く同じ形状で、Ｆ点からＧ点が異なるコースをつくりました。おもりをＥ点から静かにすべらせたときＧ点へ到着するのが一番はやいレールはどれか、次より１つ選び、記号で答えなさい。ただし、３コースともＦ点とＧ点の地面からの高さは同じとし、物体は運動中にレールから離《はな》れることはありませんでした。

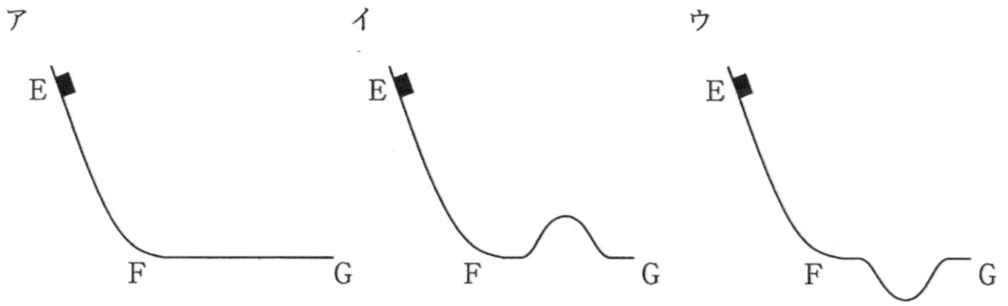

（7）　図４のような形状のレールのＨ点から物体を静かにすべらせ、物体の運動エネルギーを調べました。縦軸に物体の運動エネルギー、横軸にＨ点からの水平方向の距離《きょり》をとったグラフはどのようになりますか。次より１つ選び、記号で答えなさい。ただし、物体は運動中にレールから離れることはありませんでした。

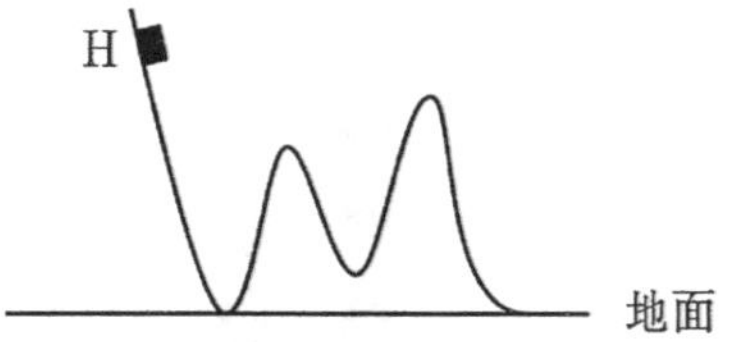

図４

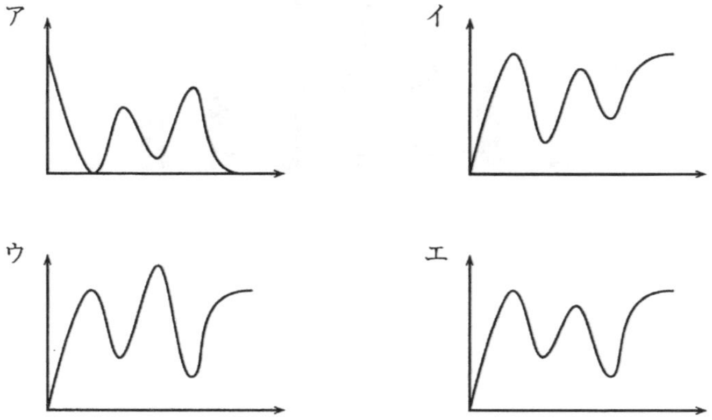

2　水の硬度《こうど》について園子さんと先生が話しています。

園子さん　「先日、温泉に行ってきました。せっけんの泡《あわ》立ちが悪かったので、調べてみたら、水には硬度というものがあることを知りました。水の硬度について教えてください。」

先生　「水１Ｌ（1000mL）中に溶《と》けているカルシウムとマグネシウムの量を表わした指標を『硬度』というんだよ。

(硬度〔mg/L〕) ＝（１Ｌ中に溶けているカルシウム量〔mg〕×2.5) ＋（１Ｌ中に溶けているマグネシウム量〔mg〕×4.1)

で表すことができるんだよ。」

園子さん　「硬度が違《ちが》うと味も違ったりするのですか。」

先生　「WHOの飲料水水質ガイドラインでは、硬度が60mg/L未満の水を「軟《なん》水《すい》」、60以上120mg/L未満の水を「中程度の軟水」、120以上180mg/L未満の水を「硬水《こうすい》」、180mg/L以上の水を「非常な硬水」と分類しているよ。日本の水道水はおいしさの面から目標値が10以上100mg/L未満に設定されているよ。」

園子さん　「わかりました。国や地域による水の硬度の違いについて調べてみます。」

［学習メモ１］

・図１は、日本全国における水道水の水源となっている表流水（地表を流れる水）と地下水の硬度ごとの割合を示した棒グラフである。水道水の硬度は、水源の種類に大きく影響される。

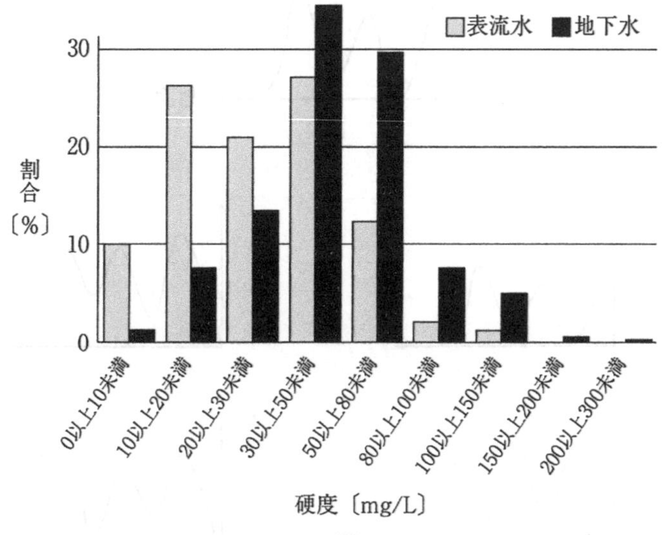

図１

(出典：東京都水道局「水の硬度」
(http://www.waterworks.metro.tokyo.lg.jp/suigen/topic/02.html) を加工して作成)

・地層には石灰岩が多く含《ふく》まれている場所がある。その地層を通った水には、カルシウムが多く含まれ、鍾乳石《しょうにゅうせき》や鍾乳洞《しょうにゅうどう》を形成することがある。
・ヨーロッパの水は石灰岩が多く含まれている地域を長い時間をかけて通るため日本の水に比べると、硬度は高い。
・硬水でせっけんを使用すると泡立ちが悪く、洗浄《せんじょう》しにくい。

（1）　２人の会話と［学習メモ１］より考えられることを、次より２つ選び、記号で答えなさい。

ア．カルシウムは鍾乳石の形成に関わらない。
イ．地下水の方が表流水に比べ、カルシウムやマグネシウムの濃度《のうど》は高い傾向《けいこう》がある。
ウ．日本の水道水の水源には、ＷＨＯの基準で「非常な硬水」と分類される水はない。
エ．ヨーロッパの水は日本の水と比べて軟水の割合が大きい。
オ．園子さんが行った温泉の水は硬度が高い。

（2）　石灰岩について述べたものとして正しいものを、次より１つ選び、記号で答えなさい。

ア．石灰岩を水に溶かした水溶液《すいようえき》に二酸化マンガンを加えると酸素が発生する。
イ．石灰岩を水に溶かした水溶液にBTB液を加えると黄色になる。
ウ．石灰岩は水酸化ナトリウム水溶液に溶けて、水素を発生する。
エ．石灰岩は塩酸に溶けて、二酸化炭素を発生する。
オ．石灰岩は非常に硬《かた》く、金属の切断などに使用される。

園子さんはさらに、硬度を調べる方法としてキレート滴定《てきてい》実験というものがあることを知りました。そこで、キレート滴定実験について調べ、［学習メモ２］にまとめ、実験を行いました。

［学習メモ２］

１．キレート滴定実験には、試薬Ａと試薬Ｂを使用する。
２．試薬Ａはアルカリ性の水溶液に入れると青色になる。水溶液中のカルシウムやマグネシウムとくっつくと赤色になる。
３．試薬Ｂはアルカリ性の水溶液に入れても無色である。水溶液中のカルシウムやマグネシウムとくっついても無色のままである。
４．水溶液中のカルシウムやマグネシウムは、それぞれ試薬Ａや試薬Ｂとくっつく際に互《たが》いに影響を及ぼさない。
５．試薬Ａ、試薬Ｂはどちらも水溶液中のカルシウムやマグネシウムとくっつき、試薬を加えることで水溶液の液性（酸性、中性、アルカリ性のこと）が変わることはない。また、液性によって水溶液中のカルシウムやマグネシウムの量が変わることはない。

硬水をアルカリ性にして、試薬Ａを混ぜると赤色になるが、そこに試薬Ｂを少しずつ加えていくと徐々《じょじょ》に色が変化し、青色になる。このことを利用して、水溶液中のカルシウムやマグネシウムの量を知ることができる。

【実験１】

さまざまな量のカルシウムを溶かした水溶液を10 mLずつ入れた試験管を２本ずつ用意し、それぞれ１本目には①、２本目には②の操作を行い、結果を表１にまとめた。

① 水溶液をアルカリ性にしてから試薬Ａを十分に入れ、混ぜた。その後、試薬Ｂを加え、水溶液が青くなるまでに加えた試薬Ｂの量をはかった。

② うすい硫酸《りゅうさん》を十分に加えて沈殿《ちんでん》を生じさせた。それぞれの沈殿をろ過し、乾《かん》燥《そう》させ、重さをはかった。

表１

カルシウム〔mg〕	0.6	1.2	2.0	3.0
①試薬Ｂの量〔mL〕	1.5	3.0	（ あ ）	7.5
②沈殿の重さ〔mg〕	2.04	4.08	6.80	（ い ）

【実験２】

【実験１】と同様の実験をカルシウムの代わりにマグネシウムを用いて行った。その結果を表２に示した。

表２

マグネシウム〔mg〕	0.3	0.6	（ う ）	2.4
①試薬Ｂの量〔mL〕	1.25	2.5	5.0	10
②沈殿の重さ〔mg〕	0	0	0	0

（3）　表１、表２の（ あ ）～（ う ）に当てはまる数値を求めなさい。小数第２位以下がある場合は、四捨五入して小数第１位まで答えなさい。

（4）　【実験１】①の実験は試薬Ａと試薬Ｂのちがいを利用しています。どのようなちがいですか。「水溶液中のカルシウムやマグネシウムは」に続く文を完成させなさい。

【実験３】

硬水の温泉水Ｃを10mLずつ入れた試験管を２本用意した。１本目に【実験１】①の実験を行ったところ、試薬Ｂの量は6.5mLとなった。２本目に【実験１】②の実験を行ったところ沈殿の重さは6.12mgとなった。

（5）　温泉水Ｃ 10mLの中に含まれているカルシウムの量は何mgですか。小数第３位以下がある場合は、四捨五入して小数第２位まで答えなさい。

（6）　温泉水Ｃ 10mLの中に含まれているマグネシウムの量は何mgですか。小数第３位以下がある場合は、四捨五入して小数第２位まで答えなさい。

（7）　温泉水Ｃの硬度は何mg/Lですか。小数第２位以下がある場合は、四捨五入して小数第１位まで答えなさい。

（8）　温泉水Ｄを調べたら、硬度が406 mg/L、カルシウム〔mg/L〕：マグネシウム〔mg/L〕＝３：１と書かれていました。１Ｌの温泉水Ｄに含まれるカルシウム、マグネシウムの量は何mgですか。それぞれ小数第１位以下がある場合は、四捨五入して整数で答えなさい。

3 「家畜《かちく》伝染病予防法」では、養鶏場《ようけいじょう》で鳥インフルエンザに感染したニワトリがみつかると、その養鶏場で飼われているニワトリをすべて殺処分すると定めています。そのため、これまでもさまざまな場所で、ニワトリの殺処分が行われてきました。園子さんは、なぜ殺処分をしなくてはならないのか、調べた結果を［学習メモ］にまとめました。

［学習メモ］

・インフルエンザには、鳥インフルエンザや豚《ぶた》インフルエンザ、ヒトインフルエンザがある。インフルエンザウイルス基本的にヒトからヒトへというように同種の生物間で感染する。
・感染する個体が多いほど、インフルエンザウイルスの変異する（性質が変わる）可能性が大きくなる。
・インフルエンザウイルスは変異することにより鳥からブタ、ブタからヒトと種をこえて感染するようになることがある。
・ヒトが鳥インフルエンザに感染しただけでは新型インフルエンザの出現とは言わない。それがヒトからヒトに感染するようになったら、「新型インフルエンザが出現した」と言われるようになる。
・2009年に新型インフルエンザとして広がったウイルスは、鳥インフルエンザウイルスとヒトインフルエンザウイルスの両方に感染してしまったブタの体内で変異してできたと考えられている。
・鳥インフルエンザのウイルスは感染した鳥の糞《ふん》やだ液などから広がる。そのため、養鶏場に出入りする野生動物や人、車などを介《かい》して広がってしまう可能性がある。

以上のことより、国は鳥インフルエンザの感染拡大による変異を防ぐために殺処分を行う方針をとっていることが分かった。

（1） 日本では、鳥インフルエンザは例年秋から春にかけて発生します。この理由を正しく説明しているものを次より１つ選び、記号で答えなさい。

ア．ヒトインフルエンザウイルスが、養鶏場ではたらいている人から鳥に感染するため。
イ．渡《わた》り鳥が渡りをするため。
ウ．ニワトリが、冬眠に向けて体温を下げるため。
エ．ニワトリが集団行動をとるようになり、濃厚接触《のうこうせっしょく》の機会が増えるため。

（2）　私たちは鶏卵《けいらん》（ニワトリの卵）を食用とするだけではなく、インフルエンザウイルスを入れて増やし、インフルエンザワクチンを作っています。

① ヒトのからだには病気からからだを守るためのシステムがあります。これを何と言いますか。

② インフルエンザワクチンについて正しく述べているものを次より１つ選び、記号で答えなさい。

ア．鶏卵で増やしたインフルエンザウイルスをそのまま注射する。
イ．インフルエンザが治ったらすぐにワクチンを注射する。
ウ．インフルエンザに感染したらすぐにワクチンを注射する。
エ．インフルエンザワクチンに鶏卵の成分がほんの少し入るので、鶏卵で強いアレルギー反応を起こしたことがある人は注意が必要である。
オ．インフルエンザワクチンを１回注射すると、一生効果が続く。

（3）　近年、環境《かんきょう》ＤＮＡに注目が集まっています。環境ＤＮＡとは水中や土壌《どじょう》中などの環境中に存在している、生物そのものや生物の排泄物《はいせつぶつ》などに由来するＤＮＡのことで、その環境中にどのような生物が生息しているのかを調べることができます。

ＤＮＡとは細胞《さいぼう》の中にある、からだに必要なタンパク質の設計図にあたるもので、親から子に受け渡されます。地球上の生物のからだは、たくさんの種類のタンパク質からできています。タンパク質は、複数のアミノ酸がつながったものです。生物のからだで使われているアミノ酸は20種類（Ａ～Ｔとする）で、アミノ酸の数や並び順を指定しているのがＤＮＡです。ＤＮＡには、４種類の物質（ａ～ｄとする）が多数並んでいます。

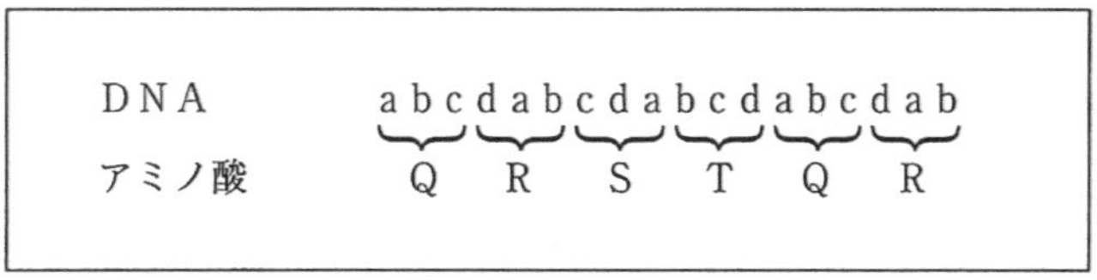

図１

例えば、図１のような「abcd」がくり返されているＤＮＡがあったとします。左端《ひだりはし》から「abc」、「dab」、「cda」…のように３つずつ区切ると、「abc」がアミノ酸Ｑを、「dab」がアミノ酸Ｒを指定します。また、同じＤＮＡでも、左から２番目（「bcd」、「abc」、「dab」…）や３番目から区切ることもあります。ＤＮＡでアミノ酸を指定している３つの物質の並び順が同じときは、同じアミノ酸を指定します。

ＤＮＡの並び順と指定されるアミノ酸の関係を調べた実験とその結果をまとめました。なお、ＤＮＡはすき間なく３つずつ区切ることとします。

【実験１】

abがくり返されたＤＮＡからは、アミノ酸ＬとＭが交互《こうご》にくり返しつながっているタンパク質が作られた。

【実験２】

aabがくり返されたＤＮＡからは、アミノ酸Ｌのみがつながっているタンパク質、アミノ酸Ｎのみがつながっているタンパク質、アミノ酸Ｏのみがつながっているタンパク質の３種類のタンパク質が作られた。

① ２つの実験から考えられることをまとめた次の文中の[i]～[vi]に適するものをア～クより１つずつ選び、記号で答えなさい。ただし、同じ記号を複数回選んでもよいものとします。また、[ii]～[iv]の答える順は問いません。

【実験１】より、abがくり返されたＤＮＡでアミノ酸を指定している３つの物質の並び順はabaか、[i]であり、このどちらかがアミノ酸Ｌを指定し、もう一方がアミノ酸Ｍを指定している。

また、【実験２】より、aabがくり返されたＤＮＡでアミノ酸を指定している３つの物質の並び順は[ii]か、[iii]か、[iv]であり、これらがアミノ酸Ｌ、アミノ酸Ｎ、アミノ酸Ｏのいずれかを指定している。

以上のことから、[v]がアミノ酸Ｌを、また[vi]がアミノ酸Ｍを指定していると考えられる。

ア．aaa　　イ．bbb　　ウ．aab　　エ．aba

オ．baa　　カ．abb　　キ．bab　　ク．bba

② ウイルスは生物ではありませんが、環境ＤＮＡを調べることで、存在が確認できるウイルスもあります。このことからどのようなことが考えられるか。次より１つ選び、記号で答えなさい。

ア．すべてのウイルスはＤＮＡをもっていない。

イ．すべてのウイルスはアミノ酸をもっていない。

ウ．すべてのウイルスはタンパク質をもっていない。

エ．ＤＮＡをもっているウイルスもある。

4　洗足学園のある川崎《かわさき》市にはいくつもの川が流れており、川の近くには平らな土地が広がっています。川から離れる方向へ歩いて行くと崖《がけ》がみられ、その崖を上がるとまた平らな土地が広がっています。このような a川とほぼ並行に階段状に発達する地形は川の働きによってできた地形です。

平野を流れている川は、土地が［ b ］したときや、海面水位が［ c ］したとき、土地と海水面との高低差が［ d ］なるために流れが速くなり、下の方向（川底の方向）へと侵食《しんしょく》が起こります。その後、川の位置が蛇行《だこう》により移動し、周辺全体が侵食されると崖を境目として、もとの川原より一段低い川原ができます。これがくり返されると、川とほぼ並行に階段状の地形が作られます。

（1）　下線部 a の地形を何と言いますか。漢字４字で答えなさい。

（2）　文中の［ b ］～［ d ］に入る語句の組み合わせとして適当なものを、次より１つ選び、記号で答えなさい。

	b	c	d
ア	隆起《りゅうき》	上昇《じょうしょう》	大きく
イ	隆起	上昇	小さく
ウ	隆起	下降	大きく
エ	隆起	下降	小さく
オ	沈降《ちんこう》	上昇	大きく
カ	沈降	上昇	小さく
キ	沈降	下降	大きく
ク	沈降	下降	小さく

（3）　図1は川の蛇行の様子を上から見た模式図です。

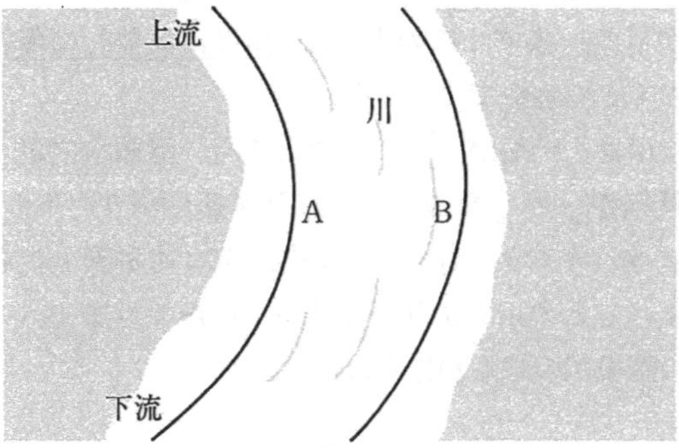

図1

① 図1の川の形は、洪水《こうずい》などが起こらなかった場合、どのように変化していくと考えられますか。次より1つ選び、記号で答えなさい。ただし、川の水の量は大きく変わらないものとします。

ア　A側の岸がけずられ、B側の岸に土砂がたまり、川が真っ直ぐになる。
イ　A側の岸に土砂がたまり、B側の岸がけずられ、川がより曲がる。
ウ　両側の岸がけずられ、川幅《かわはば》が広くなる。
エ　両側の岸に土砂がたまり、川幅が狭《せま》くなる。

② 蛇行している川では洪水などが起こって川の流れが変わり、川の曲がった部分がとり残されて、湖になることがあります。このような湖を何といいますか。

（4） 1971年以降に観測された世界平均海面水位の上昇の主要な原因は、人間の影響である可能性が非常に高いことが示されています。

① 人間の影響の１つとして、人間の活動により温室効果ガスの排出《はいしゅつ》量がこの数十年で大きく増加していることが挙げられます。温室効果ガスのうち、人間の影響による排出量が最も多い気体を答えなさい。

② 地球の寒冷化が起こると海面水位が下降します。このしくみを、海水量の変化の理由も含めて説明しなさい。

2024年度　入学試験問題

社　　会

第2回

【注　意】

試験時間は理科とあわせて60分間です。(11:10～12:10)

社会と理科両方の教科の問題を時間内に解いてください。

問題は1ページから16ページまでです。

解答はすべて解答用紙に記入してください。

解答用紙に受験番号、氏名を記入してください。

洗足学園中学校

1 日本の都市のうち、札幌市・仙台市・広島市・福岡市の４都市は地方中枢《ちゅうすう》都市ともよばれ、三大都市圏《けん》に次ぐ都市圏《けん》を形成しています。次の**[地図１]**～**[地図４]**は、これら４都市が位置する道・県を示したものであり、**[地図]**中の**（ア）**～**（エ）**は札幌市・仙台市・広島市・福岡市のいずれかです。これらを見て、あとの問いに答えなさい。なお、**[地図１]**～**[地図４]**の縮尺は同一ではありません。

[地図１]

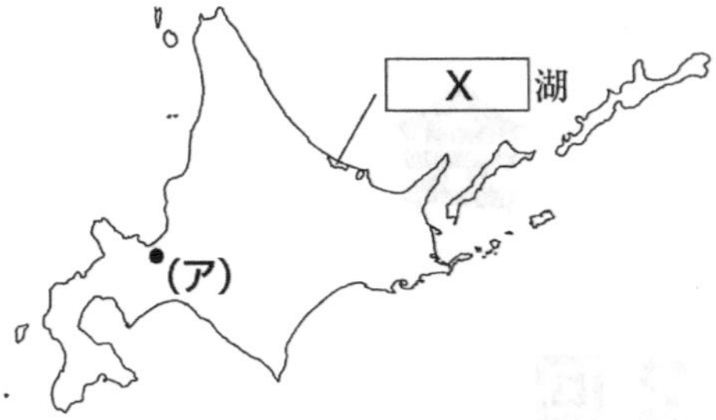

[地図２]

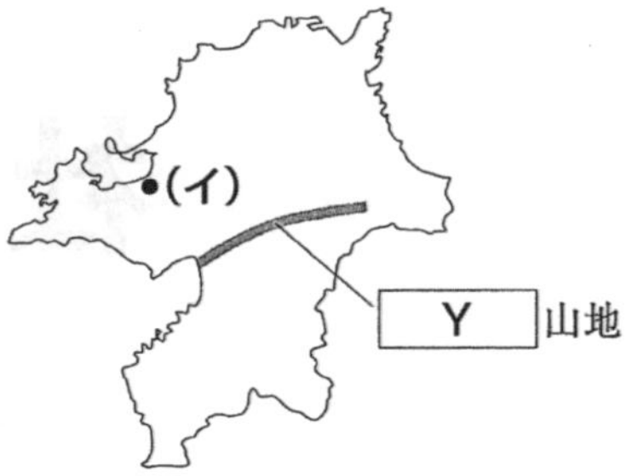

[地図３]

[地図４]

2024(R6) 洗足学園中　第２回
K 教英出版

問1　**[地図1]**～**[地図4]**で示された道・県について、次の(1)～(4)にそれぞれ答えなさい。

(1)　**[地図1]**～**[地図3]**中の空欄《くうらん》［ X ］～［ Z ］にあてはまる地名の組み合わせとしてふさわしいものを、次の**A～H**の中からひとつ選んでアルファベットで答えなさい。

A	X－サロマ	Y－九州	Z－北上
B	X－サロマ	Y－九州	Z－阿武隈
C	X－サロマ	Y－筑紫	Z－北上
D	X－サロマ	Y－筑紫	Z－阿武隈
E	X－十和田	Y－九州	Z－北上
F	X－十和田	Y－九州	Z－阿武隈
G	X－十和田	Y－筑紫	Z－北上
H	X－十和田	Y－筑紫	Z－阿武隈

(2)　下記**[資料]** A～Dは、**[地図1]**～**[地図4]**における米・野菜・果実・畜産の農業産出額（2020年）を示したものです。**[地図2]**を示したものを、次の**[資料]** A～Dの中からひとつ選んでアルファベットで答えなさい。

[資料]

（単位：億円）

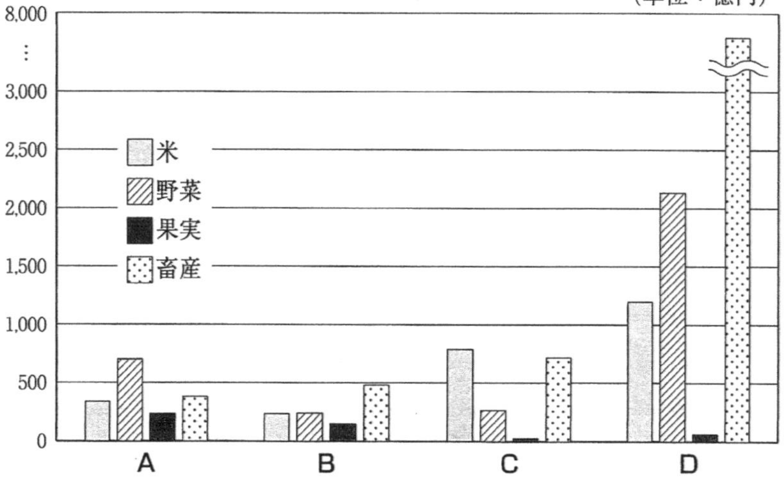

（矢野恒太記念会『データでみる県勢』より作成）

(注)「野菜」には、いちご・スイカなどの果実的野菜も含《ふく》む。

(3) 下記［資料］は、ホタテ・カキ・真珠のいずれかについて、都道府県別養殖生産量の上位（2022年）を示したものです。［資料］①～③は、ホタテ・カキ・真珠のいずれかを示しています。①～③と水産物の組み合わせとして正しいものを、次のA～Fの中からひとつ選んでアルファベットで答えなさい。

［資料］

	①		②		③	
1位	［地図4］	968 t	長崎	52 t	［地図1］	855 kg
2位	［地図3］	257 t	愛媛	41 t	青森	779 kg
3位	岡山	147 t	三重	28 t	［地図3］	68 kg

（農林水産省「海面漁業生産統計調査」より作成）

A ①－ホタテ ②－カキ ③－真珠
B ①－ホタテ ②－真珠 ③－カキ
C ①－カキ ②－ホタテ ③－真珠
D ①－カキ ②－真珠 ③－ホタテ
E ①－真珠 ②－ホタテ ③－カキ
F ①－真珠 ②－カキ ③－ホタテ

(4) 下記［資料］は、［地図1］～［地図4］における食料品と鉄鋼の製造品出《しゅっ》荷《か》額等（2020年）を示したものです。［地図4］を示したものを、次の［資料］中のA～Dの中からひとつ選んでアルファベットで答えなさい。

［資料］

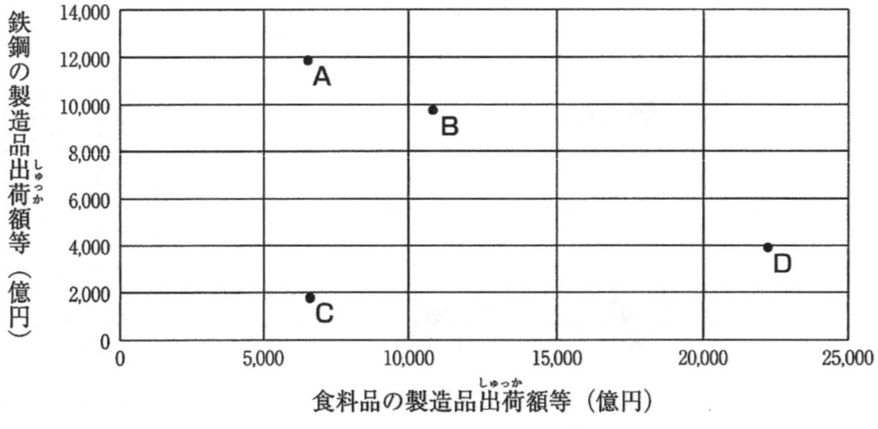

（矢野恒太記念会『データでみる県勢』より作成）

問2　**[地図1]**～**[地図4]** 中の **(ア)**・**(イ)**・**(エ)** で示された都市について、次の(1)・(2)にそれぞれ答えなさい。

(1)　下記 **[資料]** は、2010年・2015年・2020年における、**(ア)**・**(イ)** の総人口と在留外国人の人口を示したものです。**[資料]** 中の①・②は **(ア)**・**(イ)** のいずれかの都市、[X]・[Y]は2010・2020のいずれかがあてはまります。①にあてはまる都市と空欄《くうらん》[X]にあてはまる数字の組み合わせとしてふさわしいものを、次の**A**～**D**の中からひとつ選んでアルファベットで答えなさい。

[資料]

	①		
	[X]年	2015年	[Y]年
総人口	1,913,545人	1,952,356人	1,973,395人
在留外国人の人口	9,957人	10,655人	14,235人

	②		
	[X]年	2015年	[Y]年
総人口	1,463,743人	1,538,681人	1,612,392人
在留外国人の人口	24,119人	30,312人	38,368人

（総務省「国勢調査」、出入国在留管理庁「在留外国人統計」各年版より作成）

A　①－**(ア)**　[X]－2010　　**B**　①－**(ア)**　[X]－2020
C　①－**(イ)**　[X]－2010　　**D**　①－**(イ)**　[X]－2020

⑵ 下記 **[資料1]** ①・②は、**(ア)**・**(エ)** の月別平均気温と降水量を示したものです。また、下記 **[資料2]** ③・④は、**(ア)**・**(エ)** の日照時間の月別平年値と年間日照時間を示したものです。**(ア)** について示した組み合わせとしてふさわしいものを、次の**A**～**D**の中からひとつ選んでアルファベットで答えなさい。

[資料1]

①

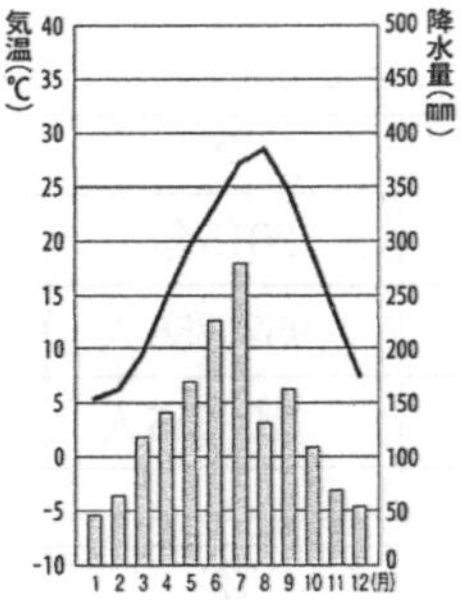

②

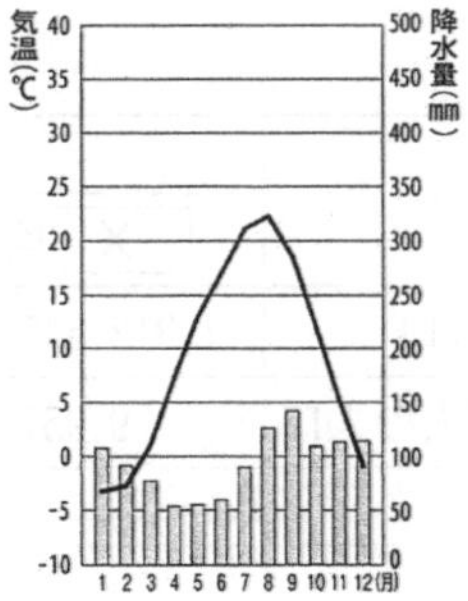

(国立天文台『理科年表』より作成)

[資料2]

(単位：時間)

	③	④
1月	90.4	138.6
2月	103.5	140.1
3月	144.7	176.7
4月	175.8	191.9
5月	200.4	210.8
6月	180.0	154.6
7月	168.0	173.4
8月	168.1	207.3
9月	159.3	167.3
10月	145.9	178.6
11月	99.1	153.3
12月	82.7	140.6
年間	1718.0	2033.1

(国立天文台『理科年表』より作成)

A [資料1]－① [資料2]－③　**B** [資料1]－① [資料2]－④
C [資料1]－② [資料2]－③　**D** [資料1]－② [資料2]－④

問3 **[地図1]** ～ **[地図4]** 中の **(ア)** ～ **(エ)** で示された都市またはその周辺に位置する空港と港湾《こうわん》について、次の(1)・(2)にそれぞれ答えなさい。

(1) 下記 **[資料]** は、東京国際空港（羽田空港）・大阪国際空港（伊丹《いたみ》空港）と、新千歳《しんちとせ》空港・仙台空港・広島空港・福岡空港を結ぶ国内路線（直行便）における旅客数（2022年）を示したものです。福岡空港を示したものを、次の **[資料]** **A～D**の中からひとつ選んでアルファベットで答えなさい。

[資料]

（単位：人）

	東京国際空港（羽田空港）との路線における旅客数	大阪国際空港（伊丹《いたみ》空港）との路線における旅客数
A	6,652,765	958,073
B	6,613,071	546,883
C	1,252,430	－（注2）
D	1,263（注1）	662,902

（国土交通省「航空輸送統計調査」より作成）

（注1） 通常は定期便が運航されていない。

（注2） 定期便が運航されていないことを意味している。

(2) 下記 **[資料]** は、苫小牧港・仙台塩釜《しおがま》港・広島港・博多港における、国内海上貨物量と国外海上貨物量（2021年）を示したものです。広島港を示したものを、次の **[資料]** **A～D**の中からひとつ選んでアルファベットで答えなさい。

[資料]

（単位：t）

	国内海上貨物量		国外海上貨物量	
	移出量（注1）	移入量（注2）	輸出量	輸入量
A	44,236,806	44,505,980	991,082	15,042,927
B	11,802,358	14,883,005	1,311,326	10,914,856
C	4,978,456	10,695,731	8,368,395	10,256,965
D	2,227,310	4,564,295	3,876,221	1,487,106

（国土交通省「港湾統計年報」より作成）

（注1） 移出量とは貨物を国内の他所へ送り出す量を意味する。

（注2） 移入量とは貨物を国内の他所から取り入れる量を意味する。

問4 下記［地図］は、［地図1］～［地図4］中の（ア）～（エ）で示された都市のいずれかです。これら4都市のうち、3都市の形成過程には共通点があり、1都市の形成過程だけ異なります。形成過程が異なる都市を挙げて、その他の3都市の共通点を、解答欄《らん》にあわせて文章で説明しなさい。

［地図］

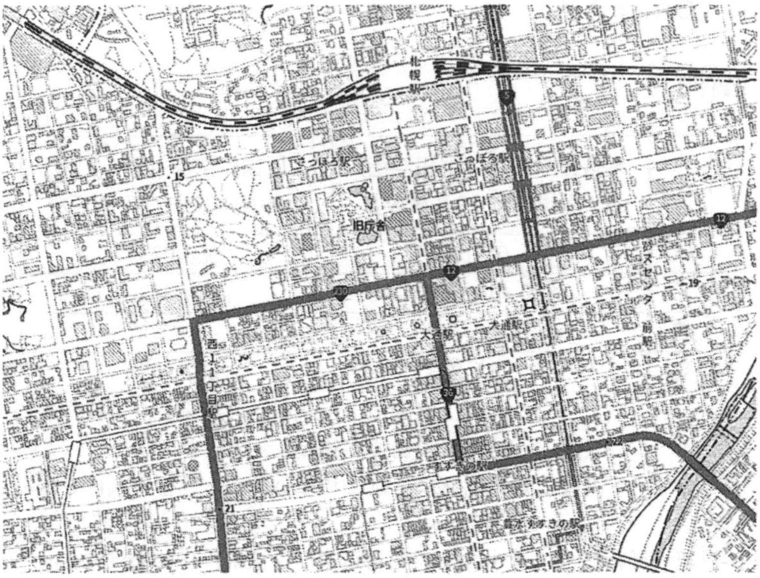

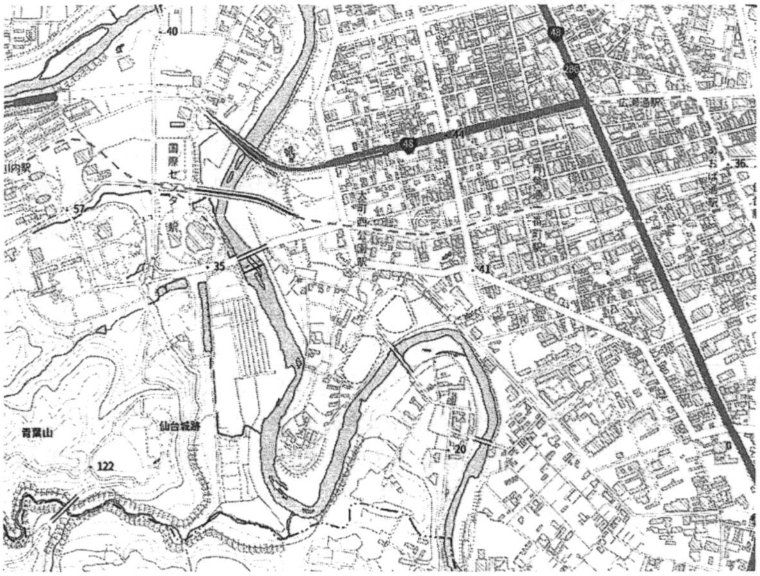

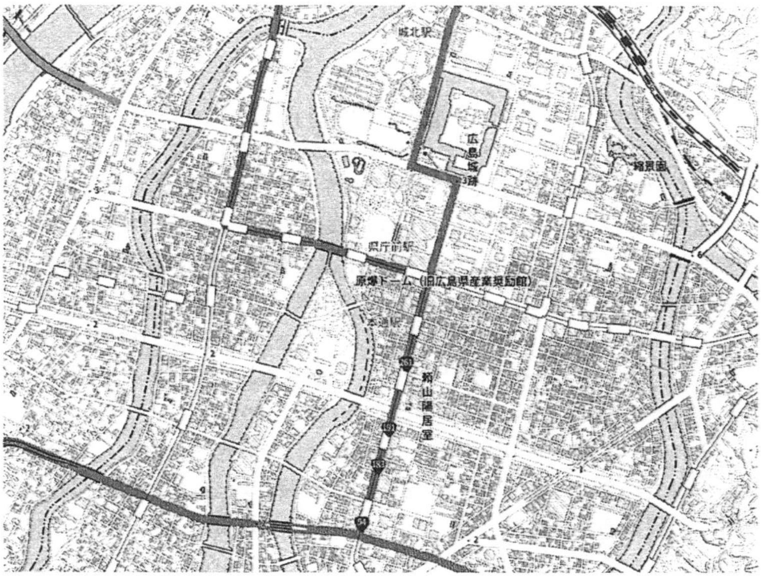

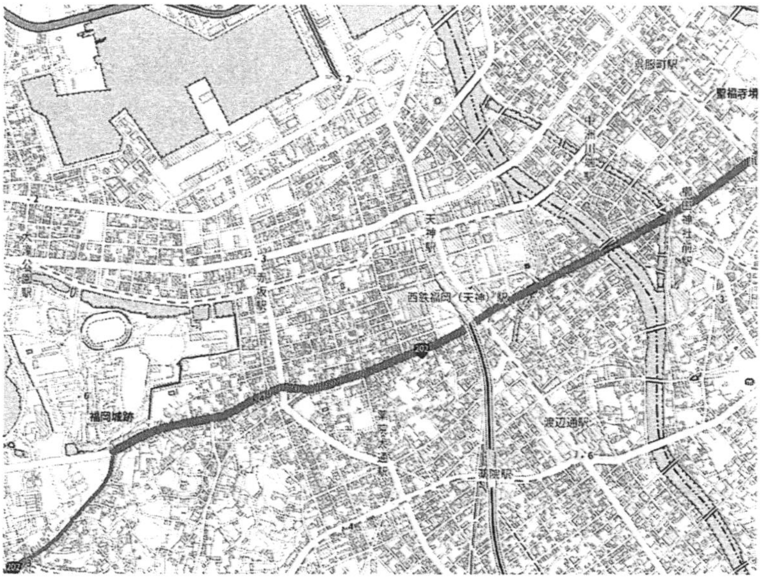

（いずれも地理院地図より作成）

2 次の各文章は、東京都内にある護国寺《ごこくじ》とその周辺の史跡《しせき》を見学した教員が、気づいたことなどをメモしたものです。これを読んで、あとの問いに答えなさい。

護国寺《ごこくじ》駅を降りると、大学とその附属《ふぞく》教育機関などの敷地《しきち》が広がっていた。地図を見ると、 (ア) には大学などの教育機関や研究機関が他にも数多く設置されていた。なるほど、区名の文字が持つ意味の通りだ。

駅から歩いてすぐに護国寺《ごこくじ》の表門「仁王《におう》門」が見えた。門をくぐって進むと「不老」の文字を掲《かか》げた門があった。護国寺《ごこくじ》の説明によると、この「不老門」は、(イ) 京都の鞍馬寺《くらまでら》の門の様式をもとに設計され、1938年に建立《こんりゅう》されたものだそうだ。額面の文字は徳川家達《いえさと》のもの。徳川家達《いえさと》といえば、「十六代様」とよばれた人物であり、 (ウ) に代わって徳川宗家《そうけ》の相続を政府より許可された人物だ。護国寺《ごこくじ》が五代将軍 (エ) によって建立《こんりゅう》されたものであることは事前に調べていたが、幕末から昭和にかけても徳川家と関わりがあったのは興味深い。門をくぐると、「月光殿《げっこうでん》」という建物が見えた。重要文化財であり、 (オ) の (カ) 三《み》井《い》寺《でら》の日光院の客殿《きゃくでん》を1928年に移築したものだそうだ。三井寺《みいでら》は、日本遺産「琵琶湖とその水辺景観－祈《いの》りと暮らしの水遺産」の構成文化財として登録されている寺院のひとつだ。かつて琵琶湖を彩《いろど》った景観の一部が、なぜ都心部にあるのだろうか。移築の経緯《けいい》を後日調べてみよう。さらに歩を進めて、本堂である観音堂の前に立った。観音堂も境内もとても大きい。都心部にこれだけの面積をもつ寺院はそれほど多くないだろう。

観音堂周辺の墓所も立ち入りが可能とのこと、場所も場所であるため気を遣《つか》いながら歩を進めた。いずれも立派なお墓ばかりだ。そのなかに「大隈重信」の文字を発見した。(キ) 自由民権運動の中心的人物のひとり、そして (ク) 大学の前身である東京専門学校の設立者、として知られている人物だ。1890年代後半と (ケ) 第一次世界大戦期の２度にわたって首相を務めた政治家でもある。さらに進むと、鳥居とともに一際《ひときわ》立派なお墓があった。 (コ) 派の代表的な公家として知られた三条《さんじょう》実美《さねとみ》のものであった。(サ) 1870年代に (シ) を大使とする使節団が海外に派遣《はけん》された際には、政府において中心的な役割を担《にな》った人物だ。すぐ近くには各国務大臣を歴任した鳩山邦夫《くにお》のお墓、さらに進むと (ス) のお墓があった。 (ス) は、長州藩出身の軍人・政治家であり、初めて帝国議会が開かれた際には首相を務めていた人物である。いずれも思わず一礼してしまう人物ばかりだ。他にも著名人たちのお墓がたくさんあったようだが、気づかずに通り過ぎてしまったようだ。後日、再訪するとしよう。

護国寺《ごこくじ》をあとにして15分程度歩くと、洋館「鳩山会館」に着いた。鳩山邦夫《くにお》の祖父であり、1950年代に首相を務めた人物として知られる (セ) 鳩山一郎が、友人の設計により1924年に建てたものだそうだ。西洋風の建物と庭園が印象的だった。

2

問一
(一)
2点
(二)
2点
(三)
2点

問二
7点

問三
a
b
2点×2

問四
7点

問五
7点

問六
3点

問七
3点

問八
(一)
2点
(二)
B
C
D
2点×3

問九
3点

問十
2点

／50

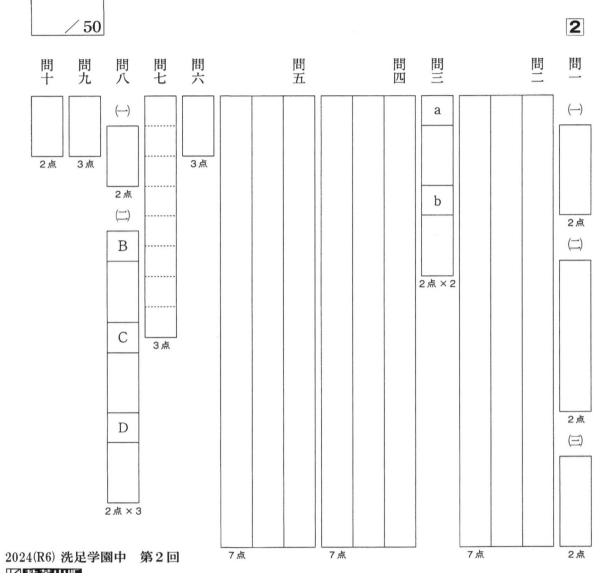

日 8点

時間 分 8点

4

(1)

個 8点

(2) 5点

(3) 7点

5

(1) cm^2 5点

(2) cm^3 7点

(3)

cm^3 8点

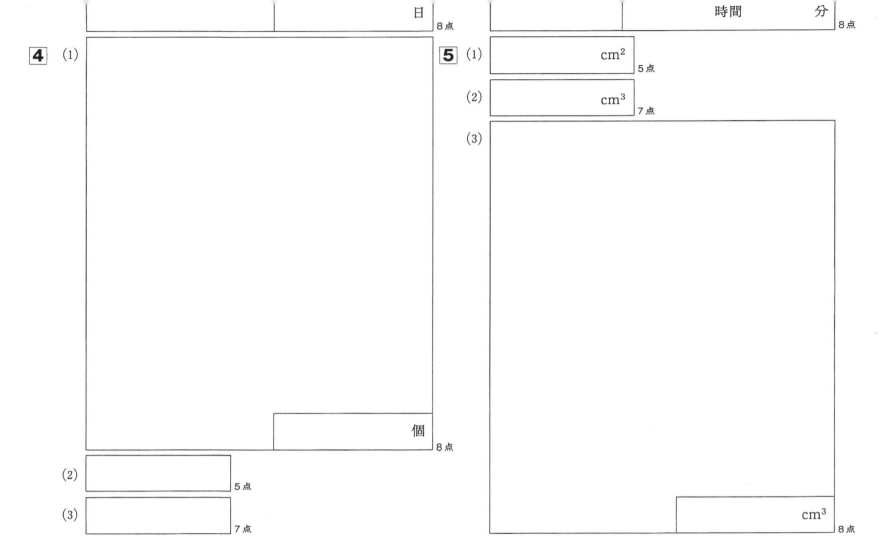

(3) ① i 2点 ii 2点 iii 2点 iv 2点

v 2点 vi 2点

② 2点

小計 ／18

4 (1) 3点 (2) 3点

(3) ① 2点 ② 3点

(4) ① 2点

② 4点

小計 ／17

受験番号

氏名

／75

問11 2点

小計 ／25

3

問1 3点

問2 3点

問3 3点

問4 3点

問5 (1) 3点

問5 (2) 4点

問6 3点

問7 3点

小計 ／25

受験番号

氏名

合計 ／75

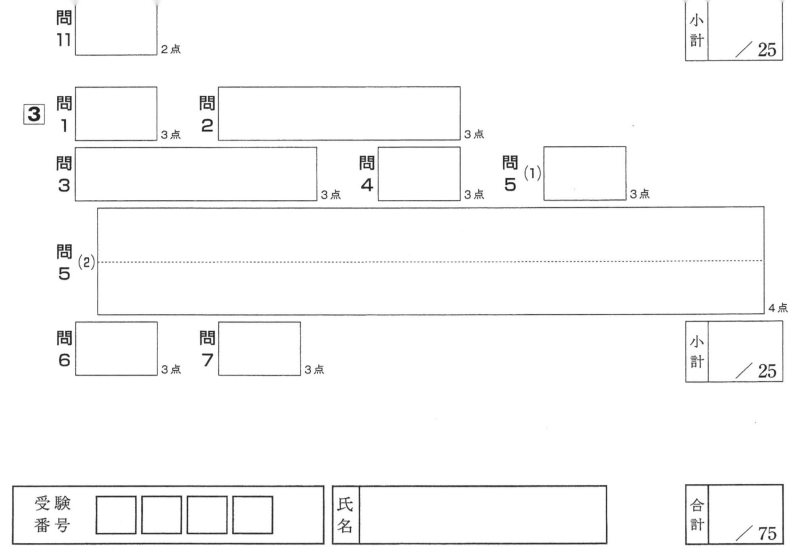

社会

2024年度　入学試験解答用紙　　第2回

洗足学園中学校

1

問1 (1) 2点　(2) 3点　(3) 2点　(4) 3点

問2 (1) 3点　(2) 2点

問3 (1) 3点　(2) 3点

問4

市以外の他の3都市は

という点が共通している。

4点

小計 ／25

2

問1 2点　問2 2点　問3 2点　問4 2点

問5 2点　問6 2点

問7

4点

【解答

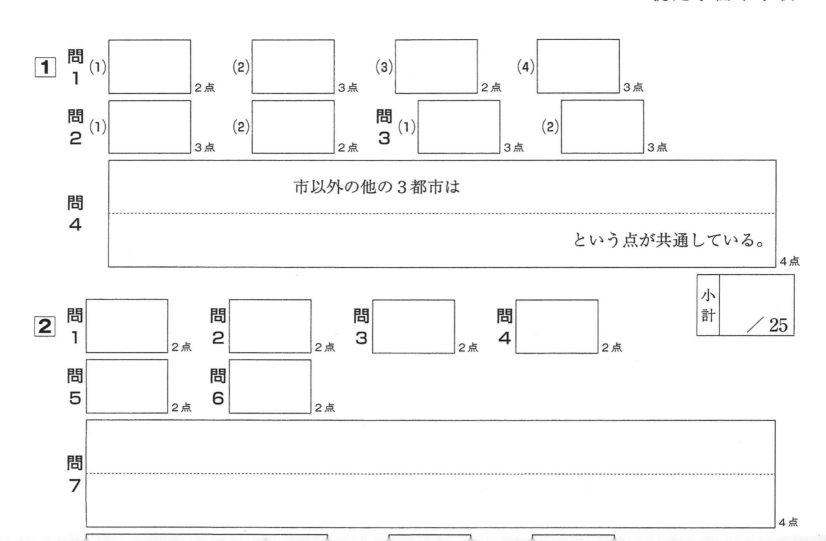

理科

2024年度　入学試験解答用紙　第2回

洗足学園中学校

1

(1) ［　　］1点　(2) ［　　］1点

(3) X ［　　］2点　Y ［　　］2点　Z ［　　］2点

(4) 秒速［　　］m 3点　(5) ［　　］3点　(6) ［　　］3点　(7) ［　　］3点

小計　／20

2

(1) ［　　｜　　］2点　(2) ［　　］1点

(3) あ ［　　］1点　い ［　　］1点　う ［　　］1点

(4) 水溶液中のカルシウムやマグネシウムは［　　］4点

(5) ［　　］mg 2点　(6) ［　　］mg 2点　(7) ［　　］mg/L 2点

(8) カルシウム ［　　］mg 2点　マグネシウム ［　　］mg 2点

小

【解答

算数

2024年度　入学試験解答用紙　第2回

洗足学園中学校

受験番号 □□□□　氏名　／100

1 (1) 5点　(2) 5点

2 (1) L 5点　(2) 度 5点　(3) 班 5点　(4) 5点

3 (1) m 7点　(2) cm 7点

(3)

(4)

【解答

国語

／100

二〇二四年度　入学試験解答用紙　第二回

洗足学園中学校

受験番号

氏名

1

／50

問一　7点

問二　4点

問三　4点

問四　7点

問五　7点

問六　A　B　C　D　2点×4

問七　ア　イ　ウ　エ　オ　2点×5

問八　3点

【解答

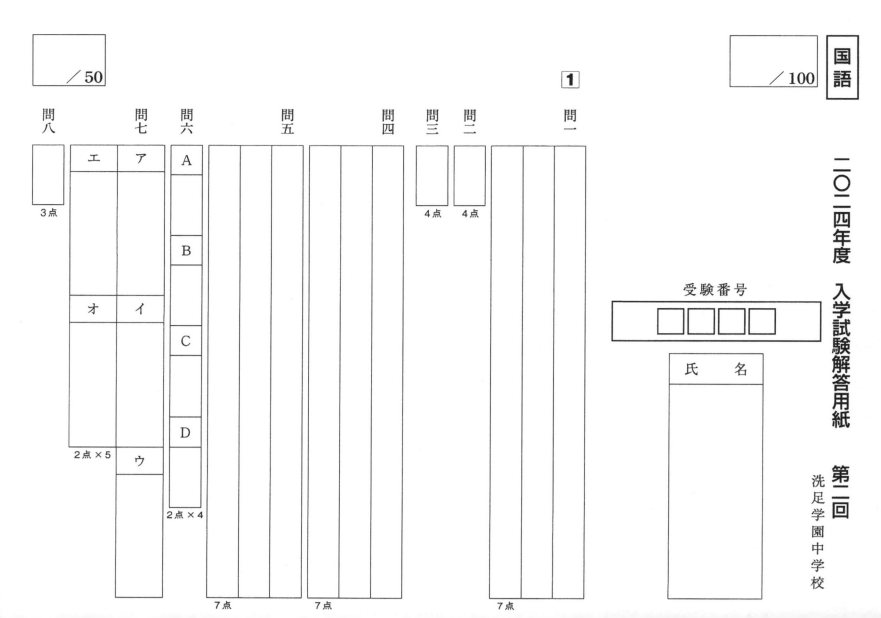

そこからさらに10分ほど歩いて庭園「椿山荘《ちんざんそう》」に到着《とうちゃく》した。この一帯は、椿《つばき》が自生することから、(ソ) 南北朝時代にはすでに「つばきやま」とよばれていたそうだ。西南戦争が終戦したのち、その鎮圧《ちんあつ》の功績に対する恩賞として与《あた》えられた年金や、自身の資産を元手に[（ス）]がこの一帯を購入《こうにゅう》して作庭したとのこと。広大すぎて、すべてを見学するには時間が足りない。こちらも後日あらためて見学するとして、家路に就《つ》くことにした。

帰宅後、[（ア）]のホームページを閲覧《えつらん》した。区域からは貝塚が複数発見されているそうだ。今日の散策では上り坂をたびたび見かけた印象を受けたが、貝塚が発見された地域はかつては[（タ）]付近だったということになる。散策した印象からは想像できない。また、経路上、逆方向だったため、今日は見学先としなかったが、[（ア）]には「[（チ）]式土器発掘《はっくつ》ゆかりの地」と記された碑《ひ》があるとのこと。1884年に向《むこう》ヶ《が》丘《おか》[（チ）]町において土器が発見され、その地名がのちに土器や時代区分の名称《めいしょう》とされたのは有名なお話だ。貝塚とあわせて、考古学をテーマにした散策コースも計画できそうだ。再訪したい場所も含《ふく》めて、今後の計画を立てることとする。

問1 空欄《くうらん》[（ア）]・[（ウ）]・[（エ）]にあてはまる語句・人物の組み合わせとして正しいものを、次のA～Fの中からひとつ選んでアルファベットで答えなさい。

A　（ア）－千代田区　（ウ）－徳川慶喜　（エ）－徳川家光
B　（ア）－千代田区　（ウ）－徳川家康　（エ）－徳川吉宗
C　（ア）－文京区　（ウ）－徳川家茂　（エ）－徳川家光
D　（ア）－文京区　（ウ）－徳川慶喜　（エ）－徳川綱吉
E　（ア）－大田区　（ウ）－徳川家康　（エ）－徳川吉宗
F　（ア）－大田区　（ウ）－徳川家茂　（エ）－徳川綱吉

問2 下線部（イ）は、[X]が預けられた寺としても知られています。「牛若丸」の幼名でも知られる[X]は、後白河上皇による[Y]政権内部の権力争いにともなう[Z]にて、父である義朝が敗死しましたが、助命されて、この寺に預けられました。空欄《くうらん》[X]～[Z]にあてはまる人物・語句の組み合わせとして正しいものを、次のA～Fの中からひとつ選んでアルファベットで答えなさい。

A　X－源頼朝　Y－平氏　Z－平治の乱
B　X－源頼朝　Y－院政　Z－保元の乱
C　X－足利義政　Y－摂関　Z－応仁の乱
D　X－足利義政　Y－摂関　Z－保元の乱
E　X－源義経　Y－院政　Z－平治の乱
F　X－源義経　Y－平氏　Z－応仁の乱

問3　空欄《くうらん》［（オ）］・［（ク）］・［（コ）］にあてはまる語句の組み合わせとして正しいものを、次のA～Fの中からひとつ選んでアルファベットで答えなさい。

A　（オ）－近江　　（ク）－早稲田　　（コ）－尊王攘夷
B　（オ）－近江　　（ク）－東京　　（コ）－公武合体
C　（オ）－三河　　（ク）－津田塾　　（コ）－倒幕
D　（オ）－三河　　（ク）－早稲田　　（コ）－倒幕
E　（オ）－河内　　（ク）－東京　　（コ）－公武合体
F　（オ）－河内　　（ク）－津田塾　　（コ）－尊王攘夷

問4　下線部（カ）は園城寺《おんじょうじ》の別称《べっしょう》です。この別称《べっしょう》は、この寺に涌《わ》く泉の水が［X］・［Y］兄弟、［Z］の三代の天皇の誕生の際の産湯《うぶゆ》として使われたことから「御井《みい》の寺」と言われていたものが転じた、と伝えられています。［Z］は、［X］の娘であり［Y］の皇后でもあった人物です。空欄《くうらん》［X］～［Z］にあてはまる天皇の組み合わせとして正しいものを、次のA～Fの中からひとつ選んでアルファベットで答えなさい。

A　X－文武天皇　　Y－天武天皇　　Z－聖武天皇
B　X－文武天皇　　Y－天智天皇　　Z－元明天皇
C　X－天智天皇　　Y－天武天皇　　Z－持統天皇
D　X－天智天皇　　Y－文武天皇　　Z－元明天皇
E　X－天武天皇　　Y－天智天皇　　Z－聖武天皇
F　X－天武天皇　　Y－文武天皇　　Z－持統天皇

問5　下線部（キ）に関連して述べた文として誤っているものを、次のA～Dの中からひとつ選んでアルファベットで答えなさい。

A　征韓論が事実上否決されたため、板垣退助は下野した。
B　自由民権運動は、日清戦争終戦後に始まった。
C　自由民権運動の一環《いっかん》として、政府に対して国会の設立が要求された。
D　大隈重信を党首として、立憲改進党が結成された。

問6　下線部（ケ）における出来事について述べた文としてふさわしいものを、次のA～Dの中からひとつ選んでアルファベットで答えなさい。

A　日本は、シベリア出兵に参加した。
B　日本は、ドイツ・イタリアと軍事同盟を締結した。
C　ソ連は、日本と中立条約を結んだ。
D　ソ連は、日本に宣戦布告し、満州・朝鮮に侵攻《しんこう》した。

問7　下線部（サ）について、派遣《はけん》が実施《じっし》された主な目的を、次の語句を用いて文章で説明しなさい。

〔　予備交渉《こうしょう》　　幕末　〕

問8　空欄《くうらん》［（シ）］にあてはまる人物を、姓名《せいめい》ともに漢字で答えなさい。

問9　空欄《くうらん》［（ス）］・［（タ）］・［（チ）］にあてはまる人物・語句の組み合わせとして正しいものを、次のA～Fの中からひとつ選んでアルファベットで答えなさい。

A	（ス）－坂本龍馬	（タ）－台地	（チ）－縄文
B	（ス）－坂本龍馬	（タ）－平野	（チ）－古墳
C	（ス）－西郷隆盛	（タ）－海岸線	（チ）－弥生
D	（ス）－西郷隆盛	（タ）－台地	（チ）－古墳
E	（ス）－山県有朋	（タ）－平野	（チ）－縄文
F	（ス）－山県有朋	（タ）－海岸線	（チ）－弥生

問10　下線部（セ）に関連して、鳩山一郎内閣が政権を担当していた時期の出来事としてふさわしいものを、次のA～Dの中からひとつ選んでアルファベットで答えなさい。

A　日ソ共同宣言が調印された。
B　東西ドイツが統一された。
C　ソビエト社会主義共和国連邦が解体された。
D　日本において、消費税率が５％に引き上げられた。

問11　下線部（ソ）について述べた文として誤っているものを、次のA～Dの中からひとつ選んでアルファベットで答えなさい。

A　建武の新政政権崩壊《ほうかい》ののち、南北朝時代が始まった。
B　足利尊氏は、後醍醐天皇に代わって新たな天皇を即位《そくい》させた。
C　後醍醐天皇は、足利尊氏が即位《そくい》させた天皇を正統な天皇とは認めなかった。
D　北朝が南朝に吸収されるかたちで、南北朝の合体が実現した。

3 次の文章は、2023年５月に広島で開催《かいさい》されたＧ７サミットにあたって外務省が作成したパンフレットの一部を抜粋《ばっすい》したものです。これを読んで、あとの問いに答えなさい。なお、一部ふりがなをつけた部分があります。

Ｇ７とは？
フランス、米国、英国、ドイツ、日本、イタリア、カナダ（議長国順）の７か国および欧州連合（ＥＵ）が参加する枠組《わくぐ》みのことで、参加国７か国の総称《そうしょう》として「Group of Seven《グループ オブ セブン》」を意味しています。Ｇ７の会議には、Ｇ７メンバー以外の招待国や (ア) 国際機関などが参加することもあります。

(イ) Ｇ７サミットの特徴《とくちょう》
Ｇ７サミットでは、世界 (ウ) 経済、地域情勢、(エ) 様々な地球規模課題を始めとするその時々の国際社会における重要な課題について、自由、(オ) 民主主義、(カ) 人権などの基本的価値を共有するＧ７各国の首脳が自由闊達《かったつ》な意見交換《こうかん》を行い、その成果を文書にまとめ、公表します。基本的価値を共有するＧ７首脳のリーダーシップにより、Ｇ７は国際社会の重要な課題に効果的に対応してきています。

議題となるテーマ
世界経済
地域情勢
気候変動・エネルギー
開発
保健
女性　など

日本での開催
日本はこれまで６回議長国を務め、今回、７回目となります。
- 1979年：東京サミット
- 1986年：東京サミット
- 1993年：東京サミット
- 2000年：九州・沖縄サミット
- 2008年：北海道洞爺湖サミット
- 2016年：(キ) 伊勢志摩サミット

問1　下線部（ア）に関連して、国際連合の専門機関および関連機関について述べた文として誤っているものを、次のA～Dの中からひとつ選んでアルファベットで答えなさい。

A　ＩＡＥＡは、原子力の平和利用の促進《そくしん》と軍事利用の防止に取り組む機関である。
B　ＷＴＯは、貿易障壁《しょうへき》を減らして自由化をはかり、経済の発展を目指す機関である。
C　ＩＬＯは、世界の労働者の労働条件の改善に取り組む機関である。
D　ＩＭＦは、難民の国際的な保護と、問題の解決に取り組む機関である。

問2　2023年５月に広島で開催《かいさい》された下線部（イ）に参加した、Ｇ７に該当する国の大統領または首相を、次のA～Dの中からすべて選んでアルファベットで答えなさい。

A

尹錫悦《ユンソンニョル》大統領

B

バイデン大統領

C
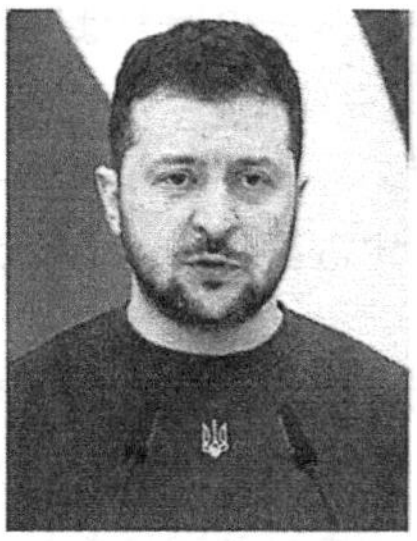
ゼレンスキー大統領

D

スナク首相

問3　下線部（ウ）に関連して、日本には海外から多くの外国人が訪れます。外国人が国内を訪れる旅行のことや、国内を訪れる外国人旅行客のことを[X]と言います。人口が減少に転じて成長市場が限られている日本経済において、この[X]需要《じゅよう》は重要であると言われています。空欄《くうらん》[X]にあてはまる語句を、カタカナで答えなさい。

問4　下線部（エ）に関連して、地域の活性化や雇用《こよう》等を含《ふく》む、人・社会・環境に配《はい》慮《りょ》した消費活動について述べた文としてふさわしくないものを、次のA～Dの中からひとつ選んでアルファベットで答えなさい。

A　均質な製品の生産や出荷《しゅっか》を促《うなが》すために、傷のない野菜や果物を積極的に購入《こうにゅう》する。
B　輸送中に排出《はいしゅつ》される二酸化炭素の量を少なくするために、地元で生産された野菜や果物を購入《こうにゅう》する。
C　発展途上国の生産者や労働者の安定した生活を支えるために、発展途上国で生産された商品や原料を適正な価格で継続《けいぞく》的に購入《こうにゅう》する。
D　水の使用量を少なくするために、綿花の栽培過程における水の使用量を抑《おさ》えた綿を使用した衣料品を購入《こうにゅう》する。

問5　下線部（**オ**）に関連して、次の(1)・(2)にそれぞれ答えなさい。

(1)　次の**A**～**D**はいずれも日本国憲法前文の一部です。リンカン大統領がゲティスバーグにておこなった演説の一部である「人民の、人民による、人民のための政治」という言葉と同様の意味をもつ日本国憲法前文として最も適当なものを、次の**A**～**D**の中からひとつ選んでアルファベットで答えなさい。

A　日本国民は、恒久《こうきゅう》の平和を念願し、人間相互《そうご》の関係を支配する崇高《すうこう》な理想を深く自覚するのであつて、平和を愛する諸国民の公正と信義に信頼《しんらい》して、われらの安全と生存を保持しようと決意した。

B　われらは、いづれの国家も、自国のことのみに専念して他国を無視してはならないのであつて、政治道徳の法則は、普遍《ふへん》的なものであり、この法則に従ふことは、自国の主権を維持《いじ》し、他国と対等関係に立たうとする各国の責務であると信ずる。

C　そもそも国政は、国民の厳粛《げんしゅく》な信託《しんたく》によるものであつて、その権威《けんい》は国民に由来し、その権力は国民の代表者がこれを行使し、その福利は国民がこれを享受《きょうじゅ》する。

D　われらは、全世界の国民が、ひとしく恐怖《きょうふ》と欠乏《けつぼう》から免《まぬ》かれ、平和のうちに生存する権利を有することを確認する。

(2)　現在の日本では、国民の意見を政治に反映させるしくみのひとつとして選挙があります。選挙制度のうち、小選挙区制では「死票」が多く、大選挙区制では「死票」が少ない傾向にあります。小選挙区制では大選挙区制と比べて「死票」が多くなるのはなぜですか。「死票」が何かを明らかにして、文章で説明しなさい。

問6　下線部（**カ**）に関連して、国民の権利かつ義務として、日本国憲法において規定されているものを、次の**A**～**E**の中からひとつ選んでアルファベットで答えなさい。

A　納税　　　**B**　教育を受ける
C　勤労　　　**D**　公務員の選定
E　裁判を受ける

問7　下線部（キ）が開催《かいさい》された年に参議院議員通常選挙がおこなわれました。参議院議員通常選挙について述べた文として正しいものを、次の**A**～**D**の中からひとつ選んでアルファベットで答えなさい。

A　Ｇ７北海道洞爺湖サミットが実施《じっし》された年からＧ７伊勢志摩サミットが実《じっ》施《し》された年の間に、参議院議員通常選挙が一度おこなわれた。

B　Ｇ７伊勢志摩サミットが実施《じっし》された年からＧ７広島サミットが実施《じっし》された年の間に、参議院議員通常選挙が一度おこなわれた。

C　Ｇ７伊勢志摩サミットが実施《じっし》された年の参議院議員通常選挙における有権者は、満18歳《さい》以上の男女である。

D　Ｇ７伊勢志摩サミットが実施《じっし》された年の参議院議員通常選挙実施《じっし》後に最初に開かれた国会は、通常国会である。

二〇二三年度　入学試験問題

国　語

第一回

【注意】

・試験時間は五〇分です。（八時五〇分～九時四〇分）
・問題は一ページから八ページまでです。
・解答はすべて解答用紙に記入してください。
・字数制限のない問題について、一行分の解答らんに二行以上解答してはいけません。
・記号・句読点がある場合は字数に含《ふく》みます。
・解答用紙に受験番号、氏名を記入してください。

洗足学園中学校

教英出版

1 次の【文章Ⅰ】【文章Ⅱ】は、どちらも重田園江『ホモ・エコノミクス――「利己的人間」の思想史』の一節です。これらを読んで後の問いに答えなさい。

【文章Ⅰ】

ホモ・エコノミクスは「合理的経済人」とも呼ばれ、広い意味では「自分の経済的・金銭的な利益や利得を第一に考えて行動する人」を意味している。もっと厳密な意味で使われる場合には、ここに完全に合理的で計算を間違《ちが》えないとか、自分の好みを熟知していて周囲に流されないとか、そういった条件がつけ加わる。

自分の利益を第一に考えて行動することは、現在ではごく普通《ふつう》だ。(1)スーパーで買い物するときを思い浮《う》かべよう。値段が高めのものと安めのものの間でどちらを買うか判断するとき、私たちは品質や美味《おい》しさ、新鮮《しんせん》さ、量など、いくつかの(ア)シヒョウをもとに決定を下す。「はじめてのおつかい」の場合を除いて、買いに行く品物は一つではない。予算はだいたい決まっていて、私たちはそのなかで一番いい配分でいろいろなものを適量ずつお得に買おうとする。このとき人は、概《おおむ》ねホモ・エコノミクスとして行動している。

お得を目指すこうした行動様式は、経済行動としてはごく一般《いっぱん》的なものだ。だがそれは、近代以前にはそれほど目立った人間像ではなかった。そもそも市場に依存《いぞん》した生活様式をとっていない場所では、取引における最適行動が日常的に必要になることはない。いつもお得を考えて計算している人は、必ずしもありふれてはいないのだ。

今度は少し別の観点から、(2)ホモ・エコノミクスの「近代性」について見てみよう。いまの社会では、金持ちはなぜだか一段高いところに位置している。金持ちは尊敬されたり、そうなりたいと思われたりする。ところがこれもまた、近代以前には一般的な価値観ではなかった。現代でも、金持ちであることは★両義的な感情を呼び起こす。庶民《しょみん》から金を巻き上げてうまい商売をやっているんだろうとか、投資で儲《もう》けるなんてただの運じゃないかとか、金持ちは嫉妬《しっと》とやっかみの対象になりうる。[A]、社会道徳として金持ちであることが(イ)ヒナンされたり、金儲けそのものが悪い行いであるとして★貶《おとし》められたり禁止されているわけではない。

ホモ・エコノミクスとは、言い方を変えると、行動のいちいちに経済的な無駄《むだ》を省き、できるだけ儲かるように合理的計算に基づいて意思決定する主体である。これは自己利益の主体とも呼ばれるが、ここで金儲けは肯《こう》定《てい》的に捉《とら》えられている。肯定的というか、人間が生きていく上で当然の行為《い》様式とされているということだ。そしてそれに成功した人は尊敬に値する。ホモ・エコノミクスの社会では皆《みな》が金持ちを目指し、その企《くわだ》てが成功すると多くの人に評価され羨《うらや》ましがられるのだ。

いまでは当たり前に思われるこの価値観は、実はそれほど古いものではない。[B]それはかなりの抵抗《ていこう》に遭《あ》い、すんなりとは受け入れられなかった。ヨーロッパにおける一七―一八世紀というのは、商業の拡大による新大陸をはじめとする世界各地の珍《めずら》しい外国製品の登場、また生活必需《ひつじゅ》品の商取引による市場化(主に穀物の(ウ)コウイキ市場化)が起こりはじめた時代であった。

他方でこの時代に至るまで、ヨーロッパのモラルはキリスト教道徳に従ってきた。そしてこの道徳は、金儲け、とりわけ利子を取ることによって金銭を蓄積《ちくせき》し、それを再投資して資本を殖《ふ》やしていくような生の様式を非常に嫌《きら》っていた。ここでは、自己利益を目指して行為するのは、人としてよくない生き方、貪欲《どんよく》に(エ)ジュウゾクする生ということになる。逆に言うと、厳然たる支配を保っていたキリスト教的価値観の中で、金儲けへの道徳的な抵抗感がなくならなければ、資本主義の利潤獲得《りじゅんかくとく》が世界を★席巻《せっけん》する現代に至る道は開けなかったのだ。

注目すべきことに、ホモ・エコノミクスが受け入れられていく(オ)カテイは、単なる「金儲けの勝利」ではなかった。[C]そこには積極的な新しい道徳があると主張されたのである。金儲けが道徳というのは変な感じがするが、そこに商業に携《たずさ》わる人たちの新しい生活様式、そして新しい文化が見出された。では、(3)いまでは忘れ去られたこうした歴史をたどることで、何が見えてくるだろうか。

二〇世紀は、もはや金儲けと道徳の関係を真剣《しんけん》に★問うことがなくなった時代だった。科学技術やイノベーションと結びついた経済成長は生活の豊かさをもたらし、豊かさは平等と自由を生む。これは戦後の日本ではわりと真面目《まじめ》に信じられていた価値観だろう。悪いのは戦争やそれを生んだ国家の競争的野心であって、平和な経済成長はすべての人を満足させるはず含《ふく》む多くの国々で第二次大戦後には共有されていた。

だがそこで先送りにされていた問題が一気に噴出《ふんしゅつ》する。それが二一世紀だ。成長は資源の食いつぶしであり、世界は増えすぎた人口を止めることができないでいる。ところがその人たちを養うに十分な食料を生産する土地や資源は、世界に残されていない。自然との共存どころか、人間以外の生物や環境《かんきょう》は、多くなりすぎた人間たちの生存様式のせいで悲惨《ひさん》な目に遭っている。

富を得ることは人間の生き方、価値観、そして生活スタイルにどのような影響《えいきょう》を与《あた》えるのか。それは何を掘《ほ》り崩《くず》し、見失わせるのか。それははたして道徳的に許される生き方なのか。資本主義★黎明《れいめい》期にあたる一六―一八世紀にこうした問題をめぐって交わされた論争は、いまの時代に再発見されるべき問いかけを含んでいる。［D］二〇世紀が置き去りにし、無視してきたものはなんだったのかを、それ以前の時代に人々が何に躊躇《ちゅうちょ》したのかを明らかにすることで、示してくれる。

私たちはいま、人間が追い求めてきた富と豊かさ、そしてそれを追求する自己利益の主体＝ホモ・エコノミクスが、(4)根本的に誤った価値観と結びついているのではないかと問いかけねばならないほど追いつめられている。二一世紀に人はホモ・エコノミクスであってはならないのではないか。この意味で(5)一八世紀の富と徳の問いは、二一世紀に再来していると言える。

★両義的……………一つの言葉に二つの意味合いがあるさま。
★貶《おとし》められ…………人から見下される、という意味。
★席巻《せっけん》………………ものすごい勢いで勢力範囲《はんい》を広げること。
★黎明期《れいめいき》………………新しい時代が始まろうとする時期。

【文章Ⅱ】

★スミスは★『道徳感情論』（初版一七五九年）第1部第3篇《へん》第2章と、第六版（一七九〇年）で追加された第3章で、世間一般に富と権力を崇《あが》める強い★趨勢《すうせい》があることについて、道徳的観点から検討している。スミスの観察によるなら、どんなに貧しい労働者であっても、虚栄《きょえい》や贅沢《ぜいたく》のために賃金の大半を使おうとする。富と権力を得るために人はあくなき競争の中に身をなにも真剣に、財産や栄華《えいが》を求めて我を忘れるのかと問う。

スミスは、人は貧乏《びんぼう》人より金持ち、苦しんでいる人より幸福な人が好きだという。金持ちや権力者は見ているだけで快をもたらしてくれる存在だからだ。巨万《きょまん》の富を持つ人は自然に注目を集め、好意をもって扱《あつか》われ、ちやほやされる。他方で貧乏人は人から同情も共感もされないため、自らの状態を恥《は》じる。こうして貧乏な人の存在は世の中から無視され、置き去りにされる。これは現代にも大いに当てはまることだ。コロナ★禍《か》で女性と若者の自殺が増えているといわれても、その人たちにスポットライトが当たることはない。貧困者は自らを恥じて隠《かく》れており、不幸が嫌いで関わりたくない人たちは知らず知らず目を背《そむ》ける。スミスはこうした人間の冷酷《れいこく》さを仔細《しさい》に描写《びょうしゃ》している。

金持ちの方が貧乏人よりいい感じがするからみんなが寄り集まってくるというごくありふれた現象は、しかしスミスから見ると深刻な道徳的影響を与える。そのことによって人々は、金持ちや権力者におべっかを使い、彼《かれ》らの言いなりになって褒《ほ》めそやす。スミスは★ルイ一六世を例に挙げ、この国王が見た目の荘厳《そうごん》さで人を惹《ひ》きつけるものの、そこには大した内実は伴《ともな》っていないと辛辣《しんらつ》な指摘《してき》をしている。才能や徳の面ではとりたてて見る所のないこの王がこんなにも尊敬されたのは、その容貌《ようぼう》の優雅《ゆうが》さと美しさのためであった。

ここには、もっぱら外面を重視して人に対する態度を決める、当時の価値観が反映している。スミスはそれに疑念を抱《いだ》き、このような★空疎《くうそ》な人物評価が広まると、道徳が★頽廃《たいはい》すると警告している。一方で富者と権力者を崇めたてまつり、他方で貧者を無視し★蔑視《べっし》するこの傾向《けいこう》は、道徳的価値の重要度を取り違えていることからくる。スミスにとっては、真に敬意を受けるべきは知識と徳を持つ者である。しかしこうした人々はなんとも地味で、派手派手しく着飾《きかざ》り自己宣伝がうまい富者や権力者のようには目立たない。多くの人は見かけにだまされ、富者の権勢を真の徳と勘《かん》違いする。そのためこうした見かけ倒《だお》しの人物の不道徳は、寛容《かんよう》にも見逃《のが》される。

身なりのいい人の★放蕩《ほうとう》は、みすぼらしい人の場合に比べて軽蔑や嫌《けん》悪《お》にさらされる度合いがはるかに少ない。貧者の場合、節制や礼儀《れいぎ》の法にちょっと違反《いはん》するだけで激しい憤《いきどお》りを生む。だが身なりのいい人の場合は、つねにしかも公然とこうした法を蔑視していても、一般的に言ってはるかに怒りの対象になりにくい。（*The Theory of Moral Sentiments*,p.63,『道徳感情論』124ページ）

人々は金持ちや権力者の不道徳をヒナンするどころか、彼らを賛美し、その服装やしぐさをまね、自らもその地位に少しでも近づこうとあくせく競い合う。そして醜《みにく》い手段を使って一旦《いったん》地位を手に入れたら、そのカテイで犯された不品行は忘れ去られ、人に羨まれる存在となって、いばり散らせるというわけだ。

スミスは、財産の追求と徳の追求とは両立し難いと考えていた。というより、本来両者は別のものなのだ。物質的な富と立派な人間性とを併《あわ》せ持つことは、財産が社会的な誘惑《ゆうわく》や自惚《うぬぼ》れと無縁《むえん》でありえないために困難なのである。スミスはこうした認識に立って、少数のまともな人間として徳の道を選ぶことを読者に呼びかけている。★『国富論』で自由貿易と産業による豊かさを奨励《しょうれい》したスミスは、道徳論としては富の支配に不信感を抱いていたことになる。

（重田園江『ホモ・エコノミクス——「利己的人間」の思想史』ちくま新書）

★スミス……アダム・スミス（一七二三～一七九〇）。イギリスの哲学《てつがく》者・経済学者。

★『道徳感情論』…一七五九年に出版されたアダム・スミス著作の書物。後に出版する『国富論』と内容的に関連している。

★趨勢《すうせい》……ある方向へと変化してゆく勢い。

★禍《か》……災《わざわ》い。

★ルイ一六世……当時のフランス王（一七五四～一七九三）。

★空疎《くうそ》……外形だけで内容のない様子。

★頽廃《たいはい》……荒廃《こうはい》し、乱れて不健全になること。

★蔑視《べっし》……さげすんだものの見方をすること。

★放蕩《ほうとう》……遊びに耽《ふけ》って身を持ち崩《くず》すこと。

★『国富論』……一七七六年に出版されたアダム・スミス著作の書物。近代から現代に至る経済学の出発点と位置づけられる社会思想史上の古典。

問一 ——(1)「スーパーで買い物するとき」とありますが、このとき人が一《いっ》般《ぱん》的にしていることは何ですか。最も簡潔に述べた十字以内の表現を本文から抜《ぬ》き出しなさい。

問二 ——(2)「ホモ・エコノミクスの『近代性』」とありますが、筆者はなぜ「近代性」と強調しているのですか。二行以内で説明しなさい。

問三 ——(3)「いまでは忘れ去られたこうした歴史をたどる」とありますが、これはどういうことですか。次のア～エの中から一つ選び、記号で答えなさい。

ア 商業の拡大によって発見された外国製品や商取引による市場化がいかにしてなくなったのかを歴史的にたどること。

イ 利子により金銭を蓄積《ちくせき》し、資本を殖《ふ》やしていくような生の様式がいかにしてなくなったのかを歴史的にたどること。

ウ 自己利益を目指して金儲《もう》けをすることが道徳であるという考えがいかにしてなくなったのかを歴史的にたどること。

エ 金儲けは人としてよくない生き方であるという道徳的な抵抗《ていこう》感がいかにしてなくなったのかを歴史的にたどること。

問四 ——(4)「根本的に誤った価値観と結びついているのではないか」とありますが、そのように言えるのはなぜですか。三行以内で説明しなさい。

問五 ——(5)「一八世紀の富と徳の問い」とありますが、これについては【文章Ⅱ】で詳《くわ》しく述べられています。【文章Ⅱ】では、筆者はアダム・スミスの考えを紹介《しょうかい》していますが、それによれば、アダム・スミスはどういうことを考えていますか。【文章Ⅱ】の内容に即《そく》して、三行以内で説明しなさい。

問六 [A]～[D]に入れる語としてふさわしいものを、次のア～エの中からそれぞれ一つ選びなさい。（ただし記号はそれぞれ一回ずつ使用します。）

ア むしろ　**イ** しかし　**ウ** そして　**エ** しかも

問七 ━━(ア)～(オ)のカタカナを漢字に直しなさい

問八 【文章Ⅰ】【文章Ⅱ】の全体を通じて、その内容に合うものを次のア～エの中から一つ選び、記号で答えなさい。

ア 「合理的経済人」という意味のホモ・エコノミクスは、古くはヨーロッパのキリスト教道徳に基づく考え方から生まれたものであり、一八世紀に盛んに議論されていた。

イ 金持ちが尊敬され、貧乏《びんぼう》人は嫌《きら》われるという、一八世紀のヨーロッパでは一般的だった考えは、アダム・スミスの業績により、二〇世紀には真剣《しんけん》に問われることはなくなった。

ウ 現代の深刻化する環境《かんきょう》問題の解決にあたっては、もはや富と徳のあり方を根本から見直すことが不可欠であるが、その際にアダム・スミスの著作からヒントを得ることができる。

エ 富や権力のある人間と、知識や徳を持つ人間とは、道徳的な価値観から見ると同じ性格のものであるので、私たちは今、まさに両者を併《あわ》せ持つことが求められている。

[2] 次の文章を読んで後の問いに答えなさい。

野乃がいたら、どんなわたしだっただろう。

わたしはよく考える。想像をする。「野乃という双子《ふたご》の妹と一緒《いっしょ》に暮らしている」、そんなわたしのことを。

実際、野乃はいるのだ。

見えないけれど、わたしたちの心の中にちゃんと。

★奈菜ちゃんは食卓《しょくたく》にきちんと野乃の席を作る。わたしたちと同じようにお茶碗《ちゃわん》も並べる。クリスマスとか、わたしたちの誕生日とか、お祝い事の日には、ケーキやごちそうを野乃の席にもちょっとだけ。

ときどき、野乃の声が聞こえるような気がすることがある。

おねえちゃん、おやつ食べようよ。

おねえちゃん、もう宿題やった？

おねえちゃん、漫画《まんが》貸して。

おねえちゃん、お風呂《ふろ》入ろ。

それに、不思議なんだけど、野乃のにおいがすることがある。

家の中で、学校の廊下《ろうか》で、駅前通りで、ショッピングセンターで、プールサイドで。ふわって、なんだかちょっと泣きたくなるような、なつかしいみたいなにおい。なんのにおいか、はっきりとはわからないのに、いつかどこかで感じたことのあるにおいだって、わかる。それはきっと、わたしが奈菜ちゃんのおなかの中で感じていた、野乃のにおいなんじゃない……？

そういうとき、わたしは小さな声で呼びかけてみる。

野乃なの？

返事はないけど、わたしにはわかるの。

空気の中に野乃がいるって。

六年生のとき、クラスの女の子たちにこの話をしたら、こういわれた。

「かわいそう」

かわいそうって？　野乃が？　それともわたしが？　誰《だれ》のどこがかわいそうなの？

知りたくてしつこく聞き返したら、どうしてかその子は、泣いてしまったのである。そのときの教室の雰囲気《ふんいき》は、言葉ではいい表せない。

わたし「かわいそうがられる」のってあんまり好きじゃない。その話を奈菜ちゃんと★正夫くんにしたら、奈菜ちゃんはちょっと微妙《びみょう》な顔をしたけど、正夫くんはうれしそうにした。そういうのを(1)「プライドが傷つく」っていうんだぞって、教えてくれた。寧音は「誇《ほこ》り高い」んだなって。

だけどともかく、それからというもの、わたしは(2)この話を誰にもしなくなった。この話っていうのは、いろいろな場所で野乃のにおいがするっていう話ね。だってわかってもらえないんだもの。

でもしかたない。双子の片割れと、おかあさんのおなかの中でさよならしたことのある子なんて、そんなにたくさんはいないのだから。経験しなくちゃわからない気持ちってたくさんあるでしょ？　だから、経験した人は、経験していない人に、やさしくしてあげなくてはならない。どうしてわかってくれないの？　じゃなく、わからないならしょうがないよねって、ちょっとだけあきらめればいい。それがわたしが身につけた方法だ。

わかってもらえなくても、野乃のにおいを感じることは、わたしにとって大切なこと。

それでいいのだ。

だけど本当は、それってどういうことなの？　って、あきらめずにわたしに聞いてくれる子がいたらいいなって、そう思う。

その日、学校に行くと、同じクラスの比企《ひき》さんが、教室で泣いていた。

比企さんは、(3)声がものすごくちっちゃくて、授業中に先生に指されて発言しても、口は動いているのにさっぱりなにも聞こえてこない。井上《いのうえ》くんが「聞こえませーん」とからかって、それでみんながちょっと笑って、そしたら先生がそれを注意して、「もう少し大きな声でね」と励《はげ》ます。これ、いつものパターン。

そんな比企さんが、自分の席で［A］泣いていた。比企さんの席は教室の真ん中にある。その席のまわりにだけ、誰も人がいない。教室の雰囲気は、梅雨《つゆ》時にふさわしく［B］している。

「どうして泣いてるの？」

わたしが近寄っていって聞いても、比企さんは顔を上げずに泣き続けている。

「寧音ちゃん、こっちこっち」

「おはよー」

教室のすみっこにいる、まりもと籾山《もみやま》に呼ばれた。わたしはすぐにふた

「寧音ちゃん、見て。まりもの新しいノート、かわいくない？」
「今度ふたりも買おうよ。おそろいにしよ」
　まりものショッキングピンクのノートはたしかにかわいかった。でも、これはピンクの似合うまりもが持っているからかわいいんであって、わたしにも、たぶん籾山にも似合わないと思う。森《もり》まりも、上から読んでも下から読んでも、もりまりもはもりまりもだ。
「ねぇ、比企さんってどうしたの？　なんで泣いてるの？」
　わたしが聞くと、まりもは「シーッ」と口に人差し指を当てた。「あとで教えてあげるから」
「今じゃだめなの？」
「だからだめだって」
「なんで？」
「ちょちょちょ、寧音ちゃん空気よもうぜ」
　籾山があわててそんなことをいったけど、それは、これ以上まりもの機《き》嫌《げん》が悪くならないように気をつけてくれ、という忠告にも聞こえた。だからわたしは黙《だま》った。
　しかしわたしは混乱する。泣いている子を放っておくのは、空気をよむことだったっけ。放っておいてほしかったら、教室で泣いたりしないと思うけどね。
　一時間目の理科の授業中、ふたつ後ろの席のまりもから手紙がまわってきた。
『スゥ病が出た』
　なるほど、と思った。
『今日の放課後、六班で校外学習の自由行動の計画たてようって、籾山があいつにいったら、スゥと約束してるからだめだって。籾山がせっかくさそってやったのに。バカみたい』
　こうしてまりもは、よく比企さんをいじめている。
　たしかに比企さんはね、少し変わっている子である。
　比企さんには、スゥという名前の空想の友だちがいる。本当にその子がリアルにいるみたいにふるまうことがある。「スゥと一緒に遊んでいた」とか、「巨大《きょだい》パフェをスゥと半分こした」とか、「スゥの前髪《まえがみ》が伸《の》びてきた」とか、そういうことを平気でいったりする。
「うそつき！」
「きも！」
「やば！」
　みんながわざわざそんなふうにいうのは、どうしてだろう。そう思うなら、比企さんを放っとけばいいのに。
　(4)わたしはときどき考える。比企さんにとってのスゥは、わたしにとっての野乃みたいなものなのかもしれないって。
　決定的に違《ちが》うのは、その子が現実にいたことがあるかどうか、かな。おそらくスゥは一度も存在していなかったけど、野乃は奈菜ちゃんのおなかの中でたしかに存在していた。わたしが「かわいそう」で、比企さんが「きも！」になるのは、そういう違いがあるからかもしれない。
　だけど、おなかの中って「現実」なんだろうか。わたしにとっては「現実」だけど、そうは思わない人もいるかもしれない。だって実際には見えないもんね。
　同じように、比企さんの「現実」は、わたしたちと少し違うというだけなんじゃないかな。
　比企さんを見ていると、わたしはちょっとだけさみしくなる。わたしには見えないものを、あの子がとても大切にしているから。

　家に帰ると、奈菜ちゃんと正夫くんが真剣《しんけん》な顔をして、食卓のいすに座っていた。こんな時間に、なぜ正夫くんが家に？　仕事はどうしたんだろう。正夫くんは★整体の仕事をしている。今日は休みの日じゃなかった気がするけど。
　それに、(5)テーブルにはなぜかおそばが。
　奈菜ちゃんが食べていたところみたい。でも変だ。奈菜ちゃんは、おそばではなく、おうどん派のはずだから。奈菜ちゃんがおそばを食べているところを、これまでに一度も見たことがない。わたしと正夫くんがおそばを食べるとき、奈菜ちゃんは必ず別のものを食べている。つまりおそばが嫌《きら》いなのだ。
「おかえり、寧音」
と正夫くんはいった。
「大事なお話があります」

と奈菜ちゃんもいった。

なんだろう。とにかく、おそばが不気味だった。いつもはそこにないはずのもの。「おそば」という名前までもが、不気味に思えてくる。おそばなんていわずに、遠くにいてくれって感じ。

奈菜ちゃんは、そんなわたしのおそばへの気持ちを見抜《ぬ》いたみたいで、

「ああ、これ？　なんだか急に食べたくなっちゃって！　びっくりよね」

なんて、のんきにいっている。

テーブルの席は、わたしと奈菜ちゃんがとなり同士で、正夫くんは奈菜ちゃんの向かい側だ。正夫くんのとなりが、野乃の席。

それなのに、その日、野乃の席には奈菜ちゃんが座っていた。

奈菜ちゃんはいった。

「実はね、寧音はおねえちゃんになるの」

「えっ」

「びっくりした？」

「……びっくりした」

びっくりはしたけど、ああでも、そういうことかぁと思った。奈菜ちゃんにあかちゃんができたのだ。

「でも、今までだって、ずっとおねえちゃんだったよ。野乃の」

わたしがそういうと、奈菜ちゃんと正夫くんは、わたしのことを見てほほ笑んだ。

「そうね、そうだね。じゃあこれからは、ふたりのおねえちゃんになるの」

「いつ、生まれるの？」

「来年の三月ごろかな」

「まだまだ先なんだね」

そうか、それでおそばが？

妊娠《にんしん》すると食事の好みが変わるって、誰かがいっていた気がする。

「今、奈菜ちゃんのおなかを触《さわ》ったら、あかちゃんがいるって、もうわかる？」

奈菜ちゃんと正夫くんは、声をあげて笑った。

「まだまだ」

「おなかもぺったんこ」

わたしはだんだん［　C　］してきた。新しい家族ができる！　新しい家族！

奈菜ちゃんと正夫くんも、今までに見たことがないくらい、とっても幸せそうな顔をしている。

今度は本当に、「おねえちゃん」って呼ばれるんだね。

今度は本当に。

今度は本当に？

(6)そう思った瞬間《しゅんかん》、胸の中がチクリとした気がした。

（戸森しるこ『ココロノナカノノノ』）

★奈菜ちゃん……寧音の母。
★正夫くん……寧音の父。
★整体…………骨格のゆがみを整える民間療法《りょうほう》。

問一　――(1)「『プライドが傷つく』っていうんだぞって、教えてくれた。寧音は『誇《ほこ》り高い』んだなって。」とありますが、「プライド」や「誇り」などに関する慣用句について、それぞれ（　）の意味に合わせた次の空らんに入る語を、1は漢字一字またはひらがな二字で、2、3は漢字一字で、4は漢字二字で、5はひらがな二字で書き、慣用句を完成させなさい。

1　［　］で風を切る（得意そうにふるまう）
2　［　］を張る（誇りに思う）
3　［　］高高（たいそう得意げな様子）
4　得意［　］（誇らしそうな様子）
5　［　］で使う（いばった態度で人に仕事をさせる）

問二　――(2)「この話を誰《だれ》にもしなくなった。」とありますが、

(一)「この話」とはどんな話ですか。四十字以内で説明しなさい。

(二)「誰にもしなくなった」のはなぜですか。四十字以内で説明しなさい。

問三　――(3)「声がものすごくちっちゃくて」とありますが、「かすかで弱々しい声」のことを意味する慣用句を書きなさい。

しにとっての野乃みたいなものなのかもしれないって。」とありますが、「わたし」はどういうことを考えているのですか。三行以内で説明しなさい。

問五 ——(5)「テーブルにはなぜかおそばが。」とありますが、このときの「寧音」の「おそば」に対する感じ方はどう変わったか。最もふさわしいものを次のア～エの中から一つ選び、記号で答えなさい。

ア 母がいつもは嫌《きら》いなおそばを食べていたので不気味に思ったが、妊娠《にんしん》して食事の好みが変わったのだろうと推測した。

イ 母はいつもおうどんを食べるので不気味に思ったが、テーブルの配置も含《ふく》めて急に気が変わったのだろうと推測した。

ウ 母は父と一緒《いっしょ》の時にはおそばを食べないので不気味に思ったが、寧音の気持ちを確かめているのだろうと推測した。

エ 母がおそばを食べる姿は不気味に思ったが、それは「おねえちゃん」になる寧音を配慮《はいりょ》してのことだろうと推測した。

問六 ——(6)「そう思った瞬間《しゅんかん》、胸の中がチクリとした気がした。」とありますが、このときの「寧音」の心情を二行以内で説明しなさい。文末は「…心情。」としなくてよい。

問七 A ～ C に入れる語としてふさわしいものを次の中からそれぞれ一つずつ選び、記号で答えなさい。（ただし記号はそれぞれ一回ずつ使用します。）

ア ざらざら　**イ** ねばねば　**ウ** しくしく　**エ** いらいら
オ ぞろぞろ　**カ** じめじめ　**キ** ばらばら　**ク** うきうき

さい。

ア 母と父は、出産時に亡くした野乃に対する追悼《ついとう》の思いから、いつまでもテーブルの席に野乃の場所を作って寧音の悲しい気持ちを慰《なぐさ》めてくれている。

イ 寧音は、自分の経験をクラスの女の子たちに話したとき、「かわいそう」と言われて落胆《らくたん》し、それ以後、自分の経験を話すのはやめようと決めている。

ウ 母の妊娠を知った時、寧音は大変驚《おどろ》き、喜んだが、一方で今も大切に思っている野乃の存在を母はすっかり忘れてしまったのかと寂《さび》しく思っている。

エ 寧音は、空想の友だちがいるという比企さんがいじめられるのは理不尽《りふじん》であると思っており、まりもや糀山の比企さんへの態度に不満を抱《いだ》いている。

2023(R5) 洗足学園中　第１回
教英出版

2023年度　入学試験問題

算　　　数

第 1 回

【注　意】

・試験時間は 50 分です。（10 ： 00 ～ 10 ： 50）
・問題は１ページから９ページまでです。
・解答はすべて解答用紙に記入してください。
・解答用紙に受験番号、氏名を記入してください。
・円周率は3.14として計算してください。

洗足学園中学校

1 次の問いに答えなさい。

（1）次の計算をしなさい。

$$\{(50-2)\times 13-3\times(4\times 6+2)\}\div 39-7$$

（2）$\square$ にあてはまる数を答えなさい。

$$\left(2\frac{2}{5}+1.2\times 4\frac{2}{3}-\square\div 0.7\right)\div 3.6\times\frac{1}{2}=1$$

2 次の問いに答えなさい。

（1）2023を2023回かけ算したときの一の位の数字はいくつですか。

（2）正方形の折り紙を，下の図のように，辺とAが重なるように折りました。
DF：FCを最も簡単な整数の比で表しなさい。

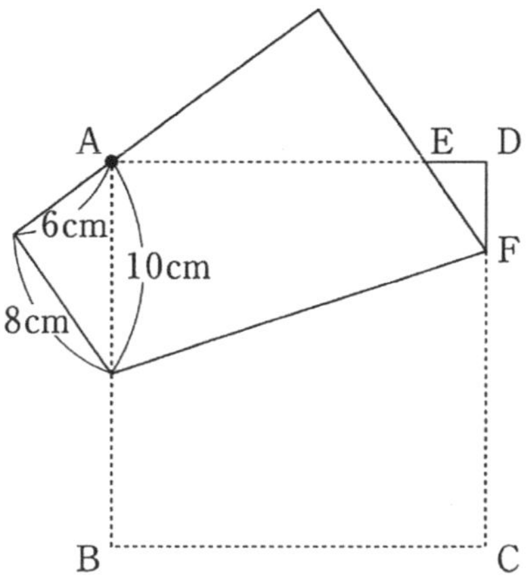

（3）アメ7個とチョコレート2個を買うと410円で，アメ20個とチョコレート3個を買うと915円でした。ただし，アメを10個以上買うとアメの1個あたりの代金はすべて1割引きになります。チョコレートは1個あたり何円ですか。

（4）父，母，3人姉妹の5人家族がいます。現在の全員の年齢《れい》の合計は110歳《さい》で，父は母より2歳年下です。姉は双子《ふたご》で，姉妹は3歳はなれています。5年後には父母の年齢の合計が子どもたちの年齢の合計の2倍になります。現在の姉の年齢は何歳ですか。

3 次の問いに答えなさい。

（1）10％の食塩水1.8kgを運んでいたところ，このうちの5％をこぼしてしまったため同じ重さの水を加えました。ここに食塩を加えてはじめの濃《のう》度《ど》と同じにしたいとき，何gの食塩を加えればよいですか。

（2）次のように，白と黒のカードを並べていきます。

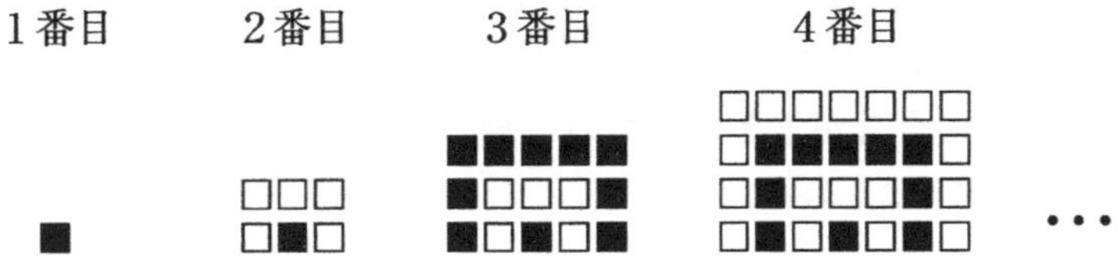

20番目のときの，白と黒の枚数の差は何枚ですか。

（3）3日間の文化祭でのバザー企画でノートを販売することにしました。仕入れにかかるお金は生徒会から借り，バザー終了後に返金することになっています。ノートの売り値は，仕入れ値の2割の利益を見込んで決めました。利益はその日の売上からその日に売った冊数分の仕入れ値を引いたものとし，日ごとに集計して利益の全額を募金します。1日目は仕入れた冊数の8割が売れ，2日目は残った冊数の4割を新たに仕入れて，1日目の残りのノートと合わせて売ったところ75％が売れました。3日目はこれまでの残りのノートを売り値の1割引きですべて売り切りました。はじめの2日間の募金額の合計が12625円だとすると，3日目の募金額は何円ですか。なお，この問題は解答までの考え方を表す式や文章・図を書きなさい。

（4）ある仕事をＡが1人で行うと，ちょうど36日かかります。この仕事をＡとＢの2人で行うと，27日では少し残ってしまい，28日目に余《よ》裕《ゆう》をもって終わらせることができます。この仕事をＢが1人で行うと，何日以上何日以下かかると考えられますか。なお，この問題は解答までの考え方を表す式や文章・図を書きなさい。

4　Aさんと B さんは，山を越《こ》えてとなり町まで歩きます。Aさんは X 町を出発し頂上で 30 分の休《きゅう》けいをとって Y 町へ，B さんは A さんが出発した 1 時間後に Y 町を出発し，頂上で 30 分の休けいをとって X 町へ行き，B さんは A さんが Y 町へ着く前に X 町に着きました。A さんと B さんは，上り道でも下り道でもそれぞれ一定の速さで歩き，上り道では下り道の $\frac{3}{4}$ 倍の速さで歩きます。下のグラフは，A さんが出発してからの時間と A さんと B さんの間の道のりを表しています。このとき，次の問いに答えなさい。

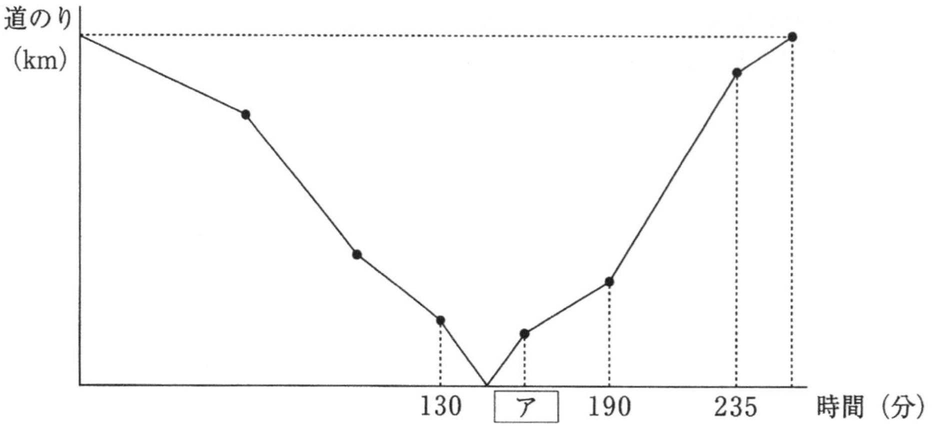

（1）グラフの ア にあてはまる数を答えなさい。

（2）Ａさんと Ｂさんの上り道を歩く速さの比を，最も簡単な整数の比で答えなさい。

（3）Ａさんと Ｂさんがすれ違《ちが》った場所をＺ地点とするとき，Ｘ町からＺ地点とＹ町からＺ地点の道のりの比を，最も簡単な整数の比で答えなさい。なお，この問題は解答までの考え方を表す式や文章・図を書きなさい。

5　図のように，高さが異なる３つの直方体あ，い，うを下から順に重ね，１つの直方体を作ります。

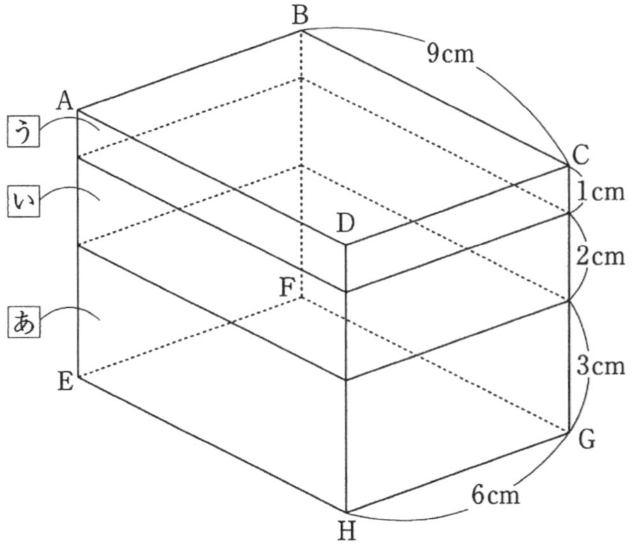

この直方体の表面および辺と頂点の上を動く２つの点Ｐ，Ｑがあり，ＰとＱを結ぶ直線で直方体を切っていきます。Ｐ，Ｑを次のように動かすとき，次の問いに答えなさい。

（１）はじめ，Ｐは頂点Ａに，Ｑは頂点Ｈにあります。Ｐ，Ｑを①→②の順番に動かします。

①　ＰをＡからＢまで真っすぐに動かします。

②　ＱをＨからＧまで真っすぐに動かします。

このとき，直方体いは２つの立体図形に分けられます。このうち，面ＡＢＦＥ側にある方を立体えとします。立体えの体積は何cm^{3}ですか。

（2）（1）に続けて，Ｐ，Ｑを③→④の順番に動かします。

③　ＱをＧから再びＨまで真っすぐに動かします。

④　ＰをＢからＦまで真っすぐに動かします。

このとき，立体[え]は2つの立体図形に分けられます。このうち，面ＡＤＨＥ側にある方を立体[お]とします。立体[お]の体積は何cm^3ですか。なお，この問題は解答までの考え方を表す式や文章・図を書きなさい。

（3）（2）に続けて，ＰをＦからＡまで真っすぐに動かします。このとき，立体[お]は2つの立体図形に分けられます。このうち，面ＡＤＨＥ側にある方を立体[か]とします。立体[か]の体積は何cm^3ですか。

2023年度　入学試験問題

理　　科

第 1 回

【注　意】

試験時間は社会とあわせて60分間です。（11：10 ～ 12：10）

理科と社会両方の教科の問題を時間内に解いてください。

問題は１ページから12ページまでです。

解答はすべて解答用紙に記入してください。

解答用紙に受験番号、氏名を記入してください。

洗足学園中学校

1 園子さんはボールを胸の位置から地面に対して垂直に投げ上げ、胸の位置で受け止める間にインターバルタイマー（一定時間ごとに音が鳴る装置）の音をたくさん聞いた方が勝ちというゲームをしました。答えは、小数第3位以下があるときは四捨五入して小数第2位まで求めなさい。ただし、空気の抵抗《ていこう》、摩擦《まさつ》は考えないものとします。

【実験1】

タイマーが鳴る間隔《かんかく》を調べたところ、音が鳴りはじめた瞬間《しゅんかん》から10秒後に21回目の音が鳴りはじめた。時間を測りはじめた瞬間に鳴りはじめた音を1回目とする。

【実験2】

ボールを胸の位置から地面に対して垂直に投げ上げ、胸の位置で受け止めるところまでを動画撮影《さつえい》した。0.1秒ごとにボールの中心が通ったところを点で記録し、胸の位置からの高さ2.75mまで、点の横に記入した（図1）。ボールの中心はP点まで上がり、上がっているときと落ちているときのP点以外の点はすべて重なった。なお、タイマーが鳴りはじめた瞬間にボールを投げ上げたとし、その瞬間を0秒とする。

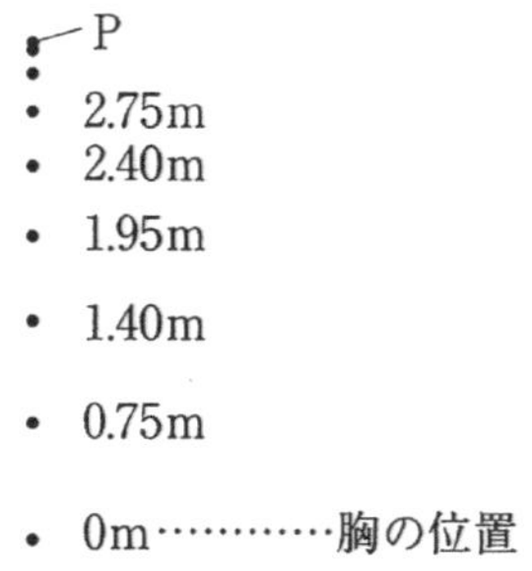

図1

（1） タイマーの音が鳴りはじめた瞬間から、次に音が鳴りはじめるまでに何秒かかりますか。

（2） ボールがもっとも高い位置に到達《とうたつ》したとき、ボールの中心は胸の位置から何mの高さにありますか。

（3） ボールがもっとも高い位置に到達したときのボールの速さは毎秒何mですか。

（4） ボールを受け止めるまでに、何秒かかりましたか。

（5） ボールを受け止めるまでに、タイマーの音の鳴りはじめを何回聞きましたか。

（6） 【実験2】と同様に、タイマーの音が鳴りはじめた瞬間にボールを投げ上げ、受け止めるまでに音の鳴りはじめを9回聞くことができたとすると、胸の位置から何mより高く投げ上げる必要がありますか。

園子さんは、ボールを斜《なな》めに投げたほうが、より多くのタイマーの音を聞くことができるのではないかと考え、ボールを斜めに投げた瞬間に走り出し、ボールを受け止めるという実験を行いました。

【実験３】

タイマーの音が鳴りはじめた瞬間に園子さんが走り出すと、次に音が鳴りはじめるまでにちょうど３ｍ走っていた。ただし、園子さんは走り出してから常に一定の速さでまっすぐ走り続けるものとする。

【実験４】

ボールを斜めに投げた瞬間に【実験３】と同じ速さで走り出したら、ちょうどボールを胸の位置で受け止めることができた。斜めに投げてから0.6秒までを動画撮影し、0.1秒ごとにボールの中心が通ったところを点で記録し、胸の位置からの高さを2.75ｍまで点の横に記入した（図２）。なお、タイマーが鳴りはじめた瞬間にボールを投げたとし、その瞬間を0秒とする。

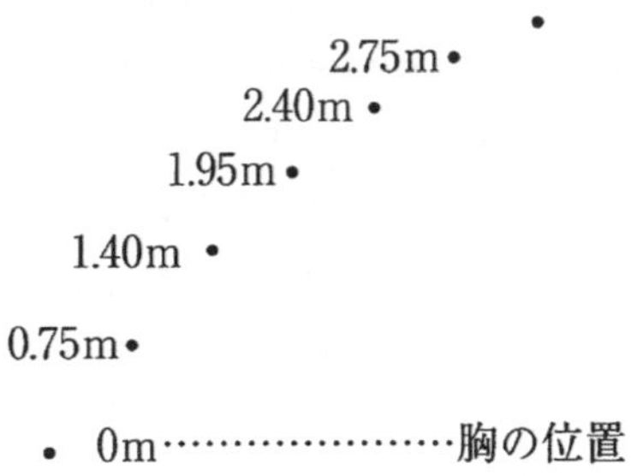

図２

（７）　園子さんは、毎秒何ｍで走りましたか。

（８）　ボールを胸の位置で受け止めるためには、園子さんは斜めに投げた位置から何m走る必要がありますか。

問題は次のページに続きます。

2 園子さんは、物質には、水にのみとけるものと、油にのみとけるもの、水にも油にもとけるものがあることを知りました。水と油は混ざり合いません。油のような性質を持つ液体Aと、水にも油にもとける性質を持つ固体Bについて、調べてみることにしました。答えは、小数第２位以下があるときは、四捨五入して小数第１位まで求めなさい。

[学習メモ]

・水と液体Aは混ざり合わない。水と液体Aは図１のように液体Aが上に浮《う》く形で、完全に分離《ぶんり》する。
・固体Bは水と液体Aのどちらにもとける。
・図２のように、固体Bのとけた水に、液体Aを加えてよくかき混ぜると、水の中の固体Bのうち一部が、液体Aにとけた。
・これ以上固体Bが液体Aにとけていかなくなったときに、液体Aにとけている固体Bの濃度《のうど》（１mLの液体Aにとけている固体Bの重さ）mg/mLと水にとけている固体Bの濃度（１mLの水にとけている固体Bの重さ）mg/mLの比は一定になるという法則がある。

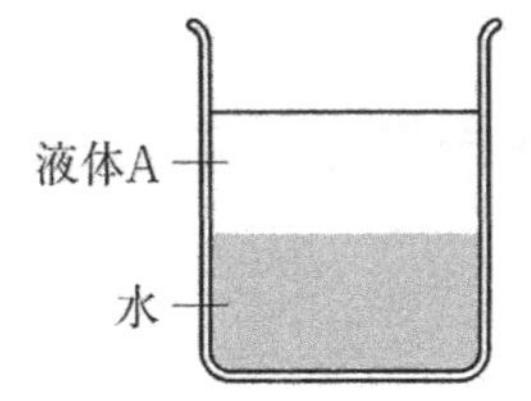

図１

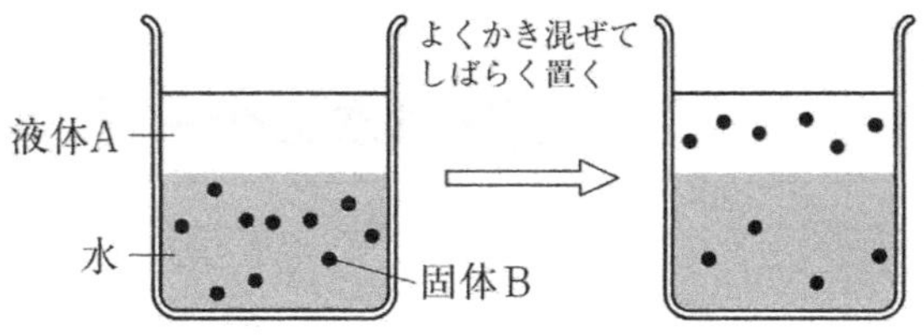

図２

園子さんは【実験１】【実験２】を行いました。ただし、すべての実験で、固体Bのとけ残りはないものとします。また、固体Bがとけても、水や液体Aの体積は変わらないものとします。

【実験１】
ビーカーX、Y、Zそれぞれに100mLの水を入れ、表１に示した量の固体Bをとかし、その後、100mLの液体Aを加えてよくかき混ぜ、これ以上固体Bが液体Aにとけなくなるまで、しばらく置いた。水に残ったままの固体Bの重さと、液体Aにとけた固体Bの重さをそれぞれ測った結果も表１に示した。

表1

	初めに水にとかした固体Ｂの重さ［mg］	水に残った固体Ｂの重さ［mg］	液体Ａにとけた固体Ｂの重さ［mg］
ビーカーＸ	100	20	80
ビーカーＹ	300	60	あ
ビーカーＺ	い	15	う

（1）　表1の　あ、い、う　にあてはまる数値を答えなさい。

（2）　ビーカーＹにおいて、水に残った固体Ｂの濃度は何mg/mLですか。

（3）　表1のビーカーＸの結果から、液体Ａにとけている固体Ｂの濃度と、水にとけている固体Ｂの濃度の比をもっとも簡単な整数の比で求めなさい。

（4）　別のビーカーに100mLの水を入れ、固体Ｂを468mgとかしました。ここに、液体Ａを200mL足して、よくかき混ぜました。これ以上固体Ｂが液体Ａにとけなくなるまで、しばらく置いた後、液体Ａにとけている固体Ｂの重さは何mgですか。

【実験2】

ビーカーＰ、Ｑに水を200mL入れ、それぞれに固体Ｂを600mgとかした。その後、表2のような操作を行った。

表2

	操作
ビーカーＰ	液体Ａを200mL加え、よくかき混ぜ、これ以上固体Ｂが液体Ａにとけなくなるまで、しばらく置いた。
ビーカーＱ	液体Ａを100mL加え、よくかき混ぜ、これ以上固体Ｂが液体Ａにとけなくなるまで、しばらく置いた。その後、固体Ｂがとけている液体Ａをきれいに取り除いた。再度何もとけていない液体Ａを100mL加え、よくかき混ぜ、これ以上固体Ｂが液体Ａにとけなくなるまで、しばらく置いた。

（5）　【実験2】のビーカーＰの操作の結果、水に残った固体Ｂの重さは何mgですか。

（6）　【実験2】のビーカーＱの操作の結果、水に残った固体Ｂの重さは何mgですか。

（7）　200mLの液体Ａを50mLずつの4つに分け、【実験2】のビーカーＱのように、固体Ｂを何もとけていない50mLの液体Ａにとかして、取り除く操作を4回繰《く》り返した時、最後に水に残った固体Ｂの重さは何mgですか。

（8）　限られた量の液体Ａを利用して、水にとけている固体Ｂをできるだけ残らないようにするには、どのような操作を行えばよいか、説明しなさい。

3　ある日の夕方、園子さんのお母さんがアサリの砂《すな》抜《ぬ》きをしていました。

園子さん　「これは何をしているの？」
お母さん　「砂抜きよ。」
園子さん　「砂抜き？」
お母さん　「アサリを食塩水につけておいて、中の砂を出させることよ。以前、潮《しお》干《ひ》狩《が》りをした時にもやったけれど、忘れたかな？」
園子さん　「そうそう、思い出した。アサリは吸い込《こ》んだ水をえらでこしておもに植物プランクトンを食べているのだよね。だから、砂が入っていることがあるのだよね。」
お母さん　「そうね。干《ひ》潟《がた》には、アサリもたくさんいたけれど、他にもカニとか、渡《わた》り鳥とか、いろいろな動物がいたわね。」

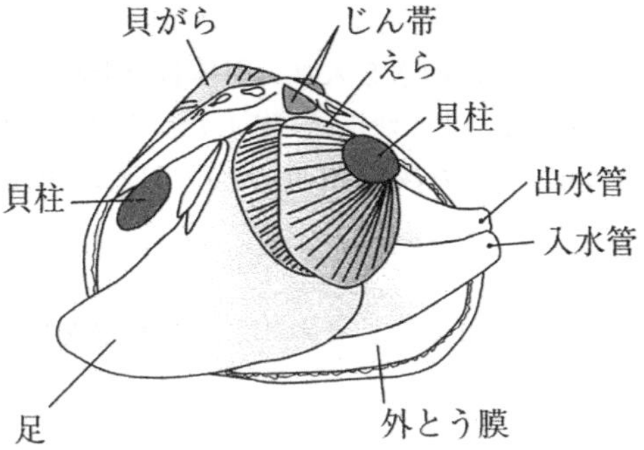

図1

（1）　シジミも砂抜きをします。アサリでは約３％の食塩水を使いますが、シジミでは約１％の食塩水を使います。シジミについて述べたものとして適当なものを次より１つ選び、記号で答えなさい。

ア．水深30ｍ位までの海底が岩でできた場所に生息しており、おもに海藻《かいそう》を食べている。
イ．水深30ｍ位までの海底がサンゴ礁《しょう》でできた場所に生息しており、おもにサンゴを食べている。
ウ．水深10ｍ位までの海底が砂や泥《どろ》でできた場所に生息しており、おもに貝を食べている。
エ．湖や川、河口など底が岩でできた場所に生息しており、おもに水草や海藻を食べている。
オ．湖や川、河口など底が砂や泥でできた場所に生息しており、おもに植物プランクトンを食べている。

（2）　図1はアサリを解剖《かいぼう》してスケッチしたものです。

①アサリを解剖する際には、まず貝柱を切ります。貝柱はおもに何でできていますか。次より1つ選び、記号で答えなさい。

ア．軟骨《なんこつ》　　イ．筋肉　　ウ．維管束
エ．神経　　オ．脂肪《しぼう》

②アサリの2枚の貝がらの開閉には貝柱とじん帯が関与《かんよ》しています。貝柱を切ると、貝がらは少し開いた状態になります。外側から指で貝がらを閉じても指の力を抜くとまた開きます。ところがじん帯も切ると、外側から指で貝がらを閉じた後、指の力を抜いても開かなくなります。このことからじん帯は2枚の貝がらをつなげている以外にどのようなはたらきがあると考えられますか。

（3）　アサリのもつ次のＡ～Ｄの特徴《とくちょう》のうち、①～③の生物にあてはまるものはそれぞれ何個ありますか。

A.　卵生である。　　B.　変温動物である。
C.　背骨がない。　　D.　えら呼吸をしている。

①　ヒト　　②　カニ　　③　スズメ

（4）　潮干狩りは干潟で行いました。干潟を堤防《ていぼう》で仕切り、排水《はいすい》して陸地にすることを干拓《かんたく》といいます。この干拓を行うと、その周辺海域で赤潮が発生することがあります。

①干潟について正しく述べているものを次よりすべて選び、記号で答えなさい。

ア．渡り鳥が休憩《きゅうけい》したり、えさを食べたりすることができる場である。
イ．時間帯により生えている植物が異なっている。
ウ．干潟の水の一部は生活している生物の体内を通過している。
エ．渡り鳥などにより干潟の養分の一部は、干潟から取り除かれている。
オ．川のはんらんを防ぐことができる。

②赤潮が発生すると、そこにすんでいる魚など、多くの生物が死んでしまいます。これは大量発生したプランクトンに海水中のある物質が消費されてしまうことが理由の1つとされています。この物質として適当なものを次より1つ選び、記号で答えなさい。

ア．酸素　　イ．二酸化炭素　　ウ．ちっ素
エ．塩化ナトリウム　　オ．塩化カルシウム

（5）　渡りをする季節になると渡り鳥は、目的地に向けて長い距離《きょり》を移動します。目的地に着くために、渡り鳥には正しく方位を知るしくみが備わっています。

ホシムクドリというおもにヨーロッパとアフリカの間を行き来する渡り鳥を用いて、渡りをする方位をどのように決めているのかを調べた実験があります。ホシムクドリは昼間に渡りを行うことが知られており、この実験では鳥が頭を向け続けた方位を渡りの方位として定めたと判断することとします。

【実験１】

天井《てんじょう》と側面をふさぎ、図２のような空の一部だけが見える窓が等間隔《かんかく》に６つ開いている円柱形の鳥かごを用意した。渡りの時期にホシムクドリをこの鳥かごに入れて野外に置いたところ、図２の矢印のように太陽光が入っていた。かごの下から鳥が頭を向ける方位を10秒ごとに記録すると、晴れた日には北西に頭を向け続けたが、くもっている日にはいろいろな方位に頭を向けて、定まることがなかった。

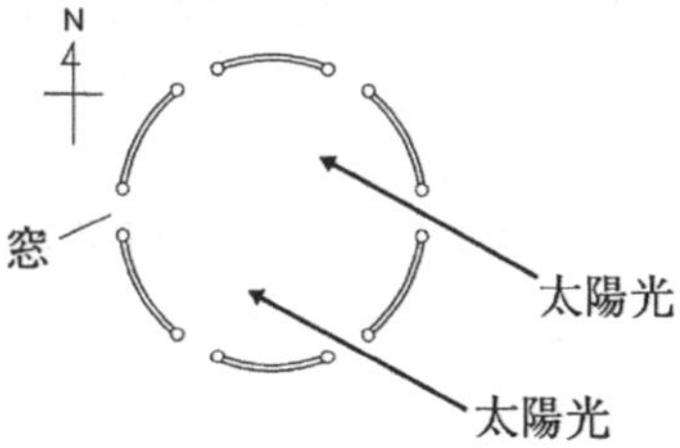

図２

【実験２】

図３のように、図２のすべての窓の外に鏡を取り付け、太陽光の方向を約90度回転させたところ、ホシムクドリは[　　　]に頭を向け続けた。

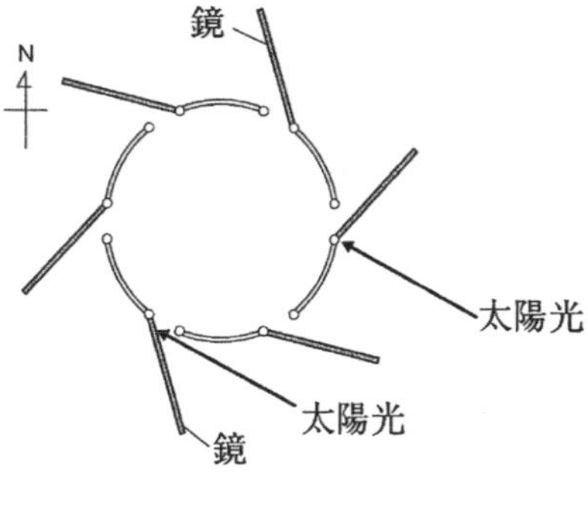

図３

①【実験１】より、ホシムクドリは太陽光の方向から渡りの方位を決めていると考えられました。このことから、【実験２】でホシムクドリが頭を向け続けたと考えられる方位を次より１つ選び、記号で答えなさい。

ア．北	イ．北東	ウ．東
エ．南東	オ．南	カ．南西
キ．西	ク．北西	

② 日本で見られる渡り鳥を次よりすべて選び、記号で答えなさい。

ア．オグロシギ	イ．スズメ	ウ．ハシブトガラス
エ．ツバメ	オ．オオハクチョウ	カ．ハシビロコウ

4 園子さんとお父さんが地形について話しています。

園子さん　「洗足学園中学校の最寄りの鉄道駅名は『武蔵溝ノ口《むさしみぞのくち》』とか『溝の口』だけど、この『溝口』という地名の由来は何だろう？」

お父さん　「溝のような幅《はば》のせまい小川が姿を現す場所、つまり溝の入り口だから、という説があるよ。溝は多摩川《たまがわ》に流れ込《こ》む平瀬川《ひらせがわ》のことらしいぞ。ちなみに、溝口周辺の土地は多摩川の[A]なんだよね。」

園子さん　「そうなんだ。」

お父さん　「日本は山が多くて降水量も多いから、大陸にある川と比べると、[A]や[B]といった特徴《とくちょう》的な地形が多く見られるね。」

園子さん　「河口でみられるのが[B]だよね。川の流れる速さが[C]なることで、[D]が起こるのよね？」

お父さん　「そうだよ。ちなみに[B]は比較《ひかく》的平らで土地活用がしやすいから、平らな土地がもともと少ない日本では市街地として活用されているぞ。だけど、標高（平均海水面を標高0mとした高さ）が低いから、水害のリスクが伴《ともな》うんだ。」

（1）　文中の[A]～[D]にあてはまる語句の組み合わせとして適当なものを次より1つ選び、記号で答えなさい。

	A	B	C	D
ア	三角州	扇状地《せんじょうち》	速く	浸食《しんしょく》
イ	三角州	扇状地	速く	運搬《うんぱん》
ウ	三角州	扇状地	速く	堆積《たいせき》
エ	三角州	扇状地	遅《おそ》く	浸食
オ	三角州	扇状地	遅く	運搬
カ	三角州	扇状地	遅く	堆積
キ	扇状地	三角州	速く	浸食
ク	扇状地	三角州	速く	運搬
ケ	扇状地	三角州	速く	堆積
コ	扇状地	三角州	遅く	浸食
サ	扇状地	三角州	遅く	運搬
シ	扇状地	三角州	遅く	堆積

（２）　図１は世界と日本のいくつかの川の標高と河口からの距離《きょり》を示したものです。世界の川と比べて、日本の川の特徴として図１から読み取れるものを次よりすべて選び、記号で答えなさい。

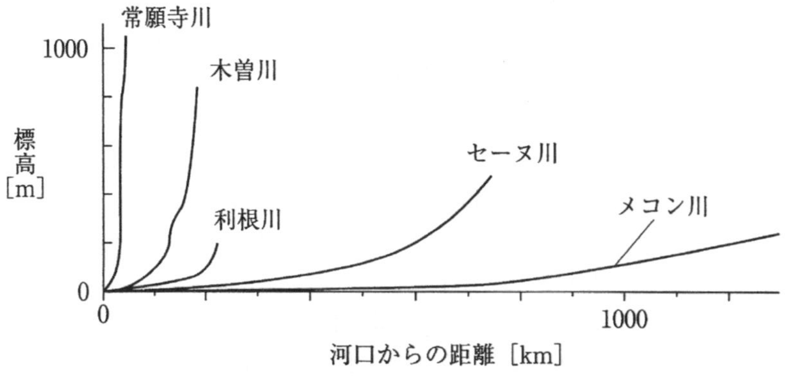

図１

ア．川の長さが長い。　　イ．川の長さが短い。
ウ．川の傾《かたむ》きが急である。　　エ．川の傾きがゆるやかである。
オ．川の幅が狭い。　　カ．川の幅が広い。

（３）　図２は　A　の模式図です。

図２

①　図２の地点X、Y、Zの土地を構成する粒《つぶ》の大きさはどのようになっていると考えられますか。大きさの関係として適当なものを次より１つ選び、記号で答えなさい。

ア．X＝Y＝Z　　イ．X＝Y＞Z　　ウ．X＝Y＜Z
エ．X＞Y＞Z　　オ．X＜Y＝Z　　カ．X＜Y＜Z
キ．X＞Z＞Y　　ク．X＝Z＞Y　　ケ．X＝Z＜Y

② [A]の土地はどのような作物を育てるのに向いていますか。適当なものを次より1つ選び、記号で答えなさい。

ア．この土地は水はけが良く、果樹の根腐《ぐさ》れが防げるため果実を育てるのに向いている。
イ．この土地は水はけが良く、イネの根腐れが防げるため稲作《いなさく》に向いている。
ウ．この土地は水はけが悪く、たくさんの水を必要とする果実を育てるのに向いている。
エ．この土地は水はけが悪く、水田に水をはることができるため稲作に向いている。

③ 地点Xの周辺には水無川と呼ばれる、雨が降った後や洪水《こうずい》のときだけ水が流れる川が多くあります。ふだんは水が流れていない理由を簡潔に説明しなさい。

④ [A]では谷底に堆積している土砂や岩石が、長雨や集中豪雨《ごうう》によって、一気に下流へ押《お》し流される現象が発生することがあります。この現象を何といいますか。次より1つ選び、記号で答えなさい。

ア．火砕流　　イ．土石流
ウ．水蒸気爆発　　エ．津波

（4）　図3は神奈川県にある鶴見《つるみ》川流域の自然地と市街地の分布の変化を表したものです。自然地が市街地になったことで洪水のリスクが上昇《じょうしょう》したといわれています。その理由として適当なものを1つ選び、記号で答えなさい。

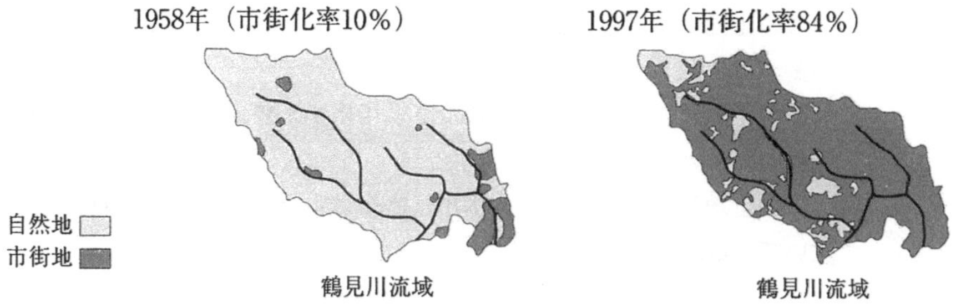

図3

出典：「河川事業概要2007」（国土交通省）
（https://www.mlit.go.jp/river/pamphlet_jirei/kasen/gaiyou/panf/gaiyou2007/）を加工して作成

ア．市街地の増加により、家庭からの大量の排水《はいすい》が直接川に流れ込むようになったから。

イ．市街地の増加により、地表面の温度が上がり、水の体積が増したから。

ウ．自然地の減少により、雨水が地下にしみこまなくなり、地表を流れるようになったから。

エ．自然地の減少により、外来種の水生生物が増え、川の水深が浅くなったから。

（5）　集中豪雨発生時によくみられる次々と発生する発達した雨雲が複数並ぶことで形成される長さ50～300km、幅20～50km程度の強い降水をともなう雨域のことを何といいますか。漢字で答えなさい。

（6）　[B] など水を含《ふく》んだ砂の地盤《じばん》では、地震《じしん》により地盤が泥水《どろみず》のように流動化することがあります。その結果、地面から水や砂などが噴《ふ》き出したり、マンホールなど地中の軽いものが浮《う》き出たり、建造物が倒壊《とうかい》したりします。この現象を何といいますか。漢字で答えなさい。

2023年度　入学試験問題

社　　会

第１回

【注　意】

試験時間は理科とあわせて60分間です。（11：10～12：10）

社会と理科両方の教科の問題を時間内に解いてください。

問題は１ページから18ページまでです。

解答はすべて解答用紙に記入してください。

解答用紙に受験番号、氏名を記入してください。

洗足学園中学校

1 2022年は日本で鉄道が開通してから150年を迎《むか》えた年でした。これに関するあとの問いに答えなさい。

問1 日本の鉄道のはじまりは、明治時代初期にさかのぼります。これについて、次の⑴・⑵にそれぞれ答えなさい。

⑴ 次の **[地図1]** ～ **[地図4]** は、1872年に日本で開業した新橋駅と横浜駅の周辺について、**[地図1]** と **[地図3]** は明治時代に測量された地形図を、**[地図2]** と **[地図4]** は近年発行された地形図を示したものです。これらの **[地図]** について説明した文としてふさわしくないものを、次の **A** ～ **F** の中からすべて選んでアルファベットで答えなさい。

[地図1]

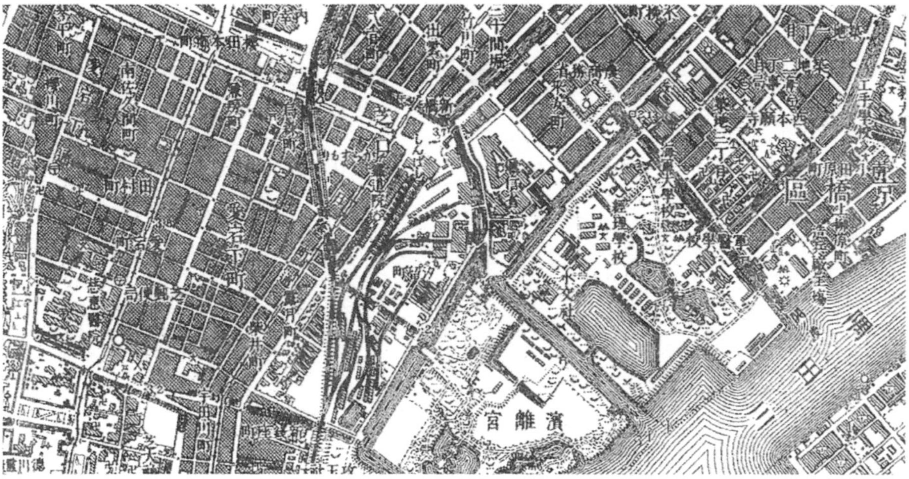

（国土地理院２万正式図より作成）

[地図2]

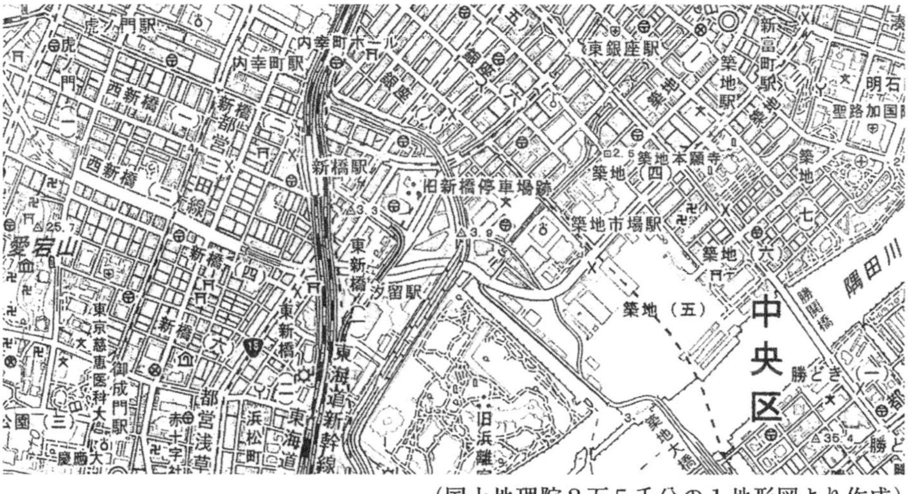

（国土地理院２万５千分の１地形図より作成）

[地図3]

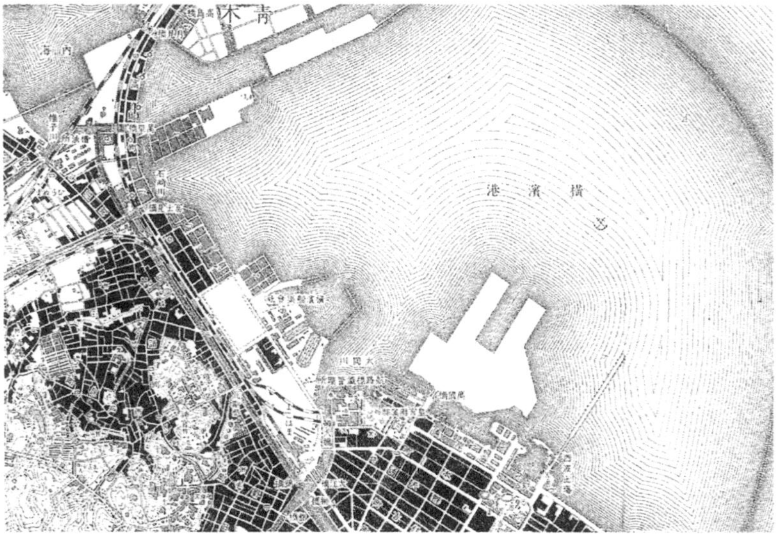

（国土地理院２万正式図より作成）

[地図4]

（国土地理院２万５千分の１地形図より作成）

A　[地図1]と[地図2]をみると、現在の「新橋」駅とかつての「しんばし」駅の場所は変化していないことがわかる。

B　[地図1]と[地図2]をみると、「経理学校」や「海軍大学校」の跡地《あとち》付近に、「築地市場」駅がつくられたことがわかる。

C　[地図1]と[地図2]をみると、「隅田川」に橋がかかるようになり、対岸への移動がしやすくなったことがわかる。

D　[地図3]と[地図4]をみると、現在の「横浜」駅の西側周辺は、かつて内海が広がっていたことがわかる。

E　[地図3]と[地図4]をみると、「大桟橋」ふ頭が整備され、大型船が着岸しやすくなったことがわかる。

F　[地図3]と[地図4]をみると、かつて水田であったところが開発され、「臨港パーク」などがつくられたことがわかる。

(2) 鉄道開業当初、日本では蒸気機関車が運行されていました。蒸気機関車は「ある化石燃料」を燃やした熱で水を沸騰《ふっとう》させ、そのとき発生する蒸気の力を利用して車輪を動かしました。次の **(あ)**・**(い)** の文は、２種類の化石燃料の特徴《とくちょう》を述べたものです。また、次の **[資料]** は、その「ある化石燃料」について、現在の日本の主な輸入先（2021年）を示したものです。「ある化石燃料」の特徴《とくちょう》と **[資料]** 中の①・②の国の組み合わせとして正しいものを、次の**A**～**L**の中からひとつ選んでアルファベットで答えなさい。

(あ) 地中に堆積《たいせき》した古代の植物が、地中の圧力や地熱の影響《えいきょう》を受けて分解・炭化したものであり、運搬《うんぱん》しづらく、エネルギー効率も悪く、二酸化炭素排出《はいしゅつ》量も多いが、資源量が豊富で供給も安定的である。

(い) 燃焼時に発生する二酸化炭素や窒素《ちっそ》酸化物が少なく、硫黄《いおう》酸化物も含《ふく》まないので、環境負荷が少ないクリーンエネルギーといわれる。

[資料]

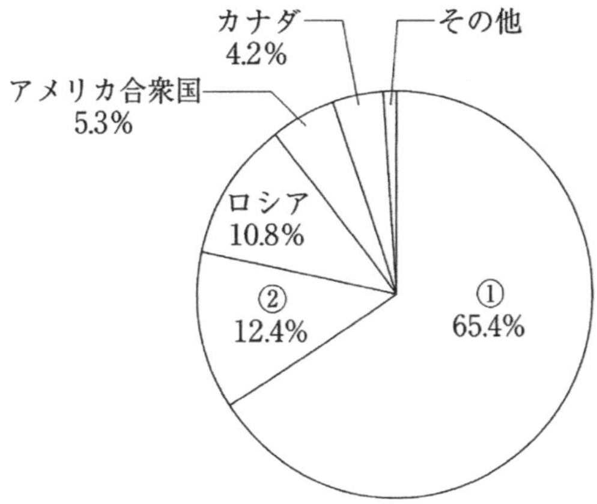

（矢野恒太記念会『日本国勢図会』より作成）

A	特徴－(あ)	①－オーストラリア	②－サウジアラビア
B	特徴－(あ)	①－オーストラリア	②－インドネシア
C	特徴－(あ)	①－サウジアラビア	②－オーストラリア
D	特徴－(あ)	①－サウジアラビア	②－インドネシア
E	特徴－(あ)	①－インドネシア	②－オーストラリア
F	特徴－(あ)	①－インドネシア	②－サウジアラビア
G	特徴－(い)	①－オーストラリア	②－サウジアラビア
H	特徴－(い)	①－オーストラリア	②－インドネシア
I	特徴－(い)	①－サウジアラビア	②－オーストラリア
J	特徴－(い)	①－サウジアラビア	②－インドネシア
K	特徴－(い)	①－インドネシア	②－オーストラリア
L	特徴－(い)	①－インドネシア	②－サウジアラビア

問2　1889年には東海道本線が全線開通となり、新橋・神戸間が鉄道で結ばれました。次の**[地図]**は、現在の東海道本線の一部と周辺の鉄道路線について、その路線や主要な駅、沿線の地形の起伏《きふく》を示したものです。これについて、次の(1)・(2)にそれぞれ答えなさい。

[地図]

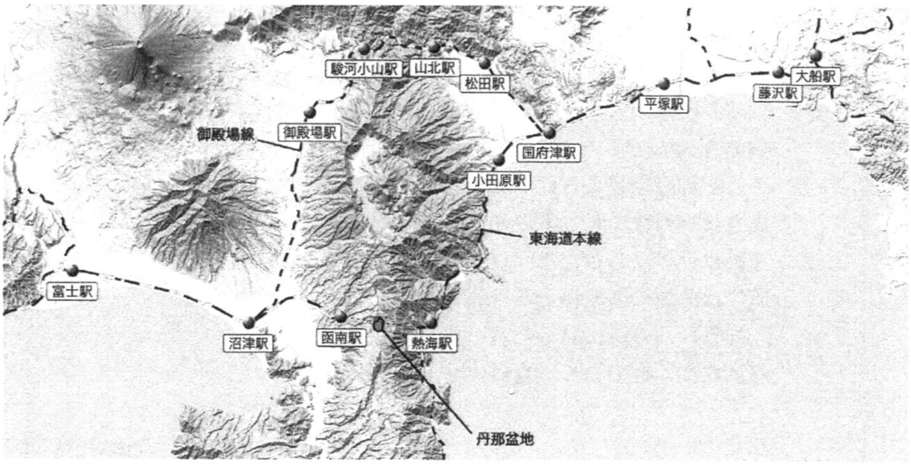

（地理院地図より作成）

(1)　次の**[資料1]**は、明治時代に作詞された『鉄道唱歌』の第1集（東海道篇《へん》）の一部を示したものであり、これは当時の東海道本線の沿線の様子を七五調で歌ったものです。この**[資料1]**をみると、明治時代の東海道本線と、現在の東海道本線の違《ちが》いがわかります。**[地図]**を参考に、**[資料1]**中の空欄《くうらん》**（あ）**～**（う）**にあてはまる地名の組み合わせとして正しいものを、次の**A**～**H**の中からひとつ選んでアルファベットで答えなさい。

A　（あ）－平塚　（い）－富士　（う）－沼津
B　（あ）－平塚　（い）－富士　（う）－熱海
C　（あ）－平塚　（い）－箱根　（う）－沼津
D　（あ）－平塚　（い）－箱根　（う）－熱海
E　（あ）－国府津　（い）－富士　（う）－沼津
F　（あ）－国府津　（い）－富士　（う）－熱海
G　（あ）－国府津　（い）－箱根　（う）－沼津
H　（あ）－国府津　（い）－箱根　（う）－熱海

[資料1]

一　汽笛一声新橋を　はや我汽車は離《はな》れたり
愛宕《あたご》の山に入りのこる　月を帰路の友として
（中略）
一二　（あ）おるれば馬車ありて　酒匂《さかわ》小田原とほ《お》からず
箱根八里の山道も　あれ見よ雲の間より
一三　いでてはくぐるトンネルの　前後は山北小山駅
今もわすれぬ鉄橋の　下ゆく水のおもしろさ
一四　はるかにみえし（い）の嶺《ね》は　はや我そばに来りたり
雪の冠《かんむり》雲の帯　いつもけだかき姿にて
一五　ここぞ御殿場《ごてんば》夏ならば　われも登山をこころみん
高さは一万数千尺　十三州もただ一目
一六　三島は近年ひらけたる　豆相線路のわかれみち
駅には此地《このち》の名を得たる　官幣《かんぺい》大社の宮居あり
一七　（う）の海に聞えたる　里は牛伏《うしぶせ》我《が》入道《にゅうどう》
春は花咲《さ》く桃《もも》のころ　夏はすずしき海のそば
（後略）

（大和田建樹作詞『鉄道唱歌』より）

(2)　[地図] 中の丹那盆地《たんなぼんち》では、かつてはわさびの栽培が盛《さか》んでしたが、現在では生産者がほとんどいなくなっています。この背景には、現在のリニア中央新幹線の工事に対して静岡県が懸念《けねん》している問題と通じる部分があります。次の [資料2] と [資料3] も参考に、東海道本線の変化と丹那盆地《たんなぼんち》でのわさび生産の衰退《すいたい》の関係性について、文章で説明しなさい。なお、[資料2] は1936年に当時の鉄道省がまとめた資料であり、東海道本線上で1934年に完成した「ある建造物」の工事の際に作成されたものです。[資料3] は静岡県がまとめた、わさびの栽培に関する資料です。

[資料2]

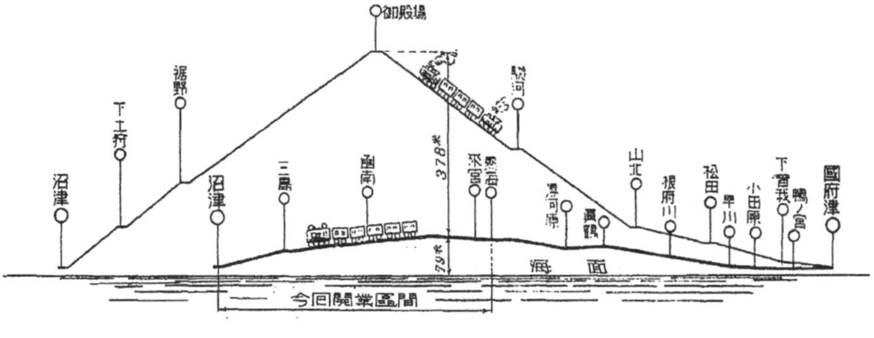

（鉄道省熱海建設事務所編『丹那隧道《たんなずいどう》工事誌』より）

[資料3]

静岡県は、栽培発祥《はっしょう》から現在に至るまで、わさび産地として日本一を誇《ほこ》る。（中略）近年は、日本各地で栽培が行われているが、静岡県のわさび栽培地域は、多量の降雨や地質に恵《めぐ》まれた自然環境を有し、年間を通じて13℃前後の湧水《ゆうすい》が豊富に湧《わ》き出しているため、栽培適地として優れており、収量・品質ともに日本一の座を守り続けている。ただし、それらの背景には、人々の鋭意《えいい》努力や創意工夫があったことも明らか。その意味で、静岡水わさびの伝統栽培は、清流の恵《めぐ》みと人《じん》智《ち》の結晶《けっしょう》と言えるだろう。

（「世界農業遺産・日本農業遺産 静岡水わさびの伝統栽培」ホームページより）

問3 鉄道の延伸《えんしん》が進んだことで、多くの人々が鉄道を使って様々な観光地を訪れるようになりました。次の **[資料]** 中の①～③は、観光地として知られる金沢市、浜松市、松本市の月別の平均気温と降水量を示したものです。①～③の都市名の組み合わせとして正しいものを、次の**A**～**F**の中からひとつ選んでアルファベットで答えなさい。

[資料]

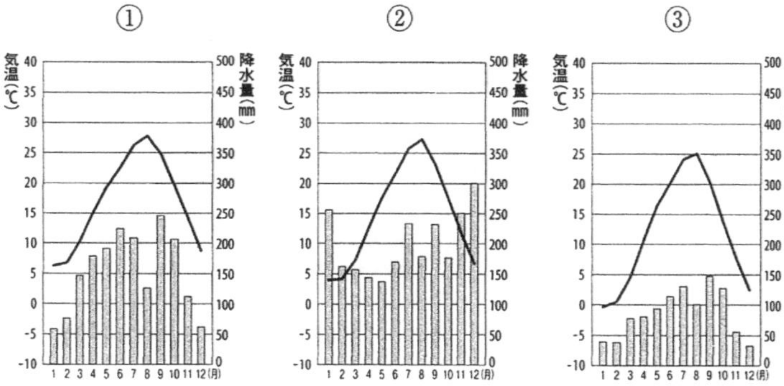

（国立天文台『理科年表』より作成）

A ①－金沢市　②－浜松市　③－松本市
B ①－金沢市　②－松本市　③－浜松市
C ①－浜松市　②－金沢市　③－松本市
D ①－浜松市　②－松本市　③－金沢市
E ①－松本市　②－金沢市　③－浜松市
F ①－松本市　②－浜松市　③－金沢市

問４　かつての日本国有鉄道は1987年に分割民営化がおこなわれ、現在では６つの旅客鉄道会社と１つの貨物鉄道会社となっています。これについて、次の(1)・(2)にそれぞれ答えなさい。

(1)　次の**[地図]**は、６つの旅客鉄道会社の営業範《はん》囲《い》を示したものであり、次の**[資料]**中の**A**～**D**は、そのうちの東日本旅客鉄道（JR東日本）、東海旅客鉄道（JR東海）、北海道旅客鉄道（JR北海道）、四国旅客鉄道（JR四国）について、年間旅客営業キロ数と旅客運輸収入を示したものです。北海道旅客鉄道（JR北海道）を示したものを、**[資料]**中の**A**～**D**の中からひとつ選んでアルファベットで答えなさい。

[地図]

（読売新聞オンラインの資料をもとに作成）

[資料]

	年間旅客営業キロ数（km）	旅客運輸収入（千円）
A	7,401.7	1,792,801,567
B	1,970.8	1,365,640,845
C	2,535.9	70,607,550
D	855.2	22,462,664

※年間旅客営業キロ数とは、鉄道会社やバス会社における営業区間の距離《きょり》をキロメートル単位で表したものである。

（鉄道統計年報（令和元年度）より作成）

(2)　次の **[資料]** は、「ある取り組み」を推進するために、日本貨物鉄道（JR貨物）のホームページで示されているものです。**[資料]** 中の空欄《くうらん》 X にあてはまる取り組みを、カタカナで答えなさい。

[資料]

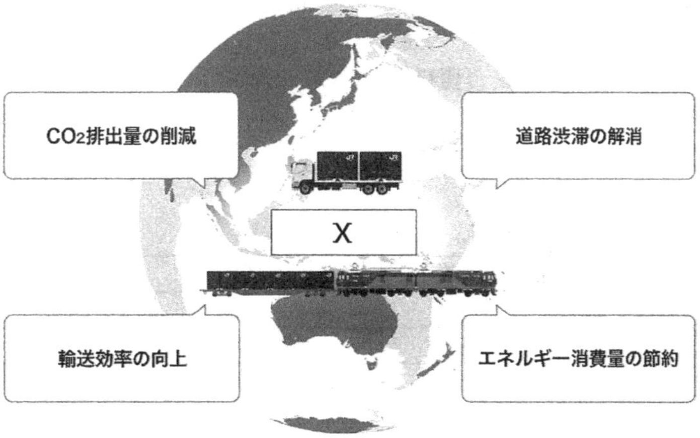

（日本貨物鉄道（JR貨物）のホームページより）

問5　鉄道は運転時刻を定めて走行します。日本では明治時代に正確な時刻を定めるために標準時が設けられました。そして日本の標準時を設けるために、兵庫県明石市を通る東経135度線が日本の標準時子午線に定められました。兵庫県や明石市に関連して、次の(1)・(2)にそれぞれ答えなさい。

(1)　次の **[資料]** 中の**A**～**D**は、兵庫県、愛知県、徳島県、鹿児島県のいずれかの農業産出額（2018年）と製造品出《しゅっ》荷《か》額等（2017年）を示したものです。兵庫県を示したものを、**[資料]** 中の**A**～**D**の中からひとつ選んでアルファベットで答えなさい。

[資料]

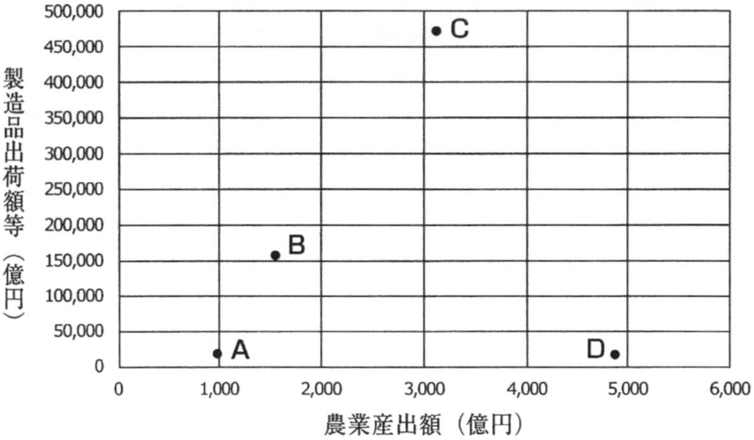

（矢野恒太記念会『日本国勢図会』より作成）

2

／50

問一
1
2
3
4
5
1点×5

問二
(一)
6点
(二)
6点

問三
2点

問四
8点

問五
4点

問六
8点

問七
A
B
C
2点×3

問八
5点

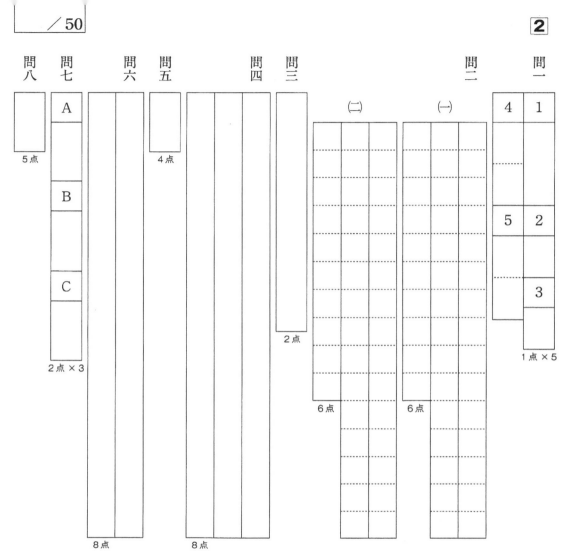

円 8点

日以上 日以下 8点

4

(1) 5点

(2) ： 7点

(3) ： 8点

5

(1) cm^3 6点

(2) cm^3 8点

(3) cm^3 6点

3

(1)　2点　(2) ①　2点　②　3点

(3) ①　個 ②　個 ③　個　2点

(4) ①　3点　②　2点

(5) ①　2点　②　2点

小計　／18

4

(1)　1点　(2)　2点　(3) ①　2点　②　1点

③　4点

④　2点　(4)　2点　(5)　2点

(6)　現象　2点

小計　／18

受験番号

氏名

／75

2023(R5) 洗足学園中　第1回
K 教英出版

問5　3点　問6　3点　問7　3点　問8　2点

問9　2点　問10　2点

小計　／25

3

問1 (1)　2点

問1 (2)　4点

問2 (1)　2点　(2)　2点　問3　3点　問4　2点

問5　3点　問6　2点

問7　3点　問8　2点

小計　／25

受験番号

氏名

合計　／75

社会 2023年度 入学試験解答用紙 第1回

洗足学園中学校

1

問1 (1) 3点 (2) 2点

問2 (1) 2点

問2 (2) 4点

問3 3点

問4 (1) 3点 (2) 2点

問5 (1) 3点 (2) 3点

小計 ／25

2

問1 2点

問2 2点

問3 2点

問

【解答

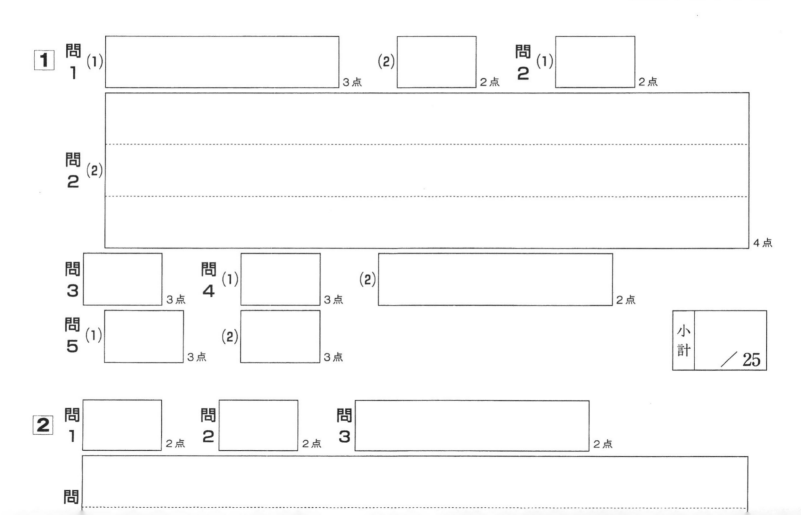

理科

2023年度　入学試験解答用紙　第1回

洗足学園中学校

1

(1) 秒　1点
(2) m　3点
(3) 毎秒　m　2点
(4) 秒　2点
(5) 回　3点
(6) m　3点
(7) 毎秒　m　2点
(8) m　3点

小計　／19

2

(1) あ　1点　い　1点　う　1点
(2) mg/mL　1点
(3) 液体A：水＝　：　1点
(4) mg　3点
(5) mg　2点
(6) mg　3点
(7) mg　3点
(8) 4点

小計

【解答

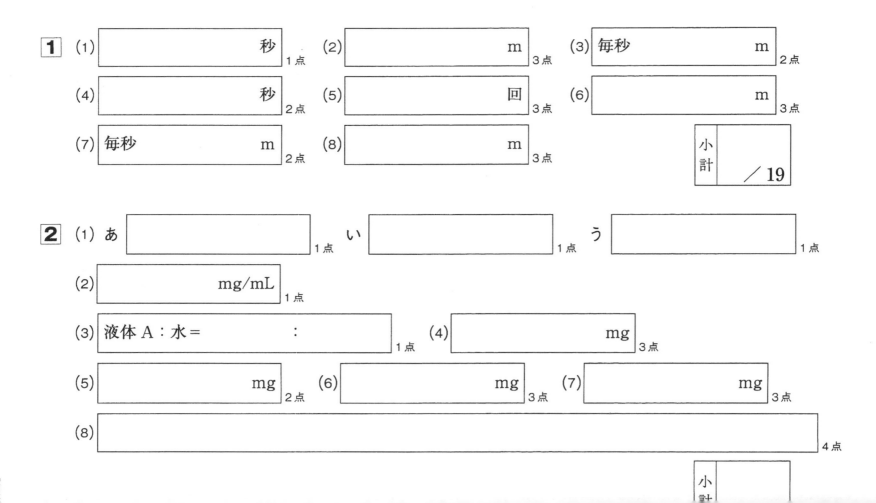

算数

2023年度　入学試験解答用紙　第1回

洗足学園中学校

受験番号　　　氏名　　　／100

1　(1)　5点　(2)　5点

2　(1)　5点　(2)　：　5点　(3)　円　5点　(4)　歳　5点

3　(1)　g　7点　(2)　枚　7点

(3)

(4)

【解答

国語

／100

二〇二三年度　入学試験解答用紙　第一回

洗足学園中学校

受験番号

氏　名

1

問一	4点
問二	7点
問三	3点
問四	7点
問五	7点
問六	A　B　C　D　2点×4
問七	（ア）（イ）（ウ）（エ）（オ）　2点×5
問八	4点

／50

【解答

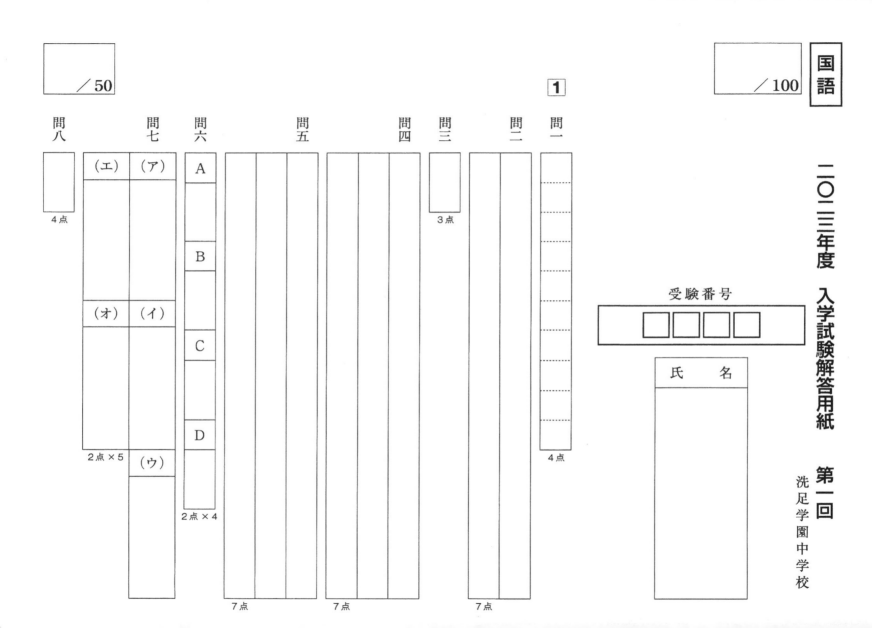

(2) 東経135度線は、兵庫県明石市を含《ふく》む12市町村を通ります。次の **[地図]** は、東経135度線を表示する標識やモニュメントが建っている地点を示しています。次の **[資料]** 中の①～③は、明石市、京丹後市、和歌山市の人口増減率（2020年から2021年にかけて）、65歳以上人口割合（2021年）、第１次産業就業者割合（2015年）を示したものです。①～③と都市名との組み合わせとして正しいものを、次の**A**～**F**の中からひとつ選んでアルファベットで答えなさい。

[地図]

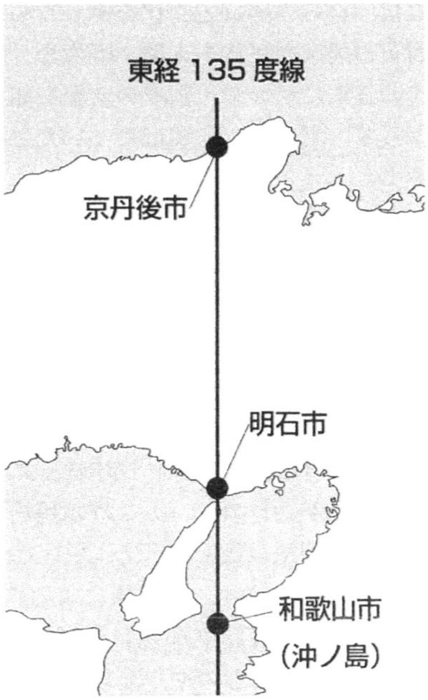

[資料]

	人口増減率（%）	65歳以上人口割合（%）	第１次産業就業者割合（%）
①	－0.48	30.5	2.0
②	－1.30	36.4	8.6
③	0.14	26.1	1.1

（矢野恒太記念会『データでみる県勢』より作成）

A ①－明石市 ②－京丹後市 ③－和歌山市
B ①－明石市 ②－和歌山市 ③－京丹後市
C ①－京丹後市 ②－明石市 ③－和歌山市
D ①－京丹後市 ②－和歌山市 ③－明石市
E ①－和歌山市 ②－明石市 ③－京丹後市
F ①－和歌山市 ②－京丹後市 ③－明石市

2 次の会話は、洗足学園の中学１年生が「世界とのつながりからみる日本の歴史」というテーマで話し合ったものです。これを読んで、あとの問いに答えなさい。

春香　日本列島と世界のつながりが分かる古い史料のひとつに、『後漢書』東夷伝が挙げられます。倭の奴国の王が漢に使者を送ったことや、(ア) 当時の皇帝から金印を授かったことが記されています。

夏美　その後の隋や唐にも使節が送られて、(イ) 中国を通して政治体制やさまざまな文化を受容したそうです。

秋恵　かつての中国には、自らの国家と文化を優れたものとして世界の中心であると位置づけて、周辺の国家や民族を未開・野蛮《やばん》な「夷狄《いてき》」とする考え方があったようです。古代の日本において、国家の支配に組み込《こ》まれていない東北地方の人々が政府によって［　(ウ)　］とよばれていたことも、この考え方からくるものとされています。

冬子　そのような考え方も中国の影響《えいきょう》を受けていたのですね。そういえば、唐が衰退《すいたい》して滅《ほろ》んだあとの混乱期を経て、宋が成立したのですよね。宋と日本はどのような関係だったのでしょう。

秋恵　宋とは、正式な国交は結ばれませんでしたが、民間商人による貿易はおこなわれました。平清盛によって大輪田泊が修築され、日宋貿易が発展したほか、僧《そう》侶《りょ》が宋に渡《わた》ってさまざまな文化を日本に持ち帰っています。宋は12世紀に一度滅《ほろ》ぼされています。時期によって北宋・南宋とよばれるようになりました。

春香　その後の中国大陸を支配したのは、モンゴル民族ですね。各地に兵を送って支配下におき、国号を中国風に改めて元としました。(エ) 日本に元軍が襲来《しゅうらい》したことは、元寇とよばれています。漢民族による中国の統一を回復させたのは、その後の明です。(オ) 日本と明との貿易は、勘合貿易としても知られています。

夏美　15世紀ごろまでは (カ) アジアとのやり取りばかりですね。ヨーロッパ人が初めて日本にやってきたのは、16世紀のことと考えられています。南蛮人が日本にやってきて、南蛮貿易が盛《さか》んにおこなわれました。

秋恵　その「南蛮」というよび方も、中華思想の影響《えいきょう》を受けているそうですよ。

春香　そうなのですね。知らずに使っていました。ヨーロッパとのやり取りは、どのように展開したのですか。

冬子　江戸時代になると、1624年には［　あ　］船の、1639年には［　い　］船の来航が禁止されて、ヨーロッパのうち［　う　］だけが日本との貿易を認められました。

夏美　そのころの日本は、［　う　］商館長からの報告書によって、諸外国の情報を得ていたといいます。18世紀になると、(キ) 洋書の輸入が緩和《かんわ》されて、西洋技術の導入が進んだそうです。漢文に翻訳《ほんやく》されていて、キリスト教に関係ない書《しょ》籍《せき》であれば、輸入が許可されました。

冬子　江戸時代の終わりごろには、日本と外国の関係を大きく変える出来事が多数起こりました。幕府は、異国船打払令によって［　え　］船のモリソン号を追い払いましたが、清が［　お　］とのアヘン戦争に敗北すると、異国船打払令を撤回《てっかい》して薪水《しんすい》給《きゅう》与《よ》令《れい》を出しました。その後、和親条約や通商条約が結ばれて開国しました。しばらくして幕府が倒《たお》れて明治政府が誕生しました。

秋恵　西洋に追いつこうと近代化を進めた日本では、政治制度や学問、生活に至るまで、さまざまなところで西洋の影響《えいきょう》を受けていました。(ク) 大日本帝国憲法も、ドイツの憲法を手本につくられています。

春香　長らく外国との関わりを制限してきた日本は、開国や明治維新を通して、急速に外国との関わりが広がるのですね。

秋恵　その通りです。20世紀以降も、(ケ) 日本はさまざまな利害関係にもとづいて諸外国と協力や対立を繰《く》り返《かえ》していきます。

冬子　現代の社会が抱《かか》える諸課題を知るためにも、世界と日本のつながりを意識しながら学んでいきたいですね。

問1　下線部（ア）について、このときに授けられたと考えられる金印が発掘《はっくつ》された場所を示したものを、次の **[地図]** 中の**A**～**H**の中からひとつ選んでアルファベットで答えなさい。

[地図]

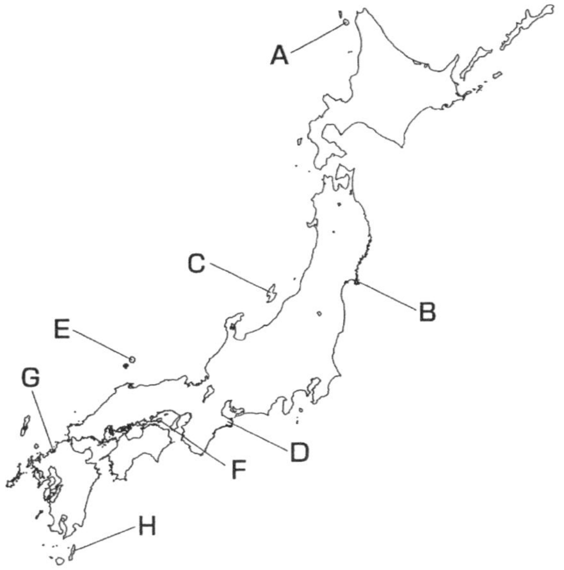

問2　下線部（イ）に関連して述べた文として誤っているものを、次の**A**～**D**の中からひとつ選んでアルファベットで答えなさい。

A　聖武天皇の遺品を納める正倉院には、西アジアなどの影響《えいきょう》を受けた宝物も納められている。

B　『万葉集』には、漢字の音《おん》を用いて日本語を表記する、万葉仮名が使用されている。

C　行政法である律と、刑罰《けいばつ》のきまりである令にもとづく律令制をとり入れた。

D　唐から来日した僧《そう》である鑑真により、日本に戒律《かいりつ》が伝えられた。

問3　空欄《くうらん》［　（ウ）　］にあてはまる語句を、漢字で答えなさい。

問4　下線部（エ）は、御恩と奉公からなる、将軍と御家人の関係が崩《くず》れたきっかけのひとつであると考えられています。なぜ、元寇によって将軍と御家人の関係が崩《くず》れたのですか。次の語句を用いて文章で説明しなさい。

〔　御恩　奉公　御家人　〕

問5　下線部（オ）について、次の［史料］に関連して述べた文としてふさわしいものの組み合わせを、次のA～Dの中からひとつ選んでアルファベットで答えなさい。

［史料］

> ここに汝《なんじ》、日本国王である源道義は、皇帝一族を尊敬し、皇帝を愛する誠を抱《いだ》いて、荒波《あらなみ》を越《こ》えて、使いを遣《つか》わして来朝した。（略）今、使者として道彝《どうい》と一《いち》如《にょ》を遣《つか》わして、（略）暦《こよみ》の使用を許可して臣下に加え、錦《にしき》と綾絹《あやぎぬ》二十匹《ひき》を与《あた》える。
>
> 建文四（1402）年二月初六日

※史料は、現代語訳・意訳し、一部省略した部分があります。

① 「源道義」とは、後醍醐天皇のことを指している。
② 「源道義」とは、足利義満のことを指している。
③ （オ）は、天皇と明の皇帝との対等な関係のもとでおこなわれた。
④ （オ）は、将軍から明の皇帝への朝貢の形式でおこなわれた。

A　①・③　　B　①・④　　C　②・③　　D　②・④

問6　空欄《くうらん》［　あ　］～［　お　］の国に関連して述べた文として正しいものを、次のA～Eの中からひとつ選んでアルファベットで答えなさい。

A　織田信長は、［　あ　］のサン＝フェリペ号の宣教師の発言をきっかけに、バテレン追放令を出した。
B　中国の倭寇の船に乗り合わせた［　い　］人により、日本に鉄砲が伝わった。
C　［　う　］の商館は、長崎の出島から平戸に移され、その地で貿易がおこなわれた。
D　［　え　］との間には、和親条約は結ばれなかったが、修好通商条約は結ばれた。
E　［　お　］の使節であるラクスマンが根室に、レザノフが長崎に来航した。

問7　下線部（カ）に関連して、４人は朝鮮半島と日本との関係について４枚のカードにまとめました。４枚のカードのうち、内容の正しいものを、次の**A**～**D**の中からひとつ選んでアルファベットで答えなさい。

A　天武天皇のころ、白村江の戦いにおいて隋と新羅の連合軍に大敗した。これをきっかけに、九州の守りを固めるための大宰府が設けられたり、山城が築かれたりした。

B　豊臣秀吉によって朝鮮出兵がおこなわれた影響《えいきょう》で、明治時代になるまで国交が断絶していた。江戸時代に、対馬の宗氏が交渉をおこなったが、交流はおこなわれなかった。

C　江華島事件をきっかけに、日本は朝鮮との間に日朝修好条規を結んだ。日本に一方的に領事裁判権を認めるなど、朝鮮にとって不平等な内容が含《ふく》まれていた。

D　田中角栄内閣において日韓基本条約が締結され、大韓民国を朝鮮半島の唯一の合法的な政府として国交を正常化した。その後の朝鮮戦争では、日本の経済復興のきっかけになる朝鮮特需が発生した。

問8　下線部（キ）を含《ふく》む幕政改革をおこなった人物を、姓名《せいめい》ともに漢字で答えなさい。

問9　下線部（ク）について述べた文として誤っているものを、次の**A**～**D**の中からひとつ選んでアルファベットで答えなさい。

A　黒田清隆内閣のときに発布された。
B　衆議院で審議されたのち、貴族院の承認を経て発布された。
C　天皇は神聖不可侵であると規定された。
D　言論や出版の自由は、法律の範囲内で認めると規定された。

問10　下線部（ケ）に関連して述べた①～③の内容の正誤の組み合わせとして正しいものを、次の**A**～**H**の中からひとつ選んでアルファベットで答えなさい。

①　第一次世界大戦において、日本は日英同盟を理由に、イギリスやドイツ、オーストリア側として参戦した。
②　日本は、柳条湖事件に対する国際連盟の勧告《かんこく》に反発し、国際連盟を脱退した。
③　日本は、ハワイの真珠湾を攻撃し、太平洋戦争が開戦した。

A	①－正	②－正	③－正	**B**	①－正	②－正	③－誤
C	①－正	②－誤	③－正	**D**	①－正	②－誤	③－誤
E	①－誤	②－正	③－正	**F**	①－誤	②－正	③－誤
G	①－誤	②－誤	③－正	**H**	①－誤	②－誤	③－誤

3 次の文章は、2022年5月3日の毎日小学生新聞に掲載《けいさい》された「国会で憲法議論盛《さか》んに」という記事です。これを読んで、あとの問いに答えなさい。なお、小見出しは省略し、一部ふりがなを省略した部分があります。

憲法のあり方を議論する (ア) 衆議院の憲法審査《しんさ》会が、今年の通常国会で頻繁《ひんぱん》に開かれています。「新型コロナウイルスや (イ) ロシアによるウクライナ侵攻《しんこう》に、いまの憲法で対応できるのか」――。こう指摘《してき》する自民党などの国会議員が、議論を引っ張っています。憲法審査《しんさ》会で何がテーマになったかを振《ふ》り返《かえ》ります。

憲法審査《しんさ》会は2月10日から始まり、週1回程度のペースで開かれています。まず取り上げられたのは「国会でオンライン審議《しんぎ》を認めるか」でした。

コロナの影響《えいきょう》で、学校や会社のオンライン授業（または会議）が広がりましたが、オンライン審議《しんぎ》は実施《じっし》されていません。憲法56条が、国会で「議事を開き議決すること」の前提に「(ウ) 議員の出席」を定めているためです。

「（コロナや災害で）やむを得ない場合は、オンラインでも『出席』と解釈《かいしゃく》すべきだ」

憲法審査《しんさ》会では、こんな意見が多数を占《し》めました。自民党や立憲民主党などは3月3日、「いまの憲法でも、緊急事態の発生時は、例外的にオンライン審議《しんぎ》ができる」などとした報告書を決定しました。報告書を受け取った議長と副議長のもとで、検討が続いています。

3月中旬《ちゅうじゅん》以降は、「大災害や戦争が起きた場合、内閣が特別な対応をとれる『緊急事態条項《じょうこう》』を憲法に新設するか」が主な議題になりました。

「衆議院議員の任期が切れたあと、（大災害などで）長期間選挙をできなかったらどうするのか」――。(エ) 憲法54条では、衆議院議員がいない場合は、(オ) 参議院が国会機能を担える「 (カ) 」を開けると規定しています。

これについて、自民党や日本維新の会などは「ずっと参議院に任せていいのか。国会の機能が維持《いじ》できるのか」と疑問視し、「緊急的に衆議院議員の任期延長をできるよう、憲法改正すべきだ」と訴えました。立憲民主党は慎重《しんちょう》な議論を求め、共産党は反対しています。結論は出ていません。

「緊急政令」を可能とすべきだとの意見もあります。大災害や戦争のときは、新たな法律や予算を国会で成立させるゆとりがないので、内閣が、緊急の政令で施策《しさく》を決めていいとの案です。

課題は、国会のチェックを経ないことです。憲法が重視する「(キ) 基本的人権の尊重」などをないがしろにする施策《しさく》が実施《じっし》されかねません。コロナでいえば、「外出は罰金《ばっきん》」などの施策《しさく》が可能になります。自民党は議論を急ぐよう主張しますが、同じ与党の (ク) も慎重《しんちょう》な姿勢を示しています。

問１　下線部**（ア）**に関連して、次の⑴・⑵にそれぞれ答えなさい。

⑴　下線部**（ア）**について述べた文①～③の内容の正誤の組み合わせとして正しいものを、次の**A～H**の中からひとつ選んでアルファベットで答えなさい。

①　内閣不信任決議は衆議院のみに認められている権限である。
②　一般《いっぱん》の法律案と異なり、予算は衆議院での審《しん》議《ぎ》・議決が先におこなわれると決まっている。
③　現在、衆議院議員のうち約４割が女性である。

A	①－正　②－正　③－正			**B**	①－正　②－正　③－誤		
C	①－正　②－誤　③－正			**D**	①－正　②－誤　③－誤		
E	①－誤　②－正　③－正			**F**	①－誤　②－正　③－誤		
G	①－誤　②－誤　③－正			**H**	①－誤　②－誤　③－誤		

⑵　次の**［資料］**は、2022年６月に発表された衆議院議員の新たな小選挙区の区割り案により小選挙区の定数が変わる都県を示したものです。このように各都道府県の小選挙区の定数を変更《へんこう》する理由を、**［資料］**から読み取れることにふれながら文章で説明しなさい。

［資料］

都県	変更前　→　変更後
宮城県	6　→　5
福島県	5　→　4
埼玉県	15　→　16
千葉県	13　→　14
東京都	25　→　30
神奈川県	18　→　20
新潟県	6　→　5
愛知県	15　→　16
滋賀県	4　→　3
和歌山県	3　→　2
岡山県	5　→　4
広島県	7　→　6
山口県	4　→　3
愛媛県	4　→　3
長崎県	4　→　3

（衆議院議員選挙区画定審議会
「衆議院小選挙区選出議員の選挙区の改定案についての勧告　参考資料」より作成）

問2　下線部（**イ**）に関連して、次の⑴・⑵にそれぞれ答えなさい。

⑴　ウクライナの位置を、次の［**地図**］中の**A**～**D**の中からひとつ選んでアルファベットで答えなさい。

［地図］

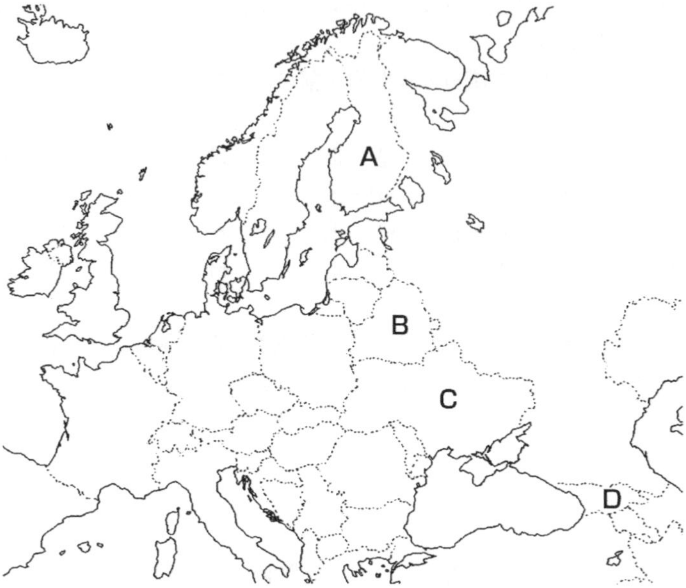

⑵　アメリカ合衆国やヨーロッパ諸国で構成される北大西洋条約機構は、ロシアから攻撃《こうげき》されたウクライナを支援《しえん》しました。この「北大西洋条約機構」の略《りゃく》称《しょう》を、アルファベットで答えなさい。

問3　下線部（**ウ**）について、国会の本会議では会議を開くために最低限必要な出席議員数（定足数）が憲法で定められています。衆議院と参議院に欠員がいない（定数を満たしている）場合、衆議院と参議院の定足数としてふさわしいものを、次の**A**～**H**の中からひとつ選んでアルファベットで答えなさい。

A	衆議院：155	参議院：81	**B**	衆議院：155	参議院：83
C	衆議院：160	参議院：81	**D**	衆議院：160	参議院：83
E	衆議院：233	参議院：121	**F**	衆議院：233	参議院：124
G	衆議院：240	参議院：121	**H**	衆議院：240	参議院：124

問4　次の条文は下線部（**エ**）第１項のものです。空欄《くうらん》［　**X**　］・［　**Y**　］にあてはまる数の組み合わせとして正しいものを、次の**A**～**H**の中からひとつ選んでアルファベットで答えなさい。

> 衆議院が解散されたときは、解散の日から［　**X**　］日以内に、衆議院議員の総選挙を行ひ、その選挙の日から［　**Y**　］日以内に、国会を召集しなければならない。

A　**X**－三十　**Y**－二十　　**B**　**X**－三十　**Y**－三十
C　**X**－三十　**Y**－四十　　**D**　**X**－三十　**Y**－五十
E　**X**－四十　**Y**－二十　　**F**　**X**－四十　**Y**－三十
G　**X**－四十　**Y**－四十　　**H**　**X**－四十　**Y**－五十

問5　下線部（**オ**）に関連して、参議院議員選挙について述べた文として誤っているものを、次の**A**～**D**の中からすべて選んでアルファベットで答えなさい。

A　都道府県単位で選挙区が定められており、全国で47選挙区ある。
B　比例代表選挙は、各政党の議席が得票数に応じて割《わ》り振《ふ》られ、当選する順番は各政党があらかじめ決めている。
C　選挙区と比例代表のうち、どちらか一方にしか立候補することができない。
D　参議院議員通常選挙は３年に一度おこなわれ、半数ずつ改選している。

問6　空欄《くうらん》［　（**カ**）　］にあてはまる語句を漢字で答えなさい。

問7　下線部（**キ**）に関連して、日本国憲法で保障されている自由権は、精神の自由、人身の自由、経済活動の自由の３つに分類することができます。次の**A**～**D**はいずれも自由権として保障されています。「信教の自由」と同じ分類になるものを、次の**A**～**D**の中からすべて選んでアルファベットで答えなさい。

A　学問の自由　　**B**　奴隷的拘束・苦役からの自由
C　表現の自由　　**D**　職業選択の自由

問8　空欄《くうらん》［　（**ク**）　］にあてはまる政党を漢字で答えなさい。

二〇二三年度　入学試験問題

国語

第二回

【注意】

・試験時間は五〇分です。（八時五〇分～九時四〇分）
・問題は一ページから八ページまでです。
・解答はすべて解答用紙に記入してください。
・字数制限のない問題について、一行分の解答らんに二行以上解答してはいけません。
・記号・句読点がある場合は字数に含《ふく》みます。
・解答用紙に受験番号、氏名を記入してください。

洗足学園中学校

1 次の文章は、「正しさ」について筆者が述べたものです。これを読んで、後の問いに答えなさい。

多くの社会ではルールを正当化する手続きが定められています。この手続きに従って定められたことは「正しい」のだとされます。そして、その手続きはそれぞれの社会や国ごとに定められており、手続きを実行するための機関があります。さらに、決められたルールを人々に強制するための機関も備えています。

こうしたことから、「正しさは社会により異なる」とか「国により異なる」と言いたくなるかもしれません。しかし、そうした差異も、理解不能なほどに多様なものではないのが通常です。実際問題として、現在では民主的な価値観や基本的人権が世界的に「正しい」と認められているため、多くの国の法律の内容はそれほどかけ離《はな》れたものにはなっておらず、[A]女性の参政権はごく一部の例外を除いてほとんどの国で認められています。もちろん、各国がまったく同じ法律体系になっているわけではありませんが、私たちにとって理解不可能なほど奇妙《きみょう》な法律体系になっていることはないと思っても、それほど誤りではありません。

たとえば、(1)私たちは海外旅行に行くときに、行き先の国の刑法《けいほう》体系について調べておくなどということはしないでしょう。自分の国で犯罪になることを行き先の国でもしないようにすれば十分です。自分がよかれと思ってやったことがその国では犯罪になるなどということはまずありません。行った先の礼儀《れいぎ》作法に反するふるまいを知らずにしてしまうことはあるかもしれませんが、たいていの場合、知らずにやったことはそれほど責められないことも★普遍的《ふへんてき》ですし、礼儀作法などの慣習が文化によって異なること自体がおおむね普遍的に認識《にんしき》されています。

「正しさは社会や国により異なる」などと(ア)トナえるまえに、むしろ考えなければならないことは、[(2)]についてです。

倫理《りんり》学の授業をしていると時々、★日本の旧優生保護法や★ナチスによるユダヤ人虐殺《ぎゃくさつ》について、「その時代では正しいことだったのだ」などと発言する学生さんがいて、仰天《ぎょうてん》します。たしかにいずれの場合も、当時の「ルールを正当化する手続き」にのっとって法律として定められたものです。しかし、だからといって、「それらは正しかったのだ」と即断《そくだん》してよいものでしょうか。とはいっても、正しさは文化によって異なるという★文化相対主義の立場からは、そうした発言に反論することは困難です。生徒からそのように言われて、おかしいとは思いつつ、十分に反論や議論ができなかった中学や高校の先生も多いのではないでしょうか。

しかし、考えてみましょう。障害があるなどの理由で★不妊《ふにん》手術を受けさせられた人たちは、優生保護法に合意していたのでしょうか。虐殺されたユダヤ人たちは、虐殺されることに合意していたのでしょうか。まさか。かれらがそんな目にあわされたのは、まさしく暴力による強制でした。(3)「正しさ」は、ある行為《こうい》に複数の人間が関《かか》わるときに、その人たちの間で合意が形成されることで成立します。当事者が関わらないところで勝手に決めたルールを強制することは、それ自体として不正です。このように考えると、これらの法律は「ルールを正当化する手続きの正しさ」を満たしておらず、やはり不正だったというべきでしょう。

女性を劣位《れつい》に扱《あつか》う戦前の日本の★民法や選挙法についても同じことが言えます。それらの法律は帝国《ていこく》議会によって制定されましたが、戦前の日本では女性に参政権はありませんでしたから、議会の代表者はみな男性でした。[B]、女性を劣位に置く法律は女性のいないところで勝手に決められたのです。

[C]、全国民が一致《いっち》して合意するなどということは現実的に困難です。そこで、現在のほとんどの国では代議制民主主義が採用されています。この制度では、議員が普通《ふつう》選挙で選ばれる限りは、法律に従う立場の人たちの代表者が法律を制定していることになります。その点で、代議制民主主義には一定の正当性があるといってよいでしょう。

[D]、議会での議論は公開されていますから、議員以外の一般《いっぱん》市民はその様子を見聞きして、納得できるものかどうかを判断することができます。そして、納得できない主張をした議員を次の選挙で落選させることもできます。

江戸《えど》時代の日本やその他の多くの国において、かつて法律は、権力者が一方的に定めてそれに従うことを暴力で強制するものでした。あまりに人々の立場を無視した法律は大きな反感を買うでしょうから、それなりに配慮《はいりょ》したかもしれませんが、その場合でも人々の意見を直接聞いたわけではなく、権力者側が勝手に(イ)スイソクしただけだったでしょう。そしてそもそも、そうした権力者の権力自体が、支配される側の人々の合意によって正当化されたものではなく、暴力（武力）によって獲得《かくとく》されたものです。

そうした(4)あからさまに暴力的な手続きよりは、代議制民主主義の手続きはずいぶんマシなものではあります。しかしやはり、代表されていない立場の人たちも多数います。それどころか、議会においてさえ、代表者全員が納得して合意するまで話し合われないままに、強行採決によって可決されることがままあります。そのようにして定められた法律を無造作に「正しい」と見なすことは、合意していないままに従わされる人たちへの暴力を無造作に肯定《こうてい》することになります。

もちろん、自分が納得しない法律には従わなくてよいということにはなりません。しかし、納得できない法律は批判し、その改正を求めていくことはできます。また、(5)ある法律が含《ふく》んでいる暴力に自分自身では気づけなくても、それに苦しめられている人の声を聞いて気づくこともあります。そうして気づいてしまったときには、たとえ他国のことや昔のことであったとしても、「正しさ」を問い返し、「より正しい正しさ」を実現するように努力していくべきでしょう。

「正しさは人それぞれ」と並んで最近よく聞く言葉に、「絶対正しいことなんてない」とか「何が正しいかなんて誰《だれ》にも決められない」などというのがあります。これらの言葉を言う人たちは、どうやら「ちょっと気の利《き》いた、よいことを言っている」と思っているようなのですが、私はこうした言葉を聞くたびに(ウ)セスジが寒くなります。こうした言葉は、より正しいことを求めていく努力をはじめから放棄《ほうき》する態度を示しているように思われるからです。そして、こうした言葉を吐《は》く人たちは、たとえば私が何も悪いことをしていないのにガス室に送られそうなとき、決して助けてくれないだろうなと思うからです。

どんなに話し合っても、国民全員が、さらには人類全員が合意することはないかもしれません。たとえいま生きている人たち全員が合意したとしても、まだ生まれていない人は合意していません。その意味では、「絶対正しいことなんてない」のかもしれません。しかし、「より正しい正しさ」はあります。一方的に決めたルールを暴力によって強制するよりは、話し合ってお互《たが》いに納得して決めていく方が正しいですし、これまで正しいと思われていたことに対して、その不正を(エ)コクハツする人たちの声が聞き入れられ、改正されたときには、より正しいものになっているでしょう。そうやって、たとえば女性の権利が認められてきたわけです。

もちろん、「不正のコクハツ」それ自体が不正なものである場合もあるでしょう。自分が悪いのに、それを認めずに他人のせいにする人もいます。そうしたとき、相手を尊重するとは、単に相手の言い分を丸呑《まるの》みすることではありません。納得できないことを言っているのに「人それぞれ」といってきちんと反論しないのは、相手を尊重するどころかバカにすることです。まずは相手の言い分をよく聞き、それがもっともだと思えば従い、おかしいと思えば指摘《してき》し、相手の再度の言い分を聞く。それを繰《く》り返すことで、お互いに納得のできる合意点を作り上げていく。これが、正しさを作っていくための正しい手続きというべきでしょう。そうした手続きによって、より正しい正しさを実現するよう努力していくことが大切です。

私が「人それぞれ」という言葉にこだわるのは、そうした努力をしないで済ませる態度を(オ)ジョチョウするからです。もちろん、趣味《しゅみ》や好みなど、他人と同じにしなくてもとくに問題ないようなことについては「人それぞれ」でけっこうなのですが、そうでないこと、他人を巻き込《こ》むことについては「人それぞれ」で済ませるわけにはいきません。他人と合意を作っていかなければならないことについて、「人それぞれ」などといって十分に話し合う努力をしないでいると、社会は★分断されてしまいます。(6)分断された社会で何かを決めようとすれば、結局のところ暴力に頼《たよ》るしかなくなってしまいます。

（山口裕之『「みんな違ってみんないい」のか？　相対主義と普遍主義の問題』ちくまプリマー新書）

★普遍的《ふへんてき》……広く行き渡《わた》っていて共通するところがある様子。
★日本の旧優生保護法…一九四八年～一九九六年まで存在した法律。不良な子孫の出生を防止することなどを目的とした。
★ナチスによるユダヤ人虐殺《ぎゃくさつ》…第二次大戦中、ナチス・ドイツがおこなったユダヤ人絶滅《ぜつめつ》政策のこと。およそ六〇〇万人のユダヤ人が虐殺された。
★文化相対主義……ここでは、すべての文化の価値は尊重されるとともに優劣《ゆうれつ》をつけることはできないとする考え方のこと。
★不妊《ふにん》手術……妊娠《にんしん》を不可能にする外科的手術のこと。
★民法……財産や身分や人格などの権利に関する法の総称《そうしょう》。
★分断……ひとまとまりのものを切れ切れにすること。

問一　――(1)「私たちは海外旅行に行くときに、行き先の国の刑法体系《けいほうたいけい》について調べておくなどということはしないでしょう。」とありますが、その理由を二行以内で説明しなさい。

問二　［(2)］に入る表現を本文から十五字以上二十字以内で抜《ぬ》き出しなさい。句読点や記号は含《ふく》みません。

問三　――(3)「『正しさ』は、ある行為《こうい》に複数の人間が関わるときに、その人たちの間で合意が形成されることで成立します。」とありますが、これはどういうことですか。次のア～エの中から一つ選び、記号で答えなさい。

ア　「正しさ」は、文化の特徴《とくちょう》を取り上げて皆《みな》で議論し、お互《たが》いを尊重しながらすべてを認めているかによって決まるということ。

イ　「正しさ」は、そのルールの影響《えいきょう》を受ける人たちの間で十分な話し合いがおこなわれ、皆が納得できるかによって決まるということ。

ウ　「正しさ」は、これまで大多数の人たちが合意してきた行動のルールに従い、自分自身の行動や生活態度によって決まるということ。

エ　「正しさ」は、議会がある法律を定めるとき、代表者たちの意志に基づくか、権力者による強制であるかによって決まるということ。

問四　［A］～［D］に入れる語を次のア～エの中から一つずつ選び、それぞれ記号で答えなさい。（ただし記号はそれぞれ一回ずつ使用します。）

ア　それに　　イ　つまり

ウ　たとえば　　エ　もちろん

問五　――(4)「あからさまに暴力的な手続き」とありますが、誰《だれ》がどうすることですか。解答らんに一行で説明しなさい。

問六　――(5)「ある法律が含んでいる暴力」とありますが、ここでの「暴力」とはどういうことですか。二行以内で説明しなさい。

問七　――(6)「分断された社会」とありますが、そのようにならないために私たちがすべきことはどういうことですか。三行以内で説明しなさい。

問八　――(ア)～(オ)のカタカナを漢字に直しなさい。

問九　本文の内容に合うものを次のア～エの中から一つ選び、記号で答えなさい。

ア　正しさは文化によって異なるという文化相対主義の考え方には反論できない場合が多く、より正しいことを求めていく努力を断念させる方向へ導かれてしまう。

イ　国や社会の中で決められる法律は、その手続きにおいて十分な話し合いによる合意が形成されておらず、自分が納得できないものであれば、従わなくてよい。

ウ　これまで正しいと思われてきたことに対して反論する場合、お互いに話し合いを重ねながら複数の間でよりよい正しさを作り上げていくように進めるのがよい。

エ　何が正しいかは誰にも決められないという言葉は、どんなに話し合っても全人類が合意に達することはないという真理をふまえたもので、十分説得力がある。

2 次の文章は、辻みゆき『家族セッション』の一節です。【本文までのあらすじ】を読んだ後、本文を読んで、後の問いに答えなさい。

【本文までのあらすじ】
桜木千鈴《さくらぎちすず》、門倉姫乃《かどくらひめの》、一条菜種《いちじょうなたね》は中学一年生。あるとき三人は、それぞれの家族から重大な事実を宣告される。出生時に病院内で新生児すり替《か》え事件に巻き込《こ》まれ、本当は、千鈴は一条家（菜種の家族）の子であり、姫乃は桜木家（千鈴の家族）、菜種は門倉家（姫乃の家族）の子であったことがわかった。そしてそれぞれの家族が弁護士を交えて集まって議論した末、いずれは本来の家族に戻《もど》ることを決める。親たちは子どもたちに新しい家族に慣れてもらおうと「ホームステイ」と名付けて週に一回、「お泊《とま》り」を実施《じっし》することになった。「ホームステイ」は順調に続き、それぞれの温かい家族に迎《むか》えられながらも、やはり納得《なっとく》できない三人は、大人たちの計画を絶対阻止《そし》しようと真剣《しんけん》に話し合っていた。

いろんなところへ行った。二泊《はく》、三泊《ぱく》のホームステイもしたし、ひとつひとつの家に、三人いっしょに、順番で泊《と》まって回ったりもした。誰《だれ》が、どの家か——そんなことが関係なくなるくらい、行ったり来たりした。

とても楽しかった。日にちと曜日の感覚が薄《うす》れていくくらいに、無我夢《むがむ》中《ちゅう》の毎日だった。

そんな日々の中で、三人はそれぞれに、［A］思うことがあった。最初は、すぐに忘《わす》れてしまうこと。いや、忘れてしまおうとすること。だけど、やっぱり忘れられないこと。たまり続けたものは、いつかはあふれだす。

八月二十日を二日後に控《ひか》えた、八月十八日、(1)三人はとうとう、よどんでいた気持ちをぶつけあうことになってしまった。

きっかけは、三人で門倉家《かどくら》に泊まったときの、ささいなひと言だった。夜通しおしゃべりした、次の日。三人でショッピングモールに出かけようとしていた、その、出がけのことだった。

「じゃあ、行ってくるね」

姫乃がそう言い、

「お世話になりました」

千鈴と菜種は、その場にいた、ママとヒロ子《こ》にあいさつをした。

「また遊びに来てね」

笑顔《えがお》でそう言うママの横で、

「外でも、きちんとなさいね」

ヒロ子は、そう言った。

「門倉の娘《むすめ》なんだから」

濃《こ》く短い自分の影《かげ》を見ながら、三人は黙々《もくもく》と歩いていた。

日差しは［B］容赦《ようしゃ》なく照りつけてくるけれど、この暑さで人影もなく、不思議な静けさを味わってもいる。

門倉家からショッピングモールへ行くにはバスに乗るのだが、そのバス停《てい》まで、最短距離《さいたんきょり》で五分ほど。けれど姫乃は、その最短ルートではなく、もっと静かな裏道《うらみち》を選んだので、千鈴と菜種も、黙《だま》って、それに従《したが》った。途中《とちゅう》で公園にさしかかる。

「ちょっと、こっち」

そう言うと、姫乃は公園へと足を向けた。

誰もいない真夏の公園は、蝉《せみ》たちの天下だ。

わしゃわしゃと聞こえる、ひとかたまりの蝉時雨《せみしぐれ》の中から、(2)耳が勝手に声を拾う。

ミーン、ミン、ミン、ミン、ミ——……。

ツクツクオーシ、ツクツクオーシ、オーシツクツク、オーシツクツク……。

姫乃は、大きな木のかげを選んで、立ち止まった。

「家を出てから、ずっと気になってることがあるんだけど」

蝉たちの声に負けないように、姫乃は言った。

「さっき『門倉の娘なんだから』って言ったとき……、ヒロ子さん、わたしじゃなくて、菜種に言ってたよね？」

あのとき——、姫乃と菜種は、千鈴を真ん中にして左右に分かれていた。

ヒロ子は、あきらかに、菜種のほうに顔を向けて、そう言っていた。

「菜種。ヒロ子さんから『門倉の娘』って言われてるの?」
「……言われてる」
大音声《だいおんじょう》の蝉時雨の中、菜種は、やっとのこと、そう答えた。
「いつから?」
「門倉家に、はじめて行ったときから」
「そんなに前から?!」
姫乃の声に、非難《ひなん》めいた響《ひび》きがまざる。
「なんで言ってくれなかったの?」
「言ったら、大さわぎになるだけじゃない」
菜種の顔にも、[C]不満の色が表れていく。
「もういいじゃん。八月二十日過《す》ぎたら、終わる話なんだから」
千鈴は話をおしまいにするつもりでそう言ったけど、姫乃にとっては、そうはいかない。
「わたし、前から思ってた。菜種って、ずるい。テストでこっそりいい点とったり、大地とのことを黙《だま》ってたり。どの家に行っても、[D]手伝いしてるし。自分のことは黙ってて、周りには、めいっぱい点数稼《かせ》ぎ。そんなに、パパとママに気に入られたいの?」
わしゃわしゃとした蝉の声は、まるで姫乃の味方をするようにすごい迫《はく》力《りょく》でせまってくる。
「もしかして、わたしの代わりに、うちの子になりたくなった?」
挑発《ちょうはつ》するように言う姫乃に、菜種は抵抗《ていこう》した。
「バカなこと言わないで。やるべきことをやってるだけ。点数稼ぎなんてしてない」
「してるって。ねぇ、千鈴もそう思うでしょ? 菜種はずるいって」
「え……」
〝ずるくない〟と、千鈴は思う。たぶん菜種にとっては、ごくふつうのことなのだ。そんな言いがかりをつけるひまがあったら、姫乃も、少しは菜種を見習って、勉強や手伝いをすればいい。
でも……、姫乃の気持ちもわかる。なんでもできる菜種は、ずるい。自分の心のどこか、のぞいてはいけないどこかで、そういう声が聞こえてくる。
「ああ、そう」
姫乃は、千鈴の一瞬《いっしゅん》の沈黙《ちんもく》を、否定《ひてい》だと受け取ったようで、冷ややかにそう言った。
「そういえば、千鈴もずるいもんね。大地のこと好きじゃないって言いながら、いつのまにか仲よくなってるし」
「なんでそうなるのよ」
千鈴は怒《おこ》った。たしかに、ホームステイをするようになってから、大地とは仲よくなったけど、姫乃が勘《かん》ぐっているような気持ちではない。今のところは。
「わたし、ずるくない」
わたしだけは、ずるくない——千鈴は、本当はそう言いたかった。
ところが。ところが、だ。
「わたしも、千鈴ちゃんって、ずるいと思う」
なんと、そう言ったのは菜種だった。
蝉時雨の中の一匹《びき》が、ジッと鳴き終わり、別の一匹が、ミーン……と、鳴き始める。
「菜種?」
「わかってる。千鈴ちゃんは、いい子だし、ちっとも、ずるくない。でも……思うか、思わないかって言われたら、わたしはずるいと思う」
「あはは」
おもしろくなってきたと言わんばかりに、姫乃が笑う。
「なんで? ずるいもなにも、わたし、一条家でなんにもしてない。素麺《そうめん》すら、まともにゆでられなくて……」
「そこが、ずるいんだってば」
菜種は、めずらしくイライラしたようにそう言った。
「千鈴ちゃんは、なにもできない。岳とユージに迷惑《めいわく》かけて、春馬とケンカして。それなのに……、すずちゃんって呼《よ》ばれて、岳にやさしくしてもらって、春馬とは、なんだかんだ言って仲よくして、口下手のユージから音楽を教えてもらって、ちゃっかり大地とまで仲よくなって。千鈴ちゃん、なんなのって思う」
「なんなのって、言われても……」
千鈴はとまどいながらも、思う。
わたしは、ふつうにしていただけだ。菜種の真似《まね》ではなく……もっとも、真似したくてもできないのだから……、なにもできないけど、しかたなく、一条家の人たちといっしょの時間を過ごしていた。ただ、それだけだ。なわしゃわしゃわしゃ……と、全体が、大きなひとつのうねりのようになって、蝉が鳴いている。
「わたしも、菜種の気持ち、わかる」
そう言ったのは、姫乃だった。
(3)「千鈴は、ずるい。ずるいことをしてないかもしれないけど、ずるい」
そんな、めちゃくちゃな。
太陽がぎらぎらと照りつけている。
「だったら……」
千鈴は、姫乃のことを下から見上げるような目つきで言った。
「姫乃だって、ずるい。うちの家族を無視《むし》して、さんざんふり回してたくせに。今はリーダーぶって、トランプしてるんだってね」
「はあ？　バッカみたい。しかたなくやってるんだけど」
「だいたい、姫乃はなんで、うちのお父さんとお母さんのことを、おじさん、おばさん、って呼ぶのよ」
「気がついたの。わたしの親は、パパとママだけだから。あの人たちのこと、お父さん、お母さんなんて呼べませーんって」
「あの人たちなんて言い方、しないでよ。わたしの、お父さんとお母さんなんだから。うちのみんなが優《やさ》しくしてくれるからって、えらそうにしないで」
「えらそうになんて、してないってば。トランプしてるのが、そんなに気に入らないの？　も～、嫉妬《しっと》しないでよ」
「嫉妬?!」
その言葉にはじかれたように、千鈴は言い返す。
「嫉妬してるのは、姫乃でしょ！　姫乃の言う〝ずるい〟って、ルール違《い》反《はん》やなにかでホントにずるいことをしたわけじゃなくて、自分の嫉妬の矛《ほこ》先《さき》を相手に向けて、ずるいって攻撃《こうげき》してるだけだよね」
そう口にしたとたん、蝉の声が、今度は、千鈴の側についたような空気になった。
そうだ、そのとおりだ。ずるくないのに、ずるい、と思う気持ちは、相手への嫉妬だ。
千鈴は、自分で自分の言葉に、心の中でうなずいた。
勢《いきお》いのついた千鈴の口は、止まらない。
ムキになっちゃうよね。菜種は、あれだけ勉強ができて、あれだけ手伝いもできるんだもん。姫乃のパパとママが、菜種のほうを好きになっちゃうかもって思ったら、嫉妬もしちゃうよね」
わしゃわしゃわしゃ……。
蝉時雨は、大音声で降《ふ》りそそいでいる。にもかかわらず、一瞬周りの音が消えた気がする。
千鈴は、瞬間的《しゅんかんてき》に「勝った」と思い、でもすぐ、その直後に「しまった」と思った。後悔《こうかい》の気持ちで、大きななにかがのしかかる。ごめん、そうじゃない、そんなことあるわけない。あるわけないから、ただ言い負かすためだけに、言ってしまった。
千鈴がそのことに気づいたのと、姫乃が口を開いたのは、同時だった。
「たしかにね。パパとママは、勉強ができて、家事もできる菜種のほうが、わたしよりも、好きかもね」
「ちがう、そうじゃない……」
千鈴があわてて、言葉を並《なら》べ始《はじ》めたとき。
「それは、ありえないよ」
菜種が、きっぱりとそう言った。
「あの人たちは、なにかができるとか、できないとか、そんなことで左右されるような人たちじゃない。見てれば、わかる。パパとママは、姫乃ちゃんのことが一番好きだよ」
姫乃は、驚《おどろ》いた顔で菜種を見た。
菜種は、どこか悲しい……というより、切ない表情《ひょうじょう》をしている。
(4)姫乃の表情は、とても複雑《ふくざつ》に動いた。最初は驚いて……、そして、いったん安心したような顔になったかと思うと……、今度は、不安そうな目で菜種を見て、おそるおそる聞いた。
「菜種。わたしの代わりに、うちの子になりたくなった？」
「さっきも言ったでしょ、バカなこと言わないでって。わたしは、今のまま、今の家で暮《く》らしたいから」
三人とも、泣きそうな顔になっていた。
ミーン、ミン、ミン、ミン、ミ――……。
ツクツクオーシ、ツクツクオーシ、オーシツクツク、オーシツクツク……。

沈黙が流れ、蟬の声が、いよいよ大きく聞こえてきた。

（辻みゆき『家族セッション』）

問一 ――(1)「三人はとうとう、よどんでいた気持ちをぶつけあうことになってしまった。」とありますが、本文全体を通して、次の㈠～㈢の問いに答えなさい。

㈠「姫乃《ひめの》」は「菜種《なたね》」に対し、どのような思いをぶつけていますか。二行以内で説明しなさい。文末は「…こと。」や名詞で止めなくてよい。

㈡「菜種」は「千鈴」のことをどのように思っていますか。二行以内で説明しなさい。文末は「…こと。」や名詞で止めなくてよい。

㈢「千鈴」は「姫乃」に対し、どのような思いをどのように言いましたか。三行以内で説明しなさい。文末は「…こと。」や名詞で止めなくてよい。

問二 ――(2)「耳が勝手に声を拾う。」とありますが、「耳」を使った慣用句、また「声」や「音」に関することわざなどについて、次の一～五のそれぞれの語に関する説明を、【語群】の中から一つずつ選び、記号で答えなさい。（ただし記号はそれぞれ一回ずつ使用します。）

一 耳が痛い　**二** 寝耳に水　**三** 産声《うぶごえ》を上げる

四 猫なで声　**五** 音を上げる

【語群】

ア 人の機嫌《きげん》を取ろうとする言い方。

イ いくら言っても効果がない。

ウ 弱点を指摘《してき》されてつらい。

エ 不意の出来事におどろく。

オ うれしくて声が生き生きする。

カ 新しい物事が作り出される。

キ 困難な状況《じょうきょう》に耐《た》えられない。

問三 ――(3)「そんな、めちゃくちゃな。」とありますが、このときの「千鈴」の心情として最もふさわしいものを、次のア～エの中から一つ選び、記号で答えなさい。

ア 自分は一条家で過ごしたこれまでの時間は大切だと思っており、ずるいと言われても気にせずやってきたが、姫乃や菜種にまで言われるようになり、途方《とほう》に暮れている。

イ 自分は一条家の家族や大地と仲よくすることを楽しいとは感じておらず、ずるいと言われるのは心外だったが、それ以上にこれまでの計画が挫折《ざせつ》することに不安を抱《いだ》いている。

ウ 自分は一条家で何か役に立ちたいと思っているのに結局何もできないので、ただ一緒《いっしょ》の時間を過ごすだけなのだが、そのこと自体がずるいというのは心外で、困惑《こんわく》している。

エ 自分は一条家の家族になるために懸命《けんめい》に努力してきたことを褒《ほ》めてもらいたいのに、ずるいと非難されることに戸惑《とまど》い、姫乃や菜種に対して苛立《いらだ》ちをあらわにしている。

問四 ――(4)「姫乃の表情は、とても複雑に動いた。」とありますが、この時の「姫乃」の心情を説明したものとして最もふさわしいものを、次のア～エの中から一つ選び、記号で答えなさい。

ア 千鈴の口から、「そうじゃない」と取り消そうとする言葉が出る瞬《しゅん》間《かん》、菜種から「それはありえないよ」という言葉を聞いたので、初めは驚《おどろ》いたが、菜種の悲しげな表情から「勝った」と思い安心する一方で、本当に門倉《かどくら》の娘《むすめ》になるのだろうかと不安にもなった。

イ 菜種の口から、門倉の父と母は姫乃のことが一番好きであると聞いて驚くとともに安心したが、同時に菜種のどこか悲しげな表情から、菜種は一条家で暮らすことが本当に嫌になったために門倉の娘になる決意をしてしまったのではないかと不安にもなった。

ウ 千鈴の口から、姫乃は勉強も家事もできる菜種に嫉妬《しっと》しているのだと言われて驚くが、菜種から門倉の父と母は姫乃のことが一番好きであると聞き安心する。しかし何でも見通せる菜種にはかなわないと思い、これからは菜種には逆らえないと不安になった。

エ 菜種の口から、門倉の父と母は能力で人を見ることをしない誠実な人たちであり、彼らは姫乃を一番大事にしていると聞いて驚くとともに安心したが、同時にそれだけ家族のことをよく見ている

問五 [A]～[D]に入れる語としてふさわしいものを次の中からそれぞれ一つずつ選び、記号で答えなさい。（ただし記号はそれぞれ一回ずつ使用します。）

ア ちょこちょこ　**イ** どっしり　**ウ** ありありと
エ まじまじと　**オ** じりじりと　**カ** おずおず
キ ぎっしりと　**ク** ちらり、ちらりと

問六 本文では「蝉《せみ》たちの声」や「蝉時雨《せみしぐれ》」の描写が何度も出てきますが、そのことによる表現上の効果の説明として**ふさわしくないもの**を、次のア～エの中から一つ選び、記号で答えなさい。

ア 66行目「わしゃわしゃとした蝉の声は、まるで姫乃の味方をするようにすごい迫力《はくりょく》でせまってくる。」という描写《びょうしゃ》から、菜種を挑《ちょう》発《はっ》しようとする姫乃の攻撃《こうげき》的な態度が大きな脅威《きょうい》として感じられるように伝わってくる。

イ 94行目「蝉時雨の中の一匹《いっぴき》が、ジッと鳴き終わり、別の一匹が、ミーン……と、鳴き始める。」という描写から、三人のよどんでいた思いがぶつかる混乱した状況の中で、菜種の発した言葉に心から納《なっ》得《とく》する千鈴の様子が伝わってくる。

ウ 153行目「蝉時雨は、大音声《だいおんじょう》で降りそそいでいる。にもかかわらず、一瞬《いっしゅん》周りの音が消えた気がする。」という描写から、周囲の音が聞こえなく感じるほどに、千鈴が姫乃を決定的に言い負かしてしまった衝撃《しょうげき》が伝わってくる。

エ 178行目「ミーン、ミン、ミン、ミン、ミ——……。ツクツクオーシ、ツクツクオーシ、オーシックツク、オーシックツク……。」という描写から、三人がそれぞれ思いをぶつけあった後の沈黙《ちんもく》がよくわかるとともに、大音声の蝉時雨の中にやり場のない思いが入っていくようで、途方に暮れる三人の様子がよく伝わってくる。

問七 次に示すのは、国語の授業で本文を読んだ後の先生の説明と、それに対してAさん～Dさんが感想を述べたものです。Aさん～Dさんの中で、明らかに本文の内容や特徴《とくちょう》と**合わない一人**は誰《だれ》ですか。次のア～エの中から一つ選び、記号で答えなさい。

先生　この物語は、新生児すり替《か》えという事件を発端《ほったん》に、当事者の少女三人がそれぞれ別の家庭で過ごしていく体験をする中で、お互いの家族や本人の複雑な思いが描《えが》かれています。皆さんはどう感じましたか。

ア Aさん　門倉家の娘になるかもしれない菜種は、本当は一条家でこのまま暮らしたいと考えているので、姫乃からずるいと言われてやりきれない気持ちだったと思います。

イ Bさん　登場人物は千鈴、姫乃、菜種が中心ですが、千鈴の視点から語られています。従って姫乃と菜種の心理は千鈴から見たものであり、千鈴の内面がより深く伝わってきます。

ウ Cさん　勢いが止まらなくなった千鈴は、姫乃を言い負かした後、すぐに言い過ぎたことを後悔《こうかい》しているので、千鈴は姫乃が嫌《きら》いになったのではないことを理解しました。

エ Dさん　この物語は千鈴、姫乃、菜種、それぞれの視点から、三者三様の描き方をしたものなので、蝉時雨の効果とともに夏休みの雰囲気《ふんいき》がリアルな形で伝わってきました。

2023年度　入学試験問題

算　　数

第 2 回

【注　意】

- 試験時間は 50 分です。（10 : 00 ～ 10 : 50）
- 問題は１ページから９ページまでです。
- 解答はすべて解答用紙に記入してください。
- 解答用紙に受験番号、氏名を記入してください。
- 円周率は3.14として計算してください。

洗足学園中学校

1 次の問いに答えなさい。

（1）次の計算をしなさい。

$$1.25+\left(1\frac{2}{5}\div 1.2-0.8\right)\div 1\frac{2}{9}$$

（2）$\square$ にあてはまる数を答えなさい。

$$\left\{\left(2\frac{2}{3}+3\frac{1}{6}\right)\div \square -4.5\right\}\times \frac{7}{22}=1\frac{1}{6}$$

2　次の問いに答えなさい。

（1）ある道のりを分速90mで行くと，分速75mで行くよりも12分早く着きます。道のりは何mですか。

（2）下の図のA，B，C，Dを赤，青，黄，緑を使って，隣《とな》り合う部分は違《ちが》う色になるようにぬり分けます。このとき，ぬり方は全部で何通りありますか。ただし，4色すべてを使う必要はありません。

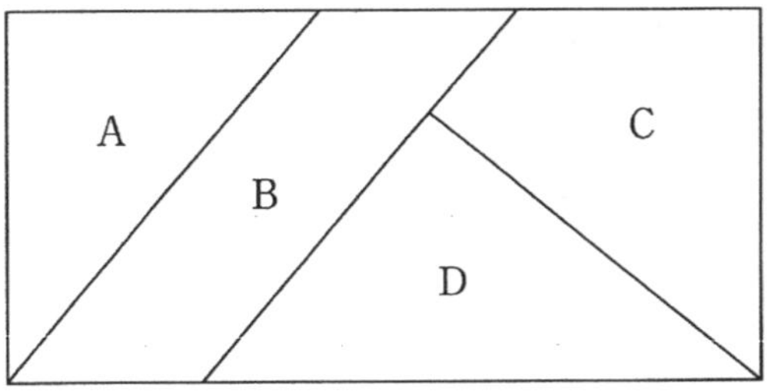

（3）あるテストにおいて，AとBの合計点は126点で，A，B，C，D，Eの5人の平均点は，C，D，Eの3人の平均点よりも6点低いです。A，B，C，D，Eの5人の平均点は何点ですか。

（4）イヌかネコを飼っているかどうかを300人に調査したところ，イヌもネコもどちらも飼っていない人は110人でした。さらに，イヌを飼っている人の$\frac{1}{7}$はネコも飼っており，ネコを飼っている人の$\frac{9}{41}$はイヌも飼っていることがわかりました。このとき，ネコだけを飼っている人は何人ですか。

3　次の問いに答えなさい。

（1）1個のサイコロを何回か投げて，出た目の積が9600，和が29になりました。サイコロを投げた回数として考えられるもののうち，最も少ない回数を答えなさい。

（2）3枚の大きさの異なる折り紙A，B，Cがあり，面積はAが172cm^2，Bが89cm^2，Cが52cm^2です。この折り紙を図のように貼《は》り合わせたところ，重なっていない部分の面積の比が11：5：3になりました。2つののりしろの部分の面積が等しいとすると，折り紙を貼り合わせた図形全体の面積は何cm^2ですか。

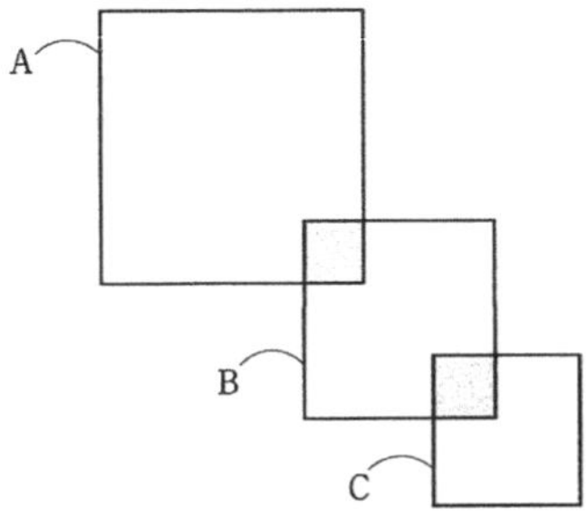

（3）花子さんは欲しい本が3冊あり，いずれも720円ですが，現在持っているお金では1冊も買えません。ある日，持っているお金と同じ金額のお小遣《づか》いを父からもらったので，1冊目を買うことができた上に，お金が残りました。次の日，残ったお金と同じ金額のお小遣いを母からもらい，2冊目を買うことができて，またお金が残りました。さらにその次の日，残ったお金と同じ金額のお金を兄からもらうことができたので，3冊目が買えてお金は残りませんでした。花子さんがもらったお金の合計は何円ですか。なお，この問題は解答までの考え方を表す式や文章・図を書きなさい。

（4）1列に並んでいる2023個のマス目に，コインを1枚ずつ置きました。最初に，左端のコインを裏返し，右に8マス進んだ位置のコインを裏返します。このまま，8マス進んでコインを裏返すことをくり返し，端に着いたら進む向きを逆にします。ただし，8マス進む前に端に着いたら，残りの数を折り返して進みます。裏返した回数が2023回のとき，裏面が見えているコインは全部で何枚ですか。ただし，はじめにコインは，すべて表面が見えるように置きました。なお，この問題は解答までの考え方を表す式や文章・図を書きなさい。

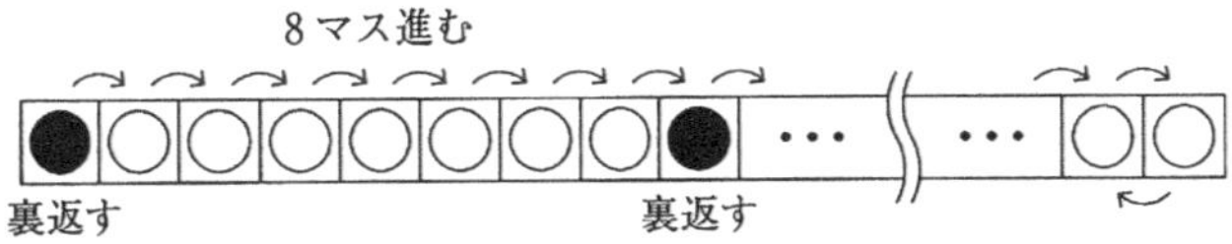

4　グループ①とグループ②の2つのグループが川の下流のA地点から上流のB地点まで進みます。船が1台ありますが，2つのグループの全員が一度に乗ることはできません。そこで，はじめに船はグループ①を乗せてA地点から途《と》中のC地点まで進み，グループ①はそこで船を降りて徒歩でB地点を目指します。グループ②は，グループ①の船が出発するのと同時にA地点を徒歩で出発します。グループ①をC地点で降ろして船はA地点の方向へ戻《もど》り，A地点を出発してから56分後に，グループ②と出会い，グループ②を乗せてB地点まで進むことにします。すると，グループ②の船はグループ①より39分早くB地点に到《とう》着します。船が川を上るときと下るときの速さの比は7：9で，グループ①とグループ②の歩く速さはどちらも川の流れの速さの半分に等しいです。船の乗り降りには4分かかるものとして，次の各問いに答えなさい。

（1）船がはじめにC地点に着くのはA地点を出発してから何分後ですか。なお，この問題は解答までの考え方を表す式や文章・図を書きなさい。

（2）グループ②がグループ①を追い越《こ》すのはＡ地点を出発してから何分後ですか。

（3）船が途中で止まらずに，Ａ地点からＢ地点まで進むには何分かかりますか。

5　１辺の長さが1cmの立方体を，面と面がぴったりと重なるようにいくつか積み重ねて立体を作りました。図は，真上，正面，左側，右側からそれぞれ見たときの図です。この図のようになる立体について，次の問いに答えなさい。

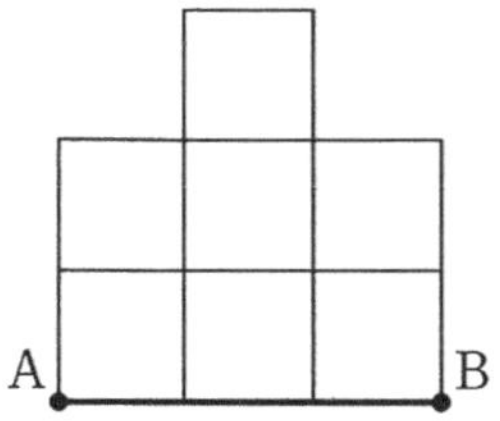

真上から

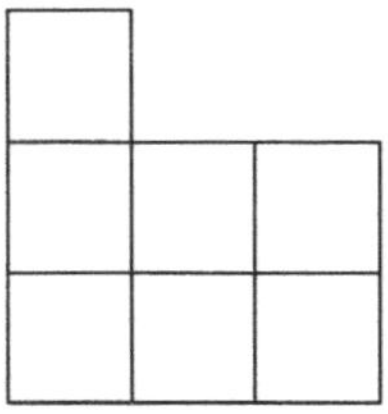
左側から

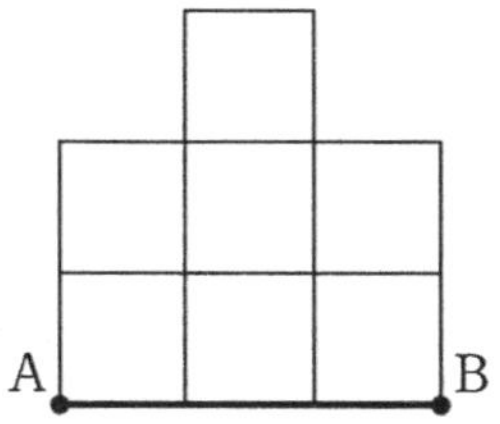

正面から

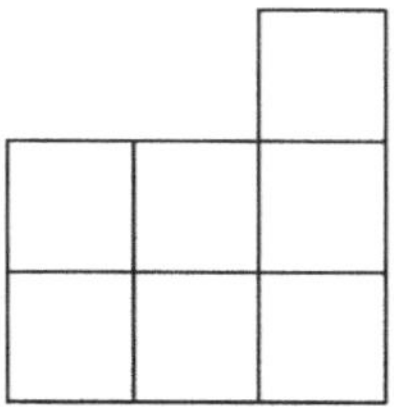
右側から

（1）最も少ない個数でこの立体を作る場合，立方体は何個必要ですか。

（2）（1）の立体をある平面で切り，左右から見たところ，図のように切り口の線が表れました。このとき，この平面より下側にある立体の体積は何cm^3ですか。

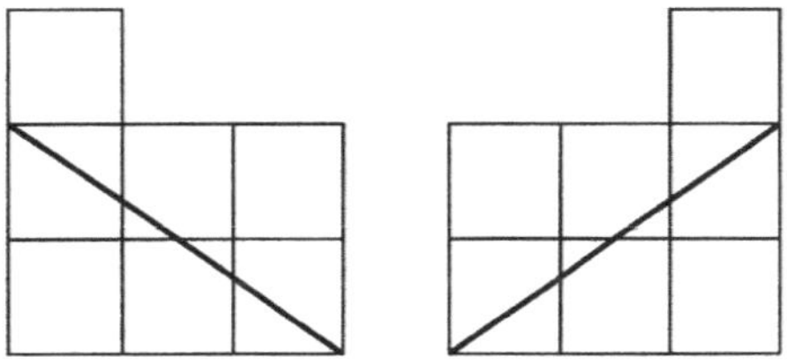

左側から　　右側から

（3）（2）の立体を，さらに，点Aと点Bを通る真っすぐな線に垂直な平面で切ったところ，分かれた2つの立体の体積が等しくなりました。また，この切断によって，AからBまでの線は2つに分かれました。短い方の線は何cmですか。なお，この問題は解答までの考え方を表す式や文章・図を書きなさい。

2023年度　入学試験問題

理　　科

第２回

【注　意】

試験時間は社会とあわせて60分間です。（11：10～12：10）

理科と社会両方の教科の問題を時間内に解いてください。

問題は１ページから14ページまでです。

解答はすべて解答用紙に記入してください。

解答用紙に受験番号、氏名を記入してください。

洗足学園中学校

1　園子さんは、帽《ぼう》子《し》を買いにお店に行きました。お店では、図１のような前面に「SG」というロゴが書かれた帽子が気に入ったので試着し、図２のように全身を映すことのできる全身鏡Ａで見てみました。ただし、鏡の厚さは考えないものとします。

図1

図2

（１）　鏡に映った帽子のロゴは園子さんにはどのように見えますか。適当なものを次より１つ選び、記号で答えなさい。

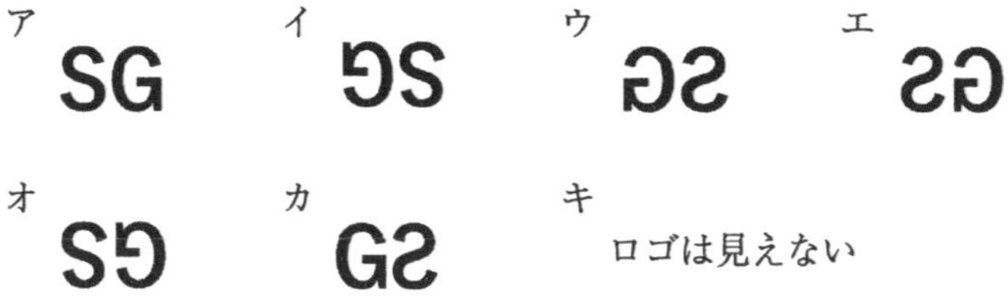

（２）　図３のように、園子さんの後ろにも全身鏡Ｂを置いてもらいました。園子さんが全身鏡Ａを見たとき、全身鏡Ｂに映った帽子も見えました。（１）の選択肢《せんたくし》より全身鏡Ａに映った帽子のロゴをすべて選び、記号で答えなさい。

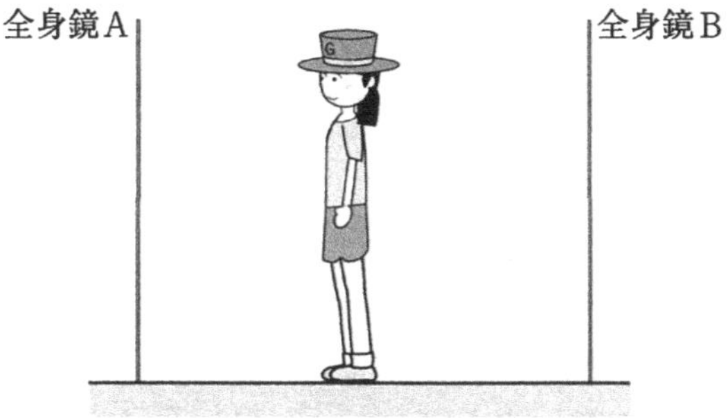

図3

（3）　図4のように、2つの鏡を垂直に置き、帽子を置きました。aの位置から2つの鏡を見ると帽子は何個見えましたか。同様にb、cの位置から見た場合、それぞれ何個見えましたか。

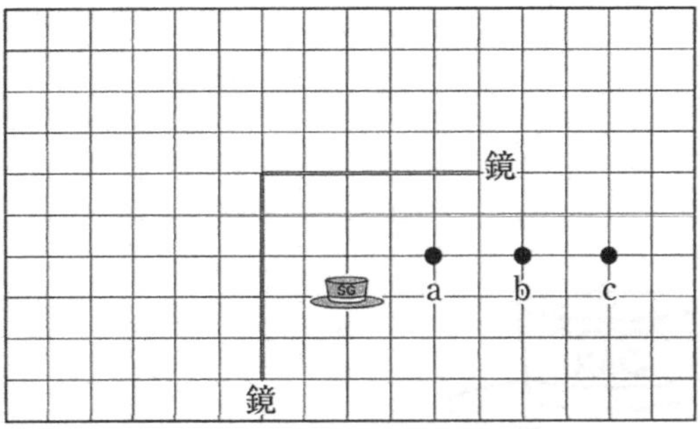

図4

図5のように園子さんは、購入した帽子を家でかぶって、鏡から60cm離《はな》れた位置から見てみましたが、立った状態で帽子の一番上の部分を見ることができませんでした。園子さんの家の鏡は長さ80cmで鏡の一番下の部分が床《ゆか》から60cmの高さにつけられています。そこで、どのようにしたら帽子の一番上の部分が見えるか考えるため、実験してみました。

ただし、園子さんの身長は150cm、目の位置は床から140cm、目の位置から帽子の一番上まで20cmとします。

図5

（4）　園子さんは、鏡から遠ざかってみました。図5の位置から少なくとも何cm遠ざかれば帽子の一番上の部分まで見えるようになりますか。適当なものを次より1つ選び、記号で答えなさい。

ア．20cm　　イ．40cm　　ウ．60cm

エ．80cm　　オ．遠ざかっても見えない。

（5）　次に、鏡から60cm離れた位置に戻《もど》り、鏡を上下に動かしてみました。鏡を上下どちらに少なくとも何cm動かせば帽子の一番上の部分まで見えるようになりますか。適当なものを次より1つ選び、記号で答えなさい。

ア．上に5cm　　イ．上に10cm　　ウ．下に5cm
エ．下に10cm　　オ．どれだけ動かしても見えない。

（6）　図6のように鏡の位置を元に戻し、鏡から80cm離れたところに身長170cmのお父さんが立ちました。ただし、お父さんの目の位置は床から160cmにあるとします。

図6

① お父さんは鏡を見ましたが、自分の全身を見ることができませんでした。見えたのは床から[a]cmの高さより[b]側でした。[a]には整数を入れ、[b]に入る語句を次より1つ選び、記号で答えなさい。

ア．頭　　イ．足

② お父さんが自分の全身を見ることができるようにするためには、鏡の長さを最低何cmにして、鏡の下の部分を床から何cmの位置にすればよいですか。

2 次の会話を読んであとの問いに答えなさい。答えは、小数第３位以下があるときは四捨五入して小数第２位まで求めなさい。

園子さん　「私たちの身の回りには、金属でできているものが多いわね。金属ってどういう構造になっているのかしら。」

お姉さん　「金属は原子というほぼ球形のものが規則正しくならんでいるのよ。詳《くわ》しく見ると、金属の種類によって図１や図２のように原子が並んでいるのよ。図１の点線の部分を切り取ると、図３の立方体になるわ。同じように、図２の点線の部分を切り取ると、図４の立方体になるわ。これらの立方体が規則正しく並んで金属ができていると分かるわね。」

園子さん　「これらの構造について調べて［学習メモ］にまとめるわ。」

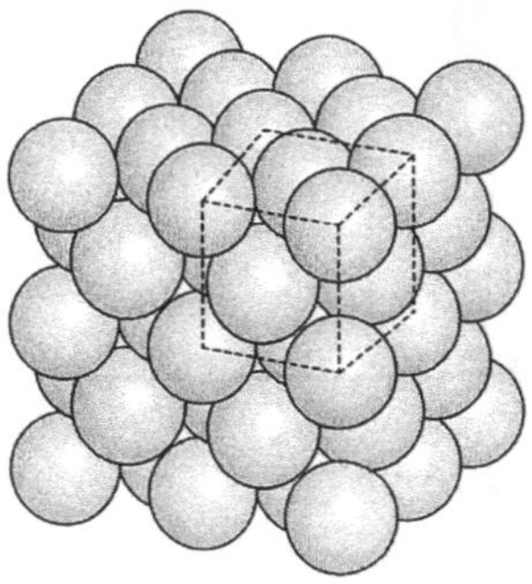

図１

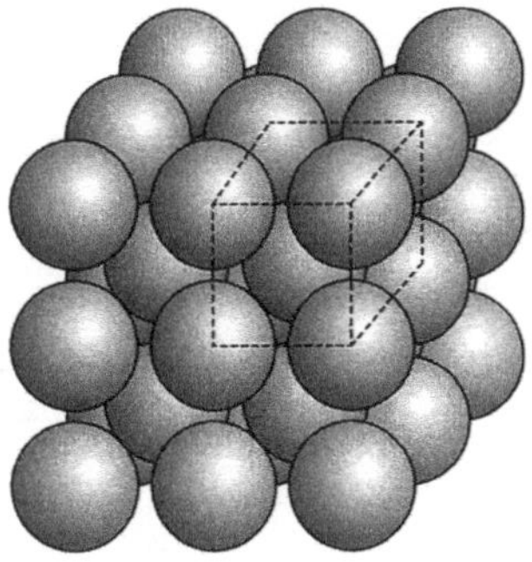

図２

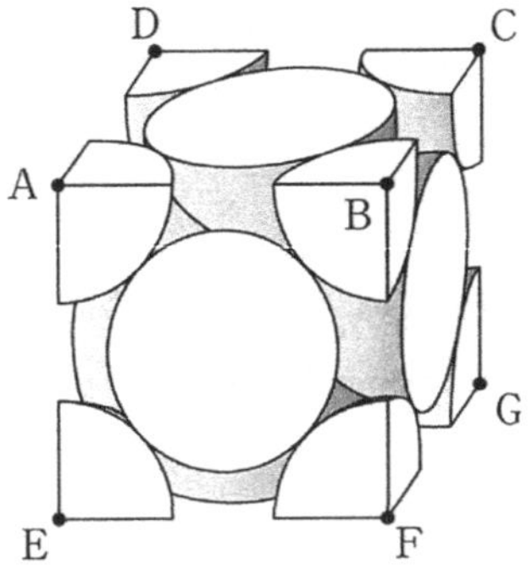

図３

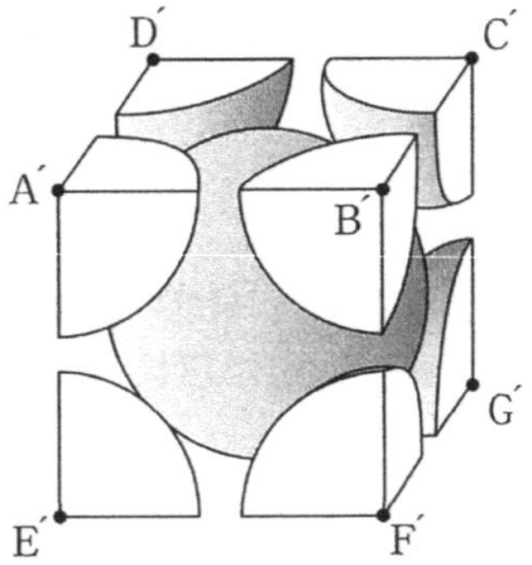

図４

[学習メモ]

・アルミニウム（常温）の構造は、図３のように原子の中心が立方体の各頂点と、立方体の面の中心にくるようにつまっている。
・図３の立方体の１つの面を見ると、図５のように原子同士が接している。

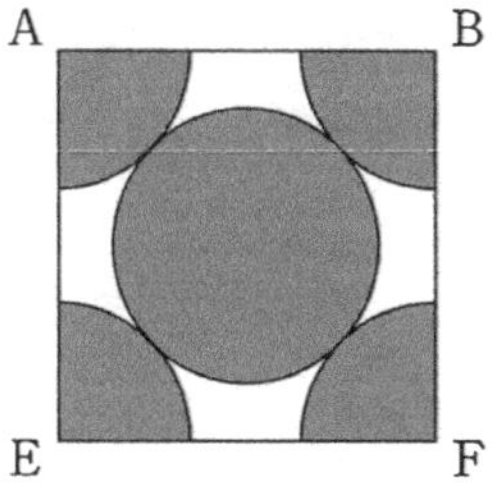

図5

・鉄（常温）の構造は、図４のように原子の中心が立方体の各頂点と立方体の中心にくるようにつまっている。
・図４の構造を、頂点A´、C´、G´、E´を通る平面で切ったとき、図６のように原子同士が接している。

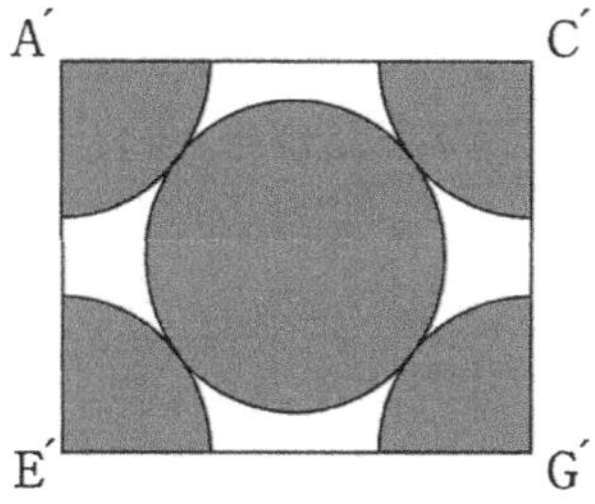

図6

・アルミニウムと鉄の立方体の１辺の長さの比は10：７である。
・図７のように立方体の１辺の長さを１cmとすると、ａｃの長さは1.4cm、ａｇの長さは1.7cmとなった。

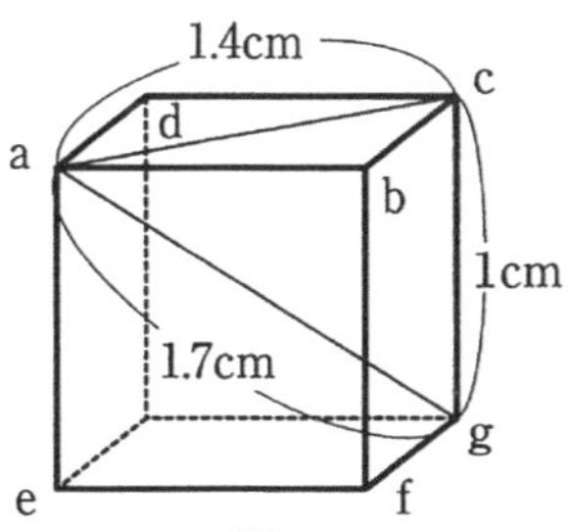

図7

（1）　アルミニウムや鉄は缶《かん》ジュースや缶詰《かんづめ》などに利用されています。それらはリサイクルできるので、容器が何でできているかを表すマークがついています。鉄であることを表すマークを次より１つ選び、記号で答えなさい。

ア　　イ　　ウ　　エ

オ　　カ　　キ

（2）　アルミニウム、鉄の構造を考えたときに、１つの立方体の中に存在する原子は球何個分ですか。

（3）　アルミニウムの構造で、１つの立方体の１辺の長さが0.4nm（ナノメートル）の時、アルミニウム原子の半径は何nmになりますか。ただし、１cmは10000000nmです。

（4）　図３の立方体の頂点A、C、Fを通る平面で切断した時の切断面は正三角形になります。この時、アルミニウム原子も切断されますが、その時の断面を解答欄《らん》に書きなさい。

（5）　鉄の構造で、１つの立方体の１辺の長さと鉄原子の半径を比べた時、鉄原子の半径は１辺の長さの何倍になりますか。

（6）　球の体積は、$\frac{4}{3}$×半径×半径×半径×円周率で求めることができます。１つの立方体の中に存在するアルミニウム原子の体積の割合は、何％になりますか。ただし、円周率は3.14を使用しなさい。

（7）　アルミニウム、鉄の１つの原子の重さの比は27：56です。鉄の密度はアルミニウムの密度の何倍になりますか。

（8）　金属でできているアイスクリーム専用スプーンを使うと、かたいアイスクリームがとけてすくいやすくなります。これは、金属のどのような性質を利用しているものだと考えられますか。

3　園子さんは鉢《はち》植《う》えにたくさん生えていた図１のようなミントでお茶をいれようと思い、約30本の茎《くき》を先端《せんたん》から５cmほどの長さで切り取りました。切り取った茎から葉をちぎり、お湯につけました。５分ほどで$_A$水が緑色になりました。思ったより葉が多かったので、何本かの茎は葉をつけたまま少量の水を入れたカップにつけておきました。

それから10日ほどたったある日、カップにつけておいた茎を見てみると、$_B$茎の下の方から根が出ていました。

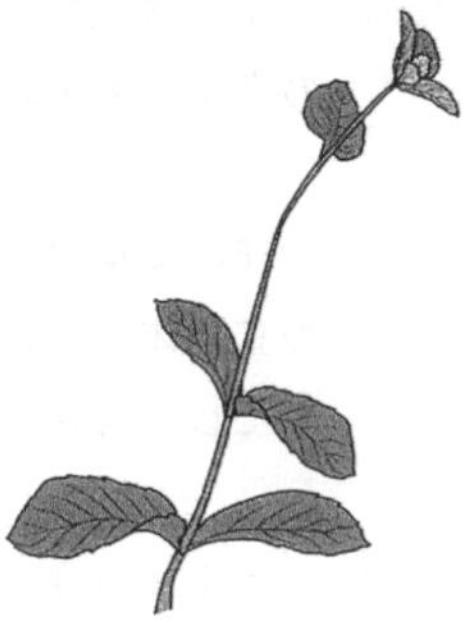

図１

（１）　葉脈のはしり方がミントと同じような植物を次より１つ選び、記号で答えなさい。

ア．ツユクサ　　イ．ニラ　　ウ．ポインセチア　　エ．トウモロコシ

（２）　下線部Aについて、水にとけ出した色素のおもなはたらきを正しく説明しているものを次より１つ選び、記号で答えなさい。

ア．花粉を運んでもらうために虫を誘《さそ》う。
イ．蜜《みつ》を食べてもらうために虫を誘う。
ウ．デンプンを分解するために光を吸収する。
エ．酸素と二酸化炭素から水をつくるために光を吸収する。
オ．水と二酸化炭素からデンプンをつくるために光を吸収する。

（３）　下線部Aについて、お湯につけた葉の色はお湯につける前よりも薄《うす》くなりました。そのことを先生に話すと、水ではなくエタノールを使うともっと葉の色が薄くなることを教わりました。水よりエタノールの方が葉の色が薄くなる理由を、色素の性質に触れながら説明しなさい。

（4）　動物の場合は、からだの表面に傷ができると出血しますが、しばらくすると、血液が固まって出血が止まります。図2はヒトの血液をけんび鏡で観察するとみられるものをスケッチしたものです。ただし、倍率は同じではありません。

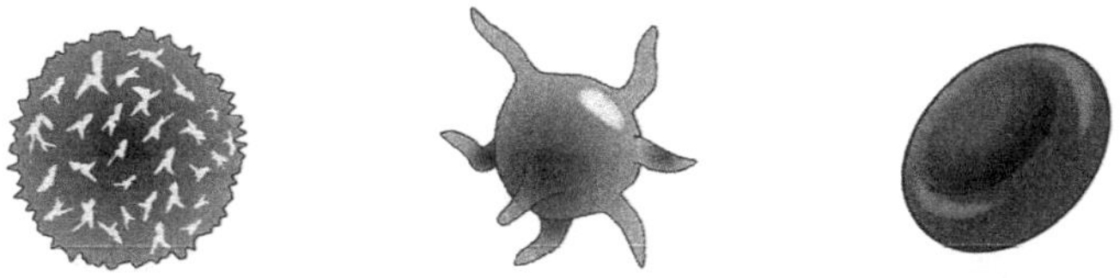

X　　　　Y　　　　Z

図2

① 図2のX～Zの説明をした次の文の空欄《くうらん》に入る語句をあとより1つずつ選び、記号で答えなさい。

Xは、（　a　）のような運動をし、体内に入った細菌《さいきん》などを食べて、病気を予防したり、治したりするはたらきがある。Yは（　b　）といい、血液を固めるはたらきがある。またZは、円ばん状をしており、真ん中がくぼんでいる。（　c　）という赤い色素をたくさん含《ふく》んでいる。

ア．赤血球	イ．白血球	ウ．血小板
エ．ゾウリムシ	オ．アメーバ	カ．ヘモグロビン
キ．メラニン	ク．ミドリムシ	ケ．アントシアン

② メダカの尾《お》びれはうすいので、生きているメダカで、血液の流れる様子を観察することができます。図3は、その様子をスケッチしたものです。血中の粒が血管内を流れていく速さは一定ではなく、きまったリズムで速くなったり、遅《おそ》くなったりしていました。これは何の影響を受けていると考えられますか。次より1つ選び、記号で答えなさい。

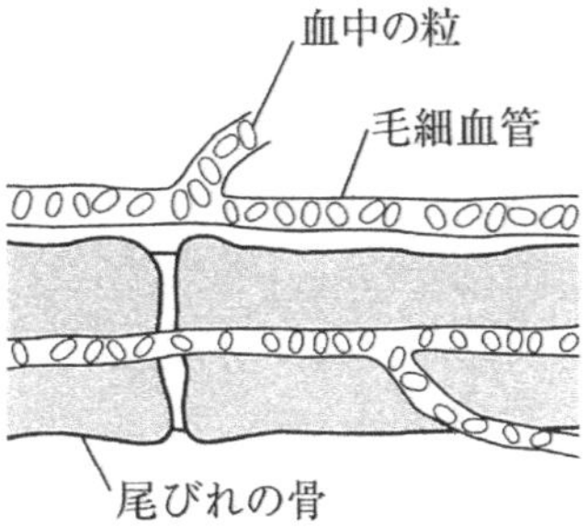

図3

ア．血管の太さ
イ．エラの開閉
ウ．心臓の拍動《はくどう》
エ．血管の弁の開閉

（5）　下線部Bについて調べたところ、切り口近くにあった細ぼうがカルスと呼ばれる特殊《とくしゅ》な細ぼうのかたまりをつくり、そのかたまりが根を作ったのだということが分かりました。植物の細ぼうのこのような能力に関係しているものを次より1つ選び、記号で答えなさい。

ア．切ってから時間がたった千切りキャベツを水にひたすと、切ったばかりのようにシャキシャキになる。
イ．鉢植えでしおれているアオジソに水をあげ、しばらく待つと葉がピンとのびる。
ウ．モヤシを日の当たるところに置いておくと、一部が緑色になる。
エ．冷蔵庫の野菜室に長い間入れていたジャガイモから芽が出る。

問題は次のページに続きます。

4 （1） 図1は、ある日の太陽、金星、地球、火星の位置関係を、北極側から見たものを模式的に表しています。川崎《かわさき》市のある地点から、金星や火星を観察したとして、次の問いに答えなさい。ただし、金星、火星の公転周期はそれぞれ、約0.6年、約2年とします。

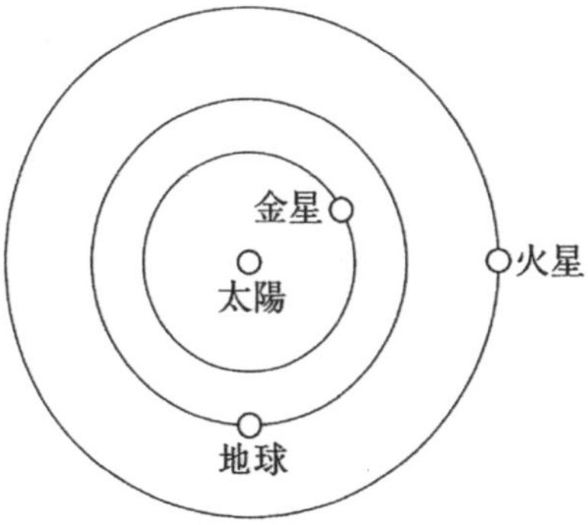

図1

① この日の金星を望遠鏡で見たときの見え方を次より1つ選び、記号で答えなさい。 ※この問題は学校当局により全員正解となりました。

ア

イ

ウ
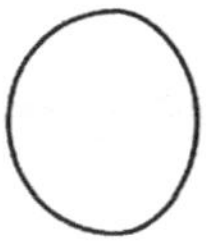
エ
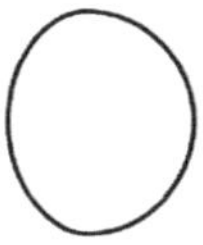
オ

カ

キ
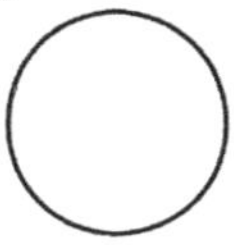

② この半年後、同じ地点から金星、火星を観察した場合、それぞれ観察できた時間帯や方位について述べたものとして適当なものを次より1つずつ選び、記号で答えなさい。

ア．明け方の西の空で観察できた。
イ．明け方の東の空で観察できた。
ウ．夕方の西の空で観察できた。
エ．夕方の東の空で観察できた。
オ．ほぼ一晩中見ることができ、真夜中には南の空で観察できた。

（2）　火星について調べていると、火星における引力は地球の約38％であると分かりました。そこで、地球上で物体Aをばねばかりと上皿天びんそれぞれで測ったところ、ばねばかりでも上皿天びんでも35gでした。答えは、小数第2位以下があるときは四捨五入して小数第1位まで求めなさい。

① 火星で物体Aをばねばかりではかると何gになりますか。

② 火星で物体Aを上皿天びんではかると何gになりますか。

図2は、太陽を中心とした地球の公転と各星座の位置を模式的に表したものです。

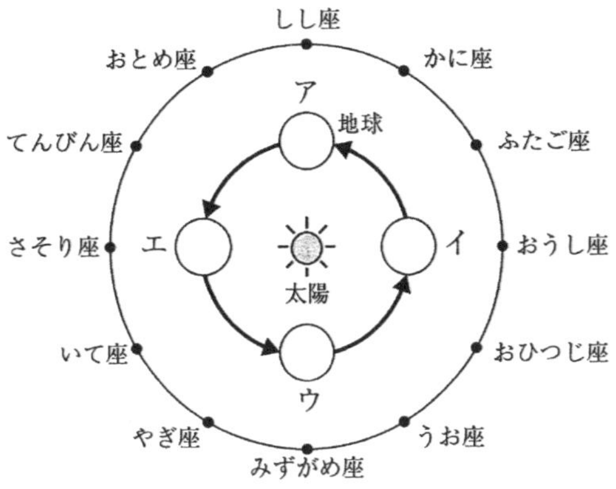

図2

（3）　川崎市で夏至のときの地球の位置として適当なものを図2より1つ選び、記号で答えなさい。

（4）　川崎市において、8月1日と9月1日の同じ時刻にみずがめ座の見える方位を観察すると位置がずれていました。みずがめ座はどの方位からどの方位に動いているように見えますか。適当なものを次より1つ選び、記号で答えなさい。

ア．西から東　　イ．東から西　　ウ．南から北　　エ．北から南

図３は、ある年の各月１日の地球と火星の位置を模式的に表しています。

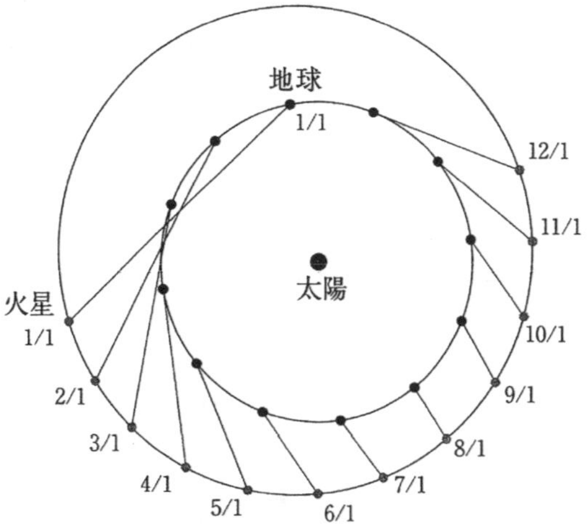

図３

（５）　川崎市において、この年の７月１日と８月１日に火星の見える方位を観察すると星座の中をどの方位からどの方位に動いているように見えますか。適当なものを次より１つ選び、記号で答えなさい。

ア．西から東　　イ．東から西　　ウ．南から北　　エ．北から南

（６）　川崎市において、この年の10月１日と11月１日に火星の見える方位を観察すると星座の中をどの方位からどの方位に動いているように見えますか。適当なものを次より１つ選び、記号で答えなさい。

ア．西から東　　イ．東から西　　ウ．南から北　　エ．北から南

（７）　この観測から、裏付けされる説として適当なものを次より１つ選び、記号で答えなさい。

ア．大陸移動説　　イ．地球平面説　　ウ．地動説　　エ．天動説

（８）　探査機「はやぶさ２」はある小惑星《しょうわくせい》の表面からサンプルを回収して地球に持ち帰ることに成功しました。ある小惑星とは何ですか。

2023年度　入学試験問題

社　　会

第２回

【注　意】

試験時間は理科とあわせて60分間です。（11:10～12:10）

社会と理科両方の教科の問題を時間内に解いてください。

問題は１ページから18ページまでです。

解答はすべて解答用紙に記入してください。

解答用紙に受験番号、氏名を記入してください。

洗足学園中学校

1 日本には多くの河川が流れています。次の **[文章Ⅰ]** ～ **[文章Ⅲ]** は「日本三大暴れ川」とよばれる河川について述べたものです。これらについて、あとの問いに答えなさい。

[文章Ⅰ]

「坂東太郎」という異名をもつこの河川は、その源を群馬県利根郡みなかみ町の大水上山に発し、千葉県(ア)銚子市において太平洋に注ぐ一級河川です。現在は、(イ)関東平野をほぼ西から東に向かって流れ、太平洋に注いでいますが、近世以前においては、関東平野の中央部を南流し荒川を合わせて現在の隅田川筋から東京湾に注いでいました。1590年に徳川家康の江戸入府を契機《けいき》に付け替《か》え工事がおこなわれ、この結果、この河川は太平洋に注ぐようになりました。1890年、1896年の洪水《こうずい》を契機《けいき》に、支流の(ウ)渡良瀬川下流部の洪水《こうずい》被害とともに、足尾銅山から渡良瀬川に流れ出した鉱毒による被害が明らかになりました。これに対し渡良瀬遊水地計画が打ち出され、1930年にようやく完成しました。この渡良瀬遊水地は、国際的に重要な湿地の基準を満たしているとして、2012年に［（エ）］条約に登録されました。

[文章Ⅱ]

「筑紫次郎」という異名をもつこの河川は、九州北部を西流し、［（オ）］海に注ぐ河川です。下流の平野部では、無数の［（カ）］とよばれる用水路が網目《あみめ》状《じょう》に発達しており、九州一の穀倉《こくそう》地帯となっています。この河川の周辺は、たびたび自然災害に見舞《ま》われてきており、(キ)ハザードマップの活用が注目されています。河口までの区間は、国内最大の干満差を有する［（オ）］海の潮汐《ちょうせき》の影《えい》響《きょう》を受け、約23キロメートルに及《およ》ぶ長い区間が汽水域となり、河岸に干潟が形成されるなど、独特の環境を有し貴重な魚類等の生息環境を形成しています。

[文章Ⅲ]

「四国三郎」という異名をもつこの河川は、高知県や［（ク）］県を流れる河川であり、四国山地を横切る形で東流し、［（ク）］県で紀伊水道に流入します。流域では畑作や稲作がおこなわれてきましたが、近年では過疎化が深刻な問題となっています。［（ク）］県は昔から洪水《こうずい》が起こる地域でした。この川の両岸に大きな堤防《ていぼう》が築かれたのは昭和初期のころであり、それ以前は経済的にも技術的にも洪水《こうずい》を防ぐような大堤防《だいていぼう》は築くことができなかったと言われています。このため、毎年のように氾濫《はんらん》するこの川が肥沃《ひよく》な土壌《どじょう》を運んだことで、下流域では藍《あい》の栽培が盛《さか》んにおこなわれていました。この地域伝統の［（ケ）］からは、藍《あい》染料の流通を担い、全国を雄飛《ゆうひ》した藍《あい》商人をうかがい知ることができます。

問1　次の **[資料]** は、**[文章Ⅰ]** ～ **[文章Ⅲ]** が示す河川について、長さ、流域面積、流域内人口（2010年）を示したものです。**[資料]** 中の①～③と文章の組み合わせとして正しいものを、次の**A**～**F**の中からひとつ選んでアルファベットで答えなさい。

[資料]

	長さ（km）	流域面積（km²）	流域内人口（万人）
①	322	16,840	1,309
②	194	3,750	61
③	143	2,860	110

（各河川事務所ホームページより作成）

A　①－ **[文章Ⅰ]**　②－ **[文章Ⅱ]**　③－ **[文章Ⅲ]**
B　①－ **[文章Ⅰ]**　②－ **[文章Ⅲ]**　③－ **[文章Ⅱ]**
C　①－ **[文章Ⅱ]**　②－ **[文章Ⅰ]**　③－ **[文章Ⅲ]**
D　①－ **[文章Ⅱ]**　②－ **[文章Ⅲ]**　③－ **[文章Ⅰ]**
E　①－ **[文章Ⅲ]**　②－ **[文章Ⅰ]**　③－ **[文章Ⅱ]**
F　①－ **[文章Ⅲ]**　②－ **[文章Ⅱ]**　③－ **[文章Ⅰ]**

問2　下線部 **(ア)** では、漁業が盛《さか》んです。これについて、次の **[資料]** は、銚子、釧路、焼津、境の漁港別出《しゅっ》荷《か》量と出《しゅっ》荷《か》量上位３品目（2020年）を示したものです。銚子を示したものを、**[資料]** 中の**A**～**D**の中からひとつ選んでアルファベットで答えなさい。

[資料]

	出荷量（トン）	出荷量上位３品目		
A	151,583	１位：まいわし	２位：たら	３位：するめいか
B	260,474	１位：まいわし	２位：さば類	３位：ぶり類
C	137,369	１位：かつお	２位：きはだ	３位：めばち
D	82,781	１位：まいわし	２位：ぶり類	３位：まあじ

（農林水産省「水産物流調査」より）

問3　下線部 **(イ)** では、野菜の生産が盛《さか》んです。次の **[資料]** 中の①～③は、関東平野で収穫《しゅうかく》量が多いキャベツ、きゅうり、ねぎの都道府県別収穫《しゅうかく》量の割合（2020年）を示したものです。①～③と農産物の組み合わせとして正しいものを、次の**A**～**F**の中からひとつ選んでアルファベットで答えなさい。

[資料]

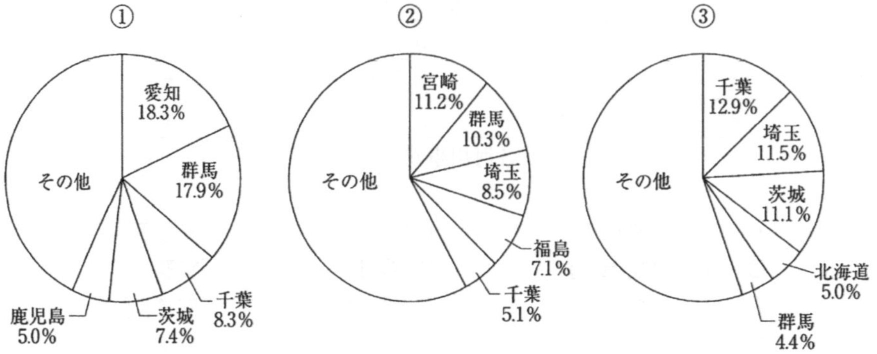

（矢野恒太記念会『データでみる県勢』より）

A　①－キャベツ　②－きゅうり　③－ねぎ
B　①－キャベツ　②－ねぎ　③－きゅうり
C　①－きゅうり　②－キャベツ　③－ねぎ
D　①－きゅうり　②－ねぎ　③－キャベツ
E　①－ねぎ　②－キャベツ　③－きゅうり
F　①－ねぎ　②－きゅうり　③－キャベツ

問4　下線部 **(ウ)** に関連して、あとの(1)・(2)にそれぞれ答えなさい。

(1)　次の **[資料]** は、渡良瀬川の周辺にある石碑《せきひ》について説明したものです。**[資料]** が示している石碑《せきひ》を表した地図記号の名称と、この地図記号が作られた理由について、解答欄《らん》にあわせて文章で説明しなさい。

[資料]

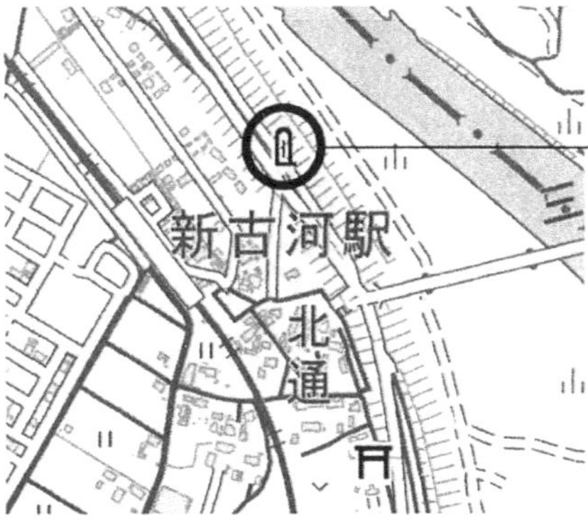

（地理院地図により作成）

（国土地理院より）

1947年9月、カスリーン台風が関東地方を襲い、16日未明にこの地で堤防《ていぼう》が決壊し、ふたつの村を水底に浸して多数の人命と家屋が奪《うば》われた。その後、1950年にこの石碑《せきひ》が建立された。

(2) 次の［地図１］と［地図２］は、渡良瀬川の周辺の同一範囲《はんい》について示したものであり、［地図１］は1909年発行の50000分の１地形図、［地図２］は現在の様子を示した地理院地図です。これらからわかることについて述べた文①・②の内容の正誤の組み合わせとして正しいものを、次のA～Dの中からひとつ選んでアルファベットで答えなさい。

［地図１］

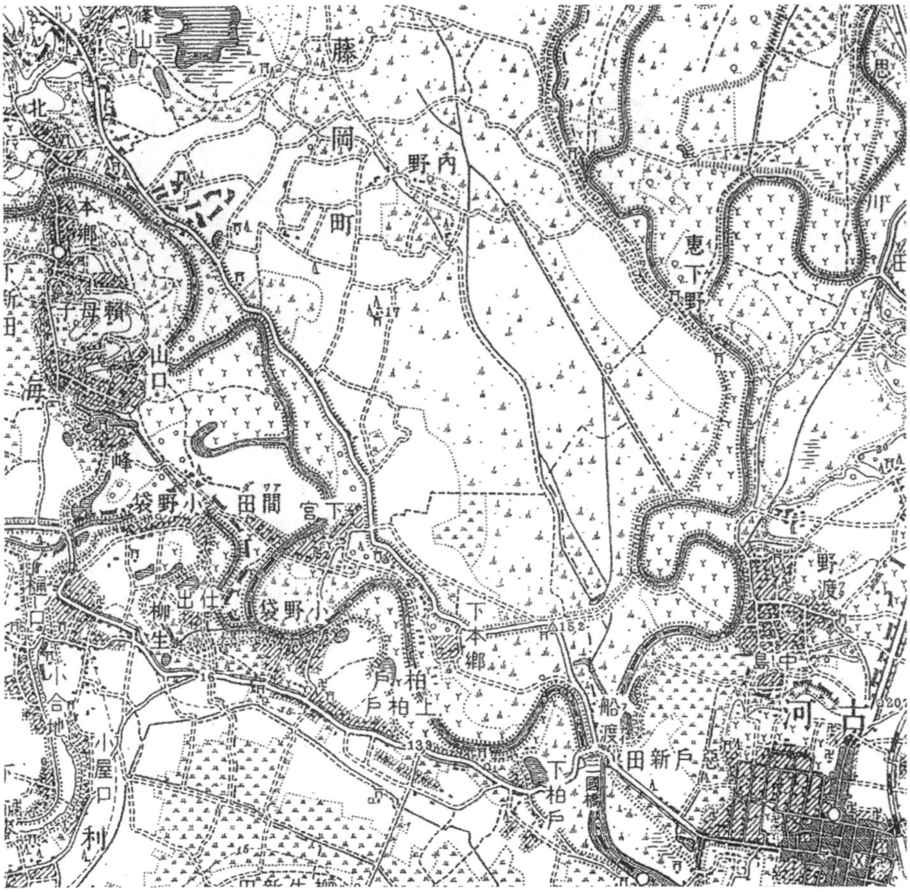

[地図2]

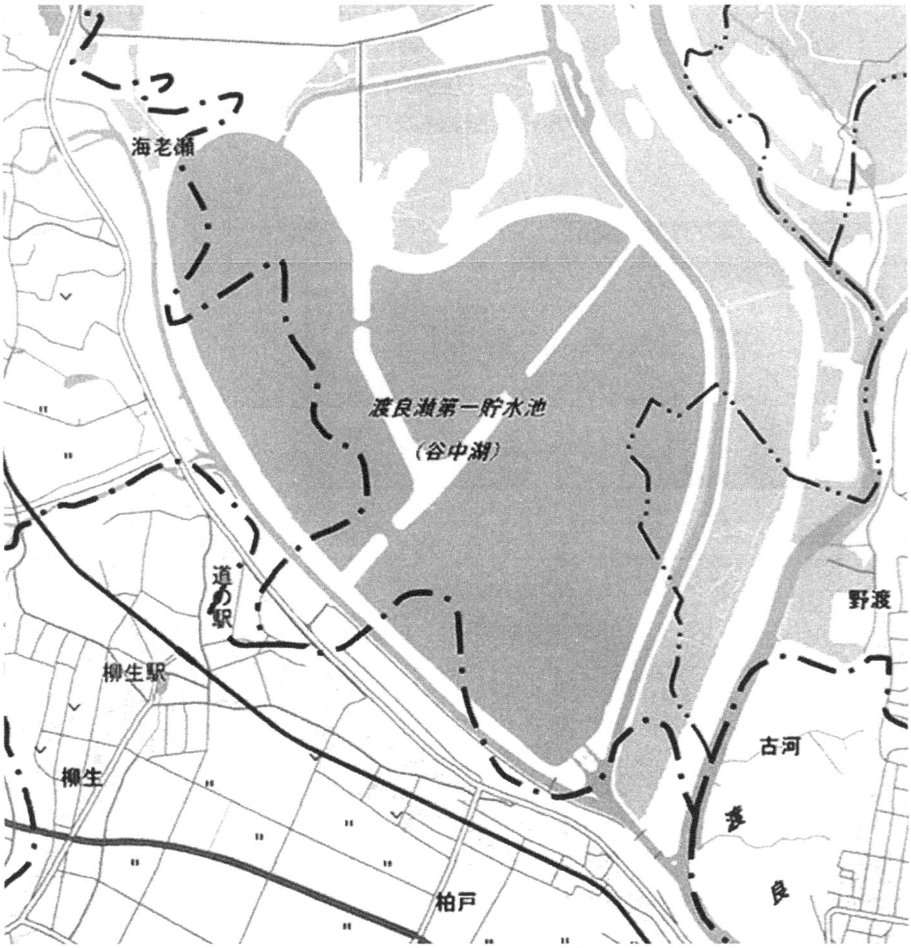

① 現在、渡良瀬第一貯水池（谷中湖）となっている部分は、1909年からあった湖を拡張したものである。

② 1909年に河川であったところの一部が、現在の行政区割りに利用されている。

A ①－正 ②－正　　B ①－正 ②－誤
C ①－誤 ②－正　　D ①－誤 ②－誤

問5 空欄《くうらん》［（エ）］～［（カ）］にあてはまる語句の組み合わせとして正しいものを、次のA～Hの中からひとつ選んでアルファベットで答えなさい。

A （エ）－ラムサール　（オ）－瀬戸内　（カ）－ローム
B （エ）－ラムサール　（オ）－瀬戸内　（カ）－クリーク
C （エ）－ラムサール　（オ）－有明　（カ）－ローム
D （エ）－ラムサール　（オ）－有明　（カ）－クリーク
E （エ）－ワシントン　（オ）－瀬戸内　（カ）－ローム
F （エ）－ワシントン　（オ）－瀬戸内　（カ）－クリーク
G （エ）－ワシントン　（オ）－有明　（カ）－ローム
H （エ）－ワシントン　（オ）－有明　（カ）－クリーク

問6　下線部（キ）に関連して、次の［地図1］は、［文章Ⅱ］の河川の流域を地形の起伏《きふく》とともに示したものです。また、次の［地図2］～［地図4］は、［地図1］の範囲《はんい》における土砂災害、高潮、洪水《こうずい》のいずれかの災害に対するハザードマップを示したものです。［地図2］～［地図4］と災害名の組み合わせとして正しいものを、次のA～Fの中からひとつ選んでアルファベットで答えなさい。

［地図1］

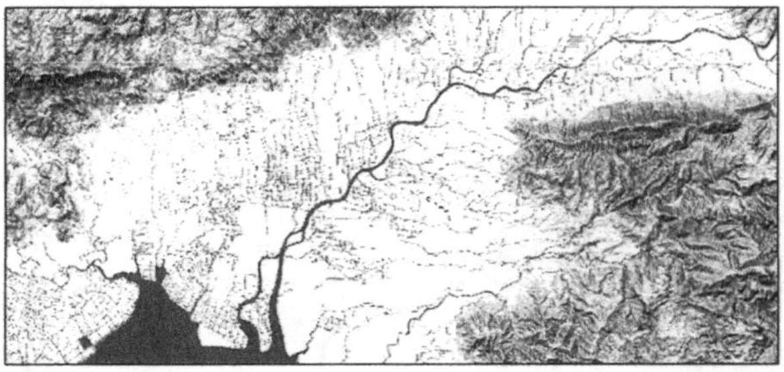

［地図2］

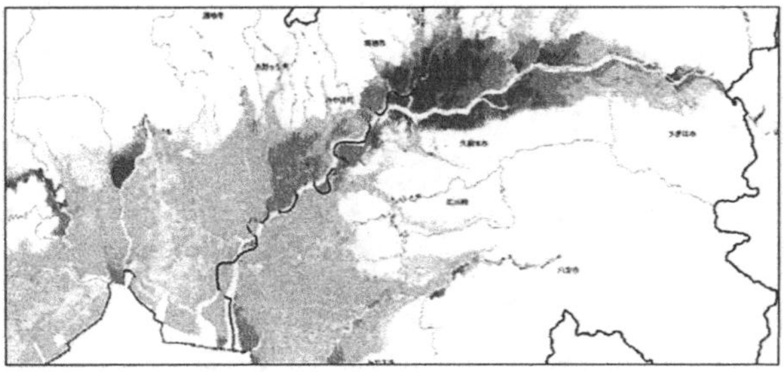

［地図3］

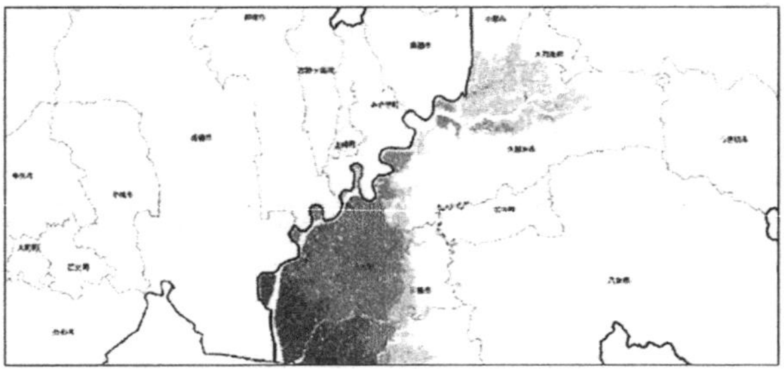

［地図4］

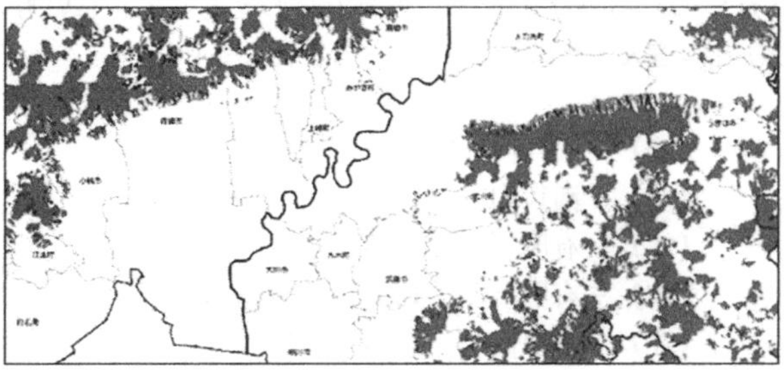

（［地図1］は地理院地図、［地図2］～［地図4］はハザードマップポータルサイトより）

A　[地図2] －土砂災害　[地図3] －高潮　[地図4] －洪水《こうずい》
B　[地図2] －土砂災害　[地図3] －洪水《こうずい》　[地図4] －高潮
C　[地図2] －高潮　[地図3] －土砂災害　[地図4] －洪水《こうずい》
D　[地図2] －高潮　[地図3] －洪水《こうずい》　[地図4] －土砂災害
E　[地図2] －洪水《こうずい》　[地図3] －土砂災害　[地図4] －高潮
F　[地図2] －洪水《こうずい》　[地図3] －高潮　[地図4] －土砂災害

問7　次の **[資料]** は、四国地方に位置する４つの県について、海面漁業漁獲《ぎょかく》量（2020年）と製造品出荷《しゅっか》額等（2019年）を示したものです。 **(ク)** 県を示したものを、**[資料]** 中の**A**～**D**の中からひとつ選んでアルファベットで答えなさい。

[資料]

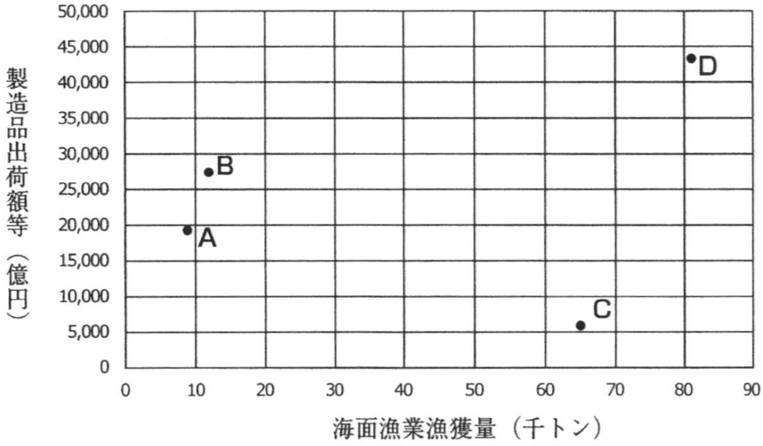

（矢野恒太記念会『日本国勢図会』より作成）

問8　空欄《くうらん》 **(ケ)** にあてはまる語句を、次の**A**～**D**の中からひとつ選んでアルファベットで答えなさい。

A　花笠まつり　　B　祇園祭　　C　ねぶた祭　　D　阿波踊り

2 次の文章を読んで、あとの問いに答えなさい。

現在の堺市に相当する地域に人々が住み始めたのは旧石器時代とされており、市内の南花田《みなみはなだ》遺跡からは (ア) 旧石器時代の打製石器が見つかっています。また四ツ池《よついけ》遺跡は近畿地方の代表的な (イ) 弥生時代の遺跡のひとつであり、多くの竪穴住居跡《あと》が発掘《はっくつ》されています。(ウ) 古墳時代の遺跡としては、陶邑窯跡《すえむらかまあと》群が挙げられます。この遺跡は、(エ) 1960年代におこなわれた泉北《せんぼく》ニュータウンの建設に際して発掘《はっくつ》調査が進み、日本最大の須恵器生産地であったことが判明しました。

平安時代末期以降、堺は交通の要衝《ようしょう》として発展していきます。現在の堺市内には、堺から (オ) 飛鳥地方へ向かう竹内《たけうち》街道や、(カ) 高野山への参詣《さんけい》に使用されたといわれる西高野《にしこうや》街道などいくつかの旧街道が残っています。そのうちのひとつである熊野街道《くまのかいどう》は、熊野詣《くまのもうで》に使用された街道です。熊野《くまの》三山には、院政を始めたことで知られる[　あ　]もたびたび参詣《さんけい》したとされています。

堺が国際貿易都市として発展するのは、15世紀に遣明船の発着地となってからです。以後、堺は (キ) 東アジア貿易で多くの富をたくわえていきました。また、[　い　]をはじめとしたイエズス会宣教師も多く訪れました。この時代の堺では、会合衆《えごうしゅう》とよばれる有力商人を中心とした自治がおこなわれました。

[　う　]は、堺を武力で屈服《くっぷく》させて直轄《ちょっかつ》領とし、(ク) 鉄砲の生産を進めさせました。長篠の戦いにおいて彼《かれ》が大量の鉄砲を用いることができたのも、堺の直轄《ちょっかつ》化が関係していると言われています。

その後、堺は大坂の陣で豊臣方の焼打ちにあって、壊滅《かいめつ》的な打撃《だげき》を受けたのち、明治時代を迎《むか》えるまで江戸幕府の直轄《ちょっかつ》領となりました。江戸時代には鍛冶《かじ》技術を生かした包丁や鋏《はさみ》などの製造が盛《さか》んになり、享保年間以降には包丁鍛冶《かじ》による (ケ) 株仲間が結成されています。

明治時代以降、堺では近代工業が発達し、人口増大や交通の発達など、急速に近代化が進みました。「富国強兵」のスローガンを掲《かか》げて近代化を進めた日本は、やがて外国との戦争を経験することになります。日本を代表する歌人のひとりである[　(コ)　]は、堺市の出身です。彼女《かのじょ》は、(サ) 日露戦争時には、戦場に赴《おもむ》く弟を思った詩「君死にたまふことなかれ」を発表しました。愛をうたい、女性の新しい生き方や個人主義についての意見を社会に投げかけた彼女《かのじょ》のメッセージは、現代に生きる私たちにも大きな影響《えいきょう》を与《あた》え続けています。

問1 下線部（ア）～（ウ）に関連して述べた文としてふさわしいものを、次のA～Dの中からひとつ選んでアルファベットで答えなさい。

A　下線部（ア）の時期を代表する遺跡として、野尻湖遺跡が挙げられる。
B　下線部（イ）の時期を代表する遺跡として、大森貝塚が挙げられる。
C　下線部（イ）の時期を代表する遺跡として、三内丸山遺跡が挙げられる。
D　下線部（ウ）の時期を代表する遺跡として、吉野ヶ里遺跡が挙げられる。

2

問一

㈠ 7点

㈡ 7点

㈢ 7点

問二

一

二

三

四

五

2点×5

問三 3点

問四 3点

問五

A

B

C

D

2点×4

問六 2点

問七 3点

／50

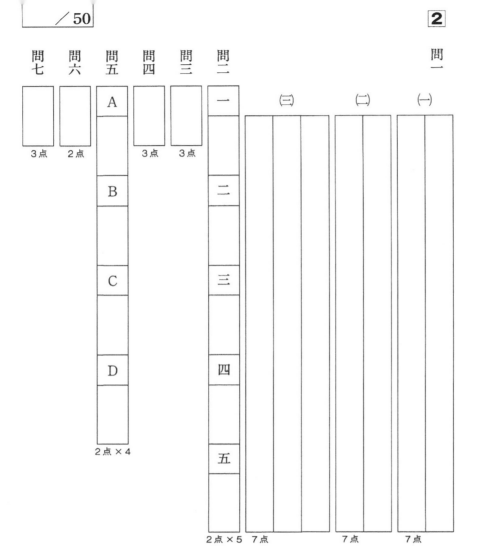

8点

8点

4

(1)

分後

8点

(2)

分後

6点

(3)

分

6点

5

(1)

個

5点

(2)

cm^3

7点

(3)

cm

8点

3

(1) 2点 (2) 2点

(3) 4点

(4) ① a 2点 b 2点 c 2点 ② 2点

(5) 2点

小計	／18

4

(1) ① 1点 ② 金星 1点 火星 1点

(2) ① g 2点 ② g 2点 (3) 2点

(4) 2点 (5) 2点 (6) 2点 (7) 1点

(8) 2点

小計	／18

受験番号					氏名		／75

問9 2点　問10 2点　小計 ／25

3

問1 2点　問2 2点

問3 2点　問4 3点　問5 3点

問6 2点　問7 2点

問8
分野　政策
分野　政策
4点

問9 2点　問10 3点　小計 ／25

受験番号　氏名　合計 ／75

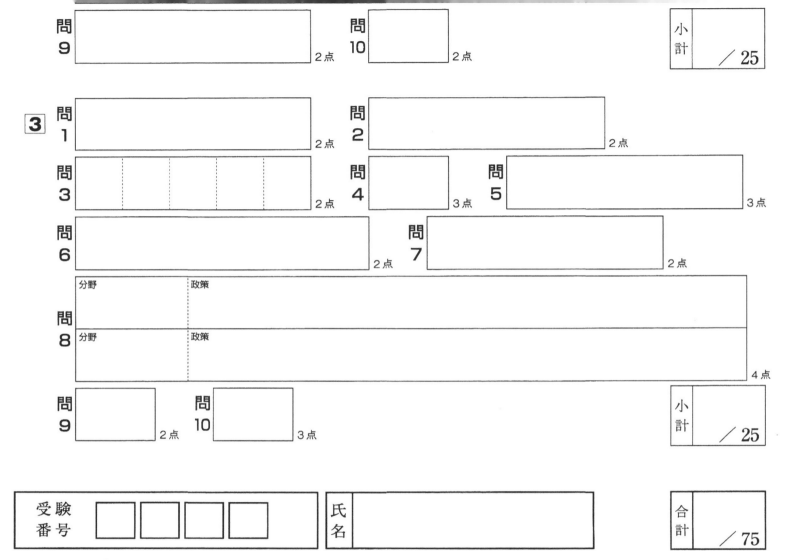

社会

2023年度　入学試験解答用紙　第2回

洗足学園中学校

1

問1 3点　問2 3点　問3 3点

問4 (1) の地図記号であり、 4点

問4 (2) 2点

問5 2点　問6 3点　問7 3点　問8 2点

小計 ／25

2

問1 2点　問2 2点　問3 3点　問4 3点　問5 3点

問6 2点　問7 2点

問

【解答

理科

2023年度　入学試験解答用紙　第2回

洗足学園中学校

1

(1) [　　　] 2点　(2) [　　　] 2点

(3) a [　　　個] 1点　b [　　　個] 1点　c [　　　個] 1点　(4) [　　　] 2点　(5) [　　　] 2点

(6) ① a [　　　cm] 2点　b [　　　] 1点

② 鏡の長さ [　　　cm] 2点　床から [　　　cm] 3点

小計　／19

2

(1) [　　　] 1点　(2) アルミニウム [　　　個] 2点　鉄 [　　　個] 2点

(3) [　　　nm] 2点

(4)
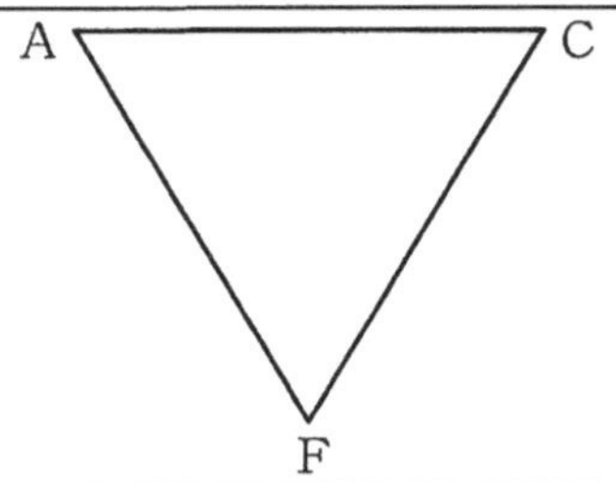

2点

(5) [　　　倍] 2点

(6) [　　　%] 2点

(7) [　　　倍] 3点

(8) [　　　] 4点

小

【解答

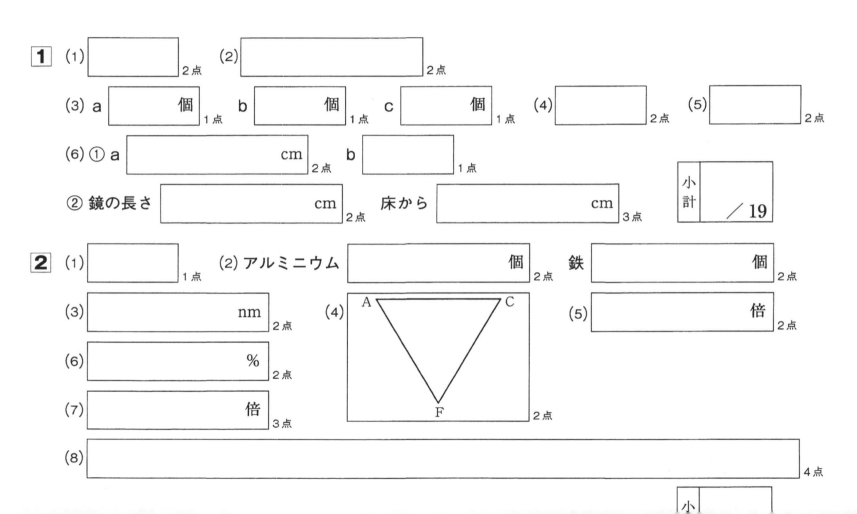

算数

2023年度　入学試験解答用紙　第2回

洗足学園中学校

受験番号 | | | | |

氏名

／100

1
(1) 5点
(2) 5点

2
(1) m 5点
(2) 通り 5点
(3) 点 5点
(4) 人 5点

3
(1) 回 7点
(2) cm^2 7点
(3)
(4)

【解答

国語

／100

二〇二三年度　入学試験解答用紙　第二回

洗足学園中学校

受験番号

氏　名

1

問一

6点

問二

20

15

3点

問三

3点

問四

A

B

C

D

2点×4

問五

3点

問六

6点

問七

7点

問八

（ア）

（イ）

（ウ）

（エ）

（オ）

2点×5

問九

4点

／50

【解答

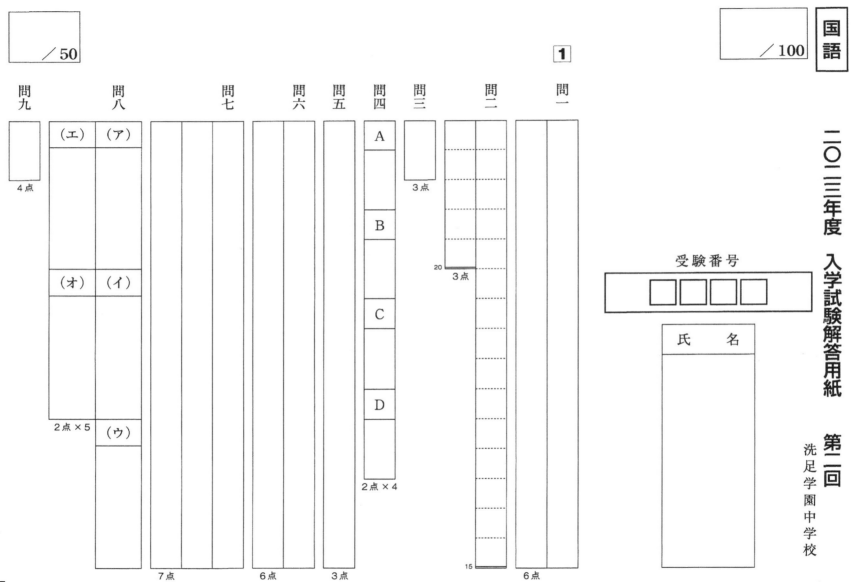

問2　下線部（**エ**）に起こった出来事についての史料としてふさわしいものを、次の**A**～**D**の中からひとつ選んでアルファベットで答えなさい。

A「国民所得倍増計画は、速やかに国民総生産を倍増して、雇用の増大による完全雇用の達成をはかり、国民の生活水準を大巾《おおはば》に引き上げることを目的とするものでなければならない。」

B「アメリカ合衆国は、（略）琉球諸島及《およ》び大東諸島に関し、（略）サン・フランシスコ市で署名された日本国との平和条約第三条の規定に基づくすべての権利及《およ》び利益を、この協定の効力発生の日から日本国のために放棄《ほうき》する。」

C「第一条　この法律は、環境の保全について、基本理念を定め、並びに国、地方公共団体、事業者及《およ》び国民の責務を明らかにするとともに、環境の保全に関する施策《しさく》の基本となる事項《じこう》を定めることにより、環境の保全に関する施策《しさく》を総合的かつ計画的に推進し、（略）」

D「われらは、さきに、日本国憲法を確定し、民主的で文化的な国家を建設して、世界の平和と（略）に貢献《こうけん》しようとする決意を示した。（略）ここに、日本国憲法の精神に則り、教育の目的を明示して、新しい教育の基本を確立するため、この法律を制定する。」

問3　下線部（**オ**）で起こった出来事①～③を、古いものから年代順に正しく並べたものを、次の**A**～**F**の中からひとつ選んでアルファベットで答えなさい。

①　大友皇子を滅《ほろ》ぼした大海人皇子が、天武天皇として即位《そくい》した。
②　中大兄皇子や中臣鎌足によって、蘇我入鹿が滅《ほろ》ぼされた。
③　厩戸王によって、個人の功績に応じて冠位を与《あた》える制度が定められた。

A　①→②→③　　**B**　①→③→②　　**C**　②→①→③
D　②→③→①　　**E**　③→①→②　　**F**　③→②→①

問4 下線部（カ）に関連して、次の**［史料］**は高野山金剛峰寺に伝わる高野山文書のひとつです。この**［史料］**に関連して述べた文①～③の正誤の組み合わせとして正しいものを、次の**A**～**H**の中からひとつ選んでアルファベットで答えなさい。

［史料］

> 阿氏河荘《あてがわのしょう》上村の百姓たちが謹《つつし》んで申し上げます。
> 一、領家へ納める材木が遅《おく》れていることについてですが、[X]が、上京のため、或《ある》いは急な用務のためだと言っては、多くの人夫を[X]のところで責め使われますので、まったくひまがありません。かり出された残りのわずかな人夫を集めて、材木切り出しのために山に出向きますと、[X]は「逃亡《とうぼう》者のあとの畠《はたけ》に麦をまけ」といって追《お》い戻《もど》してしまいます。「お前たちがこの麦をまかなかったならば、女・子供を追いこんで、耳を切り、鼻をそぎ、髪《かみ》を切って尼《あま》にし、縄《なわ》でしばっていじめるぞ」といわれて、いろいろ責めたて詮議《せんぎ》されますので、材木を納めることが、いよいよおそくなってしまいました。そのうえ、[X]は百姓らの住む家一軒《けん》をこわし奪《うば》いとってしまいました。……
> 建治《けんじ》元（1275）年十月二十八日

（『改訂版詳録新日本史史料集成』より）

① **［史料］**が書かれた時代には、[X]のなかには、荘園領主から年貢の徴収《ちょうしゅう》を請《う》け負い、百姓を支配した者もいた。
② **［史料］**は百姓によって作成されたもので、[X]が百姓を脅《おど》して労働を強制していることが記されている。
③ **［史料］**が書かれた時代には、尾張国の[X]であった藤原元命が百姓たちから訴《うった》えられた。

A	①－正　②－正　③－正			**B**	①－正　②－正　③－誤		
C	①－正　②－誤　③－正			**D**	①－正　②－誤　③－誤		
E	①－誤　②－正　③－正			**F**	①－誤　②－正　③－誤		
G	①－誤　②－誤　③－正			**H**	①－誤　②－誤　③－誤		

問5　空欄《くうらん》［　あ　］〜［　う　］にあてはまる人物について述べた文としてふさわしいものを、次の**A**〜**F**の中からひとつ選んでアルファベットで答えなさい。

A　［　あ　］の近臣同士が対立し、平清盛が加勢して勝利した戦いを保元の乱とよぶ。
B　［　あ　］は、阿弥陀仏を信仰《しんこう》して、平等院鳳凰堂を建立した。
C　［　い　］は、土佐国に漂着《ひょうちゃく》したのち、四国地方を中心にキリスト教を広めた。
D　［　い　］は、天正遣欧少年使節を率いてローマを訪問した。
E　［　う　］は、自由な流通を促《うなが》すために、関所を廃止《はいし》した。
F　［　う　］は、宣教師を国外追放する禁教令を出した。

問6　下線部（**キ**）に関連して、当時の東アジアにおける貿易の主な輸出入品について述べた文としてふさわしいものを、次の**A**〜**D**の中からひとつ選んでアルファベットで答えなさい。

A　日本から琉球への主な輸出品として、銅銭が挙げられる。
B　琉球から日本への主な輸入品として、刀剣《とうけん》が挙げられる。
C　日本から朝鮮への主な輸出品として、香辛料《こうしんりょう》が挙げられる。
D　朝鮮から日本への主な輸入品として、木綿が挙げられる。

問7　下線部（**ク**）は、1543年に「ある島」に漂着《ひょうちゃく》した中国船に乗っていた、ポルトガル人によって日本にもたらされたとされています。「ある島」を漢字で答えなさい。

問8　下線部（**ケ**）は、天保の改革を主導した老中により、解散が命じられました。この老中が株仲間の解散を命じたのは、株仲間が存在することによってどのような経済的問題点があると考えていたからですか。文章で説明しなさい。

問9　空欄《くうらん》［　（**コ**）　］にあてはまる人物を、姓名《せいめい》ともに漢字で答えなさい。

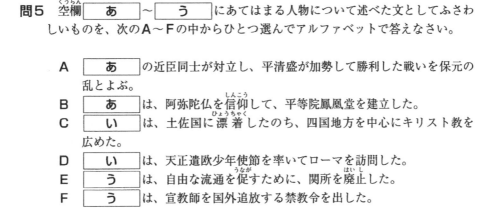

問10 下線部（サ）後の日本の国境をあらわしたものを、次のA～Dの中からひとつ選んでアルファベットで答えなさい。

A

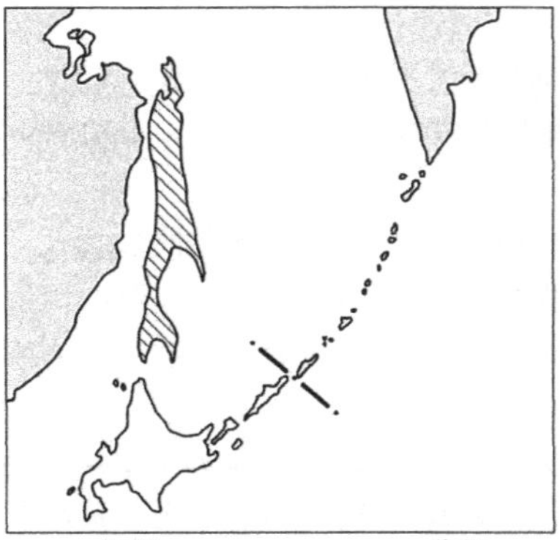

※斜線《しゃせん》部は、日本とロシアの雑居《ざっきょ》

B

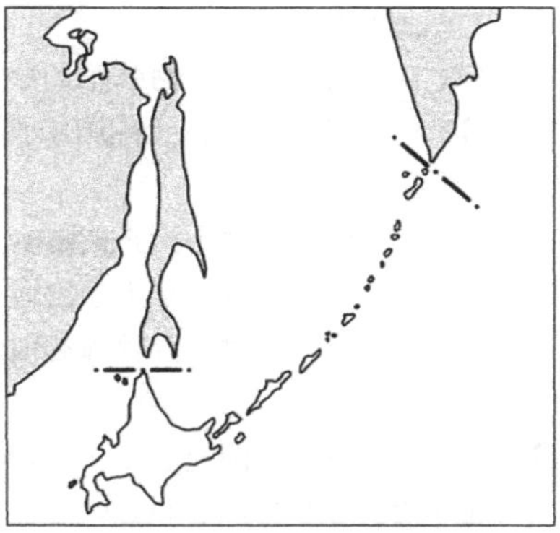

C

D

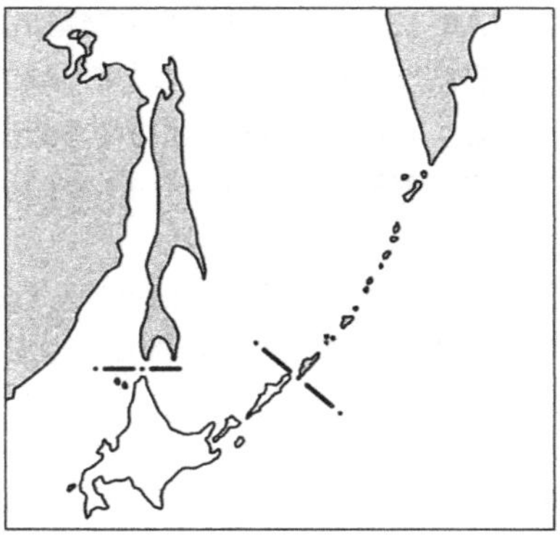

問題は次のページに続きます。

3 次の会話は、洗足学園中学校の中学１年生の教室でかわされたものです。これを読んで、あとの問いに答えなさい。

公子 この前 (ア) 部活動の友達とけんかをしてしまって、少し落《お》ち込《こ》んでいるんだ。学校に行きたくないと思うときさえあるよ。

民子 そうだったんだね。どうりで不幸せそうな顔をしているなと思ったよ。

公子 え？　そう見えた？　私は「不幸せ」ではないよ。だって食事に困ることはないし、恵《めぐ》まれた環境にいると思っているから幸せだよ。

民子 公子さんはそう考えているんだ。私は自分が好きに使える時間が足りないと感じているし、家族旅行にも行けていないから、「幸せ」とは言えないな。

先生 おや、「幸せ」の話ですか。私もみなさんの考えを聞きたいので仲間に入れてください。

公子 はい、ぜひお話しましょう。先生は幸せですか？

先生 直球で聞いてきましたね。私はみなさんが熱心に学んでいる姿を日々目にすることができていることを、とても幸せに感じています。

民子 ……なんだか少しはぐらかされた感じがします。幸せとは感じるものなのでしょうか。状態なのでしょうか。「幸せになりたい」と考えることはどういうことなのでしょうか。

公子 ……哲学的《てつがくてき》な問いで、すぐには答えられそうにないですね……。

民子 そうだ！　日本国憲法には「幸福」について述べている箇所《かしょ》がありますね。第13条の「生命、自由及《およ》び幸福追求に対する (イ) 国民の権利については、［　(ウ)　］に反しない限り、立法その他の国政の上で、最大の尊重を必要とする」という部分ですね。

公子 そういえば、「生命、自由及《およ》び幸福追求に対する国民の権利」というフレーズ、どこかで聞いたことがあるような…。

先生 先日授業で扱《あつか》った、アメリカ独立宣言ですね。ロックの思想を背景にトマス・ジェファソンらが1776年に起草したものです。

民子 (エ) 日本国憲法の理念は20世紀にいたるまでのさまざまな憲法典の影響《えいきょう》を受けていると聞いたことがあります。18世紀の「幸福」と21世紀の「幸福」って同じものではない気がしますね。

公子 同じ時代であっても、住んでいる場所や生活環境によって、幸福に対する考え方は異なりそうです。この前、(オ) UNICEFでインターンシップをしている卒業生の講演会がありましたね。そのときに、エチオピアの13歳の女の子が水くみに１日に７時間も費やすという動画を見ましたね。そして、世界の (カ) 子どもたちの約１割が労働していて、コロナ禍《か》で増加傾向《けいこう》にあることを学びました。

民子 (キ) 児童労働という言葉は聞いたことがありましたが、どこか自分とは関係のない話だと思っていました。あの動画の女の子は私と同い年で、本当に衝撃《しょうげき》を受けました。

公子 そうでしたね。(ク) あの女の子は朝６時半に家を出て、その日の初めての食事が17時前になってしまい、そのあとに学校に行っている弟から字を習うけれど、お父さんに呼ばれたら家事をする、という生活を送っているようでしたね。私たちと同い年なのに、毎日の過ごし方が違《ちが》いすぎて、何とも言えない気持ちになりました。もちろん、私たちがもつような「なりたい自分になる」なんていう夢をもつことは難しいのでしょうね。

先生　本校が掲《かか》げているような「幸福な自己実現」を目指すことができる時点で「幸せ」ということが言えるのかもしれませんね。

民子　確かにそうですね。学校に通って将来に向けて勉強できていることは、世界を考えると当たり前とは言えないのですね。

公子　「国は、すべての子どもが小学校に行けるようにしなければならない」と定めている (ケ) 条約があると、授業で習いましたね。

先生　そうです。子どもの権利条約の第28条ですね。第29条には「教育は、子どもが自分のもっている能力を最大限のばし、人権や平和、(コ) 環境を守ることなどを学ぶためのもの」と、教育の目的を記しています。

民子　教育はそれを受ける子どものためだけにあるのではなく、よりよい社会をつくるためのものでもあるとされているのですね。

公子　よりよい社会をつくるためにも、前向きに学校生活を送りたいですね。

問１　下線部（ア）に関連して、次の［資料］は、スポーツ庁が実施《じっし》した、全国の中学生の平日の部活動の活動時間についての調査結果を示したものです。［資料］から読み取れることとして誤っているものを、次のＡ～Ｄの中からすべて選んでアルファベットで答えなさい。

［資料］

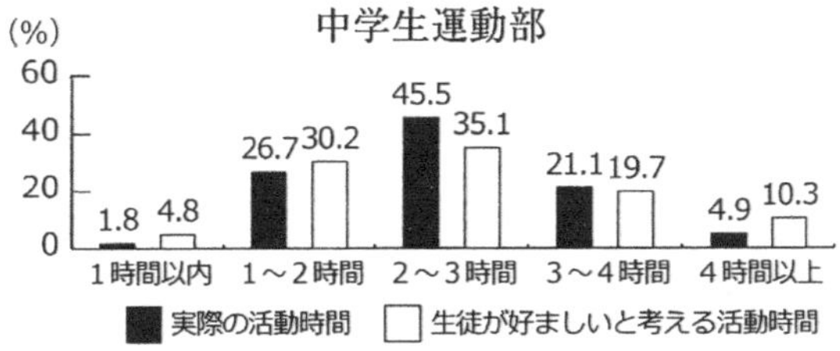

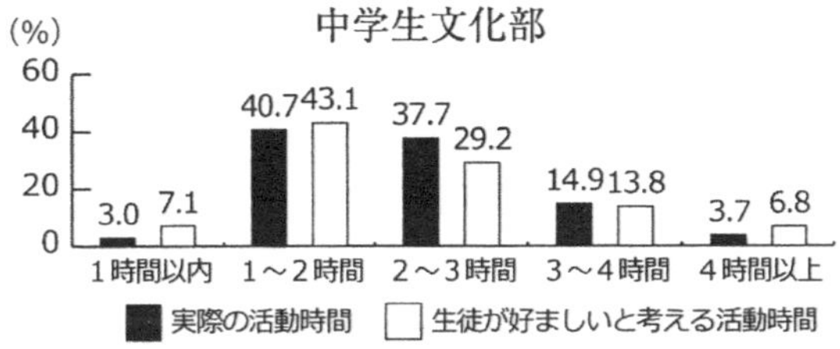

（スポーツ庁「平成29年度運動部活動等に関する実態調査　報告書」より作成）

Ａ　平日の実際の活動時間は、運動部の生徒の方が文化部の生徒よりも長い傾《けい》向《こう》にある。

Ｂ　平日の実際の活動時間は、運動部・文化部ともに、２～３時間と答えた生徒の割合が最も高い。

Ｃ　生徒が好ましいと考える活動時間は、運動部の生徒の方が文化部の生徒よりも長い傾向《けいこう》にある。

Ｄ　生徒が好ましいと考える活動時間は、運動部・文化部ともに、平日の実際の活動時間より長い傾向《けいこう》にある。

問2　日本国憲法では、下線部（イ）のひとつとして裁判を受ける権利を保障しています。日本における裁判に関連して述べた文として誤っているものを、次のA～Dの中からすべて選んでアルファベットで答えなさい。

A　すべての都道府県に地方裁判所と家庭裁判所が置かれている。
B　裁判を慎重《しんちょう》におこない、誤りを防ぐために、同じ事件について原則として３回まで裁判を受けることができる。
C　裁判員裁判はすべての刑事事件の第一審でおこなわれている。
D　裁判官は自らの良心に従い、憲法と法律にもとづいて裁判をおこなう。

問3　空欄《くうらん》［（ウ）］にあてはまる語句を、５字で答えなさい。

問4　下線部（エ）について述べた文①～③の内容の正誤の組み合わせとして正しいものを、次のA～Hの中からひとつ選んでアルファベットで答えなさい。

①　憲法で定められている天皇がおこなう国事行為は、天皇自らの意思にもとづいておこなわれる。
②　憲法改正は、内閣が改正案を発議して、国民投票で過半数の賛成があれば成立する。
③　憲法は国の最高法規であり、憲法に反する法律は無効となる。

A	①－正	②－正	③－正	B	①－正	②－正	③－誤
C	①－正	②－誤	③－正	D	①－正	②－誤	③－誤
E	①－誤	②－正	③－正	F	①－誤	②－正	③－誤
G	①－誤	②－誤	③－正	H	①－誤	②－誤	③－誤

問5　下線部（オ）は国連総会によって設立された機関です。国際連合に関連して述べた文として誤っているものを、次のA～Dの中からすべて選んでアルファベットで答えなさい。

A　国際連合は、第二次世界大戦が始まる前に設立された。
B　総会は、すべての加盟国が参加し、各国が１票ずつ投票権を有している。
C　安全保障理事会の常任理事国は、国連総会で選挙により選ばれている。
D　国際司法裁判所の本部は、オランダのハーグに置かれている。

問6　下線部（カ）に関する政策はさまざまな分野にまたがっているため、日本では子どもに関する政策を一元的に取り扱《あつか》う行政機関が設置される予定です。2023年４月に新たに設置される予定の行政機関を答えなさい。

問7　下線部（キ）に関連して、1919年に設立された、労働条件の改善を通して世界平和の確立を目指す国際機関の略称《りゃくしょう》を、アルファベットで答えなさい。

問8　下線部（ク）に関連して、世界経済フォーラムは、各国の男女格差の現状を経済・教育・健康・政治の４分野で評価し、「ジェンダーギャップ指数」という指標を毎年公表しています。次の**［資料］**は2022年の日本とエチオピアのジェンダーギャップ指数を示したものです。日本がエチオピアよりジェンダーギャップが大きい分野において、日本でジェンダー平等を実現するために、国や地方公共団体はどのような政策を実施《じっし》するとよいと思いますか。ふさわしいと考えられる政策を、分野を明らかにしてふたつ答えなさい。

［資料］

	日本	エチオピア
総合スコア	0.650	0.710
経済	0.564	0.600
教育	1.000	0.854
健康	0.973	0.971
政治	0.061	0.416

※指数は、0が完全不平等、1が完全平等を示し、数値が小さいほどジェンダーギャップが大きい。

（世界経済フォーラム「Global Gender Gap Report 2022」より作成）

問9　下線部（ケ）に関連して、日本における条約の締結や承認の手続きについて述べた文①・②の内容の正誤の組み合わせとして正しいものを、次の**A**～**D**の中からひとつ選んでアルファベットで答えなさい。

①　事前に国会の承認を必ず得た上で内閣は条約を締結する。

②　国会において条約の承認について衆議院と参議院で意見が異なった場合、両院協議会でも意見がまとまらない場合は衆議院の議決を国会の議決とする。

A　①－正　②－正　　　**B**　①－正　②－誤
C　①－誤　②－正　　　**D**　①－誤　②－誤

問10　下線部（コ）に関連して、地球規模で起きている環境問題について述べた文として誤っているものを、次の**A**～**D**の中からひとつ選んでアルファベットで答えなさい。

A　海を漂《ただよ》うマイクロプラスチックが海洋生物の体内に取り込《こ》まれ、その海洋生物を食べる他の生物や人間の体内に取り込《こ》まれる危険性がある。

B　工場や自動車から排出《はいしゅつ》される硫黄酸化物などが雨に溶《と》けた酸性雨が降ることで、森林を枯《か》らしたり石造りの建物を溶《と》かしたりしている。

C　地球温暖化が進行することで、これまで熱帯地域でしかみられなかった感染症が他の地域でもみられるようになった。

D　二酸化炭素によりオゾン層が破壊《はかい》され、生物に有害な紫外線の地表に届く量が増えている。

2023(R5) 洗足学園中　第2回
教英出版

二〇二二年度　入学試験問題

国語

第一回

【注意】

・試験時間は五〇分です。（八時五〇分～九時四〇分）
・問題は一ページから七ページまでです。
・解答はすべて解答用紙に記入してください。
・字数制限のない問題について、一行分の解答らんに二行以上解答してはいけません。
・記号・句読点がある場合は字数に含《ふく》みます。
・解答用紙に受験番号、氏名を記入してください。

洗足学園中学校

1 次の文章を読んで後の問いに答えなさい。

ＡＩと共存していく社会について、考えてみましょう。ＡＩは何らかの答えを出してくれますが、問題はその答えが正しいかどうかの(ア)ケンショウをヒトがするのが難しいということです。大切なことは、何をＡＩに頼《たよ》って、何をヒトが決めるのかを、しっかり区別することでしょう。

よく使われるものとして、データをコンピュータに学習させて、それを基《もと》に分析《ぶんせき》を行う機械学習型のＡＩがあります。これは過去の事例からの条件（重み付け）にあった最適な答えを導き出すので、その学習データの質で答えが変わってきます。画像診断《しんだん》ＡＩのように、見落としがないかなど医師の診断を助ける道具としては非常に役に立ちます。ただ、例えば過去の事例にないケースの判断は難しいのですが、その場合には「正解を知っている」医師が判断すればいいので問題はありません。

(1)機械学習型ではなく、ＳＦ映画に登場するヒトのように考える汎用《はんよう》型人工知能はどうでしょうか？　まだ開発途中《とちゅう》ですが、さまざまな(イ)キョクメンでヒトの強力な相談相手になることが期待されています。こちらはヒトが「正解を知っている」わけではないので、使い方を間違《まちが》うとかなり危険だと思っています。なぜなら、ヒトが人である理由、つまり「考える」ということが激減する可能性があるからです。一度考えることをやめた人類は、それこそＡＩに頼り続け、「主体の逆転」が起こってしまいます。ヒトのために作ったはずのＡＩに、ヒトが従属してしまうのです。

ではそうならないようにするには、どうすればいいのでしょうか。私の意見としては、決して「ヒトの手助け」以上にＡＩを頼ってはいけないと思います。 A ＡＩはツール（道具）で、それを使う主体はリアルなヒトであるべきです。

「いや、ＡＩのほうが賢明《けんめい》な判断をしてくれるよ」とおっしゃる方もおられるでしょう。しかし、それは時と場合によります。いつも正しい答えが得られるという状況《じょうきょう》は、ヒトの考える能力を低下させます。ヒトは試行錯《さく》誤《ご》、つまり間違えることから学ぶことを成長と捉《とら》え、それを「楽しんで」きたのです。喜劇のコントの基本は間違えて笑いを誘《さそ》い、最後はその間違いに気づくことが面白《おもしろ》いのです。逆に「悲劇」は、取り返しがつかない運命に永遠に縛《しば》られることに、恐怖《きょうふ》と悲しみを覚えるのではないでしょうか。

B 、リアルな世界では、ＡＩはヒトを悲劇の方向に導く可能性があります。そして(2)何よりも私が問題だと考えるのは、ＡＩは死なないということです。

私たちは、たくさん勉強しても、死んでゼロになります。そのため、文化や文明の継承《けいしょう》、つまり教育に時間をかけ、次世代を育てます。一世代ごとにリセットされるわけです。死なないＡＩにはそれもなく、無限にバージョンアップを繰《く》り返します。

私は１９６３年の生まれで、大学生の時（１９８４年）にアップル社からマッキントッシュ（Ｍａｃ）のコンピュータが発売され、その後ウィンドウズが誕生したのを体験してきました。ゲームも、★フロッピーディスクに入った「テトリス」を８インチの白黒画面でハイスコアを競《きそ》ったものです。その後のパソコン、ゲーム機、スマホなどの急速な進歩は、本当に驚《おどろ》きです。

私はコンピュータの急成長も可能性も★脆弱性《ぜいじゃくせい》も知っている「生みの親」世代です。そしてコンピュータが「生みの親」より賢《かしこ》くなっていくのを体感してきました。だからこそＡＩの危険性、つまりこのままいったらやばいと直感的に心配になるのかもしれません。いつまで経《た》っても子供が心配な親の心境に似ています。

その危機感について、自分の子供に相当する世代には警鐘《けいしょう》を鳴らすことができますが、孫の世代にはどうでしょうか。孫たちにとってはヒト（特に親）の能力をはるかに★凌駕《りょうが》したコンピュータが生まれながらにして存在するのです。タブレットで読み・書き・計算を教わり、(ウ)シジョウが入らないようにと先生代わりのＡＩが成績をつけるという時代にならないとも限りません。そんな孫の世代にとっては、(3)ＡＩの危険性よりも信頼《しんらい》感のほうが大きくなるのは当然です。

死なないＡＩは、私たち人間と違って世代を超《こ》えて、進歩していきます。一方、限られた私たちの寿命《じゅみょう》と能力では、もはや複雑すぎるＡＩの仕組みを理解することも難しくなるかもしれませんね。人類は１つの能力が変化するのに最低でも何万年もかかります。その人類が自分たちでコントロールすることができないものを、作り出してしまったのでしょうか。

進歩したＡＩは、もはや機械ではありません。しかも死にません。ヒトが人格を与《あた》えた「★エイリアン」のようなものです。どんどん私たちが理解死なない人格と共存することは難しいです。[C]、身近に死なないヒトがいたら、と想像してみてください。その人とは、価値観も人生の悲哀《ひあい》も共有できないと思います。非常に進歩したAIとはそのような存在になるのかもしれません。

多くの知識を溜《た》め込《こ》み、いつも合理的な答えを出してくれるAIに対して、人間が従属的な関係になってしまう可能性があります。私たちがちょうど自分たちより寿命の短い昆虫《こんちゅう》などの生き物に抱《いだ》くような、ある種の「優越感《ゆうえつかん》」と逆の感情を持つのかもしれません。「AIは偉大《いだい》だな」というような。

ヒトには寿命があり、いずれ死にます。そして、世代を経てゆっくりと変化していく――それをいつも主体的に繰り返してきましたし、これからもそうあることで、存在し続けていけるのです。AIが、逆に人という存在を見つめ直すいい機会を与えてくれるかもしれません。生き物は全て(4)[X]な命を持っているからこそ、「生きる価値」を共有することができるのです。

同様にヒトに影響《えいきょう》力があり、且《か》つ存在し続けるものに、宗教があります。もともとその宗教を始めた開祖は死んでしまっていても、その教えは生き続ける場合があります。そういう意味では死にません。

ヒトは病気もしますし、歳《とし》を重ねると(エ)ロウカもします。ときには気弱になることもあります。そのようなときに死なない、[D]多くの人が信じている絶対的なものに頼ろうとするのは、ある意味理解できることです。AIも将来、宗教と同じようにヒトに大きな影響を与える存在になるのかもしれません。

宗教は、付き合い方を間違うと、戦争やテロにつながるのは歴史からご存じの通りです。ただ、宗教のいいところは、個人が自らの価値観で評価できることです。それを信じるかどうかの判断は、自分で決められます。それに対してAIは、ある意味ヒトよりも合理的な答えを出すようにプログラムされています。ただ、その結論に至った(オ)カテイを理解することができないので、人がAIの答えを評価することが難しいのです。「AIが言っているのでそうしましょう」となってしまいかねません。何も考えずに、ただ服従してしまうかもしれないのです。

それではヒトがAIに頼りすぎずに、人らしく試行錯誤を繰り返して楽しく生きていくにはどうすればいいのでしょうか?

その答えは、私たち自身にあると思います。つまり私たち「人」とはどういう存在なのか、ヒトが人である理由をしっかりと理解することが、その解決策になるでしょう。

人を本当の意味で理解したヒトが作ったAIは、人のためになる、共存可能なAIになるのかもしれません。そして本当に優《すぐ》れたAIは、私たちよりもヒトを理解できるかもしれません。さて、そのときに、その本当に優れたAIは一体どのような答えを出すのでしょうか?――(5)もしかしたらAIは自分で自分を殺す（破壊《はかい》する）かもしれませんね、人の存在を守るために。

（小林武彦『生物はなぜ死ぬのか』）

★フロッピーディスク……コンピュータ用の記録装置。
★脆弱性《ぜいじゃくせい》……もろくて弱い性質。
★凌駕《りょうが》……あるものをこえてそれ以上になること。
★エイリアン……ここではSFに出てくる地球外の生命体。

問一 ――(1)「機械学習型ではなく、SF映画に登場するヒトのように考える汎用《はんよう》型人工知能はどうでしょうか？」とありますが、「機械学習型のAI」と「汎用型人工知能」の違《ちが》いは何だと述べられていますか。解答らんに三行以内で説明しなさい。

問二 ――(2)「何よりも私が問題だと考えるのは、AIは死なないということです。」とありますが、AIが死なないことは問題だと筆者が考えているのはなぜですか。解答らんに七十字以内で説明しなさい。

問三 ――(3)「AIの危険性よりも信頼《しんらい》感のほうが大きくなるのは当然です。」とありますが、その理由を筆者はどのように考えていますか。理由としてふさわしいものを次のア～エの中から一つ選び、記号で答えなさい。

ア 「生みの親」世代が自分の子供にあたる世代に伝えたAIの危険性を、子供の世代がさらにその子供である孫の世代に対して緊迫《きんぱく》感をもって伝えることができていないため、孫の世代が危険性を理解していないから。

イ いまのコンピュータやAIは「生みの親」世代がかつて誕生を体験したコンピュータよりもはるかに発展した技術であり、その恩《おん》恵《けい》を受けている「生みの親」世代にもかつてのような危険性が感じられにくくなり孫の世代に伝えなくなったから。

ウ 筆者の世代はコンピュータなどの技術が誕生したのを目《ま》の当たりにしているためコンピュータをまるで子供のように思いよく理解している一方で、孫の世代はコンピュータをよく理解しないままでもまるで親を信頼するように信頼してしまうから。

エ 生まれながらに高性能のコンピュータがある孫の世代は、コンピュータがヒトより賢《かしこ》くなっていく段階を体感していないためAIの危険性を感じていないうえに、AIがヒトの能力を超《こ》えていることしか知らないから。

問四 ――(4)「[X]な命を持っている」とありますが、この部分では命に関して生き物がAIと対照的であることを述べています。[X]に入るのにふさわしい漢字二字の言葉を考えて答えなさい。

問五 ――(5)「もしかしたらAIは自分で自分を殺す（破壊《はかい》する）かもしれませんね、人の存在を守るために。」とありますが、人の存在を守るためにAIが自分で自分を殺すとはどういうことですか。解答らんに三行以内で説明しなさい。

問六 [A]～[D]に当てはまる語を次のア～エの中から一つずつ選び、記号で答えなさい。（ただし記号はそれぞれ一回ずつ使用します。）

問七 ――(ア)～(オ)のカタカナを漢字に書き直しなさい。

問八 本文の内容に合うものを次のア～エの中から一つ選び、記号で答えなさい。

ア AIの普及《ふきゅう》に伴《ともな》いAIが間違《まちが》った使い方をされることも多くなるため、AIは自ら考えるために作られたものであるのに、AI自身で考えられなくなる「主体の逆転」が起こる。

イ ヒトは何かを間違えても、その間違いに気づいて学ぶことを楽しみとしてきたので、AIによって正しい答えを得ることが常によいとは言えない。

ウ 現在のAIが搭載《とうさい》されたタブレットを孫世代と考えた時に、筆者が大学生の時に発売されたマッキントッシュやウィンドウズは二世代前の技術であるため、筆者は自分のことを「生みの親世代」と呼んでいる。

エ 宗教はAIと同様にヒトに大きな影響《えいきょう》を及《およ》ぼすもので、しかも一度入信すると自らの意思よりもその宗教の考え方に左右されてしまい、場合によっては戦争やテロを引き起こすものである。

2 次の文章を読んで後の問いに答えなさい。

葉子《ようこ》としおりは、小学校ではクラスの「日陰《ひかげ》」にいる者同士、親友だった。しかし、葉子は成長とともにあか抜《ぬ》けて、中学校では「日向《ひなた》」にいる朱里《あかり》と仲良くなり、しおりとは疎遠《そえん》になっていた。中学二年で同じクラスになった葉子としおりは、朱里とともに体育祭の応援旗《おうえんき》に絵を描《か》く係になる。

本当は、私だって分かってはいた。髪型《かみがた》を変えたって、メガネを外したって、私は「日陰」のほうが心地《ここち》いいんだって。

きゃあきゃあと騒《さわ》いでいるより、［A］した静けさが好き。恋《こい》バナやはやりのファッションの話より、絵を見たり、描《か》いたりしていたい。

朱里たちのことは、ちゃんと好きだ。一緒《いっしょ》にいるのだって楽しいし、自信のあるところにあこがれもする。だけど、いつだって私は、朱里たちにも透明《とうめい》な壁《かべ》を感じてる。そしてそれは、朱里たちのせいじゃなくて、きっと、私自身の問題だ。

気がつくと、いつの間にか教室の前に着いていた。そういえばカギ、開いてないかもしれないな、と今さらのように気づいた時、中で人影《ひとかげ》が動く気配がした。

――あれ？　だれかいる？

たしか、うちの学校には、朝練のある部活はなかったはずだ。なのにこんなに早く登校してる人がいるなんて。驚《おどろ》きながらも、そのまま、ドアをガラリと開けた。その瞬間《しゅんかん》。

「えっ」

思わず、すっとんきょうな声が出た。人影が弾《はじ》かれたようにふり返って、私を見る。束ねた黒髪《くろかみ》。長いスカート。驚いたように見開かれる、おだやかなたれ目――。

「……葉子」

ささやくような小さな声で、しおりは、私の名前を呼んだ。

数学の宿題学校に忘れちゃって、と私が言うと、「そうなんだ」としおりは、目をふせたままで言った。そのまま、どちらからともなくだまり込んでしまう。しおりの緊張《きんちょう》が、空気を通して［B］伝わってきて、私も思わず身を硬《かた》くする。

「なんか、暑いね」

つぶやいて、しおりが窓のほうへ歩いていく。窓を開けると、すっと空気が入《い》れ替《か》わって、ゆっくりと顔のほてりが引いていった。だれもいない教室。その中で、しおりとふたりでこうして言葉を交《か》わしているのが、なんだか、信じられなかった。

「……しおりは？　なんで、こんな朝早くに」

おずおずと尋《たず》ねると、しおりは、窓の外から私のほうに視線を戻《もど》した。

「放課後、応援旗あるから。部活の時間、減っちゃうな、って。だけど、県展にどうしても間に合わせたい作品があったから――」

★ザワ先《せん》には、美術部が朝練なんてってびっくりされちゃったけど。そう言って、しおりはかすかに笑う。その答えに、胸をつかれた。と同時に、心がぎゅっと苦しくなった。

――差がつくのなんて、当然だった。だって私は一度だって、しおりほど真剣《しんけん》に、絵に向き合ってきたことがなかった。

「すごいね、しおりは。毎日、頑張《がんば》って描いてて。私なんか――」

卑屈《ひくつ》な言葉がこぼれかけて、はっとする。こんなことを言われても、しおりは困るだけだ。顔を赤くして思わずうつむくと、しおりがかすかに、身じろぎをする気配がした。

「葉子は、嫌《きら》いになったの？」

「え」

どきりとして私が顔を上げたのと、「絵、描くの」と、しおりがつづけたのは、ほとんど同時だった。その問いかけに、私はふたたび、下を向く。

「嫌いになったんじゃないよ。でも……」

(1)怖《こわ》くなった、なんて言っても、しおりはきょとんとするだろう。そう思ったら、言葉がそれ以上つづかなかった。かわりに、しおりに問いかける。

「しおりは迷ったりしなかった？　美術部に入ること。その……美術部って、なんか雰囲気《ふんいき》独特だしさ、運動部に入りたがる子のほうが多い……じゃん」

風が吹《ふ》く。カーテンの影が揺《ゆ》れて、床《ゆか》に落ちた朝陽《あさひ》をさえぎる。バカなことを聞いた、と思った。だって、迷うわけない。しおりは、こんなにも真剣なんだから。

けれど、返ってきたのは、意外な一言だった。

「……少しだけ」

え、と私は目を見開く。しおりは目を細めて、小さく、ほほえんだ。

「でも、やっぱり、好きだから。それ以外、ないなって」

その瞬間、私はふいに、泣いてしまいたくなった。

だってしおりは、怖くても、好きなものには手を伸《の》ばせるのだ。だけどしおりは、「日向」に飛び込んでいった私には、手を伸ばそうとしなかった。すれちがうたびに目をそらしつづけてきたのは、私ひとりだけじゃない。しおりだって、同じだった。

(2)もう、戻れないのかもしれない。こんなに強くそう実感したのは、これが、初めてだった。離《はな》れてしまったことを、こんなに後悔《こうかい》したことも。

「じゃあ、私、そろそろ美術室、行くね」

しおりが言って、私にふっと背を向ける。その瞬間、心の中で、声がした。

——だけど、本当にこのままでいいの？　私自身は。

「しおり！」

叫《さけ》ぶように呼びかけると、ドアに手を伸ばしかけていたしおりが、驚いたようにこちらをふり向いた。その目をまっすぐに見返して、私は迷いながらも口を開く。

「また——また、後で。教室でね」

そう言うと、しおりは何度かまばたきをして、それからゆっくりとうなずいた。いつかの、(3)つぼみがほころぶような笑顔《えがお》で。そして、言った。

「……うん。また、放課後に」

その日の放課後、私は、朱里の前で、初めてしおりの名前を呼んだ。

「しおり、背景の色ってこんな感じの青でいいかな」

そんなふうに、しおりに話しかけた私に、あんのじょう、朱里は C したような目を向けた。なんで？　葉ってば、何言っちゃってんの——？　あからさまに向けられた困惑《こんわく》と非難のまなざしがぴりぴりと肌《はだ》に突《つ》き刺《さ》さって、息が止まりそうだった。

怖くない、なんて言ったら、百パーセント、嘘《うそ》になる。本音を言うと、今すぐにでも逃《に》げ出《だ》したかった。

——だけどもう、怖がるのはやめる。やめるって、決めたんだ。

ぐらつく心をぴしっと叱《しか》って、私は、うつむきそうになるのをぐっとこらえる。

耳をすませるまでもなく、心臓がばくばく波打っているのが分かった。パレットの中でつやめく空の色を見つめながら、ただ、祈《いの》るように、息をつめて待つ。

(4)凍《こお》りついたような沈黙《ちんもく》。

それを、先に破ったのは、朱里ではなくて、しおりのほうだった。

「……うん。それで大丈夫《だいじょうぶ》。ありがとう、葉子」

ささやくような、まだかすかにためらいのにじんだ声。

けれどしおりは、間違《まちが》いなく、私の名前を呼び返してくれた。

顔を上げると、しおりと宙で視線が合った。だけどもう、その目を私はそらさない。「了解《りょうかい》」と笑顔で言って、私は、刷毛《はけ》をたっぷりの青にひたした。

だけどもちろん、このままで、今日が終わるはずはなかった。

「あのさ、葉。なんなの、さっきのアレ」

葉、ちょっとトイレ行かない？　と、声をかけられた時から、何か言われるだろうな、とは思っていた。だから覚悟《かくご》はしていたはずだったのだけど、やっぱり、面と向かって直球を投げられると、足がすくんだ。

「なんで瀬川さんのこと、急に呼び捨てにしてんの？」

びっくりなんだけど、と朱里はひとりごとみたいにつぶやいて、ロコツに(5)不審《ふしん》そうな顔をこちらに向ける。私は小さく息を吸って、意を決して口を開いた。

「……友達、なんだ。小学校からの」

そう言って、必死でなんでもない顔をして、朱里の顔をまっすぐに見る。

(6)顔が熱い。なのに、どうしようもなく足元は寒かった。もうじき四月も終わるというのに、身体《からだ》に細かい震《ふる》えが走る。

「友達って……」

朱里はあきれたような声でそうつぶやくと、 D だまった。眉《まゆ》を寄せ、何かを考えているような表情。だけどややあって、朱里は気を取り直したような、わずかに明るい声で「まあでも、それって、昔の話なんでしょ？」と言った。

——え。

どうして、そういう話になるんだろう。きょとんと私がまばたきをすると、「え、だってそうじゃないの?」と、朱里が首をかしげた。

「だって、これまで瀬川さんと葉がクラスの中でしゃべってるとこ、見たことなかったし。今も仲いいんだったら、もっと前からしゃべってるはずじゃん」

朱里の指摘《してき》に、言葉につまる。たしかに、一理あったから。思わず口ごもった私にちらりと目をやって、朱里は「だったらさあ」と苦笑《くしょう》まじりにつづけた。

「今さら、義理立てしてあげなくたって、大丈夫だって! 瀬川さんっていかにもマイペースって感じだし、うちらと全然ジャンルちがうじゃん。そこまで葉が、気をつかってあげること、ないと思うけど」

——ちがう。義理立てとか、そんなんじゃない。

「そうじゃないの。私が今、しおりと、友達になりたくて」

気がつくと、とっさに、そう口走っていた。でもそれは、とっさだったからこその、本音でもあった。冷たい汗《あせ》が背中を伝う。どうしよう。朱里の顔が、見られない。

「……へー、そうなんだ」

ひりつく沈黙の後、朱里は感情の読めない平べったい声でつぶやいて、短く笑った。

「なんかさ、前から思ってたけど、葉ってほんと、やさしいんだね。だれにでも」

あ、と思って目を上げた時には、朱里はもう、きびすを返したところだった。そのまま、私を置いて、怒《おこ》ったような足取りでトイレから出ていってしまう。

しばらくして、私がひとり教室に戻ると、そこに朱里の姿はなかった。呆然《ぼうぜん》と立《た》ち尽《つ》くす私を見つけて、しおりが「葉子」と遠慮《えんりょ》がちに口を開く。その隣《となり》で百井《ももい》くんと松村《まつむら》さんが、眉をハの字に下げていた。

(水野瑠見『十四歳日和』)

★ザワ先《せん》……小沢《おざわ》先生。葉子たちのクラス担任。

問一 ——(1)「怖くなった」とありますが、絵を描くのが怖くなった理由としてふさわしいものを、次のア~エの中から一つ選び、記号で答えなさい。

ア 疎遠《そえん》になってしまったしおりと同じ趣味《しゅみ》を持っていることをしおりはよく思わず、ますます自分が嫌《きら》われることになるから。

イ 絵を描くことを熱心にやらなくなったせいで、絵の上手《うま》いしおりにとうてい追いつけないと実感せざるを得なくなるから。

ウ 学校内であまり目立つことのない美術部に、「日向《ひなた》」に飛び込んだ自分が入るのはあまりにも場違《ちが》いだから。

エ 「日向」のグループにいる友人とは違う趣味を持っていることを知られたら、仲間外れにされてしまうかもしれないから。

問二 ——(2)「もう、戻れないのかもしれない。こんなに強くそう実感したのは、これが、初めてだった。」とありますが、葉子がそう思ったのはなぜですか。その理由を解答らんに三行以内で説明しなさい。

問三 ——(3)「つぼみがほころぶ」とありますが、植物に関することばを使った次の一~五の成句の意味を、後の[意味]ア~オの中から一つずつ選び、記号で答えなさい。

一 草の根を分けて探す　**二** 出藍《しゅつらん》の誉《ほま》れ　**三** 根掘《ほ》り葉掘り

四 花を持たせる　**五** 柳《やなぎ》に雪折れなし

[意味]

ア 教えを受けた弟子《でし》が、その先生よりも優《すぐ》れている。

イ やわらかいものは、弱そうに見えても、かたくて強そうに見えるものよりかえってたえる力がある。

ウ あらゆる方法を使って、すみずみまで探す。

エ 何から何まで、細かいことをしつこく尋《たず》ねる。

オ 手柄《てがら》や名誉《めいよ》をゆずったりして、相手を立てる。

問四 ——(4)「凍《こお》りついたような沈黙《ちんもく》。」とありますが、このときの葉子の気持ちを解答らんに五十字以内で説明しなさい。

問五 ――(5)「不審《ふしん》そうな顔をこちらに向ける。」とありますが、朱里はなぜこのような態度をとったのですか。解答らんに三行以内で説明しなさい。

問六 ――(6)「顔が熱い。なのに、どうしようもなく足元は寒かった。」とありますが、このときの葉子の気持ちとしてふさわしいものを、次のア～エの中から一つ選び、記号で答えなさい。

ア 朱里に対して本心をつらぬく決心をしたものの、仲間と見なされなくなることをおそれる気持ち。

イ 勇気を出して本心を打ち明けたが、朱里に受け入れられる見込《こ》みがなく後悔《こうかい》する気持ち。

ウ ようやく自分に素直《すなお》になれたことに興奮しているが、それを朱里に悟《さと》らせまいと焦《あせ》る気持ち。

エ 朱里に自分の本心を伝えたことで達成感を得ながらも、朱里ともう仲良くできないという喪失《そうしつ》感におそわれる気持ち。

問七 [A]～[D]に当てはまる語を次のア～エの中から一つずつ選び、記号で答えなさい。（ただし記号はそれぞれ一回ずつ使用します。）

ア ひりひりと　イ ぎょっと　ウ ひっそりと　エ ぷつりと

問八 本文の内容に合うものを次のア～エの中から一つ選び、記号で答えなさい。

ア しおりは、数学の宿題を忘れてしまったことをきっかけに葉子とふたりきりで話し、これからは逃《に》げずに尊敬できる友達と一緒《いっしょ》にいようと決意した。

イ 葉子は、朱里とは気が合わず好きになれないため少しずつ距離《きょり》を置きたいと思っており、しおりと仲がいいことを非難されても仕方ないと思っている。

ウ しおりは、中学校入学以降葉子に近づかなくなっていたが、葉子が歩み寄ってくれたことをとまどいながらも嬉《うれ》しく思っている。

エ 朱里は、しおりに対して劣等《れっとう》感を抱《いだ》いており、しおりを呼び捨てにして仲良くしている葉子の素直さをうらやましく思っている。

2022年度　入学試験問題

算　　数

第 1 回

【注　意】

・試験時間は 50 分です。（10：00 ～ 10：50）
・問題は１ページから９ページまでです。
・解答はすべて解答用紙に記入してください。
・解答用紙に受験番号、氏名を記入してください。
・円周率は3.14として計算してください。

洗足学園中学校

1 次の計算をしなさい。

（1） $46 - 16 \div 24 \div 3 + 3 \times 9 - 6$

（2） $0.875 - 0.025 \div \left(2\frac{2}{5} - 1.6 \right) + \frac{1}{6} \div 2\frac{2}{3}$

2 次の問いに答えなさい。

（1）縮尺$\frac{1}{25000}$の地図上で20 cmの道のりを，実際に時速4 kmで歩くと何分かかりますか。

（2）A，B，Cの3人が，それぞれお金を持っていました。AがBに500円をわたし，BがCに300円をわたし，CがAに450円をわたしたので，3人の持っている金額が同じになりました。はじめにAが900円持っていたとすると，Cははじめにいくら持っていましたか。

（3）縦15 cm，横18 cmの長方形の形の紙がたくさんあります。この紙を同じ向きにのりで貼《は》り合わせて縦40 cm，横200 cmの長方形をつくります。最も少ない枚数で貼り合わせるとき，紙が重なっていない部分の面積の合計は何cm^2ですか。

（4）2つの直線が垂直に交わっており，2つの長方形AとBが，図のような位置から同時に出発して，それぞれの直線に沿《そ》って矢印の方向に一定の速さで進みます。長方形Aの速さが毎秒2 cmのとき，下の文章の[ア]，[イ]にあてはまる数を答えなさい。

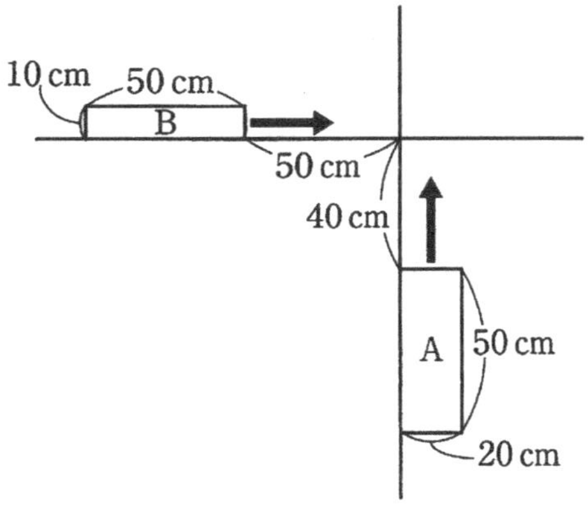

2つの長方形AとBが重ならないのは，長方形Bの速さが，毎秒[ア]cmより速いときか，毎秒[イ]cmよりおそいときです。

3 次の問いに答えなさい。

（1）A，B，C，Dの４人のうち１人だけ赤い帽子《ぼうし》をかぶり，残りの３人は白い帽子をかぶっています。この４人が縦に１列に並んで次のような発言をしました。

A「私のすぐ後ろの人は赤色の帽子だ。」

B「Dは私より前にいる。」

C「私の帽子は白色だ。私より前の人は全員白色の帽子だ。」

D「私のすぐ後ろの人は白色の帽子だ。」

この発言がすべて正しいとき，４人の並んでいる順を前から順に答えなさい。

（2）下の図１は，正方形から４つの同じ形で大きさの等しい直角三角形を切り取ってつくった八角形です。この八角形の面積は265 cm²で，８辺のうち４辺の長さは10 cmでした。図２のように，八角形の10 cmではない辺のそれぞれの真ん中の点を結んで四角形をつくったとき，この四角形の面積は何cm²ですか。

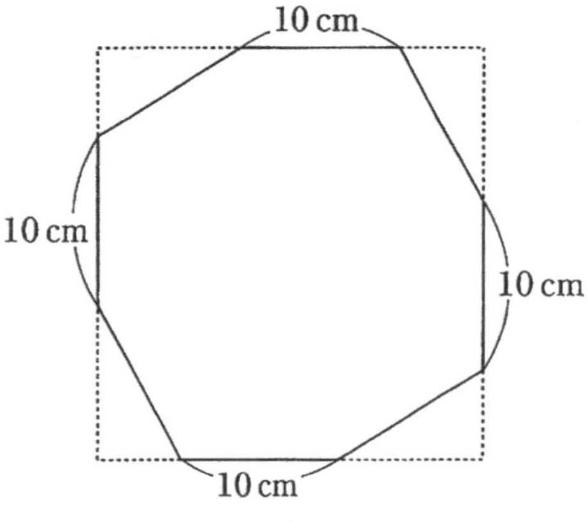

図１

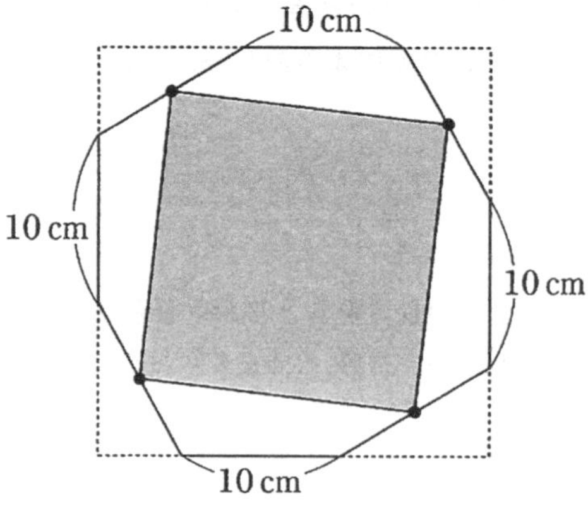

図２

（３）ある品物を500個作る仕事を，ＡとＢの２人が毎日行うと56日目に終了します。同じ仕事をＡとＣの２人が毎日行うと46日目に終了し，ＢとＣの２人が毎日行うと42日目に終了します。Ａ，Ｂ，Ｃはそれぞれ１日に何個の品物を作りますか。ただし，Ａ，Ｂ，Ｃが１日に作る品物の個数はそれぞれ一定で，整数であるとします。なお，この問題は解答までの考え方を表す式や文章・図などを書きなさい。

（４）祖母，母，娘の３人の年齢《れい》について，以下のことが分かっています。

・現在の３人の年齢の合計は120歳《さい》

・３年後，母と娘の年齢の比は３：１

・30年前，祖母と母の年齢の比は３：１

現在の娘の年齢は何歳ですか。なお，この問題は解答までの考え方を表す式や文章・図などを書きなさい。

4　Ａ，Ｂ，Ｃの３つの箱に，整数の書かれたカードが以下のように入っています。

箱Ａ：１から５が書かれたカードが１枚ずつ，計５枚

箱Ｂ：１，３，５が書かれたカードが１枚ずつ，計３枚

箱Ｃ：０から９の書かれたカードが１枚ずつ，計10枚

３つの箱からカードを１枚ずつ取り出して，Ａから取り出したカードの数を百の位，Ｂから取り出したカードの数を十の位，Ｃから取り出したカードの数を一の位とした３桁《けた》の整数Ｘをつくります。このとき，次の問いに答えなさい。

（１）Ｘが４の倍数となる取り出し方は何通りありますか。

（２）Ｘが３の倍数となる取り出し方は何通りありますか。なお，この問題は解答までの考え方を表す式や文章・図などを書きなさい。

（3） Xが12の倍数となる取り出し方は何通りありますか。

5　ボートを使って川下のＡ地点から川上のＢ地点に向かいます。ボートにはメインエンジンとサブエンジンがついていますが，メインエンジンのみでＡ地点からＢ地点に向かう予定でした。予定通りメインエンジンのみでＡ地点を出発したところ，出発して30分後にメインエンジンが故障して止まってしまいました。修理に25分かかった後，再びメインエンジンのみでＢ地点に向けて動き出したところ，予定より35分おくれてＢ地点に到《とう》着しました。もし，メインエンジンを修理せず，故障してすぐにサブエンジンのみに切りかえていれば，予定よりも25分おくれるだけですみました。また，サブエンジンのみでＡ地点からＢ地点まで向かえば予定よりも40分おくれて到着します。このとき，次の問いに答えなさい。

（1）川の流れの速さとメインエンジンのみで動かしたボートの静水時の速さの比を，最も簡単な整数の比で答えなさい。

（2）メインエンジンのみで動かしたボートとサブエンジンのみで動かしたボートの静水時の速さの比を，最も簡単な整数の比で答えなさい。なお，この問題は解答までの考え方を表す式や文章・図などを書きなさい。

（3）はじめからメインエンジンとサブエンジンの両方を使用してA地点からB地点まで向かうとします。どちらのエンジンも故障しなかったとしたら，出発してから到着するまで何分かかりますか。

2022年度　入学試験問題

社　　会

第１回

【注　意】

試験時間は理科とあわせて60分間です。（11:10～12:10）

社会と理科両方の教科の問題を時間内に解いてください。

問題は１ページから14ページまでです。

解答はすべて解答用紙に記入してください。

解答用紙に受験番号、氏名を記入してください。

洗足学園中学校

1 次の［地図］を見て、あとの問いに答えなさい。

［地図］

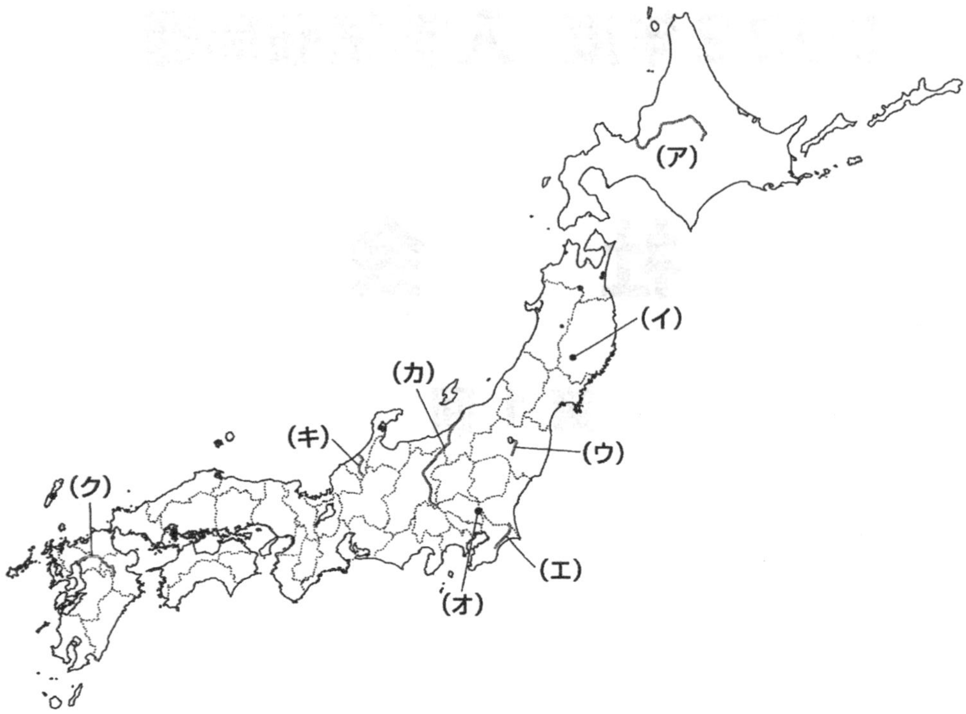

問1　**[地図]** 中の **(ア)**・**(カ)**・**(ク)** の河川について、次の(1)・(2)にそれぞれ答えなさい。

(1)　次の①～③は、**[地図]** 中の **(ア)**・**(カ)**・**(ク)** の河口付近に位置する都市の月別平均気温と降水量を示したものです。①～③と **(ア)**・**(カ)**・**(ク)** の組み合わせとして正しいものを、次の**A**～**F**の中からひとつ選んでアルファベットで答えなさい。

①　　　　②　　　　③

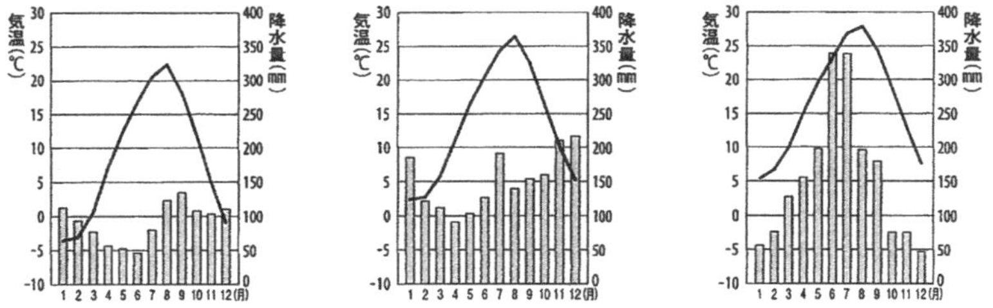

（国立天文台『理科年表』より作成）

A　①－**(ア)**　　②－**(カ)**　　③－**(ク)**
B　①－**(ア)**　　②－**(ク)**　　③－**(カ)**
C　①－**(カ)**　　②－**(ア)**　　③－**(ク)**
D　①－**(カ)**　　②－**(ク)**　　③－**(ア)**
E　①－**(ク)**　　②－**(ア)**　　③－**(カ)**
F　①－**(ク)**　　②－**(カ)**　　③－**(ア)**

(2)　次の①～③は、**[地図]** 中の **(ア)**・**(カ)**・**(ク)** の流域でおこなわれている農業について述べたものです。①～③と **(ア)**・**(カ)**・**(ク)** の組み合わせとして正しいものを、次の**A**～**F**の中からひとつ選んでアルファベットで答えなさい。

①　クリークとよばれる水路がつくられており、米と麦類の二毛作がおこなわれている。
②　日本有数の水田単作地帯であり、暗渠排水《あんきょはいすい》をおこなって湿田《しつでん》の乾田《かんでん》化をしてきた。
③　農業に不向きな泥炭地が広く分布していたが、客土をおこなったことにより日本有数の米作地帯となった。

A　①－**(ア)**　　②－**(カ)**　　③－**(ク)**
B　①－**(ア)**　　②－**(ク)**　　③－**(カ)**
C　①－**(カ)**　　②－**(ア)**　　③－**(ク)**
D　①－**(カ)**　　②－**(ク)**　　③－**(ア)**
E　①－**(ク)**　　②－**(ア)**　　③－**(カ)**
F　①－**(ク)**　　②－**(カ)**　　③－**(ア)**

問2　[地図] 中の（イ）には日本最大級の扇状地が広がっています。扇状地について述べた文として誤っているものを、次のA～Dの中からひとつ選んでアルファベットで答えなさい。

A　河川が運んできた砂や小石が堆積《たいせき》する扇形《おうぎがた》の傾斜地《けいしゃち》である。
B　扇状地では、河川が蛇行《だこう》するため、もとの河川が取り残されてできた三日月湖がみられることが多い。
C　扇状地の中央部は水はけがよいため、果樹園や畑に利用される。
D　扇状地の末端《まったん》の低地には湧《わ》き水が出るため、水田や集落が多くみられる。

問3　河川の水を農業や工業で利用するために各地で「利水」がおこなわれてきました。[地図] 中の（ウ）の疏水、（エ）の用水について述べた次の文章中の空《くう》欄《らん》［　X　］・［　Y　］にあてはまる語句を、それぞれ漢字で答えなさい。

> 猪苗代湖を水源とする（ウ）は、［　X　］盆地をうるおすために明治時代に造られました。［　Y　］川を水源とする（エ）は、九十九里平野をうるおしています。

問4　河川の水を発電に活用するため、河川の上流域を中心にダムの建設がおこなわれてきました。これに関連して、次の(1)・(2)にそれぞれ答えなさい。

(1)　ダム建設や水力発電について述べた文として誤っているものを、次のA～Dの中からひとつ選んでアルファベットで答えなさい。

A　発電設備を大都市から遠い山間部につくるため、建設費や送電費が高くなる。
B　ダム建設によってつくられたダム湖に沈《しず》んでしまう村もあった。
C　水力発電は水が流れ落ちる力を利用して発電するため、地球温暖化につながりにくい。
D　降水量が豊富な日本では、どの発電用のダムでも年間を通して安定した電力を生み出せる。

(2)　アルミニウムの製造には大量の電力が必要であることから、水力発電所の近くにアルミニウム工場が立地することが多いです。アルミニウムの原料となる鉱石を答えなさい。

問5　河川の氾濫《はんらん》から人々を守るために、「治水」が重要になってきます。次の **[資料]** は、**[地図]** 中の **(オ)**・**(キ)** でみられる治水施設《しせつ》や設備に関する写真・図です。**[資料]** について述べた次の文章中の下線部①・②の内容の正誤の組み合わせとして正しいものを、次の**A**～**D**の中からひとつ選んでアルファベットで答えなさい。

[資料]

P

（関東地方整備局ホームページより）

Q

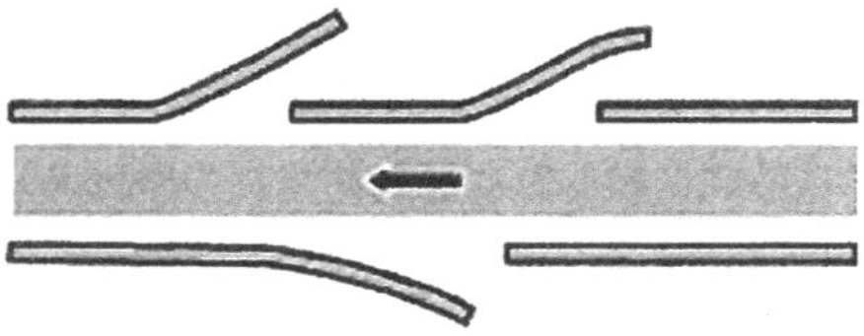

※図中の矢印は川の流れる向きを示している

（国土技術政策総合研究所ホームページより）

> **P**の写真は **(オ)** の地点にある首都圏外郭《がいかく》放水路の内部を写したものです。この放水路は①<u>周辺地域でよく起きていた浸水被害を軽減する</u>ために建設された、世界最大級の地下放水路です。
> **Q**の図は **(キ)** の河川の流域でみられる霞堤《かすみてい》の模式図です。上流側の堤防と下流側の堤防が二重になるようにした不連続な堤防であり、②<u>増水した河川の水をすみやかに下流域に流す</u>ことを目的に造られました。

A　①－正　②－正　　**B**　①－正　②－誤
C　①－誤　②－正　　**D**　①－誤　②－誤

問6　河川は洪水以外の災害も引き起こすことがあります。近年は各地で集中豪雨《ごうう》による土石流の発生が増えており、土石流による被害を軽減するための砂防ダムが注目されています。次の **[資料]** は、どちらも砂防ダムの写真です。従来は**Ⅰ**のような構造のダムが多くみられましたが、下流の地域への影響《えいきょう》を考えて、近年は**Ⅱ**のような構造のダムが増加しています。**Ⅱ**のような構造にすることで、どのような効果が期待できますか。ダムの構造の特徴《とくちょう》にもふれて文章で説明しなさい。

[資料]

Ⅰ

Ⅱ

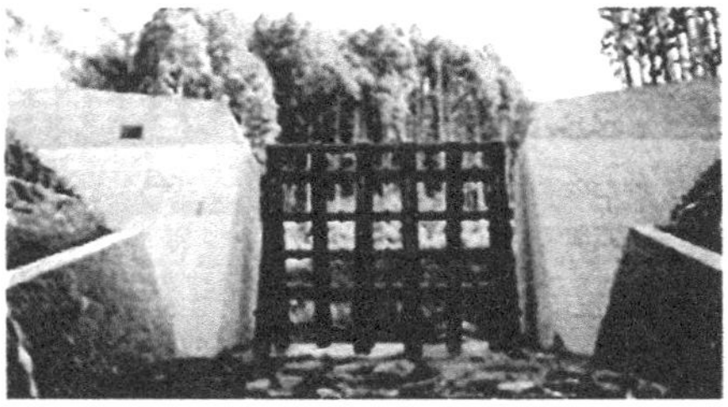

（国土交通省『平成29年度国土交通白書』より）

2 次の文章を読んで、あとの問いに答えなさい。

京都市上京区《かみぎょうく》にある御靈《ごりょう》神社（上御霊《かみごりょう》神社）は、病気平癒《へいゆ》や厄除《やくよ》けなどをご利《り》益《やく》とする神社です。この神社は「御霊信仰《ごりょうしんこう》」にもとづいて創建されました。「御霊《ごりょう》信仰《しんこう》」とは、(ア)怨《うら》みをもって亡くなった者の霊《れい》が天災や疫病《えきびょう》を発生させると考え、その霊《れい》を祀《まつ》ることによってその祟《たた》りから免《まぬが》れようとする思想や信仰《しんこう》のことです。

御靈《ごりょう》神社に伝わる社記によれば、【（イ）】十三（794）年に「崇道《すどう》天皇」をこの地に祀《まつ》ったことがこの神社のはじまりだそうです。「崇道《すどう》天皇」とは、【（ウ）】天皇の弟である、早良《さわら》親王のことです。早良《さわら》親王は、長岡京《ながおかきょう》造営の主導者藤原種継《ふじわらのたねつぐ》の暗殺に関与《かんよ》したとされ、現在の【（エ）】の一部に相当する淡路国に配流《はいる》される途《と》中《ちゅう》で亡くなりました。その後、皇后・妃《きさき》など【（ウ）】天皇の近親者の病死や、疫《えき》病《びょう》の流行などが相次ぎ、これらの出来事は早良《さわら》親王の祟《たた》りであると考えられ、親王の名誉《めいよ》を回復して「崇道《すどう》」を追号するとともにこの地に祀《まつ》ったそうです。

同じく社記によれば、貞観《じょうがん》五（863）年、都において「御霊《ごりょう》」を鎮《しず》める祭礼である御霊会《ごりょうえ》が開催《かいさい》されて、早良《さわら》親王や、三筆で有名な【（オ）】らの供養《くよう》がおこなわれました。この御霊会《ごりょうえ》が同社の勅祭《ちょくさい》（天皇より勅使《ちょくし》が派遣《はけん》される祭祀《さいし》）のはじめとされています。その後も天皇家からの崇敬《すうけい》は篤《あつ》く、享保年間に(カ)霊元《れいげん》上皇が参詣《さんけい》した記録が残っています。そのほか、(キ)室町幕府・織田家・豊臣家・徳川家など武家からの寄進の記録や、(ク)松尾芭蕉が奉納《ほうのう》した俳句の碑《ひ》も残されています。

また、この神社の境内における畠山氏の家督《かとく》をめぐる戦闘《せんとう》が、【（ケ）】のきっかけとなりました。境内には、「【（ケ）】發端《ほったん》御靈《ごりょう》合戦舊跡《きゅうせき》」と刻まれた碑《ひ》があります。この碑《ひ》の筆をとったのは、(コ)近衛文麿《このえふみまろ》の孫にあたる(サ)細川護熙《もりひろ》元内閣総理大臣です。彼《かれ》は、【（ケ）】における(シ)一方の事実上の総大将の家系に連なる人物とされています。

令和初日には、同社の祭礼の神輿《みこし》が京都御苑《ぎょえん》内を巡行《じゅんこう》する等の神事が約半世紀ぶりに復活することになり注目を集めました。しかし、いわゆるコロナ禍《か》のなか、各神事や参拝はその影響《えいきょう》に配慮《はいりょ》したものとなりました。神事への参加者や参拝客による病気平癒《へいゆ》の祈《いの》りが届くことを願うばかりです。

問１　下線部（ア）と考えられている人物について述べた文として誤っているものを、次のA～Dの中からひとつ選んでアルファベットで答えなさい。

A　菅原道真は、墾田永年私財法を制定して開墾を奨励《しょうれい》した。
B　平将門は、国司と対立して関東を占領《せんりょう》し、新皇と称《しょう》した。
C　崇徳上皇は、保元の乱において後白河天皇方に敗北した。
D　後醍醐天皇は、天皇を中心とした政治を目指し、建武の新政をおこなった。

問２　空欄《くうらん》［（イ）］・［（ウ）］にあてはまる年号・天皇の組み合わせとして正しいものを、次のA～Fの中からひとつ選んでアルファベットで答えなさい。

A（イ）－延暦（ウ）－桓武　　B（イ）－延暦（ウ）－天武
C（イ）－天平（ウ）－天智　　D（イ）－天平（ウ）－桓武
E（イ）－承平（ウ）－天武　　F（イ）－承平（ウ）－天智

問３　空欄《くうらん》［（エ）］・［（オ）］にあてはまる府県・人物の組み合わせとして正しいものを、次のA～Fの中からひとつ選んでアルファベットで答えなさい。

A（エ）－徳島県　　（オ）－坂上田村麻呂
B（エ）－徳島県　　（オ）－阿倍仲麻呂
C（エ）－大阪府　　（オ）－阿倍仲麻呂
D（エ）－大阪府　　（オ）－橘逸勢
E（エ）－兵庫県　　（オ）－橘逸勢
F（エ）－兵庫県　　（オ）－坂上田村麻呂

問４　下線部（カ）ころの幕政改革について述べた文としてふさわしいものを、次のA～Dの中からひとつ選んでアルファベットで答えなさい。

A　御家人の生活を安定させるため、土倉や酒屋に、御家人の借金を帳消しにするよう命じた。
B　御家人を地頭に任命することにより、御家人の所領の支配を保障した。
C　各大名に対し、石高１万石につき100石の米を納めるよう命じた。
D　株仲間による商品流通の独占《どくせん》が、物価上昇《じょうしょう》の原因であると考え、株仲間の解散を命じた。

問５　下線部（キ）に関連して述べた文として誤っているものを、次のA～Dの中からひとつ選んでアルファベットで答えなさい。

A　足利義昭が織田信長によって京都から追放され、室町幕府は事実上滅亡《めつぼう》した。
B　織田信長は、仏教勢力を抑《おさ》えるためにキリスト教を保護し、ローマに天正遣欧使節を派遣《はけん》した。
C　豊臣秀吉は、バテレン追放令を発して宣教師の国外退去を命じた。
D　徳川家康は、関ヶ原の戦いにおいて石田三成に勝利し、のちに大坂夏の陣において豊臣家を滅《ほろ》ぼした。

問6　下線部 **(ク)** の代表的な作品である『奥の細道』について述べた文①・②の内容の正誤の組み合わせとして正しいものを、次の**A**～**D**の中からひとつ選んでアルファベットで答えなさい。

① 元禄期に完成した浮世草子である。
② 『古事記』についての研究をまとめたものである。

A ①－正　②－正　　**B** ①－正　②－誤
C ①－誤　②－正　　**D** ①－誤　②－誤

問7　空欄《くうらん》［　**(ケ)**　］に関連して、次の(1)・(2)にそれぞれ答えなさい。

(1) 御靈《ごりょう》神社がある京都市上京区《かみぎょうく》には、「西陣」の碑《ひ》があり、その一帯は「西陣」という名称《めいしょう》でよばれます。この名称《めいしょう》は、下線部 **(シ)** と対立していた「ある守護大名」がとった行動に由来しているといわれています。空欄《くうらん》［　**(ケ)**　］と「ある守護大名」を明らかにして、「西陣」の名称《めいしょう》の由来を、解答欄《らん》にあわせて文章で答えなさい。

(2) 「西陣」の碑《ひ》は、京都市考古資料館の建物の前にあります。考古学に関連して、日本における考古学的発見について述べた文として正しいものを、次の**A**～**D**の中からひとつ選んでアルファベットで答えなさい。

A 貝塚の発掘《はっくつ》や分布の調査結果によって、縄文時代当時の海面は、現在の海面より低かったと推測されている。
B 縄文時代には、埴輪がつくられ、子孫繁栄《はんえい》を祈《いの》るための道具として使用された。
C 弥生土器は、発掘《はっくつ》された場所の地名がその名称《めいしょう》の由来となった。
D 遺跡の発掘《はっくつ》・調査結果によって、弥生時代は、石器や青銅器を使用した時代であり、鉄器がまったく使用されていない時代であったと推測されている。

問8　下線部 **(コ)** は、日中戦争開戦時に内閣総理大臣を務めた人物です。日中戦争開戦以降の日中関係について述べた文として正しいものを、次の**A**～**D**の中からひとつ選んでアルファベットで答えなさい。

A 日中共同声明によって、日本と中華人民共和国との国交が正常化した。
B 北京郊外の柳条湖において、日本軍と中華民国軍が衝突《しょうとつ》した。
C ノモンハン事件において、日本は中華民国軍に大敗した。
D 盧溝橋事件をきっかけとして、満州事変が始まった。

問9　1993年に下線部 **(サ)** による内閣が発足したことによってそれまで30年以上与党であった「ある政党」が政権を失いました。「ある政党」を何といいますか。漢字で答えなさい。

2

問一

4点

問二

8点

問三

一

二

三

四

五

1点×5

問四

8点

問五

8点

問六

4点

問七

A

B

C

D

2点×4

問八

5点

／50

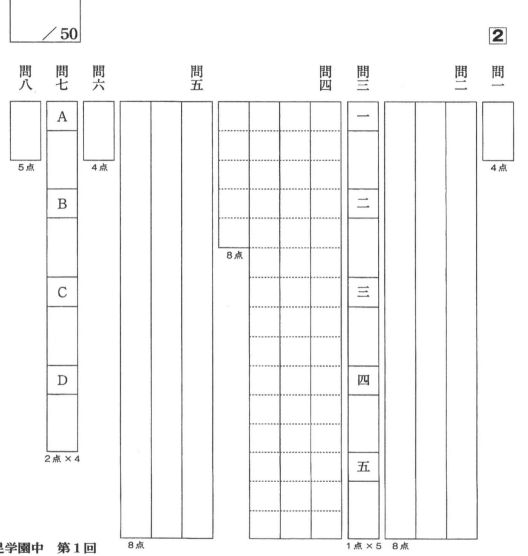

A　　　個	B　　　個	C　　　個

8点

4

(1) 　　　通り　5点

(2) 　　　通り　8点

(3) 　　　通り　7点

　　　歳　8点

5

(1) 　　：　　7点

(2) 　　：　　8点

(3) 　　　分　5点

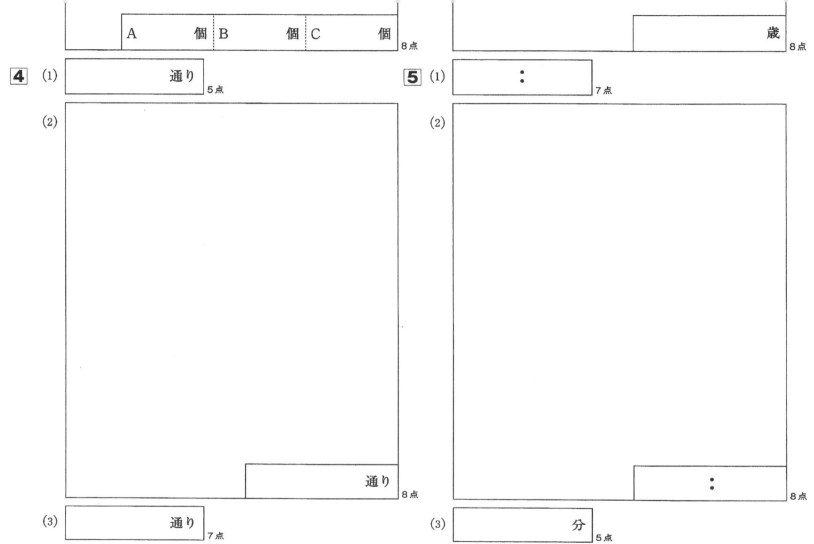

② 4点

③ 2点

(3) 2点 (4) 2点 (5) 2点

(6) ① 2点 ② 2点

小計 ／19

4 (1) ① 2点 ② 2点 (2) ③ 1点 ④ 1点

(3) 2点 (4) 2点

(5) ① 8 時 分 秒 2点 ② km 3点

③ 2点

小計 ／17

受験番号

氏名

／75

問7 (2)　2点　問8　3点　問9　党　2点

小計　／25

3

問1 (1)　2点　(2)　2点　問2　2点

問3 (1)　3点　(2)　3点

問4　2点　問5　2点

問6　3点　問7　2点

問8

2点×2

小計　／25

受験番号

氏名

合計　／75

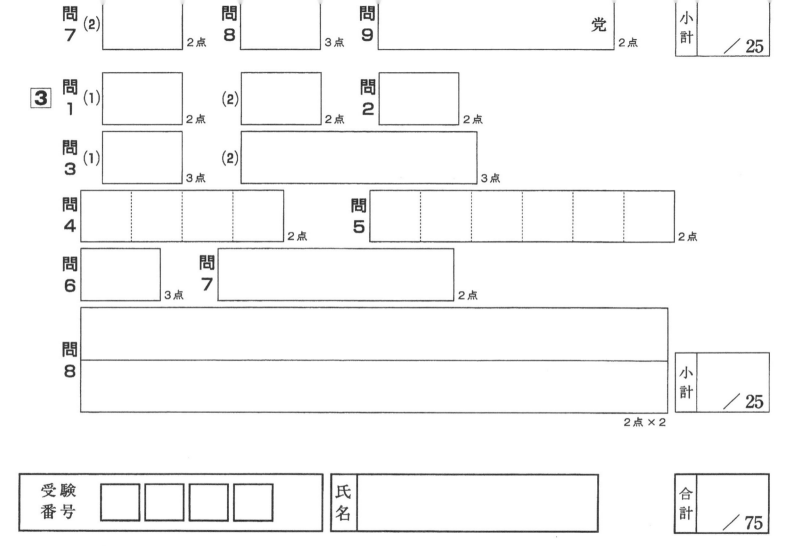

社会

2022年度　入学試験解答用紙　第1回

洗足学園中学校

1

問1 (1) 3点　(2) 3点

問2 3点

問3 X　Y　2点×2

問4 (1) 3点　(2) 2点

問5 3点

問6 4点

小計 ／25

2

問1 2点

問2 2点

問3 2点

問4 3点

問5 3点

問6 2点

問7 (1)

【解答用

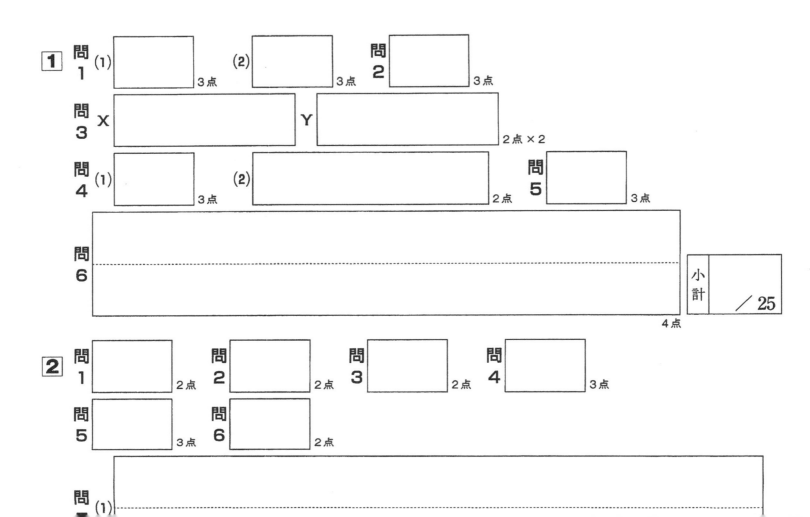

理科

2022年度　入学試験解答用紙　第1回

洗足学園中学校

1

(1) 　1点

(2) ① 　4点

② 　2点　(3) ① mm^2 　1点　② 　2点

③ 2番目 　1点　7番目 　1点　④ か所 　2点

(4) ① 　2点　② 　3点

小計 ／19

2

(1) 　2点　(2) P　： 　3点　Q　： 　3点

(3) 　4点　(4) g 　4点

(5) 　2点　(6) 　2点

小計 ／20

【解答用

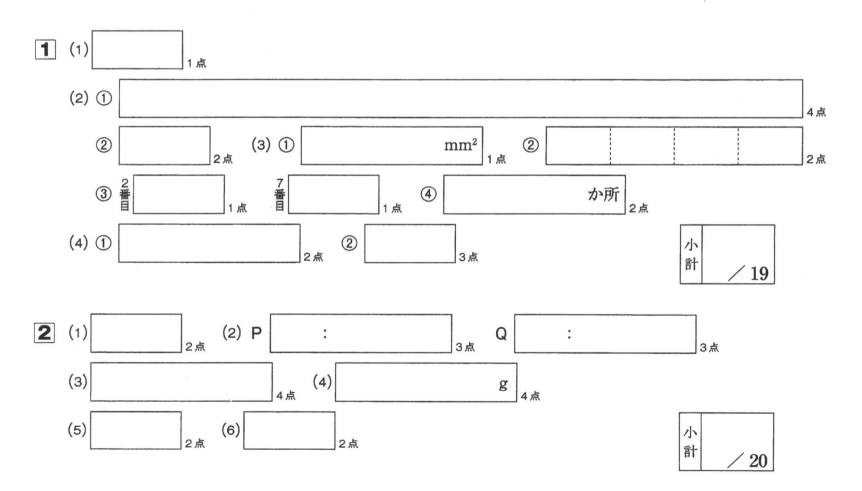

算数

2022年度　入学試験解答用紙　第1回

洗足学園中学校

受験番号					氏名		／100

1

(1) ［　　　］ 5点　(2) ［　　　］ 5点

2

(1) ［　　　分］ 5点　(2) ［　　　円］ 5点　(3) ［　　　cm^2］ 5点　(4) ［ア　　｜イ　　］ 5点

3

(1) ［　｜　｜　｜　］ 7点　(2) ［　　　cm^2］ 7点

(3)

(4)

国語

／100

二〇二二年度　入学試験解答用紙　第一回

洗足学園中学校

受験番号

氏　名

1

問一　7点

問二　7点

問三　3点

問四　3点

問五　7点

問六
A
B
C
D
2点×4

問七
（ア）
（イ）
（ウ）
（エ）
（オ）
2点×5

問八　5点

／50

【解答

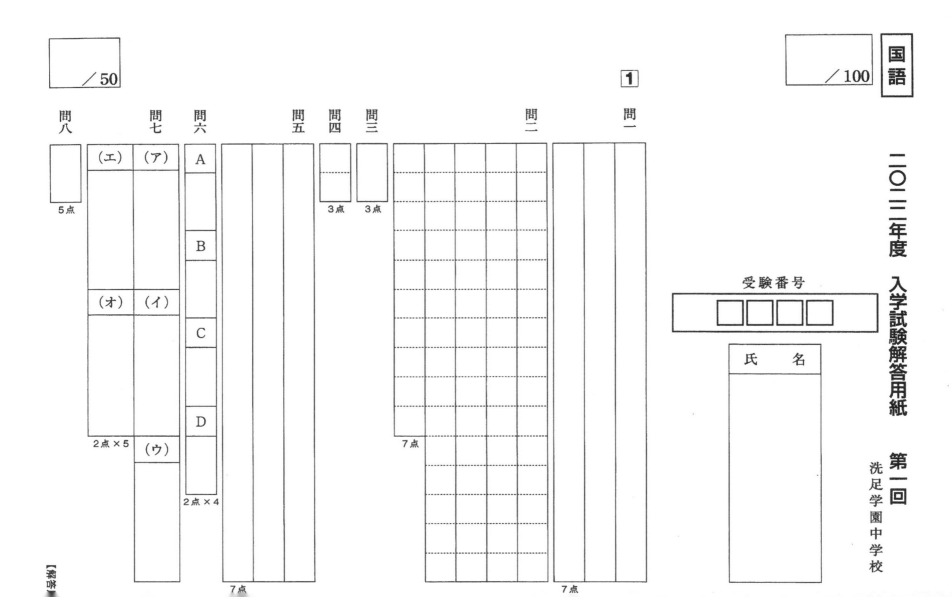

問題は次のページに続きます。

3 次の文章を読んで、あとの問いに答えなさい。

2021年9月5日、東京パラリンピックの閉会式をむかえ、約1か月にわたる東京オリンピック・パラリンピックはすべての競技を終えました。新型コロナウイルス感染症の影響《えいきょう》により多くの会場が無観客になるなど、当初の予定とは大きく形を変えての実施《じっし》となったのは記憶《きおく》に新しいところです。しかし、こうした困難な状況《じょうきょう》にあっても、最後まで変わらずに貫《つらぬ》かれたものがあります。それは、オリンピック・パラリンピックの基本的な理念です。

今回のオリンピック・パラリンピックが掲《かか》げていた3つの基本コンセプトのうちのひとつに「多様性と調和」があります。これは、人種・肌《はだ》の色・性別・性的指向・言語・宗教・政治・障がいの有無など、他者から見えやすいちがいからそうでないものまで、あらゆるちがいをまずは肯定《こうてい》し、受け容《い》れ、お互《たが》いに認め合うことの重要性を訴えたものです。こうした(ア)多様性の考え方は、グローバル化する世界のなかで、ますます重要になってきています。日本に暮らす(イ)外国人の数は、2020年末の時点で280万人を超《こ》えており、東京でのオリンピック・パラリンピックの開催《かいさい》が決まった2013年と比較《ひかく》すると、70万人以上も増えています。

異なる背景を持つ人と共に暮らしていくうえで重要になるのは、すべての人がひとりの個人として(ウ)きちんと権利が保障される環境を整えていくことです。自然災害の発生を例に考えてみましょう。気象庁や地方公共団体は、自然災害の発生が予見される地域に対し、(エ)避難情報をはじめとするさまざまな情報を発表します。すべての人の命を救うためには、発表した情報がすべての人に伝わらなければいけません。(オ)日本語を母語としない人に情報を伝えるための手立てとしてまず思いつくのが、英語での情報提供ではないでしょうか。しかし、日本語を母語としないすべての人が英語を得意とするわけではありません。ある調査では、日本に定住する外国人のうち、母語以外でわかる言語として「英語」と答えた人は、44.0%に留まったそうです。「英語で情報を伝えれば、すべての人に伝わる」という考え方は、幻想《げんそう》にすぎないのです。

こうした状況《じょうきょう》のなか、近年注目されているのは「やさしい日本語」による情報提供です。書くときは、文章をわかりやすく書く、漢字にルビをふるなどの工夫をします。会話をするときは、ゆっくりわかりやすい言葉で話す、相手の話をゆっくり聴《き》く、丁寧語《ていねいご》で話すなどの工夫をします。こうした少しの工夫で、情報は格段に伝わりやすくなるのです。洗足学園中学校が位置する(カ)川崎市は、2021年3月に「川崎市〈やさしい日本語〉ガイドライン」を作成し、「やさしい日本語」の活用を推進しています。

ここで注意しなければならないのは、「やさしい日本語」の活用が求められているのは、(キ)政治における権力を持つ存在だけではないということです。ごみの分別や通院といった日常生活の場面では、わたしたち一人ひとりが情報を発信する必要があります。(ク)社会を構成する一員として、日本語を母語とする人が「やさしい日本語」を使いこなせるようになることが大切です。また、「やさしい日本語」の活用は、日本語を母語としない人が情報を発信する際にも有用であるとされています。あらゆる人が情報を受け取るだけでなく、情報を発信することができる環境を整えることが、社会の多様性を実現する土台となることでしょう。

すべての人が互《たが》いを認め合い、自分らしく生きることのできる社会をめざす取り組みは、まだはじまったばかりです。オリンピック・パラリンピックという空間に響《ひび》いた「多様性と調和」というスローガンを、真の意味での「オリンピック・パラリンピックの遺産」にできるかどうかは、これからのわたしたちのふるまい方にかかっています。

問1　下線部 **(ア)** に関連して、次の(1)・(2)にそれぞれ答えなさい。

(1)　多様性の考え方は、持続可能な社会を実現していくためにも不可欠であるとされています。持続可能な社会をめざす国際連合の取り組みについて述べた文①・②の内容の正誤の組み合わせとして正しいものを、次の**A**～**D**の中からひとつ選んでアルファベットで答えなさい。

①　2015年、極度の貧困と飢餓《きが》の撲滅《ぼくめつ》などの８つの目標を掲《かか》げたミレニアム開発目標（MDGs）が採択された。

②　2021年、核兵器の開発・実験・使用などを禁止する、核兵器禁止条約が発効した。

A　①－正　②－正　　**B**　①－正　②－誤

C　①－誤　②－正　　**D**　①－誤　②－誤

(2)　多様性の考え方は、自然環境の保護という観点においても重要です。次の **[地図]** 中の **(あ)** ～ **(え)** は、ある環境問題が発生している主な地域を示しています。**(あ)** の地域で発生している環境問題として最も適当なものを、次の**A**～**D**の中からひとつ選んでアルファベットで答えなさい。

[地図]

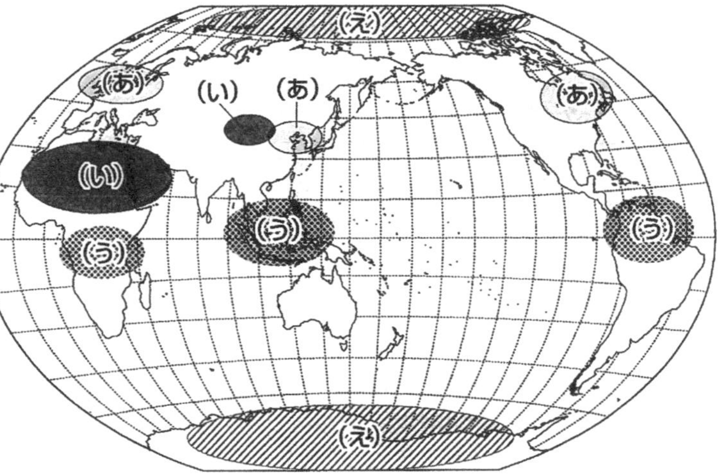

（経済産業省「わたしたちのくらしとエネルギー」より作成）

A　熱帯林の減少　　**B**　砂漠化　　**C**　酸性雨　　**D**　オゾン層の破壊

問2　下線部（**イ**）に関連して、次の**［資料］**は、神奈川県に住む主要6国籍《こくせき》の外国人数の推移を示したものです。**［資料］**から読み取れることとして正しいものを、次の**A**～**D**の中からひとつ選んでアルファベットで答えなさい。

［資料］

主要6国籍外国人数の推移

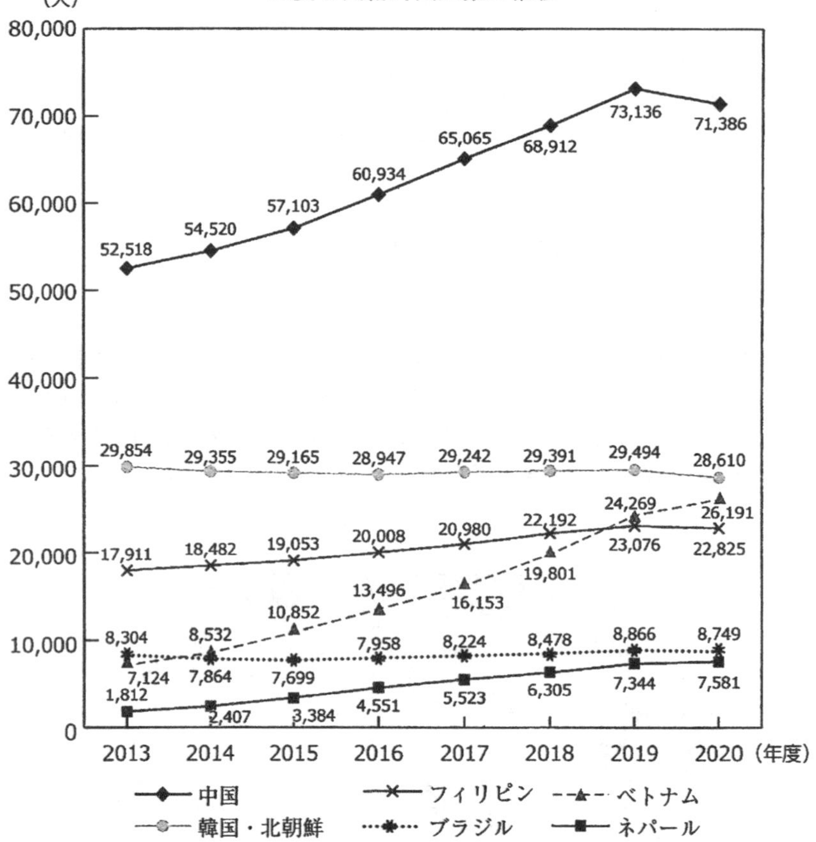

（神奈川県ホームページ「県内外国人統計（外国人登録者統計）」より作成）

A　2020年度を2013年度と比較《ひかく》したとき、神奈川県に住む外国人の増加数が最も多い国は、6か国の中では中国である。

B　2020年度を2013年度と比較《ひかく》したとき、神奈川県に住む外国人数の増加率が最も高い国は、6か国の中ではネパールである。

C　2020年度を2016年度と比較《ひかく》したとき、神奈川県に住む外国人の増加数が3000人以上増えているのは、6か国中2か国である。

D　2020年度を2016年度と比較《ひかく》したとき、神奈川県に住む外国人数が1.5倍以上に増えているのは、6か国中3か国である。

問3　下線部（ウ）に関連して、次の(1)・(2)にそれぞれ答えなさい。

(1)　人々の権利を保障するためには、裁判所が適切な役割を果たすことが必要です。裁判所について述べた文として誤っているものを、次の**A**～**D**の中からひとつ選んでアルファベットで答えなさい。

A　裁判所は、最高裁判所・高等裁判所・地方裁判所・家庭裁判所・簡易裁判所の５種類に分けられる。

B　裁判の当事者は、裁判の判決に不服がある場合、ひとつの事件について、原則として３回まで裁判を受けることができる。

C　最高裁判所の裁判官は、任命された後に初めておこなわれる衆議院議員総選挙において、その職責にふさわしいかどうかの国民審査を受ける。

D　重大な刑事裁判の第一審に裁判官と共に加わる裁判員は、衆議院議員の被選挙権を持つ人の中からくじで選ばれる。

(2)　人々の権利を確実なものとするために、さまざまな社会保障制度が整備されています。基本的人権や社会保障制度について述べた文として正しいものを、次の**A**～**D**の中からすべて選んでアルファベットで答えなさい。

A　日本国憲法では社会権のひとつとして、人間らしい生活環境を求める権利である環境権が規定されている。

B　日本国憲法では社会権のひとつとして、健康で文化的な最低限度の生活を営む権利である生存権が規定されている。

C　社会保障制度のひとつである公衆衛生の仕事として、保健所が感染症の予防活動をおこなっている。

D　社会保障制度のひとつである医療保険によって、病院の窓口で一部の負担金を支払うだけで医療が受けられるようになっている。

問4　下線部（エ）に関連して、2021年５月20日、改正された災害対策基本法が施行され、大雨などの災害時に地方公共団体が発表する避難情報の名称《めいしょう》が変更《へんこう》されました。次の**［資料］**は、改正後の避難情報をまとめたものです。**［資料］**中の空欄《くうらん》［　Ｘ　］は警戒《けいかい》レベル４に位置づけられ、原則としてすべての人が危険な場所から避難することを呼びかける情報です。空欄《くうらん》［　Ｘ　］にあてはまる語句を漢字４字で答えなさい。

［資料］

警戒レベル	避難情報
5	緊急安全確保
	〈警戒レベル４までに必ず避難！〉
4	Ｘ
3	高齢者等避難
2	大雨・洪水・高潮注意報（気象庁）
1	早期注意報（気象庁）

（内閣府「新たな避難情報に関するポスター・チラシ」より作成）

問5　下線部（オ）として、言語ではないものを用いて情報を提供する方法もあります。次の**［資料］**は、言語に頼《たよ》ることなく簡略化された図式を用いることでなんらかの情報を表現する「絵文字」の一例です。こうした「絵文字」を何といいますか。カタカナ６字で答えなさい。

［資料］

非常口をあらわす「絵文字」

エスカレーターをあらわす「絵文字」

（国土交通省ホームページより）

問6　下線部（**カ**）の取り組みについて述べた文として誤っているものを、次の**A**～**D**の中からひとつ選んでアルファベットで答えなさい。

A　川崎市は、良好な地域環境を保全・創造するため、大規模な開発をおこなう前に環境におよぼす影響《えいきょう》を調査する「環境アセスメント」に関する条例を、全国に先駆《さきが》けて制定した。

B　川崎市は、公務員の長時間労働を是正《ぜせい》するため、市長や市議会議員に代わって市政の業務を仕分けする「オンブズマン（オンブズパーソン）制度」を、全国に先駆《さきが》けて導入した。

C　川崎市は、外国人の市民が国籍《こくせき》や文化、言語のちがいなどにより不利益を受けないようにするため、外国籍《がいこくせき》の市民は地方公務員になれないとする「国籍《こくせき》条項」を一部を除いて撤廃した。

D　川崎市は、差別のない人権尊重のまちづくりを進めるため、特定の国の出身者であることのみを理由とした差別的な言動である「ヘイトスピーチ」に刑事罰《けいじばつ》を科した条例を制定した。

問7　次の**［資料］**は、ある思想家が下線部（**キ**）のあり方について述べた書物の一部を日本語訳したものです。**［資料］**のような状況《じょうきょう》になることを防ぐためにこの書物で語られている政治権力のあり方を何といいますか。漢字で答えなさい。

［資料］

権力をもつ者はみな、それを乱用しがちであるということは、永遠に変わらない経験である。……もし法律を定める権力と公共の決定を実行する権力、罪や私人間の争いを裁く権力が同一の人間、または……同一団体のもとに統合されるなら、自由は失われてしまうだろう。

問8　下線部（**ク**）として、市民は選挙を通して政治に参加します。しかし、選挙の他にも、さまざまな方法で市民は政治に参加することができます。選挙以外に市民の考えを政治に反映させる手段にはどのようなものがありますか。異なる観点からふたつ、文章で説明しなさい。

② 試験管Ⅰでは溶液の色の変化が観察できましたが、ほかの試験管では色の変化が観察できませんでした。結果より、試験管Ⅰの溶液の色の変化はオオカナダモの光合成によると考えられます。光合成が行われると溶液の色が変化する理由を説明しなさい。

③ 試験管Ⅰ、Ⅱのみで実験した場合、試験管Ⅰの溶液の色の変化の理由として考えられることを次よりすべて選び、記号で答えなさい。

ア．オオカナダモが呼吸したから。
イ．オオカナダモが光合成したから。
ウ．BTB溶液とオオカナダモが反応したから。
エ．BTB溶液の色が時間の経過により変化したから。
オ．BTB溶液の色が日光を当てたことで変化したから。

（3） 下線部ｃについて、図1は、ある植物における、光の強さと光合成の速さの関係を示したグラフです。図1から分かることとして適当なものを次より1つ選び、記号で答えなさい。

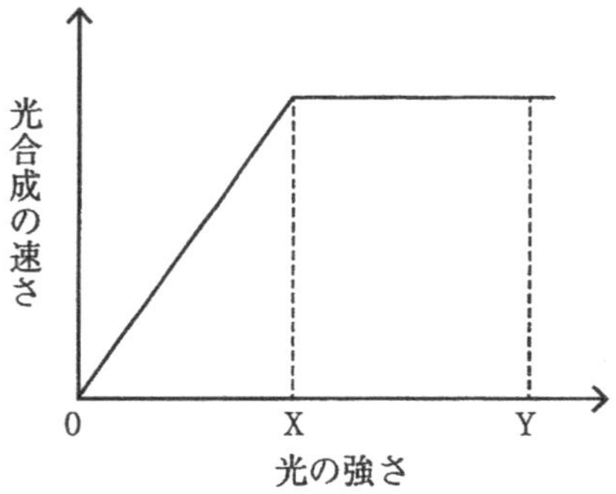

図1

ア．光の強さがXより弱いときは光が強くなるほど光合成が速くなるが、光の強さがXより強くなると光合成は行われなくなる。
イ．光の強さがXより弱いときは光が強くなるほど光合成が速くなるが、光の強さがXより強くなると光が強くなっても光合成は速くならない。
ウ．光の強さがXのときの方が光の強さがYのときよりも光合成が速い。
エ．光の強さがYのときの方が光の強さがXのときよりも光合成が速い。

（4）　下線部ｃについて、光の強さ以外にも、園子さんが使った青色LEDライトでは光合成が起こりにくい理由があると考えられます。その理由として適当なものを次より１つ選び、記号で答えなさい。

ア．青色の光は植物の光合成をさまたげるから。
イ．植物の光合成には青色以外の光も必要だから。
ウ．青色LEDライトは植物の成長をさまたげるから。
エ．青色LEDライトが当たると植物の温度が下がるから。

（5）　下線部ｄについて、園子さんとお姉さんが調べたところ、植物では、十分な光があたえられているとき、光合成がもっともさかんに行われる温度があることがわかりました。温度と光合成の速さの関係を示したグラフとして適当なものを次より１つ選び、記号で答えなさい。

ア
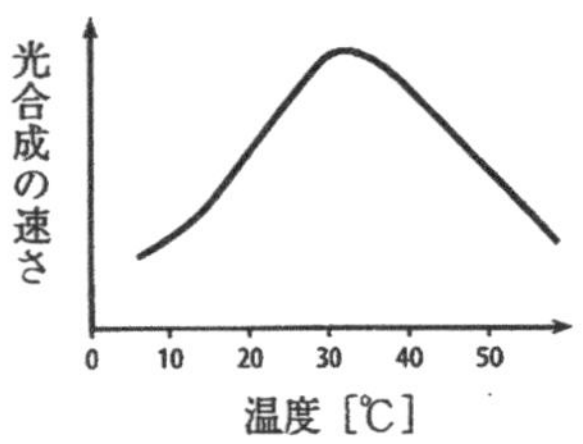

イ
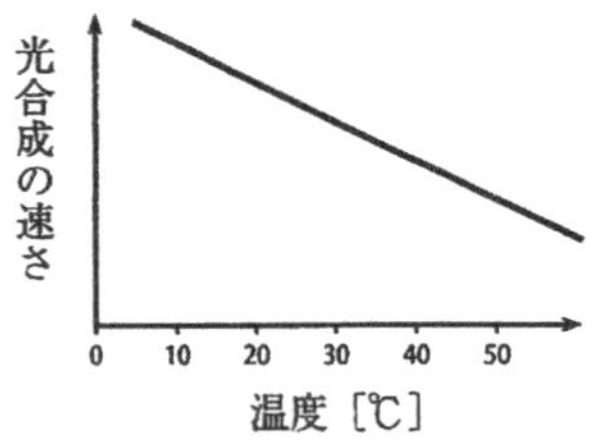

ウ
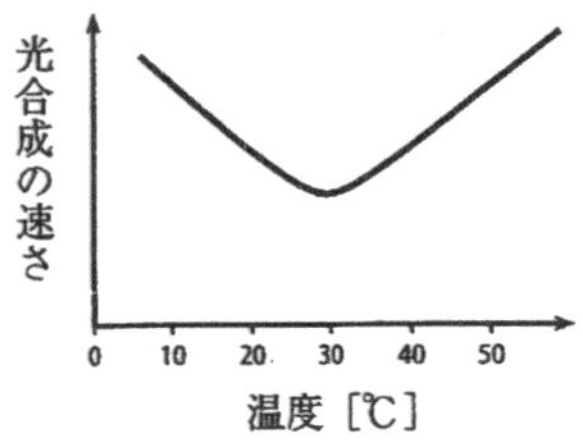

エ
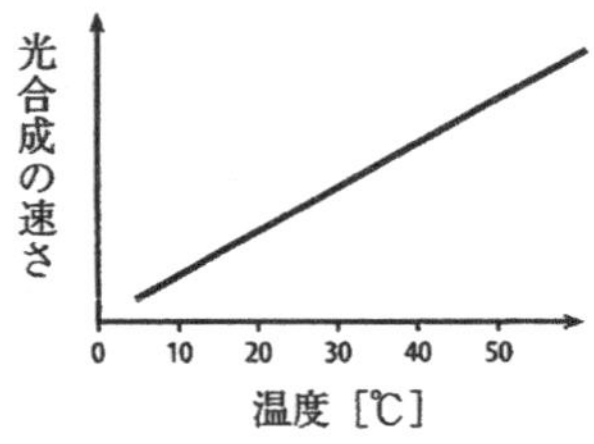

（6）　ミニトマトは１つの花の中で受粉することができますが、人工的に別の品種を受粉させて雑種を作ることもできます。雑種は親の世代よりも優れた性質をもつことがあります。

① 品種Ａに品種Ｂをかけ合わせて雑種を作るために必要な作業として適当なものを次よりすべて選び、記号で答えなさい。

ア．品種Ａの花が開く前のつぼみの中からめしべとおしべをすべて取りのぞく。
イ．品種Ａの花が開く前のつぼみの中からめしべを取りのぞく。
ウ．品種Ａの花が開く前のつぼみの中からおしべをすべて取りのぞく。
エ．品種Ａのめしべに品種Ｂの花粉をつける。
オ．品種Ａのおしべに品種Ｂの花粉をつける。
カ．品種Ａのめしべに品種Ｂのめしべをつける。

② 赤色のトマトに黄色のトマトをかけ合わせるとオレンジ色のトマトを作ることができると知った園子さんは、赤色のトマトの株に咲いたすべての花に黄色のトマトをかけ合わせようと思い、①の作業をしました。その後、この株にできるトマトの色として適当なものを次より１つ選び、記号で答えなさい。

ア．すべてオレンジ色
イ．すべて赤色
ウ．すべて黄色
エ．オレンジ色と赤色
オ．オレンジ色と黄色
カ．赤色と黄色
キ．オレンジ色と赤色と黄色

4　Ⅰ．振動《しんどう》の伝わる速さは、物質によって異なります。

空気、水、鉄に同じ振動をあたえるとき、振動の伝わる速さは ① がもっともおそく、 ② がもっとも速い。空気中で音の伝わる速さは秒速約 ③ mであるが、水中で音の伝わる速さは秒速約 ④ mである。

（1）　空らん ① 、 ② にあてはまる語句として適当なものを次より1つずつ選び、記号で答えなさい。

ア．空気　　イ．水　　ウ．鉄

（2）　空らん ③ 、 ④ にあてはまる数値としてもっとも適当なものを次より1つずつ選び、記号で答えなさい。

ア．1.5　　イ．34　　ウ．150
エ．340　　オ．1500　　カ．34万

Ⅱ.　図1は、1目盛りを9 kmとして、ある地震《じしん》の震源《しんげん》（╳）と、地点A～Dの位置を表しています。また、表1は、この地震による、地点A～Dにおける震度《しんど》とゆれが始まった時刻をまとめたものです。ただし、この地震の震源の深さは無視できるほど小さいものとします。

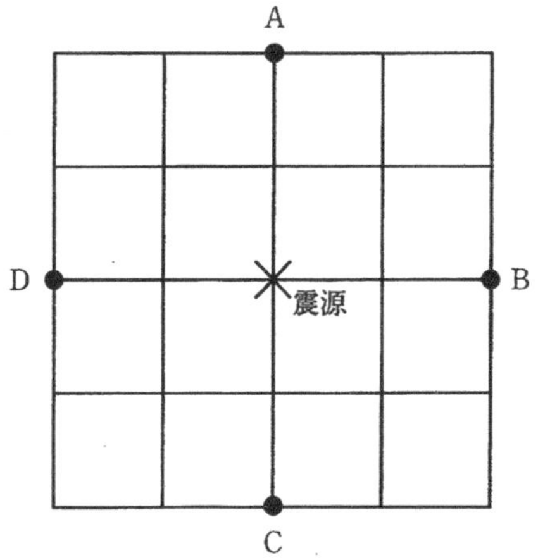

図1

表1

	震度	ゆれが始まった時刻
地点A	3	8時11分4.25秒
地点B	4	8時11分4.50秒
地点C	4	8時11分5.00秒
地点D	4	

(3)　地震を観測するとき、はじめに起こる小さなゆれをなんというか、名称《めいしょう》を答えなさい。

(4)　地点Cの震度が地点Aよりも大きい理由として適当なものを次より1つ選び、記号で答えなさい。

ア．地点Cの地盤《じばん》の方が地点Aの地盤よりもやわらかいから。
イ．地点Cの方が地点Aよりも震源から近いから。
ウ．地点Cの方が地点Aよりも地震のマグニチュードが大きいから。
エ．地点Cが風下だったから。

(5)　震源周辺は、地盤P、Qからできています。震源から地点A～Dまでの断面図は、図2のようになっています。地震のはじめのゆれが伝わる速さは、地盤Qでは毎秒6 kmです。

① 震源（╳）から地点Dまでの間には、地盤Pが6 kmあります。地点Dにおいて、ゆれが始まった時刻を求めなさい。答えは、秒数に小数第3位以下があるときは四捨五入して小数第2位まで求めなさい。

② 震源（╳）から地点Bまでの間に地盤Pは何kmあるか、求めなさい。答えは、小数第1位以下があるときは四捨五入して整数で求めなさい。

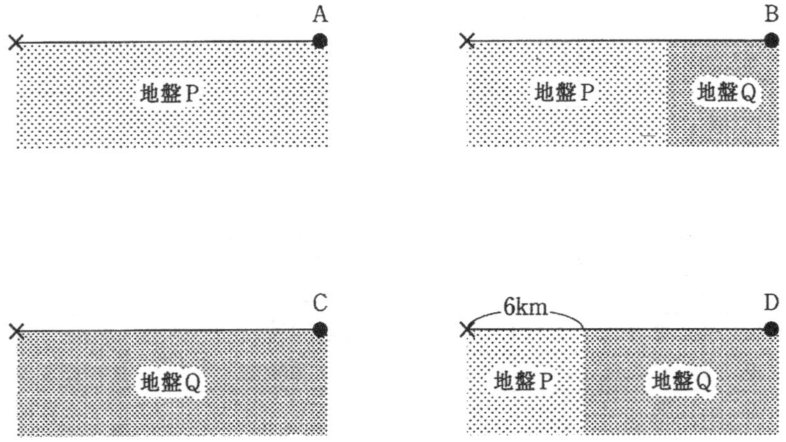

図2

③ 震源（╳）周辺における地盤Pと地盤Qの分布を表した図として、もっとも適当なものを次より１つ選び、記号で答えなさい。

ア

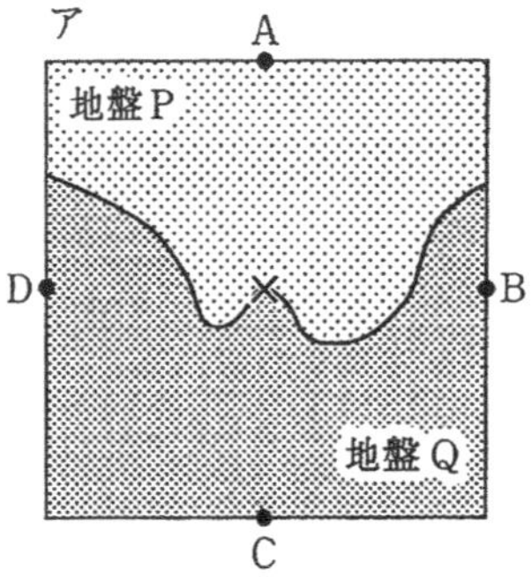

イ

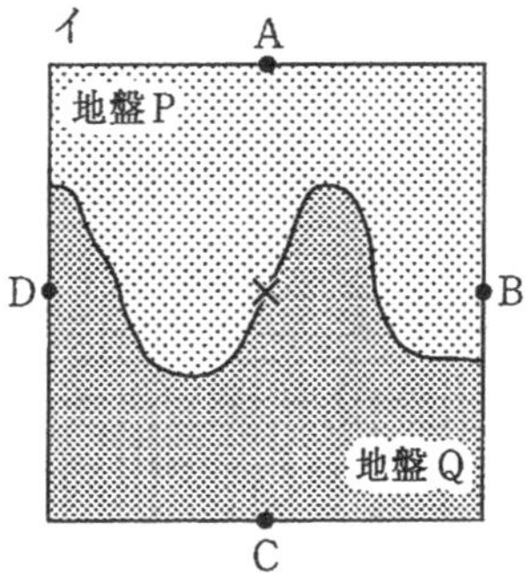

ウ

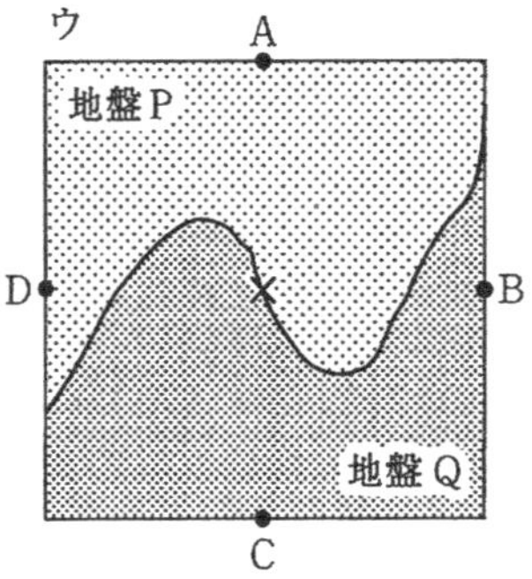

エ

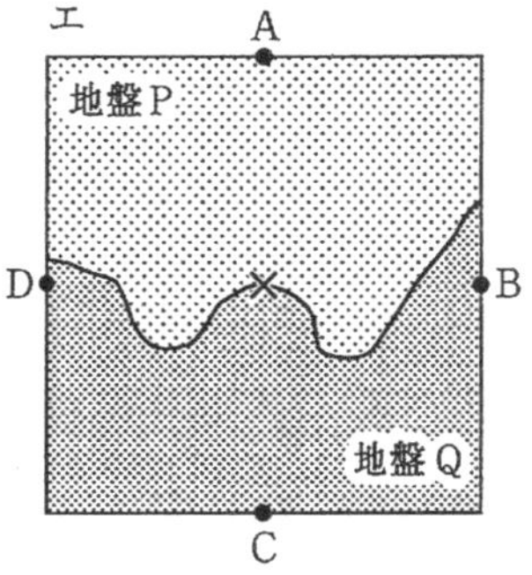

2022(R4) 洗足学園中　第1回
K 教英出版

2022年度　入学試験問題

理　　科

第 1 回

【注　意】

試験時間は社会とあわせて60分間です。（11:10 ～ 12:10）

理科と社会両方の教科の問題を時間内に解いてください。

問題は1ページから15ページまでです。

解答はすべて解答用紙に記入してください。

解答用紙に受験番号、氏名を記入してください。

洗足学園中学校

1 (1)　真っ暗な部屋で、日光のもとでは白く見える壁《かべ》に、赤色、青色、緑色の光を図1のように当てたところ、2つの光が重なったところはそれぞれ、赤紫《あかむらさき》色、黄色、空色に見えました。3つの光が重なったところは、何色に見えますか。適当なものを次より1つ選び、記号で答えなさい。

ア．黒色　　イ．白色　　ウ．褐色《かっしょく》　　エ．灰色

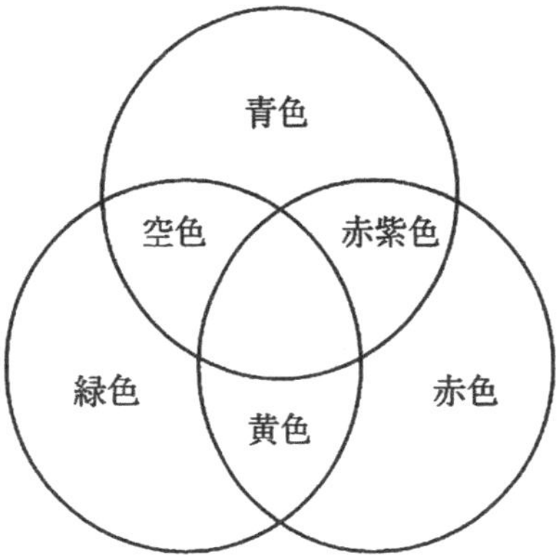

図1

(2)　真っ暗な部屋で、日光のもとでは赤く見える紙に、赤紫色の光を当てると、赤く見えました。当てる光を空色にすると、光が当たっているのに暗いままでした。

① この結果から分かる、赤い紙の光に対する性質を説明しなさい。

② 真っ暗な部屋で、ある色の壁に色々な光を当てました。壁は、赤色の光を当てると赤色に見え、緑色の光を当てると緑色に見え、青色の光を当てると暗いままでした。この壁は日光のもとでは何色に見えると考えられますか。適当なものを次より1つ選び、記号で答えなさい。

ア．赤色　　イ．青色　　ウ．緑色
エ．赤紫色　　オ．黄色　　カ．空色

（3）　図2のように、中央に直径3 mmの円形の穴をあけた厚紙を用意し、日光のもとでは白く見えるスクリーンの30cm手前に置きました。厚紙の30cm手前で穴と同じ高さから懐中《かいちゅう》電灯で赤色の光を当てると、厚紙とスクリーンに赤い部分ができました。ただし、厚紙とスクリーンは十分大きく、光がはみ出すことはないものとします。

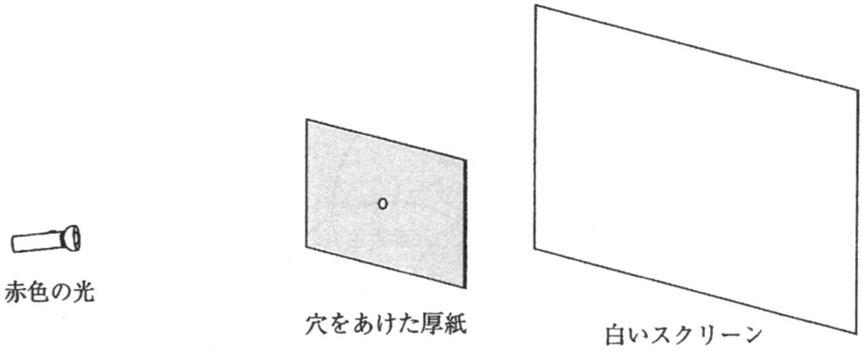

図2

① スクリーンにできた赤い部分の面積は何mm^2ですか。答えは、小数第3位以下があるときは四捨五入して小数第2位まで求めなさい。ただし、円周率は3.14とします。

② 図2の状態から、厚紙の穴の3 cm上に同じ形、大きさの穴をあけ、図3のようにその穴と同じ高さから青色の光も当てました。すると、スクリーン上には明るい部分が4か所できました。それぞれの色を上から順番に、次より1つずつ選び、記号で答えなさい。ただし、同じ記号を何度選んでも良いものとします。

ア．赤色　　イ．青色　　ウ．緑色
エ．赤紫色　　オ．黄色　　カ．空色

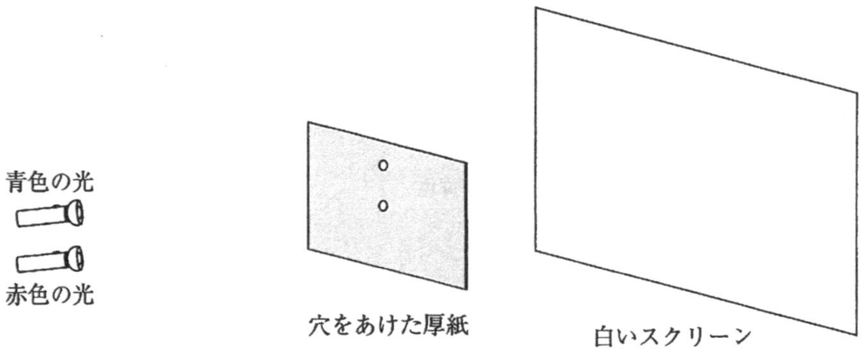

図3

③ 図3の状態からさらに、厚紙のはじめの穴から3 cm下にも同じ形、大きさの穴をあけ、その穴と同じ高さから緑色の光も当てると、スクリーン上には明るい部分が7か所できました。上から2番目、7番目の色を次より1つずつ選び、記号で答えなさい。ただし、同じ記号を何度選んでも良いものとします。

ア．赤色　　イ．青色　　ウ．緑色
エ．赤紫色　　オ．黄色　　カ．空色

④ スクリーンを日光のもとでは赤く見えるものに変えて、真っ暗な部屋で③と同様に赤色、青色、緑色の光を当てると、スクリーン上に明るい部分は何か所できますか。

（4）　ヒトは3色の光の組み合わせで色を判別しており、これを3色型色覚といいます。生物によって、何色の光の組み合わせを用いているかが異なります。

① 多くのほ乳類は2色型色覚で、2色の光の組み合わせで色を判別しています。ヒトが識別できる色でも、赤色と緑色の光の組み合わせで色を判別している生物には識別できない色があります。この生物が識別できない色の組み合わせとして適当なものを次よりすべて選び、記号で答えなさい。

ア．赤色と赤紫色　　イ．赤色と黄色　　ウ．赤色と空色
エ．緑色と赤紫色　　オ．緑色と黄色　　カ．緑色と空色
キ．赤紫色と黄色　　ク．黄色と空色　　ケ．空色と赤紫色

② ハチドリは4色型色覚です。ハチドリの色の見え方について、適当なものを次より1つ選び、記号で答えなさい。

ア．ヒトにとって真っ暗な場所は、ハチドリにとっても真っ暗である。
イ．2つの物体の色を比べる時、ヒトが識別できなければ、ハチドリにも識別できない。
ウ．ヒトが識別できる色の数よりも、ハチドリが識別できる色の数は少ない。
エ．ヒトに無地に見えていても、ハチドリには模様があるように見えるものがある。

2　園子さんは、学校で「青菜に塩」ということわざが「急に元気がなくなってしまうこと」、「うちひしがれてうなだれている状態」を意味することを学びました。青菜に塩をかけるとしおれてしまうことに由来するということを聞き、調べてみました。

［学習メモ］

> 細胞《さいぼう》の内側と外側を分ける「細胞膜《まく》」は水溶液《すいようえき》の一部の成分だけを通し、他の成分をほとんど通さない。このような性質を持つ膜を「半透膜《はんとうまく》」とよぶ。濃度《のうど》のちがう水溶液を「半透膜」で仕切ると、うすい水溶液から濃《こ》い水溶液へ水が移動する。これを「浸透《しんとう》」という。

園子さんは浸透についてくわしく知りたいと思い、【実験1】を行いました。

【実験1】

〔方法〕

① ブドウ糖36mgを水にとかして500mLにした。とけ残りはなかった。これを水溶液Aとする。

② 図1のように、U字管（U字型のガラス管。どこでも断面積が等しく、左右対称《たいしょう》である。）の中央部に半透膜をつけた器具を用いて、半透膜を境として、一方に水50mL、もう一方に水溶液A 50mLを入れて静置した。

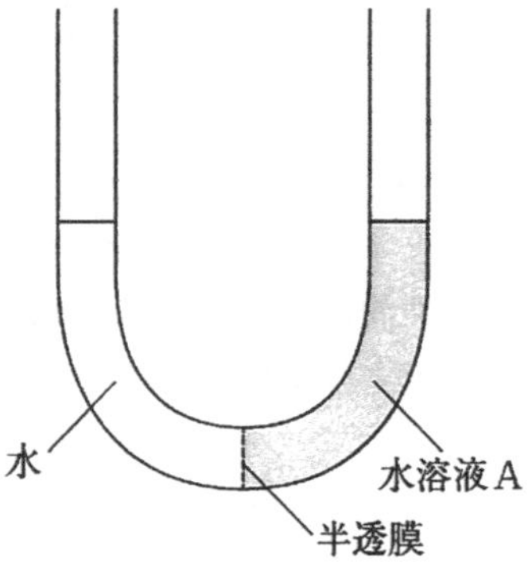

図1

（1）　【実験1】の結果として適当なものを次より1つ選び、記号で答えなさい。

ア．水側の液面が高くなり、水溶液A側の液面が低くなる。
イ．水溶液A側の液面が高くなり、水側の液面が低くなる。
ウ．両側の液面が高くなる。
エ．両側の液面が低くなる。
オ．両側とも液面の高さは変化しない。

次に、園子さんは、液面に力をかけると浸透を防ぐことができると考え、【実験２】、【実験３】を行いました。これらの実験では、液面をぴったりと板でおおい、液体が板の上にあふれないようにして、その上におもりをのせました。ただし、板は十分軽く、重さを無視できるものとします。

【実験２】

〔方法〕

① 水溶液Ｂ～Ｅを作った。ただし、とけ残りはなかった。

水溶液Ｂ　ブドウ糖54mgを水にとかして500mLにした。

水溶液Ｃ　ブドウ糖72mgを水にとかして500mLにした。

水溶液Ｄ　ブドウ糖90mgを水にとかして500mLにした。

水溶液Ｅ　ブドウ糖108mgを水にとかして500mLにした。

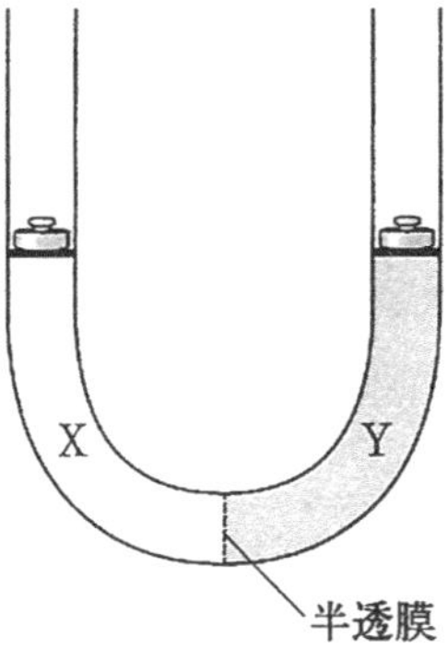

図２

② 【実験１】で使用したものと同じ器具を用いて、図２のように半透膜を境として、左側をＸ、右側をＹとした。水、水溶液Ａ～ＥのいずれかをＸ、Ｙにそれぞれ50mLずつ入れ、液面の高さが同じ状態を保つのに必要なおもりの重さを調べ、その差を表１にまとめた。ただし、「おもりの差［g］」はＸ側がＹ側よりａ［g］重いとき「Ｘ：ａ」、Ｙ側がＸ側よりｂ［g］重いとき「Ｙ：ｂ」、おもりの重さが同じとき「０：０」と書くこととした。

〔結果〕

表１

Ｘ	水	水	水溶液Ｂ	水溶液Ｂ	水溶液Ｅ
Ｙ	水溶液Ａ	水溶液Ｂ	水溶液Ｃ	水溶液Ｄ	水溶液Ｃ
おもりの差［g］	Ｙ：10.12	Ｙ：15.18	Ｐ	Ｙ：10.12	Ｑ

（２）　表１のＰ、Ｑにあてはまる記号と数値を答えなさい。答えは、小数第３位以下があるときは四捨五入して小数第２位まで求めなさい。

【実験３】

〔方法〕

① 水溶液Ｆ～Ｉを作った。ただし、とけ残りはなかった。

水溶液Ｆ　砂糖68.4mgを水にとかして500mLにした。

水溶液Ｇ　食塩11.7mgを水にとかして500mLにした。

水溶液Ｈ　ブドウ糖18mgと食塩2.34mgを水にとかして500mLにした。

水溶液Ｉ　砂糖17.1mgと食塩[R]mgを水にとかして500mLにした。

② 【実験２】と同様に、Ｘ、Ｙにそれぞれ50mLずつ入れ、必要なおもりの重さの差を調べた。

〔結果〕

表２

Ｘ	水溶液Ａ	水溶液Ａ	水溶液Ａ	水溶液Ａ
Ｙ	水溶液Ｆ	水溶液Ｇ	水溶液Ｈ	水溶液Ｉ
おもりの差［g］	0：0	Ｙ：10.12	Ｘ：1.012	Ｙ：12.65

（３）　【実験３】の空らん[R]にあてはまる数値を答えなさい。答えは、小数第２位以下があるときは四捨五入して小数第１位まで求めなさい。

(4)　人間の体液と浸透する力がほぼ同じ食塩水を生理食塩水といいます。生理食塩水の濃度を0.936%とします。浸透する力が生理食塩水と同じブドウ糖水溶液を作るには、何gのブドウ糖を水にとかして500mLにすればよいですか。答えは、小数第2位以下があるときは四捨五入して小数第1位まで求めなさい。ただし、水溶液の密度はすべて1.0g/mLとします。

(5)　園子さんは、浸透を利用して、海水から水を作る装置を作ってみることにしました。【実験2】と同様に、Xに水を、Yに海水をそれぞれ50mLずつ入れ、液面の高さが同じになるようにおもりをのせました。海水から水を作るためのこのあとの園子さんの作業として適当なものを次より1つ選び、記号で答えなさい。

ア. Yに砂糖を加える。
イ. Yに食塩を加える。
ウ. X側、Y側両方にさらに同じおもりをのせる。
エ. X側のおもりを重くする。
オ. Y側のおもりを重くする。

(6)　ホウレンソウに砂糖をかけて静置するとどのようになると考えられますか。適当なものを次より1つ選び、記号で答えなさい。

ア. ホウレンソウが赤くなる。
イ. ホウレンソウから水が出て、その水に砂糖がとける。
ウ. ホウレンソウが砂糖を吸収する。
エ. ホウレンソウがとけてなくなる。

3　園子さんとお姉さんは、お母さんが買ってきた装置を使って、家の中でミニトマトの水耕栽培《さいばい》に取り組んでいます。

園子さん「種子をまいてから$_{a}$芽が出るまでは早かったのに、なかなか大きくならないね。」
お姉さん「そうだね。装置の説明書に、『日光が当たる窓際に装置を置いてください』とあったけど、うちの場合、窓から少しはなれていて暗いのかな。」
園子さん「昼間、少し暗いときは青色LEDライトで照らすようにしているよ。」
お姉さん「そういえば、理科の授業で、$_{b}$オオカナダモの光合成実験をしたときは、晴れていたから屋外に置いて短い時間で光合成が起こったよ。」
園子さん「なるほど。$_{c}$LEDライトは、晴れた日の日光の強さには及ばないのかな。」
お姉さん「もしかしたら、$_{d}$光合成には温度も関係しているのかもしれないね。」

（1）　下線部aについて、発芽した種子から最初に出る葉を何というか、名称《めいしょう》を答えなさい。

（2）　下線部bの実験についての説明を読んで、あとの問いに答えなさい。ただし、BTB溶液《ようえき》はオオカナダモの生育には影響《えいきょう》を与えないものとします。

【実験】　水道水をふっとうさせて冷ました後、BTB溶液を数滴《てき》加え、色が変化しなくなるまで呼気を十分にふきこんだ。その溶液で4本の試験管Ⅰ、Ⅱ、Ⅲ、Ⅳを満たした。試験管Ⅰ、Ⅱにはオオカナダモを入れ、試験管Ⅱ、Ⅳは全体をアルミホイルでおおった。この4本の試験管にゴム栓《せん》をして日光を当て、その後の様子を観察した。

① BTB溶液の性質について説明した次の文の空らんにあてはまる語句の組み合わせとして適当なものを次より1つ選び、記号で答えなさい。

BTB溶液を加えたうすい塩酸に、うすい水酸化ナトリウム水溶液《すいようえき》を少しずつ加えていくと、色が［　e　］色から［　f　］色に変化し、さらに［　g　］色に変化する。

	e	f	g
ア	青	黄	緑
イ	青	緑	黄
ウ	黄	青	緑
エ	黄	緑	青
オ	緑	青	黄
カ	緑	黄	青

二〇二二年度　入学試験問題

国語

第二回

【注意】

・試験時間は五〇分です。（八時五〇分～九時四〇分）
・問題は一ページから六ページまでです。
・解答はすべて解答用紙に記入してください。
・字数制限のない問題について、一行分の解答らんに二行以上解答してはいけません。
・記号・句読点がある場合は字数に含《ふく》みます。
・解答用紙に受験番号、氏名を記入してください。

洗足学園中学校

1 次の文章を読んで後の問いに答えなさい。

これから人間同士は、土地や宗教、職業といったものへの帰属によってだけではなく、積極的に関わる活動によって結びついていくことになっていきます。

人間だれもが、かならず帰属している集団や場所があるとすれば、それは人類という大きな集団であり、地球という大きな場所になるでしょう。そして、「人類」と「地球」という大きな帰属集団を土台として、活動によって具体的に多様な人と関わるようになるのです。

逆に言えば、どこかに単に帰属するだけでは、これからはしっかりとした人間関係を形成するには不十分になっていくのです。特定の人生の流れ――　A　、優秀《ゆうしゅう》な高校を出て、よい大学の学部を卒業してすぐに大企業《きぎょう》や官庁に就職して、そこで長く勤めあげるといった流れだけがよい人生だ、という時代はもうとっくに終わっています。もしかすると、もうそれは「エリート」とさえ呼ばれなくなっています。(1)もっと多様な経験をして、多様な人と出会い、さまざまな活動に積極的に取り組んだ人の方が頼《たよ》りになるのですから。

こうした社会の変化は、心のあり方にも違《ちが》いを生んでいきます。今の自分が何者であるか、すなわち自己同一性（アイデンティティ）よりも、これから何をするか、その活動を通してこれから何になるかに重きが置かれるようになります。新しい活動を行っていくこと、そうして変わっていくこと、　B　「自己変容」に人が関心を持つようになります。

自己変容は、従来は子どもや若者のみの特性だと考えられてきました。しかし、平均寿命《じゅみょう》が延び、たくさんの情報や他者と出会うようになった現代人は、一生変容していく機会に恵《めぐ》まれています。(2)しばしば言われるように、学びも生涯《しょうがい》にわたるものとなるのです。

これは人生のサイクルで言えば、子どもの頃《ころ》に人は学んで、学び終えてから社会で働くという形ばかりがすべてではなくなることを意味します。かつて子ども時代はもっぱら学校に行くように推奨《すいしょう》されました。それは、さらに昔に子どもが大人の労働に駆《か》り出されて、学ぶ機会を奪《うば》われていたからです。今でも貧しい国ではそうです。それゆえ、子どもを学校のなかで庇護《ひご》して、十分に成長してから社会に出すという形がとられていました。

　C　これからは、学校までも(3)外の社会との結びつきが強くなり、子どもも学校の外の社会とのつながりの中で学ぶことが増えるでしょう。

その傾向《けいこう》はまず大学に現れています。大学は以前よりもはるかに他の社会との結びつきが強くなりました。国内外の研究機関との連携《れんけい》が強まっているのはもちろんです。企業とも研究開発の(ア)ジゲンだけでなく、★インターンなどキャリア教育を通しての協力関係も強まっています。起業する研究者も多く、今や学生や院生が会社を起こすことも珍《めずら》しくなくなりました。地域創生や持続可能な開発、被災《ひさい》地支援《しえん》などの目的で、地域社会・地方公共団体・ＮＰＯのような非(イ)エイリ組織と連携する機会も増えています。また、留学生の数はますます多くなり、多国籍《たこくせき》化しています。海外の教育機関と直接に交流する機会も頻繁《ひんぱん》になりました。そして高校と大学とが協同して教育を行う高大連携も増えてきました。

大学では、研究、教育、産業、地域交流、ボランティアなどが総合された形での活動が増えています。研究教育も学部や専門の壁《かべ》を越《こ》えた超《ちょう》領域的・分野横断的なものが増えています。先に「横断的・総合的」な学習で触《ふ》れたように、今や、文系・理系といった区別が意味をなさない研究テーマが増えてきたのです。人工知能や環境《かんきょう》問題、地域創生などは典型的にそうした事例です。

「(4)教養」の意味もかなり変わってきました。以前の大学では一、二学年に教養課程があり、それを修了《しゅうりょう》して専門の勉強をすると考えられてきました。教養は、一般《いっぱん》的な事柄《ことがら》について広く浅く学び、常識を身につけること、あるいは、専門に行くための基礎《きそ》的な知識を身につけること、そのように考えられてきました。

しかし現代では教養の役割は大きく異なってきています。教養をつけるとは、単に広い分野の物知りになることではありません。教養とは、現代の狭《せま》く(ウ)サイブンカされすぎている専門性を、より広い視野に立って★鳥《ちょう》瞰《かん》的・俯瞰《ふかん》的に捉《とら》えるための知的態度のことなのです。

現代社会では、職業は専門化しています。私たちは、自分の仕事には専門性があっても、他の分野ではまったくの素人《しろうと》です。そのために、自分が知っている範囲《はんい》以外では何が行われているかがまるでわからなくなっていますし、視野が狭くなり、どうしても自分の分野や組織のことばかりを意識的・無意識的に優先してしまいがちです。ここから問題が生じてきます。

たとえば、(5)遺伝子組み換《か》え食品の例を考えてみましょう。現在では、植物の遺伝子を組み換えて、害虫に強いジャガイモや病気に強いイネ、腐敗《ふはい》しにくいトマトなどが作られています。遺伝子操作で新しい品種の農産物を作るという場合、それを開発導入しようとする技術者や農業者の利益を推進するだけでは一方的すぎます。多くの人の不満や不安を無視しています。

健康が心配な消費者、新種が受け入れられるかを危惧《きぐ》する農業者、(エ)セイタイケイへの悪影響《えいきょう》を心配する地元の人々、地域産業の発展を期待している人々など、食品をめぐる利害関係者にはさまざまな人がいます。それらの人たちの関心にも十分に配慮《はいりょ》して、その食品の開発と導入を行わなければなりません。そのためには、遺伝子工学だけではなく、農業の仕組み、環境問題、健康や子育てなどさまざまな分野について、まずは思いが及《およ》ばなければなりません。さまざまな方面に意識が向けられなければなりません。多様な分野と地域の人々を結び合わせるつなぎ役が必要なのです。

現代社会では、専門性が進んでいるからこそ、ひとつの事柄をさまざまな視点から検討し、他の分野や一般社会と関係づけて考える力が必要とされます。それが教養と呼ばれるものです。[D]、教養とは、専門教育への単なる準備ではなく、また、ただ広い範囲の物事に浅い知識をもっていることでもありません。教養とは、専門教育を他の分野や一般社会と結びつけるためのもの、専門家を他の分野や一般社会の人々に結びつけるためのものです。

別の言い方をすれば、人々と結びつけ、互《たが》いの知識を結びつけていく人間交流の知が教養と呼ばれるようになったのです。したがって現代の教養は、さまざまな分野の人を話し合わせる対話の術《すべ》を必要とします。私が本書で対話を重視するのもそのためです。

現代社会では、知的活動はますます多様な人と対話することによって進められています。以上に述べたような世界の変化に合わせて、高等学校や中学校での学びも変化していく必要があります。

現在の高校・中学校での教育に求められているのは、以上に述べた意味での教養です。それは大学で勉強するための基礎知識という意味だけではありません。最初に述べたように、これからはAIとインターネットが人間の情報集めと判断の基礎の大きな部分を担《にな》ってくれます。調べてわかる知識を覚えることに大きな意味は失われています。大切なのは、自分で探究する課題を見つけ、さまざまな分野の情報と知識を結びつけながら、自分の課題の解決を目指すような態度を身につけることです。探究する意欲と態度が身についているかどうか、今後の大学では入学者に求めるようになるでしょう。

私は、世界中のさまざまな研究者に会い、共同で研究をしてきました。いろいろな国籍のたくさんの若手研究者や大学院生を指導もしてきました。その経験からひとつ言えることは、人と異なった人生経験をしてきた人こそが、面白《おもしろ》い視点を持ちえるし、興味深い発想をするということです。テストでよい点を取るためだけに勉強をして、似たような考え方を持った人としか交流してこなかった人は、視野も発想の幅《はば》も狭くなり、歳《とし》を追うごとに伸《の》び悩《なや》むことが多いのです。

人と異なった人生経験をするということは、意欲さえあれば、だれにでも可能なことです。突拍子《とっぴょうし》もない大冒険《ぼうけん》をする必要はありません。身の回りの、高校生や学生として手の届く範囲《はんい》のことであっても、あまり人が目を向けていないことに目を向け、自分なりに問題意識をもって何かに取り組めば、その活動が貴重な人生経験となるのです。私が先に「活動が重要」だといったのは、そういうことです。積極的に活動した経験をもった人こそが、これからの社会で望まれ、大きな活躍《かつやく》が期待できる人でしょう。

以上のような社会の変化に(オ)コタえようとしているのが、「総合的な探究」という科目なのだと思います。探究という科目は、もう一度文部科学省の定義を引けば、「横断的・総合的な学習を行うことを通して、自己の在り方生き方を考えながら、よりよく課題を発見し解決していく」ことを目的とするものです。探究を重視する方針は、現在の教育のあり方として正しい方向性であると、私は考えています。

（河野哲也『問う方法・考える方法』ちくまプリマー新書）

★インターン……………学生が一定期間、企業《きぎょう》等で仕事を体験する制度。

★鳥瞰《ちょうかん》的・俯瞰《ふかん》的に……高いところから見おろすように。

問一　――(1)「もっと多様な経験をして、多様な人と出会い、さまざまな活動に積極的に取り組んだ人の方が頼《たよ》りになる」とありますが、それはなぜですか。解答らんに二行以内で説明しなさい。

問二　――(2)「しばしば言われるように、学びも生涯《しょうがい》にわたるものとなるのです。」とありますが、これは現在あるいは将来の学びのあり方を述べたものです。では、かつて学びはどのようなものと考えられていましたか。解答らんに二行以内で説明しなさい。

問三　――(3)「外の社会との結びつき」とありますが、これについて述べたものとしてふさわしいものを次のア～エから一つ選び、記号で答えなさい。

ア　大学では社会における他の領域との結びつきが強くなり、国内外の研究機関だけでなく、高校など学校間で連携《れんけい》することも増えてきている。

イ　大学では学習や研究活動だけでなく、ボランティアを通して企業《きぎょう》と関わり将来のキャリアについて考えることができるようになっている。

ウ　大学では海外からの留学生が増えて多国籍《たこくせき》化しており、海外の教育機関との交流も増えたため日本から留学する必要性がなくなりつつある。

エ　大学では環境《かんきょう》問題をはじめとする学部や専門の域を超《こ》えた研究が増えたため、企業など異なる領域とも連携するようになっている。

問四　――(4)「教養」とありますが、筆者の考える教養とはどのようなものですか。解答らんに五十字以内で説明しなさい。

問五　――(5)「遺伝子組み換《か》え食品の例」とありますが、この具体例を通して筆者が述べたいことは何ですか。ふさわしいものを次のア～エから一つ選び、記号で答えなさい。

ア　専門化が進む現代において求められるのは、ある事象を多角的な視点でとらえ、専門性の垣根《かきね》を越《こ》えたコミュニティと関連させる力であるということ。

イ　一つの事例を検討するだけでも、消費者、生産者、その周辺地域に住む人々など様々な立場の人がいて、関係するすべての人の希望を受け入れる必要があるということ。

ウ　職業が専門的になるあまり、人々は自分の帰属する分野や組織ばかりに目を向けてしまい、他者の不満や不安を無視してしまうということ。

エ　現代社会では、多様な人と対話をすることによって立場の異なる他者と交流をもつことができるため、中学校や高等学校でその力

問六　[A]～[D]に当てはまる語を次のア～エの中から一つずつ選び、記号で答えなさい。（ただし記号はそれぞれ一回ずつ使用します。）

ア　しかし　　イ　したがって　　ウ　すなわち　　エ　たとえば

問七　――(ア)～(オ)のカタカナを漢字に書き直しなさい。

問八　本文の内容に合うものを次のア～エの中から一つ選び、記号で答えなさい。

ア　これから人間同士がしっかりとした人間関係を築くためには、土地や宗教、職業といった自分の帰属する集団に積極的に関わろうとすることが重要である。

イ　現代では「エリート」の価値観が変化しており、優秀《ゆうしゅう》な学校に入学し安定した就職先を選ぶこと自体にもはや価値を見出すことはできないとされている。

ウ　研究においては、たくさんの知識を身につけることへの姿勢が重要になるため、今後大学では入学者に探究に対する積極的な意欲と態度を求めるようになると考えられる。

エ　取り立てて珍《めずら》しい体験をしていなくても、日常の中で自分の身の回りに問題意識を向け、積極的に活動することが社会で活躍《かつやく》するチャンスにつながる。

２ 次の文章を読んで後の問いに答えなさい。

夕飯のあと、お姉ちゃんの部屋のドアをノックした。

「詩音《しおん》だけど、えっと、ききたいことがあって」

「どうぞ」

［Ａ］ドアを押《お》すと、お姉ちゃんは机《つくえ》にむかって、本を読んでいた。髪《かみ》が頭の形に沿《そ》うようにのびて、地肌《じはだ》はもうすっかり隠《かく》れていた。

いつか、テレビで見た女優《じょゆう》さんみたいだと思った。古い映画《えいが》だったけど、たしかアメリカ（1）海軍の、特殊部隊《とくしゅぶたい》に送りこまれた女性《じょせい》が主人公だった。女性という理由だけで、拷問《ごうもん》のようなしごきを受けて、体中傷《きず》だらけになる。それでも、自分の手で坊主《ぼうず》になって、男性《だんせい》の訓《くん》練生《れんせい》と同じ訓練にいどみ続ける。

むずかしくて、よくわからないところもあったけど、差別に立ちむかう女性の姿《すがた》が、脳裏《のうり》に焼きついている。

いまこうやって見ると、（2）お姉ちゃんとあの映画のヒロインが重なって見えた。

ずいぶんむかしの映画なのに、男女差別はたいして変わっていないのかもしれない。

詩音は、お姉ちゃんの後頭部を見ながら、そんなことを思っていた。

詩音がなかなか話しださないので、お姉ちゃんは首をひねって詩音を見た。

「なによ」

「あ、えっと」

不意をつかれてあわてた。

「ジェ、ジェンダーってなんだろうと思って」

「へえ、そんな言葉、どこできいたの？」

「友だちが使ってた」

いいながら、野島《のじま》くんは友だちだろうかと思った。

「へーえ、近ごろの小学生って、あなどれないんだなぁ」

お姉ちゃんは、いすのむきを変えると、詩音のほうを見て、両手を頭のうしろで組んだ。

「うーん、そうね、たとえば、子育ては女性の仕事。男性は外で働いて、家族を養うって考え方があるでしょ。これは、生まれつきの性別じゃなくて、社会で作られた性別なの。この作られた性別で、役割《やくわり》に男女差をつける、それがジェンダー。こんなのでわかる？」

「うーん」

詩音はうなった。いまひとつ、ピンとこない。

「会社で、重要な役職《やくしょく》は男性、お茶くみとか事務《じむ》は女性、というのもジェンダー」

「ああ」

「料理がうまくて、よく気がつく人は女らしい、つらくても、弱音を吐《は》かないのが男らしい、ていうのもね。その性差《せいさ》をなくしていこうというのが、ジェンダーフリー」

「ふうん。あ、もしかして、お姉ちゃんが坊主にしたのも、そのジェンダーをなくそうって思ったから？」

「ファッションとか、ヘアスタイルはジェンダーレスっていうらしいけどね。それに、わたしは、たんに校則《こうそく》を変えたくて坊主にしたの。わけのわからない校則にしばられて、高校生活を終わらせたくないからね。でも、結局ジェンダーにこだわったことになるのかな」

お姉ちゃんは、そういって笑った。

そっか、（3）さっき見たポスターは、ジェンダーレスを呼《よ》びかけていたんだ。そして野島くんも、詩音がジェンダーフリーを目指していると、思ったのかもしれない。

だけど、詩音はジェンダーフリーも、ジェンダーレスも知らなかった。

詩音が坊主になったのは、お姉ちゃんのすることを応援《おうえん》したかったからだ。

前むきな自分に変わることを、期待したからだ。

「詩音、学校でいじめられてない？」

いきなり、お姉ちゃんがきいた。

「え？　ううん。だいじょうぶ」

急いで頭を横にふって、笑顔を作った。

「坊主はもうやめるんだよ」

「……」

「詩音が坊主になったとき、わたし、すごく怒《おこ》ったでしょ。でもね、詩音の気持ち、ほんとはとってもうれしかった」

「え、ほんとに？」

「うん。姉妹《しまい》ってありがたいって思ったよ。気の弱い詩音が、よく坊主になったなあって」

そうだったのか、と詩音は(4)胸《むね》のかたまりが、溶《と》けていく気がした。

「でもね、詩音が学校でどんな思いをするか、見当がつくから怒ったの。女子の坊主を歓迎《かんげい》する学校が、あるとは思えないから」

いたわるような声でいった。

「それにね、パパとママのことを考えるとつらいの。一人でもショックなのに、二人となるとね」

そういわれると、(5)詩音の胸もシクッとした。

「とくに、パパの女性観《じょせいかん》は古いから、心の動揺《どうよう》も大きいと思うよ」

「でも……お姉ちゃんは……まだ続けるんでしょ」

「わたしのことはいいから、詩音は自分のことを考えなさい。自分がほんとにしたいこと、逆《ぎゃく》にしたくないことを、［B］考えて、行動にうつしてほしいな」

お姉ちゃんは、真剣《しんけん》な顔をしていった。

わたしは、お姉ちゃんのすることを支持《しじ》したい。でもお姉ちゃんは、詩音にそんなことを期待していない。

「ほらほら、もう勉強の邪魔《じゃま》しないで、いった、いった」

お姉ちゃんは詩音の背中《せなか》を押《お》して、［C］たたいた。

［D］、詩音は部屋の外へ出た。

(6)自分のしていることが、なんの役にも立っていない気がした。

（朝比奈蓉子『わたしの気になるあの子』）

問一 ——(1)「海軍」とありますが、「海」や「軍事」に関連する語を使った次の一～五の成句の意味を、後の［意味］ア～オの中から一つずつ選び、記号で答えなさい。

一 井《い》の中のかわず大海を知らず
二 勝ってかぶとの緒《お》をしめよ
三 軍門にくだる
四 船をこぐ
五 渡《わた》りに船

［意味］
ア いねむりをする。
イ 戦いに負けて相手の言うとおりになる。
ウ 広い世の中のことを知らずに考えがせまい。
エ 都合《つごう》のいいことにちょうど出会う。
オ 成功しても気をゆるめてはいけない。

問二 ——(2)「お姉ちゃんとあの映画のヒロインが重なって見えた。」とありますが、どのような点で重なって見えたのですか。「という点。」に続くように文中から十字以内で抜《ぬ》き出しなさい。

問三 ——(3)「さっき見たポスターは、ジェンダーレスを呼びかけていたんだ。」とありますが、どのようなポスターだと推測できますか。「ジェンダー」あるいはこれを含《ふく》む語は用いず、解答らんに二行以内で説明しなさい。

問四 ——(4)「胸《むね》のかたまりが、溶《と》けていく気がした。」とありますが、どういうことですか。解答らんに六十字以内で説明しなさい。

問五　――(5)「詩音《しおん》の胸もシクッとした。」とありますが、このときの詩音の気持ちの説明としてふさわしいものを次のア～エの中から一つ選び、記号で答えなさい。

ア　詩音だけでなく、高校生の姉までも坊主《ぼうず》になったことで傷ついた両親の心を思い、罪悪感を覚えた。

イ　女子が坊主になることを詩音の学校はまったく歓迎《かんげい》していないと思い知らされ、ショックで落ちこんだ。

ウ　詩音と姉の二人が坊主になっていることで、動揺《どうよう》している両親を思いやり、つらい気持ちになった。

エ　自分の意志で坊主になったのに、両親は誰かに強制されたと誤解したことで、悲しい気持ちになった。

問六　――(6)「自分のしていることが、なんの役にも立っていない気がした。」とありますが、どうして詩音はこのように思うのですか。「自分のしていること」が何かわかるようにしつつ、解答らんに二行以内で説明しなさい。

問七　A ～ D に当てはまる語を次のア～エの中から一つずつ選び、記号で答えなさい。(ただし記号はそれぞれ一回ずつ使用します。)

ア　きちんと　　イ　ポンポンと　　ウ　そっと　　エ　しぶしぶと

問八　本文の内容に合うものを次のア～エの中から一つ選び、記号で答えなさい。

ア　詩音の姉が坊主になったのは、自分の学校の校則に納得《なっとく》ができないことが動機であったが、それはジェンダーともかかわる事柄《ことがら》であった。

イ　詩音は姉から、ジェンダーレスとはもとの性とはちがう行動や髪《かみ》形《がた》をすることだと教えられ、自分たちの行動がジェンダーレスと関係があると思った。

ウ　詩音が坊主になったのは、姉の影響《えいきょう》もあるが、以前にテレビで見た、アメリカ海軍の特殊《とくしゅ》部隊《ぶたい》を描いた映画のヒロインにあこがれたためでもあった。

エ　詩音の姉は、詩音が坊主になったとき怒《おこ》ったのだが、詩音の気持ちもわかったので、すぐに怒ったことをわび、礼を言った。

2022年度　入学試験問題

算　　数

第 2 回

【注　意】

・試験時間は 50 分です。（10 ： 00 ～ 10 ： 50）

・問題は1ページから9ページまでです。

・解答はすべて解答用紙に記入してください。

・解答用紙に受験番号、氏名を記入してください。

・円周率は3.14として計算してください。

洗足学園中学校

1 次の計算をしなさい。

（1） $3 \times 48 - 8 \div 12 \times 2 + 34 \div 6$

（2） $16.9 \times \left\{ \left(2\frac{2}{13} - 2.1 \right) \times 1\frac{3}{7} + 1 \right\} - 1.3$

2 次の問いに答えなさい。

（1） ２地点を往復します。行きの速さが時速18 km，往復の平均の速さが時速16 kmのとき，帰りの速さは時速何kmですか。

（2） ２個のビーカーＡとＢに水とアルコールをまぜた液が入っています。水とアルコールの比は，Ａのビーカーでは３：５，Ｂのビーカーでは１：３となっています。ＡとＢから３：２の割合で液を取り出して新しい液を作りました。新しい液の水とアルコールの比を，最も簡単な整数の比で答えなさい。

（3）画びょうが500個あります。この画びょうを，1人ずつ，前の人より4個少なく取っていきました。10人目が前の人より4個少なく取ったところ，ちょうど画びょうがなくなりました。1人目は何個取りましたか。

（4）図1のような直方体の形をした容器に，水が深さ2cmまで入っています。この中に，底面の直径が2cm，厚さ1cmの円柱の形をしたコインを，図2のように4個ずつ積み上げた状態で全部で200個を容器に並べます。水面の高さは何cmになりましたか。ただし，このコインは水にしずみます。

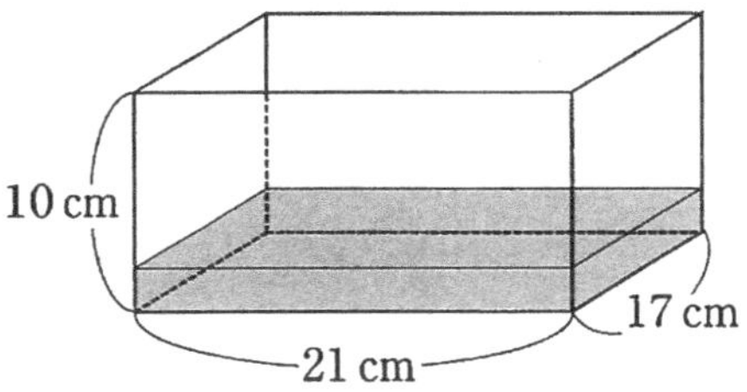

図1

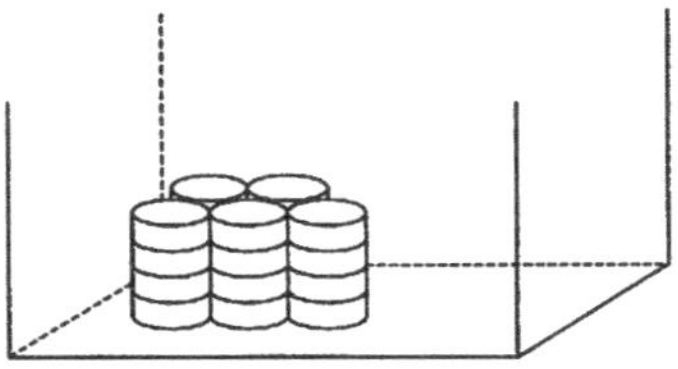

図2

3 次の問いに答えなさい。

（1）右の図のような天びんがあります。今，質量[ア]gの物体と３ｇと８ｇの分銅だけを使って，次の手順で天びんをつり合わせました。

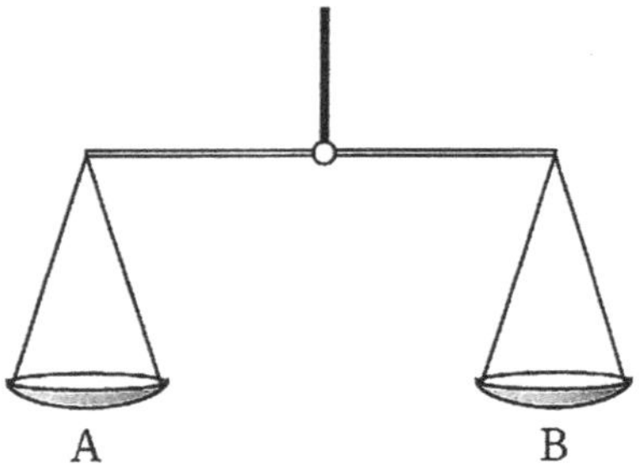

手順① 皿Aに[ア]gの物体をのせる。
手順② 皿Bに３ｇの分銅を１個ずつのせていったところ，３個目をのせたところで初めて皿Bの側が下がった。
手順③ 皿Aに８ｇの分銅を１個のせたところ，皿Aの側が下がった。
手順④ 皿Bに３ｇの分銅を１個ずつのせていったところ，何個かのせたところで初めてつりあった。

このとき，[ア]に入る数はいくつですか。

（2）下の図のように，１辺の長さが10 cmの正八角形の各頂点を中心に，半径10 cmの円を８個書きました。このとき，図の斜《しゃ》線部分の面積と色のついた部分の面積の差は何cm^2ですか。

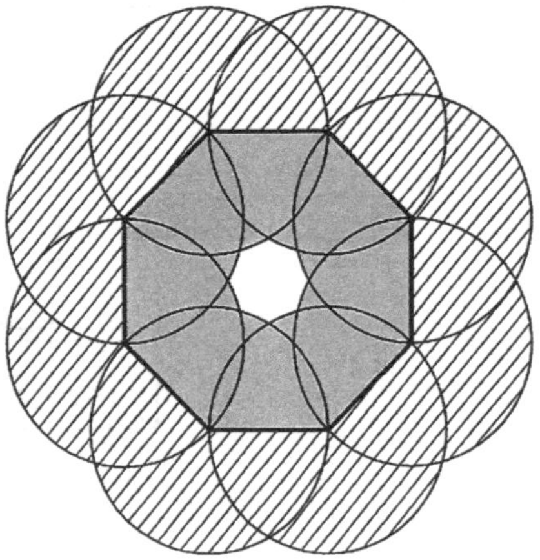

（3） 24，144，Aの3つの数の最大公約数は24，最小公倍数は720です。Aとして考えられる数をすべて答えなさい。なお，この問題は解答までの考え方を表す式や文章・図などを書きなさい。

（4） 長さが180 mの電車Aは時速60 kmで走ります。電車Bは，長さ600 mの橋をわたりきるのに28秒かかります。電車AとBが出会ってからすれちがうまでに9秒かかるとき，電車Bの長さは何mですか。なお，この問題は解答までの考え方を表す式や文章・図などを書きなさい。

4 下の図のような長方形ＡＢＣＤがあり，２点Ｐ，Ｑが同時にＡを出発して，矢印の向きに辺上を移動し，17分10秒後に同時にＡに戻《もど》ってきました。２点Ｐ，Ｑともにそれぞれの辺上では一定の速さで進み，角を曲がるたびに速さが変化します。下のグラフは，Ａを出発してからの時間と２点Ｐ，Ｑの速さの和を表しています。ただし，Ｂを先に曲がったのは点Ｑで，Ｃ，Ｄを先に曲がったのは点Ｐです。このとき，次の問いに答えなさい。

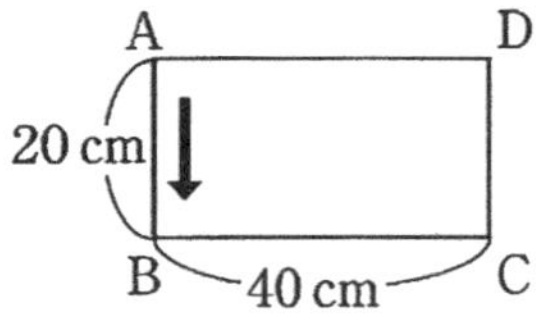

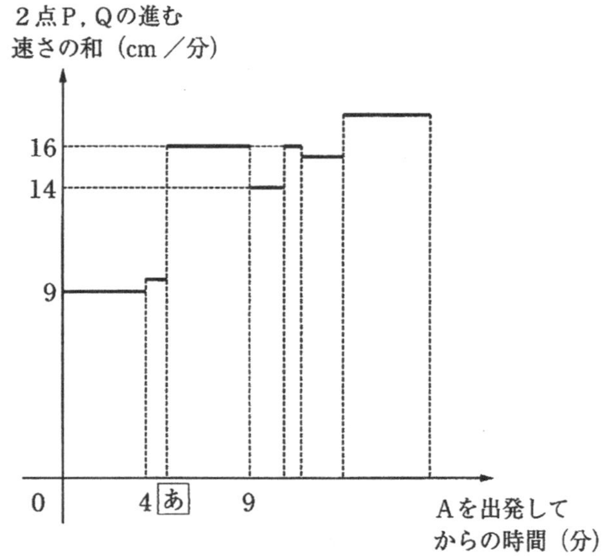

（１）グラフの あ にあてはまる数を答えなさい。

（2）点Ｐが D を曲がったのは出発してから何分何秒後ですか。

（3）D から A に進む間で２点Ｐと Q の距離《きょり》が５cm となるのは，A を出発してから何分何秒後ですか。なお，この問題は解答までの考え方を表す式や文章・図などを書きなさい。

5　体育館で学年集会を行うことになりました。9人がけの長いすを使って，全員が前から順に着席していきます。ただし，人と人の間隔《かく》を1メートル以上空ける必要があるため，9人がけの長いすには1つおきにしか座《すわ》れません。図1のように5人ずつ座ると長いすの数が少なくてすみますが，図2のように前から5人，4人，5人，…と交互に座ると長いすと長いすの間隔をせまくできます。このとき，次の問いに答えなさい。

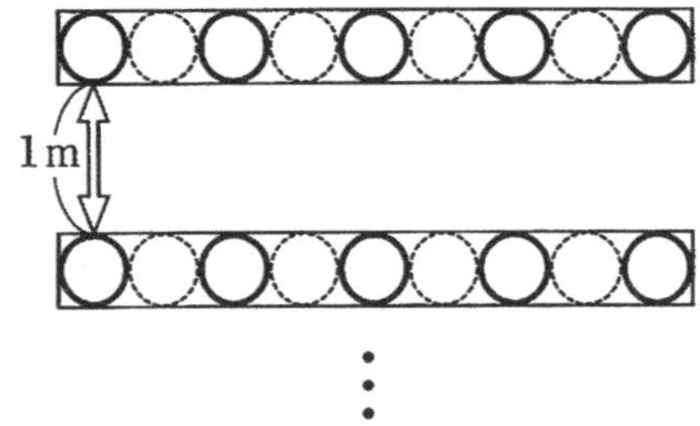

図1

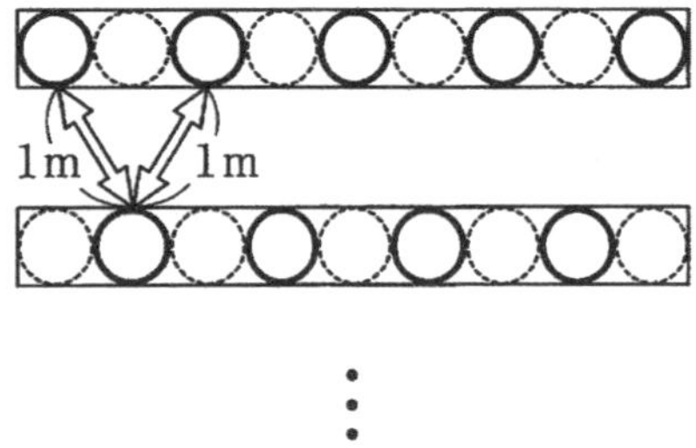

図2

（1）学年の生徒数が240人のとき，図2のように座ると，図1のときに比べて長いすは何脚《きゃく》多く必要ですか。

（2）学年の生徒数が□人のとき，図１のときと図２のときの長いすの数の差が３脚で，どちらも最後列の長いすに座る人数が４人でした。□に入る数として考えられるものをすべて答えなさい。なお，この問題は解答までの考え方を表す式や文章・図などを書きなさい。

（3）図１のときと図２のときの長いすの数の差が４脚のとき，考えられる生徒数として最も少ないのは何人ですか。

2022年度　入学試験問題

理　　科

第２回

【注　意】

試験時間は社会とあわせて60分間です。（11：10～12：10）

理科と社会両方の教科の問題を時間内に解いてください。

問題は１ページから11ページまでです。

解答はすべて解答用紙に記入してください。

解答用紙に受験番号、氏名を記入してください。

洗足学園中学校

1　Ⅰ．　園子さんは新聞を読んで、今のままのペースで地球の温暖化が続けば、今世紀末に海面が１メートル以上上昇《じょうしょう》する可能性があると知り、海面上昇について調べてみました。

（1）　海面上昇の原因の１つは、海水の膨張《ぼうちょう》です。現在の海の深さは平均3800ｍとします。海水全体の平均温度が１℃あがると、海面は平均で何ｍ上昇すると考えられますか。ただし、海の面積は変わらないものとします。また、海水全体の平均温度が１℃あがると海水の体積は１％増えるものとします。答えは、小数第１位以下があるときは四捨五入して整数で求めなさい。

（2）　園子さんは、海氷《かいひょう》（海にういている氷《こおり》）がとけることによっても海面上昇が起こると考え、海氷についても調べてみました。

① 海氷がとけることによる影響《えいきょう》として適当なものを次より１つ選び、記号で答えなさい。

ア．日光を反射しにくくなり、海水はあたたまりやすくなる。
イ．海水が蒸発しにくくなり、雲ができにくくなる。
ウ．海水の塩分濃度《のうど》がこくなる。
エ．海水全体の温度が０℃に保たれる。

② 実際は、海氷がとけても海面上昇は起こりません。その理由として適当なものを次より１つ選び、記号で答えなさい。

ア．海氷がとける時に、海面より上に出ていた部分はすべて蒸発するから。
イ．海氷がとける時に、熱が発生し、海水温が上がるから。
ウ．海氷がとける時に、体積が小さくなるから。

Ⅱ．　ものがういている現象に興味を持った園子さんは、実験をしてみることにしました。３種類の異なる材質でできた、縦・横・高さが10cmの立方体A、B、Cを作りました。これらを水にうかせると、図１のようになりました。A、B、Cはそれぞれ、水面から４cm、２cm、６cm出ている状態で静止しました。ただし、それぞれの立方体では密度が一様であるとします。

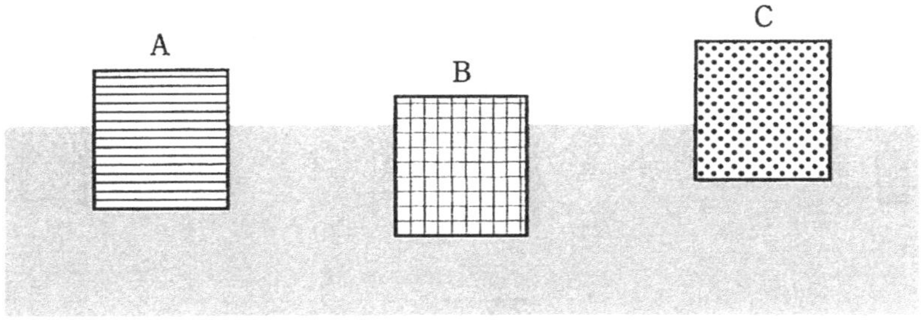

図１

（３）　それぞれの立方体が、図１のような状態で静止したのは、立方体にはたらくある力と重力がつりあったためです。この力の名称《めいしょう》を答えなさい。

（４）　水を食塩水に変えて同じ実験を行うと、立方体の静止する位置はどのようになると考えられますか。適当なものを次より１つ選び、記号で答えなさい。

ア．水の時と同じ高さ
イ．水の時よりも高い位置
ウ．水の時よりも低い位置

（５）　月面上で同じ実験を行うと、立方体の静止する位置はどのようになると考えられますか。適当なものを次より１つ選び、記号で答えなさい。

ア．地球上で行った時と同じ高さ
イ．地球上で行った時よりも高い位置
ウ．地球上で行った時よりも低い位置

（6）　立方体A、Cを、図2のように長さ150cmの棒の両端《りょうたん》に糸でつるしました。この棒を1点で水平に支えるためには、棒の支点を立方体Aがついている端《はし》から何cmの位置にすればよいですか。答えは、小数第1位以下があるときは四捨五入して整数で求めなさい。ただし、棒、糸は十分軽く、重さを無視できるものとします。

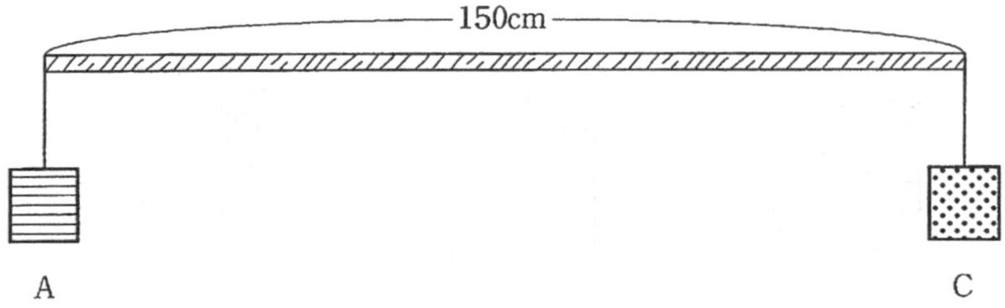

図2

（7）　立方体Aの上面中央から、縦・横・高さが5cmの立方体をくりぬきました。

① 残りの部分の重さは、くりぬく前と比べて何倍になりますか。答えは、小数第4位以下があるときは四捨五入して小数第3位まで求めなさい。

② 残りの部分を向きを変えずに水にうかせると、水面から何cm出ている状態で静止しますか。ただし、くりぬいた部分に水は入っていないものとします。答えは、小数第3位以下があるときは四捨五入して小数第2位まで求めなさい。

2 Ⅰ．　園子さんは家庭科の授業で食塩は海水から作ることが出来ると学びました。以下は園子さんが調べた、海水の成分と、食塩の作り方についての学習メモです。

［学習メモ１］海水の成分

・図１は海水の成分とその割合である。
・海水の3.5%は塩分であり、塩化ナトリウム以外の物質もふくまれている。図２は海水の塩分にふくまれている物質とその割合である。

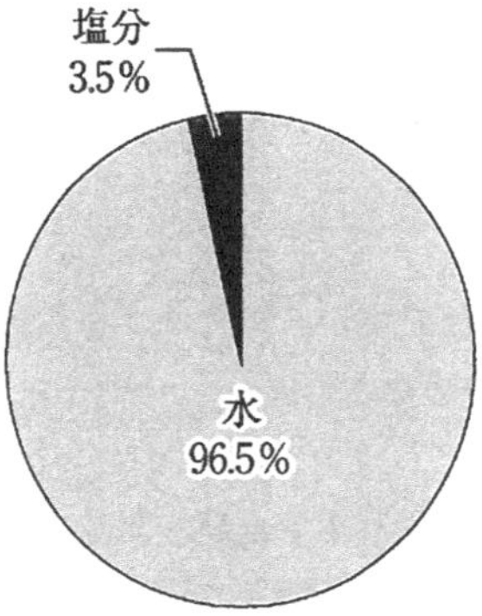

図１

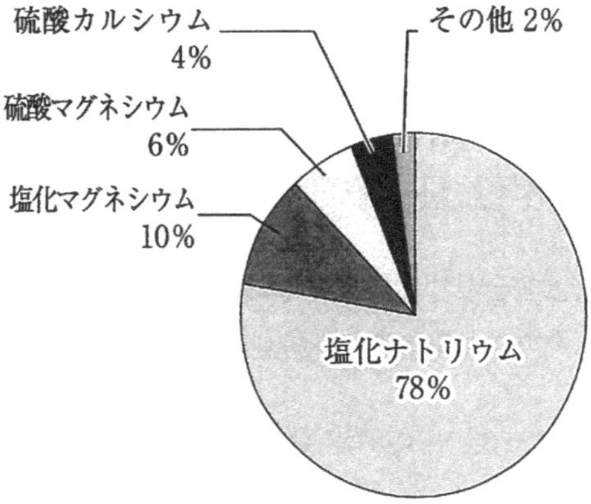

図２

・海水の塩分のうち、塩化マグネシウムや硫酸《りゅうさん》マグネシウムはにがりの成分であり、とうふを作るときに利用される。にがりには苦みがある。
・硫酸カルシウムはせっこうとも呼ばれる。せっこうはほとんど水にとけない。
・温度と図２のそれぞれの物質の溶解度《ようかいど》（水100 gにとける物質の量［g］）の関係を図３に示す。複数の物質が存在していても、溶解度はたがいに影響《えいきょう》しない。

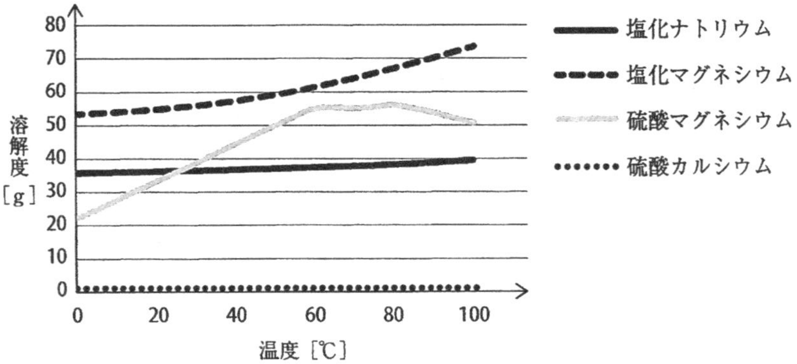

図３

［学習メモ２］食塩の作り方

① 海水2000ｇをなべに入れて強火で加熱し、200ｇになるまで時々かき混ぜながら煮詰《につ》める。煮詰める過程で、白い固体Ａが出てくる。
② 200ｇになったら、熱い状態でろ過する。
③ ②でろ過した液体をなべに入れ、中火でさらに煮詰める。固体が出てきて、わずかに水分が残っているうちに火を止め、ろ過する。
④ ③でろ過した固体を強火で加熱し、水分を蒸発させたものが食塩である。

（1） 海水と塩分の濃度《のうど》が同じ水溶液《すいようえき》を400ｇ作ります。塩分に塩化ナトリウムのみを使用して作るとき、塩化ナトリウムは何ｇ必要ですか。答えは、小数第１位以下があるときは四捨五入して整数で求めなさい。

（2） 海水2000ｇ中にとけている硫酸マグネシウムは何ｇですか。答えは、小数第２位以下があるときは四捨五入して小数第１位まで求めなさい。

（3） ［学習メモ２］中の固体Ａについて、適当なものを次より１つ選び、記号で答えなさい。 **※この問題は学校当局により全員正解となりました。**

ア．海水の塩分には塩化ナトリウムがもっとも多くふくまれるので、塩化ナトリウムである。
イ．海水の塩分にふくまれている物質の中で白いのは塩化ナトリウムしかないので、塩化ナトリウムである。
ウ．海水を200ｇにした時点では塩化ナトリウムは結晶《けっしょう》とならないので、塩化ナトリウムはふくまれていない。
エ．塩化ナトリウムは加熱すると黒くなるはずなので、塩化ナトリウムはふくまれていない。

（4） ［学習メモ２］③でろ過をせずに煮詰め続けて得られる固体は、［学習メモ２］で作った食塩と比べてどのような味になると考えられますか。適当なものを次より１つ選び、記号で答えなさい。

ア．よりしょっぱい味　イ．よりまろやかな味　ウ．より酸っぱい味
エ．よりあまい味　オ．より苦い味

Ⅱ.　園子さんは、不純物が混ざった固体から純すいな物質のみを取り出す、再結晶という方法があることを知り、実験してみました。

【実験】　①　60℃の水100 gにホウ酸と硝酸《しょうさん》カリウムをとけるだけとかし、ろ過して飽和《ほうわ》水溶液を作った。

②　①を10℃まで冷やした。

③　②に、ホウ酸がすべてとけきるだけの10℃の水を[X]g加えた。このとき、硝酸カリウムは②からさらに[Y]gとけた。

④　③をろ過し、硝酸カリウムのみの結晶を[Z]g取り出した。

⑤　冷たい少量の水で、得られた結晶の表面を洗った。

［学習メモ３］溶解度

物質＼温度	10℃	60℃
ホウ酸	3.7g	14.9 g
硝酸カリウム	22.0g	110.0 g

（５）　空らん[X]〜[Z]にあてはまる値をそれぞれ答えなさい。答えは、小数第２位以下があるときは四捨五入して小数第１位まで求めなさい。

（６）　【実験】⑤で、結晶の表面を洗う水を、冷たい状態で用いるのはなぜですか。説明しなさい。

3　あわててお茶を飲んでむせてしまった園子さんは、なぜむせるのかを調べてみると、気管に入ってしまった物体を出すための反応だということが分かりました。

図1はヒトの鼻・口とそこにつながる器官の一部を模式的に示した断面図です。食べ物を飲みこむ際には、図1のXがYにくっついて、食べ物が鼻くう内に流れこむことを防ぎます。また、食べ物が移動するのに合わせてZが下がることによって、食べ物が気管に流れこむことを防ぎます。

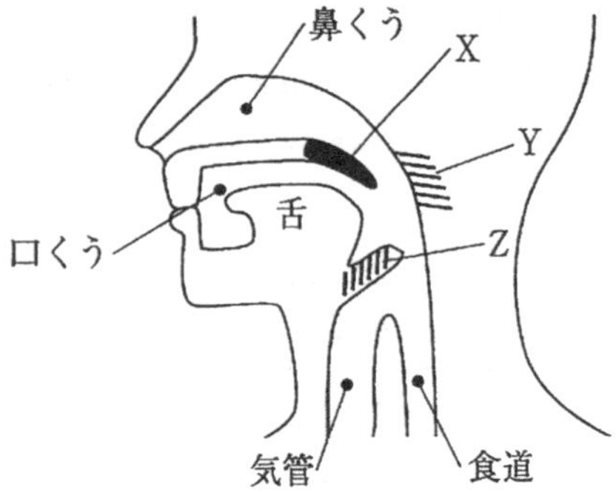

図1

(1)　ヒトは食べ物を口くう内でそしゃくします。そしゃくすることによって得られる利点として適当なものを次よりすべて選び、記号で答えなさい。

ア．食べ物が小さくなることで、消化器内を通りやすくなる。
イ．食べ物が小さくなることで、表面積が小さくなり、消化作用を受けやすくなる。
ウ．食べ物がだ液と混ぜ合わされることで、消化器内を通りやすくなる。
エ．食べ物がだ液と混ぜ合わされることで、ふくまれるすべての養分の分解がすすむ。
オ．食べ物がだ液と混ぜ合わされることで、ふくまれる水分が減少する。

(2)　食道に進んだ食べ物は胃へと運ばれます。このときの食道の動きを何運動と言いますか。

(3)　食べ物を飲みこむ瞬間《しゅんかん》にできないこととして適当なものを次より1つ選び、記号で答えなさい。

ア．まばたきすること
イ．味を感じること
ウ．音を聞くこと
エ．息を吸うこと

（4）　気管は肺につながっています。次の文章は肺への空気の出入りの仕組みを説明したものです。

肺には[a]がないので、肺だけではふくらんだり、ちぢんだりすることができない。そのため、肺が入っている胸こうの容積が大きくなったり、小さくなったりすることで肺に空気が出入りする。[b]が引き上げられ、[c]が下がると胸こうが広がり、肺[d]。

① 空らん[a]～[c]にあてはまる語句の組み合わせとして適当なものを次より1つ選び、記号で答えなさい。

	a	b	c
ア	神経	横かくまく	ろっ骨
イ	軟骨	横かくまく	ろっ骨
ウ	筋肉	横かくまく	ろっ骨
エ	神経	ろっ骨	横かくまく
オ	軟骨	ろっ骨	横かくまく
カ	筋肉	ろっ骨	横かくまく

② 空らん[d]をうめて、文章を完成させなさい。ただし、「空気」という語句を用いなさい。

（5）　肺ほうにはたくさんの毛細血管が巻き付いています。ここで行われる、酸素や二酸化炭素のやりとりについて、適当なものを次よりすべて選び、記号で答えなさい。

ア．酸素や二酸化炭素は肺ほうや毛細血管の壁《かべ》を通りぬける。
イ．酸素は白血球によって血液中を運ばれている。
ウ．二酸化炭素は血小板によって血液中を運ばれている。
エ．酸素は肺の中から血液中に移動する。
オ．二酸化炭素は肺の中から血液中に移動する。

（6）　肺で気体をやりとりした血液が次に通る臓器として適当なものを次より1つ選び、記号で答えなさい。

ア．脳　　イ．心臓　　ウ．かん臓
エ．じん臓　　オ．小腸　　カ．ぼうこう

4　園子さんは地球、水星、金星、火星について調べ、表1にまとめました。ただし、公転周期、自転周期、太陽からの距離《きょり》については、地球の数値を1としたときの比の値で表しました。また、地球の1日の長さを24時間、地球の公転周期を365日とします。

表1

	公転周期	自転周期	公転の向きと自転の向き	太陽からの平均距離	表面の平均温度［℃］	大気の成分
地球	1	1	同じ	1	15	78%窒素《ちっそ》、21%酸素
水星	0.24	58.5	同じ	0.39	167	なし
金星	0.62	243	反対	0.72	464	97%二酸化炭素
火星	1.88	1.03	同じ	1.52	－65	95%二酸化炭素

（1）　地球、水星、金星、火星のように太陽のまわりを公転している星を何といいますか。名称《めいしょう》を答えなさい。

（2）　水星と太陽の平均距離は何kmですか。もっとも近いものを次より1つ選び、記号で答えなさい。

ア．1000万km　　イ．3700万km　　ウ．5800万km
エ．7600万km　　オ．1億1000万km

（3）　金星は水星よりも太陽から遠いにもかかわらず、表面の平均温度は水星よりも高いことが分かります。この理由を表1より考えて説明しなさい。

（4）　火星は赤くかがやいて見えますが、それはなぜですか。適当なものを次より1つ選び、記号で答えなさい。

ア．火星の大気が、太陽の光のうち赤色の光のみを吸収するから。
イ．火星の表面にある酸化鉄が、太陽の光のうち赤色の光のみを反射するから。
ウ．火星の大気で起こっている化学反応により赤色の光が発せられているから。
エ．火星自ら白色の光を発しているが、赤色の光のみが地球に届くから。

(5)　図1は地球の北極側からみた、地球、金星が公転する軌道《きどう》を表したものです。

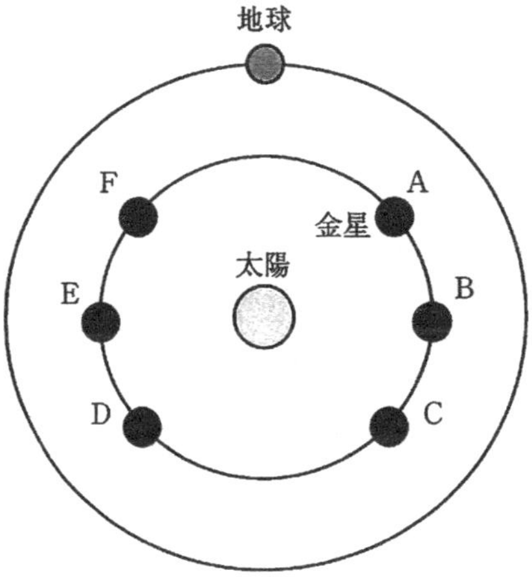

図1

① 地球から金星を真夜中に観測することはできません。その理由として適当なものを次より1つ選び、記号で答えなさい。

ア．金星のほうが地球よりも公転周期が短いから。
イ．金星は地球より小さいので、地球のかげにかくれるから。
ウ．金星は常に地球よりも太陽に近いところを公転しているから。
エ．金星は常に太陽に対して地球の反対側にあるから。

② 図1の地球から夕方に観測できる金星の位置をA～Fよりすべて選び、記号で答えなさい。

(6)　水星の公転周期は、地球の1日の長さの何倍ですか。答えは、小数第1位以下があるときは四捨五入して整数で求めなさい。

（7）　各星での１日を日の出から、次の日の出までとします。公転の向き、自転の向き、公転周期、自転周期から各星での１日の長さを計算することができます。

例えば、地球は公転と自転の向きが同じで、自転周期に対して公転周期がとても大きいため、自転する間にほとんど公転しないと考えられ、１日の長さは自転周期とほぼ同じになります。

また、公転と自転の向きが同じで、公転周期と自転周期がほぼ同じ星は、図２のように常に同じ面を太陽に向けていることになるので、星上のの地点からは太陽は常に天頂に観測され、１日の長さは測定できません。

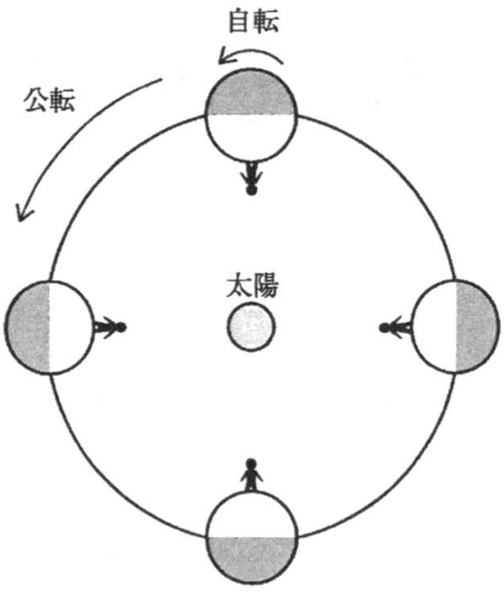

図2

① 水星、金星それぞれにおける、公転周期と自転周期の比として、もっとも近いものを次より1つずつ選び、記号で答えなさい。

ア．１：１　　イ．１：２　　ウ．２：１　　エ．１：３
オ．３：１　　カ．２：３　　キ．３：２

② 水星、金星の１日の長さは、地球の約何倍ですか。もっとも近いものを次より１つずつ選び、記号で答えなさい。

ア．30倍　　イ．60倍　　ウ．120倍
エ．180倍　　オ．240倍　　カ．測定できない

2022年度　入学試験問題

社　　会

第２回

【注　意】

試験時間は理科とあわせて60分間です。（11:10～12:10）

社会と理科両方の教科の問題を時間内に解いてください。

問題は１ページから14ページまでです。

解答はすべて解答用紙に記入してください。

解答用紙に受験番号、氏名を記入してください。

洗足学園中学校

1 持続可能な開発目標（SDGs）と日本の産業や人々の生活について、あとの問いに答えなさい。

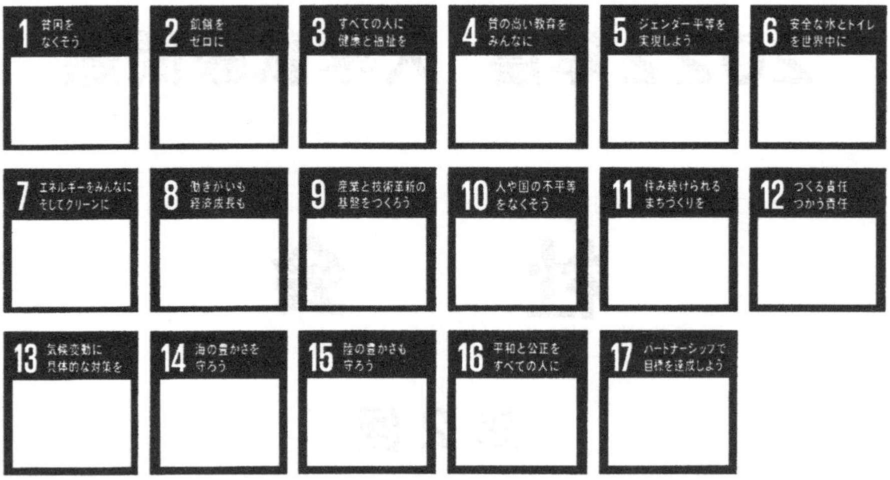

※イラスト省略

目標２　飢《き》餓《が》を終わらせ、(ア) 食料安全保障及《およ》び栄養の改善を実現し、持続可能な農業を促進《そくしん》する

目標７　すべての人々の、安価かつ信頼《しんらい》できる持続可能な近代的な (イ) エネルギーへのアクセスを確保する

目標11　包摂的《ほうせつてき》で安全かつ強靱《きょうじん》で (ウ) 持続可能な都市及《およ》び人間居住を実現する

目標12　(エ) 持続可能な消費生産形態を確保する

目標13　(オ) 気候変動及《およ》びその影響《えいきょう》を軽減するための緊急対策を講じる

目標16　持続可能な開発のための (カ) 平和で包摂的《ほうせつてき》な社会を促進《そくしん》し、すべての人々に司法へのアクセスを提供し、あらゆるレベルにおいて効果的で説明責任のある包摂的《ほうせつてき》な制度を構築する

（外務省「持続可能な開発目標（SDGs）と日本の取組」より）

問1　下線部（ア）とは、すべての人が常に健康で活動的な生活を送るために必要な、安全で栄養に富んだ食料を得られるようにすることです。日本政府は国民に安定した食料の供給をするために、国内の農業生産の増大、食料の安定的な輸入、備《び》蓄《ちく》の活用などの政策をおこなっています。日本の食料供給について、次の(1)・(2)にそれぞれ答えなさい。

(1)　日本のカロリーベースの食料自給率は2000年ごろからほぼ一定の割合で推移しています。近年の日本のカロリーベースの食料自給率はおよそ何％ですか。10の倍数で答えなさい。

(2)　食料自給率は都道府県ごとにも算出されています。次の**［資料］**は、秋田県、神奈川県、宮崎県におけるカロリーベース自給率と生産額ベース自給率（いずれも2017年）を示したものです。①～③にあてはまる県の組み合わせとして正しいものを、次の**A**～**F**の中からひとつ選んでアルファベットで答えなさい。

［資料］

	カロリーベース自給率	生産額ベース自給率
①	2％	13％
②	65％	281％
③	188％	141％

（農林水産省ホームページより作成）

A　①－秋田県　②－神奈川県　③－宮崎県
B　①－秋田県　②－宮崎県　③－神奈川県
C　①－神奈川県　②－秋田県　③－宮崎県
D　①－神奈川県　②－宮崎県　③－秋田県
E　①－宮崎県　②－秋田県　③－神奈川県
F　①－宮崎県　②－神奈川県　③－秋田県

問2　下線部（**イ**）に関連して、次の(1)・(2)にそれぞれ答えなさい。

(1)　現在の日本の電力の多くは火力発電によりまかなわれています。火力発電は、石油、石炭、天然ガスなどを燃料としていますが、いずれもほとんどを外国からの輸入に頼《たよ》っています。次の **[資料1]** は、日本の全発電電力量の電源構成（2018年度）を示したもので、①～③は石油、石炭、天然ガスのいずれかです。また、**[資料2]** の **X** ～ **Z** は、石油、石炭、液化天然ガスのいずれかの日本の主な輸入先（2020年）を示したものです。①～③と **X** ～ **Z** の組み合わせのうち、石油を示した組み合わせとして正しいものを、次の**A**～**I**の中からひとつ選んでアルファベットで答えなさい。

[資料1]

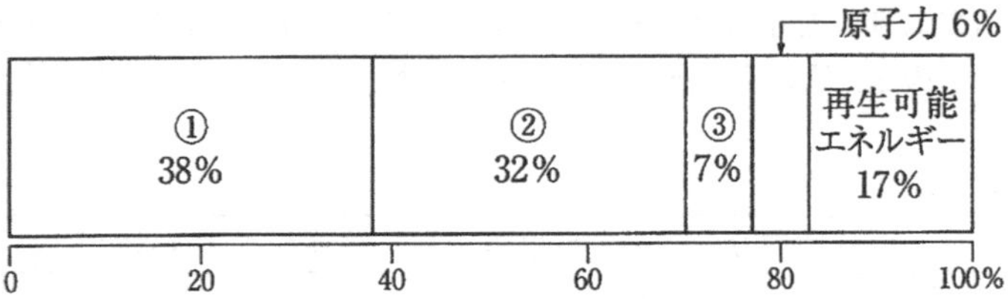

（資源エネルギー庁ホームページより作成）

[資料2]

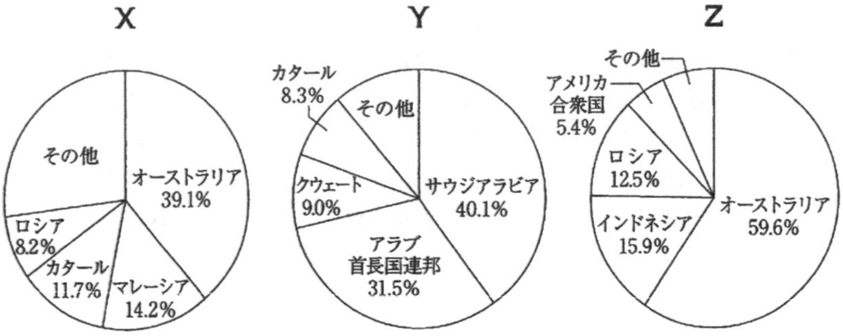

（矢野恒太記念会『日本国勢図会』より作成）

A　①－**X**	**B**　①－**Y**	**C**　①－**Z**
D　②－**X**	**E**　②－**Y**	**F**　②－**Z**
G　③－**X**	**H**　③－**Y**	**I**　③－**Z**

⑵ 次の［資料］は、水力、風力、太陽光、地熱のいずれかによる発電量の都道府県別割合（2020年）の上位５位までを示したものです。地熱について示したものを、［資料］中のＡ～Ｄの中からひとつ選んでアルファベットで答えなさい。

［資料］

	Ａ		Ｂ		Ｃ		Ｄ	
１位	青森	19.1%	大分	38.1%	福島	7.3%	富山	10.2%
２位	北海道	15.7%	秋田	23.1%	茨城	6.8%	岐阜	9.6%
３位	秋田	12.9%	鹿児島	16.8%	岡山	6.8%	長野	8.7%
４位	三重	5.2%	岩手	12.4%	北海道	6.7%	新潟	8.4%
５位	鹿児島	4.6%	北海道	5.0%	三重	5.2%	福島	7.1%

（資源エネルギー庁「電力調査統計」より作成）

問３ 下線部（ウ）に関連して、地球環境にやさしい都市づくりに向けて、交通機関の見直しがおこなわれています。富山市は日本で初めて本格的な「次世代型路面電車システム」を導入したことで知られています。「次世代型路面電車システム」の略称《りゃくしょう》を、次のＡ～Ｄの中からひとつ選んでアルファベットで答えなさい。

Ａ　POS　　　Ｂ　ETC　　　Ｃ　LRT　　　Ｄ　JRS

問４ 下線部（エ）に関連して、次の⑴・⑵にそれぞれ答えなさい。

⑴ 下線部（エ）のために日本国内で取り組まれていることとして誤っているものを、次のＡ～Ｄの中からひとつ選んでアルファベットで答えなさい。

Ａ　工業用水においては、一度使用した水を再利用する回収利用が進んでいる。
Ｂ　寿命《じゅみょう》が長く消費電力をおさえられることから、LED照明への切《き》り替《か》えがいろいろなところで進められている。
Ｃ　資源の使用量をおさえるために、消耗品《しょうもうひん》では詰《つ》め替《か》え用として中身だけを販売《はんばい》する商品もある。
Ｄ　ハイブリッドカーとよばれる、水素だけを排出《はいしゅつ》する自動車の開発と普及《ふきゅう》が進んでいる。

(2) 日本では2000年に循環型社会形成推進基本法を制定して以来、「３Ｒ」の考え方が広まっています。次の文章はその「３Ｒ」について述べたものです。空《くう》欄《らん》［　X　］～［　Z　］にあてはまる語句をそれぞれカタカナで答えなさい。

> 使う資源やごみの量を減らすことを意味する［　X　］、ものをくり返し使うことを意味する［　Y　］、使い終わったものを資源として再利用することを意味する［　Z　］の３つの言葉は、英語表記でいずれもＲで始まることから、これらをあわせて「３Ｒ」とよぶ。

問5 下線部（オ）のメカニズムを研究し、地球温暖化予測の基礎《きそ》を築いたとして、真鍋淑郎《まなべしゅくろう》氏が2021年にノーベル賞を受賞しました。彼《かれ》が受賞したノーベル賞の部門を、次のA～Dの中からひとつ選んでアルファベットで答えなさい。

A　物理学賞　　B　化学賞　　C　地球科学賞　　D　平和賞

問6 下線部（カ）に関連して、「平和の祭典」ともよばれるオリンピックは、スポーツを通じて平和な世界の実現に寄与《きよ》することを目的に掲《かか》げて定期的に開催《かいさい》されています。2021年には東京で夏季オリンピックが開催《かいさい》されました。2024年（2021年の次の回）に夏季オリンピックを開催《かいさい》する予定の都市を、次の［地図］中のA～Fの中からひとつ選んでアルファベットで答えなさい。

［地図］

問7 「地産地消」の取り組みは、SDGsの実現につながるものと考えられています。なぜこのように考えられているのでしょうか。SDGsの目標（１～17）のひとつに関連づけて、文章で説明しなさい。また、関連づけたSDGsの目標の番号をひとつ答えなさい。

2 次の文章を読んで、あとの問いに答えなさい。

2022年４月から、成年年齢が満18歳に引き下げられます。現在は、年齢が子どもと大人の境目となっていますが、歴史においては必ずしも年齢だけが境目になったわけではありません。子どもと大人に分ける基準は、時代や身分によって異なっていました。

(ア) 縄文時代のものと考えられる人骨からは、犬歯などを抜き取る抜歯《ばっし》という風習の跡《あと》が発見されています。一定の年齢で抜歯《ばっし》をすることが、大人になるための通過儀《ぎ》礼《れい》であったと考えられています。ただし、直接の史料が残っておらず、具体的に何歳から大人として扱《あつか》われていたか、詳細《しょうさい》は明らかになっていません。

その後、日本でも文字が使われるようになり、年齢が記された史料も多く残っています。律令制において民衆は、戸主を代表者として (イ) 戸籍や計帳《けいちょう》に登録され、それにもとづいて負担が課されました。戸籍は６年ごとに作成され、それにもとづいて６歳以上の男女に口分田が支給されます。計帳《けいちょう》は毎年作成され、調や庸を課すための台帳として用いられました。21歳から60歳までを正丁《せいてい》、61歳から65歳までを老丁《ろうてい》、17歳から20歳までを中男《ちゅうなん》と分け、負担を定めました。調は老丁《ろうてい》が正丁《せいてい》の２分の１を、中　男《ちゅうなん》が正丁《せいてい》の４分の１を負担するきまりでした。庸は老丁《ろうてい》が正丁《せいてい》の２分の１を負担し、中男《ちゅうなん》の負担はありませんでした。正丁《せいてい》の負担が、そのほかの年齢の負担の基準となっています。

奈良時代以降の貴族や武士の社会では、元服《げんぷく》という通過儀礼《ぎれい》により、大人として扱《あつか》われることがありました。平安時代には12歳から15歳で元服《げんぷく》することが一般的《いっぱんてき》でしたが、その年齢は人によって異なっていました。例えば、(ウ) 崇徳天皇は５歳で即位《そくい》しましたが、元服《げんぷく》の式は11歳のときにおこなわれています。(エ) 鎌倉幕府の３代将軍である源実朝は12歳のときに元服《げんぷく》しました。このときの元服《げんぷく》の式には、当時の有力御家人たちが多く参列したと記録に残っています。江戸幕府の７代将軍である徳川家継《いえつぐ》は５歳で元服《げんぷく》し、将軍職に就きましたが、幼少であったことから (オ) 新井白石が政治の補佐《ほさ》をおこないました。14代将軍の徳川家茂は６歳で元服《げんぷく》し、紀伊藩主を経《へ》て13歳で将軍に就任しました。彼《かれ》は、17歳のときに (カ) 孝明天皇の妹である和宮と婚姻《こんいん》関係を結びました。10代のうちに元服《げんぷく》する例が多いなか、30代になって元服《げんぷく》した例もあります。室町幕府の６代将軍である (キ) 足利義教《よしのり》は36歳になって元服《げんぷく》しました。彼《かれ》は４代将軍の弟で、元服《げんぷく》前に出家していましたが、４代将軍とその息子である５代将軍が相次いで亡くなり、将軍に任じられる直前に元服《げんぷく》しています。

明治時代以降は、年齢によって一律に子どもと大人に分けられるようになりました。(ク) 明治時代初期の諸政策のなかで、満20歳以上の男子を対象に徴兵令が発布されました。明治・大正・昭和にかけて数々の (ケ) 戦争が起こるなか、徴兵年齢や志願兵になれる年齢が下がるなど、若い人たちが戦争に巻《ま》き込《こ》まれるようになりました。

1896年に制定された民法では、成年の年齢は満20歳であると定められています。戦後になり、民法が改正された際には成年年齢は満20歳のまま変更《へんこう》されませんでしたが、2015年から (コ) 選挙権年齢が満18歳以上に引き下げられ、2022年４月からは成年年齢も満18歳に引き下げられることになりました。

問1　下線部（ア）に関連して、2021年に世界文化遺産に登録された縄文時代の遺跡について述べた文としてふさわしいものを、次のA～Dの中からひとつ選んでアルファベットで答えなさい。

A　関東ローム層の中から、黒曜石の石器が発掘《はっくつ》された。
B　アメリカ人モースによって、日本最初の発掘《はっくつ》調査がおこなわれた。
C　大規模な集落跡《あと》が見つかり、多くの竪穴住居跡《あと》や掘立柱《ほったてばしら》建物跡《あと》が出土した。
D　濠《ほり》で周りを囲んだ大規模な集落跡《あと》や、頭部のない人骨、刀による傷の跡《あと》がみられる人骨などが出土した。

問2　下線部（イ）に関連して、次の【資料1】・【資料2】は、それぞれ戸籍または計帳《けいちょう》のいずれかの形式にのっとって作成した、架空《かくう》の戸籍または計帳《けいちょう》です。これらの資料から考えられることを述べた文①～④について、内容の正しいものの組み合わせを、次のA～Dの中からひとつ選んでアルファベットで答えなさい。

【資料1】

戸主（男）	69歳	右頬《ほほ》にほくろ
男	25歳	眉間《みけん》にほくろ
男	13歳	左眉《まゆ》にほくろ
女	33歳	右頬《ほほ》にほくろ
母	76歳	左頬《ほほ》にほくろ

【資料2】

戸主（男）	47歳
母	73歳
妻	37歳
男	15歳
女	22歳

①　【資料1】は、租を課すための台帳である戸籍だと考えられる。
②　【資料1】は、調・庸を課すための台帳である計帳《けいちょう》だと考えられる。
③　【資料1】の戸と【資料2】の戸では、支給される口分田の面積は同じであると考えられる。
④　【資料2】の戸のほうが、【資料1】の戸よりも支給される口分田の面積は少ないと考えられる。

A　①・③　　**B**　①・④　　**C**　②・③　　**D**　②・④

2

問一
一
二
三
四
五
1点×5

問二
という点。
4点

問三
8点

問四
8点

問五
4点

問六
8点

問七
A
B
C
D
2点×4

問八
5点

／50

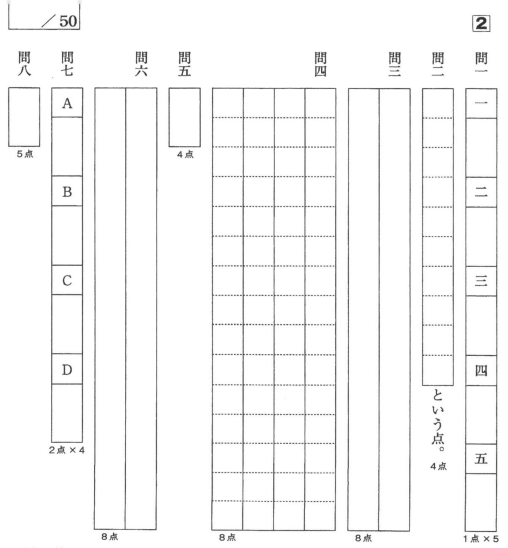

8点 8点

4

(1) 7点

(2) 分 秒後 5点

(3) 分 秒後 8点

5

(1) 脚 5点

(2) 8点

(3) 人 7点

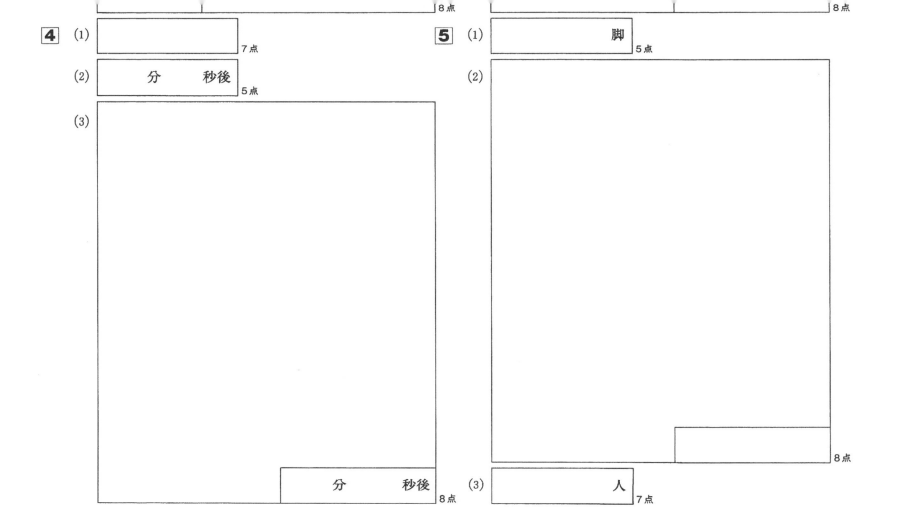

(3) 3点　(4) ① 2点　② 肺 2点

(5) 3点　(6) 2点

小計	／17

4

(1) 2点　(2) 1点

(3) 4点

(4) 2点　(5) ① 1点　② 2点

(6) 倍 2点

(7) ① 水星 1点　金星 1点　② 水星 2点　金星 2点

小計	／20

受験番号					氏名		／75

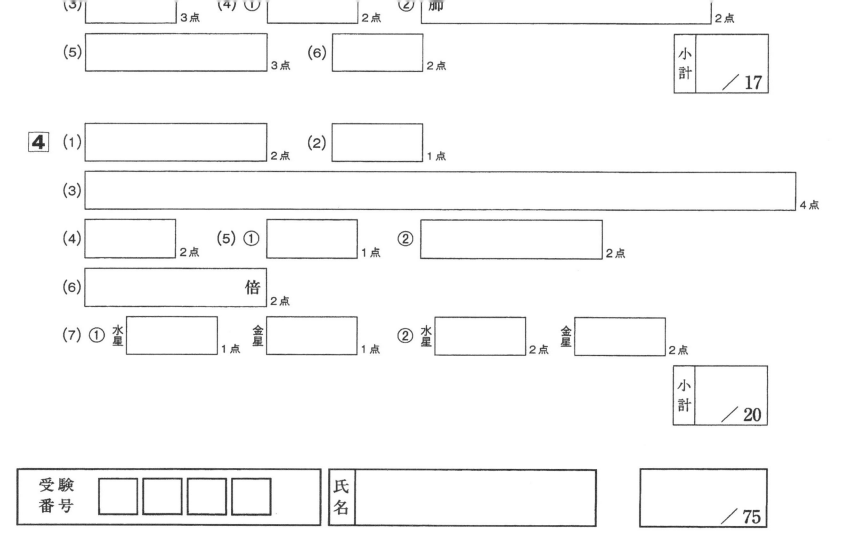

問8 3点 問9 3点 問10 2点 小計 ／25

3

問1 2点
問2 2点
問3 3点
問4 2点
問5 2点
問6 (1) 2点
問6 (2) 3点
問7 3点
問8 2点
問9 4点

小計 ／25

受験番号

氏名

合計 ／75

2022(R4) 洗足学園中　第２回
教英出版

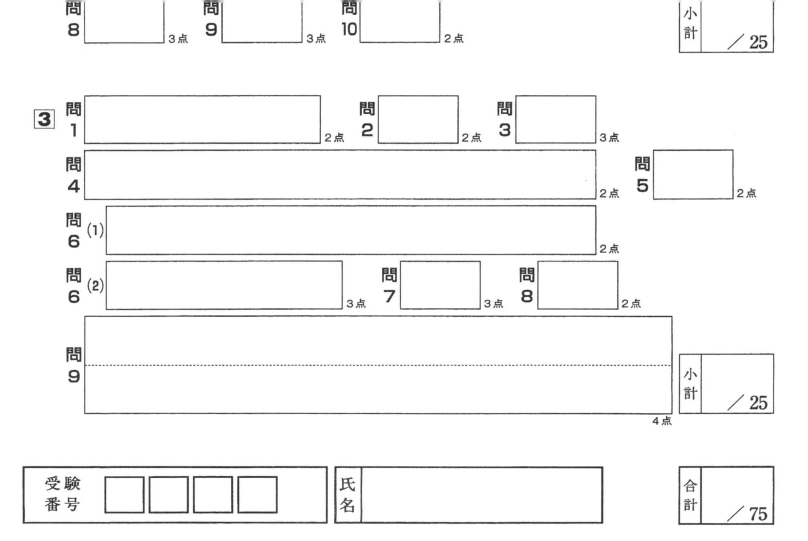

社会

2022年度　入学試験解答用紙　第2回

洗足学園中学校

1

問1 (1) ％ 2点　(2) 3点

問2 (1) 3点　(2) 2点

問3 2点

問4 (1) 2点

問4 (2) X　Y　Z 3点

問5 2点

問6 2点

問7 番号 4点

小計 ／25

2

問1 2点

問2 3点

問3 天皇 2点

問4 3点

【解答用

理科

2022年度　入学試験解答用紙　第2回

洗足学園中学校

1

(1) m 2点　(2) ① 2点　② 2点

(3) 2点　(4) 2点　(5) 2点

(6) cm 2点

(7) ① 倍 2点　② cm 3点

小計　／19

2

(1) g 1点　(2) g 2点

(3) 2点　(4) 1点

(5) X 3点　Y 3点　Z 3点

(6) 4点

小計　／19

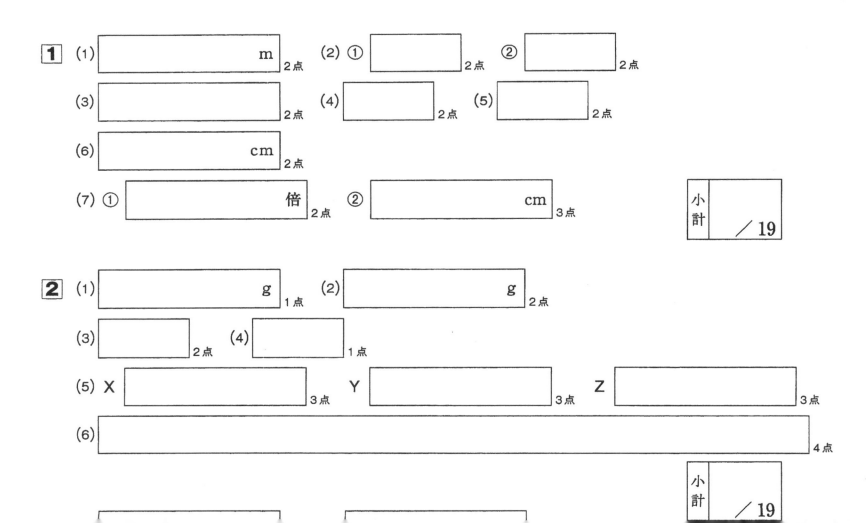

算数

2022年度　入学試験解答用紙　第2回

洗足学園中学校

受験番号					氏名		／100

1　(1) ＿＿＿ 5点　(2) ＿＿＿ 5点

2　(1) 時速 ＿＿＿ km 5点　(2) ＿＿ : ＿＿ 5点　(3) ＿＿＿ 個 5点　(4) ＿＿＿ cm 5点

3　(1) ＿＿＿ 7点　(2) ＿＿＿ cm^2 7点

(3)

(4)

【解答用

国語

／100

二〇二二年度　入学試験解答用紙　第二回

洗足学園中学校

受験番号

氏　名

1

問一

7点

問二

7点

問三

3点

問四

7点

問五

3点

問六

A

B

C

D

2点×4

問七

（ア）

（イ）

（ウ）

（エ）

（オ）

え

2点×5

問八

5点

／50

【解答用

問3　下線部（ウ）に関連して、次の［資料1］は、平安時代のある時期における、天皇の生まれた年と即位《そくい》した年をまとめたもので、［資料2］は、これらの天皇の系図です。ただし、各資料の①～⑤はそれぞれ同じ人物を指しています。②にあてはまる天皇を漢字で答えなさい。

［資料1］

	生まれた年	即位した年
①	1034	1068
②	1053	1073
③	1079	1086
④	1103	1107
崇徳天皇	1119	1123
近衛天皇	1139	1142
⑤	1127	1155

［資料2］

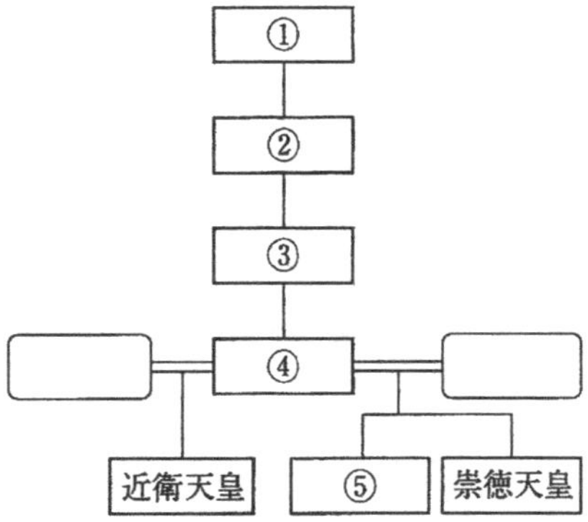

※═══は婚姻《こんいん》関係を、───は親子・兄弟姉妹関係を示す。

※□は男性を、▢は女性を示す。

問4　下線部（エ）がいつ成立したかについては、さまざまな考え方があります。次の［資料］は、鎌倉幕府がいつ成立したと考えられるかについてまとめたものです。空欄《くうらん》［　X　］にあてはまる内容としてふさわしい文を、「朝廷」という語句を用いて答えなさい。

［資料］

成立したと考えられる年	根拠とされている出来事
1180年	侍所が設置された。
1185年	［　X　］
1192年	源頼朝が征夷大将軍に任命された。

問5　下線部（**オ**）がおこなった政策について述べた文としてふさわしいものを、次の**A**～**D**の中からひとつ選んでアルファベットで答えなさい。

A　手賀沼と印旛沼の干拓を進めた。
B　伊能忠敬を派遣《はけん》して蝦夷地の調査をおこなわせた。
C　長崎での貿易を制限し、金銀の流出をおさえようとした。
D　ききんに備えて米をたくわえさせた。

問6　下線部（**カ**）のように朝廷と江戸幕府の協調を目指した政策を何といいますか。漢字４字で答えなさい。

問7　下線部（**キ**）に関連して述べた文①・②の内容の正誤の組み合わせとして正しいものを、次の**A**～**D**の中からひとつ選んでアルファベットで答えなさい。

①　足利義教《よしのり》の父は、後醍醐天皇と対立し、吉野へ逃《のが》れた。
②　足利義教《よしのり》は、山城の国一揆を鎮圧《ちんあつ》するために兵を出した。

A	①－正	②－正	**B**	①－正	②－誤
C	①－誤	②－正	**D**	①－誤	②－誤

問8　下線部（**ク**）について述べた文①～③を、古いものから年代順に正しく並べたものを、次の**A**～**F**の中からひとつ選んでアルファベットで答えなさい。

①　廃藩置県がおこなわれた。
②　版籍奉還がおこなわれた。
③　地租改正がおこなわれた。

A	①→②→③	**B**	①→③→②	**C**	②→①→③
D	②→③→①	**E**	③→①→②	**F**	③→②→①

問9　下線部（**ケ**）の原因やきっかけについて述べた文①～③と、戦争の組み合わせとして正しいものを、次の**A**～**F**の中からひとつ選んでアルファベットで答えなさい。

①　義和団が外国人の排除《はいじょ》を求めて蜂起《ほうき》し、列強８か国が出兵して鎮圧《ちんあつ》した。
②　北京郊外の盧溝橋で軍事衝突《しょうとつ》が起こった。
③　朝鮮の民衆が、外国人の排除《はいじょ》と政治改革を求めて蜂起《ほうき》した。

A　①－日露戦争　②－日清戦争　③－日中戦争
B　①－日露戦争　②－日中戦争　③－日清戦争
C　①－日清戦争　②－日露戦争　③－日中戦争
D　①－日清戦争　②－日中戦争　③－日露戦争
E　①－日中戦争　②－日露戦争　③－日清戦争
F　①－日中戦争　②－日清戦争　③－日露戦争

問10　下線部（**コ**）に関連して、1890年の衆議院議員総選挙における有権者の資格として正しいものを、次の**A**～**F**の中からひとつ選んでアルファベットで答えなさい。

A　直接国税15円以上を納める、満25歳以上の男女
B　直接国税15円以上を納める、満25歳以上の男性
C　直接国税10円以上を納める、満25歳以上の男女
D　直接国税10円以上を納める、満20歳以上の男性
E　直接国税５円以上を納める、満20歳以上の男女
F　直接国税５円以上を納める、満20歳以上の男性

3 次の会話は、洗足学園中学校の１年生の教室でかわされたものです。これを読んで、あとの問いに答えなさい。

公子　2021年６月に、改正国民投票法が成立したと聞きました。どのように改正されたのですか。

先生　投票のしくみを、2016年に改正された(ア)公職選挙法の規定に合わせました。具体的には、駅や大型商業施設《しせつ》に「共通投票所」を設置して投票機会を増やしたり、投票所に入場可能な子どもの年齢を広げたりしました。

民子　国民投票は(イ)憲法改正に必要な手続きですよね。これから憲法改正が進んでいくのでしょうか。

先生　まずはきちんと議論をする必要があると思います。憲法改正については(ウ)自衛隊や新しい人権について憲法に明記すべきかなどさまざまな論点があり、まだ十分に議論が尽《つ》くされているとは言えない状況《じょうきょう》です。

民子　日本国憲法はまだ一度も改正されていないと習いましたが、他の国では憲法を改正しているのですか。

先生　例えば韓国では９回にわたって憲法が改正されています。また、(エ)アメリカでは憲法の条文を改正せず、修正条項を付け加えていくという方法をとっています。

公子　私が以前住んでいたドイツでは、何度も憲法改正がおこなわれています。でもドイツの憲法には、法の支配などといった国家の基本原理については改正してはいけないとする条項があり、無制限に憲法を改正できるわけではないそうです。

民子　基本原理とは、日本国憲法でいえば、(オ)国民主権や(カ)基本的人権の尊重にあたるものですか。

先生　その通りです。それらは(キ)平和主義とともに日本国憲法の三大原則とされています。

公子　国民主権については憲法前文と(ク)第１条に記されていますね。

先生　その通りです。基本的人権については、第11条以降に多くの規定があります。この基本的人権をきちんと守るために重要とされているのが、第99条です。いっしょに読んでみましょう。

> 天皇又は摂政及び国務大臣、国会議員、裁判官その他の公務員は、この憲法を尊重し擁護する義務を負ふ。

民子　国民は憲法を守らなくてもよいのですか。

先生　いいところに気がつきましたね。憲法の条文では、国民に憲法を守る義務は課せられていないのです。それは、憲法とは、［　　(ケ)　　］ために定められたからなのです。

公子　だから法律とはちがって、憲法の改正には国民投票が必要になるのですね。

問1　下線部（ア）にもとづいて選挙制度を所管する省庁を何といいますか。漢字で答えなさい。

問2　下線部（イ）の手続きについて述べた文として正しいものを、次のA～Dの中からひとつ選んでアルファベットで答えなさい。

A　憲法改正の発議には、衆参各議院の総議員の３分の２以上の賛成を必要とする。
B　憲法改正には、国民投票において投票総数の３分の２以上の賛成を必要とする。
C　憲法改正のための国民投票が成立するためには、投票率が50％を超《こ》えなければならない。
D　国民投票で憲法改正が承認された場合は、天皇の名で直ちに公布する。

問3　下線部（ウ）について述べた文として誤っているものを、次のA～Dの中からひとつ選んでアルファベットで答えなさい。

A　自衛隊の前身は、朝鮮戦争中に創設された警察予備隊である。
B　自衛隊の最高指揮官は、現役の自衛官の中から選ばれる。
C　自衛隊はPKOの一環《いっかん》として、南スーダンに派遣《はけん》された。
D　自衛隊は自然災害の発生に際し、人命救助や生活支援等をおこなっている。

問4　下線部（エ）が抱えている大きな問題のひとつに、人種差別があります。2020年には、黒人男性が白人警察官に押《お》さえつけられて死亡したという事件が発生しました。この事件をきっかけに、「ある言葉」をスローガンに掲《かか》げて黒人差別に反対する運動が高まり、世界中に広まりました。この運動の名称《めいしょう》でもある「ある言葉」を何というか、答えなさい。

問5　下線部（**オ**）に関連して、次の［**資料**］は、ある国政選挙における年齢階層別投票状況《じょうきょう》（抽出《ちゅうしゅつ》調査）を示したものです。この［**資料**］について述べた文①～③の内容の正誤の組み合わせとして正しいものを、次の**A**～**H**の中からひとつ選んでアルファベットで答えなさい。

［**資料**］

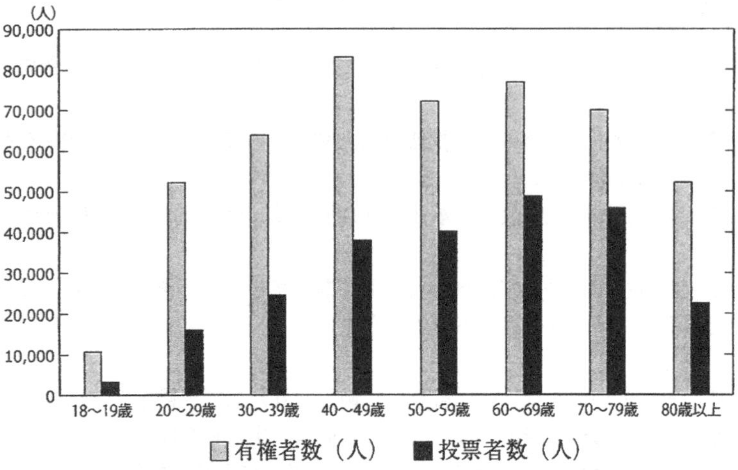

（総務省「第25回参議院議員通常選挙における年齢別投票状況（抽出調査）」より作成）

① 20代の有権者数は60代の有権者数の半数以下である。
② 60代の投票者数は、20代以下の投票者数の２倍以上である。
③ 最も投票率が高いのは40代の有権者である。

A	①－正	②－正	③－正	**B**	①－正	②－正	③－誤
C	①－正	②－誤	③－正	**D**	①－正	②－誤	③－誤
E	①－誤	②－正	③－正	**F**	①－誤	②－正	③－誤
G	①－誤	②－誤	③－正	**H**	①－誤	②－誤	③－誤

問6　下線部（**カ**）に関連して、次の(1)・(2)にそれぞれ答えなさい。

(1)　次の日本国憲法第11条の条文中の空欄《くうらん》［　**X**　］にあてはまる言葉を、条文通りに答えなさい。

> 国民は、すべての基本的人権の享有を妨げられない。この憲法が国民に保障する基本的人権は、［　**X**　］として、現在及び将来の国民に与へられる。

(2) 日本国憲法では、個人の自由を保障する自由権が基本的人権として認められています。日本国憲法で保障されている自由権の内容としてふさわしいものを、次のA～Dの中からすべて選んでアルファベットで答えなさい。

A 家族が信じている宗教とは異なる宗教を信じる自由
B 恐怖《きょうふ》と欠乏《けつぼう》から免《まぬ》かれ平和のうちに生存する自由
C 正当な補償《ほしょう》の下に個人の財産を公共のために用いる自由
D 自分の住む場所や職業を自分で選ぶ自由

問7 下線部（キ）に関連して、日本は核兵器について「持たず、作らず、持ちこませず」という非核三原則を掲《かか》げてきました。核兵器に対する国際的な取り決めについて述べた文①～③の内容の正誤の組み合わせとして正しいものを、次のA～Hの中からひとつ選んでアルファベットで答えなさい。

① 部分的核実験禁止条約（PTBT）では、公海以外での核実験をすべて禁止した。
② 核拡散防止条約（NPT）では、核保有国以外の国が核兵器を新たに保有することを禁止した。
③ 包括的核実験禁止条約（CTBT）では、爆発《ばくはつ》をともなう核実験を全面的に禁止した。

A	①－正	②－正	③－正	B	①－正	②－正	③－誤
C	①－正	②－誤	③－正	D	①－正	②－誤	③－誤
E	①－誤	②－正	③－正	F	①－誤	②－正	③－誤
G	①－誤	②－誤	③－正	H	①－誤	②－誤	③－誤

問8 下線部（ク）は天皇について定めています。天皇の国事行為について述べた文として誤っているものを、次のA～Dの中からひとつ選んでアルファベットで答えなさい。

A 衆議院を解散すること。
B 国会の指名に基づいて、内閣総理大臣を任命すること。
C 国会を召集すること。
D 国会の指名に基づいて、最高裁判所長官を任命すること。

問9 空欄《くうらん》［　　（ケ）　　］には、憲法が定められた目的を説明した文があてはまります。会話の内容を参考にしながら次の語句を用いて、憲法が定められた目的を文章で説明しなさい。

〔権力　基本的人権〕

2022(R4) 洗足学園中　第２回
K 教英出版

二〇二一年度　入学試験問題

国　語

第一回

【注　意】

・試験時間は五〇分です。（八時五〇分～九時四〇分）
・問題は一ページから七ページまでです。
・解答はすべて解答用紙の解答らんに記入してください。
・字数制限のない問題について、一行分の解答らんに二行以上解答してはいけません。
・記号・句読点がある場合は字数に含《ふく》みます。
・解答用紙に受験番号、氏名を記入してください。

洗足学園中学校

[1] 次の文章を読んで後の問いに答えなさい。

生物学とは、生物に(ア)カンケイするものごとを科学的に調べることだ。ここで「科学的」という言葉を使ったが、この言葉には「客観的で揺《ゆ》るがない」とか「答えが一つに決まる」とかいうイメージがつきまとう。

[A]、科学では、決して一〇〇パーセント正しい結果は得られない。大きな川のように右や左にくねりながら、この世の真理（というものがあったとして）にゆったりと近づいていく。それでも、決して真理には到達《とうたつ》することはない。それが科学というものだ。

でも、真理に決して到達することができないなら、科学なんかやる意味がないのではないだろうか。う〜ん、たしかにそういう考えもあるかもしれない。でも、とりあえず、私はそうは思わない。

(1)たとえば、車を運転して会社に行くとしよう。あなたは信号が赤になったので止まった。しばらくすると青になったので、左右を確認してから前に進んだ。でも、何でそんなことをするのだろう。だって信号を守ったって、一〇〇パーセント安全なんてことはないのだ。いくら交通ルールを完《かん》壁《ぺき》に守ったところで、決して一〇〇パーセントの安全が得られないのなら、守る意味なんかないのではないだろうか。

でも、おそらくあなたは、信号を無視して運転することはないだろう。交通ルールを守っても、たしかに一〇〇パーセントは安全にはならない。ならないけれど、かなり安全にはなるからだ。世の中は〇か一〇〇かのどちらかだけではない。中間がたくさんあるのだ。

[B]交通ルールを守るのに意味があるなら、科学にも意味があるだろう。科学の結果は完璧には正しくないけれど、かなり正しいからだ。そして、(イ)レキシを振《ふ》り返ればわかるように、科学はそれなりに(ウ)セイコウを(エ)オサめてきたのである。

しかし、なぜ科学では一〇〇パーセント正しい結果が得られないのだろうか。科学には、なにか欠陥《けっかん》でもあるのだろうか。生物学も科学なので、まずはそれについて考えてみよう。

科学で重要なことは、推論を行うことだ。推論とは次の例のように、根《こん》拠《きょ》と結論を含《ふく》む主張がつながったものである（ちなみにイカの足は腕《うで》と呼ぶ方が生物学ではふつうだけれど、ここでは足と書くことにする）。

（根拠）イカは足が一〇本である。
（根拠）コウイカはイカである。
（結論）したがって、コウイカの足は一〇本である。

[C]、このような推論には、演繹《えんえき》と推測の二種類がある。演繹では一〇〇パーセント正しい結論が得られるが、推測では一〇〇パーセント正しい結論は得られない。しかし、(2)科学では推測が重要だ。重要だが、まずは演繹から見ていこう。

前の三つの主張から成る推論は、実は演繹と呼ばれるものである。そして、この演繹は一〇〇パーセント正しい。なぜなら二つの根拠が成り立っていれば、必ず結論が導かれるからだ。こういう演繹を行っていれば、科学でも一〇〇パーセント正しい結果が得られそうだ。でも、残念ながら、そうはいかない。

科学は、新しい情報を手に入れようとする行為《こうい》だが、演繹では、新しい情報は手に入らないからだ。演繹をしても、情報は増えないのである。「根拠が成り立っていれば、必ず結論が導かれる」ということは、「結論（の情報）は、根拠（の情報）の中に含まれている」ということでもある。[D]、いくら演繹を繰《く》り返しても、知識は広がっていかないのだ。

科学の話に進む前に、(3)「逆・裏・対偶《たいぐう》」の説明も簡単にしておこう。たとえば、先ほどの演繹の最初の主張は、「イカは足が一〇本である」だった。この主張の逆は「足が一〇本ならイカである」だ。ちなみに、エビも足が一〇本なので、この主張は正しくない。

裏は「イカでないなら足が一〇本でない」だ。ちなみに、この主張も、エビは足が一〇本なので正しくない。

対偶は「足が一〇本でないならイカでない」となる。ちなみに、この主張は正しい。

元の主張が正しくても、逆や裏が正しいとは限らないが、対偶は必ず正しい。

(4)正しい演繹なら結論は一〇〇パーセント正しい。しかし、結論は根拠の中に含まれているので、いくら演繹を繰り返しても知識は広がっていかない。

一方、(5)推測の結論は一〇〇パーセント正しいとはいえない。しかし、結論は根拠の中に含まれていないので、推測を行えば知識は広がっていく。

たとえば（服は着ていたものとして）、「池に落ちた」という根拠から「服が濡《ぬ》れている」ことを結論するのは演繹だ。池に落ちれば、必ず服は濡れるからだ。つまり、「池に落ちた」ことを知った時点で、「服が濡れている」ことも同時に知ったことになるのだ。そのため、わざわざ演繹を行って「服が濡れている」という結論を出したところで、周りの人からは「そんなこと知ってるよ。池に落ちたのなら、当たり前じゃないか」といわれてしまう。演繹を行っても、知識は広がらないのだ。

一方、「服が濡れている」という根拠から「池に落ちた」ことを結論するのは推測だ。服が濡れているからといって、池に落ちたとは限らないからだ。雨に降られたのかもしれないし、ホースで水をかけられたのかもしれない。だから推測を行って、「池に落ちた」という結論を出せば、周りの人からは「えっ、そうなの？　全然知らなかった」とかいわれる。推測を行えば、知識は広がるのだ。

科学では、必ず何らかの形で、この推測を使う。そして、よくあるケースでは、推測によって仮説を立てる。それから、この仮説を、観察や実験によって検証するのである。そして観察や実験の結果によって仮説が支持されれば、仮説はより良い仮説となる。観察や実験の結果によって支持されなければ、仮説はより悪い仮説となる。だから、たくさんの観察や実験の結果によって、何度も何度も支持されてきた仮説は、とても良い仮説である。(6)そういう仮説は、「理論」とか「(オ)ホウソク」と呼ばれるようになる。しかし、どんなに良い理論やホウソクも、一〇〇パーセント正しいわけではないのである。

（更科　功『若い読者に贈る美しい生物学講義——感動する生命のはなし』）

問一　——(1)「たとえば、車を運転して会社に行くとしよう。」とありますが、筆者がこの具体例を出した理由としてふさわしいものを次のア〜エの中から一つ選び、記号で答えなさい。

ア　科学と車の運転は、一〇〇パーセントが存在しないという点で同一であり、車の運転の例を通して、一〇〇パーセントの確実性のみを追求するべきだという考えが、説得力を持たないことを伝えるため。

イ　科学と車の運転は、ほぼ一〇〇パーセント正しい結果や安全が得られるという点で同一であり、車の運転の例を通して、〇か一〇〇かのどちらかを追求しようとする考えが、それなりにうまくいく秘訣《ひけつ》であることを伝えるため。

ウ　科学と車の運転は、一〇〇パーセント正しい結果や安全が得られないという点で同一であり、車の運転の例を通して、真理にたどり着こうという科学的な考えが、最初から無駄《むだ》であることを伝えるため。

エ　科学と車の運転は、ほぼ一〇〇パーセント正しい結果や安全が得られるという点で同一であり、車の運転の例を通して、一〇〇パーセントに近い状態を目指そうとする態度が、完璧《かんぺき》を手に入れるための唯一《ゆいいつ》の選択肢《せんたくし》であることを伝えるため。

問二　——(2)「科学では推測が重要だ。」とありますが、これはなぜですか。演繹《えんえき》の方法を用いて、解答らんに二行以内で説明しなさい。

問三 ――(3)『逆・裏・対偶《たいぐう》』とありますが、この状態になるように、左図のA～Cに当てはまる文を、次のア～ウの中から一つずつ選び、記号で答えなさい。（ただし記号はそれぞれ一回ずつ使用します。）

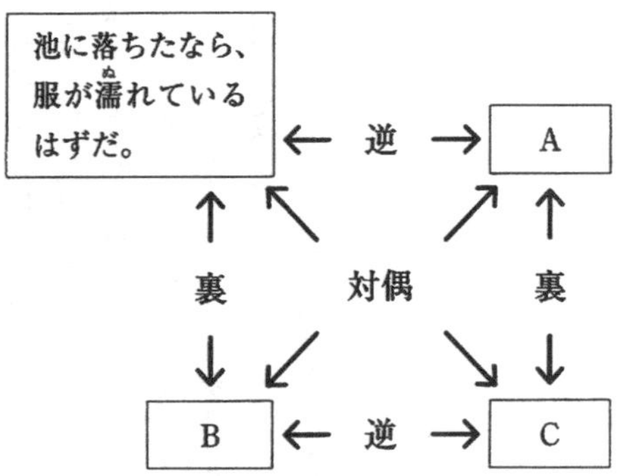

ア 服が濡れていないなら、池に落ちていないはずだ。
イ 服が濡れているなら、池に落ちたはずだ。
ウ 池に落ちていないなら、服が濡れていないはずだ。

問四 ――(4)「正しい演繹なら結論は一〇〇パーセント正しい。」、――(5)「推測の結論は一〇〇パーセント正しいとはいえない。」とありますが、これはなぜですか。前者をA、後者をBと置き換《か》え、解答らんに三行以内で説明しなさい。

問五 ――(6)「そういう仮説」とありますが、これはどういう仮説ですか。解答らんに三十字以内で説明しなさい。

問六 A ～ D に当てはまる語を次のア～エの中から一つずつ選び、記号で答えなさい。（ただし記号はそれぞれ一回ずつ使用します。）

ア さて　イ しかし　ウ もし　エ だから

問七 ――(ア)～(オ)のカタカナを漢字に直しなさい。

問八 本文の内容に合うものを次のア～エの中から一つ選び、記号で答えなさい。

ア 科学的という言葉には「答えが一つに決まる」というようなイメージがあるが、実際は科学が一〇〇パーセント正しい答えにたどり着くことはなく、複数の推測を検証し、おそらくはこれだろうというものをひとまず答えとしているに過ぎない。

イ 科学的という言葉には「客観的で揺《ゆ》るがない」というようなイメージがあるが、実際は科学が一〇〇パーセントの客観的視点にたどり着くことはなく、仮説のうちより良い仮説と評価されたものを、さらに多くの科学者が主観的に支持することで、主観的な価値を得てきた。

ウ 科学的という言葉には「答えが一つに決まる」というようなイメージがあるが、実際は科学が一〇〇パーセント確実な真理にたどり着くことはなく、複数の可能性の中から新たに仮説を積み重ね、完璧ではなくともより良い仮説をとりあえず真理と呼んでいる。

エ 科学的という言葉には「客観的で揺るがない」というようなイメージがあるが、実際は科学が一〇〇パーセント正しい結果や真理にたどり着くことはなく、検証を重ねて可能な限り一〇〇パーセントに近いところを目指すことで、それなりにうまくやってきた。

②次の文章を読んで後の問いに答えなさい。

「じゃあ、行くぞ」

道から逸《そ》れたところにある木に手をかけ、体をぐうんとまわすようにして、お兄ちゃんは斜面《しゃめん》を駆《か》け下りた。木を手でしっかり掴《つか》み、岩に足を置き、慎重《しんちょう》すぎるほどの足取りで進んだ。その遅《おそ》さに、むしろ僕《ぼく》は焦《じ》れた。実際に下りてみると、斜面はそれほど急でもなく、また危険でもなく、スピードをつけて下りていくことができた。はるか下の方に見えていた道がぐんぐん近づいてくる。この調子なら、あっさりキャンプ場に戻《もど》れると思った。キャンプ場に戻れば、父さんと母さんがいる。冷たいジュースがある。よく焼けた肉がある。アルミホイルで蒸《む》してバターで味付けしたジャガイモがある。ジャガイモはあまり好きじゃないけど、たっぷりのバターと醤《しょう》油《ゆ》で食べると、びっくりするくらいおいしかった。その味を思い浮《う》かべながらお兄ちゃんの背を追っているうちに、僕の足は自然と速くなっていた。すっかり調子に乗った僕は、(1)お兄ちゃんを追い越《こ》してやろうと思った。どんどん進んで、冷たいジュースを飲めばいい。お兄ちゃんは慎重すぎるんだ。こんな斜面、たいしたことないのにさ。

思い返してみると、よくわかる。

賢明《けんめい》なお兄ちゃんは、僕の限界を見定めながら、スピードを抑《おさ》えていたんだ。もしお兄ちゃんだけだったとしたら、もっともっと速く下りていたはずだ。それこそ僕が追いつけないくらいのスピードで。

幼い僕はそういうことがわからなかった。

勝手にうぬぼれた。

お兄ちゃんを超《こ》えた気になった。

普段《ふだん》から抱《いだ》いている劣等《れっとう》感を、そっくり(2)優越《ゆうえつ》感に置き換《か》えてしまったんだと思う。僕は下るスピードを一気に上げ、お兄ちゃんを追い越して先に進んだ。お兄ちゃんが僕の名前を呼んだけど、声が後ろから聞こえてくることに、ぞくぞくするような快感を覚えた。僕は今、お兄ちゃんの前を走っているんだ。お兄ちゃんを抜《ぬ》かしたんだ。声には出していなかったものの、僕は思いっきり笑っていた。僕は先に行くよと心の中で叫《さけ》んでいた。

失態は、その直後に訪れた。

（中略）

「彰《しょう》二《じ》、危な――」

お兄ちゃんの言葉を最後まで聞くことはできなかった。気がつくと僕の足は岩を踏《ふ》み外していて、体が宙に浮いていた。勢いを制御《せいぎょ》できなかったのだ。その瞬間《しゅんかん》、時間の流れ方が少し変わったかのようだった。浮き上がる自分の体。目と口をいっぱいに開くお兄ちゃんの顔。森の木漏《こ も》れ日。苔《こけ》むした岩。立ち並ぶ樹木。遠いところでちらちら輝《かがや》く空。すべてがはっきりと見え、僕はそのまま体を反転させ、見事に着地する自分自身を思い浮かべた。愚《おろ》かな僕は、確実にそうなるんだと感じた。着地して得意気に笑う自分の顔さえ想像した。お兄ちゃんは驚《おどろ》くだろうな。すごいぞ彰二、と感心して言うかもしれない。たいしたことないよ、と僕は笑ってやろう。

実際の僕は背中から地面に落ち、岩に頭を思いっきりぶつけた。すべての妄想《もうそう》は消え去り、すべてが真っ白になった。あれ、おかしい、と僕は直後に思った。着地するはずだったんだ。(3)どこで失敗してしまったんだろう……。

痛みはたいしたことなかったけど、頭皮が切れて、びっくりするくらい血が出た。頭の傷は、血が出やすいのだ。額から頬《ほお》へと、赤く温《ぬる》い血が伝い、ショック状態に陥《おちい》った僕は［Ａ］泣き叫んだ。それはもう、みっともないもんだった。

「大丈夫《だいじょうぶ》か」

尋《たず》ねるお兄ちゃんの声に答えることさえできなかった。

「頑張《がんば》れ、彰二」

僕を背負ったお兄ちゃんは、(4)鬼神《きじん》のような勢いで斜面を駆け下りた。今までのスピードが冗談《じょうだん》に思えるくらい速かった。僕はひたすら泣いていた。血が口に入って、鉄錆《さび》の味が広がった。

走り疲《つか》れたのか、途中《とちゅう》でお兄ちゃんが足をとめた。お兄ちゃんはしゃがみ込《こ》むと、僕をその場に下ろした。

「どうしたの」

「血がひどすぎるから、とめた方がいい」

お気に入りだったオレンジと茶のＴシャツを脱《ぬ》ぎ、お兄ちゃんは上半身を露《あら》わにした。それからＴシャツの縫《ぬ》い目を近くにあった倒木《とうぼく》に引っかけ、思いっきり引っ張った。［Ｂ］音がして、Ｔシャツは裂《さ》けた。あのときのお兄ちゃんの機転を思い出すと、僕は今でも感心する。たった十三歳《さい》だったのに、お兄ちゃんはＴシャツを裂く方法をすぐ思いついたんだ。大人でも、なかなかあんなふうには行動できないだろう。今の僕だって怪《あや》しいもんだ。
細く破いたTシャツを、お兄ちゃんは僕の頭にぐるぐる巻きつけた。ぎゅっと縛《しば》ると、流れ出る血がおさまった。
これでいい、とお兄ちゃんは言った。
「我慢《がまん》できるか、彰二」
僕を見つめるお兄ちゃんの視線は、しっかり定まっていた。覚悟《かくご》というものを持っていた。ああ、お兄ちゃんはどうしてあんなにも真《ま》っ直《す》ぐな目をしていたんだろう……。
「我慢できる」
僕はただ頷《うなず》いた。
確かに、そんな気持ちになっていた。お兄ちゃんの強さが乗り移っていた。
「大丈夫だよ」
お兄ちゃんは僕をまた背負おうとしたけど、僕は大丈夫だと言い張った。僕は僕の足で走りたかった。お兄ちゃんに頼りたくなかった。お兄ちゃんのように走りたかった。
「きつくなったら、いつでも言うんだぞ」
「うん」
「血が目に入らないように気をつけろ」
縛ったTシャツの隙間《すきま》から垂れてきた血を、お兄ちゃんが親指で拭《ぬぐ》ってくれた。その親指を、お兄ちゃんはためらうことなく、自らの口に運んだ。僕の血は、お兄ちゃんの体に取り込まれたんだ。口に含《ふく》まれた血は、唾液《だえき》とともに喉《のど》を下り、胃に届き、消化され、お兄ちゃんの体を作る栄養となったはずだ。お兄ちゃんの一部は——髪《かみ》の毛一本ほどの量もないだろうけど——確かに僕の血でできている。
僕たちは、すぐに走り出さなかった。
Tシャツを裂いたお兄ちゃんははあはあ息を切らしていたし、僕も動揺《どうよう》していた。その一瞬、僕たちは凪《なぎ》のような瞬間に取り込まれていた。
お兄ちゃんは顔を上げて森を見渡《わた》した。その視線を追った僕は、突然《とつぜん》不安に襲《おそ》われた。立ち並ぶ木は太く、高く、大地に根を張り、その木々が毎年落とす葉で山の斜面はすっかり覆《おお》われている。木々のあいだから差し込む光はわずかで、その光が当たっている場所だけはやたらと明るかった。僕たち兄弟が立っているのは、あまりにも巨大《きょだい》な自然の中だった。キャンプ場から見た小山とは、明らかに違《ちが》っていた。貧相《ひんそう》な顔を見せていた自然は、けれどはるかに深い懐《ふところ》を持ち、たとえ足が速くて勉強がやたらとできて教師に一目置かれているお兄ちゃんでさえも、ちっぽけで弱々しい存在でしかなかった。ましてや僕なんて小さな虫みたいなもんだ。
お兄ちゃんが感じているのと同じことを、僕はそのとき、確かに感じた。お兄ちゃんが抱いていた恐怖《きょうふ》を、僕もまた抱いた。お兄ちゃんの体は小さく震《ふる》えていた。
ふと横を見ると、そばに大木があった。まだ幼く、無知ではあったけど、その木が僕よりも、お兄ちゃんよりも、たくさんの時を生きてきたことがわかった。木は同じ場所にただ立ち続け、冬の寒風や、夏の灼熱《しゃくねつ》を、ひたすら受け続けてきたんだ。僕はそれがとてもすごいことのように思え、小さな胸を埋《う》めつくしたのはむしろ畏怖《いふ》や畏敬《いけい》といった感情に近かった。強い風が森の中を駆け抜け、色濃い緑が[C]揺《ゆ》れた。落ちてきたなにかが顔に当たった。僕は目を擦《こす》り、ふたたび上を見た。どんなに背伸《せの》びしても、手を伸ばしても、木のてっぺんには触《ふ》れられないのだと思った。
やがてお兄ちゃんが尋ねてきた。
「どうした、彰二」
「あの——」
反射的に声を発したものの、ちゃんとした言葉にはならなかった。感じているものを表現できるような語彙《ごい》は、幼い僕にはなかった。いや、あれから十年近くたった今でさえも、きっちり表現するのは無理だろう。
僕はぽつりと漏らすのが精一杯《せいいっぱい》だった。
「(5)怖《こわ》いね、お兄ちゃん」
その意味を、お兄ちゃんが理解してくれたのかどうかはわからない。僕の言葉はあまりにも曖昧《あいまい》すぎた……。
お兄ちゃんは顔を上げ、僕が見ていたものを見た。
「そうだな。怖いな」
また風が吹《ふ》き、僕の髪が揺れ、お兄ちゃんの髪が揺れ、他のいろんなものを揺らしていった。足もとを枯《か》れ葉の屑《くず》が舞《ま》い散り、そのうちの一枚がくるぶしの辺りに張りついた。ごわごわした靴下《くつした》を履《は》いていたせいか、強い風がどれだけ吹いても、枯れ葉はくっついたままだった。
やがてお兄ちゃんの目に光が戻った。行こうか、と言った。
「うん、行こう」

僕たちは互いに頷き合った。

どういうことなのかわからない。あの十秒か二十秒の、突然訪れた凪のあいだに、僕たちはすっかり落ち着きを取り戻していた。お兄ちゃんが斜面を駆け、僕はその裸《はだか》の背中を追った。(6)もうお兄ちゃんを追い越そうなどとは考えなかった。むしろ前を走るお兄ちゃんの背中がとても大切なものに思えた。張り出した肩胛骨《けんこうこつ》、骨を覆う筋肉、右足を前に出すと背中の左側の筋肉が盛り上がり、左足を前に出すと右側の筋肉が盛り上がった。その動きは力強く、汗《あせ》で D 光り、すごくきれいだった。断言できる。あのときのお兄ちゃんの背中は、どんな陸上選手よりも、どんな美術彫刻《ちょうこく》よりも素晴らしかった。少なくとも、僕にとってはそうだった。この背中についていけばいいんだと本能的に感じた。そうすれば、僕はどこか遠くまで行ける。自分ひとりでは決してたどり着けないところまで、この背中はつれて行ってくれる。

お兄ちゃんのあとについて行こう。

どこまでも、どこまでも、追いかけよう。

それが僕の目標だ。

たいして長く走ったわけではないと思う。お兄ちゃんに止血をしてもらった辺りから、わずか十分も走らないうちに、いきなり視界が開け、僕たちはキャンプ場の端《はし》に立っていた。さっきまで頭上を覆っていた木々は切れ、薄暗《うすぐら》さはすっかり晴れて、目の前に広がるのはキャンプを楽しむ呑《のん》気《き》な家族の姿だけだった。すぐ近くを、僕よりも小さい子供が駆けていき、物珍《めずら》しそうに僕を見ていった。裂いたシャツを頭に巻いた、泥《どろ》だらけの冴《さ》えない僕を。だけど僕は誇《ほこ》らしい気持ちでいっぱいだった。とんでもない苦境を乗り越えた気がしていた。

（橋本　紡『空色ヒッチハイカー』新潮文庫）

問一 ――(2)「優越感」とありますが、これを別のことばに言いかえたものとしてふさわしい表現を本文中から十一字で抜《ぬ》き出しなさい。

問二 ――(3)「どこで失敗してしまったんだろう……。」とありますが、失敗の原因はどのようなことですか。解答らんに三行以内で説明しなさい。

問三 ――(4)「鬼神《きじん》」とありますが、「鬼」という語句が含《ふく》まれる次の一～五の成句の意味を、後の［意味］ア～オの中から一つずつ選び、記号で答えなさい。

一 鬼に金棒

二 鬼の居ぬ間に洗濯《せんたく》

三 鬼の首を取ったよう

四 鬼の目にも涙《なみだ》

五 鬼が笑う

［意味］

ア こわい人やきびしく注意する人がいないすきに、のんびりとくつろぐこと。

イ 先々のことなど、どうなるかわからないのにああだこうだという人をからかっていうことば。

ウ あわれむ心を少しももたないようなひどい人でも、ときには情け深くなることもあるということ。

エ 他人から見れば大した手柄《てがら》でもないのに、素晴らしい手柄を立てたかのように得意になって喜ぶ様子。

オ 強い者が、さらに力をくわえてもっと強くなること。

問四 ――(5)「怖《こわ》いね、お兄ちゃん」とありますが、このときの「僕《ぼく》」の心情を解答らんに二行以内で説明しなさい。

問五 ――(1)「お兄ちゃんを追い越《こ》してやろうと思った。」――(6)「もうお兄ちゃんを追い越そうなどとは考えなかった。」とありますが、「僕」の心境はなぜこのように変化したのですか。解答らんに二行以内で説明しなさい。

問六 [A]～[D]に当てはまる語を次のア～エの中から一つずつ選び、記号で答えなさい。（ただし記号はそれぞれ一回ずつ使用します。）

ア びりびりと　イ てらてら

ウ ゆさゆさと　エ わんわん

問七 本文中で描《えが》かれているお兄ちゃんの人物像としてふさわしいものを次のア～エの中から一つ選び、記号で答えなさい。

ア 「僕」の怪我《けが》に平然と対応しただけでなく、勉強も運動も得意で教師からも一目置かれている、冷静な少年。

イ 動揺《どうよう》や恐怖《きょうふ》が「僕」に伝わってしまうときもあるが、「僕」に不安をなるべく感じさせないようにふるまっている、勇敢な少年。

ウ 「僕」にとっては賢明《けんめい》で機転の利く兄であり、不在の両親に代わって「僕」が自分の目標にするに値《あたい》する、立派な少年。

エ 「僕」のことを何より大切に思っており、「僕」を助けるためであれば危険を冒《おか》すこともいとわない、強気な少年。

問八 本文に合うものを次のア～エの中から一つ選び、記号で答えなさい。

ア 「鉄錆《さび》の味」「ごわごわした靴下《くつした》」などの五感をあらわす表現が用いられることで、山での体験を読者にも鮮明《せんめい》に印象づける効果が生まれている。

イ 今の「僕」とかつての兄の姿を比較《ひかく》することで、当時の兄の対応の的確さをより際立たせ、今の「僕」が目標とする兄の姿へ未だ及《およ》んでいないことを暗示している。

ウ 木々が「僕」たちを覆《おお》う様子は「僕」たちの感情と連動しており、恐怖が増すと自然の姿も大きくなるため、恐怖が失せると自然から解放されキャンプ場へ戻るという構成になっている。

エ この山での体験は、普段《ふだん》とは大きく異なる兄の姿を「僕」が目《ま》の当たりにして「僕」と兄の結びつきが著《いちじる》しく変化する象徴《しょうちょう》的な場面となっている。

2021年度　入学試験問題

算　　数

第 1 回

【注　意】

・試験時間は 50 分です。（10 : 00 ～ 10 : 50）
・問題は1ページから9ページまでです。
・解答はすべて解答用紙に記入してください。
・解答用紙に受験番号、氏名を記入してください。
・円周率は3.14として計算してください。

洗足学園中学校

1　次の計算をしなさい。

（1）$43 \times 5 - 4.3 \times 15 + 0.43 \times 120$

（2）$\left\{\left(2\frac{5}{6} - 1.75\right) \div 9\frac{3}{4} + \frac{1}{4}\right\} \times 2.7$

2 次の問いに答えなさい。

（1）縦 15 cm，横 24 cm の長方形の紙がたくさんあります。この紙をすき間なく，同じ向きに並べて正方形を作ります。出来るだけ小さい正方形を作るとき，長方形の紙は何枚必要ですか。

（2）３つの整数Ａ，Ｂ，Ｃがあります。Ａ：Ｃ＝５：２，Ｂ：Ｃ＝４：３，ＢとＣの差が６であるとき，整数Ａを答えなさい。

(３) 花子さんはノートを何冊か定価で買い，消費税込みで3168円払いました。園子さんは同じノートをセール中のお店で定価の２割引きで買い，花子さんと同じ金額で花子さんより４冊多く買えました。花子さんはノートを何冊買いましたか。ただし，消費税は10％とします。

(４) 下の図の四角形ＡＢＣＤは正方形です。点Ｅは辺ＢＣの真ん中の点で，点Ｆは辺ＣＤを２：１に分ける点です。色のついた部分の面積は，正方形の面積の何倍ですか。

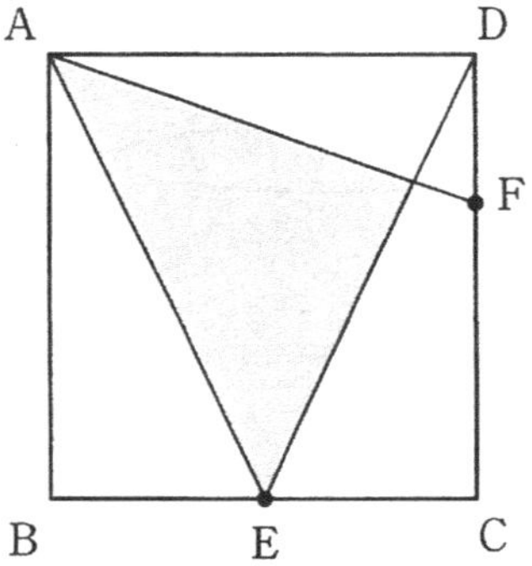

３ 次の問いに答えなさい。

（１）ＡとＢのボタンがついた計算機があります。ある数を入力し，ボタンを押《お》すと次のように出力します。

ボタンＡ：入力された数と出力結果は比例の関係であり，
８を入力すると２が出力された。

ボタンＢ：入力された数と出力結果は反比例の関係であり，
12を入力すると３が出力された。

この計算機に，ある数Ｘを入力し，ボタンＡを押して出力された数を再度入力し，ボタンＢを押したところ，出力された数は最初に入力した数Ｘと同じになりました。ある数Ｘはいくつですか。

（２）下の図のような円柱の形をした２つの容器Ａ，ＢとおもりＣがあります。容器Ｂの底面の半径は８cmで，おもりＣの底面の半径は６cmです。容器Ａに満水になるよう水を入れ，容器Ｂに移したところ水面の高さは1.5cmになりました。さらに容器Ｂに容器Ａの３杯《ばい》分の水を入れ，おもりＣ全体を容器Ｂの水中に沈めました。このとき，容器Ｂの水面の高さは何cmになりましたか。

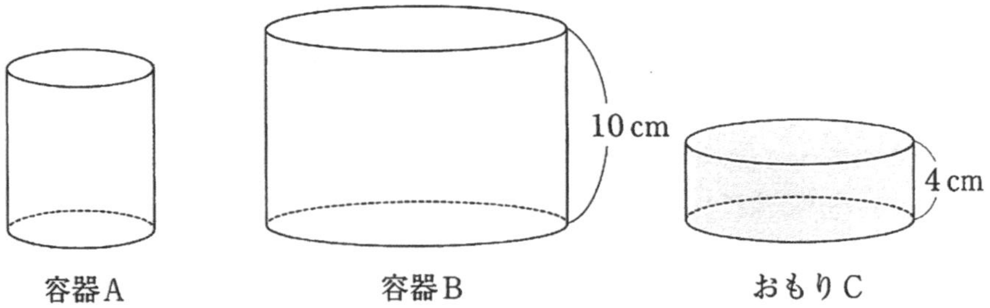

容器Ａ　　容器Ｂ　　おもりＣ

(3) 下の図のように，黒と白のボールを交互《ご》に使って，正三角形をつくっていきます。最も外側の正三角形に使われたボールが174個のとき，この図形には白のボールは全部で何個使われていますか。なお，この問題は解答までの考え方を表す式や文章・図などを書きなさい。

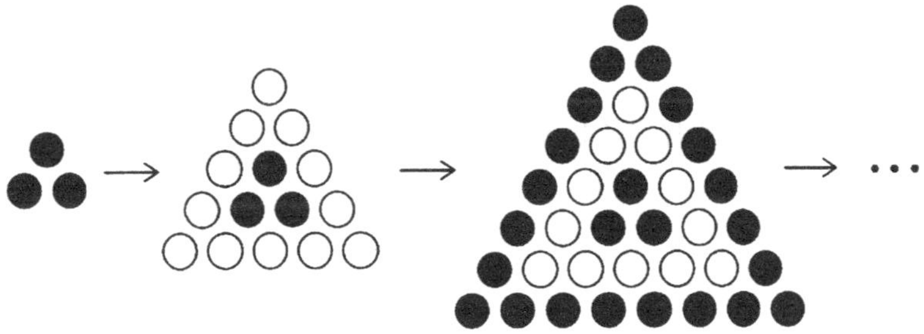

1番目　　2番目　　3番目

(4) 池の周りにある散歩道を，恵子さんと花子さんが歩きました。恵子さんは分速72 mで時計回りにA地点から歩き出し，花子さんは恵子さんとは逆回りにB地点から歩き出します。2人はそれぞれA，B地点を同時に出発し，5分後にはじめて出会いました。出会ってから4分後，花子さんはA地点を通過しました。2回目に2人が出会ってから9分24秒後，花子さんははじめてB地点に戻りました。この散歩道の1周は何mですか。なお，この問題は解答までの考え方を表す式や文章・図などを書きなさい。

4 家から図書館までの道沿いに，ポストと花屋があります。妹は徒歩で10時に家を出発し，途《と》中の花屋で10分間買い物をしてから図書館に向かいました。姉は妹が出発してから20分後に家を自転車で出発し図書館に向かいました。姉は，10時25分にちょうどポストの前で妹を追い越し，図書館で10分間過ごした後に家に戻る途中，買い物を終えた妹と11時ちょうどに花屋の前ですれ違いました。このとき，次の問いに答えなさい。

（1）姉と妹の速さの比を最も簡単な整数の比で答えなさい。

（2）姉が図書館を出発したのは何時何分ですか。なお，この問題は解答までの考え方を表す式や文章・図などを書きなさい。

（3）妹が図書館に到着したのは何時何分ですか。

5　１より小さい，分母が４以下の既《き》約分数（それ以上約分できない分数）を小さい順にすべて並べると，

$$\frac{1}{4},\ \frac{1}{3},\ \frac{1}{2},\ \frac{2}{3},\ \frac{3}{4}$$

となり，この分数の列を「分母４のグループ」と呼ぶことにします。このようなグループにおいて，隣《とな》り合う２つの分数の差を求めると，必ず分子が１になることが知られています。

例えば分母４のグループでは

$$\frac{1}{3}-\frac{1}{4}=\frac{1}{12},\ \frac{1}{2}-\frac{1}{3}=\frac{1}{6},\ \frac{2}{3}-\frac{1}{2}=\frac{1}{6},\ \frac{3}{4}-\frac{2}{3}=\frac{1}{12}$$

です。このとき，次の問いに答えなさい。

（１）分母５のグループの分数のうち小さい方から５番目の数を答えなさい。また，分母５のグループの隣り合う分数の差の中で最も小さいものを答えなさい。

（2）分母10のグループには分数は全部で何個ありますか。

（3）あるグループでは，$\frac{2}{5}$と$\frac{3}{7}$の間に1つだけ分数が入ります。この分数を答えなさい。なお，この問題は解答までの考え方を表す式や文章・図などを書きなさい。

2021年度　入学試験問題

理　　科

第１回

【注　意】

試験時間は社会とあわせて60分間です。（11:10 ～ 12:10）

理科と社会両方の教科の問題を時間内に解いてください。

問題は１ページから12ページまでです。

解答はすべて解答用紙に記入してください。

解答用紙に受験番号、氏名を記入してください。

洗足学園中学校

1　台車の運動について詳《くわ》しく調べるため、記録タイマーと記録テープを用いて実験を行いました。記録タイマーは、１秒間に50回同じ時間間隔《かんかく》で点を打つことができます。台車の後ろに記録テープをつけ、台車を動かすと、記録テープに点が打たれます。記録テープの点をもとに台車の運動について調べることができます。

図１のように、水平な机に台車を置き、台車の後ろに記録テープをつけ、左向きに押《お》してすぐに手を離《はな》しました。このとき記録テープの一部には、図２のように等《とう》間隔に点が打たれました。また、記録テープを図２のＡ点から５つの点ごとにＢ点まで切って、左から順にはりつけると、図３のようになりました。切ったテープの長さはどれも10cmでした。図２のＡ点を打ったときの時間を０秒とします。答えは、小数第３位以下があるときは四捨五入して小数第２位まで求めなさい。

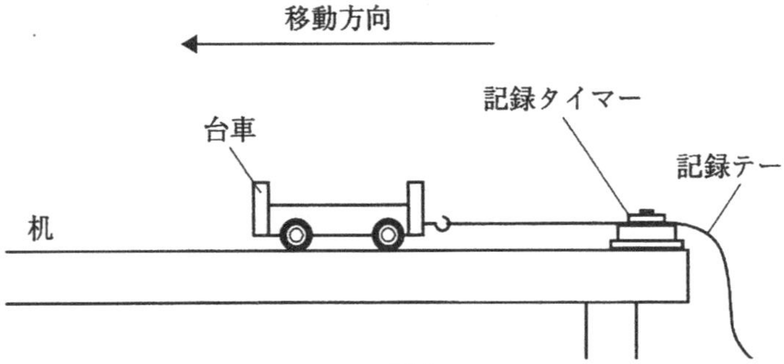

図1

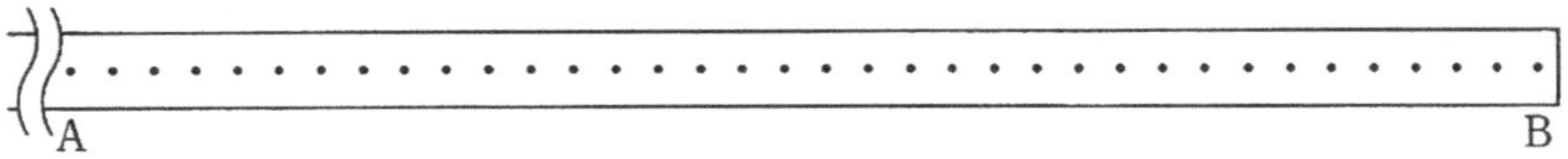

図2

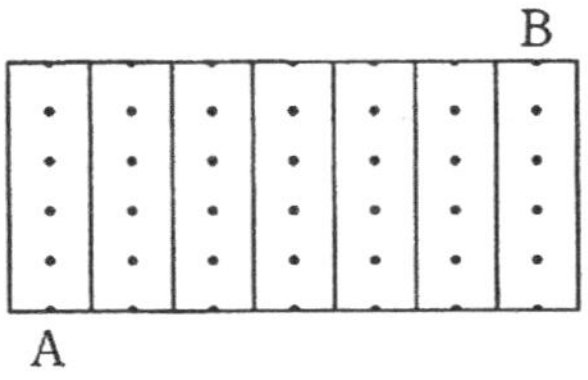

図3

（1）　この記録タイマーは、記録テープに１回点を打ってから次の点を打つまでに何秒かかりますか。

（2）　Ａ点からＢ点までの記録テープは、台車の運動を何秒間記録したものですか。

（3）　Ａ点からＢ点まで記録した時の台車の速さは秒速何ｍですか。

（4）　この台車の運動について、時間（横軸《よこじく》）と速さ（縦軸《たてじく》）の関係を表しているグラフとして、適当なものを次より１つ選び、記号で答えなさい。

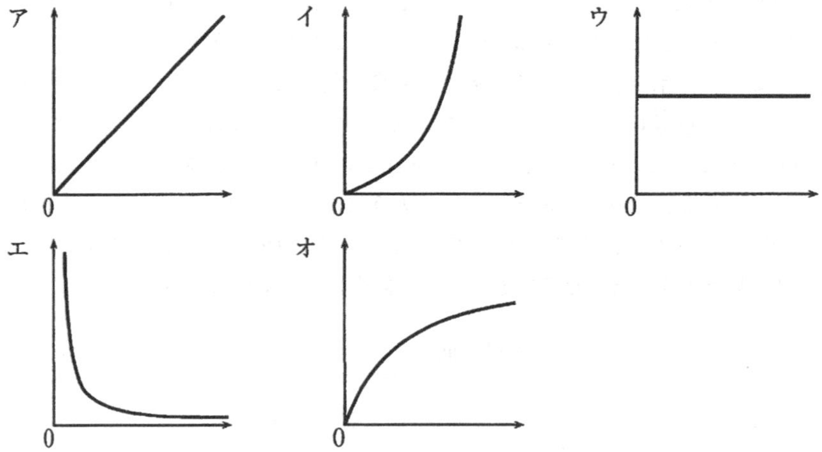

（5）　この台車の運動について、時間（横軸）と移動距離《きょり》（縦軸）の関係を表しているグラフとして、適当なものを（4）の選択肢《せんたくし》より１つ選び、記号で答えなさい。

次に図４のように、おもりをつけた糸と記録テープを台車につけ、図１と同じ台車を図１と同じ机に置きました。台車を押さえていた手を静かに離したところ、台車とおもりが動きはじめました。このとき、記録テープの一部には、図５のように点が打たれました。図５のCの点を打ったときの時間を０秒とします。ただし、机は十分長く、台車が机から落ちることはないものとします。

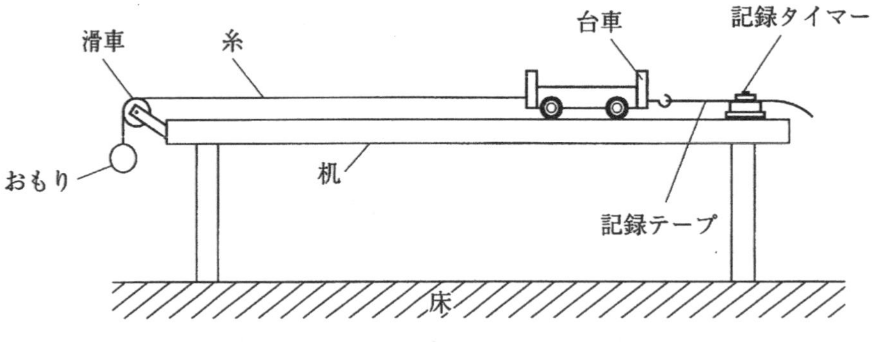

図４

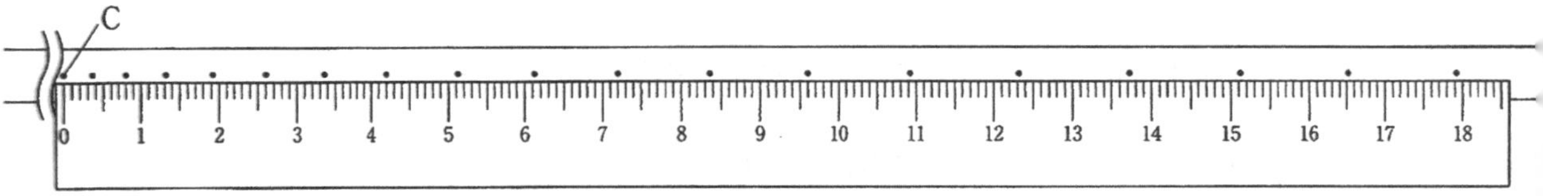

図５

（6）　この台車の運動について、時間（横軸）と速さ（縦軸）の関係を表しているグラフとして、適当なものを次より1つ選び、記号で答えなさい。

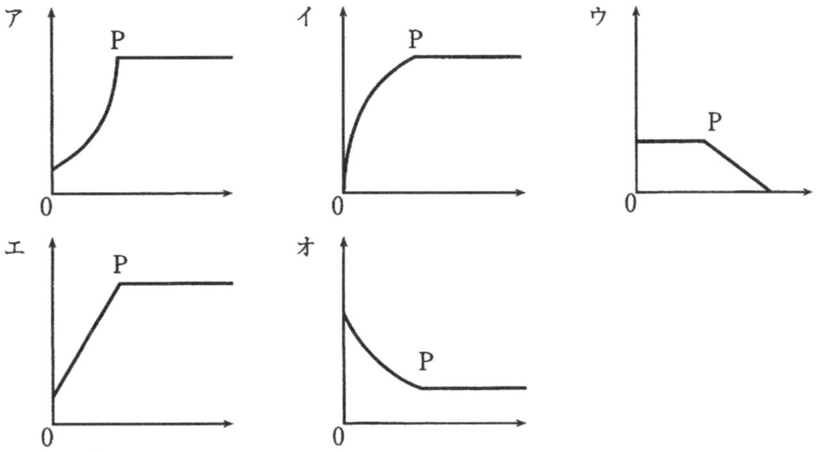

（7）　（6）の選択肢にあるPで台車の運動が変化したのはなぜだと考えられますか、おもりに注目して答えなさい。

（8）　図4の実験において、（6）の選択肢にあるPに達する前に糸をはさみで切りました。この後台車はどのような運動をしますか。適当なものを次より1つ選び、記号で答えなさい。

ア．だんだん速くなる。　イ．だんだん遅《おそ》くなる。
ウ．すぐに止まる。　エ．同じ速さで動く。

2 次の【実験1】【実験2】を読んで、あとの問いに答えなさい。

【実験1】 ビーカーA～Fのそれぞれに、濃度《のうど》7.3%の塩酸100 gを入れました。次に、これらのビーカーに、濃度20%の水酸化ナトリウム水溶液《すいようえき》を0 gから100 gまで20 gきざみで加えました。その後、溶液を加熱して水を完全に蒸発させ、残った固体の重さを調べました。結果は、表1のようになりました。

表1

ビーカー	A	B	C	D	E	F
水酸化ナトリウム水溶液［g］	0	20	40	60	80	100
残った固体［g］	0	5.85	11.7	15.7	19.7	23.7

（1） 水酸化ナトリウム水溶液について、適当な記述を次よりすべて選び、記号で答えなさい。

ア．鉄を入れると水素を発生して溶《と》ける。
イ．アルミニウムを入れると水素が発生して溶ける。
ウ．二酸化マンガンを入れると酸素が発生する。
エ．BTB液を入れると青くなる。
オ．赤色リトマス紙につけると青く変わる。
カ．電気を通す。

（2） 20%の水酸化ナトリウム水溶液の重さは、1 mLあたり1.22 gです。20%の水酸化ナトリウム水溶液1 Lあたりに含《ふく》まれる水酸化ナトリウムは何gですか。答えは、小数第1位以下があるときは四捨五入して整数で求めなさい。

（3） ビーカーB～Fのうちで、水を蒸発させた後に残った固体が食塩のみであるものをすべて選び、記号で答えなさい。

（4） 次に示す塩酸と水酸化ナトリウム水溶液を混ぜた後の水溶液のうち、酸性であるものと中性であるものをそれぞれ次よりすべて選び、記号で答えなさい。

ア．7.3%の塩酸100 gと20%の水酸化ナトリウム水溶液50 g
イ．7.3%の塩酸50 gと20%の水酸化ナトリウム水溶液19 g
ウ．14.6%の塩酸100 gと25%の水酸化ナトリウム水溶液64 g
エ．15%の塩酸80 gと10%の水酸化ナトリウム水溶液120 g
オ．10%の塩酸160 gと7.3%の水酸化ナトリウム水溶液200 g

（5）　14.6％の塩酸100 gと20％の水酸化ナトリウム水溶液40 gを混ぜた水溶液の濃度を求めなさい。ただし、濃度は、水に溶けているすべての物質の重さを、溶液の重さで割ったものの百分率として計算しなさい。答えは、小数第2位以下があるときは四捨五入して小数第1位まで求めなさい。

【実験2】　石灰石の主成分は炭酸カルシウムです。炭酸カルシウムは塩酸に溶けて気体を発生します。ビーカーG～Jのそれぞれに炭酸カルシウムを20 g入れ、濃度14.6％の塩酸を0 gから60 gまで20 gきざみで加えると、ビーカーH～Jで気体が発生しました。この時、反応は塩酸に溶けている塩化水素がなくなるまで起こるものとし、反応後に溶けているのは物質Kのみとします。その後、溶け残った炭酸カルシウムをろ過して除き、溶液を加熱して水を完全に蒸発させ、残った物質Kの固体の重さを調べました。結果は、表2のようになりました。

表2

ビーカー	G	H	I	J
塩酸［g］	0	20	40	60
溶け残った炭酸カルシウム［g］	20	16	12	8
発生した気体［g］	0	1.76	3.52	5.28
蒸発後に残った物質K［g］	0	4.44	8.88	13.32

（6）　実験2で発生する気体の名称を答えなさい。

（7）　炭酸カルシウム20gを完全に溶かすために最低限必要な14.6％の塩酸は何gですか。答えは、小数第1位以下があるときは四捨五入して整数で求めなさい。

（8）　炭酸カルシウム30 gに7.3％の塩酸140 gを加えました。あとの問いに答えなさい。答えは、小数第3位以下があるときは四捨五入して小数第2位まで求めなさい。

①　発生する気体は何gですか。

②　溶け残った炭酸カルシウムは何gですか。ただし、溶け残らない場合は0 gと書きなさい。

③　この反応でできた水は何gですか。ただし、水ができない場合は0 gと書きなさい。

④　溶け残った炭酸カルシウムを除くと、反応後の水溶液の物質Kの濃度は何％ですか。ただし、濃度は、水に溶けている物質Kの重さを、溶液の重さで割ったものの百分率として計算しなさい。

3　ある日、園子さんとお父さんは、あるテレビ番組を見ていました。その番組では、キウイフルーツをつぶしてスムージーを作る際、栄養をとるためにスムージーに牛乳を足してもよいと紹介していました。そのとき、園子さんは、「牛乳を足すのは飲む直前にしてください」と注意書きが表示されていることに気がつきました。

園子さん：あれ、牛乳を足すときは飲む直前に足さないといけないの？
お父さん：うーん、何でだろう。ゼリーにキウイフルーツを入れると固《かた》まりにくいと聞いたことがあるけれど、それと関係があるのかな。

調べたところ、キウイフルーツのスムージーに牛乳を足すのは飲む直前にした方がよいことと、ゼリーにキウイフルーツを入れると固まりにくいことの両方に、キウイフルーツに含《ふく》まれるタンパク質分解酵素《こうそ》（タンパク質を分解する酵素）が関係していることがわかりました。キウイフルーツを牛乳に混ぜると、酵素が牛乳の中のタンパク質を分解して苦味のある成分に変えてしまうため、しばらくすると苦味が出てきます。

園子さん：そもそもタンパク質分解酵素って何だろう？
お父さん：ヒトが食物中のタンパク質を消化するときにも関係しているよね。

（1）　ヒトにおけるタンパク質の消化と吸収について述べた次の文中の［　あ　］～［　う　］に当てはまる語を、それぞれ答えなさい。

口から摂取《せっしゅ》したタンパク質の消化は胃で始まります。タンパク質は、胃から分泌《ぶんぴつ》される酵素である［　あ　］によって分解され、十二指腸へと送られます。そこで消化液である［　い　］と混ざり合い、［　い　］に含まれる酵素によってさらに分解されます。最後に小腸でも分解されて［　う　］に変化すると、柔毛《じゅうもう》から毛細血管へと吸収されます。

園子さんとお父さんが調べたところ、タンパク質分解酵素の他にもさまざまな種類の酵素があることがわかり、それらの酵素には次のような性質があることがわかりました。

［酵素の性質］
① 酵素は目的の物質にだけはたらく。
② ほとんどの酵素は、30 ～ 40℃程度で最もよくはたらく。
③ 極端《きょくたん》な高温にさらされると、壊《こわ》れてはたらかなくなってしまう。
④ 酵素の種類によって、酸性で最もよくはたらくもの、中性で最もよくはたらくもの、アルカリ性で最もよくはたらくものがある。

そこで、園子さんとお父さんは、キウイフルーツがもっているタンパク質分解酵素の性質を調べる実験を行うことにしました。キウイフルーツを用意し、果実を切ると、図1のような断面があらわれました。

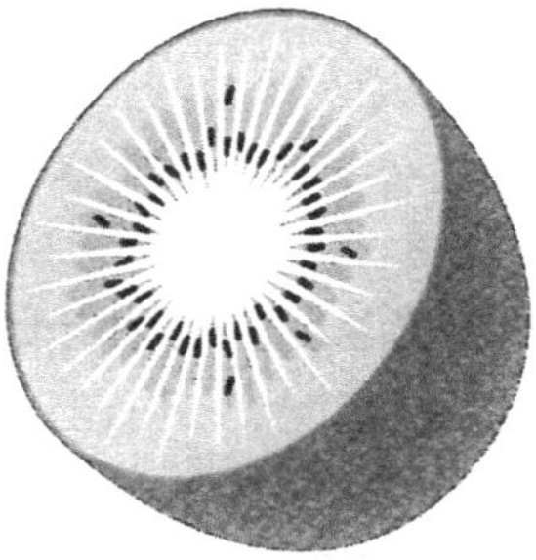

図1

園子さん：キウイフルーツの果肉って、きれいな緑色をしているね。

お父さん：キウイフルーツの果肉が緑色なのは、植物の葉が緑色であるのと同じ理由だよ。

園子さん：ふーん。それなら、緑色の色素である[　え　]を含んでいるということ？

お父さん：そうだね。ところで、たくさんある黒い粒《つぶ》は種子だね。そして、1つのキウイフルーツの果実は、花にある1つの子房からつくられるのだよ。ということは…。

園子さん：ということは、1つの子房の中には[　お　]がたくさんあるということになるよね。

お父さん：その通り！

(2)　会話文中の[　え　]・[　お　]に当てはまる語を、それぞれ答えなさい。

園子さんとお父さんは、キウイフルーツをミキサーにかけ、スムージーをつくりました。そして、【実験1】を行いました。

【実験1】

〔方法〕　タンパク質の一種であるゼラチンをお湯に溶《と》かして容器に入れ、冷蔵庫で冷やしてゼリーをつくりました。このゼリーを小さじ1杯《ぱい》ずつはかり取って3つの容器A～Cにそれぞれ入れ、小さじ1杯ずつのスムージーをかけて、次のような条件でしばらく置きました。

容器A　4℃の冷蔵庫の中に入れた。

容器B　18℃の室内に置いた。

容器C　25℃の室内に置いた。

〔結果〕　容器A　ゼリーは溶けなかった。

容器B　ゼリーは少し溶けた。

容器C　ゼリーはよく溶けた。

園子さん：やっぱり30℃に近づいたことでタンパク質分解酵素がよくはたらくから、容器Cのゼリーがよく溶けたんだね！

お父さん：うーん。ゼリーが溶けたのは、本当にタンパク質分解酵素のはたらきだと言い切れるのかな…。

（3）　【実験1】において、容器Cでゼリーがよく溶けたのは、タンパク質分解酵素のはたらきによるものであるとは言い切れません。タンパク質分解酵素以外で、ゼリーが溶けた原因として考えられることを次より1つ選び、記号で答えなさい。

ア．空気に触れているために溶けてしまった。
イ．水分に触れているために溶けてしまった。
ウ．温度が高いために溶けてしまった。

そこで、園子さんとお父さんは、さらに【実験2】を行いました。

【実験2】

〔方法〕　スムージーの一部を別の容器に入れ、沸騰《ふっとう》した湯の中で10分間湯せんした後に冷ましました。次に、【実験1】と同じようにゼリーを小さじ1杯ずつはかり取って、6つの容器D～Iにそれぞれ入れました。容器D～Fには小さじ1杯ずつの湯せんしていないスムージーをかけ、容器G～Iには小さじ1杯ずつの湯せんしたスムージーをかけ、次のような条件でしばらく置きました。なお、湯せんとは温めたいものを容器に入れ、容器ごと湯の中で間接的に温める方法です。

容器D・容器G　4℃の冷蔵庫の中に入れた。
容器E・容器H　18℃の室内に置いた。
容器F・容器I　25℃の室内に置いた。

〔結果〕　容器D　ゼリーは溶けなかった。
容器E　ゼリーは少し溶けた。
容器F　ゼリーはよく溶けた。
容器G　ゼリーは溶けなかった。
容器H　ゼリーは溶けなかった。
容器I　ゼリーは溶けなかった。

（4）　【実験２】について述べた次の文中の［　か　］に当てはまる６ページの［酵素の性質］の番号（①～④）を１つ答えなさい。また、［　き　］・［　く　］としてもっとも適当な容器の記号（D～I）を２つ選び、答えなさい。

【実験２】では、酵素の［　か　］の性質を利用して、ゼリーが溶けたのはタンパク質分解酵素のはたらきによるものであることを明らかにしようとした。容器［　き　］と容器［　く　］を比べると、ゼリーがタンパク質分解酵素によってよく溶けたことがわかる。

園子さん：キウイフルーツにタンパク質分解酵素が含まれるのなら、タンパク質が多い食べ物と一緒《いっしょ》に食べたら、消化によいのかな？

お父さん：そうだね。でも、食べた後に胃の中でもはたらいてもらう必要があるから、実験で調べた条件以外に、［　け　］でよくはたらくという性質が必要だね。

（5）　会話文中の［　け　］に入る性質を表す語を答えなさい。

キウイフルーツに含まれるタンパク質分解酵素についてよく理解した園子さんは、キウイフルーツについてさらに調べました。キウイフルーツの木は、メスの木とオスの木が別々に存在するということがわかりました。

（6）　2019年に、キウイフルーツに関してある遺伝子（生物のからだの形や性質を決定するもの）が発見されました。この遺伝子をメスに入れると、メスの性質もオスの性質も両方もつようになるそうです。キウイフルーツにおいて、メスの性質とオスの性質を両方もった木ができると、どんな利点があると考えられるか説明しなさい。

4 園子さんは、夏休みにテレビを見ていると、天気予報で「WBGTが高いから熱中《ねっちゅう》症《しょう》に注意してください」と言っているのを聞きました。WBGTとは何か気になったので、調べてみることにしました。

調べてみると、WBGT（湿《しっ》球《きゅう》黒《こっ》球《きゅう》温《おん》度《ど》）は、1954年にアメリカで熱中症を予防する目的で提案されたものと分かりました。WBGTを測定する装置には、乾球《かんきゅう》温度計・湿球温度計・黒球温度計が備えられています。これらをもとにして、WBGTが算出されます。

また、表1は湿度表、表2は気温別の飽和《ほうわ》水蒸気量［g／m^3］（1m^3の空気中に含《ふく》むことのできる最大の水蒸気の量）を表しています。答えは、小数第2位以下があるときは四捨五入して小数第1位まで求めなさい。

表1

		乾球温度計と湿球温度計の示度の差［℃］									
		0	1	2	3	4	5	6	7	8	9
乾球温度計の示度［℃］	30	100	92	85	78	72	65	59	53	47	41
	29	100	92	85	78	71	64	58	52	46	40
	28	100	92	85	77	70	64	57	51	45	39
	27	100	92	84	77	70	63	56	50	43	37
	26	100	92	84	76	69	62	55	48	42	36
	25	100	92	84	76	68	61	54	47	41	34
	24	100	91	83	75	68	60	53	46	39	33
	23	100	91	83	75	67	59	52	45	38	31
	22	100	91	82	74	66	58	50	43	36	29
	21	100	91	82	73	65	57	49	42	34	27
	20	100	91	81	73	64	56	48	40	32	25
	19	100	90	81	72	63	54	46	38	30	23
	18	100	90	80	71	62	53	44	36	28	20
	17	100	90	80	70	61	51	43	34	26	18
	16	100	89	79	69	59	50	41	32	23	15
	15	100	89	78	68	58	48	39	30	21	12

表2

気温［℃］	10	11	12	13	14	15	16	17	18	19	20	21	22
飽和水蒸気量［g／m^3］	9.4	10.0	10.7	11.4	12.1	12.8	13.6	14.5	15.4	16.3	17.3	18.3	19.4

（1） 以下の文章を読んで、あとの問いに答えなさい。

湿度は、乾球温度計と湿球温度計を用いて、湿度表から求めることができる。湿球温度計には水で濡《ぬ》れたガーゼが巻かれており、水が[A]する際に周囲の熱をうばう。そのため、乾球温度計と湿球温度計の示度は、[B]の方が小さいかまたは等しい。また、乾球温度計と湿球温度計の示度の差が大きいほど湿度は[C]なる。

① 空らん[A]に当てはまる適当な語を漢字で答えなさい。

② 空らん[B]・[C]に当てはまる語の組み合わせとして適当なものを次より1つ選び、記号で答えなさい。

	[B]	[C]
ア.	乾球温度計	高く
イ.	乾球温度計	低く
ウ.	湿球温度計	高く
エ.	湿球温度計	低く

（2） 乾球温度計と湿球温度計が図1のような値を示すとき、湿度は何％ですか。

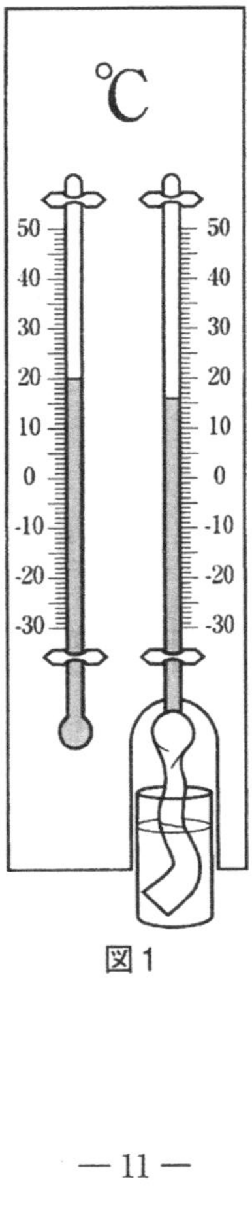

図1

（3）　（2）のときの空気中の水蒸気量は1 m^3あたり何 g ですか。

（4）　（2）の水蒸気量が変わらない状態で、気温が3℃下がったときの湿度は何％ですか。

（5）　（2）の状態から気温が9℃下がったとき、水滴《すいてき》が生じました。空気1 m^3あたり何 g の水滴が生じますか。

（6）　（5）のように、空気中に含まれる水蒸気量が飽和水蒸気量を超えることで起こる現象として適当なものを次より2つ選び、記号で答えなさい。

ア．寒い冬の日、朝起きると、池の水が凍《こお》っていた。
イ．寒い冬の日、朝起きると、窓ガラスの内側に水滴がついていた。
ウ．空気が上昇《じょうしょう》すると、雲ができた。
エ．二酸化炭素を冷やすと、ドライアイスができた。

（7）　黒球温度の測定には、黒色に塗装《とそう》された金属の球を用います。直射日光にさらされた状態での球の中心の温度を観測しており、弱風時のひなたにおける体感温度と関係があります。黒色に塗装された金属には、以下のうち最も熱を伝えやすい金属が使われています。適当なものを次より1つ選び、記号で答えなさい。

ア．鉄　　イ．アルミニウム　　ウ．銅

（8）　WBGTの値が28℃を超えると熱中症になる危険性が高いといわれています。屋外でのWBGTの値は、以下の式で算出することができます。

WBGT＝0.7×湿球温度＋0.2×黒球温度＋0.1×乾球温度

気温が28℃で湿度が77％のとき、屋外でのWBGTの値が28℃を超えるのは、黒球温度が何℃を超えるときですか。

2021年度　入学試験問題

社　　会

第１回

【注　意】

試験時間は理科とあわせて60分間です。（11：10 ～ 12：10）

社会と理科両方の教科の問題を時間内に解いてください。

問題は１ページから13ページまでです。

解答はすべて解答用紙に記入してください。

解答用紙に受験番号、氏名を記入してください。

洗足学園中学校

1 次の［地図1］～［地図4］を見て、あとの問いに答えなさい。なお、各地図の縮尺は同一ではありません。

［地図1］

［地図2］

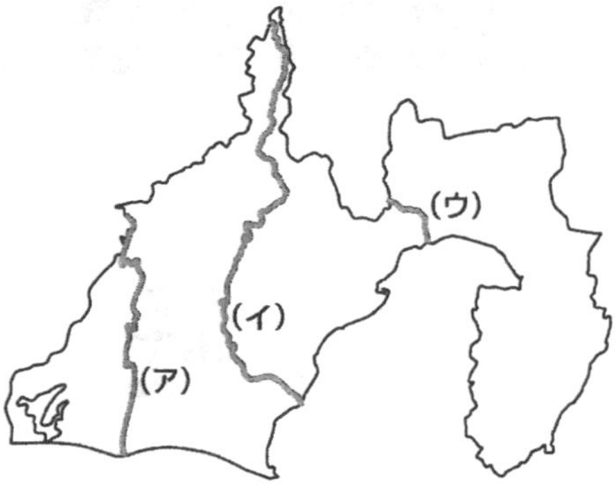

［地図3］

［地図4］

問1 ［地図1］～［地図4］で示した各県のうち、日本海に面していない県を、次のA～Dの中からすべて選んでアルファベットで答えなさい。

A ［地図1］　　B ［地図2］　　C ［地図3］　　D ［地図4］

問2 ［地図1］～［地図4］で示した4つの県に、政令指定都市はあわせていくつありますか。数字で答えなさい。

問3 次の［資料］は、［地図1］～［地図4］で示した各県の県庁所在地における日照時間の月別平年値と年間日照時間を示したものです。［地図4］の県の県庁所在地の日照時間を示したものを、［資料］中のA～Dの中からひとつ選んでアルファベットで答えなさい。

[資料]

（単位：時間）

	A	B	C	D
1月	201.6	154.9	132.6	39.9
2月	181.0	141.9	139.5	62.5
3月	179.1	164.0	158.3	124.7
4月	185.1	194.7	181.4	170.4
5月	183.3	190.4	187.2	182.0
6月	132.1	170.1	141.0	176.2
7月	154.2	194.1	184.5	150.3
8月	201.4	228.3	211.0	193.0
9月	148.9	159.6	175.9	153.8
10月	160.9	170.0	189.7	145.4
11月	170.3	142.7	153.0	82.7
12月	201.1	162.0	147.5	45.1
年間	2099.0	2072.6	2001.6	1526.0

（国立天文台『理科年表　2020年版』より作成）

問4　次の［資料］は、［地図1］～［地図4］で示した各県の第一次産業に関する2017年の統計を示したものです。［地図3］の県について示したものを、［資料］中のA～Dの中からひとつ選んでアルファベットで答えなさい。

[資料]

		A	B	C	D
有業者数に占める第一次産業従事者の割合（%）		9.1	7.8	3.3	1.9
耕地面積（ha）		111,800	148,200	66,400	74,200
農業産出額（億円）		3,423	1,792	2,263	1,634
農業産出額に占める品目別割合（%）	米	11.1	56.2	8.7	29.1
	野菜	36.4	15.6	32.1	24.8
	果実	9.3	3.9	13.3	2.3
	畜産	33.5	20.4	21.5	38.4

（矢野恒太記念会『データでみる県勢　2019年版』『データでみる県勢　2020年版』より作成）

問5　［地図1］～［地図4］で示した各県と、その県で生産されている伝統的工芸品の組み合わせとして正しいものを、次のA～Dの中からひとつ選んでアルファベットで答えなさい。

A　［地図1］－播州そろばん　　　B　［地図2］－輪島塗

C　［地図3］－信楽焼　　　　　　D　［地図4］－置賜つむぎ

問6　［地図１］で示した県は、オーストラリアの西オーストラリア州、ブラジルのパラナ州、ロシアのハバロフスク地方などと姉妹・友好提携《ていけい》をおこなっています。次の［資料］は、オーストラリア、ブラジル、ロシアからの日本の輸入品目（2019年）を示したものです。［資料］中の**Ｘ**・**Ｙ**にあてはまる輸入品目を、それぞれ答えなさい。

［資料］

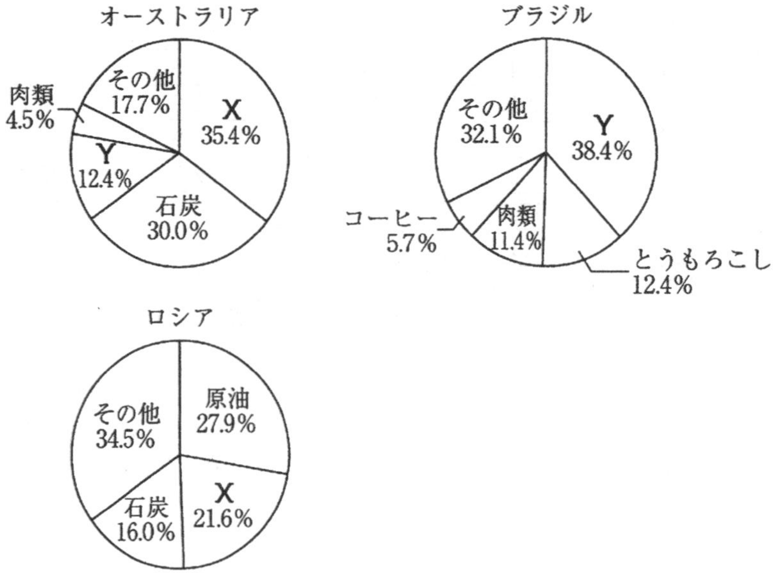

（矢野恒太記念会『日本国勢図会　2020/21年版』より作成）

問7　［地図２］中の（ア）～（ウ）で示した河川について述べた文①～③の内容の正誤の組み合わせとして正しいものを、次のＡ～Ｈの中からひとつ選んでアルファベットで答えなさい。

① （ア）は長野県の諏訪湖を水源としている。

② （イ）の流量がトンネル工事により減少する可能性があるとして、［地図２］の県の知事はJR東海のリニア中央新幹線県内区間の工事着工に同意していない。

③ （ウ）は日本三大急流のひとつであり、その河口部に位置する都市では楽器やオートバイの生産が盛《さか》んである。

Ａ　①－正　②－正　③－正　　　Ｂ　①－正　②－正　③－誤
Ｃ　①－正　②－誤　③－正　　　Ｄ　①－正　②－誤　③－誤
Ｅ　①－誤　②－正　③－正　　　Ｆ　①－誤　②－正　③－誤
Ｇ　①－誤　②－誤　③－正　　　Ｈ　①－誤　②－誤　③－誤

問8　**[地図3]** 中の（**エ**）は、阿蘇郡小国《おぐに》町を示しています。この町は高原地帯にあるため、冬になると寒さが厳しく、雪が降ることもあります。しかし、現在の小国《おぐに》町では、パクチーやバジルといった温暖な気候で育つ野菜の栽培が進められています。どのような方法で栽培がおこなわれているでしょうか。次の **[資料]** を参考にして、文章で説明しなさい。

[資料]

小国《おくに》町でみられる発電所の様子

温室の中央にはパイプが通っている

（公益財団法人自然エネルギー財団ホームページより）

問9　**[地図4]** 中の（**オ**）は、八郎潟干拓地を示しています。八郎潟干拓地では、10度単位の緯線・経線が交わっています。八郎潟干拓地で交わる緯線・経線の組み合わせとして正しいものを、次の**A**～**F**の中からひとつ選んでアルファベットで答えなさい。

A　北緯30度・東経130度　　**B**　北緯40度・東経130度
C　北緯30度・東経140度　　**D**　北緯40度・東経140度
E　北緯30度・東経150度　　**F**　北緯40度・東経150度

2　次の文章を読んで、あとの問いに答えなさい。

2019年10月22日に、現在の天皇が即位《そくい》を国内外に宣言する「即位《そくい》礼正殿《せいでん》の儀《ぎ》」が皇居・宮殿《きゅうでん》で執《と》りおこなわれました。儀式《ぎしき》には多くの国や地域から、王族や国家元首、閣僚《かくりょう》などが参列しました。天皇・皇后や皇族らが伝統装束《しょうぞく》に身を包み、厳《おごそ》かな雰囲《ふんい》気《き》で進められました。

平成から令和への代替《だいが》わりは、先代の天皇が退位し、現在の天皇が即位《そくい》するという、いわゆる「生前退位」である点でも注目されました。「天皇の退位等に関する皇室典《てん》範《ぱん》特例法」では、先代の天皇は「上皇」とされています。

生前退位は、(ア)飛鳥時代にもおこなわれています。645年、皇極《こうぎょく》天皇が退位し、孝徳《こうとく》天皇が即位《そくい》した記録が、歴史書に残っています。平安時代にも、生前退位がおこなわれた例が多くあります。平安時代後期の白河天皇は幼少の堀河《ほりかわ》天皇に位を譲《ゆず》り、(イ)院政を始めました。その後、鎌倉時代に入っても院政は続き、(ウ)承久の乱を起こした後鳥羽上皇も、院政をおこなっていました。

これまでの最後の生前退位は、1817年に退位し、仁孝《にんこう》天皇に譲位《じょうい》した光格《こうかく》天皇によるものです。光格《こうかく》天皇は、朝廷の儀式《ぎしき》の復興に力を入れ、(エ)和歌や雅楽《ががく》など皇室の伝統文化の継承《けいしょう》や学術の奨励《しょうれい》に努めました。退位前の1789年には、皇位についたことのない父に上皇の称号《しょうごう》を贈《おく》ろうとしました。これに対して、江戸幕府における三大改革をおこなった老中として知られる［　（オ）　］が反対し、称号《しょうごう》を贈《おく》ることは実現しませんでした。この出来事は、(カ)朝廷と幕府との関係に影響《えいきょう》を与《あた》えました。

明治期に入り、政府は近代的な憲法の制定を目指し、伊藤博文らをヨーロッパに派《は》遣《けん》して調査をさせました。その際、ウィーン大学の教授であるシュタインから、皇室に関する法の制定を勧《すす》められました。1889年、(キ)大日本帝国憲法の発布と同時に、皇位継承《けいしょう》順位など皇室に関することがらを定めた皇室典範《てんぱん》が制定されました。皇室典範《てんぱん》では、天皇が崩御《ほうぎょ》（亡くなること）した際にのみ、皇位が継承《けいしょう》されると定められました。この規定に基づき、明治天皇から大正天皇へ、大正天皇から昭和天皇へと、(ク)天皇の崩御《ほうぎょ》に際して代替《だいが》わりがおこなわれてきました。

昭和天皇の在位中に起きた(ケ)第二次世界大戦を経て、天皇の在り方が見直され、1947年に日本国憲法と現行の皇室典範《てんぱん》が施行されました。この皇室典範《てんぱん》でも、天皇の崩御《ほうぎょ》に際して皇位が継承《けいしょう》されると定められていますが、「天皇の退位等に関する皇室典範《てんぱん》特例法」を制定することによって、生前退位による平成から令和への代替《だいが》わりが実現しました。

問1　下線部（ア）の文化について述べた文としてふさわしいものを、次のA～Dの中からひとつ選んでアルファベットで答えなさい。

A　鞍作鳥によって法隆寺金堂の釈迦三尊像がつくられた。
B　校倉造の建造物として有名な正倉院宝庫が建てられた。
C　仏教の影響《えいきょう》を受け、平泉に中尊寺金色堂が建てられた。
D　隋から来日した鑑真により、唐招提寺が創建された。

問2　下線部（イ）をめぐって上皇と天皇が対立し、貴族や武士を巻き込《こ》む争いに発展することがありました。崇徳《すとく》上皇が後白河天皇と対立して起こった争いを何というか、答えなさい。

問3　下線部（**ウ**）ののち、幕府は、上皇方に味方した貴族と、幕府方に味方した御家人に対してそれぞれどのような対応をしましたか。次の **[資料]** を参考にして、文章で説明しなさい。

[資料]

（浜島書店『学び考える歴史』より作成）

問4　下線部（**エ**）に関連して、次に挙げた和歌について述べた文①～③の内容の正誤の組み合わせとして正しいものを、下の**A**～**H**の中からひとつ選んでアルファベットで答えなさい。

① 天の原　ふりさけみれば　春日なる　三笠の山に　いでし月かも
：遣唐使として派遣《はけん》された阿倍仲麻呂は、日本を思ってこの歌を歌った。

② 防人に　行くは誰《た》が背《せ》と　問ふ人を　見るが羨《とも》しさ　物思ひもせず
：大伴家持が編纂《へんさん》した『古今和歌集』には、この歌のように多数の防人歌が収録されている。

③ この世をば　わが世とぞ思ふ　望月の　欠けたることも　なしと思へば
：この歌は、平清盛が大きな権力を持っていたことを象徴するものである。

A	①－正	②－正	③－正	**B**	①－正	②－正	③－誤
C	①－正	②－誤	③－正	**D**	①－正	②－誤	③－誤
E	①－誤	②－正	③－正	**F**	①－誤	②－正	③－誤
G	①－誤	②－誤	③－正	**H**	①－誤	②－誤	③－誤

問5　空欄《くうらん》（**オ**）にあてはまる人物を姓名ともに漢字で答えなさい。

問6　下線部（**カ**）に関連して述べた文として正しいものを、次の**A**～**D**の中からひとつ選んでアルファベットで答えなさい。

A　後醍醐天皇が鎌倉に攻《せ》めこみ、鎌倉幕府が滅亡《めつぼう》した。
B　朝廷が足利義政を追放し、室町幕府が倒れた。
C　朝廷が定めた禁中並公家諸法度により、武士の権限は制限された。
D　朝廷の許しを得ずに、幕府が日米修好通商条約を結んだ。

問7　下線部（キ）が発布されたのは、次の［図］のどの時期にあたりますか。次のA～Eの中からひとつ選んでアルファベットで答えなさい。

［図］

↓　A

民撰議院設立建白書が提出される

↓　B

国会開設の詔が発せられる

↓　C

内閣制度が発足する

↓　D

第１回衆議院議員総選挙がおこなわれる

↓　E

問8　下線部（ク）に関連して、大正天皇の崩御《ほうぎょ》ののちに起こった出来事としてふさわしいものを、次のA～Dの中からひとつ選んでアルファベットで答えなさい。

A　関東大震災が起こり、関東地方を中心に大きな被害《ひがい》を受けた。
B　二・二六事件が起こり、軍部が政治の実権を握《にぎ》るきっかけになった。
C　民主主義的な風潮が広まるなかで、全国水平社が結成された。
D　シベリア出兵をあてこんだ買い占《し》めにより物価が上がり、米騒動が起こった。

問9　下線部（ケ）中の日本国内の様子について述べた文として誤っているものを、次のA～Dの中からひとつ選んでアルファベットで答えなさい。

A　国家総動員法に基づいて、中学生も強制的に労働に動員され、軍事関係の工場で働くことがあった。
B　空襲が激しくなると、地方へ避難《ひなん》する疎開がおこなわれた。
C　兵士不足を補うため、大学や専門学校の男子学生も戦地に派遣《はけん》され、ひめゆり学徒隊として活動した。
D　物資が不足し、米などの生活必需品《ひつじゅひん》について配給制が実施《じっし》された。

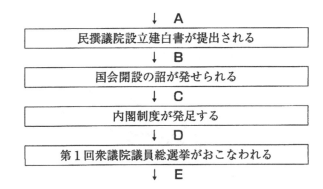

2

問一 4点

問二 8点

問三
一
二
三
四
五
1点×5

問四 8点

問五 8点

問六
A
B
C
D
2点×4

問七 4点

問八 5点

／50

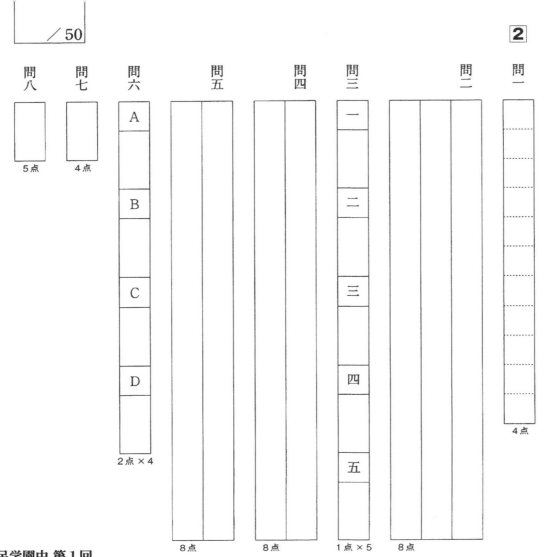

	個

8点

4

(1) ：

5点

(2)

	時　　　分

8点

(3) 時　　　分

7点

	m

8点

5

(1)

5番目の数	差

5点

(2) 個

7点

(3)

8点

(2) え　2点　お　2点　(3)　2点

(4) か　2点　き・く　2点　(5)　2点

(6)　3点

小計　／18

4

(1) ①　2点　②　2点　(2)　%　2点

(3)　g　2点　(4)　%　3点　(5)　g　3点

(6)　2点　(7)　1点　(8)　℃　2点

小計　／19

受験番号　氏名　／75

問4	3点	問5	2点	問6	3点
問7	2点	問8	3点	問9	3点

小計 ／25

3

問1	3点	問2	3点	問3 (1)	(2)	2点×2

問3 (3) 4点

問4	2点	問5	2点	問6	3点

問7 (あ) (い) 2点×2

小計 ／25

受験番号

氏名

合計 ／75

社会　2021年度　入学試験解答用紙　第1回

洗足学園中学校

1

問1　2点　問2　2点　問3　3点　問4　3点

問5　2点　問6　X　Y　2点×2

問7　3点

問8　4点

問9　2点

小計　／25

2

問1　3点　問2　2点

問

【解答用

理科　2021年度　入学試験解答用紙　第1回

洗足学園中学校

1

(1) 秒 2点
(2) 秒間 2点
(3) 秒速 m 3点
(4) 2点
(5) 2点
(6) 2点
(7) 3点
(8) 2点

小計 ／18

2

(1) 2点
(2) g 1点
(3) 1点
(4) 酸性 1点　中性 1点
(5) % 2点
(6) 2点
(7) g 2点
(8) ① g 2点　② g 2点
③ g 2点　④ % 2点

小計 ／20

【解答用

算数

2021年度　入学試験解答用紙　第1回

洗足学園中学校

受験番号					氏名		／100

1 (1) 　5点　(2) 　5点

2 (1) 　枚　5点　(2) 　5点　(3) 　冊　5点　(4) 　倍　5点

3 (1) 　7点　(2) 　cm　7点

(3)

(4)

【解答用

国語

／100

二〇二二年度　入学試験解答用紙　第一回

洗足学園中学校

受験番号

氏　名

1

問一

3点

問二

8点

問三

A

B

C

完答3点

問四

7点

問五

6点

問六

A

B

C

D

2点×4

問七

（ア）

（イ）

（ウ）

（エ）

（オ）

2点×5

問八

5点

／50

【解答用

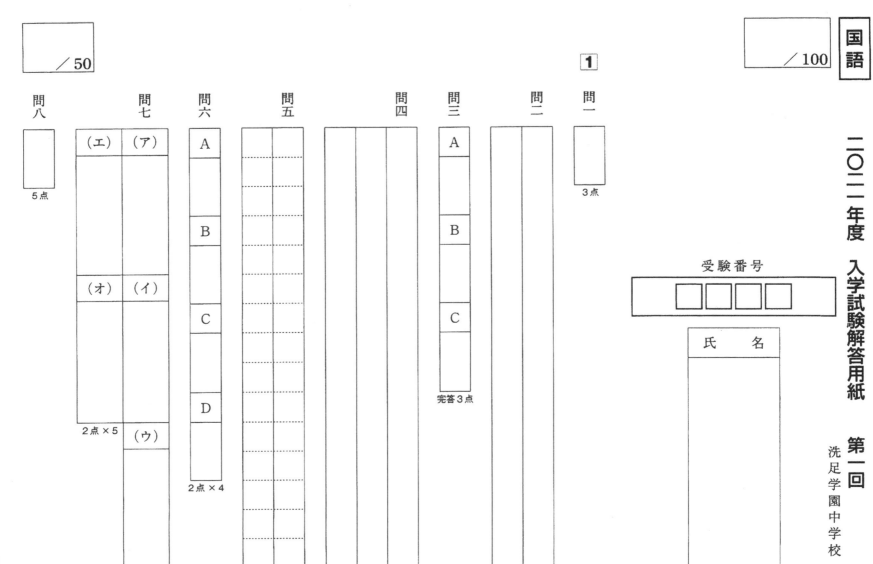

問題は次のページに続きます。

3 次の文章を読んで、あとの問いに答えなさい。

わたしたちが暮らす社会では、ひとつの問題をめぐりさまざまな意見が出て、争いや対立が生じることがあります。「(ア) 経済成長のためには何をすべきか」「移民を積極的に受け入れていくべきか」「社会保障の充実のために (イ) 増税すべきか」「(ウ) 憲法を改正すべきか」……こうした問題においては、社会を構成する人々が十分に話し合うことで、(エ) 全会一致によりひとつの結論を導き出すことが望ましいと考えられています。しかし、こうした問題の多くは、唯一絶対の答えが存在しないものであり、時間的な制約も相まって、全会一致で結論を出すことが難しい場面も多々あります。このようなときにしばしば用いられるのが、多数決という方法です。

多数決はわたしたちの暮らしにとって、きわめて身近な「(オ) 決め方」のひとつです。国や地方などの政治の場でも頻繁《ひんぱん》に用いられているのはもちろんですが、みなさんも、小学校の学級会などで多数決をとったことがあるのではないでしょうか。多数決は、一見すると、限られた時間のなかでスムーズにひとつの結論へと到達《とうたつ》することのできる優《すぐ》れた決め方のようにも思われます。しかし、多数決による決定にはさまざまな問題点があることも知られています。

40人のクラスで、4人の候補者（A候補、B候補、C候補、D候補）から学級委員を決めるための投票を例にして考えてみましょう。

[資料1]

投票先	A候補	B候補	C候補	D候補
得票数	13票	11票	9票	7票

[資料1] は、学級委員にふさわしい候補を1人選んで投票したときの結果を示したものです。この投票に基づいて多数決をとると、13票を集めたA候補が学級委員に選ばれることになります。しかし、40人の生徒のうち、残りの27人はA候補を支持していないこともまた事実です。このような「単純な多数決」による決定では、全体の半数未満の支持しか集めることができなくても、その選択肢《せんたくし》が集団全体の決定として選ばれることもあるのです。(カ) 国政選挙で死票の多さが問題となるのも、多数決のこのような特性がその根底にあるためといえるでしょう。

単純な多数決の問題点を解消するために、他の多数決の方法で学級委員を決めるとすると、どのような方法があるでしょうか。

[資料2]

1回目の投票の結果

投票先	A候補	B候補	C候補	D候補
得票数	13票	11票	9票	7票

2回目の投票（上位2候補の決選投票）の結果

投票先	A候補	B候補
得票数	13票	27票

[資料3]

	A候補	B候補	C候補	D候補
1位	13票	11票	9票	7票
2位	0票	16票	24票	0票
3位	0票	13票	7票	20票
4位	27票	0票	0票	13票

[資料2] は、1回目の投票で1位の候補が過半数の支持を得ることができなかったため、上位の2名で決選投票をおこなった結果を示したものです。この「決選投票付きの多数決」では、B候補が学級委員に選ばれることになります。

[資料3] は、学級委員として望ましい順位を1位から4位まで付けて投票した結果を示したものです。この順位付けを得点化して決定していく方法のひとつとして、いわゆる「ボルダルール」とよばれる決め方があります。**[資料3]** の場合、最も望ましい候補である1位の候補に3点、2位の候補に2点、3位の候補に1点、4位の候補に0点を得票数に応じて与《あた》え、最も多くの得点を獲得《かくとく》した候補者が学級委員に決定するとします。単純な多数決ではA候補が学級委員に選ばれましたが、ボルダルールにおけるA候補の得点は39点にすぎません。ボルダルールを採用すると、**（あ）** 点を集めた **（い）** 候補が学級委員となり、決選投票付きの多数決とも異なる結論が導き出されることになります。

他にも「多数決」を用いた決め方はあるでしょう。このように、「多数決」といっても、さまざまな決め方があることがわかります。

わたしたちは、多数決を用いて決められた結果は、多くの人々の意見を反映した公正なものであるとみなしがちです。しかし、どのような決め方を採用するかにより、その結果も変わりうるのです。また、他者の人権が侵害《しんがい》される可能性のあることに多数決を用いるべきではありません。多数決を適切に用いることがいま求められているのではないでしょうか。

問１　下線部（**ア**）に関連して、近年、BRICSと総称《そうしょう》される国々が急激な経済発展を遂《と》げており、政治的にも発言力を増しています。BRICSにあてはまる国として正しいものを、次の**［地図］**中の**Ａ～Ｄ**の中からひとつ選んでアルファベットで答えなさい。

［地図］

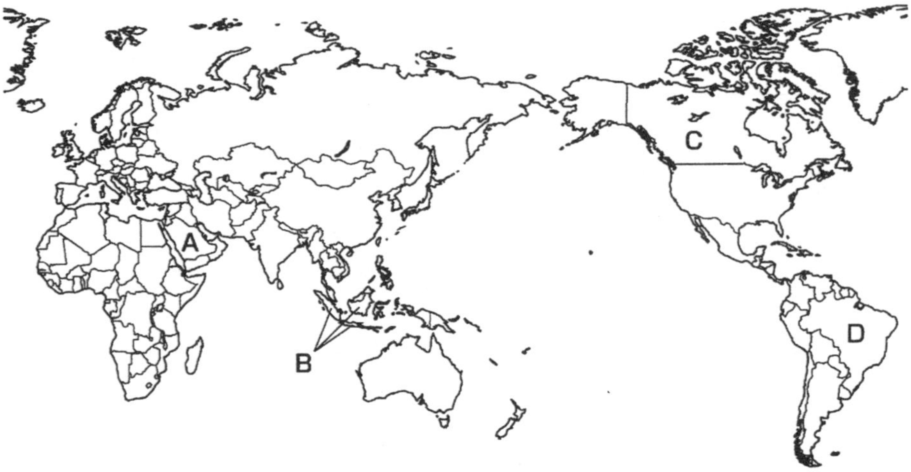

問２　下線部（**イ**）に関連して、日本の税金をめぐる状況《じょうきょう》について述べた文①～③の内容の正誤の組み合わせとして正しいものを、次の**Ａ～Ｈ**の中からひとつ選んでアルファベットで答えなさい。

①　2021年４月より、消費税率は15%に引き上げられる予定である。
②　ふるさと納税制度が導入されたことにより、税収が大きく減少した地方公共団体がある。
③　所得税は、税を負担する人と実際に納税する人が異なる間接税である。

Ａ	①－正　②－正　③－正		**Ｂ**	①－正　②－正　③－誤
Ｃ	①－正　②－誤　③－正		**Ｄ**	①－正　②－誤　③－誤
Ｅ	①－誤　②－正　③－正		**Ｆ**	①－誤　②－正　③－誤
Ｇ	①－誤　②－誤　③－正		**Ｈ**	①－誤　②－誤　③－誤

問3　下線部 **(ウ)** に関連して、次の(1)〜(3)にそれぞれ答えなさい。

(1)　日本国憲法は他の法律とは異なり、改正するためには、衆議院・参議院それぞれの総議員の３分の２以上の賛成による発議が必要であると定められており、半数を超《こ》えただけではその発議ができません。一般的《いっぱんてき》な法律と決め方が異なるのは、憲法の性質が他の法律とは異なることによります。そのことについて示した、日本国憲法第98条第１項の条文中の空欄《くうらん》 **X** にあてはまる語句を漢字４字で答えなさい。

> この憲法は、国の **X** であつて、その条規に反する法律、命令、詔勅及び国務に関するその他の行為の全部又は一部は、その効力を有しない。

(2)　日本国憲法が定めている弾劾裁判について述べた文として正しいものを、次の**A**〜**D**の中からひとつ選んでアルファベットで答えなさい。

A　国会は、不適任であると訴えられた裁判官を、弾劾裁判によって辞めさせることができる。

B　内閣は、不適任であると訴えられた国会議員を、弾劾裁判によって辞めさせることができる。

C　国民は、不適任であると訴えられた検察官を、弾劾裁判によって辞めさせることができる。

D　裁判所は、不適任であると訴えられた国務大臣を、弾劾裁判によって辞めさせることができる。

(3)　日本国憲法の前文では、政治の仕組みとして間接民主制の立場を採用することが述べられています。間接民主制とはどのような制度ですか。「代表者」という語句を用いて、文章で説明しなさい。

問4　下線部（**エ**）が慣例となっている、すべての国務大臣が出席して内閣の方針を決定する会議を何といいますか。漢字で答えなさい。

問5　下線部（**オ**）に関連して、国際連合の安全保障理事会の議題のうち、重要なものの決議について述べた文①・②の内容の正誤の組み合わせとして正しいものを、次の**A**～**D**の中からひとつ選んでアルファベットで答えなさい。

①　常任理事国のうち１か国でも議題に反対すると、すべての非常任理事国が一致して賛成していても、その議題は否決される。
②　すべての常任理事国が一致して議題に賛成していても、非常任理事国のうち７か国が反対すると、その議題は否決される。

A　①－正　②－正　　　**B**　①－正　②－誤
C　①－誤　②－正　　　**D**　①－誤　②－誤

問6　下線部（**カ**）において、有効な投票としてみなされるものを、次の**A**～**F**の中からすべて選んでアルファベットで答えなさい。

A　衆議院議員総選挙の小選挙区の投票において、候補者名を書いて投票した。
B　衆議院議員総選挙の比例代表の投票において、政党名を書いて投票した。
C　衆議院議員総選挙の比例代表の投票において、候補者名を書いて投票した。
D　参議院議員通常選挙の選挙区の投票において、政党名を書いて投票した。
E　参議院議員通常選挙の比例代表の投票において、政党名を書いて投票した。
F　参議院議員通常選挙の比例代表の投票において、候補者名を書いて投票した。

問7　本文と［**資料3**］を参考に、空欄《くうらん》［（あ）］・［（い）］にあてはまる数字もしくはアルファベットをそれぞれ答えなさい。

二〇二一年度　入学試験問題

国語

第二回

【注意】

・試験時間は五〇分です。（八時五〇分～九時四〇分）
・問題は一ページから七ページまでです。
・解答はすべて解答用紙の解答らんに記入してください。
・字数制限のない問題については、一行分の解答らんに二行以上解答してはいけません。
・記号・句読点がある場合は字数に含《ふく》みます。
・解答用紙に受験番号、氏名を記入してください。

洗足学園中学校

1 次の文章を読んで後の問いに答えなさい。

著作権に関係する弊社の都合により
本文は省略いたします。

教英出版編集部

著作権に関係する弊社の都合により
本文は省略いたします。

教英出版編集部

著作権に関係する弊社の都合により
本文は省略いたします。

教英出版編集部

（村田純一『哲学《てつがく》　はじめの一歩　楽しむ』）

★自己受容感覚………わたしがわたしの四肢《しし》や姿勢全体についてもっている内的な位置感覚。

問一　――(1)「知覚経験」とありますが、知覚経験にはどういう側面がありますか。解答らんに三行以内で説明しなさい。

問二　――(2)「こうした事情」とありますが、これはどういう事情ですか。解答らんに四十字以内で説明しなさい。

問三　――(3)「経験」とありますが、これはどういう経験ですか。「経験」という言葉に続くように、本文中から五十五字以上六十字以内で抜《ぬ》き出し、初めと終わりの五字を書きなさい。

問四　――(4)「日常生活のなかでも場合によっては、この側面が浮《う》き上がってくる場合がある。」とありますが、この場合の例としてふさわしいものを次のア～エの中から一つ選び、記号で答えなさい。

ア　長い昼寝《ひるね》から目が覚めたとき、部屋の中には茜《あかね》色の夕日が差し込《こ》んでいて、とても綺麗《きれい》だと感じた。

イ　夏休みに家族で海に出かけたとき、浜辺《はまべ》で水遊びをしながら遊んでいて、太陽の眩《まぶ》しさが目に染みた。

ウ　美術館で絵画を鑑賞《かんしょう》しているとき、特定の年代の作品群に興味を持ち、いくつもの絵を比較《ひかく》しながら鑑賞した。

エ　夜中に満天の星を眺《なが》めているとき、幻想的《げんそうてき》な夜空に心を惹《ひ》かれ、自分も星の一つになったような気がした。

問五　――(5)「ただし、この場合、美しい色を見たり、心地よい鳥の声を聞いたりしている自分が楽しい気分になった、というだけではない。」とありますが、「美しい色を見たり、心地よい鳥の声を聞いたりしている自分が楽しい気分になった」という具体例では足りないとされるのはなぜですか。解答らんに二行以内で具体的に説明しなさい。

問六　［A］～［D］に当てはまる語を次のア～エの中から一つずつ選び、記号で答えなさい。（ただし記号はそれぞれ一回ずつ使用します。）

ア　たとえば　　イ　しかし　　ウ　したがって　　エ　そもそも

問七　――(ア)～(オ)のカタカナを漢字に書き直しなさい。

問八　本文の内容に合うものを次のア～エの中から一つ選び、記号で答えなさい。

ア　人は知覚経験の中で生きているが、そのことを意識する機会は少なく、美しさや心地よさを感じているときに、その経験の例外性という危機感の中で、ようやく知覚経験を意識することができる。

イ　人が知覚経験の中で生きていることは自明のことであり、経験が危機に瀕《ひん》して日常性が成り立たなくなったときにのみ、改めて知覚経験を意識することができる。

ウ　人は知覚経験の中で生きているが、そのことを意識する機会は少なく、経験が危機に瀕して日常性が成り立たなくなったときや、日常生活の中でも空間性をもって場に包まれるときに、際立《きわだ》って意識される。

エ　人が知覚経験の中で生きていることは自明のことであり、日常・非日常を問わず、平穏《へいおん》さや危機感の中で絶えず知覚経験を意識することができる。

2 次の文章を読んで後の問いに答えなさい。

今年の4月、祐也《ゆうや》は中学生になった。兄の秀也《ひでや》は東北大学医学部に進学した。医学部は合格するのも大変だが、入学してからがさらにいそがしくなるという。じっさい、仙台《せんだい》での慣れない独り暮らしで、兄はかなり苦労しているようだった。それでも兄は祐也のことを気にかけて、電話のたびに、将棋《しょうぎ》も勉強もがんばるようにと励《はげ》ましてくれた。

祐也は、勉強ではとても兄にかなわなかった。父も母も、それはしかたがないと思っているようなのが悔《くや》しかった。

「(1)絶対に棋士《きし》になってやる」

祐也は毎日のように誓《ちか》ったが、負けたくない気持ちが先に立ち、思いきった将棋が指せなくなっていた。とくに自分より実力が上のCクラスが相手だと、ほとんど勝てない。これでは、まぐれで★奨励《しょうれい》会試験に合格しても、そこから先はさらに険しい道のりになる。金剛《こんごう》さんも、江幡《えばた》さんも、奨励会の途中《とちゅう》でプロになるのを断念していた。

しかし、プロの棋士になる以外に、国立大学の医学部に現役《げんえき》で合格した兄と肩《かた》を並べる方法はない。棋士になれば、兄に対して引け目を感じなくて済む。

(2)中学生になってから、祐也は夜中に目をさますことが増えた。授業中も、ふと気がつくと将棋のことを考えている。反対に、将棋を指しているときには、学校の勉強をおろそかにしていることが気になってしまう。

それでも、1学期の成績はそこそこ良かった。がんばれば、もっと点を取れたはずだが、8月半ばに2度目の奨励会試験をひかえていたので、祐也は期末テストの前日もネット将棋を5局も指した。

それだけに、奨励会試験には万全《ばんぜん》の態勢でのぞんだ。初日の研修会員どうしでの対局はなんとか勝《か》ち越《こ》したが、2日目の奨励会員との対戦では1勝もあげられなかった。技術よりも気魄《きはく》で圧倒《あっとう》されて、祐也は落ちこんだ。

「みんな、鬼《おに》のようだった。おれは、とてもあんなふうにはなれない」

内心で白旗をあげながらも、祐也は両親と兄にむかい、来年こそは奨励会試験に合格してみせると意気込《いきご》みを語った。両親と兄も、がんばるようにと言ってくれた。しかし、将棋にうそはつけない。祐也は研修会の対局でさっぱり勝てなくなった。

中学校の勉強もしだいに難しくなり、2学期の中間テストではどの教科も10点以上点数をさげた。数学と理科にいたっては赤点に近かった。驚《おどろ》いた両親はテストの解答用紙を見て、祐也がいかに勉強していなかったかを見抜《みぬ》いた。二人とも教師だけに、感情にまかせて怒鳴《どな》ることはなかったが、祐也は立つ瀬《せ》がなかった。

「将棋と勉強を両立させてみせるというおまえのことばを信じてきたが、あれはうそだったのか」

「将棋のプロになれるかどうかが不安で勉強が手につかなかったというなら、もう将棋はさせられないぞ」

おもに父が話し、母は悲しそうな顔でじっと考えこんでいた。2学期の期末テストで点数がさらに落ちるようなら将棋はやめると、祐也は誓った。

しかし、背水の陣《じん》を敷《し》いても、なにも変わらなかった。あいかわらず、授業中には将棋のことを考えてしまい、研修会での対局中に苦手な数学や理科のことが頭をよぎる。まさに悪循環《あくじゅんかん》で、なんでもない局面なのに迷いが生じ、つまらないミスをおかして、負けを重ねた。10月の第2日曜日には、ついに初の4連敗をきっして二度目の降級点を取り、祐也はC2からD1に降級した。

その後は持ち直したが、前回、11月第4日曜日の研修会で再び4連敗して、気持ちが折れた。今日も、正直に言えば、研修会にくるのがこわかった。自信を失った状態で勝てるほど、研修会の将棋は甘《あま》くない。

悪い予感は当たり、祐也は午前中の2局に連敗して降級点がついた。立ち直りのきっかけすらつかめない、最悪の内容だった。

これまでは、午前中の対局で2連敗しても、お昼に父と電話で話すうちに気力がわいた。しかし、祐也はもはや(3)虚勢《きょせい》を張ることすらできなかった。

（中略）

やがて1時15分が近づき、ひとりまたひとりと対局場である大広間にむかっていく。祐也も桂《かつら》の間を出て盤《ばん》の前にすわったが、とたんに緊張《きんちょう》して、呼吸が浅くなるのがわかった。

3局目の将棋も、まるでいいところがなかった。飛車を振《ふ》る位置を三度も変える体《てい》たらくで、かつてなくみじめな敗戦だった。

4局目も、中盤《ちゅうばん》の入り口で、銀をタダで取られるミスをした。祐也は大広間から廊下《ろうか》に出て、頭を抱《かか》えた。

「祐也」

呼ばれて顔をあげると、★三和土《たたき》に背広を着た父が立っていた。

「どうした？」

心配顔の父に聞かれて、祐也は4連敗しそうだと言った。

「そうか。それじゃあ、もう休もう。ずいぶん、苦しかったろう」

(4)祐也は父に歩みよった。肩に手を置かれて、その手で背中をさすられた。

「挽回《ばんかい》できそうにないのか？」

手を離《はな》した父が一歩さがって聞いた。

「無理だと思う」

祐也は目を伏《ふ》せた。

「そうか。それでも最後まで最善を尽《つ》くしてきなさい」

「わかった」

父に背をむけて、祐也は大広間に戻《もど》った。どう見ても逆転などあり得ない状況《じょうきょう》で、こんな将棋にしてしまった自分が情けなかった。

10手後、祐也は頭をさげた。次回の、今年最後の研修会で1局目から3連勝しないかぎり、D1で2度目の降級点がつき、D2に落ちる。これでは奨励会試験に合格するはずがない。しかし、そんなことよりも、いまのままでは、将棋自体が嫌《きら》いになりそうで、それがなによりこわかった。

祐也はボディーバッグを持ち、大広間を出た。

「負けたのか？」

父に聞かれて、祐也はうなずいた。そのまま二人で1階まで階段をおりて、JR千駄ヶ谷《せんだがや》駅へと続く道を歩いていく。いきには気づかなかったが、街はクリスマスの飾《かざ》りでいっぱいだった。

「プロを目ざすのは、もうやめにしなさい」

祐也より頭ひとつ大きな父が言った。

「2週間後の研修会を最後にして、少し将棋を休むといい。いまのままだと、きみは取り返しのつかないことになる。わかったね？」

「はい」

そう答えた祐也の目から涙《なみだ》が流れた。足が止まり、あふれた涙が頰《ほお》をつたって、地面にぼとぼと落ちていく。胸がわななき、祐也はしゃくりあげた。こんなふうに泣くのは、保育園の年少組以来だ。身も世もなく泣きじゃくるうちに、ずっと頭をおおっていたモヤが晴れていくのがわかった。

「将棋をやめろと言っているんじゃない。将棋は、一生をかけて、指していけばいい。しかし、おととしの10月に研修会に入ってから、きみはあきらかにおかしかった。おとうさんも、おかあさんも、気づいてはいたんだが、将棋については素人《しろうと》同然だから、どうやってとめていいか、わからなかった。2年と2ヵ月、よくがんばった。今日まで、ひとりで苦しませて、申しわけなかった」

父が頭をさげた。

「そんなことはない」

祐也は首を横にふった。

「たぶん、きみは、秀也が国立大学の医学部に現役合格したことで、相当なプレッシャーを感じていたんだろう」

父はそれから、ひとの成長のペースは(5)千差万別なのだから、あわてる必要はないという意味の話をした。

千駄ヶ谷駅で総武《そうぶ》線に乗ってからも、父は、世間の誰《だれ》もが感心したり、褒《ほ》めそやしたりする能力だけが人間の可能性ではないのだということをわかりやすく話してくれた。

「すぐには気持ちを切り換《か》えられないだろうが、まだ中学1年生の12月なんだから、いくらでも挽回はきく。高校は、偏差値《へんさち》よりも、将棋部があるかどうかで選ぶといい。そして、自分なりの将棋の楽しみかたを見つけるんだ」

ありがたい話だと思ったが、祐也はしだいに眠《ねむ》たくなってきた。錦糸町《きんしちょう》駅で乗り換えた東京メトロ半蔵門《はんぞうもん》線のシートにすわるなり、(6)祐也は眠りに落ちた。

午後6時すぎに家に着くと、玄関《げんかん》で母がむかえてくれた。

「祐ちゃん、お帰りなさい。お風呂《ふろ》が沸《わ》いているから、そのまま入ったら」

いつもどおり、張り切った声で話す母に、祐也は顔がほころんだ。

浴槽《よくそう》につかっているあいだも、夕飯のあいだも、祐也は何度も眠りかけた。

2年と2ヵ月、研修会で戦ってきた緊張がとけて、ただただ眠たかった。

悲しみにおそわれたのは、ベッドに入ってからだ。

「もう、棋士にはなれないんだ」

祐也の目から涙があふれた。布団をかぶって泣いているうちに眠ってしまい、ふと目をさますと夜中の1時すぎだった。父と母も眠っているらしく、家のなかは物音ひとつしなかった。

常夜灯がついた部屋で、ベッドのうえに正座をすると、祐也は将棋をおぼえてからの日々を思い返した。米村君はどうしているだろう。中学受験をして都内の私立に進んでしまったが、いまでも将棋を指しているだろうか。いつか野崎君と、どんな気持ちで研修会に通っていたのかを話してみたい。

祐也は、頭のなかで今日の4局を並べ直した。どれもひどい将棋だと思っていたが、1局目と2局目はミスをしたところで正しく指していれば、優勢に持ち込めたことがわかった。

「おれは将棋が好きだ。プロにはなれなかったけど、それでも将棋が好きだ」

うそ偽《いつわ》りのない思いにからだをふるわせながら、祐也はベッドに横になり、深い眠りに落ちていった。

（佐川光晴『駒音高く』）

★奨励会《しょうれい》試験……将棋《しょうぎ》では、プロになるには奨励会試験に合格する必要がある。祐也は、現在、その前段階の研修会に所属している。

★三和土《たたき》……コンクリートや土でかためた、台所やげんかんなどの土間《どま》。

問一 ――(1)「絶対に棋士《きし》になってやる」とありますが、このように祐也《ゆうや》が決意したのはなぜですか。解答らんに二行以内で説明しなさい。

問二 ――(2)「中学生になってから、祐也は夜中に目をさますことが増えた。」とありますが、その時の心情を解答らんに五十字以内で説明しなさい。

問三 ――(3)「虚勢《きょせい》を張る」とありますが、祐也が虚勢を張っている様子がわかる具体的な四十字以上の一文を抜《ぬ》き出し、最初の五字を書きなさい。

問四 ――(4)「祐也は父に歩みよった。」とありますが、これはどのような状況《きょう》ですか。ふさわしいものを次のア～エの中から一つ選び、記号で答えなさい。

ア 四連敗しそうでとても苦しい中、父に優しい言葉をかけられて、本当は弱音を吐《は》きたいのに言えずに葛藤《かっとう》している状況。

イ 挽回《ばんかい》できそうにない中、駆《か》け付けてくれた父の姿を思いがけず発見し、今までの応援《おうえん》を考えると立つ瀬《せ》がなく、謝《あやま》ろうとしている状況。

ウ 挽回できそうにない中、心配して駆け付けてくれた父に対して、何とか期待に応えられるようにしたいと思っている状況。

エ 四連敗しそうでとても苦しい中、父に言葉をかけられて、思わず父の優しさにすがろうとしている状況。

問五 ――(5)「千差万別」とありますが、数字を使った次の一～五の成句の意味を、後の［意味］ア～オの中から一つずつ選び、記号で答えなさい。

一 三つ子の魂《たましい》百まで
二 一か八か
三 口八丁手八丁
四 腹に一物
五 起きて半畳《はんじょう》寝て一畳《いちじょう》

［意味］

ア うまくいくかわからないが、成り行きにまかせること。
イ 心中に何か悪いたくらみをもっていること。
ウ 必要以上にものをほしがるのはつまらないことだということ。
エ 言うこともすることも達者な人ということ。
オ 幼いころの性質は、年をとっても変わらないということ。

問六 ――(6)「祐也は眠《ねむ》りに落ちた。」とありますが、その理由としてふさわしいものを次のア～エの中から一つ選び、記号で答えなさい。

ア 父の話はありがたいものであったが、教員であるがゆえに教訓めいたものも含《ふく》まれており、反抗《はんこう》期の祐也にとっては退屈《たいくつ》だったから。

イ 父の話はありがたいものであったが、祐也は心の中では棋士になる夢を捨てておらず、関心が持てなかったから。

ウ 二年二か月にも及《およ》ぶ研修会員としての生活は強い緊張《きんちょう》感を伴《ともな》うものであり、張りつめていた気持ちがゆるんだから。

エ 二年二か月にも及ぶ研修会員としての生活は強い緊張感を伴うものであり、将棋《しょうぎ》を指す生活に終止符《しゅうしふ》を打てることにほっとしたから。

問七 この作品全体を通じて、祐也の将棋への向きあい方はどのように変化しましたか。解答らんに三行以内で説明しなさい。

問八 本文の内容に合うものを次のア～エの中から一つ選び、記号で答えなさい。

ア 父は、祐也が将棋のプロになることより普通の中学生としての生活をすることを願っており、勉強との両立を宣言しておきながらできていない息子に対して、苦々しい思いで諭《さと》している。

イ 父は、祐也が将棋を休むことはやむをえないと考えており、ひとの成長のペースは千差万別なので進路についても世間の評価にとらわれることなく自分らしい選択をすればよいと諭している。

ウ 父は、祐也に対して将棋を休めばよいとずっと考えているが、それぞれの特性にあった能力を伸《の》ばすことが何よりも大切だと思っているので言い出さず、長い目で成長を見守っている。

エ 父は、自分こそが祐也に将棋をやめることを言い渡《わた》さなければいけないと思っており、厳しい口調で話をしたが、人間の可能性について話すなど父親としての愛情に満ちた人物である。

2021年度　入学試験問題

算　　数

第２回

【注　意】

・試験時間は 50 分です。（10：00 ～ 10：50）

・問題は１ページから９ページまでです。

・解答はすべて解答用紙に記入してください。

・解答用紙に受験番号、氏名を記入してください。

・円周率は3.14として計算してください。

洗足学園中学校

1 次の計算をしなさい。

(1) $18 + 24 \times 19 \div (46 - 2 \times 2 \times 2)$

(2) $\left\{3\frac{2}{3} \div \left(3.125 - 1.75\right) \times \frac{11}{16} + \frac{11}{16}\right\} \div 12.1$

2　次の問いに答えなさい。

（1）サッカー部の田中監督《とく》と佐藤コーチの年齢《れい》の合計は86歳《さい》で，サッカー部員の年齢の合計は200歳です。5年後には，部員の年齢の合計が，田中監督と佐藤コーチの年齢の合計の3倍より2だけ大きくなるそうです。サッカー部員の人数は何人ですか。

（2）ある分数の分母の数から5を引くと$\frac{1}{2}$に，分母の数に7を足すと$\frac{1}{3}$になります。この分数を答えなさい。

（3）濃《のう》度の異なる食塩水AとBがあります。Aを240 g，Bを160 g混ぜると4％の食塩水になり，Aを150 g，Bを350 g混ぜると5.5％の食塩水になりました。Aの食塩水の濃度は何％ですか。

（4）同じ大きさの二等辺三角形の紙16枚を，3cmずつずらしてはり合わせ，下の図のような太線で囲まれた図形をつくりました。この図形の面積は何cm^2ですか。

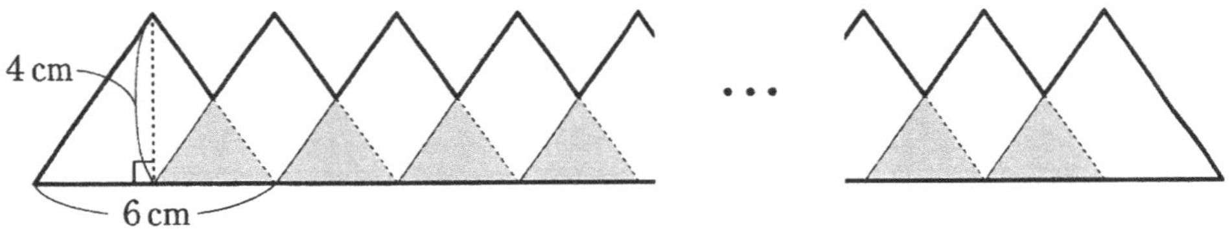

3　次の問いに答えなさい。

（１）A駅からB駅に向かう時速80 kmの普《ふ》通電車とB駅からA駅に向かう時速120 kmの急行電車が，同時刻にそれぞれの駅を出発しました。急行電車がA駅に到着して10分後に，普通電車はB駅に到着しました。普通電車と急行電車が出あうのは，電車が駅を出発してから何分後ですか。

（２）１から2021までの整数のうち，３で割り切れない整数を考えます。この中で，一の位が１であるものは全部で何個ありますか。

（3）花子さんはペンを買いに文房《ぼう》具店に行きました。その店では，青のペンは1本110円，赤のペンは3本セットで300円，1本120円の黒のペンは2割引きで売っていました。花子さんはこの青，赤，黒のペンを合計で20本買い，代金は2040円でした。このとき，黒のペンは何本買いましたか。ただし，価格はすべて税込みとします。なお，この問題は解答までの考え方を表す式や文章・図などを書きなさい。

（4）2種類の管A，Bを使い，空の水そうに水を入れます。管Aで5分間，管Bで7分間，管Aで5分間，管Bで7分間………と，交互《ご》に水を入れ続けたところ，42分で水そうの$\frac{1}{3}$まで水が入り，125分で満水になりました。空の水そうに管A，Bの両方を同時に使って水を入れると，何分何秒で満水になりますか。なお，この問題は解答までの考え方を表す式や文章・図などを書きなさい。

4　1辺の長さが3cmの正三角形のそれぞれの頂点を中心とし，右の図のように半径3cm，中心角60°のおうぎ形をかきます。このとき，図の太線で囲まれた図形を図形Aとします。このとき，次の問いに答えなさい。

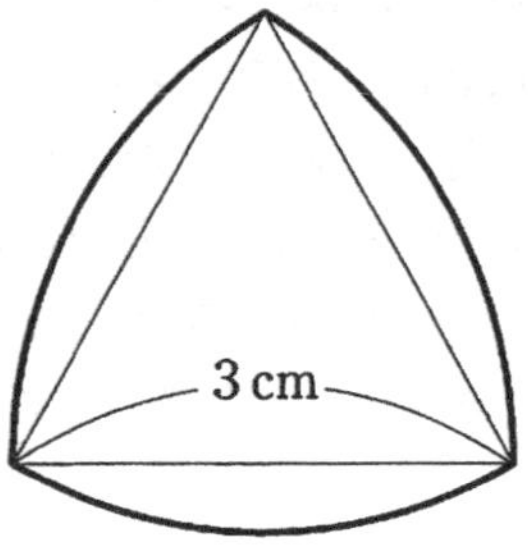

図形A

（1）図形Aの周の長さは何cmですか。

（2）図形Aが半径9cmの円の外側に接しながら，すべらずに回転します。図形Aが一周してもとの位置に戻ったとき，図形Aが通過した部分の面積は何cm^2ですか。

(3) 正五角形のそれぞれの頂点を中心とし，右の図のように正五角形の対角線を半径とするおうぎ形をかきます。このとき，図の太線で囲まれた図形を，図形Bとします。ただし，図形Bの周の長さは図形Aの周の長さの3倍であるとします。図1のように図形Bの外側に接しながら図形Aがすべらずに回転し，一周してもとの位置に戻ったとき，図形Aが通過した部分の面積は何cm²ですか。なお，この問題は解答までの考え方を表す式や文章・図などを書きなさい。

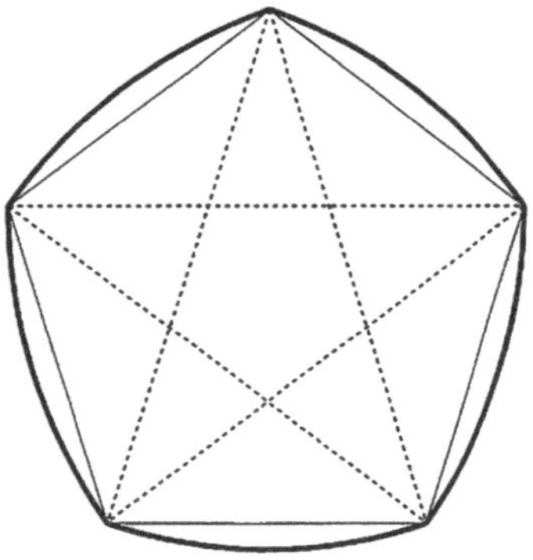
図形B

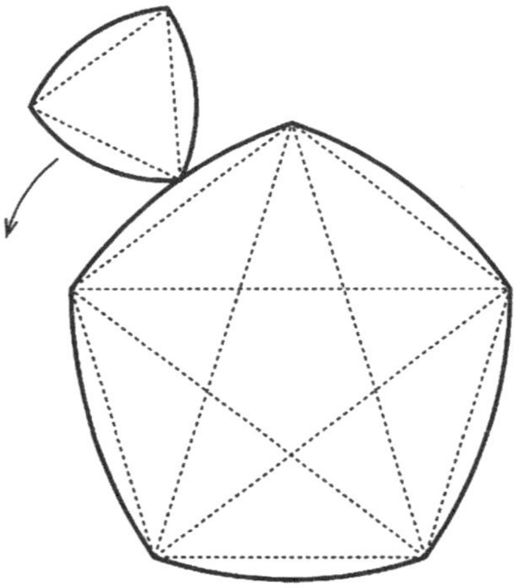
図1

5 右の図のような（A）～（C）の３つの欄《らん》があるカードが1000枚重ねてあります。このカードの（A）の欄には１枚目から順に，１から1000の整数が書かれています。（B）と（C）の欄には以下のルールにしたがって，１枚目から順に整数を書いていきました。

（B）いずれの位にも４も９も使わない整数を１から小さい順に書く。

（C）いずれの位にも４も６も９も使わない整数を１から小さい順に書く。

このとき，次の問いに答えなさい。

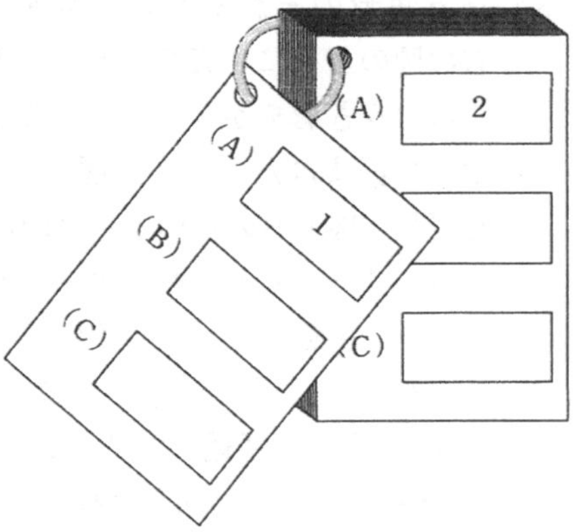

（１）（B）で303と書かれたカードの（A）の欄に書かれた整数は何ですか。

（２）（A）で216と書かれたカードの（C）の欄に書かれた整数は何ですか。

（3）あるカードには（A）～（C）の3つの欄に3桁《けた》の整数が書かれていて，以下のことがわかっています。

・（B）の百の位は（A）の百の位より2大きい
・（B）の一の位は（A）の一の位より5大きい
・（C）の百の位は（B）の百の位より3大きい
・（C）の一の位は（B）の一の位より3大きい

このとき，このカードの（C）の欄に書かれていた整数は何ですか。なお，この問題は解答までの考え方を表す式や文章・図などを書きなさい。

2021年度　入学試験問題

理　　科

第２回

【注　意】

試験時間は社会とあわせて60分間です。（11：10～12：10）

理科と社会両方の教科の問題を時間内に解いてください。

問題は１ページから15ページまでです。

解答はすべて解答用紙に記入してください。

解答用紙に受験番号、氏名を記入してください。

洗足学園中学校

1　Ⅰ．　園子さんは、雨上がりに虹《にじ》を見つけました。虹は、上側から赤、橙《だいだい》、黄、緑、青、藍《あい》、紫《むらさき》とグラデーションになっています。この仕組みを調べてみました。

太陽の光や懐《かい》中電灯の光には、実はさまざまな色の光が混ざっています。色によって、光が空気から水滴《すいてき》に進んだ時の屈折《くっせつ》の仕方が違《ちが》うため、太陽の光が水滴にあたると、色によって異なる進み方をします。

図１は赤い光と紫の光が園子さんの目に届くまでの経路をそれぞれ表したものです。赤は虹の上側に見えるので、図１の経路［ A ］で進んでいると考えられます。図２は赤い光と紫の光が水滴で屈折・反射する様子を拡大したものです。赤い光は図２の経路［ B ］で進んでいると考えられます。

図３のように太陽の光を厚みのある三角形のガラスに向けて入れると、色によって進み方が異なるため、スクリーン上に虹のようなグラデーションが見えます。赤い光が現れるのは、スクリーンの［ C ］側になります。

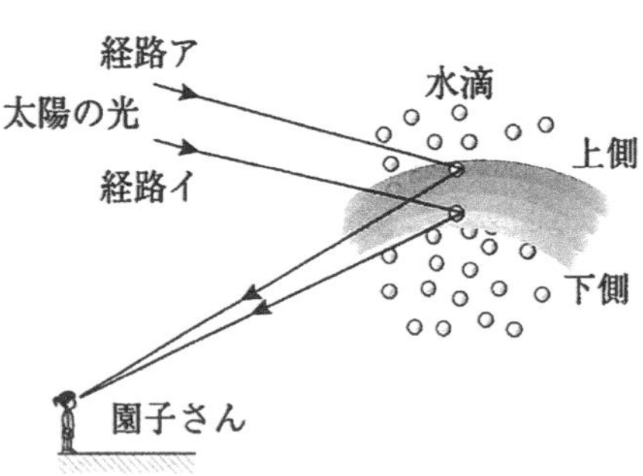

図１

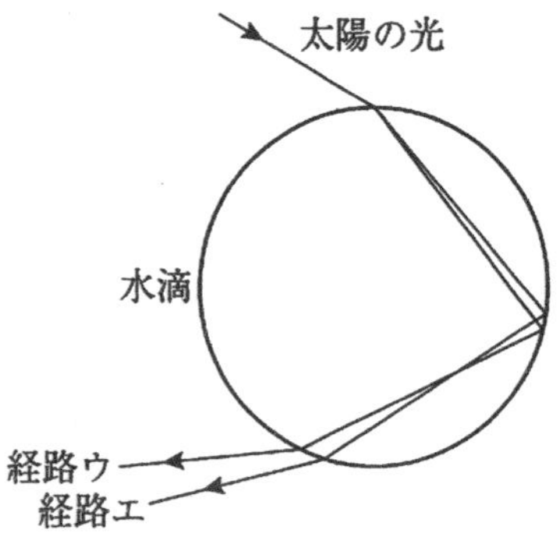

図２

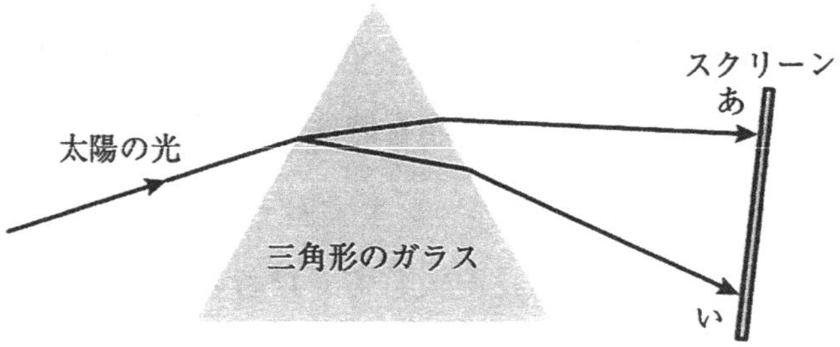

図３

（１）　空らん［ A ］にあてはまる経路を、図１より選び、記号で答えなさい。

（２）　空らん［ B ］にあてはまる経路を、図２より選び、記号で答えなさい。

（３）　空らん［ C ］にあてはまる記号を、図３より選び、答えなさい。

（4）　図4のように、平行な光を凸《とつ》レンズにあて、スクリーンを動かして光が1点に集まるところを見つけました。あとの問いに答えなさい。

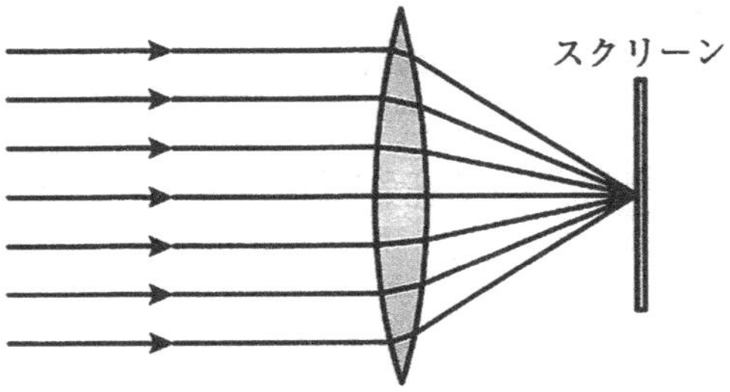

図4

① 光が1点に集まるところを何というか、名称《めいしょう》を答えなさい。

② この実験を赤、黄、緑、青のそれぞれの色の光で行いました。それぞれの色の光が1点に集まる位置を模式的に表した図として、もっとも適当なものを次より1つ選び、記号で答えなさい。

ア

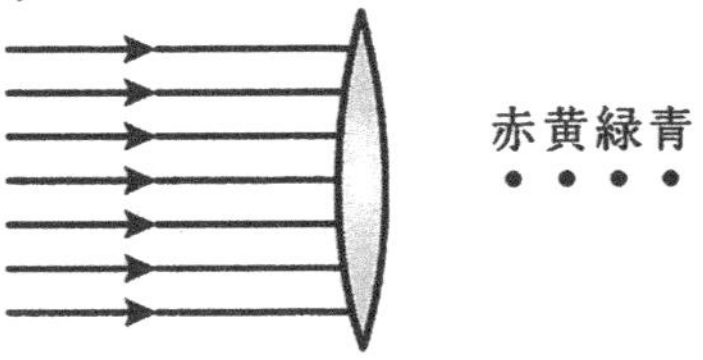

イ

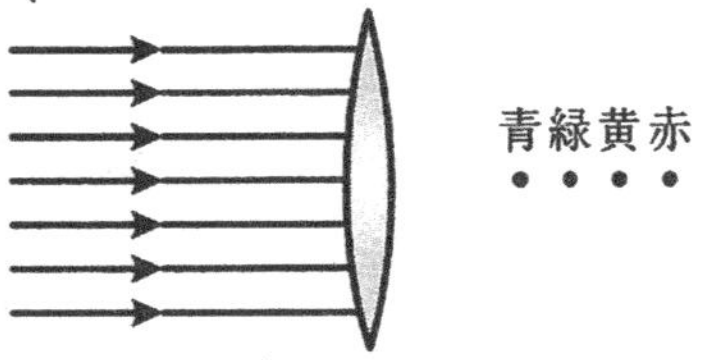

ウ

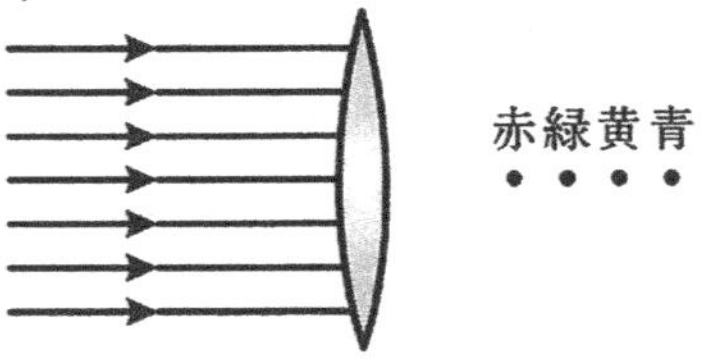

エ

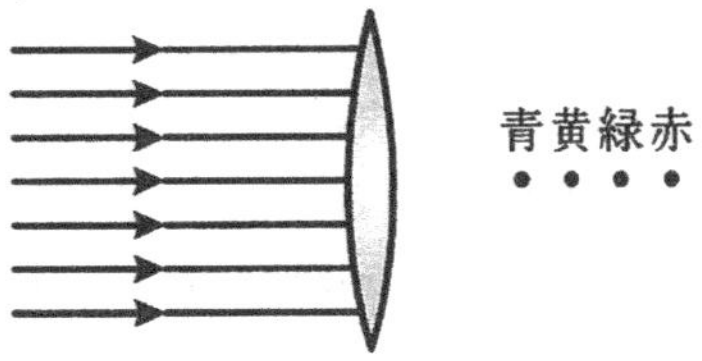

オ

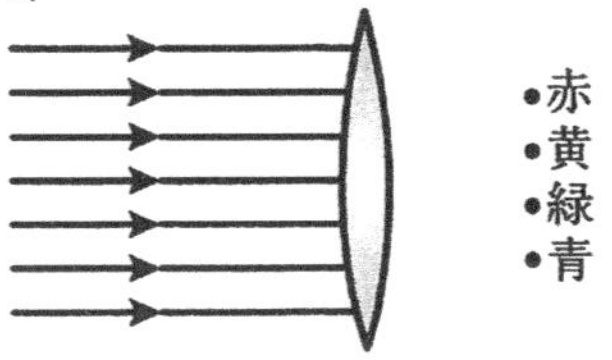

カ

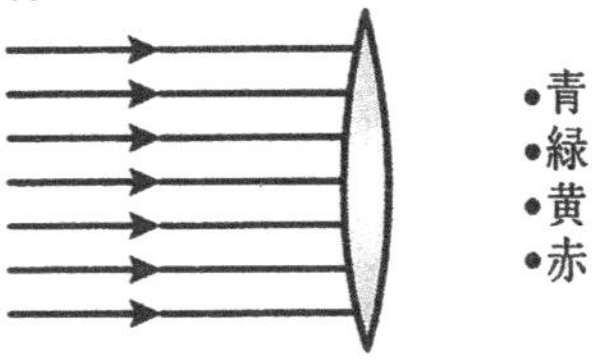

キ

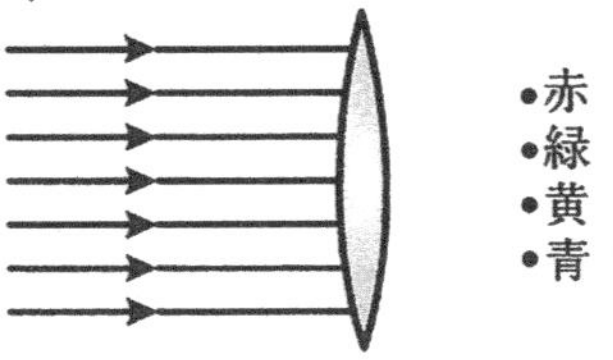

ク

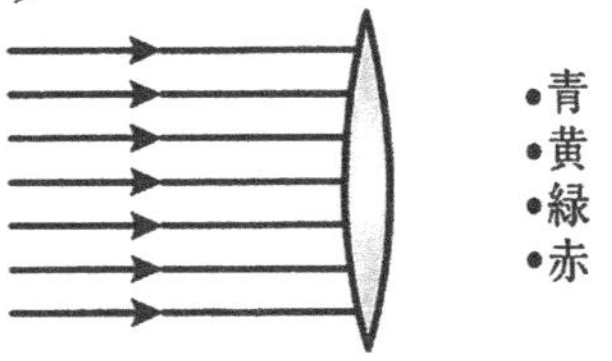

（5）　視力検査の一つに、図5のような赤と緑を背景として書かれている黒い文字や模様を見て、どちらがはっきりと見えるか調べる検査があります。人は、黄色の光が網膜上で正しく像ができるよう水晶《すいしょう》体を調節していますが、近視の人は網膜の手前に、遠視の人は網膜の奥に像ができてしまいます。緑を背景とした文字や模様のほうが赤の背景よりよく見える人は、以下のうちどちらですか。適当なものを次より1つ選び、記号で答えなさい。また、そう考えた理由を「黄色の光は」に続く形で書きなさい。

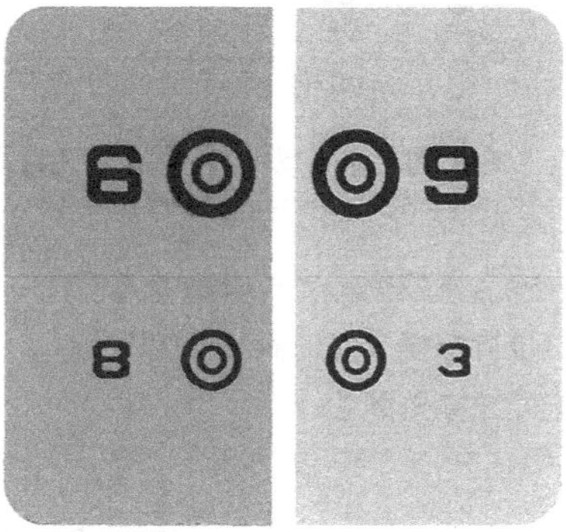

赤の背景に
黒の文字

緑の背景に
黒の文字

図5

ア．近視　　　　　イ．遠視

Ⅱ．　空が青く見えることにも、太陽の光にさまざまな色の光が混ざっていることが関係しています。光は、地上まで進む間に空気中の小さい粒《つぶ》にぶつかって進む方向が変化します。この変化の仕方が色によって違うため、空が青く見えたり、夕日が赤く見えたりします。このことを考えるために、次のような実験をしました。

［操作1］　ペットボトルにせっけん水を入れ、ふたをしめる。

［操作2］　ペットボトルの底から、懐中電灯の光をあてる。

［操作3］　ペットボトルの上側や側面から観察する。

（6）　あとの問いに答えなさい。

① ペットボトルの側面から、光を当てた付近を観察すると、青く見えました。それはなぜですか。もっとも適当なものを次より１つ選び、記号で答えなさい。

ア．青い光はせっけんの粒にぶつかると進む方向が大きく変化するから。
イ．青い光はせっけんの粒にぶつかっても進む方向があまり変化しないから。
ウ．赤い光はせっけんの粒にぶつかると進む方向が大きく変化するから。
エ．すべての色の光はせっけんの粒にぶつかると進む方向が大きく変化するから。

② 空気のない月面上で太陽が出ているとき、頭上に広がる空間は何色に見えますか。もっとも適当なものを次より１つ選び、記号で答えなさい。

ア．日中の空のように青い
イ．夕焼けのように赤い
ウ．太陽以外は夜のように黒い

2 次の文章を読んであとの問いに答えなさい。なお、答えは、小数第4位以下があるときは四捨五入して小数第3位まで求めなさい。

I. 化石が発見されると、その化石がいつの年代のものか、地層から判断することができます。その他にも放射性物質を用いた方法から、どれくらい前のものかを調べることができます。

地球上の生物が生きている間には、体内に常に同じ割合で物質A(放射性物質)が含《ふく》まれています。生物が死ぬと、物質Aは一定のルールに従って他の物質に変化し、徐々《じょじょ》に減っていきます。物質が半分の量に減るまでの時間を半減期といいます。初めの量に関わらず、半分の量に減少するまでには同じ時間が必要です。つまり、物質Aの量を測定すると、何年前に生物が死んだかわかります。物質Aの半減期は5730年です。

(1) 化石中に物質Aが現在20gあります。10gになるのは何年後ですか。

(2) 化石中に物質Aが現在3gあります。17190年後には何gになりますか。

(3) 経過時間と化石中の物質Aの量の関係を表しているグラフとして、もっとも適当なものを次より1つ選び、記号で答えなさい。

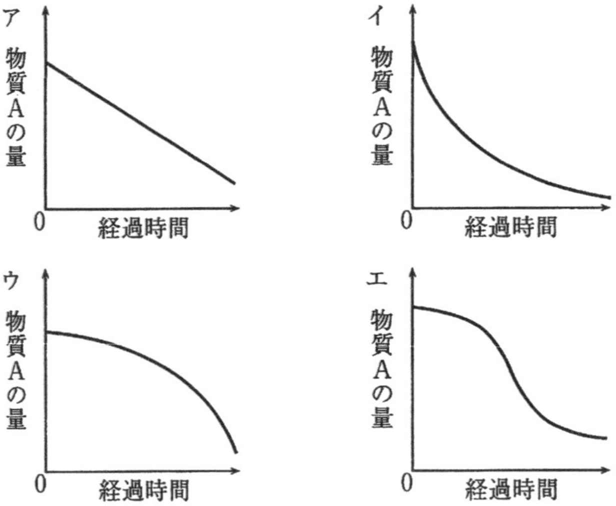

II. Iの文章のように物質が減少していく反応は他にもみられます。例えば、過酸化水素の分解でも同じような減少の仕方がみられます。図1のような装置を使って、二酸化マンガンに3.4%の過酸化水素水10gを入れ、メスシリンダー内の酸素の体積を60秒ごとに測定したところ、表1のようになりました。1時間後まで実験を続けたところ、酸素の発生がなくなり、全ての過酸化水素が分解したと考えられました。

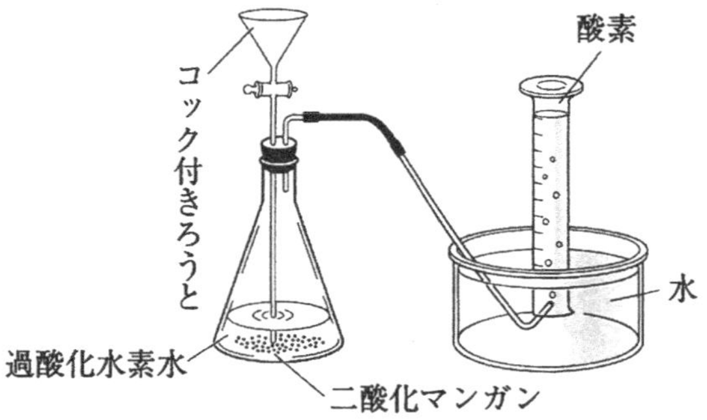

図1

表1

経過時間［秒］	0	60	120	180	240	300	360	1時間
酸素の体積［mL］	0	23.1	41.4	56.0	67.6	76.7	A	112.0

（4）　過酸化水素の分解で二酸化マンガンを使用します。二酸化マンガンは、自分自身は変化せず、反応を助けるものとして知られています。このようなはたらきをするものを何というか答えなさい。

（5）　経過時間とメスシリンダー内の酸素の体積の関係を表しているグラフとして、もっとも適当なものを次より１つ選び、記号で答えなさい。

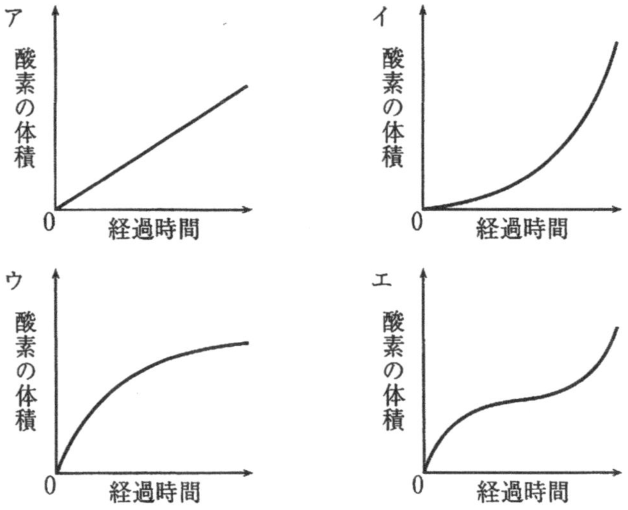

（6）　表１から過酸化水素水中の過酸化水素の量が半分になるまでの時間は何秒ですか。

（7）　表１のAに入る値を答えなさい。

（8）　表１から予測して、経過時間が420秒の時、過酸化水素水中の過酸化水素は何gになっていると考えられますか。

3　園子さんは、肺が筋肉を持たないにもかかわらず、大きさが変わることを不思議に思い、家にあるもので模型を作りました。

〔用意したもの〕

２Ｌペットボトル・ストロー・セロハンテープ・風船・ゴム膜《まく》・カッター・輪ゴム

〔作り方〕

① ２Ｌペットボトルのキャップを取り外し、カッターでペットボトルの下半分を切り落とし、上部だけにしました。

② ストローの片側にセロハンテープで小さい風船をとりつけ、空気がもれないようにしました。図１のように、ストローとペットボトルの入り口部分をセロハンテープでとりつけました。図２はペットボトルの口を上から見た様子です。

③ ２Ｌペットボトルの空いている底部に、ゴム膜をかぶせて、輪ゴムで止めて、空気がもれないようにしました。

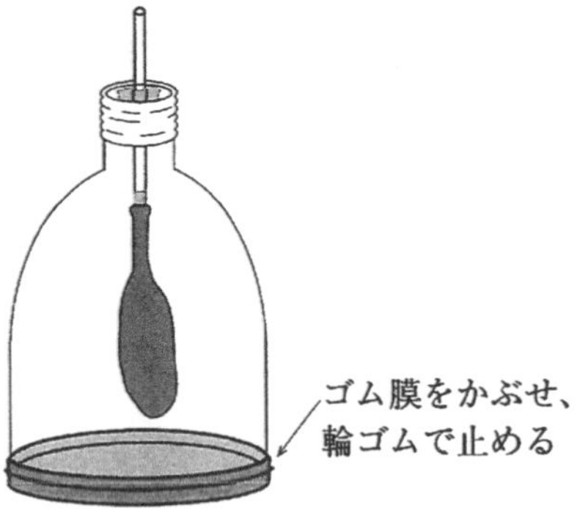

図１

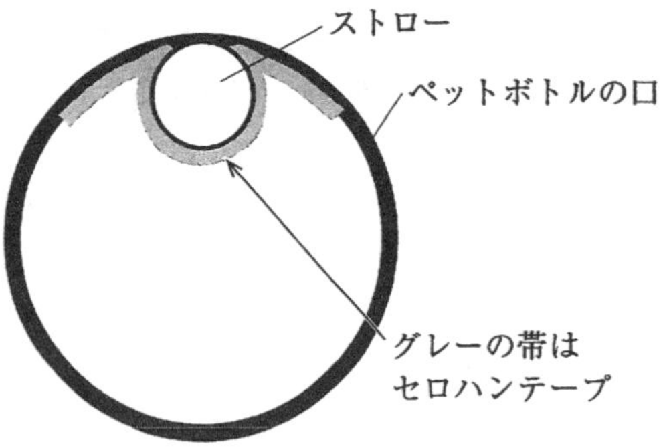

図２（ペットボトルの口を上から見た）

園子さんはゴム膜を下に引っ張ることで、風船は膨《ふく》らむだろうと考えました。しかし、膨らみませんでした。よく考えた結果、<u>ある部分の空気の流れを粘土《ねんど》で遮断《しゃだん》する</u>ことで、風船は膨らんだりしぼんだりするようになりました。あとの問いに答えなさい。

（１）　園子さんが作った模型の各部分は、ヒトのどの構造をモデル化したものですか。もっとも適当な組み合わせを次より１つ選び、記号で答えなさい。

	ストロー	ペットボトル内の空間	風船
ア.	食道	胸腔《きょうくう》	肺
イ.	食道	肺	筋肉
ウ.	気管	胸腔	肺
エ.	気管	肺	筋肉

（2）　底部のゴム膜はヒトのどの筋肉をモデル化したものですか。名称《めいしょう》を答えなさい。

（3）　肺の内部は直径0.2mm程度の小さな袋《ふくろ》が多数集まった構造になっています。この小さな袋の名称を答えなさい。

（4）　（3）のように小さな袋が集まっている構造にすることで、酸素・二酸化炭素の交換《こうかん》効率がよくなります。これはなぜですか。

（5）　下線部に関して、図２のどの部分を粘土で埋《う》めることで、風船を膨らませたりしぼませたりすることができますか。次より１つ選び、記号で答えなさい。なお、斜線《しゃせん》部分を粘土で埋めたとします。

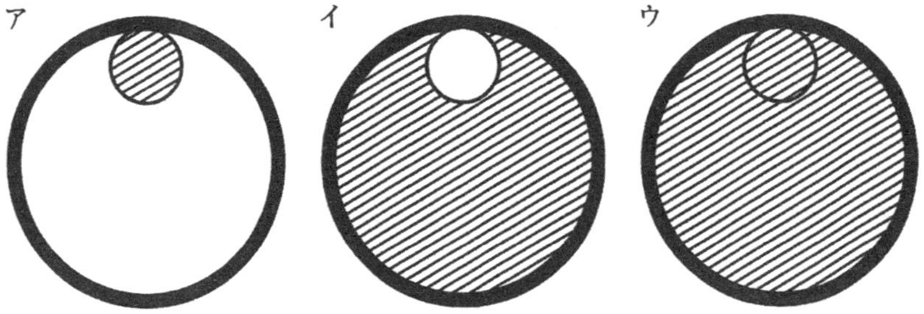

（6）　ゴム膜を下に引っ張ると風船が膨らむ理由としてもっとも適当なものを次より１つ選び、記号で答えなさい。

ア．ペットボトル内の空間が広がることで内部の温度が上がり、内部の風船が温められるから。

イ．ペットボトル内の空間が広がることで内部の温度が下がり、内部の風船が冷やされるから。

ウ．ペットボトル内の空間が広がることで風船の周りの気圧が下がり、風船が周りから押される力が弱まるから。

エ．ペットボトル内の空間が広がることで風船の周りの気圧が上がり、風船が周りから押される力が弱まるから。

園子さんは、肺で行われる酸素・二酸化炭素の交換について調べ、分かったことをまとめました。

［学習メモ］

- 血液は全身に酸素を届け、不要となった二酸化炭素を回収している。
- 酸素の運搬《うんぱん》には赤血球中のヘモグロビンという物質が大きな役割を果たしている。
- ヘモグロビンは酸素とくっついたり離《はな》れたりする性質があり、酸素とくっつくか離れるかは、その血液の酸素の濃度《のうど》および二酸化炭素の濃度によって変わる。
- ヘモグロビンと酸素は、酸素の濃度が高いほどくっつきやすく、低いほど離れやすい。
- ヘモグロビンと酸素は、二酸化炭素の濃度が低いほどくっつきやすく、高いほど離れやすい。

さらに園子さんが調べていくと、以下のような実験があることを知りました。

【実験】　空気中の酸素濃度を増やすことで、血液中に徐々に酸素を加えていき、酸素と結合しているヘモグロビンの割合を調べました。

図3は血液中のヘモグロビンのうち酸素と結合しているヘモグロビンの割合と、その時の空気中の酸素分圧［mmHg］の関係を表しているグラフです。酸素分圧とは空気中にどれだけの酸素があるかを表しており、酸素分圧が大きいほどその空気と接している血液中の酸素濃度が高いと考えることができます。例えば、酸素分圧が100 mmHgの時、酸素と結合しているヘモグロビンはグラフから98％と読み取れます。これは、血液中にヘモグロビンが100個あったとすると、その内の98個が酸素と結合していることを意味します。

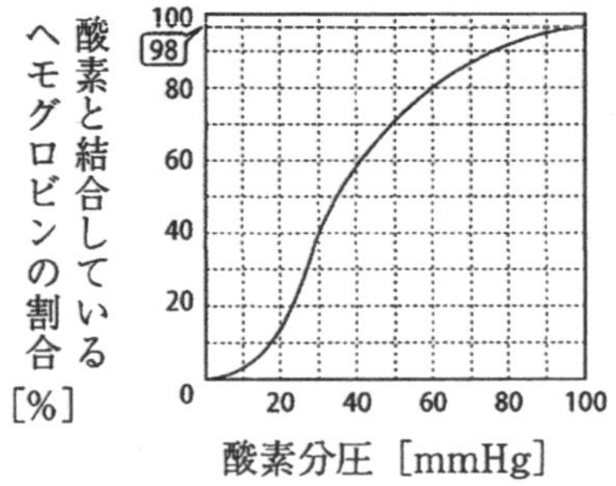

図3

（7）　ある血液に接している空気中の酸素分圧が、100 mmHgから30 mmHgへと減少した時、血液中の全てのヘモグロビンのうちの何％のヘモグロビンが酸素と離れましたか。なお、答えは、小数第1位以下があるときは四捨五入して整数で求めなさい。

(8)　酸素分圧が同じであっても、その血液中の二酸化炭素濃度が高いと、酸素と結合しているヘモグロビンの割合は低くなります。二酸化炭素濃度が高い場合のグラフはどのようになりますか。次より1つ選び、記号で答えなさい。なお、破線（------------）は図3のグラフ、実線は二酸化炭素濃度が高い場合のグラフを示したものです。

ア　　　　イ　破線と実線は重なっている　　　　ウ

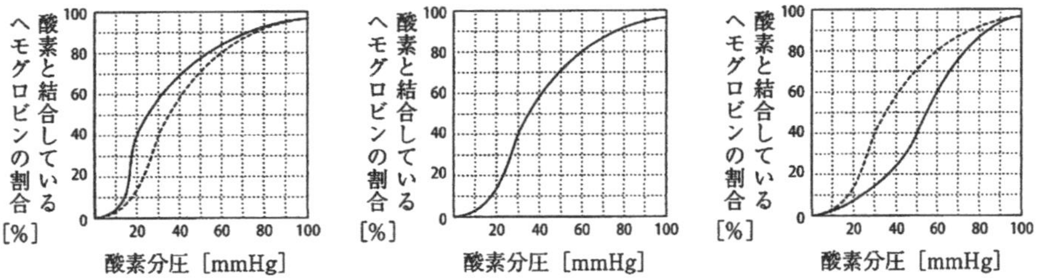

(9)　新型コロナウイルス感染症の症状《しょうじょう》を軽減するために世界中で人工呼吸器が用いられています。酸素分圧の高い空気を肺に流し込《こ》むことで、はたらいている部分が少なくなってしまった肺でも必要な酸素を血液中に取り込むことができます。それでも、血液中の酸素濃度が低くなってしまった場合は、ECMOとよばれる医療機器《いりょうきき》を用います。血液の一部を一旦《いったん》体外に出して、ECMOにある人工的な肺に通過させて酸素・二酸化炭素の交換を行い、肺を休ませます。図4は酸素・二酸化炭素の交換を行っている部分の模式図です。血液を流している大きい管の内部に、酸素分圧の高い空気を流す細い管があります。この空気を流す管の材質としてもっとも適当なものを次より1つ選び、記号で答えなさい。

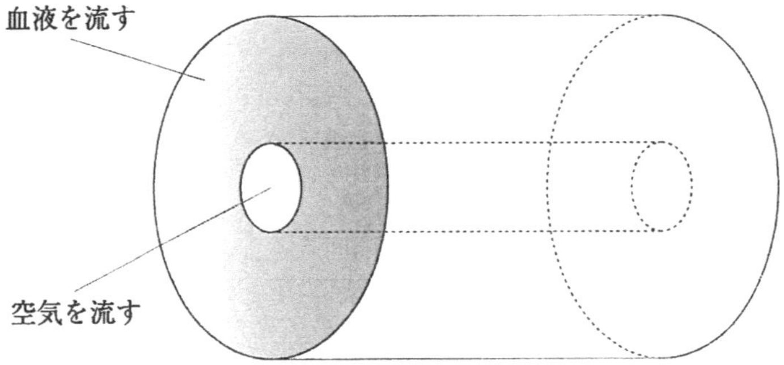

図4

ア．気体は通すが液体は通さない材質
イ．液体は通すが気体は通さない材質
ウ．気体も液体も通さない材質
エ．気体も液体も通す材質

4　園子さんは「北の空に見える星は北極星を中心に回っているように見えるけど、実は中心ではない。」という学校の先生の言葉に興味を持ち、家に帰ってお姉さんに聞いてみました。

園子さん：星座は北極星を中心に回っているのではないの？
お姉さん：厳密には違《ちが》うわ。北の空を見ると、一日の間に星座が回ってみえるでしょ。その回転の中心のことを天の北極というの。北極星は天の北極の近くにあるのよ。
園子さん：北極星も、天の北極から少しずれているのなら、一晩の間で天の北極を中心に動いているの？
お姉さん：そうよ。その現象は『子《ね》の星と女房《にょうぼう》』という昔話にあるわよ。障子にあけた穴に北極星が見えるように座り、一晩中観察して動いていることを証明するのよ。
園子さん：楽しそう。障子はないけど、やってみよう！

園子さんはカメラと星座早見盤を用いて以下の観察を行いました。

【観察】　良く晴れた夜、窓越《まどご》しに北極星が見える部屋にカメラを置き、カメラから覗《のぞ》いて北極星の位置にあたる窓ガラスに小さなシールで印を付けました。2時間おきに印をつけたところ、北極星の動きをわずかに観察することができました。

（1）　北極星を探し出す際に、図1のような星座早見盤を用いました。図1中のAに当てはまる方位を、次より1つ選び、記号で答えなさい。

図1

ア．東　　イ．西　　ウ．北東　　エ．北西

（2）　園子さんは北斗《ほくと》七星を用いて北極星の位置を確定しました。北極星の位置としてもっとも適当なものを図2より1つ選び、記号で答えなさい。

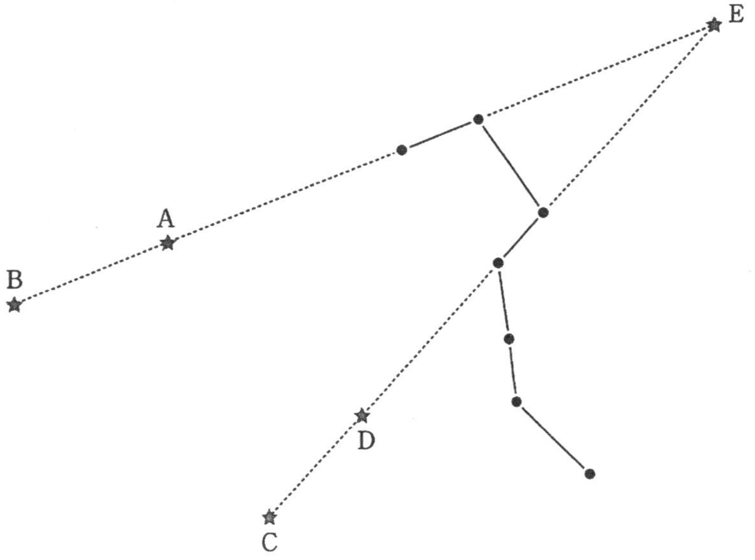

図2

（3）　北の空の星はどのように動いてみえますか。次より1つ選び、記号で答えなさい。

ア．天の北極を中心に時計回りで、4時間で60度程度動く。
イ．天の北極を中心に時計回りで、4時間で120度程度動く。
ウ．天の北極を中心に反時計回りで、4時間で60度程度動く。
エ．天の北極を中心に反時計回りで、4時間で120度程度動く。

園子さんはほかの星座も観察しようと考え、オリオン座も同様に窓ガラスにシールで印を付けました。

お姉さん：窓ガラスにシールを付けると星が同じ平面上にあるように思えるけど、星座を構成する星どうしはかなり離《はな》れた距離《きょり》にあるのよ。絵にかいてあげる（図3）。ちなみに、1光年は光が1年間で進む距離を表しているのよ。

園子さん：距離に違いがあるのなら、地球の公転運動で星の見える方向が変わって、星座の形が崩《くず》れて見えないのかしら？

お姉さん：実はちょっとだけ形が崩れているのよ。でも肉眼ではとても確認できないぐらいのずれなの。これを年周視差というのよ。正確に年周視差を測定できれば、三角形の拡大・縮小の関係を用いて、地球から星までの距離を求めることができるのよ。

（4）　図3の星の中で、年周視差がもっとも大きいと考えられるのはどの星ですか。図3より1つ選び、記号で答えなさい。

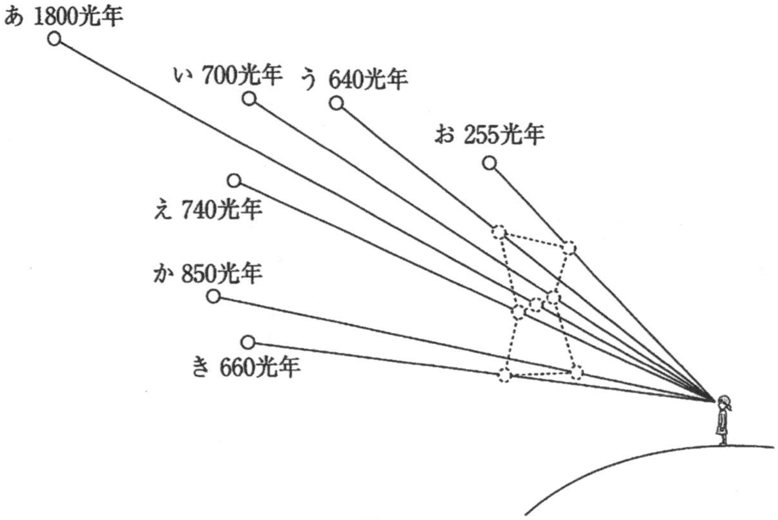

図3

園子さん：年周視差から、距離を求めるのってどうやるの？

お姉さん：地球は一年かけて太陽の周りを回っているのは知っているよね。

園子さん：ええ、公転でしょう。

お姉さん：そう、地球から太陽までの距離は1億5000万kmだから、最大で3億km異なる位置から星を観測することができるわね。それぞれの位置に地球がまわってきた時に、同じ星を観察して、角度がどれだけずれているかを計測するの（図4）。その角度を使って、直角三角形の辺の長さの比から求めることができるのよ（図5）。

園子さんは様々な角度を持つ直角三角形の辺の長さの比を示した表をインターネットで調べて、考えてみました。底辺の長さを常に1とし角度zを変えた時の直角三角形の辺a・bの長さを表1に示しました。

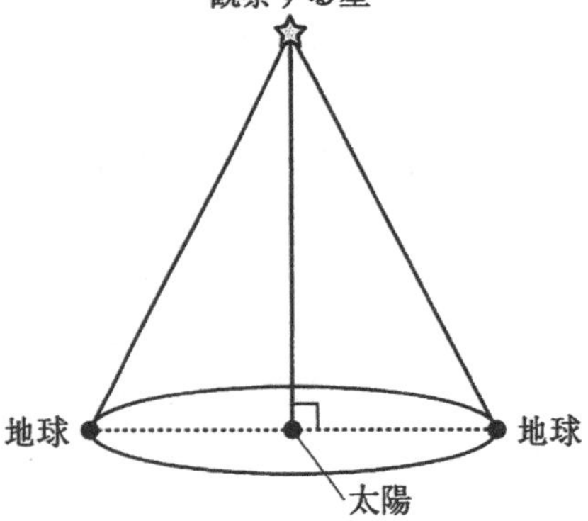

図4

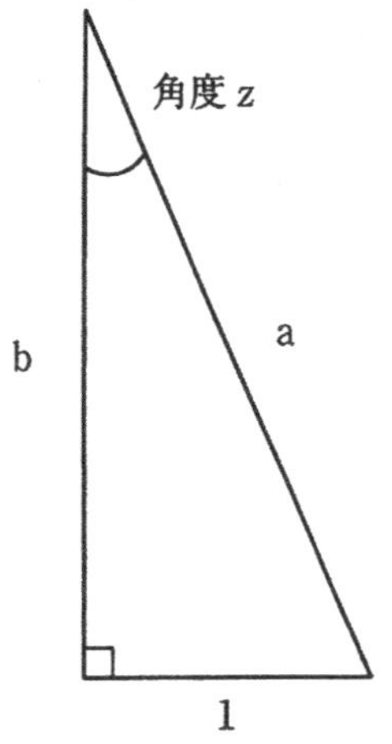

図5

表1

z〔度〕	斜辺a	高さb
15	3.86	3.73
20	2.92	2.75
25	2.37	2.14
30	2.00	1.73
35	1.74	1.43
40	1.56	1.19
45	1.41	1.00
50	1.31	0.84
55	1.22	0.70
60	1.15	0.58

(5)　地球の公転面に対して、太陽から垂直方向に存在しとどまっている天体Xというものが仮にあるとします。地球から見て、3月と9月で計測した時に見える方向が30度ずれて見える場合、この天体Xは地球から何km離れていると考えられますか。表1をもとに計算しなさい。答えは、小数第1位以下があるときは四捨五入して整数で求めなさい。

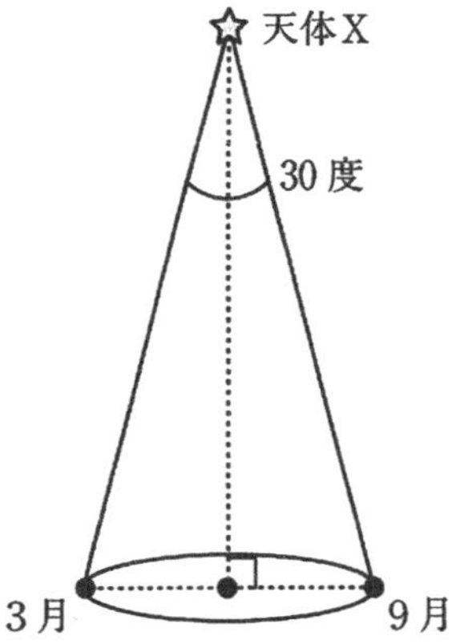

園子さん：オリオン座のベテルギウスは、光が弱まった時期があり、超新星爆発《ちょうしんせいばくはつ》が近いのではないかと考える研究者もいたわ。超新星爆発が起こると星はどうなるの？

お姉さん：超新星爆発とは星が寿命《じゅみょう》を迎《むか》えた際におきる爆発現象で、強い光を出すとされているわ。そのあと星の残骸《ざんがい》がもやもやしたちりやガスとして確認できるの。かに星雲はもやもやとしたちりやガスが現在も広がっている様子が確認されているわ。爆発時の様子は藤原定家がつづった日記『明月記』に「天喜２年（西暦1054年）に客星出現　大きさ（明るさ）歳星（木星）のごとし」と記されていて、かに星雲がつくられる際の超新星爆発であったと考えられているのよ。

園子さん：かに星雲は地球からどれぐらい離れている星なの？

お姉さん：約7000光年とされているわ。

園子さん：では、1054年に観察はされたけど、実際に爆発したのは現在から□年前ということね。

（６）　空欄に当てはまる数値として適当なものを次より１つ選び、記号で答えなさい。

ア．約6000
イ．約7000
ウ．約8000
エ．約9000

2021年度　入学試験問題

社　　会

第2回

【注　意】

試験時間は理科とあわせて60分間です。(11:10～12:10)

社会と理科両方の教科の問題を時間内に解いてください。

問題は1ページから13ページまでです。

解答はすべて解答用紙に記入してください。

解答用紙に受験番号、氏名を記入してください。

洗足学園中学校

1 みなさんは自分が住んでいる地域の「地名」を調べたことはありますか。「地名」からはさまざまなことがらを読み取ることができます。これについて、あとの問いに答えなさい。

問1 洗足学園中学校は「神奈川県」に位置しています。この「神奈川県」という都道府県名には「川」という地形を表す漢字が含《ふく》まれていますが、こうした地形を表す漢字を含《ふく》んだ都道府県について、次の(1)・(2)にそれぞれ答えなさい。

(1) 名前に「川」がつく都道府県は、「神奈川県」以外にいくつありますか。数字で答えなさい。

(2) 「新潟県」について述べた次の文章を読んで、空欄《くうらん》［ X ］～［ Z ］にあてはまる語句をそれぞれ漢字で答えなさい。

> 「新潟県」には「潟《かた》」という漢字が含《ふく》まれています。この地名の由来には諸説《しょせつ》ありますが、長野県を源流とする［ X ］川と、福島県や群馬県を源流とする［ Y ］川が土砂を堆積《たいせき》させて［ Z ］平野を形成する過程でさまざまな湖沼《こしょう》が生まれ、それらが「潟《かた》」とよばれてきたことと関係すると考えられています。

問2 市町村名には、「ひらがな」や「カタカナ」が含《ふく》まれるものが存在します。これについて、次の(1)・(2)にそれぞれ答えなさい。

(1) 埼玉県の「さいたま市」は、政令指定都市の中で唯一の「ひらがな市」です。次のA～Dの政令指定都市のうち、2019年時点でさいたま市よりも人口が少ないものをひとつ選んでアルファベットで答えなさい。

A 静岡市　　B 横浜市　　C 神戸市　　D 札幌市

(2) 山梨県の「南アルプス市」は、日本で唯一の「カタカナ市」です。この市が位置する山梨県では果物栽培が盛《さか》んです。次の **[資料]** は、みかん、りんご、ぶどう、ももの都道府県別のとれ高の割合（2018年）を示したもので、**[資料]** 中のA～Dは、山梨県、長野県、青森県、和歌山県のいずれかです。山梨県を示したものを、**[資料]** 中のA～Dの中からひとつ選んでアルファベットで答えなさい。

[資料]

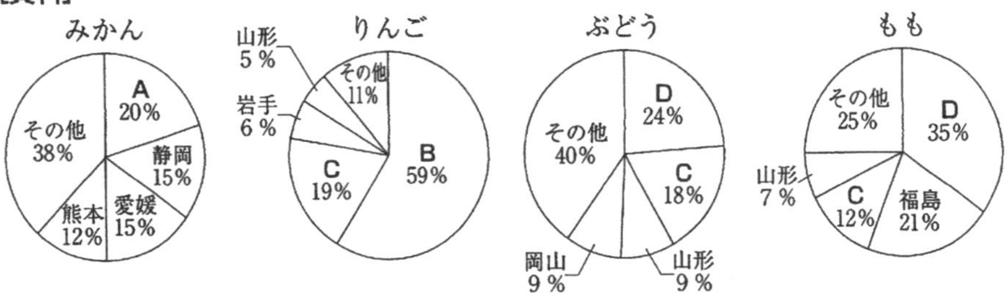

（矢野恒太記念会『日本国勢図会　2020/21年版』より作成）

問3　市町村名が企業の名前からつけられることもあります。愛知県の豊田市は「トヨタ自動車」と同社の創業者一族の姓である「豊田」に由来しています。トヨタ自動車をはじめ、日本の自動車メーカーの多くは、海外でも生産台数を増やしています。これに関連して、次の(1)・(2)にそれぞれ答えなさい。

(1)　次の**［資料］**は、日本の自動車メーカーによる海外での自動車の生産台数の推移《すいい》を示したもので、**［資料］**中の**A～D**は、アジア、ヨーロッパ、北アメリカ、アフリカのいずれかです。アジアを示したものを、**［資料］**中の**A～D**の中からひとつ選んでアルファベットで答えなさい。

［資料］

（単位：千台）

	1990年	2000年	2010年	2015年	2019年
A	952	1,678	7,127	9,472	10,850
B	227	953	1,356	1,669	1,638
C	1,570	2,992	3,390	4,823	4,407
中南アメリカ	161	388	982	1,821	1,746
D	186	146	206	218	212
オセアニア	169	131	119	92	−
計	3,265	6,288	13,182	18,095	18,853

（矢野恒太記念会『日本国勢図会　2020/21年版』より作成）

(2)　自動車メーカーに限らず、さまざまな日本企業が工場を海外に移しています。次の**［資料］**は、日本企業が工場を海外に移転させる背景と、それによる日本国内への影響《えいきょう》をまとめたものです。これに関連することがらとしてふさわしくないものを、**［資料］**中の**A～F**の中から2つ選んでアルファベットで答えなさい。

［資料］

海外移転の背景

A　貿易摩擦
B　円安の進行
C　国内の人件費の上昇《じょうしょう》

➡

日本国内への影響《えいきょう》

D　国内の雇用《こよう》の減少
E　国内の技術水準の上昇《じょうしょう》
F　資金の海外流出

問4　地名はその地域の歴史とも関係します。北海道の地名はアイヌの言葉、沖縄の地名は琉球の言葉に由来するものが多くあります。地名の由来とその地域の説明をした文のうち、下線部が誤っているものを、次の**A**～**D**の中からひとつ選んでアルファベットで答えなさい。

A　「札幌」はアイヌの言葉で「サッ・ポロ・ペッ（乾《かわ》く・大きい・川）」に由来すると考えられる地名である。北海道庁が置かれており、中心部の街路《がいろ》は碁盤《ごばん》の目のように規則正しく区画されている。

B　「知床」はアイヌの言葉で「シリ・エトク（地面の・出っぱった先端《せんたん》）」に由来すると考えられる地名である。世界最大級のブナの原生林が広がることから世界自然遺産に登録されている。

C　「那覇」は琉球の言葉で「ナバ（キノコ、もしくは漁場）」に由来すると考えられる地名である。沖縄県庁が置かれており、高温多湿《たしつ》な亜熱帯性の気候がみられる。

D　「辺野古」は琉球の言葉で「フィヌク（村落発見の伝え話に火（フィ）が出てくるとされる）」に由来すると考えられる地名である。アメリカ海兵隊普天間飛行場の移転のための埋め立て工事がおこなわれている。

問5　JR埼京線には「浮間舟渡《うきまふなど》駅」があります。この駅は東京都北区「浮間《うきま》」と板橋区「舟渡《ふなど》」にまたがる場所に位置します。「浮間《うきま》」も「舟渡《ふなど》」も河川と関係する地名であり、付近には荒川が流れています。次のページの**［地図］**は浮間舟渡《うきまふなど》駅周辺の1919年、1931年、1967年、1993年発行の２万５千分の１の地形図（一部改変）です。これについて、次の(1)・(2)にそれぞれ答えなさい。

(1)　**［地図］**から読み取れることとしてふさわしくないものを、次の**A**～**D**の中からひとつ選んでアルファベットで答えなさい。

A　JR東北本線に乗車して北を目指すとき、1919年発行の地形図では、荒川を渡《わた》る鉄道橋の手前に桑畑が広がっていたが、1931年発行の地形図では、桑畑がみられなくなっている。

B　この地図の東部に位置する新荒川大橋は、1960年代に建設されたと考えられ、この橋を渡《わた》ることで岩渕《いわぶち》町から埼玉県に入ることができる。

C　高度経済成長期には、荒川流域で複数の工場をみることができ、河川敷《かせんじき》にはゴルフ場も整備されていることがわかる。

D　JR埼京線や新幹線は、1967年から1993年の間に建設されたと考えられ、1993年発行の地形図をみると、戸田橋と並行する鉄道橋を通って荒川を渡《わた》っている。

(2)　「浮間《うきま》」地区は、かつては埼玉県に区分されていました。「浮間《うきま》」地区が埼玉県から東京都に編入《へんにゅう》された理由として考えられることを、**［地図］**を参考に文章で説明しなさい。

[地図]

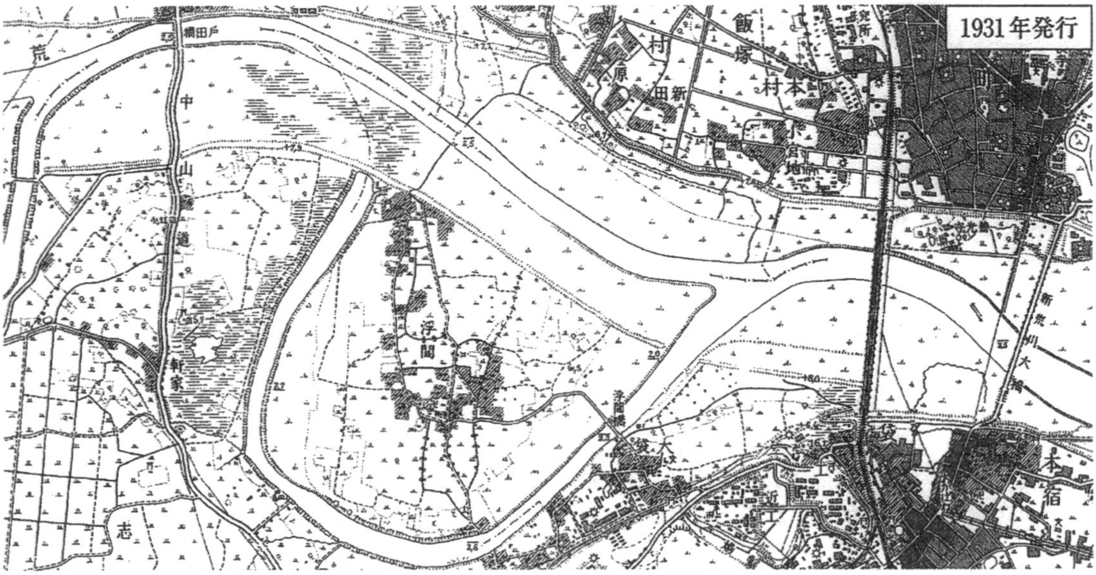

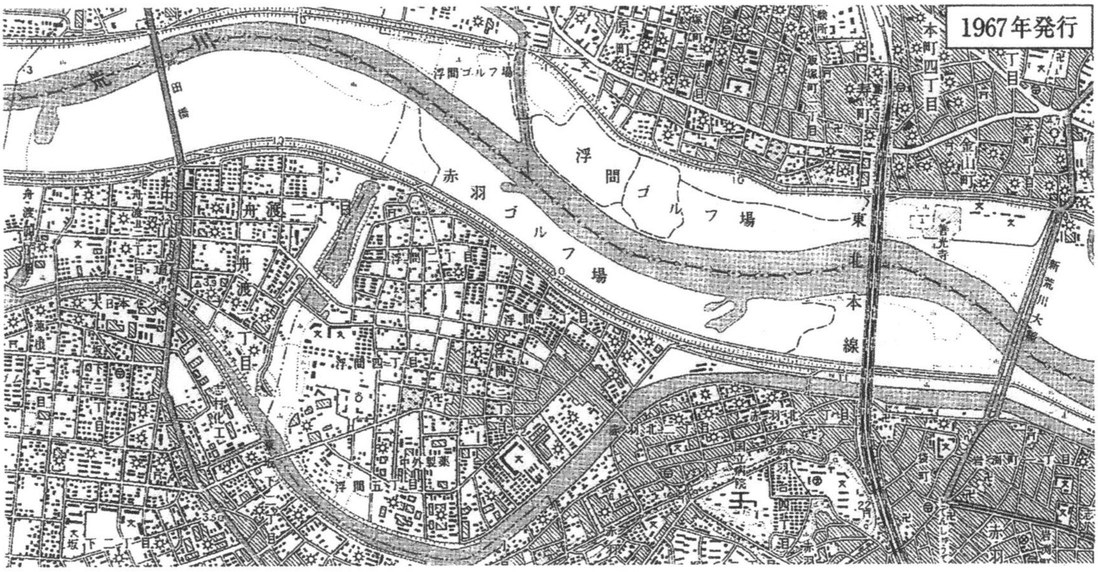

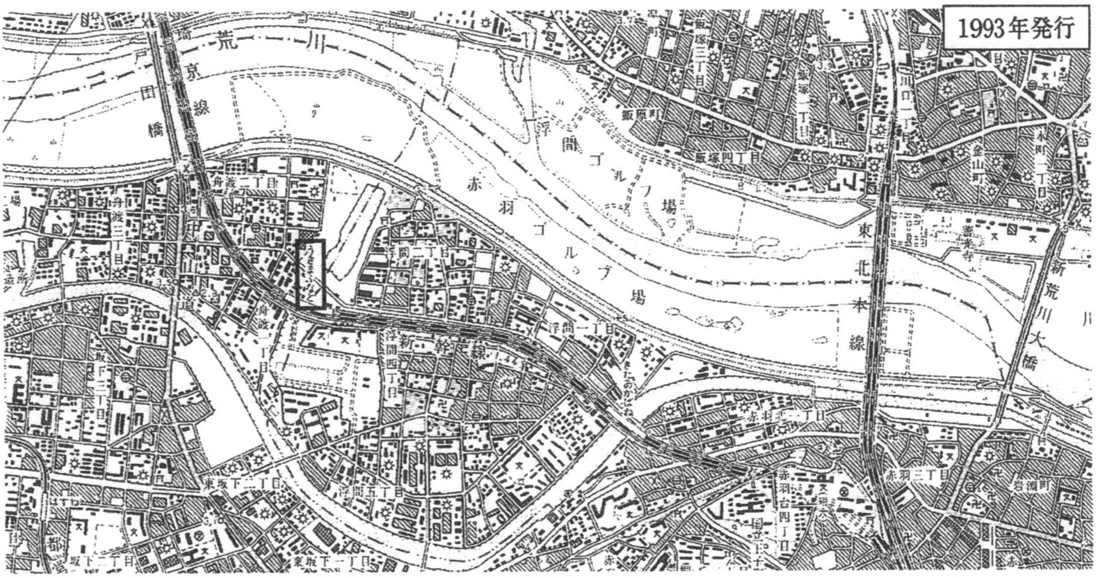

（国土地理院発行２万５千分の１地形図より作成）

2 暦《こよみ》について調べた園子さんのレポートを読んで、あとの問いに答えなさい。

「ねずみ年」や「うし年」など、下の表に示した十二支を使って年を表す方法が、古くから用いられてきました。江戸時代の将軍、(ア) 徳川綱吉は、自身が戌年《いぬどし》生まれであったことから、動物愛護に力を入れていたという話も残っています。十二支は、近年でも年賀状のイラストなどに用いられており、現代を生きる我々にとっても身近なものになっています。また、年だけではなく、(イ) 日付や時間を表すためにも使われてきました。昼の12時を正午というのは、その時間帯が「午《うま》の刻」と表されていたことに由来しています。

	し	ちゅう	いん	ぼう	しん	し	ご	び	しん	ゆう	じゅつ	がい
	ね	うし	とら	う	たつ	み	うま	ひつじ	さる	とり	いぬ	い
十二支	子	丑	寅	卯	辰	巳	午	未	申	酉	戌	亥

この十二支と下の表に示した十干《じっかん》を組み合わせて表す方法を、干支《えと》といいます。十干《じっかん》も、十二支と同じように月日などにあてはめて、古くから使われてきた表現です。

	こう	おつ	へい	てい	ぼ	き	こう	しん	じん	き
	きのえ	きのと	ひのえ	ひのと	つちのえ	つちのと	かのえ	かのと	みずのえ	みずのと
十干	甲	乙	丙	丁	戊	己	庚	辛	壬	癸

例えば、2021年の十干《じっかん》は「(ウ) 辛《かのと》」、十二支は「丑《うし》」にあたるので、ふたつを組み合わせて、干支《えと》は「辛丑《かのとうし》」と表します。同じように、2022年は「壬寅《みずのえとら》」にあたります。60歳《さい》になると還暦《かんれき》のお祝いをするのは、この十干《じっかん》と十二支の組み合わせが、60年で1周するからです。

干支《えと》が使われている例を挙げてみましょう。645年に、中大兄皇子が中臣鎌足と協力して蘇我入鹿を殺害した出来事を、乙巳《いっし》の変といいます。645年は十干《じっかん》が「乙《きのと》」、十二支が「巳《み》」にあたることから、このようによばれています。また、天智天皇の後継ぎをめぐる争いは、672年の干支《えと》から、壬申の乱とよばれています。(エ) 豊臣秀吉による朝鮮出兵は、日本では当時の年号をとって文禄の役・慶長の役といいますが、干《え》支《と》を用いていた朝鮮では、壬辰倭乱《じんしんわらん》・丁酉倭乱《ていゆうわらん》とよんでいます。1838年、高野長英は『戊戌《ぼじゅつ》夢物語』を著し、幕府の政策を批判したとして処罰《しょばつ》されることとなりました。その30年後、同じく「戊《つちのえ》」の年である1868年には、新政府軍と旧幕府軍が対立する戊辰戦争が起こっています。明治期に朝鮮半島で起こった甲午農民戦争は、［　(オ)　］戦争のきっかけになりました。

また、干支《えと》は日付や年代を表すために用いられるとともに、占いにも使われました。律令制度においては、陰陽寮《おんようのつかさ》という役所がおかれ、暦《こよみ》や占いの管理をおこなっていました。特に (カ) 平安時代には、暦《こよみ》や天文観察、占いなどにより、おこないの吉凶《きっきょう》を判断する陰陽道《おんみょうどう》が発達し、暦《こよみ》が貴族の生活と密接に関わるようになりました。

その後、明治期に入ると、干支《えと》にまつわる言い伝えは、迷信であると考えられることが多くなりました。しかし、(キ) 大正・昭和期に入っても、(ク)「丙午《ひのえうま》の年に生まれた女性は気性が激しく、夫の命を縮める」という迷信が出生状況《じょうきょう》を大きく左右するなど、干支《えと》は社会に影響《えいきょう》を与《あた》えていたようです。

2

問一

8点

問二

8点

問三

6点

問四

5点

問五

一

二

三

四

五

1点×5

問六

5点

問七

8点

問八

5点

／50

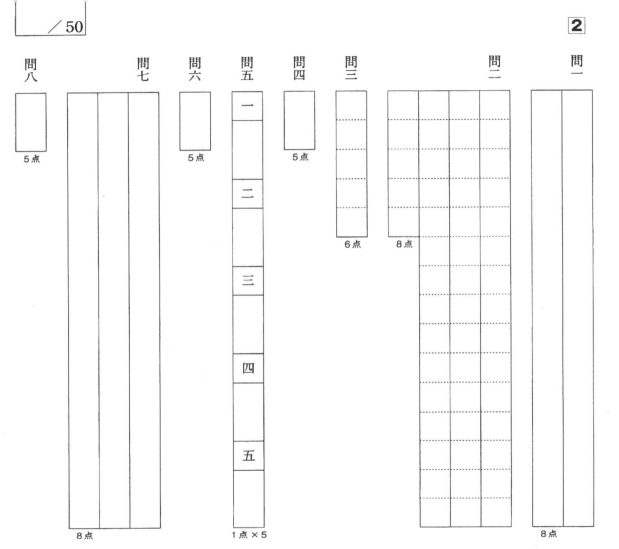

本 8点

分 秒 8点

4

(1) cm 5点

(2) cm^2 7点

(3) cm^2 8点

5

(1) 5点

(2) 7点

(3) 8点

3 (1) 1点 (2) 2点 (3) 2点

(4) 4点

(5) 2点 (6) 2点 (7) % 3点

(8) 2点 (9) 2点

小計	／20

4 (1) 3点 (2) 2点 (3) 3点

(4) 3点 (5) km 3点 (6) 3点

小計	／17

受験番号					氏名		／75

問9 (2)

4点

小計 ／25

3

問1 3点

問2 2点

問3 4点

問4 3点

問5 2点

問6 3点

問7 2点

問8 3点

問9 3点

小計 ／25

受験番号

氏名

合計 ／75

社会

2021年度　入学試験解答用紙　第2回

洗足学園中学校

1

問1 (1) 2点 (2) X Y Z 2点×3

問2 (1) (2) 2点×2　問3 (1) (2) 2点×2

問4 2点　問5 (1) 3点

問5 (2) 4点

小計	／25

2

問1 2点　問2 天皇 2点　問3 3点

問4 2点　問5 2点　問6 2点

問7 3点　問8 3点　問9 (1) 2点

【解答用

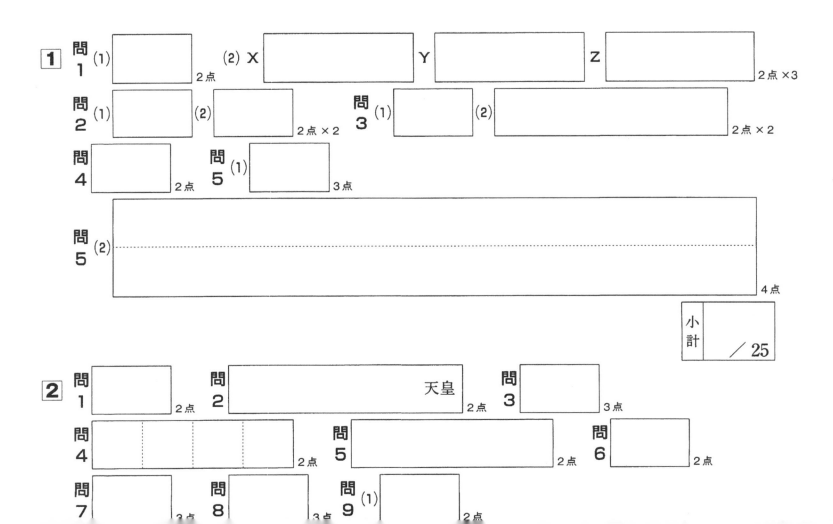

理科　2021年度　入学試験解答用紙　第2回

洗足学園中学校

1

(1) 2点　(2) 2点　(3) 2点

(4) ① 3点　② 2点

(5) 記号

理由　黄色の光は

4点

(6) ① 2点　② 2点

小計　／19

2

(1) 年後 2点　(2) g 2点　(3) 2点

(4) 2点　(5) 2点　(6) 秒 3点

(7) 3点　(8) g 3点

小計　／19

【解答用

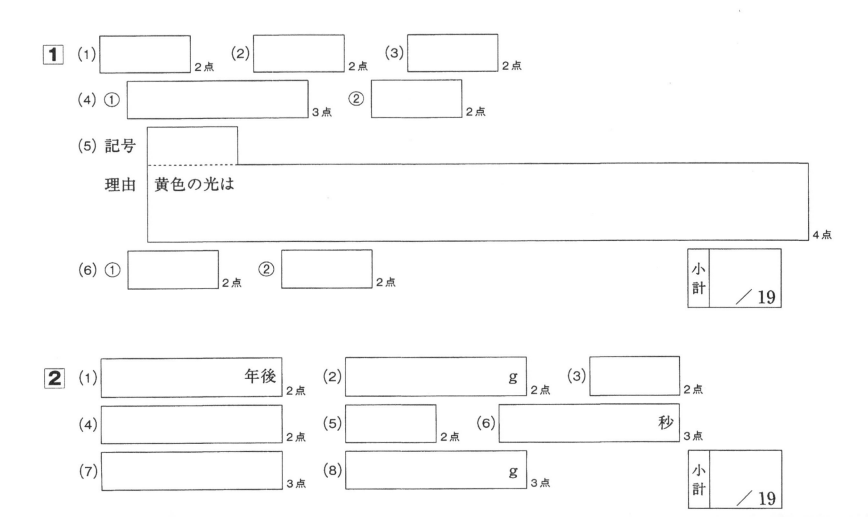

算数

2021年度　入学試験解答用紙　第2回

洗足学園中学校

受験番号

氏名

／100

1
(1) 5点
(2) 5点

2
(1) 人 5点
(2) 5点
(3) % 5点
(4) cm^2 5点

3
(1) 分後 7点
(2) 個 7点
(3)
(4)

【解答用

国語

／100

二〇二二年度　入学試験解答用紙　第二回

洗足学園中学校

受験番号

氏　名

1

問一

6点

問二

8点

問三

～

経験。

3点

問四

3点

問五

7点

問六

A

B

C

D

2点×4

問七

（ア）

（イ）

（ウ）

（エ）

（オ）

2点×5

問八

5点

／50

【解答用

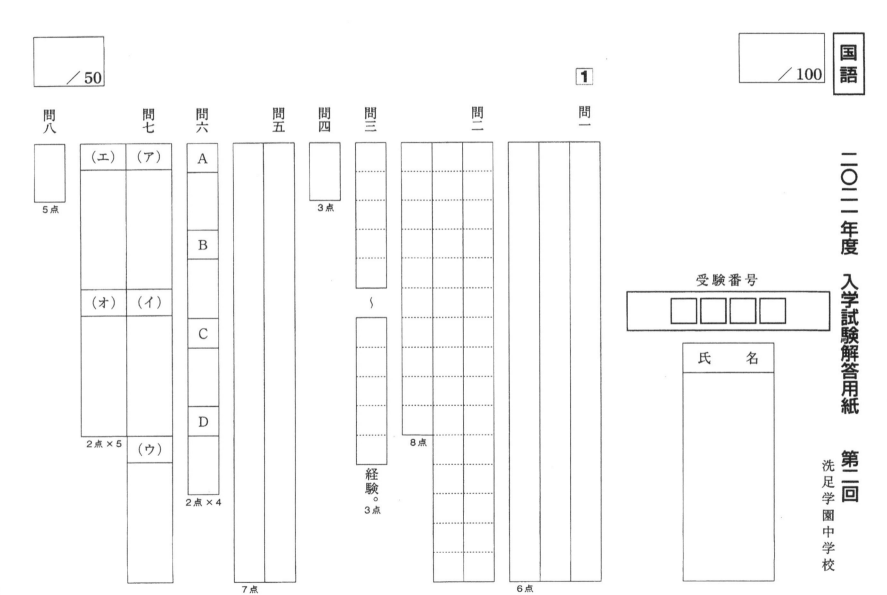

問1　下線部（ア）について述べた文としてふさわしくないものを、次のA～Dの中からひとつ選んでアルファベットで答えなさい。

A　財政悪化への対応として、貨幣《かへい》の質を落とした。
B　江戸の湯島に、孔子をまつる湯島聖堂を建てた。
C　儒学を幕府の学問とすることを決め、寛政異学の禁を発した。
D　綱吉のころに栄えた文化は、当時の年号をとって元禄文化とよばれる。

問2　下線部（イ）に関連して、次の［史料］は、「ある天皇」の政策について記したものであり、「乙《きのと》巳《み》」が日付を表すものとして用いられていたことが分かっています。「ある天皇」を漢字で答えなさい。

［史料］

> （天平十三年三月）乙《きのと》巳《み》、天皇は次のように述べられた。「近ごろは不作続きで、病も流行している。（略）そこで、諸国に命じて、国ごとに七重塔《とう》をつくり、経典を写させよ。仏法の繁栄《はんえい》が天地ともに永く続き、仏の加護がいつまでも満ちているようにということを願う。（略）」

※史料は、現代語訳・意訳し、一部省略した部分があります。

問3　下線部（ウ）の年に起こった出来事について述べた文①～③の、下線部の内容の正誤の組み合わせとして正しいものを、下のA～Hの中からひとつ選んでアルファベットで答えなさい。

①　足利義満が、明に使者を派遣《はけん》して国交を開いた。
②　後鳥羽上皇が、源実朝を倒して政治の実権を取り戻すために挙兵した。
③　織田信長が、一向宗の中心寺院である比叡山延暦寺を焼打ちした。

A　①－正　②－正　③－正　　B　①－正　②－正　③－誤
C　①－正　②－誤　③－正　　D　①－正　②－誤　③－誤
E　①－誤　②－正　③－正　　F　①－誤　②－正　③－誤
G　①－誤　②－誤　③－正　　H　①－誤　②－誤　③－誤

問4　下線部（エ）による政権がおこなった土地調査事業を何といいますか。漢字4字で答えなさい。

問5　空欄《くうらん》（オ）にあてはまる語句を漢字で答えなさい。

問6　下線部（カ）に起こった出来事について述べた文として正しいものを、次のA～Dの中からひとつ選んでアルファベットで答えなさい。

A　菅原道真が、遣唐使派遣《はけん》の停止を提案した。
B　藤原純友の反乱を平清盛が鎮圧《ちんあつ》したことをきっかけに、平氏が台頭した。
C　犬上御田鍬が征夷大将軍に任命され、東北地方の蝦夷討伐《とうばつ》を進めた。
D　保元の乱において平氏に敗北した源頼朝が、伊豆へ流された。

問7　下線部（キ）に起こった出来事について述べた文①～③を、古いものから年代順に正しく並べたものを、次のA～Fの中からひとつ選んでアルファベットで答えなさい。

①　共産主義の思想が広がることを防ぐため、治安維持法が制定された。
②　北京郊外《こうがい》の盧溝橋で、日本軍と中国軍が衝突《しょうとつ》した。
③　日本は、中国に対して、二十一カ条の要求をおこなった。

A　①－②－③　　B　①－③－②　　C　②－①－③
D　②－③－①　　E　③－①－②　　F　③－②－①

問8　下線部（ク）に関連して、次の［資料］は1948年から1976年までの日本における出生数と合計特殊《とくしゅ》出生率の推移を示したものです。［資料］中の丙午《ひのえうま》の年よりあとに起こった出来事としてふさわしいものを、下のA～Dの中からひとつ選んでアルファベットで答えなさい。

［資料］

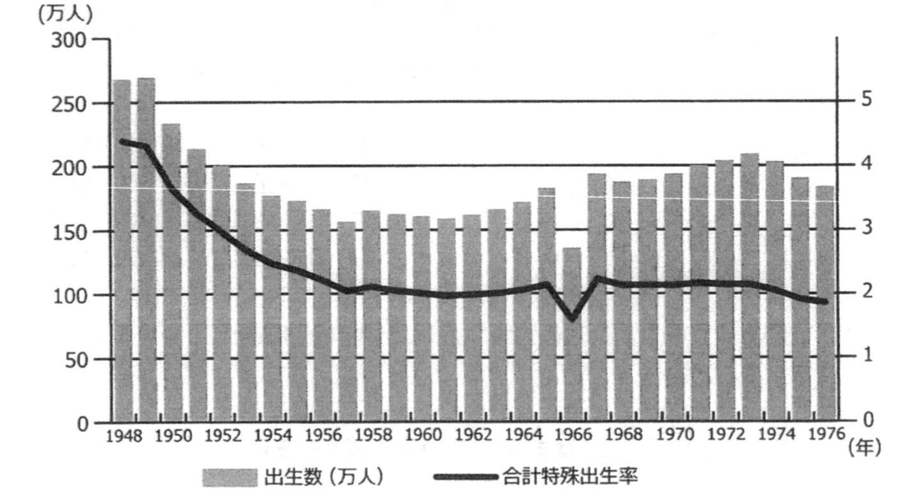

（厚生労働省「人口動態統計」より作成）

A　日ソ共同宣言が結ばれ、日本の国際連合への加盟が実現した。
B　日米安全保障条約の改定をめぐり、安保闘争が起こった。
C　第四次中東戦争の影響《えいきょう》によって、石油危機が起こった。
D　北朝鮮軍が韓国に攻《せ》め込《こ》み、朝鮮戦争が始まった。

問9 園子さんは、1872年につくられた戸籍の通称《つうしょう》にも、その年の干支《えと》が使われていることを知りました。園子さんと、友人の花子さんは、この戸籍の通称《つうしょう》を知らなかったため、それぞれ異なる方法で1872年の干支《えと》を考えました。これについて、次の(1)・(2)にそれぞれ答えなさい。

園子さん	基準	1868年が「戊辰」にあたることを基準にする。
	考え方	1872年はその4年後なので、十干《じっかん》・十二支はともに4つずつ進む。
	結論	よって、1872年の干支《えと》は、［ X ］であると考えられる。
花子さん	基準	［ Y ］年が［ X ］にあたることを基準にする。
	考え方	［ Z ］
	結論	よって、1872年の干支《えと》は、［ X ］であると考えられる。

(1) 文中の空欄《くうらん》［ X ］にあてはまる干支《えと》と［ Y ］にあてはまる年代の組み合わせとしてふさわしいものを、次の**A**～**D**の中からひとつ選んでアルファベットで答えなさい。

A ［ X ］－乙巳《いっし》　［ Y ］－645
B ［ X ］－壬申《じんしん》　［ Y ］－672
C ［ X ］－戊戌《ぼじゅつ》　［ Y ］－1838
D ［ X ］－辛丑《しんちゅう》　［ Y ］－2021

(2) 園子さんの「考え方」を参考にして、空欄《くうらん》［ Z ］にあてはまる考え方を文章で説明しなさい。

3 次の文章は、2020年７月22日の朝日新聞（朝刊）に掲載《けいさい》された記事です。これを読んで、あとの問いに答えなさい。なお、一部ふりがなをつけた部分があります。

※本文中の下線部と空欄

(ア) 女性リーダー

（イ）

(ウ) 国会

(エ) 英国

(オ) 政党

(カ) 国連

(キ) 女性差別撤廃委員会

(ク) 予算

問1　下線部（ア）に関連して、次の［資料］は、2020年10月末の時点で政治分野における指導的地位に就《つ》いている女性の人数を示しています。それぞれの地位において女性の占《し》める割合が最も高いものを、［資料］中のA～Dの中からひとつ選んでアルファベットで答えなさい。

［資料］

	地位	女性の人数
A	衆議院議員	46人
B	参議院議員	56人
C	都道府県知事	2人
D	政令指定都市市長	2人

（衆議院、参議院、全国知事会、指定都市市長会　各ホームページより作成）

問2　空欄《くうらん》［（イ）］には、社会的・文化的につくられる性別を意味する語句があてはまります。その語句をカタカナで答えなさい。

問3　下線部（ウ）は、日本国憲法第41条において、「国の唯一の立法機関」とされています。国家権力を立法権・行政権・司法権の3つに分け、それぞれ別々の機関に担当させ、互《たが》いに牽制《けんせい》しあう仕組みを三権分立といいます。国会がもつ立法権は法律を制定する権限ですが、行政権・司法権はどのような権限ですか。それぞれ「法律」という語句を用いて、文章で説明しなさい。

問4　下線部（エ）について述べた文①～③の内容の正誤の組み合わせとして正しいものを、次のA～Hの中からひとつ選んでアルファベットで答えなさい。

① 1972年の国連人間環境会議は、イギリスの首都で開催《かいさい》された。
② イギリスは、国連安全保障理事会の非常任理事国を何度も務めている。
③ イギリスは、2019年にＥＵ（ヨーロッパ連合）を離脱《りだつ》した。

A ①－正 ②－正 ③－正　　B ①－正 ②－正 ③－誤
C ①－正 ②－誤 ③－正　　D ①－正 ②－誤 ③－誤
E ①－誤 ②－正 ③－正　　F ①－誤 ②－正 ③－誤
G ①－誤 ②－誤 ③－正　　H ①－誤 ②－誤 ③－誤

問5　下線部（オ）に関連して、この記事が掲載《けいさい》されたときの日本における与党を、次のA～Fの中からすべて選んでアルファベットで答えなさい。

A 自由民主党　　B 立憲民主党　　C 公明党
D 日本維新の会　　E 日本共産党　　F 国民民主党

問6　下線部（**カ**）にはさまざまな機関があります。次の文①～③は、UNESCO、WFP、WHOのいずれかについて説明したものです。①～③と機関名の組み合わせとして正しいものを、下の**A**～**F**の中からひとつ選んでアルファベットで答えなさい。

① 教育・科学・文化を通じて国際協力を促進《そくしん》して、世界平和を目指している。

② 紛争や自然災害が発生した地域に対して食料支援《しえん》をおこなうなどして、飢餓《きが》のない世界を目指している。

③ 感染症《かんせんしょう》の撲滅《ぼくめつ》や各国の保健制度の強化などにより、世界中の人々の健康増進を目指している。

A	①－UNESCO	②－WFP	③－WHO
B	①－UNESCO	②－WHO	③－WFP
C	①－WFP	②－UNESCO	③－WHO
D	①－WFP	②－WHO	③－UNESCO
E	①－WHO	②－UNESCO	③－WFP
F	①－WHO	②－WFP	③－UNESCO

問7　下線部（**キ**）は2016年、国連女性差別撤廃条約の実施《じっし》状況《じょうきょう》に関する第７回および第８回日本政府報告書に対する最終見解を発表しました。次の文章は、その一部を日本語訳したものです（一部ふりがなをつけた部分があります）。空欄《くうらん》［　**X**　］にあてはまる法律を、下の**A**～**D**の中からひとつ選んでアルファベットで答えなさい。

> 12.　委員会は、既存《きそん》の差別的な規定に関する委員会のこれまでの勧告《かんこく》への対応がなかったことを遺憾《いかん》に思う。委員会は特に以下について懸念《けねん》する。
>
> (a)　女性と男性にそれぞれ16歳《さい》と18歳《さい》の異なった婚姻適齢《こんいんてきれい》を定めているように［　**X**　］が差別的な規定を保持していること
>
> (b)　期間を６か月から100日に短縮すべきとする最高裁判所の判決にもかかわらず、［　**X**　］が依然《いぜん》として女性のみに離婚《りこん》後の再婚《さいこん》を一定期間禁止していること
>
> (c)　2015年12月16日に最高裁判所は夫婦同氏を求めている［　**X**　］第750条を合憲と判断したが、この規定は実際には多くの場合、女性に夫の姓を選択《せんたく》せざるを得なくしていること

（内閣府男女共同参画局ホームページより）

A　憲法　　**B**　刑法　　**C**　民法　　**D**　男女共同参画社会基本法

問8　下線部（ク）に関連して、次の［資料］は、日本の一般会計歳出の主要経費の推移を示したものです。［資料］中の①～③の項目《こうもく》の組み合わせとして正しいものを、下のA～Fの中からひとつ選んでアルファベットで答えなさい。

［資料］

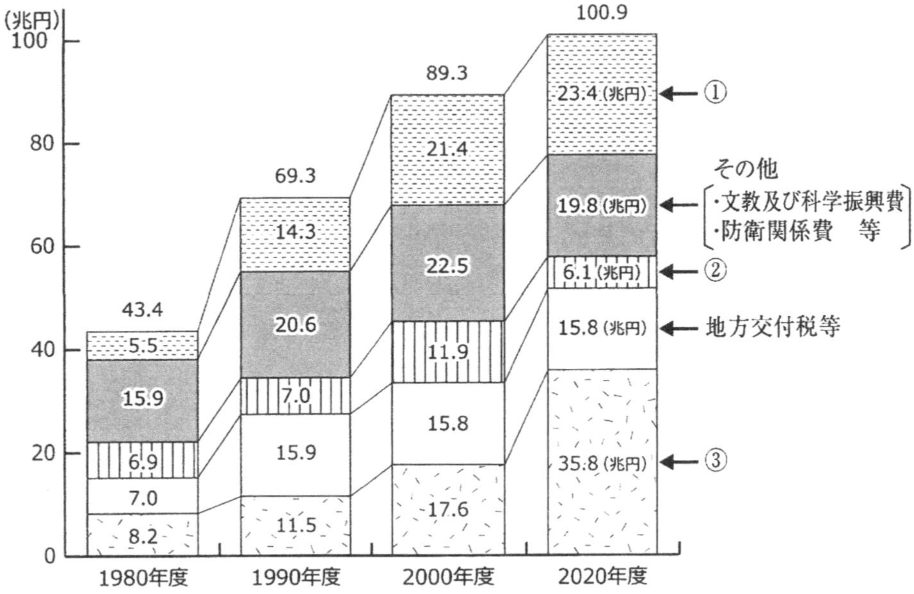

（財務省「我が国の財政事情（令和２年度政府予算案）」より作成）

A　①－公共事業関係費　②－国債費　③－社会保障関係費
B　①－公共事業関係費　②－社会保障関係費　③－国債費
C　①－国債費　②－公共事業関係費　③－社会保障関係費
D　①－国債費　②－社会保障関係費　③－公共事業関係費
E　①－社会保障関係費　②－公共事業関係費　③－国債費
F　①－社会保障関係費　②－国債費　③－公共事業関係費

問9　この新聞記事の見出し（タイトル）として最もふさわしいものを、次のA～Dの中からひとつ選んでアルファベットで答えなさい。

A　女性活躍《かつやく》推進法、ようやく成立
B　女性リーダー「３割」目標達成
C　女性リーダー増加に向け、クオータ導入へ前向き
D　女性登用、自主性任せの限界

教英出版